新余市政协文史资料第十四辑

# 新余文物与考古

江西省新余市政协文史委员会 编

江西人民出版社
Jiangxi People's Publishing House
全国百佳出版社

图书在版编目(CIP)数据

新余文物与考古 / 江西省新余市政协文史委员会编
. -- 南昌 : 江西人民出版社, 2014.11
ISBN 978-7-210-06742-9

Ⅰ. ①新… Ⅱ. ①江… Ⅲ. ①文物-考古-新余市
Ⅳ. ①K872.563

中国版本图书馆 CIP 数据核字(2014)第 244598 号

书　　名　新余文物与考古
编　　著　江西省新余市政协文史委员会 编
责任编辑　李月华
美术编辑　章　雷
书籍设计　章　雷
出　　版　江西人民出版社
发　　行　各地新华书店
地　　址　江西省南昌市三经路 47 号附 1 号
编辑部电话　0791-86898143
发行部电话　0791-86898815
邮　　编　330006
网　　址　www.jxpph.com
E-mail: jxpph@tom.com　web@jxpph.com
2014 年 11 月第 1 版　2014 年 11 月第 1 次印刷
开　　本　720 毫米×1000 毫米　1/16
印　　张　34.25
字　　数　536 千字
ISBN　978-7-210-06742-9
赣版权登字-01-2014-620

定　　价　168 元
承 印 厂　新余日报社印刷厂

# 序

廖兰芳

在复市三十周年之际，新余市政协文史委员会辅助全市文物考古工作者，将新余30年来的考古发现和研究成果汇编成书，这是新余市在挖掘、整理、保存、利用地方史料工作上取得的又一可喜成绩。

文物考古，是以物论史，透物见人，是利用过去遗留下来的物质文化来展现我们的历史，了解我们的文化渊源，复原过去普通民众的生活场景，有助于我们梳理清楚城市的起源和早期发展历史，坚定我们的文化自信。

纵观新余市文物考古30年来所走过的风雨历程，可以看到新余市文物考古事业的艰辛和困难，也可以看到文物考古人付出的劳动和汗水，还可以看到文物工作者收获的喜悦和自豪。他们从田野实践的细微处做起，与冰冷的陶瓷片、石头、铜器对话，用自身的智慧和努力，去书写、填补新余的历史文化发展进程。

文化，是一种时间的积累，历史的沉淀。把新余文化放在悠久的历史长河中审视，会让我们的视野更为开阔。观照《新余文物与考古》，丰富多彩的文物史迹、历史悠久的自然遗存、宝贵生态的物化载体，让我们深切感受到新余史前文明的波澜壮阔、工业文明的源远流长、多元文化的包容开放。

上百座史前文明遗址，见证了新余历史的深远和厚重。始新世脊椎动物化石、被子植物化石等一批批古生物化石的出土，表明3900万年前新余这块土地上就有了生命的印迹；罗坊打鼓岭和水西龚家山旧石器时代遗址，不仅把新余的古代文化史，而且把江西的古代文化史往前推到了20万年前；被誉为“江南半坡”的水北拾年山新石器时代遗址，是长江中游赣鄱流域最具代表性的史前文化遗存，其丰富的文化内涵，充分展示了6000多年前的原始农业文化，对建立江西史前考古学编年序列具有划时代的重要意义；珠珊斜里夏代遗址，作为江西发现的第一个夏代文化遗址，为研究江西省早商文化提供了重要实物资料。

星罗棋布的古矿冶遗址，佐证了新余天工文化的灿烂和久远。从铁坑铁矿，可见矿冶文明的薪火相传，自唐以来，不管朝代如何更替，风雨如何飘摇，一直泽被后世，沿用至今。凤凰山铁矿、蒙山银矿等古矿冶遗址，演绎了古代工业文明的恢宏场景。远在唐宋时期，新余铁、银的矿采冶炼就形成了规模；元明时期，更是进入了矿采盛世，仅工矿人员就多达七八千户，不仅产量占据全国四分之一，矿冶技术也是时代顶尖，明朝在此设专司督办，元朝还特地将新余专设为州。先辈们创造的辉煌历史，催生了宋应星的科学巨著《天工开物》，成就了新余工业兴市的文化根基。

众多的文物、丰富的遗存，阐释了新余文化的多元和包容。粗略看，新余文物馆藏丰富但不成体系，城市文化历久弥新却特色不显。往深层次地说，这是对新余多元文化的进程缺乏理解和宽容。宜居、宜业的新余，处于中、西部结合处，地理上没有高山、大江的阻隔，交通上历来是南迁北徙的节点，行政上除了元朝短暂设州外，一直以来分属不同的区域管辖，缺少形成特色文化体系的封闭地理条件。数千年来，无数先辈带着各自的生活方式来到这块土地，勤恳奋斗与生存，本地人与外地人和谐共处，本土文化与外来文化相互交融，共创了一个新的多元文化。这样的文化中包含了传承，但并不守旧；有创新，却不是完全切割过往。或许这也就是来自各方的人能在新余感到舒畅的理由，有新，所以适用于今天；有容，所以熟悉而不陌生。

我们总结复市以来的考古成就，不仅是为了怀古，更重要的是激励当今。任何一个国家，一个地方都曾拥有自己的历史，如何对待历史，如何以古鉴今，这是一个值得人人思考的大课题。列宁曾说过“忘记过去就意味着背叛”。我们既不能背离先辈们遗留下来的传承，也不能忘记时代赋予我们的责任。

文化的生命在于创新，就像我们祖先打磨的第一块石头、烧的第一炉窑。文物，是文化的爪痕；收藏，是保存文化记忆；考古，不仅仅是为了还原历史、守望传统，更为了创造历史。今天，古人的历史足迹虽已远去，但我们要从那如歌的岁月中吸纳精华、学习鉴戒，把自己生存及创业的这一方热土建设好，这样才能不愧于古人，不误于来者。

是为序。

# 目录



## 第一章　新余考古历史


第一节　新余考古历史概述 …………………………………… 2

一、新余文物考古工作的萌芽与开始 …………………………… 2

二、新余文物考古工作的发展与繁荣 …………………………… 4

第二节　新余文博机构发展概述 ………………………………… 8

一、新余文博机构的设立 ……………………………………… 8

二、新余文博机构的现状 ……………………………………… 9

(一)新余市博物馆 …………………………………………… 9

(二)分宜县博物馆 …………………………………………… 14

第三节　考古调查发掘 ………………………………………… 15

一、水北拾年山考古调查发掘 ………………………………… 15

二、城北优惠区考古调查发掘 ………………………………… 20

三、浙赣铁路复线考古调查发掘 ……………………………… 22

四、株树下山考古调查发掘 …………………………………… 24

五、斜里夏文化考古调查发掘 ………………………………… 25

六、赣粤高速公路考古调查发掘 ……………………………… 27

七、沪瑞高速公路罗坊段考古调查发掘 …… 30
八、新余市五金工业区考古调查发掘 …… 33
九、水北镇胡家山明代墓葬考古调查发掘 …… 35
(一)墓葬形制及葬具 …… 36
(二)随葬器物 …… 37
(三)出土服饰织品特征及墓葬形制 …… 41
(四)墓葬的年代与墓主身份 …… 43
十、良山垣下汉墓考古调查发掘 …… 46
(一)筒形陶罐1件 …… 47
(二)双系盘口壶2件 …… 47
(三)方格纹陶罐5件 …… 47
(四)双唇陶罐4件 …… 48
(五)双系陶罐1件 …… 48
(六)铁器4件 …… 48
十一、浒溪砖厂古墓群考古调查发掘 …… 49
十二、新余旧石器考古调查发掘 …… 50
第四节 唐代铜镜的修复 …… 52
一、清洗除锈 …… 52
二、钻孔焊接 …… 52
三、做模补缺 …… 53
四、抹缝上色 …… 53

## 第二章 不可移动文物

第一节 古遗址概况 …… 56

一、古化石与古文化遗址 …… 56
(一)新余动植物化石公布情况概述 …… 56
(二)始新世脊椎动物化石 …… 58
(三)姚圩镇始新世钝脚类化石 …… 58
(四)袁河办事处送桥村乌龟化石 …… 58
(五)双林镇水田村被子植物化石 …… 59
(六)分宜镇横溪村剑齿象化石 …… 59
(七)旧石器时代地点——打鼓岭和龚家山 …… 60
(八)水北镇拾年山新石器时代遗址 …… 62
(九)分宜镇洪阳洞新石器时代遗址 …… 63
(十)罗坊镇棋盘山新石器时代遗址 …… 64
(十一)珠珊镇沙头山新石器时代晚期遗址 …… 65
(十二)水西镇彭家山新石器时代晚期遗址 …… 66
(十三)水西镇桐林山新石器时代晚期遗址 …… 66
(十四)九龙山乡鬓坑新石器时代晚期遗址 …… 67
(十五)珠珊镇斜里夏代遗址 …… 67
(十六)城北办事处塘岸龙夏代至商代遗址 …… 67
(十七)新溪乡麻岭山商代遗址 …… 68
(十八)南安乡碾糠山商代遗址 …… 68
(十九)罗坊镇铁树下商代遗址 …… 69
(二十)杨桥镇社山坪商周遗址 …… 69
(二十一)南安乡凤形山商周遗址 …… 70
(二十二)鹄山乡何家垴商周遗址 …… 70
(二十三)人和乡蛇垴山商周遗址 …… 71
(二十四)城北办事处廖坡里西周遗址 …… 71

(二十五)罗坊镇火楼上西周遗址 …… 72
(二十六)水西镇棚架山东周遗址 …… 72
(二十七)操场乡何家坳东周遗址 …… 73
(二十八)罗坊镇刘家山战国遗址 …… 73
二、古城址 …… 73
(一)新余、分宜城址考古调查综述 …… 73
(二)始平(吴平)县城址 …… 76
(三)龙池墅城址 …… 77
(四)距村小县址 …… 78
(五)虎瞰山县址 …… 79
(六)分宜县城址 …… 81
三、古矿冶 …… 83
(一)采矿冶炼遗址考古调查 …… 83
(二)凤凰山铁矿 …… 86
(三)蒙山银矿 …… 91
(四)银山垇 …… 97
(五)铜山 …… 97
(六)简炉 …… 97
(七)上沂铜丝埁 …… 97
四、寺庙、宫观遗迹及其重建庙址 …… 98
(一)仙女湖昌山庙 …… 98
(二)界水乡北山寺及北山牌坊 …… 104
(三)城北仰岗庙 …… 109
(四)蒙山圣济寺 …… 110
(五)百丈峰寺庙 …… 110

(六)铃山镇大岗山广庆寺 …… 112
(七)马洪办事处万寿宫 …… 112
(八)马洪办事处山南关帝庙 …… 114
五、古桥址 …… 115
(一)蒙河水系古桥综述 …… 115
(二)通济桥 …… 119
(三)孔目江桥 …… 123
(四)睦宦桥 …… 125
(五)归驷桥 …… 126
六、古窑址 …… 127
(一)钤阳湖东汉窑址 …… 127
(二)分宜镇岭背村袁州城砖窑址 …… 127
七、古代书院遗址 …… 129
(一)新余市古代书院概述 …… 129
(二)钤阳书院 …… 134
(三)蒙山书院 …… 134
(四)钤麓书院 …… 135
第二节 古建筑概况 …… 136
一、庙宇 …… 136
(一)孔庙 …… 136
(二)魁星阁 …… 145
(三)崇庆寺 …… 151
(四)萧公庙 …… 159
(五)笼奎庙 …… 160
二、祠堂 …… 160
(一)新余宗族祠堂概述 …… 160
(二)下村镇梁家村夫子堂 …… 162

(三)鹄山乡前山村昭贤堂 …… 165
(四)人和乡观下村惇庸堂 …… 166
(五)分宜镇介桥村毓庆堂 …… 168
(六)操场乡塘西村习氏祠堂 …… 173
(七)水西镇加山肖氏祠堂 …… 177
(八)分宜镇介桥村𬙊褒堂 …… 179
(九)钤山镇山口朱氏宗祠 …… 180
三、书院建筑 …… 182
(一)瀛洲书院 …… 182
四、桥梁、水陂与路亭 …… 185
(一)万年桥 …… 185
(二)缑陂桥 …… 190
(三)檀步桥 …… 191
(四)蓉泉桥 …… 193
(五)状元桥 …… 195
(六)青云桥 …… 196
(七)江南桥 …… 198
(八)观澜桥 …… 200
(九)佩印桥 …… 201
(十)建山桥和余家桥 …… 203
(十一)神恩桥 …… 205
(十二)福星桥 …… 206
(十三)八百桥 …… 207
(十四)登瀛桥 …… 207
(十五)星拱桥 …… 207
(十六)棣村三合土水陂与拱桥 …… 208
(十七)马洪杏坑风雨亭 …… 213

(十八)官溪桥 …… 215
(十九)八斗桥 …… 215
五、府邸 …… 216
(一)观巢镇汉泉村昼锦堂 …… 216
(二)罗坊镇堆上张家村张春发将军祠 …… 224
(三)下村镇龙湖村张乔松“大参第” …… 226
(四)分宜镇介桥村御史第 …… 229
(五)操场乡汕泗村上楼天官第 …… 230
(六)分宜镇水东村公昌里司马第 …… 230
六、牌坊 …… 231
(一)新余民间标志牌坊建筑——牌楼 …… 231
(二)下村镇浒江村世芳堂吴氏宗祠牌楼 …… 238
(三)水北镇楼下村骢马门楼 …… 241
(四)观巢镇上沂村“奕叶重光”牌坊 …… 243
(五)人和乡武郎村谯楼 …… 245
七、水井 …… 247
(一)新余古井概述 …… 247
(二)水北拾年山原始水井 …… 249
(三)城南观下村汉代水井 …… 250
(四)虎瞰山城宋代水井 …… 251
(五)城南四眼井 …… 251
(六)良山镇黄虎村元代水井 …… 252
(七)分宜镇介桥村古井 …… 252
八、村落与民居 …… 253
(一)新余地域村落的历史渊源及分布状况 …… 253
(二)新余古民居建筑风格及特点 …… 260
(三)尚睦邓家围垅屋 …… 261

(四) 南安哲山古民居群 …… 268
(五) 水北黄坑古村落 …… 278
(六) 罗坊下寸古村落 …… 282
(七) 新溪西江古村落 …… 286
(八) 人和乡棣村古村落 …… 292
(九) 水北镇慕江民居 …… 295
(十) 操场乡大院村钟姓民居 …… 300
(十一) 操场乡塘西村习氏兄弟进士民居西栋(上栋) …… 306
(十二) 操场乡塘西村习氏兄弟进士民居东栋(下栋) …… 309
(十三) 南安乡潢溪村温联孙宅第 …… 313
(十四) 钤山镇新屋里村枫溪彭氏民居 …… 314
(十五) 观巢镇上沂村民居 …… 315
(十六) 水北镇官陂村民居 …… 316
(十七) 分宜镇介桥古村落 …… 318
(十八) 钤山镇防里古村落 …… 320
九、古墓葬 …… 322
(一) 城南魁星路西汉墓 …… 322
(二) 良山垣下村汉墓 …… 325
(三) 洞村乡霞贡村陈重、雷义合葬墓 …… 328
(四) 洞村乡枣木山村习凿齿墓 …… 329
(五) 钤山镇新址片冶元村李宪墓 …… 333
(六) 新钢苗圃北宋墓葬 …… 334
(七) 城南渝水区第三小学南宋墓 …… 335
(八) 钤山镇枫溪村彭嗣元墓 …… 338
(九) 观巢镇享堂下村明代张固墓 …… 338
(十) 分宜镇介桥村明代严孟衡墓 …… 339
(十一) 水北镇官陂村御史简适斋及其妻黎氏孺人合葬墓 …… 339

(十二) 水北镇胡家村明代兵部右侍郎简霄墓 …… 340
(十三) 水西镇安和村明代“恭人张母墓” …… 341
(十四) 凤阳乡明都御史李香墓 …… 342
(十五) 分宜镇介桥村古金大师墓 …… 343
十、塔 …… 344
(一) 文峰塔 …… 344

## 第三章 可移动文物

第一节 碑刻与石雕 …… 346
一、宋胡三郎地券 …… 346
二、宋陈隐君圹记 …… 347
三、南宋道教咒语碑(孺人王氏地券) …… 347
四、宋代凤形砚 …… 352
五、明代严骥墓志铭 …… 353
六、明代严嵩撰文的张诲墓志铭 …… 358
七、明代严嵩撰文的《温宜泰墓志铭》 …… 361
八、清建威将军张春发墓志铭 …… 363
九、清代新喻重修县署记碑 …… 364
十、《重葺三至堂记》碑 …… 366
十一、清代广庆寺越凡老和尚塔墓浮雕人物石板 …… 368
十二、清万上遴指画梅花雕刻石板 …… 368
十三、钟灵毓秀石碑 …… 369
第二节 金属器具 …… 371
一、水西苑山出土的商代青铜鬲 …… 371
二、界水罗坊出土的西周青铜甬钟 …… 373

三、西周青铜戈 …… 374
四、西汉弩机 …… 375
五、唐代宝相花铜镜 …… 375
六、宋代铜镜选介 …… 376
(一) 长方形铭文镜 …… 376
(二) 钟形镜 …… 376
(三) 圆形柄镜 …… 377
(四) 圆形柄镜 …… 377
(五) 淳祐六年菱花镜 …… 378
七、宋代金耳环 …… 378
八、宋代“仁者寿”镜 …… 380
九、南宋嘉祐年间铜锣 …… 381
十、南宋铜钱窖藏 …… 382
十一、简家村窖藏银器 …… 398
(一)简家村窖藏鎏金葵菊纹银盘 …… 398
(二)简家村窖藏素面带铭文银盘 …… 398
(三)简家村窖藏凤菊纹银盘 …… 399
(四)简家村窖藏菊纹银盘 …… 400
(五)简家村窖藏錾花枝莲纹银盘 …… 400
(六)简家村窖藏錾花绶带双鸾纹银盘 …… 401
(七)简家村窖藏錾花凤蝶纹银盘 …… 401
(八)简家村窖藏鎏金莲瓣纹银杯 …… 401
十二、新渝州造元代铜权 …… 402
十三、临江路元代造铜权 …… 403
十四、明崇祯五年西隐庵铁钟 …… 404
十五、清“康熙通宝”钱五品 …… 405
十六、清朝江南省造银圆 …… 409

(一) 江南省造银圆 1 枚 …… 409
(二) 江南省造银圆(戊戌江南银圆)2 枚 …… 410
(三) 江南省造银圆(己亥江南银圆)2 枚 …… 410
(四) 江南省造银圆(庚子江南银圆)1 枚 …… 411
(五) 江南省造银圆(辛丑江南银圆)3 枚 …… 411
(六) 江南省造银圆(壬寅江南银圆)2 枚 …… 411
(七) 江南省造银圆(癸卯江南银圆)2 枚 …… 412
(八) 江南省造银圆(甲辰江南银圆)11 枚 …… 412
(九) 江南省造银圆(乙巳江南银圆)1 枚 …… 415
十七、江西错版铜圆 …… 417
(一) 江西省造光绪元宝当十铜圆 7 枚 …… 418
(二) “赣”字大清铜币丙午当十铜圆 1 枚 …… 419
(三) 中华民国壬子当十铜圆 2 枚 …… 419
(四) 江西省造当十错版铜圆 1 枚 …… 420
(五) 江西省造当十光绪元宝铜圆 1 枚 …… 420
(六) 江西省造当十光绪元宝铜圆 1 枚 …… 420
(七) 江西省造当十铜圆 1 枚 …… 420
(八) 江西省造当十光绪元宝铜圆 1 枚 …… 421
第三节 陶瓷 …… 430
一、东晋鸡首壶 …… 430
二、南朝洪州窑青瓷 …… 431
三、宋钧窑盘 …… 436
四、南宋吉州窑锭形彩绘瓷枕 …… 437
五、宋代吉州窑绿釉瓷枕 …… 439
六、吉州窑玳瑁纹黑釉香炉 …… 440
七、南宋至元代龙泉窑青瓷 …… 440
(一) 龙泉窑烧制史 …… 440

(二) 馆藏龙泉青釉瓷器 …… 442

(三) 龙泉青瓷特征 …… 444

八、南宋钧窑托盏 …… 447

九、青花瓷器艺术中的“苏泥勃青” …… 448

(一) “苏泥勃青”的由来 …… 448

(二)“苏泥勃青”的呈色 …… 450

(三) “苏泥勃青”的使用 …… 451

十、元青花龙纹梅瓶 …… 453

十一、元代龙泉青瓷盏 …… 453

十二、明永乐青花折枝花果纹玉壶春瓶 …… 454

十三、清康熙太极八卦图瓷挂盘 …… 454

十四、三件康熙景德镇青花瓷 …… 458

(一) 时代背景 …… 458

(二) 实物描述 …… 460

(三) 烧制工艺 …… 461

(四) 纹饰特点 …… 462

十五、清康熙青花梅瓶 …… 463

十六、清末渔樵耕读粉彩雕塑瓷 …… 464

十七、清雍正矾红彩瓷笔筒 …… 465

十八、清乾隆青花缠枝莲纹赏瓶 …… 466

十九、清乾隆豆青釉蒜头口瓶 …… 467

二十、清乾隆青花斗彩鼻烟瓶 …… 467

二十一、清末石榴紫砂砚滴 …… 468

二十二、清道光窑变釉葫芦瓶 …… 470

第四节 玉器与石器 …… 471

一、珠珊沙头村新石器时代晚期管形玉琮 …… 471

二、珠珊沙头村新石器时代晚期五件玉璜 …… 471

三、珠珊新石器时代晚期长条形有段锛 …………………………………… 473
四、拾年山新石器时代晚期环形穿孔石器 ……………………………… 473
五、拾年山新石器时代晚期石钺 …………………………………………… 474
六、拾年山新石器时代晚期长方形双孔石刀 …………………………… 475
七、拾年山新石器时代晚期石镞 …………………………………………… 475
八、斜里村夏代石戈 ………………………………………………………… 476
九、肖家坑商代早期穿孔石斧 ……………………………………………… 476
十、西汉滑石骑马俑 ………………………………………………………… 477
十一、西汉滑石钺 …………………………………………………………… 477
十二、西汉兽面纹滑石盒 …………………………………………………… 479
十三、西汉初廓云龙纹滑石璧两件 ………………………………………… 479
十四、西汉镂空龙凤纹滑石璜 ……………………………………………… 480
十五、西汉双龙莲子纹滑石璜 ……………………………………………… 481
十六、西汉山羊形滑石璜 …………………………………………………… 481
十七、西汉五山纹滑石镜 …………………………………………………… 482
十八、西汉滑石圆雕犀牛 …………………………………………………… 482
十九、西汉滑石圆雕长颈鹿 ………………………………………………… 483
二十、清代龙首螭纹和田白玉带钩 ………………………………………… 483
第五节　服饰及丝织品 ……………………………………………………… 485
一、水北胡家山墓葬出土的明代罗大袖袍 ………………………………… 485
二、水北胡家山墓葬出土的明代云纹暗花褶裥缎子裙 …………………… 485
三、水北胡家山墓葬出土的明代蓝棉半袖对襟衫 ………………………… 486
四、水北胡家山墓葬出土的明代白棉褶裥袍裙(褶子) …………………… 486
五、水北胡家山墓葬出土的明代蓝棉夹裤 ………………………………… 488
六、水北胡家山墓葬出土的明代蓝色棉布大襟右衽襦 …………………… 489
七、水北胡家山墓葬出土的明代蓝色棉布裙 ……………………………… 489
八、水北胡家山墓葬出土的明代白棉裤袜 ………………………………… 490

九、水北胡家山墓葬出土的明代翘头弓鞋 …… 490
十、操场乡山泗村明代圣旨 …… 491

**附录** …… 495

新余市各级文物保护单位简表 …… 496
新余文物工作大事记 …… 501
新余历史沿革 …… 516

后记 …… 521
全书栏目设置及撰稿分工说明 …… 523

# 第一章

# 新余考古历史

第一节

# 新余考古历史概述

## 一、新余文物考古工作的萌芽与开始

1953年，新余县人民政府将文物工作列为县文化馆的一项工作任务，并确定专人负责。此后，收集了一批文物。1954年，中国科学院考古研究所饶惠元先生在新余县境采集了一批始新世脊椎动物化石。1958年，新余县政府拨款维修魁星阁。然而新余市正式的文物考古工作起始于20世纪50年代末期，那时为配合江口水库建设，长江流域规划办公室文物考古队江西分队在分宜水库淹没区调查发现下马垴、昌山、泉塘、西冈4处文化遗址。1960年，江西省文物管理委员会、省文物考古队在分宜县试掘古窑遗址。1962、1981年，新余县界水乡主龙山和罗坊镇雷公山分别出土西周铜甬钟。1965、1972年新余县、分宜县先后发现始新世钝脚类化石和新生代动物化石。1976年，新余县发现恐龙蛋化石。

1982年以前，尚在起始状态的新余境内考古工作处于零星、被动的考古发现中，一般没有新余本地考古工作者的主动参与，新余也没有出现专业的考古工作者。1982年以后，新余市境内考古工作成为有组织、有常态的主动性的考古工作，并由新余当地的考古工作者担任主角或组织者的角色。1982年3月，组建新余县文物普查领导小组。1982年5月8日，成立“新余县文物普查队”。早在当年3月28日，新余就派了7名同志赴清江县参加宜春地区文化局举办的“文物普查骨干训练班”学习，初步掌握了文物普查的基础知识。回县后，查阅《临江府志》《新喻县志》，分析和研究新余的历史沿革、地理环境、名人名胜、文物古迹，作为制订文物普查计划的主要依据，并

确立了“先南后北，先水系后丘陵”的普查步骤。为了使工作少走弯路，先选择在新余镇、珠珊公社进行试点，总结经验，推广全面。文物普查从1982年3月1日至1983年年底，历经1年零10个月。以地毯式的调查方式查遍了袁河、蒙河、孔目江、南安江、划江、天水江、白杨江、陈家江、界水江、雷陂江等十大水系两岸的山山水水，走访722个公社(场)镇，90多个大队，260多个村庄，行程4500多公里。考证了虎瞰山、龙池墅，以及吴州城的三座古城，发现从新石器晚期至春秋战国古文化遗址29处，重点调查古桥10座，古墓葬15座(内含名人墓葬9座)，古墓群3处，铜、铁矿遗址及炼铁遗址3处，古溶洞3穴，古建筑7所，收集传世文物241件，出土文物75件，古钱币100多公斤。

1982年4月1日至同年12月，分宜县文物普查队足迹踏遍全县13个公社、1个镇、4个场、120个大队。发现古遗址线索几十处，古墓葬162处，古建筑13处(其中古桥梁9座、古祠庙遗址2处、古寺古庵2处)、第二次国内革命战争时期革命旧址3处，收集出土文物24件和史料2部。

1983年5月18日，省、地文物普查办公室组成的验收小组莅临新余县进行验收。一致认为新余县文物普查工作，在宜春地区成绩较好，验收会上受到省、地领导表扬。江西省文物普查办公室，将新余县文物普查汇编资料，送至在贵阳召开的全国文物普查工作会议进行展览。根据全国文物普查贵阳会议精神，文物普查还要继续深入，为此，在整理资料的同时，新余重点复查了新溪、南安、姚圩、北岗、欧里、观巢、水北、良山、九龙、东边等11个公社，又发现古文化遗址11处，清理西汉晚期至南北朝墓葬6座，调查古桥梁8座，收集各种文物240余件。通过普查与复查，丰富了新余市文物的研究内容和研究资料。

在文物普查中，文物工作者还征集到了一些出土或传世文物，例如吉州窑瓷枕。1983年12月至1984年1月，在新余县文物陈列室举办全市第二次全国文物普查成果展，共展出分宜县、渝水区出土与传世文物600余件。1984年5月6日，报送新余市人民政府公布的第一批市级文物保护单位共22处。同年8月，为纪念建县1000周年，分宜县文化馆举办历史文物展览。

## 二、新余文物考古工作的发展与繁荣

如果说 1982 年到 1983 年的文物普查工作是新余文物考古工作的“大跃进”的话，那么 1983 年新余复市以后的文物工作则步入正轨，进入常态化、科学化的发展状态。文博工作者在田野考古与调查、文物征集、化石发现、文物维修与文保申报、文物立志建档与宣传展览方面取得了很大成绩。

首先，在田野考古与调查方面成果颇丰。1986 年 5—7 月，江西省文物工作队、新余市博物馆联合组成考古队，首次对水北拾年山遗址进行抢救发掘。1987 年 11 月—12 月、1989 年 10—12 月，江西省考古研究所、厦门大学人类学系、新余市博物馆共同合作，两次对水北拾年山遗址进行发掘。1988 年 9 月，江西省考古研究所、新余市博物馆联合对城北优惠区进行考古调查，发现汉代至清代墓葬百余座，发掘清理 61 座，出土文物 200 余件。1989 年 12 月，中国科学院脊椎动物与古人类研究所、省文物考古研究所、市博物馆在考古调查中发现了罗坊打鼓岭、水西龚家山两处旧石器时代文化点，采集石制品 49 件，填补了江西省及袁河流域旧石器时代考古学的空白。1990 年 11 月，市博物馆组织开展新余矿冶史考古调查，在分宜湖泽镇和渝水区观巢镇发现了凤凰山、炉渣屎、伯公庙、斗牛岭、简炉、上沂、银山堋等 7 处古矿冶遗址。1996 年 4 月，中国丝绸博物馆、上海自然博物馆、江西省考古研究馆、新余市博物馆清理被盗掘的水北胡家山明代墓葬，发现完整女尸一具，出土服饰、铜镜、陶罐等随葬品 118 件。1998 年 2—8 月，分宜县开展全县第二次文物普查，对全县文物点现状进行全面调查，建立县、乡、村三级文物保护网档案，落实、健全文物保护单位“四有”保护措施(有保护标志、有保护范围、有专职或兼职保护员、有保护档案)。1998 年 3 月，省、市文物工作者对珠珊斜里夏代遗址进行考古试掘。1996 年 12 月至 1997 年 12 月，新余市开展文物普查复查工作，对全市各乡镇文物点进行了一次普查摸底登记工作。2000 年 3 月初，新余市政协委员聂朋在市政协五届三次会议期间提交了《基建动工项目必须实行先期考古调查、勘探和发掘》的提案。该提案得到承办单位的支持和认真执行，达成了先期考古的具体操作办法，从而开创了新余市文物保护工作的新局面。2002 年 10 月—12 月，考古工作者在罗坊镇陈家江两岸发现 12 处商代至战国时期古文化遗址。2003 年 8 月至 2004 年 8 月，分宜开展全县第三次文物普查，在为时一年多的普查中，全县新发现文物点 12 处，有松山防里商至宋遗址，江西节度使、权知袁州(军州)事邓璠墓等，其中最重要的成果是 2004 年 7 月在分宜县钤山镇大岗山发现的 2000 米长的唐代驿道遗址。从 2007 年初至 2011 年底，新余市认真按照国务院关于开展第三次全国文物普查的通知精神、目的和意义、工作范围和内容、时间安排、组织领导和实施方案、资料填报和管理要求，组织成立各级文物普查领导小组，设立普查办公机构，抽调文物专业技术骨干，以县域为基本单元，组建分宜县、渝水区文物普查队，分三个阶段组织实施文物普查工作。第一阶段，开展文物普查宣传、技术人员培训、文物调查试点工作；第二阶段，查阅史料、调查访问知情人、实地调查文物登记工作；第三阶段，进行调查资料整理、汇总，数据库建设、复查、验收、评比、总结工作。通过全体普查人员辛勤努力、各级领导关心重视、社会各界支持，共界定调查登记不可移动文物 948 处，其中复查文物 139 处、新发现文物 809 处；按普查单元分：渝水区(含高新区、仙女湖区、孔目江区)614 处，分宜县 334 处；按类别分：古遗址 104 处、古墓葬 39 处、古建筑 630 处、古石刻 3 处、近现代重要史迹 172 处。经国务院第三次全国文物普查领导小组办公室最终审核合格。至此历时 5 年的文物普查工作圆满结束。

其次，在文物征集方面成效显著。1982 年 10 月至 1988 年 12 月，在市、区各土产公司、废品仓库、废品收购站配合下，文物部门从废品中拣选铜质文物 400 余件，汉代至清代钱币 200 余斤。1983 年 1 月，征集水西简家元代窑藏银盘、银杯共 8 件。1987 年 3 月，渝水区罗坊镇黄花园廖义华等村民将南朝墓中出土的青瓷壶、分格盘、三足炉、碗等文物送交新余市博物馆收藏。

其三，在化石发现方面收获颇多。1987 年 2 月，考古工作者在渝水区姚圩乡龙骨山、狮子山调查发现新生代第三纪(大约 300 万年前)的哺乳动物化石。2001 年 4 月，分宜县双林镇白水煤井出土新生代第三纪始新世(距今约 3.65～5.3 亿年)的模铸被子植物化石。2004 年 12 月，江西省文物考古研究所、分宜县博物馆联合在古生代二叠纪溶洞内，发掘、清理出距今约5至10万年前的晚更新世的剑齿象化石。

其四，在文物维修与文保申报方面建树颇多。文物维修是文物工作成果展示及文化遗产保护的重要手段。30年来，江西省、新余市多次拨款对市级文物保护单位孔庙、魁星阁进行维修。1986年1月，分宜县拨专款维护汉代尚书陈重、雷义合葬墓。2009年，投入100万元维修了昼锦堂，2010年7月—11月，鹄山乡前山村干部自筹资金40余万元，在文物专家指导下，对重要古建筑昭贤堂进行修缮，这是新余市首次以民间捐资方式维修文化遗产。2011年，投入90万元维修梁寅夫子堂和张春发将军府。迄今为止，新余市已完成所有建筑类国保、省保单位的维修，正力争完成更多市保单位维修。为了更好地保护新余不可移动文物，新余积极开展各级文物保护单位的申报工作，许多不可移动文物被公布为各级文物保护单位。2000年7月25日，《江西省人民政府关于公布第四批江西省省级文物保护单位的通知》{赣府字〔2000〕113号文件}将新余拾年山遗址、昼锦堂列为第四批省级文物保护单位。2005年4月，新余市人民政府将28处不可移动文物列为第二批市级文物保护单位，同年7月，分宜县人民政府将10处不可移动文物列为第二批县级文物保护单位。2006年5月26日，《国务院关于核定并公布第六批全国重点文物保护单位的通知》{国发〔2006〕19号文件}审定公布，罗坊会议旧址群的罗坊会议和兴国调查会旧址列为全国第六批重点文物保护单位，填补了新余市无国保单位的空白，提升了我市文物保护单位的级别。同年12月，《江西省人民政府关于公布第五批江西省文物保护单位的通知》{赣府发〔2006〕29号文件}审定公布，分宜县湖泽镇凤凰山古矿冶遗址、邓家围垅屋，渝水区罗坊镇棋盘山遗址、水北镇蓉泉桥被列为第五批省级文物保护单位。2007年11月，新余市文化、文物部门领导及专业技术人员，对发现分布在分宜县芦塘村古岭上的明代南京城墙砖贡烧窑址进行了实地勘探保护。

其五，在文物立志建档与宣传展览方面也取得了不少成绩。1985年1月至1986年6月，新余市博物馆进行了新余市文物志的编撰工作，聂朋撰写的《新余罗坊纪念馆馆藏文物志》(18000字)和《新余市部分历史文物(碑刻、铜铁器、古桥梁)志稿》(14100字)已呈报给江西省文物志编纂委员会。1990—2005年,由胡小勇撰写制作完成的新余设区市文物点222处词条,共35000字,已经编入《中国文物地图集·江西分册》。2003年1月—2月新余市博物馆胡小勇编制了《新余市文物名胜导游图》。2010年1月—8月,分宜县、渝水区基本完成文普文物点纸质登记填写和电子文档登录工作,并对库房可移动文物馆藏珍品进行第一阶段的数据采集和电子文档登录。经过江西省文物普查办专家组验审,成绩名列全省第三名。与此同时,文物部门及时举办各类文物展览和宣传活动,将文物考古、历史研究的成果展示在全市人民面前:除了民间珍宝馆、傅抱石纪念馆、罗坊会议纪念馆的12个长期性展览项目外,1989年举办"新余历史名人"展览;1994年至1995年新余市电视台《这方水土》摄制组与市博物馆合作拍摄、播映了介绍新余著名古建筑的宣传专题片;1997年举办"水北明墓出土女尸及其文物"展览;2000年举办"新余历代文物"展览;2001年11月举办"新余市出土文物"展览;2003年再次举办"新余历史名人"展览,同年10月,举办"新余出土文物精品"展览。2006年2月,江立明、聂朋编撰的《凝固的乐章——新余古建筑实录》(新余市政协文史资料第十一辑)由江西科技出版社出版。该书是新余市首部全面介绍新余古建筑的书籍,已被国家图书馆、上海图书馆、澳门中央图书馆等55家图书馆收藏,并交流给国家文物局、中国古代建筑博物馆、国家博物馆、故宫博物院、河南省文物局、江西省文化厅、江西省文化局等文化单位收藏参考。

第二节

# 新余文博机构发展概述

## 一、新余文博机构的设立

新中国成立前，今新余市辖区内的新余县和分宜县皆无文物管理机构和文博队伍。中华人民共和国成立后，两县文物工作皆由新余县文化馆负责。1982 年 3 月，经新余县人民政府发文批准，成立新余县文物普查领导小组，由刘莹任组长，李时敏任副组长，顾世民、张振中、廖明彩为成员。下设办公室，由张振中任办公室主任，蒋务本任副主任。在大礼堂三楼办公，为县志编纂办下设单位。1982 年 4 月，分宜县成立“文物普查领导小组”和“文物普查工作队”。1982 年 5 月 8 日，新余县委(82)41 号文件《关于编纂<新余县志>和做好党史资料征集、文物普查的通知》规定“文物普查，县志编修和党史征集工作，由县委宣传部直接领导”。抽调蒋务本、彭振声、倪孝世、章琳、胡小勇、李小平、胡惠民、彭炳根 8 名同志，组成“新余县文物普查队”，不久后，又成立“新余县历史文物陈列室”。此后不久，在县文物普查队的基础上，由县文教局、文化馆、罗坊会议纪念馆三个单位，抽调 6 名干部和 1 名下放教师，共 7 人组成。其中共产党员 2 名，共青团员 2 名；大专文化程度 2 名，高中 4 名，初中 1 名。文物普查结束以前，县历史文物陈列室与县文物普查队，一套人马，两块牌子，由蒋务本负责。 办公室设在大礼堂三楼，财政局拨文物普查经费 6000 元。他们除全面开展文物普查外，还开展了市重点文物保护单位申报、古建维修、历史文物收集、资料整理、举办文物普查成果展览等项工作，为筹建新余市博物馆打下了基础。1984 年3 月10 日，根据新余市编制委员会(84)新编 004 号文件《关于同意成立新余市博物馆的批复》,正式成立新余市博物馆,属事业编制,归口新余市文化广播电视局。1985 年 1 月后,归口新余市文化局领导。馆藏文物包括历史文物与革命文物两大组成部分(即原新余县历史文物陈列室和罗坊会议纪念馆)。每年事业经费 80000 元。在编人员 17 名,退休借用人员 3 名,其中大专文化程度 6 名,中专 2 名。内有共产党员 8 名,党支部 1 个,党小组 2 个,胡元洪任馆长兼支部副书记。馆内机构设有办公室、资料室、文物科,当时借用新余市大礼堂三楼三间房子办公。1987 年 8 月,分宜县县长办公会议研究县文化局报告,决定同意设立分宜县博物馆,隶属县文化局领导。

## 二、新余文博机构的现状

新余市辖一县四区,现有文物机构“二馆一所”,即,新余市博物馆、分宜县博物馆和渝水区文博管理所,共有文博从业人员 53 人。

### (一)新余市博物馆

1984 年 3 月 10 日,新余市博物馆正式建立,属副处级全额拨款一类事业单位。由原新余县文物陈列室和罗坊会议纪念馆组建。新余市博物馆位于新余市仙来中大道 61 号,建筑面积 3952 平方米,内设有办公室、文物保护部、陈列保管部、仰天岗爱国主义教育基地管理办公室、罗坊会议纪念馆管理办公室和傅抱石纪念馆管理办公室等 6 个部室。其职能是负责全市境内的文物保护、文物调查、考古发掘,文物征集、收藏、保管、研究,陈列展览、宣传、对外交流,不可移动文物保护,以及受市文化局委托进行文物执法等其他工作。该馆自成立以来,通过考古发掘、征集等多种渠道,不断充实文物藏品,现有藏品 57900 余件,其中一级品 10 件,二级品 37 件,三级品 378 件,它们当中有被誉为“江南的半坡”——拾年山遗址出土的各种器物,及各时代珍贵的陶瓷器、青铜器及古旧字画等,尤为珍贵的是保存了以现代著名国画大师傅抱石先生为代表的现代名家 200 余幅书画作品,成为一大特色。在田野考古及学术研究上,该馆也取得了可喜成绩,其中拾年山遗址、北环路(仰天岗大道)工

新余市博物馆展厅内景(一)

新余市博物馆展厅内景(二)



地唐宋墓葬等,为研究古代新余先民的社会生活、工艺美术、丧葬习俗等,提供了有利的实物佐证。

目前新余市博物馆辖下有仰天岗爱国主义教育展览馆、民间珍宝馆、罗坊会议纪念馆、傅抱石纪念馆等。

### 1.仰天岗爱国主义教育展览馆

坐落在仙女湖区仰天岗南麓的爱国主义教育基地的南端,1997 年建成开馆。占地 10 亩,建筑面积 3000 平方米,是一座具有民族风格的四合院建筑。院内院外花木茂盛,四季常青,门朝仰天岗大道,后靠青山溪水,交通便利,环境幽静。

仰天岗爱国主义教育展览馆外景

馆内开办的庆祝新中国成立60周年新余发展成就展览，全面展示了新中国成立以来，新余经济和社会发展的巨大成就，整个馆有9个展厅，展览共分为6大主题，分别是：发展历程，城市变迁，经济腾飞，关注民生，见证“三农”，憧憬未来。这是一个为广大人民群众，特别是青少年充分了解新余的昨天、今天和明天服务的综合性爱国主义教育的专题展览。

### 2.民间珍宝馆

民间珍宝馆位于爱国主义教育展览馆右侧。该馆建于2002年9月，是新余市委、市政府为收藏、展示吴立山先生及其夫人黄秀芳女士捐赠文物的专门馆。其外观是一座仿馆藏东汉陶器五管瓶造型的封闭式砖混结构建筑，建筑面积1300平方米。

民间珍宝馆现有藏品514件，其中珍贵文物94件。藏品来源主要有两部分：一是吴立山先生及其夫人黄秀芳女士捐赠文物425件；二是征集化石58件、字画31件。内设陈列展览厅6个，分别是：(1)远古化石厅：展品为不同地质年代的动物、植物化石。(2)古陶瓷厅：展品为商至宋元时期的古陶瓷精品。(3)近现代艺术瓷雕厅：展品为近现代艺术瓷雕。(4)木雕工艺厅：展品为木雕

民间珍宝馆外景

民间珍宝馆木匾额厅

床花及建筑构件。(5)木匾额厅：展品为明清年间至民国时期的匾额。(6)现代书画作品展示厅：展品为新余书画界征集的美术、书法作品。

### 3.罗坊会议纪念馆

罗坊会议纪念馆位于新余市渝水区罗坊镇彭家村。其前身是罗坊会议旧址陈列馆。是为了纪念1930年毛泽东、朱德率领的红一方面军总前委与李文林、曾山领导的江西省行委联席召开的罗坊会议和毛泽东开兴国调查会这两大历史事件而建的一个专题纪念馆。于1973年10月动工兴建,1976年11月竣工。内设办公室、陈列后勤和绿化三个组。它是一个专题性革命纪念馆。该馆从成立至1983年新余复市以前,归口新余县委宣传部。每年事业经费22000元,在编人员19人(含临时工)。1977年由张振中任副馆长,1983年3月张调

罗坊会议纪念馆外景

离后，由胡元洪接任。1978 年邹家声任馆长，1979 年调离。1984 年 3 月以后，罗坊会议纪念馆并入新余市博物馆，属两块牌子一套人马。展览建筑面积 1360 平方米，为一座仿古四合院式建筑。纪念馆同时负责管理全国重点文物保护单位——罗坊会议和兴国调查会旧址。

1995 年 6 月，该馆被设为第一批市级爱国主义教育基地，并连续 10 年荣获“江西省文明单位”称号，2001 年被设为江西省第二批爱国主义教育基地，2004 年，增设为中国井冈山干部学院现场教学点。2004 年 10 月 19 日，时任中共中央政治局常委、国家副主席的曾庆红视察罗坊会议纪念馆时，充分肯定了该馆的陈列展览和坚持开展爱国主义、革命传统教育的做法。

### 4.傅抱石纪念馆

新余傅抱石纪念馆 1985 年建成开放，原名傅抱石展览馆，位于江西新余市抱石西大道终端的抱石公园内，占地面积 6000 余平方米，为一座具有江南特色的仿古园林式建筑。2004 年，傅抱石纪念馆划归文博系统管理。主办了“傅抱石生平事迹”展览，展览分为“艺术之路”“爱祖国、爱家乡情怀”“傅抱石作品文集陈列”等三部分内容，比较全面地介绍了傅抱石的人生经历和艺术成就。

傅抱石纪念馆外景

(二)分宜县博物馆

分宜县博物馆于1987年7月成立,1988年1月1日正式对外开放。因县城改造,位于钤阳东路的旧馆址(其占地面积712平方米,其中陈列室200平方米),于2002年3月被拆,迁至府前路县老干部局三楼办公,条件简陋。2008年,县委、县政府高度重视文博事业建设,投资近3000万元建成江西省一流的县级博物馆(其建筑面积4289平方米,展厅面积1700平方米)。2012年12月28日,新馆交付使用。分宜县博物馆,隶属县文化广电新闻出版局领导,为副科级事业单位,内设办公室、陈列保管部、展览开放部和保卫部4个机构。现有工作人员9人,其中馆长1人,副馆长1人,工会主席1人,讲解员3人,保安人员3人。办公室协助馆领导处理日常工作,督促检查、办理馆内事务,负责文秘、信息、档案、信访、报纸收发、财务等事务;陈列保管部负责馆内陈列制作和维修,文物、资料的征集、收藏、保管、科研,文物的复制、修复、装裱等相关工作;展览开放部负责组织、引导观众参观,对陈展内容进行宣传和讲解,对广大观众进行革命传统宣传教育和爱国主义宣传教育;保卫部负责本馆文物安全保卫、观众和工作人员的安全,维护博物馆秩序稳定,营造安全和谐的参观环境。博物馆现有文物藏品9448件,其中一级文物1件,二级文物13件。

第三节

# 考古调查发掘

## 一、水北拾年山考古调查发掘

拾年山位于蒙山之阳，蒙河之北岸，在渝北第一重镇水北镇拾年村东面，这里四面丘陵连绵，群山围绕，江河环流，青山绿水，风光物美。

拾年山原是一座无名小丘陵台地。1984 年 9 月的一天傍晚，我们这一群老少组合的考古工作者饭后漫步于此，乘着夜色快要降临时的微光，一会儿弯着身子拾捡地面上的土块、石头、残砖破瓦仔细地辨认、观赏；一会儿在已开挖的土壤断面抬着头、踮着脚跟细心地察看，似乎在这一带寻找着什么。我们的一举一动自然引起村民好奇，难道这里有什么矿藏？还是这土地有什么问题？村民们很纳闷地一边围观一边议论着。“有新发现！”我们的叫喊声把同伴与村民很快地吸引过来，在土台北部边缘有一处已挖开的土壤断面上，暴露出一层层红烧土块，里面还夹杂有大量陶器残片、鼎足、石器等，如此丰富的文化层！我们这群老少情不自禁地兴奋得手足舞蹈起来，围拢过来的村民也你一言我一语说开来了。

“两年前我家做新屋挖地基时就挖到很多这种东西，”住在拾年村最东面的老张滔滔不绝地说，“这里是我几个月前才挖开的土方。”

有一中年妇女挤上前来说：“村里已批准我家在这里建新房。”一位满脸笑容的年轻人看着我们不解地说：“你们找这些东西做什么用？”

考古工作者解释说：“我们是文物考古工作者，这些发现的陶石器是几千年前我们的祖先遗留下来的生活用具和劳动工具，证明先民们已经就在拾年山劳养生息，你们村以后还要好好地把它保护起来，千万不要再在这台地上取土或建造新房屋。”

拾年山遗址发掘现场

1985年初，经江西省有关考古专家实地调查、勘察、论证，拾年山被确认为江西省新石器时代晚期最重要的古文化遗存。从此，拾年山引起当地政府重视，文物部门也不断加强保护管理起来。为了防止自然的和人为的侵害，为了抢救发掘保护祖国文化遗产和探明拾年山遗存文化内涵，经报请国家文化部批准，江西省考古研究所先后三次组织考古人员对拾年山遗址进行考古发掘工作。

1986年5月—7月，江西省考古研究所会同新余市博物馆对拾年山遗址进行抢救性发掘，首次发掘开挖5米×5米探方12个，发掘面积300平方米。发现房址2座、灰坑2处、水井1处、灶1座、石器堆8处，清理墓葬30座，出土文物400余件。

1987年10月—11月，江西省考古研究所与厦门大学人类学系、新余市博物馆联合组成考古队，对拾年山遗址进行第二次科学发掘。开挖5米×5米探方15个、5米×3米探方2个，发掘面积405平方米，发现房址4座、灰坑4处、陶片堆33处、石器堆1处，清理墓葬50座，出土文物600余件。

1989年10月—12月，为进一步探明拾年山遗存文化内涵和与周边地区文化关系，江西省考古研究所、厦门大学人类学系、新余市博物馆再一次联手合作，对拾年山遗址进行第三次考古发掘。开挖5米×5米探方20个，发掘面积500平方米。发现房址5座、灰坑2处、陶片堆12处、石器堆4处，清理墓葬56座，出土石器等小件器物和可复原陶器160余件。

通过三次大规模考古发掘及大面积揭露和大量的出土器物资料可知，拾年

山文化遗存从新石器时代晚期延续到商、西周、春秋时代。拾年山遗址是一座布局具有一定特色的原始聚落遗址,整个遗址约为5000平方米,是一处以高出周围数米而形成自然壕沟的台地型遗址。从已发掘的平面看,它的北部为氏族居住区,已清理发现房址11座,均为排列有序的圆形房基,居住地面垫有干燥的红烧土层, 墙体为木骨泥墙, 即先以柱桩洞间隔立柱作为承托屋顶和连接墙体的骨干,后用小木棍和竹藤条编织成隔挡墙,再在隔挡墙内外双面抹上泥烧烤,房址柱桩洞为圆形,柱桩洞内充填有火烧土、炭屑、陶片等,可起到抗压、承重、稳固、防潮等作用,这类房屋很适应南方先民居住,并有冬暖夏凉之效,根据复原平面图,房屋建造很考究,反映了拾年山氏族居民先进的营造技术和勤劳智慧。

南部区是氏族公共墓地,共发现清理墓葬136座,其中有圹墓88座(其中新石器晚期86座、商周时期2座)、无圹墓47座(其中新石器晚期45座、商周时期2座),瓮棺葬1座,三种墓云集一地,是拾年山氏族先民独特的埋葬方式,在全国考古发现中较少见。据考证,拾年山遗址的有圹墓和无圹墓均为二次葬,二次葬是氏族先民死后多年行停尸拣骨殖,在住地附近平地或挖坑穴火化二次葬而后推土掩埋的一种葬俗。无圹墓是一种不挖坑穴、平地掩埋的墓葬形式,在无圹墓之圆形或椭圆形黑灰土堆底分布范围内,挖一个小圆坑在其中心放置碎骨渣,表面覆盖黑灰土或小许红褐土,还有的是挖周边浅或中部较深之浅穴,把骨渣放于中部浅穴再盖上黑灰或红褐色土。有圹墓则多系长方形浅竖穴或深穴,这种墓坑比较小而浅,仅能容纳尸体,坑内多为烤壁、不烤壁和轻微烤壁。瓮棺墓运用陶圈足壶式葬具,在拾年山遗址居住区房址范围内发现,这是原始先民居住区幼童死后埋在屋内或房基下而不进入公共墓地的一种葬俗,反映氏族对亲人死去依依不舍的思念之情。

东部区为人工有意识堆积的陶片堆和石器堆,应为氏族先民作坊区。共发掘清理陶石器堆58处,其中陶片堆45处,堆积形状有椭圆形、半圆形、长方形、三角形、肩面形、珊瑚礁形、不规则形等,以椭圆形居多,且陶片堆积有一定规律,叠压堆放层位有1~5层不等,其陶质、陶色及器形似雷同,堆积中大多伴有石器在内;石器堆13处,堆放形状主要有方形、长方形、三角形、椭圆形4种,器物组合堆放有斧、锛、镬、穿孔器、砺石、网坠、石球、流星、石坯料、石料等。

三次发掘出土的遗物主要有石器和陶器，以及极少量玉器、青铜器。其中石器593件，均为磨制。农业和手工业工具有：斧、锛、钁、刀、铲、凿、锄、磨棒、钻、砺石等；渔猎工具有：矛、镞、流星、穿孔器、球、网坠、饼等；礼器和装饰器有：钺、环、琮、坠等。陶器近4000件，分为泥质红陶、泥质灰陶、泥质黄褐陶、泥质黑衣陶、泥质红衣陶、夹砂红陶、夹砂灰陶、夹砂黄褐陶8种，以夹砂红陶、夹砂灰陶数量最多，夹砂陶的陶土大多未经淘洗，而泥质陶的陶土大都经过淘洗，火候较低，质地较坚实，陶色均匀，器表磨光。器形制作方法主要有模制、轮制、手制三种，以模制和轮制为主。陶器主要为生活用具，其次是生产工具等，生活用具有鼎、鬶、豆、罐、杯、壶、缸、簋、盆、钵、釜、盖等，生产工具有纺轮、球、垫、研磨棒、拍、错等。器形有三足、圆底、圈足、平底和凹底器等，器表装饰手法以刻画、拍印为主，还有压印、堆贴、锥刺、镂孔等。纹饰多为几何图形，主要有凸形加点、圆点、复线加点、绳纹、波折、篮纹、折角、圆圈纹、篦点纹、堆贴纹、凹点纹、竖条纹、八字形和V形纹等。根据地层叠压情况和遗物特征分析，第一层为耕土，第二层为商周文化遗存，第三、四层以下遗迹为新石器时代文化遗存。

三次发掘商周文化遗存出土石器91件，均为青石质，磨制，器形有斧、锛、刀、锥、矛、镞、磨棒、坠、钻、砺石等。陶器有硬陶、泥质红陶、泥质灰陶、泥质黄褐陶、夹砂红陶、夹砂灰陶、夹砂灰白陶、原始青瓷8种，其中灰陶系居多。陶器制法为模制、轮制和手制三种，以轮制为主。器形有鬲、釜、甗、豆、罐、缸、鼎、盆、壶、杯、盖、纺轮、垫等。陶器纹饰以拍印纹为主，纹饰有绳纹、网结纹、云雷纹、方格纹、篮纹、蕉叶纹、曲折纹、米字纹、回字纹、编织纹、圆圈纹、席纹、篦

拾年山遗址出土的盘形鼎、陶鬶、陶豆

点纹、三角形和直线刻画纹、锥刺纹等。

水北拾年山出土石质穿孔器、球、流星等器物

拾年山遗址年代距今约6000～4000年，依据地层关系和典型陶器演变，拾年山遗址的文化特征和分期断代分别为：第一期文化以红衣红陶为特征，年代测定距今约5500～6000年；第二期文化以黑衣红陶为特征，年代测定距今约5000～5500年；第三期文化以黑衣灰陶为特征，年代测定距今约4500～5000年。拾年山遗存所反映的文化面貌与中原地区、长江中下游地区、东方沿海及岭南地区均有联系。第一期文化与马家浜文化相似，纹饰与大溪文化雷同；第二期文化，陶器与薛家岗三期文化相似；第三期文化既与石峡文化有关，又与江西省筑卫城下层、樊城堆下层、尹家坪下层有联系。

三期文化的划分是首次对江西新石器时代遗存作分期研究，它从一个侧面反映江西在古代文化交往方面所占的重要位置，填补了江西新石器时代考古学编年序列缺环。其丰富的文化内涵引起考古界的热切关注，拾年山遗址的发掘是江西省文物考古界的一件大事和考古史上的一次重大收获。它所发现的排列有序的圆形房址，氏族公共墓地有圹穴、无圹穴和瓮棺葬云集一地的葬俗，以及种类俱全颇具特色的器物都是省内史前考古中仅见或少见的。它不仅是研究江西史前文化的宝库，也是探讨南方古代文化的宝库，被称为江南的“半坡”。2000年7月，拾年山遗址被江西省人民政府公布列为第四批省级文物保护单位。2004年10月，新余市文物部门将其列入全省文物保护“十一五”规划。2009年，推荐申报第七批全国重点文物保护单位。2013年5月，被国务院核定公布为第七批全国重点文物保护单位。

## 二、城北优惠区考古调查发掘

1988 年初，新余市委市政府研究决定在建设城北城区的基础上规划向西扩展，在渝水区原沙土乡(现称城北街道办事处)老屋场村委与河下镇莲塘村(原属渝水区，现已划入城北街道办事处)之间征用山地 5000 亩，作为经济开发优惠区。

优惠区位于新余市政府西面，范围包括今竹山路以西、青年路以北、天工北大道以东、赣西大道以南之间城区，规划建设单位有核工业部二十五公司、长林机械厂、长红机械厂、新余市委党校(已搬迁到仙女湖区)、武警水电部队、新余师范(新余高专成立后归属高专校区，已搬迁到市高新开发区)、新余第四中学等，这一带原为小丘陵山地，地形起伏较大，高低不平，平整土地工程量较大。为配合地方经济开发建设，在基建中做好文物保护工作，按照《中华人民共和国文物保护法》有关法规条例，凡重大工程工地建设必须先行考古调查，市文物部门及时与市政府、工地建设指挥部、开发商、土方基建工程队进行联系，宣传文物保护法，一方面组织考古工作者在工地进行巡查，一方面行文报告省级主管部门。1988 年 9 月 10 日，江西省考古研究所与新余市博物馆联合成立优惠区基建工地考古队，在老屋场小学设立办公室，江西省考古所程应麟任领队，考古工作人员有王强、胡惠民、胡小勇、聂朋、章国任、彭振声(以姓氏笔画为序)，临时聘请技工 6 名，9 月 12 日—18 日，考古工作队对优惠区工地开展全面调查，在大规模工程建设中，推土车隆隆声不绝于耳，人工挖掘土方热火朝天，人车穿梭，工地日夜一片繁忙，尘土飞扬。在工作环境极度艰难的情况下，考古工作者发扬不怕苦不怕累的工作精神，每天坚持行走工地之间，早出晚归，履行工作职责，认真做好各种迹象的调查记录。按工作计划，此次调查勘探工地分为五大片区，即核工业部二十五公司片区、长林片区、长红片区、四中片区、市委党校与师范片区。

9 月 19 日—29 日，考古队首先对核工业部二十五公司基建工地进行勘查，钻探采用间距 1.5 米×1.5 米梅花点布方法，做到钻探每洞深 1.50 米～2.00

米，重点钻探面积 1000 平方米，发现汉墓 5 座，发掘清理汉墓 3 座。

10 月，调查勘察长林基建工地，钻探采用间距 1.5 米×1.5 米梅花点或米字走向法，钻洞深 1.50 米～2.00 米，重点钻探面积 3000 平方米，发现汉、宋墓 32 座，发掘清理汉墓 12 座、宋墓 2 座。

11 月—12 月，在黄泥坑、长红、赣新路(已改称仙来西大道)等工地调查，钻探采用间距 1 米×1 米米字或井字走向布方法，钻探洞深 1.00 米～2.00 米，完成勘察面积约 5000 平方米，发现汉、唐、宋墓 30 余座，发掘清理汉墓 10 座、唐墓 1 座、宋墓 3 座。

1989 年 1 月，对四中建设工地进行勘探，采用双线十字形、梅花点布方法，每洞间隔 1.00 米～1.20 米，深 1.00 米～1.50 米进行钻探，勘探面积约 3000 平方米，发现汉墓 11 座，发掘清理 8 座。

其他地方如文坡里、下棚、市委党校区、师范等地调查发现汉墓 10 座，清理 3 座。至 2 月初，优惠区考古调查、勘探工作基本结束，共发现汉至清墓葬约 100 座，大部分为砖室墓，小部分为土坑汉代墓，基中汉墓占三分之二以上，但汉墓早年被盗掘情况严重，很多汉墓只见残室，随葬品全无，有的一两件或为残器，宋墓则保存较完整，出土器物品种数量基本相同。据初步统计：

城北优惠区考古勘探时考古人员打探铲时的情景

清理出土文物或施工建设破坏墓葬缴交的器物有铜镜、铁剪刀、铜剑、铜钩、木梳、青釉碗、青釉盏、双系罐、双系壶、双系缸、陶罐、皈依瓶、绿釉盂、绿釉甑、绿釉船形灶、绿釉锅、玉璜、料珠、石坠饰、金耳饰、钱币、墓志铭等文物200余件,记录整理第一手发掘资料,绘制墓葬结构图50余幅,拍摄图片千余幅。古墓葬是当时人们宗教信仰的反映和现实生活的缩影,也是古人工艺美术的"展室",不同程度反映了当时的社会经济、文化、宗教、艺术、科学,等等,其墓葬大小、形状、形制、结构、殉葬品等级,可以说是一种特殊的当时社会生活写照、艺术构筑、实物史料仓库,具有极其重要的考古价值。这批墓葬的调查发掘整理及器物的收集,对于研究新余地域葬俗、社会经济文化具有十分重要的意义。

## 三、浙赣铁路复线考古调查发掘

1991年4月,省文物考古研究所电涵市文化文物管理部门,要求尽快组织考古专业人员对即将动工扩建的浙赣铁路(现名沪昆铁路)复线罗坊—天井段进行一次全面考古调查勘探。

浙赣铁路复线罗坊—天井段,位于渝水区东部边缘,即新余市与樟树市隔界处的新余辖区段内,这一带为山地丘陵,地名为打鼓岭,丘陵地带东西长约3000米。浙赣铁路复线南邻百米处有与之并行的袁河水,北面百米处有与之并列的樟萍公路,沿线附近有竹山新老屋、铁村下新老屋、何家、钱家等自然村。浙赣铁路复线修建是国家重点工程,为配合工程建设,做好文物保护调查工作,5月初起,新余市博物馆组织考古工作者在铁路沿线两侧100米范围内,开展路基扩建宽度、修填路基取土、平整地面土方点等项目,由西向东进行实地勘探。队员每天顶烈日、冒酷暑,早出晚归,徒步在山间树林,穿荆棘、过坟场、走河岸、越公路、跨铁路,调查勘探面积达60万平方米,发现铁树下、河底下、龙望口、狮子山4处商、周时代古文化遗址。

铁树下遗址,年代为商代,面积约5000平方米,位于铁树下新村南100米处,采集器物标本多为陶器残片,陶质为夹砂红陶和灰陶、泥质灰硬陶和软陶，可辨器形有凹底器、罐等，纹饰有方格纹、网结纹、菱形与绳纹组合等。浙赣铁路从遗址中部通过，遗址被铁路分成南北两部。

河底下遗址，商代，位于浙赣铁路南面约70米铁树下遗址东南面300米处，遗址面积约5000平方米，遗址南邻袁河水，采集遗物标本有陶器残片，陶质为夹砂红陶和灰陶、泥质红陶和灰陶、几何形印纹陶，可辨器形有折肩罐、鬲、敞口尊等；纹饰有方格纹、菱形纹、篦点纹、绳纹等；石器有斧、网坠、穿孔铲等。

浙赣铁路复线考古调查时清理发掘三国墓情景

龙望口遗址，年代为商、周，面积约5000平方米，位于浙赣铁路南面50米，在河底下遗址东面400米处，南邻袁河水。采集遗物标本有陶器残片，陶质为夹砂红陶和灰陶、泥质硬陶，可辨器形有罐、鬲、豆、敞口尊、柱状鼎足；纹饰有方格纹、绳纹、曲折纹、弦纹、蕉叶纹、篦点纹、网结纹、回字纹、叶脉纹与回字纹组合等。

狮子山遗址，年代为商、周，面积约7000平方米，位于浙赣铁路南面50米，在龙望口遗址西面50米处，南临袁水河岸。采集遗物标本有陶器残片，陶质为夹砂红陶和灰陶、泥质灰硬陶，可辨器形有纹轮、鬲、罐、鼎足等；纹饰有方格纹、菱形纹、网结纹、编织纹等；石器有斧等。

12月，江西省文物考古所与上海铁路局南昌勘察设计院、南昌工程总公司第一工程段进行复核确认。1992年1月，新余市博物馆对复线工程范围内的古文化遗址的文化堆积情况进行钻探。3月—6月，江西省考古所会同市文物部门组成浙赣复线联合考古队，分别对罗坊打鼓岭汉至明清墓葬和铁树下商代遗存进行抢救性发掘,其中汉墓出土铜镜、陶权等文物10余件;遗址发掘开挖5米×5米探方24个,揭露面积600平方米,出土器物标本100余件。抢救发掘第一手考古资料,对于研究打鼓岭地形地貌、商周文化、地方葬俗等都具有重要价值。

## 四、株树下山考古调查发掘

株树下山晋墓出土的青瓷

株树下山位居渝水区城北办茶山新村北面,毓秀山(仰天岗)东南部,孔目江西岸,为一处丘陵山地, 面积约7000平方米。1983年11月,考古工作者在这里调查发现先民使用的劳动生产工具有石锛、石斧、砺石等磨制石器,以及采集生活用具豆、盂、釜形器等陶器标本。陶质多为泥质灰硬陶、泥质红硬陶,器形纹饰有菱形纹、曲折纹与凸菱形纹组合、篮纹等,根据器物标本判定和江西省有关专家实地考证, 被确定为商周时期聚落遗址,是研究先秦文化的重要遗存。2002年10月,新余市看守所征用株树下山为新迁建设地址,为配合地方建设,做好地下文物保护工作,11月—12月,文物工作人员先行地下勘探,聘请技工6名,采用1.5米×1.5米梅花点布方进行钻探,发现汉代至宋代墓葬46座,编号为M1至M46,抢救发掘清理较完整的墓葬22座,其余均为残墓室,墓均系砖室券顶,墓底大多平铺青砖,墓室砌制考究,券顶砖为楔形,墙面砖两头带榫卯,墓砖长39.5厘米、宽18厘米、厚8.2厘米,最大墓室长564厘米、宽226厘米,墓室内砖饰花纹比较丰富,纹样有同

心圆、钱纹、网格纹、乳钉纹、三角纹等；带铭文墓砖有“七尺”、“八丈”、“五铢”、“壬君”等字样，经发掘清理揭露，墓葬多为早年被盗掘，只发现少量随葬品，其中汉墓出土有双系陶罐、折腹陶罐、铁刀等；晋墓出土有青瓷碗、青瓷钵、青瓷盏、青瓷壶等；宋墓出土有青釉盖碗、皈依瓶等，共出土完整或可修复器物60余件。从揭露的平面看，这些墓葬一座紧挨一座，排列有序，其中汉代、宋代墓坐西朝东，晋代墓坐向偏东南45度，初步分析有可能是诸代聚族而葬的古墓群，为研究汉、晋、宋墓葬形制、葬俗、地方历史以及经济与文化等方面提供了重要的实物资料。

## 五、斜里夏文化考古调查发掘

1992年2月初的一天，一位罗姓青年找到新余市博物馆文物考古队，说是带来两件东西给我们做鉴定，小青年从一蛇皮袋里小心地取出石器和陶器，这可是我们从未见过的石戈、陶觚！第一眼感觉很惊讶，这在新余是首次发现，很珍贵。据罗姓青年介绍，他是渝水区珠珊镇洋津村委会斜里村民，这两件器物是他家人前些天在菜地里翻土时发现的。翌日，考古工作人员即赶往实地进行调查勘探，在斜里村东南面百米处有一约高出四周1米左右的小台地，面积约2000平方米，村民称之为台仔上，罗姓青年指着它向我们说明，这两件石器和陶器就是在台仔上的自家菜地里挖到的。经初步勘查，我们又在台仔上表土耕地面采集到少部分器形陶片，观

考古人员在珠珊斜里夏代遗址以探方形式进行发掘的情景

斜里遗址标示碑及遗址全景

其地理位置，这一带地势较平坦，属灰褐色泥沙土质，土壤肥沃，北面临有由西向东流经的袁水河，这里应为袁河冲积平原；南面是连绵起伏坡度较缓的丘陵山地，东西面为视野开阔的小平原，很适宜古人类生存。根据自然环境、周边情况分析，台仔上应是先民劳养生息的聚落遗址，因位于斜里村附近，我们即将其命名为斜里遗址。为进一步探明其文化内涵，1998年1月，江西省文物考古研究所与新余市博物馆联合对斜里夏文化遗存考古试掘，开挖5米×5米探方8个，揭露面积200平方米，清理墓葬4座，出土遗物石器有凿、镞；陶器有豆、簋等器物，陶质均为泥质红陶、泥质灰陶。从考古学物证看，珠

珠珊斜里遗址出土的石戈与陶簋

珊斜里出土的平底觚、直内石戈，与高安下陈遗址出土的白陶斝、广丰社山头遗址出土的深腹盆与平底盆，以及樟树筑卫城遗址中层文化等，都与河南偃师二里头夏文化相同或相近。经省有关专家考证，直内石戈、平底觚为夏文化遗物，在江西省内不多见。新余市夏文化的考古与发现，丰富了江西省先秦考古编年序列。

## 六、赣粤高速公路考古调查发掘

为配合国家重点工程——赣粤高速昌泰公路建设，做好高速公路新余段新溪、南安建设沿线文物保护调查工作，2001 年 8 月—10 月，江西省文物考古研究所与新余市博物馆联合组成文物考古调查队，在赣粤高速公路已动工建设范围内调查发现龚门山遗址 1 处、东汉窑炉 3 座、东汉墓葬 1 座、南宋墓葬 1 座、清代墓葬 1 座，并及时进行了抢救性发掘，同时抢救性发掘还有赵家山遗址，这是 1984 年期间第二次全国文物普查复查阶段调查发现的一处商周遗址。

赣粤高速公路南安赵家山遗址发掘现场

赣粤高速公路南安赵家山遗址东汉窑址

龚门山遗址位于渝水区南安乡大里村南面龚门山，属山冈类聚落遗址，面积约12000平方米，是一处四周设有大型护卫壕沟的椭圆形遗址。此次抢救发掘开挖5米×5米挖方70个，发掘面积1750平方米，从揭露的平面看，遗址东部为居住和墓葬区，清理发现房址7座，房址平面形状有方形、圆形、椭圆形三种，房址柱洞大多经火烤壁，有的柱洞内保留有柱础，有的填有灰土夹红烧土块和有包含物的碎陶片，有的房址内还发现有灶坑或用烧土堆砌的长方形台基，可起到稳固和防潮作用。发掘清理墓葬4座，形制同为长方形、土坑浅竖穴墓，墓壁及底经火烧烤，无随葬品和葬具，但墓内发现有少量骨渣，均为二次拾骨葬。中部未发现地层堆积和遗迹，有可能是公共活动场地。西部为小房址和灰坑，发掘清理灰坑6座，形状有圆形、椭圆形、不规则形三种。出土遗物主要为陶器、石器、炭化稻米三类，陶器以夹砂陶为主，泥质陶次之，少量黑皮陶，器形有鼎、豆、罐、壶、盆、纺轮等，纹饰有绳纹、弦纹、画线纹、镂孔等。石器分为有段锛、无段锛和常型锛三种。龚门山遗存文化内涵与樊城堆下层新石器时代晚期类同，与拾年山二、三期相当，约距今5000年新石器晚期时代，是江西省乃至江南地区较少的非常重要的大型聚落遗址。

赵家山遗址位于南安乡哲山村东面，1984年10月第二次全国文物普查发现，面积约5000平方米，这次抢救性发掘开挖5米×5米探方80个，发掘面积2000平方米，揭露发现遗迹有：房基5座，其中地面建筑4座，半地穴式1座，房址形状有椭圆形、方形、不规则方形三种，房基柱洞，内填

有黄灰土和有包含物的碎陶片，房址居住面垫有灰褐土层。清理灰坑10座，坑口为圆形、椭圆形两种，底为斜壁圆底或平底。清理灰沟3条，内填灰褐土。出土遗物有：陶器，以灰色硬陶为主，釉陶次之，少量泥质灰陶、红陶，还有极少量夹砂灰陶和黑皮陶。器形有罐、壶、豆、盆、钵、簋、觚、鬲、盘、纺轮，以罐、壶居多，器物多为轮制；纹饰有网结纹、线纹、双线菱形填线纹、交叉线纹、画线纹、凸点纹、弦纹、云雷纹、波浪纹、方格纹、网纹、戳刺纹、画线窝点组合纹、画线弦纹组合纹等。石器有铲、锛、穿孔刀、镞、棒、矛、凿、锥、锨、佩，石镞的形制和数量居多，同出土器物还有圆弧形玉佩一件。赵家山遗存文化内涵与瑞昌檀树咀遗址上层、萍乡禁山下遗址三期、上饶马鞍山西周墓、九江神墩遗址上层、樟树筑卫城遗址上层类同，均为西周早期遗址，是赣中西部地区重要古文化遗存。

发现东汉窑炉3座，位于赵家山遗址南面，其中发掘清理1座，从揭露平面看，窑炉为半倒焰马蹄形，从东至西依次为：前为窑门，门口部为砖砌，中有两室，其次为等腰三角形燃烧室，后为梯形烧成室，最后面系三个南北排列的喇叭形吸烟孔，出土有车轮图与同心圆青砖。东汉窑炉系新余地区首次考古发掘，特别是类似马蹄形半倒焰窑新余市首次发现，它与馒头窑有些区别，吸烟孔由顶部改移于后部，其火焰由升焰变为半倒焰，窑品受热更均匀，是窑炉改革的一次进步。

清理东汉墓1座，编号M4，位于赵家山遗址西面，长方形砖室券顶墓，墓底为横砖对缝与横砖错缝平铺，墓砖饰为车轮与网纹，出土锈蚀铁匕一把。

清理南宋墓3座，编号M1、M2、M3，位于龚门山，均为梯形砖室券顶墓，结构形制基本相同，墓底横砖缝平铺，壁砖错缝平铺，出土文物有：M1，褐釉瓷盏、白釉瓷炉、堆塑陶瓶、泥质灰陶狗、泥质灰陶鸡、铜镜；M2，泥质黑皮陶伞形器盖；M3，青瓷碗、褐釉陶瓶、褐釉瓷盏。

清代墓葬1座，编号M5，位于赵家山遗址西北面，砖室券顶墓，底砖为竖向对缝平铺，壁砖错缝平铺，出土器物有酱釉双系陶质壶。

其东汉、南宋、清代三朝墓葬的考古发掘及其出土遗物，为研究新余葬俗提供了重要实物资料。

## 七、沪瑞高速公路罗坊段考古调查发掘

2002年10月—12月，为配合国家重点工程——沪瑞高速昌金公路段建设，做好高速路段区域文物保护考古调查工作，江西省文物考古研究所与新余市博物馆联合组织考古工作队伍，在渝水区罗坊镇陈家村委一带开展文物考古调查勘探。陈家村委地处罗坊镇东北部，这里四面丘陵连绵，四周江河密布。东与樟树市市区相邻，蒙河从北向南流经樟树市境内；南面有袁河由西向东流经；西面为丘陵山冈，远眺有广阔的小平原，中部两条陈家江由北向南蜿蜒乡村间，注入袁河；北面多丘陵，与水北镇相连，沪瑞高速公路由东从樟树市入罗坊境内陈家村委往西通过，在陈家村委建设路段约3000米。考古工作者在沿线区调查新发现有柯树下商代遗址、雷公山商周遗址、刘家山战国遗址、石鼓突战国遗址，并进行抢救性发掘。这次发掘涵盖四处遗址，沪瑞高速公路从遗址中间或边缘通过。考古队将发掘地分为四个发掘区，布探方162个，发掘面积达4050平方米。

柯树下遗址，年代为商、战国时期，位于陈家村东北面，面积约4000平方米。采集遗物有陶器残片，陶质为夹砂红陶和灰陶、泥质硬陶和软陶，可辨器形主要为凹底罐，纹饰有方格纹、蕉叶纹等，石器有锛等。此次抢救性发掘开挖5米×5米探方76个，发掘揭露面积1900平方米，文化层主要分布在发掘区中部。考古发掘揭露遗迹及出土器物情况：地层堆积第一层为灰褐土，第二层为黄褐土，第三层为灰黑土。在第三层清理出土的器物有泥质灰陶纺轮、粉黄岩质弓背长条石锛、青石质弓背长方形石锛、硅板岩长方形斧。第二层为战国文化层。在T49探方中部，开口第三层下发现墓葬1

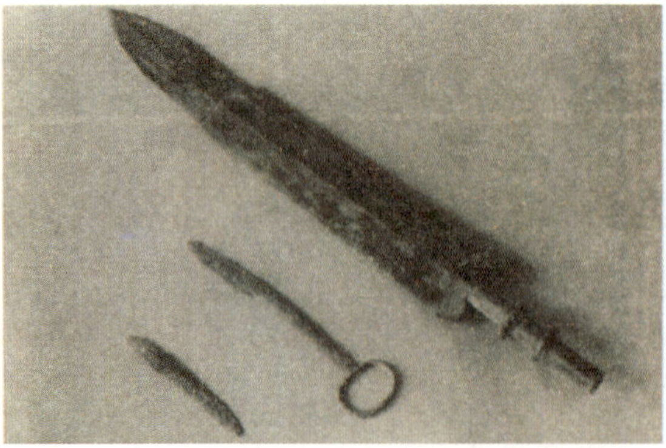

沪瑞高速公路罗坊段考古调查出土铜剑、铜刀、铜锯

座，编号为M2，墓为长方形土坑竖穴，直壁，平底，出土器物有泥质灰陶折肩罐、泥质灰陶球腹罐，纹饰分别有肩饰网结纹与弦纹组合，腹部饰网结纹和通体饰斜方格纹，为商周文化遗存。

雷公山遗址，年代为商、周时期，位于陈家村东北面，面积约10000平方米。勘探文化层堆积厚约1米~1.2米。采集遗物有陶器残片，陶质为泥质灰硬陶，可辨器形有罐、瓮、尊；纹饰有云雷纹、方格纹、绳纹等；石器有锛等，20世纪80年代初曾出土铜甬钟一口。本次抢救性发掘开挖5米×5米探方4个，发掘揭露面积100平方米。考古发掘揭露遗迹及出土器物情况：地层堆积第一层为灰黑土，第二层为黄褐土。第一层为商周文化层，出土器物有泥质灰硬陶侈口罐，泥质灰硬陶侈口釜，纹饰为网结纹与弦纹组合纹。第二层为商文化遗存，在第一层下开口发现灰坑2座，编号为H4、H5，其中H4位于T3探方西南部，灰坑口平面形状不规则，弧壁，圆底，出土有泥质灰陶三足盘足、夹砂红陶甗、有段条形石锛、菱形石镞等器物。H5位于T1探方中部，灰坑口平面形状呈圆形，弧壁，平底，出土有夹砂软陶盘口鼎、白陶吊耳鼎、泥质灰陶敛口罐、泥质灰陶溜肩罐、泥质灰陶侈口罐、夹红砂软红陶粗巴豆座、泥质灰硬陶侈口釜、泥质灰陶敞口尊、泥质红陶三足盘、泥质灰陶扁算球形纺轮等器物。纹饰多素面，纹样主要有网结纹与弦纹组合、网结纹、方格纹、弦纹等。

沪瑞高速公路罗坊段考古调查出土陶鼎

石鼓突遗址，年代为战国时期，位于陈家村东北面，面积约6000平方米。采集遗物有陶器残片，陶质为泥质灰硬陶等，可辨器形有罐类，纹饰主要有方格纹、蕉叶纹等。此次抢救性发掘开挖5米×5米探方74个，发掘揭露面积1850平方米。考古发掘揭露遗迹及出土器物情况：地层堆积第一层为灰褐土，第二层为黄褐土。在位于T4探方中部，开口于第二层下，打破生土，发现墓葬

1座，编号M5，墓为长方形土坑竖穴，直壁，平底，出土器物有青铜器刀、剑、锯；在T35探方第二层出土泥质灰硬陶侈口双系罐，纹饰为麻布纹。均为战国文化遗存。

刘家山遗址，年代为战国时期，位于陈家村东北面，面积约12000平方米，实地勘察文化堆积厚约0.5米。采集遗物标本有陶器残片，陶质为夹砂灰硬陶、泥质灰硬陶和软陶等，可辨器形有鼎类，纹饰有方格纹、米字纹、回字交叉纹、蕉叶纹、菱形纹与弦纹组合等。此次抢救性发掘开挖5米×5米探方8个，发掘揭露面积200平方米。考古发掘揭露遗迹及出土器物情况：地层堆积第一层为灰褐土，第二层为黄褐土。战国文化遗存在第二层以及第二层下开口，发现灰坑3座，编号为H1、H2、H3，其中H1在T2探方南侧，灰坑口平面形状不规则，弧壁、圆底，出土遗物有鼎足、罐等；H2位于T2探方东部，灰坑口平面形状呈圆形，斜弧壁，尖底，出土器物有鼎、罐以及硅质板岩长条形锛等。在T3探方西南部发现灰沟一条，清理出土器形有夹砂红陶罐形鼎、夹砂灰陶和夹砂红陶盆形鼎、夹砂灰陶釜形鼎计35件；鼎足88件，其中夹砂灰陶有34件、夹砂红陶有54件；出土罐类器形有夹砂软红陶折肩和溜肩双系罐、泥质灰硬陶鼓肩罐、泥质灰硬陶敛口罐、直口罐、侈口罐18件；豆类有泥质红陶高圈足侈口豆、敛口豆，以及矮圈足泥质灰陶豆；缸类有夹砂红陶敛口缸、泥质灰陶直口缸；纺轮有泥质灰陶和夹细砂红陶算珠形两种；出土器物还有夹砂红陶筒形器、夹砂红陶带耳甗形器、夹砂红陶提梁纽、泥质灰硬陶瓮、原始瓷敞口杯、原始瓷直口杯、硅质板岩长条形砺石等，在地面采集有青石质马鞍形刀等。纹饰有方格纹、粗方格纹、麻布纹、蕉叶纹、米字纹、弦纹、回纹、网结纹、直棱纹等。

清理六朝墓葬一座，在刘家山发掘区第一层下开口发现一座墓葬，编号M3，墓为长方形券顶砖室，墓壁为青砖平铺错缝砌，墓底为青砖斜铺错缝砌，出土青釉瓷器盖。

清理宋代墓葬一座，在柯树下发掘区第一层下开口发现一座墓葬，编号M1，为长方形竖穴石灰椁墓，出土影青瓷堆塑瓶、银簪、铁剪刀以及铜钱41枚。

此次发掘有重要收获，商周文化遗存与分布在赣鄱水系的其他商周文化类型具有同区域的文化相似性，又具有典型的地方特色，其陶器形制、特点与新干大洋洲的商墓、樟树吴城遗址有相似性；战国文化遗存具有楚文化内涵，与湖南郴州、耒阳、华容等地出土战国楚式剑类同；而刘家山战国文化遗存，其丰富的出土器物、单纯的文化面貌和单一的文化性质，为研究江西其他战国文化遗存提供了珍贵的实物资料。

## 八、新余市五金工业区考古调查发掘

新余市五金工业区考古调查发掘现场

新余市五金工业区，位于江西电工厂东南面的丘陵地带，原为渝水区沙土乡（现改称城北街道办事处）富塘村委白竹塘村空闲山地。1997年8月，新余市政府征用370余亩作为五金工业区兴建厂房、办公用地。为配合地方重点经济建设，做好地下文物保护考古调查工作，9月，文物考古工作者在已动工平整土地的现场进行实地调查，发现推土机已推毁汉至清代古墓葬10余座，部分出土文物遭到不同程度的破坏，新余市文化文物部门及时要求新余市五金工业区工程基建指挥部以及有关承建单位实施局部停工保护，并印发《关于做好市五金工业区地下文物保护》的函，并将情况向新余市政府分管领导汇报，同时组织文物考古专业人员进行抢救性发掘。首先在征用未动工建设的丘陵地区进行地下文物调查、勘探，钻探间距采用1.5米×1.5米梅花点布方，勘探地下面积10000平方米左右，共发现已推毁和地下初步探明

新余市五金工业区考古调查发掘出土的皈依瓶

汉至清代古墓葬34座，编号为M1至M34，由于自然的和人为的毁坏，大部分墓葬保存不完整，有的只见残墓砖或残墓室，或残留墓砖室痕迹，特别是汉墓，多为早年被盗之墓。汉时，由于经济较为发达，文化繁荣，墓地盛行厚葬，引起偷盗祸端，所以在汉代时，砖室墓大多遭盗挖，盗墓贼发现刚下葬或下葬不久的砖室券顶墓，便在其墓顶的中间或两头，或墓室两侧与两头打个盗洞，人钻进去，不费多大精力就把墓内随葬品一扫而光，但有时做贼心虚，有可能遗忘一件或几件，或匆忙时打碎一些。因而，考古工作者勘察发掘清理，发现只有空墓室或出土小件随葬品或残留器物碎片。五金工业开发区地形多是小丘陵山坡，经考古工作者近一个月的勘察发掘工作，汉代墓葬清理均未发现遗物。宋代墓葬清理情况：M1，宋砖室墓，出土陶鸡1件，青石质“儒人王氏地券”1块，长83厘米、宽53厘米、厚1.5厘米；M2，宋代砖室墓，出土“八宝人物图”铜镜1面；M3，宋代砖室墓，出土铜镜1面，铜质钱币有咸平元宝、皇宋通宝、祥符元宝、天圣元宝、治平元宝、至和元宝7枚；M5，宋代砖室墓，出土铜镜1面；M6，宋代砖室墓，出土石砚、铜镜、料器，铜质钱币有熙宁元宝、元丰通宝、元祐通宝、大观通宝等；M10，宋代砖室墓，出土湖州造铜镜1面、铁剪刀半把、铜簪1对，铜质钱币有皇祐元宝、熙宁元宝、皇宋通宝、祥符元宝、祥符通宝、元丰通宝、景德元宝、景祐元宝、至道元宝、开元通宝、元符通宝、圣宋元宝、天圣元宝、元祐通宝、嘉祐元宝、天禧通宝、咸平元宝等年号钱47枚；M14，宋代砖室墓，出土铜镜1面；M33，宋代砖室墓，出土圆形带柄铭文铜镜1面、青白釉皈依瓶1对、青白釉粉盒1件、铁剪刀1把，铜质钱币有元丰通宝、开元通宝等；M34，宋代砖室墓，出土青石质“杨公圹记”1块，长92厘米、宽57厘米、厚2厘米。共发掘清理出土文物120余件。宋代墓葬在新余考古调查发掘中具有极为重要的研究价值，其墓葬常出土景德镇窑、吉州窑等产品，随葬有砚台、铜镜、剪刀、木篦、簪子、年号钱币、皈依瓶或罐等特色器物和铭文纪年物，为研究新余地方史，以及宋代文化、经济、丧葬习俗提供了珍贵的实物史料。

## 九、水北镇胡家山明代墓葬考古调查发掘

1996年4月17日晚，渝水区水北镇治安办接到群众举报后，在胡家山抓获两名盗墓分子。18日中午，新余市博物馆考古人员和区文管所同志闻讯赶到现场，只见一座古墓被挖开，棺盖被撬烂，随葬服饰被抛散满地，一具男性尸体被破坏（左下肢脱落，头颈部断落，两脚掌均毁，但尸体肌肉还富有弹性，身高1.7米左右，年龄60多岁）。考古人员随后对该墓进行了清理，捡回服饰42件，运回木棺一具，在木棺中又清理出服饰文物23件，在清理该墓（1号墓）时，发现右边有一砖室墓（2号墓），为确保2号墓文物安全，经请示江西省

文物局和新余市领导同意进行抢救发掘。在新余市和渝水区党政领导的关心支持下，在江西省考古研究所、中国丝绸博物馆、上海自然博物馆的有关专家以及水北镇政府、市武警、市公安、市卫校和当地村民的大力协助下，5月2日进行了科学发掘，运回完整棺木一具，晚10时30分开棺，出土了完整女尸一具，身高1.51米，重8千克，年龄约六七十岁，毛发齐全，牙齿洁白整齐，以及丝、棉、麻织品服饰与单夹棉被等文物50余件，现将清理情况简报如下：



### （一）墓葬形制及葬具

两墓位于渝水区水北镇潭江村委胡家村东面约300米的胡家山上（旧名曾家脑），东南靠南龙山（旧称南岭山），西北对狮子山，西临禁山，正远处与蒙山相对，近处较为开阔。两墓东西向偏北30度（辰戌向），只一墙之隔，左墓（1号墓）为长方形竖穴土坑石灰椁墓，长2.35米，西宽0.95米，东宽1.00米，墓圹距地表1.75米，无墓道。右墓（2号墓）为长方形竖穴石灰椁与砖、石条混建墓形，无墓道，外圹用坚硬的石灰糯米汁层封闭，圹内椁用25.2厘米×13厘米×4.3厘米的青砖砌成，椁上用6块126厘米×45厘米×12厘米的花岗石板压盖，墓长2.58米，西宽1.06米，东宽1.10米，墓圹距地表1.95米，棺与椁之间充填石灰糯米汁，石灰层厚15厘米至30厘米，非常坚固，密封程度好，墓葬精整，两墓木棺均用12厘米厚的整块柏木板做成，棺身厚实笨重，外表皆用麻布细灰髹漆密封，棺盖用方头尖铁钉钉牢，1号墓木棺长1.95米，宽0.80米，高0.85米；2号墓木棺长1.90米，宽0.75米，高0.80米，棺内另镶一层垫板，上铺双层草席，尸体用捆扎方法，并用大量衣被填塞棺内空间，由于采取了这些防腐防潮措施，加上墓地环境的特殊条件，使尸体和随葬品数百年后不致腐烂。

2号墓墓主尸体保存完好，身高1.51米，重8千克，仰面直肢，肌肉呈灰色，死者梳一高髻在头顶盘结，上插银发簪一支，外用黑纱包裹，脸盖头巾，上身穿夏布（麻）圆领右衽长衫，往里依次穿罗大袖袍一件，绢右衽襦一件，罗大襟右衽襦一件，兰棉大襟左衽襦一件，贴身穿一件兰棉右衽单襦，下穿紫褐色云纹暗花褶裥缎子裙，往里穿白棉短裤一条，贴身穿白棉夹开裆裤一条；脚穿白棉裤袜一双和翘头绸面白棉弓鞋一双。每件衣服胸前均放一张纸钱，外用兰棉裙和白棉裙垫塞，然后用横竖相交的白棉布3块(竖一块横二块)捆扎，竖横包布两头均撕成3长条(30厘米～50厘米)作为系带捆绑，尸体捆好后再用10床被和9块包布再次捆扎，捆扎包布横8块竖1块，均撕成了长条系绑，棺底放一垫木板，上铺双层草席，草席上置放一桃枝，再放一块垫布，然后把捆扎好了的尸体放进木棺，尸体左边放一白棉布公鸡(里面塞谷壳)，右边放半截头梳，再用衣裙垫塞棺内空间，最后用一褐色棉被覆盖，上放置一柳枝。

### (二)随葬器物

随葬品较为丰富，有丝、棉、麻织品衣裤鞋帽、裙袜、被子以及铜镜、银钗、陶罐、头梳、草席等文物124件，大都保存完好，现分述如下：

#### 1.棉织品

两墓出土的棉织品98件，其中衣19件(1号墓16件，2号墓3件)，单夹裙6件(1号墓1件，2号墓5件)，单夹百褶连衣裙(即袍裙)5件(均为1号墓出土)，裤7件(1号墓5件，2号墓2件)，单夹被17床(1号墓11床，2号墓6床)，裹尸布26件(1号墓14件，2号墓12件)，袋7件(1号墓1件，2号墓6件)，垫布2件(1、2号墓各1件)，裤袜4件(1、2号墓各1双)，布公鸡1件(2号墓)，围裳4件(1号墓)，都保存完好。

衣19件(其中两件半袖)，有单夹衣之分，质有粗、细之别，大都为广袖右衽大襟，右腋下和大襟领下有单衣带或双衣带，有的缝有布纽扣，有圆领、交领，一般以襦衫为多，两袖通长在212厘米至216厘米之间，身长74厘米至88厘米之间，袖口宽27厘米至50厘米之间，肩内有的有托布。

单夹裙6件，其中粗布裙1件，细布裙5件，均为两片褶裥合裙，下摆宽于腰，每片为五叠。1号墓出土的男裙为两片腰头缝在一起的夹裙，有3根系带。

袍裙(褶子)5件，大袖、右衽，交领宽胸，褶子的上段为衣，腰处有2厘米宽的细小折叠纹带，下呈褶裥裙状。最大的一件，两袖通宽250厘米，身长132厘米，袖宽50厘米。

裤7件，其中夹裤4件，单裤2件，短裤1件，其中1件夹裤开裆，有的有两根系带，系带长在41厘米至51厘米之间，短裤裆内裤脚开口，有两条系带。一般裤长85厘米至88厘米，腰宽53厘米至57厘米，裤筒宽27厘米至33厘米，直裆高42厘米至50厘米。

棉布被17件，193厘米×159厘米单被1件，夹被16件，其尺寸分别为：196×156，202×158，158×152，179×146，191×146，194×159，199×159，204×155，197×156，196×156，170×150，194×166，168×144，180×147，153×147，156×133（单位：厘米）。

裹尸布26件，九长，十七短，长的880×55，415×163，467×225，338×155，400×205，522×56，359×56，440×55，392×50（单位：厘米）不等；短的135×56，127×110，206×55（单位：厘米）不等。

布袋7只，有的两头直通未封口，有的中间缝成三段，最小的一只10厘米×8厘米，应是装钱袋，其余尺寸为120×24，74×11，76×11（2件），340×25，79×11厘米（2件）。

垫布2件，均双层，尺寸为216厘米×24厘米，154厘米×37厘米。

裤袜2双，1双高38厘米，袜筒宽17厘米，袜底长22厘米；1双高47厘米，裤筒宽26厘米，袜底长27厘米，均为双层，每只裤袜安两根系带。

布公鸡1件，长15厘米，高6.5厘米，宽3厘米，用丝绸做嘴和尾，里面包塞谷壳，用墨画出眼睛和翅膀。

围裳4件，均为1号墓出土，通高50厘米至53厘米，腰宽42厘米至51厘米不等，无褶裥。

### 2.丝织品

两墓共出土丝织品19件（1号墓6件，2号墓13件），其中裙2件（1、2号墓各1件），衣4件（1号墓1件，2号墓3件），被6件（均为2号墓出土），幞子2件（1、2号墓各1件），鞋4件（1、2号墓各1双），头巾1件（1号墓）。

裙2件，紫褐色云纹暗花褶裥缎子裙1件，通高86厘米，腰宽56.5厘米，下摆宽172厘米，形制同棉布裙，只是褶裥比布裙多。茶色绸褶裥夹裙1件，用罗做里，通高54厘米，腰宽36厘米，下摆宽104厘米，形制同棉布裙。

衣 4 件，绢大襟右衽襦一件，用罗衬里，身长 72.5 厘米，两袖通长 170 厘米，领口高 8.5 厘米，下摆宽 86 厘米，腰宽 54 厘米，紫褐色罗大袖袍 1 件，用白棉布衬里，身长 122.5 厘米，腰宽 74 厘米，领口高 12 厘米，下摆宽 109.5 厘米，两袖通长 195 厘米，赭色罗大襟右衽襦 1 件，用白棉布衬里，身长 72.5 厘米，腰宽 60.5 厘米，领口高 7.5 厘米，下摆宽 80.5 厘米，袖口宽 30 厘米，两袖通长 186 厘米。茄紫色罗半袖圆领对襟夹衣 1 件，身长 90 厘米，腰宽 72 厘米，领口高 9 厘米，袖口宽 36 厘米，下摆宽 89 厘米，两袖通长 116 厘米，用白棉布衬里。均有 5 根系带。

丝棉被 6 件，均为茶色提花缎面，白布里，内外均用料 3 幅，其尺寸为

水北胡家山明代二号墓木棺(女尸棺)吊装情景

158×143,150×135,158×150,157×147,157×143,154×145(单位:厘米),有的织云纹、万字纹、席纹。

幞子2件,均为茶色罗面,葛麻里,有两条飘带和两条系带,通高32厘米,宽25厘米。

鞋4件,茶色罗面一双,粗棉布里,长21.5厘米,宽5.5厘米,鞋帮高5厘米,呈前尖后宽形,翘头,鞋底中部绘朱红莲花一朵。茶色缎面一双,白布里,长28厘米,宽8厘米,鞋帮高8厘米,与白棉裤袜缝连在一起,呈前尖后宽状。

头巾1件,均为黑色绸面布里,宽13厘米,直径25厘米。

### 3.麻织品

衣1件,月白色,形同布衣,大袖圆领右衽衫,单衣无衬里,两袖通长225厘米,身长126厘米,袖口宽54厘米,下摆宽135厘米,领口高2厘米,领口长66厘米,在领口、袖口、下摆、衣襟处均用蓝色夏布镶边,衣质细腻、柔软,漂白程度好。

### 4.其他随葬品

草席2件(1、2墓各1件),皆双层,草质细腻,织工精细,专为死者特织而成,其尺寸为170×41×0.8,82×38×0.5(单位:厘米)。

发簪2件,银质,一支为圆锥尖状,插在发髻上,一支为圆圈头状。饰八道凹弧纹。

头梳半把,牛角质,残长8厘米,宽7厘米,厚1.8厘米,人为用刀切成匀称两半,做工精细。

铜镜半边,圆小钮无座,内廓饰瑞兽云纹,外廓弧圈纹,直径长8.5厘米,厚0.5厘米,人为斩成均匀两块。

另外,还有木棺两件,皆柏木质,材厚10厘米~12厘米,外漆黑色,男棺长1.95米,宽0.8米,高0.85米;女棺长1.90米,宽0.75米,高0.8米,皆用麻布细灰髹漆而成。

陶罐2件,灰陶质,侈口鼓腹,圈足,通高6.5厘米,口径4厘米,底径2.5厘米,腹径6厘米。放在木棺南面左右两侧。

此外,还出土了桃枝、柳枝各一枝,纸钱8张。

## (三)出土服饰织品特征及墓葬形制

这两座墓葬一座被破坏,一座完整,经科学发掘,其墓室、出土服饰和织物有如下特点:

### 1.服饰的用料及染色

两墓出土了大量的棉、丝、麻织品。服饰为多,棉织品主要有大袖交领右衽衫,大袖褶裥袍裙,半袖圆领对襟衫,大袖袍、裙、襦、裤、袜、翅头弓鞋、短裤、开裆夹裤、单被、夹被、布袋、裹尸布等。棉织品有粗布、细布两种,其布料幅宽48厘米~60厘米。粗布较厚,布的纹路较大,很牢固,以冬季服饰和被子居多。细布织造很精,线纺得细润均匀,布面平而细密,服饰做工精细,如出土的大袖褶裥袍裙(褶子),5厘米宽就有20裥,一件袍裙计有近300裥,裥与裥之间,非常均匀对称,运用了热烫技法,衣服平整挺直,针线细密均匀,还有出土的一件茶色回纹夹被长179厘米,宽146厘米,织就0.5厘米长和0.2厘米宽的回纹计有20多万个,其织造之精美和用工之多,令人叹为观止。其衣服的特点是大广袖,大胸襟,大下摆;裤子的特点是,直裆,宽裤筒,大臀腰围。服饰虽以棉织品为主,但也有一部分丝织品和少量麻织品,丝织品共19件,主要有紫褐色云纹暗花褶裥缎子裙、绢襦、罗大袖袍、罗襦、缎面被、幞子等,麻织品有大袖圆领右衽衫一件,这些织物的织造技术都非常精湛,制作精细,不乏珍品和独具特色之物,如出土的紫褐色云纹暗花褶裥缎子裙和缎面被,织就暗花云纹,花纹精美,这种暗花是用提花织锦的新工艺织造而成,需要由数人操作织机,才能织成。还有出土的绢大襟右衽襦,用罗做里,质地细腻,色泽光亮,是不可多得的上品。麻织品的织造也非常精细,所用夏布柔软润滑,平如水镜,轻如罗绢,织物有薄、轻、平、匀、挺、白的特点。

这批服饰及织物的色彩,一般为蓝色、浅蓝色、蓝黑色、紫酱色、茶色。采用缸染和煮染的两种方法染色,但从有的服饰浅蓝色与白色相间自然渲染的效果看,亦运用了“扎染法”。所谓扎染法,即要把要染的白色织物,用线绳将布按一定的规则扎紧,放入染缸里染色,扎紧的地方呈白色、洗浮色,未扎紧的地方呈蓝色,这样就成为蓝白相间的花布。这种染法的特点是色与色之间通过自然的渲染,使色彩比较柔和,色彩虽不富丽,但显得朴实大方,是当时

民间普遍使用的染色方法。

### 2.墓室的结构及葬俗

这两座墓葬,一座系长方形竖穴土坑石灰椁墓,一座系长方形竖穴砖石石灰椁墓,墓地表无砖石坟台,系土堆型。2 号墓室圹内砖椁上,用 6 块长 126 厘米,宽 45 厘米,厚 12 厘米的花岗岩石板盖压,棺与椁之间用大量的石灰糯米浆混合填实,石灰层厚 15 厘米~30 厘米,异常坚固,墓室选择在地形高爽干燥土质好的半山坡上,背依山岭,无积水之患,木棺厚实,采用整块柏木板合成,板厚 12 厘米,外表皆用麻布细灰髹漆密封。尸体用捆扎方法,用 11 床被和 12 块大包布横竖捆扎包裹,棺内用服饰填满棺内空间,由于墓地高爽干燥,加上大量石灰吸水,棺内无空间,使尸体迅速脱水,致使尸体保存至今,从随葬品看,大部分是死者生前所穿用过的衣裤鞋帽,也有特做的"寿衣"、"寿被",还有布公鸡、牛角头梳、铜镜、陶罐、草席、桃树枝、柳树枝、纸钱等。这些都与当时的葬俗有关。"鸡"与"吉"谐音,古人视鸡为吉祥物,古代传说鸡是天上玉衡星的精气散开而变成的,鸡的眼睛可以避邪,鸡可吃蛊虫,鸡又是一些民族及地区繁衍后代的护身符,鸡可报晓,一唱雄鸡天下白,把鸡当作明器,意为死者跟生前一样起居生活,事事吉祥如意,鸡作为守护神,百鬼不敢侵犯。

桃木,古代作为神木,可避邪镇鬼。《典术》云:"桃乃西方之木,五木之精,仙木也,味辛、气恶,故能压伐邪气,制百鬼,今人门上用桃符避邪以此也。"《说郛》卷十引马鉴《续事始》:"《玉烛宝典》曰:元日造桃板著户,谓之仙木……,即今之桃符也。其上或书神荼、郁垒之字。"桃树一身是药,桃仁治半身不遂,咳嗽气喘,桃花治粪结便秘及面上粉刺,桃根治痔疮,桃枝治黄疸。木棺里放桃枝,一是为避邪镇鬼,免遭侵扰求得平安,二是为死者超生后百病不生,其功用与当时人们在墓中殉地券相同。

柳枝同桃枝一样有药用功能,柳絮治咯血,柳枝治恶疮,柳叶治小便白浊,同样是避邪除秽的厌胜物,柳叶像剑,古人认为柳枝还是死者灵魂在黄泉路上赶狗的木棒,并可化作利剑护身,柳树,古人用来装饰棺木,作为帷盖,《释名·释丧制》中说,"舆棺之车……其盖曰柳。柳,聚也,众饰所聚,亦其形偻也",因即称丧车为柳车。

纸钱，作为冥钱，是死者去阴间的买路钱。铜镜、头梳、银钗陶罐是死者生前所用过的物品。铜镜，古人认为可避邪镇鬼，东晋道学家葛洪在《抱朴子》中说："万物之老者，其精悉能假托人形，以炫惑人目而常试人，唯不能于镜中易其真形耳。是以古之入山道士，皆以明镜径九寸已上，悬于背后，则老魅不敢近人。"因而有"照妖镜"之称，唐代著名诗人李商隐就有"我闻照妖镜，及于神剑锋"的诗句。李时珍在《本草纲目》中说："镜乃金水之精，内明外暗，古镜如古剑，若有神明，故能避邪魅忤恶。凡人家宜悬大镜，可避邪魅。"镜不仅用来照人，更重要的是用来驱魔避邪，保佑平安。2 号墓出土的头梳与 1 号墓出土的铜镜，都是人为的切成两半，夫妻各执一半，意谓夫妻死后，还要团圆做来世夫妻。

(四)墓葬的年代与墓主身份

两座墓葬均未发现纪年铭文，其年代只能根据墓葬形制和出土服饰织品特征，与其他有年代可考的墓葬型制和服饰织物相比较，进行分析判别。1991 年，德安县出土了一座明代嘉靖十六年(1537 年)墓葬，所葬女性熊氏，讳润真。其墓葬型制特点是石灰椁，砖、石条混建式，砖椁上压盖了 7 块大石条，棺与椁之间充填大量石灰，尸体用捆扎法，用 10 余层包尸布和被子捆扎，并用丝棉织品填塞棺内空间，出土的丝绵品有襦、裙、大袖褶裥袍裙，还有裤袜、翘头弓鞋、被子、裹尸布等，衣服特点均为大广袖、交领、大胸襟、右衽、宽下摆。详见 1994 年《南方文物》第 4 期，《江西德安明代熊氏墓清理简报》，与本处所介绍的两座墓葬型制及出土服饰的质地、工艺有完全相似的特征。考古资料证实，明代嘉靖四十四年(1565 年)以前的墓葬，多为砖室墓，明代中晚期以后的墓多为石灰椁墓，石灰椁墓是明代墓葬的典型特征，反映出明代墓葬建筑的新水平。从服饰的纹样来看，两墓出土的服饰纹样大都是云纹、回纹。云纹是明嘉靖年间服饰用得最多的纹样，这与嘉靖帝奉信道教有关。回纹，是被民间称为"富贵不断头"的一种纹样。它是由古代陶器和青铜器上的云雷纹衍化来的几何纹样，因为它是由横竖短线折绕组成的方形或圆形的回环状花纹，形如"回"字，所以称作回纹，最初的回纹只是用在青铜器和陶器上做装饰用，

水北明代胡家山明墓女尸着夏布衣服的情形

到了宋代，回纹被当作陶瓷器的辅助纹样，饰在盘、碗、瓶等器物的口沿或颈部。只是到了明代才开始逐渐用作织绣、地毯、木雕、漆器及建筑装饰上的边饰和底纹。明嘉靖时，广泛用作织绣、地毯、服饰上的主要纹饰。综上所述，以上两座墓葬的年代定为明代嘉靖年间是确切的。

有关墓主的身份，从出土的服饰和墓葬型制来看，属当地富户人家。据初步估算，就 2 号墓出土的服饰、衣被、裹尸布，所用布料除丝麻织品外，仅棉布(以出土的一匹布 9 米长、0.58 米宽计算)就有 30 余匹；两墓均使用大量的石灰、糯米汁混合夯实，其木棺均由整块柏木做成并用麻布髹漆。出土的丝绸品质地细腻，纹样精美，其墓葬的用工用料之多，一般人家是难以负担的，所葬

之胡家山，旧名曾家脑，原系新余市渝水区鹄山乡递步村和水北镇水南桥村黎氏祖坟山。据《鹄山递步黎氏族谱》载：唐右散骑常侍黎植，因避战乱从河南来到鹄山递步，见此山明水秀始定居，后繁衍黎氏17门，黎植尊为一世祖，后第十二世本愚公从递步分居水北水南桥，始为水南桥黎氏系祖。黎氏一族在新余生息至今一千余年，历代人才辈出，如南宋状元黎立武、进士黎立言，元代进士黎应物，明代河南道监察御史黎凤，山东道监察御史黎龙等。这两座墓葬与黎氏有一定渊源。《鹄山递步黎氏族谱卷三·墓葬类》载：递步仁房永公派十九世孙黎忠，字笃敬，行赞二，明景泰癸酉(1453年)生，配桂村邹孚恭女，邹氏于景泰庚午(1450年)九月初十日巳时生，嘉靖甲申(1524年)十二月十八日亥时殁，葬曾家脑(即胡家山)辰戌向，其子黎皞，字民熙，行凯一，成化甲午(1474年)十一月十七日辰时生，嘉靖壬寅(1542年)二月十六日巳时殁，葬曾家脑。其继室黄若金女，成化壬寅(1482年)六月十六日生，隆庆丁卯(1567年)九月十一日戌时殁，葬曾家脑。这两墓主是否就是黎皞与其母邹氏，或是黎皞与其妻黄氏，因未发现墓志铭和地券，尚不能确定，但从年龄上看似是黎皞与其母邹氏墓。

该两墓出土的服饰之多，品种之全，特别是棉织品之多，在以往发现的明代墓葬中是少见的，出土的服饰质地细腻，做工精细，花纹精美，色彩鲜明，充分展示了明代丰富多彩的服饰文化，反映出明代棉花生产和纺织印染技术的高超水平，同时也可以看出明朝政府对农业生产非常重视，普遍推广种棉，使棉花生产、棉织品的织造得到了空前的发展，出现了明代科学家宋应星在《天工开物》中所说的“棉布寸土皆有，织机十室必有”的繁荣景象。宋应星在分宜当教谕期间，根据新余、分宜的农业、手工业、冶炼业等风土民情，在分宜写下了《天工开物》这部中国17世纪的百科全书。其中“乃服”、“经具”、“过糊”、“机式”等章节中的描述，都是对当时新余、分宜棉花生产、纺织、印染业的真实写照。特别是出土的夏布服饰，漂白如雪，轻薄如蝉翼，反映了当时新余分宜地区夏布生产的先进水平。据《江西通志》载：明嘉靖年间江西在秋税中交纳的夏布为12万匹，分别由宜春、分宜、新喻、万载等县承担。至今分宜双林的夏布仍誉满海内外。

总之，这两座明代墓葬的发现为我们研究明代的农业、手工业，特别是纺织业、印染业、地方葬俗及宗族史、古代服饰、古代防腐学等方面，提供了十分珍贵的实物资料。

参加发掘清理：刘林、徐若华、彭振声、李小平、胡小勇、黄早川

参加开棺清理：刘林、徐若华、彭振声、李小平、胡小勇、聂朋、龚厚才、王强

执笔：徐若华

摄影：徐若华、胡小勇

服饰、纺织品处理：周晖、汪自强、徐若华、彭振声、李小平、章国任、胡小勇、王强、聂朋、孙四宝、黄早川、吴翌峰

女尸处理：徐永庆、何惠琴、张富强

文物整理登记造册：徐若华、彭振声、李小平、章国任、聂朋

## 十、良山垣下汉墓考古调查发掘

1995年12月15日，新余市博物馆接到群众报告，说新余市渝水区良山镇机砖厂取土时，推出一座古墓，出土了许多器物。闻讯后，新余市博物馆立即派员赶赴现场，只见砖瓦厂南面山坡中段峭壁上露出一洞口(砖室墓)。该厂厂长何言华和办公室主任万腾根告诉我们：“昨天抓机手推出一座古墓，听到职工报告后，立即组织职工把出土文物存放在办公室保存，不知怎的，发现古墓的消息不胫而走，许多文物贩子前来收购，说每件150元全买。我们见事不妥，担心文物安全，所以赶快报告市博物馆。”我们赞扬他们保护国家文物、不为贩子所动的行动与精神。随后我们对该墓进行了抢救清理，现将清理情况报告如下：

该墓葬坐落在良山镇垣下村东南面的大槎山上(砖瓦厂)，为长方形券顶砖室墓，坐南朝北，墓长4.9厘米，宽1.75厘米，高1.82厘米。用长35.2厘米，宽16.5厘米，厚6厘米的青砖垒砌。墓砖花纹有：同心圆、钱纹、对角几何纹组合纹、鸟纹、鱼纹、钱纹、稻穗纹、几何纹等。鸟纹有两种图案，一为鸟头冠下挂一条鱼，鸟尾下置一方孔圆钱；另一种为鸟喙刁一垂直稻穗，鸟尾下置一布线。该墓出土器物20余件。有筒形罐、盘口壶，双系罐、铁釜、铁斧、铁带钩等，现分述如下。

## (一)筒形陶罐 1 件

侈口，卷沿，粗长颈，浅折肩，直筒腹，平底。高 34 厘米，口径 15.3 厘米，底径 16 厘米。颈部有轮制旋痕，腹部饰细密方格纹，并饰四道凹弦纹，近底部无纹饰，施青釉，釉脱落，铁灰色胎，胎质坚硬，叩之作金属声响。

## (二)双系盘口壶 2 件

Ⅰ件，盘口，高颈，溜肩，圆腹，平底。高 39 厘米，口径 15.5 厘米，底径 15.6 厘米。口沿与颈部接痕处呈一道凸弦纹，肩部置对称半圆形双系，肩部与腹部饰细密方格纹。施青釉、釉脱落，器形硕大、胎质厚重，呈铁灰色。近底部无纹饰。

Ⅱ件，盘口，高颈，溜肩，球腹，平底。高 33.8 厘米，口径 15 厘米，底径 15 厘米，口沿与颈部接痕处呈一道凸弦纹，肩部置对称半圆形双系(一系残)，肩部与腹部饰细密方格纹，系下一道凹弦纹，近底部无纹饰，器形硕大，胎质厚重，呈铁灰色，施青釉，釉脱落。

新余良山垣下汉墓出土的双系盘口壶

## (三)方格纹陶罐 5 件

均为泥质灰硬陶，敞口，平沿，束颈，溜肩，圆腹下收，平底无系。器表饰细密方格纹，胎质厚重坚实，呈铁灰色，施青釉，釉脱落。其中有 3 件口沿内饰有五道凹弦纹，2 件肩部饰有一道凹弦纹。有 2 件口沿残破。5 件陶罐的尺寸分别为高 23.8 厘米，口径 13.5 厘米，底径 10.5 厘米；高 23.8 厘米，口径 13 厘米，底径 11.1 厘米；高 22 厘米，口径13.5 厘米，底径 10 厘米；高 13.5 厘米，口径 10.4 厘米，底径 8 厘米；残高 20 厘米，残口径 10 厘米，底径 9.5 厘米。

### （四）双唇陶罐 4 件

均为泥质灰硬陶，双唇、内唇稍高，束颈，圆肩，浑圆腹，平底。伞状盖，山字形盖钮，盖面及器表饰细密方格纹，肩部均饰一道凹弦纹，其中有三件外唇领饰多道凹弦纹。其尺寸分别为通高 20 厘米，口径 13 厘米，底径 9.8 厘米；通高17 厘米，口径 12.7 厘米，底径 8.6 厘米；通高 19.5 厘米，口径 12.6 厘米，底径9.8 厘米。一件外唇残破，缺盖，残高 14.9 厘米，内唇口径 8.1 厘米，底径 11.6 厘米。

### （五）双系陶罐 1 件

泥质灰硬陶，罐体修长，侈口，窄沿，束颈，圆肩，圆腹下收，平底，肩部置对称小圆形系。腹部饰浅细方格纹。口沿残破，口径 11.5 厘米，底径 10 厘米，高 20.5 厘米。

### （六）铁器 4 件

铁釜 2 件。一件为双耳铁釜。敞口，口沿上置对称两长方形竖耳，中有握手圆孔，浅平底，腹部有凸弦纹两道。通高 18.5 厘米，口径 31.5 厘米，底径11.4 厘米；另一件为盂型铁釜。敛口，宽斜沿，束颈，溜肩，球腹，圆底。肩部有两道凸弦纹。高 17.8 厘米，口径 21.6 厘米，腹径 22 厘米。

铁斧 1 件。銎呈梯形，长方形銎，束腰，双面刃，刃较宽，銎口至刃两侧边正中有一条凸起范线，銎口长 6.4 厘米，宽 2.8 厘米，銎深 6.5 厘米，斧通长 13.6 厘米，宽7.5 厘米，刃宽 9.5 厘米。

铁带钩 1 件。带钩为“∽”字形，扁平长条状。长 11.7 厘米，宽 2.4 厘米，厚 0.3 厘米。

新余良山垣下汉墓出土的铁釜

该墓葬出土器物较多，有筒形罐、双系盘口壶、双系罐、方格纹陶罐、铁釜、铁斧、铁带钩等器物，还出土有五铢钱、陶纺轮和陶灶、猪圈、仓等碎残片及铁器、青铜器等碎片。出土的五铢钱“五”字交笔弯曲，铢字的“金”字头较大呈三角形，“朱”字转折较圆，并以“金”字并头，系东汉五铢钱特点。出土的罐、壶器形偏长，颈部粗大且长，溜肩，圆腹，平底稍大。均具有东汉器物的特点，而西汉墓葬中常见的鼎、敦、钟不见。而且出土铁器较多，据此，我们认为该墓葬为东汉时期所葬。

新余良山垣下汉墓出土的铁斧

这批出土器物具有浓郁的地方特色，如出土的筒形罐，直筒腹、浅折肩、粗长颈，江西其他地区不多见。出土的陶器胎质坚硬，叩之作金属器响，火候高，制作规整，器型硕大，品种丰富，反映出汉代新余地区制作陶瓷器的先进水平。出土铁器较多，有铁釜、铁锅、铁斧、铁带钩等许多铁器残片，说明此时新余的先民们在农业、手工业生产、日常生活中普遍使用铁器。铁器的大量使用，大大提高了生产力，促进了经济的发展。从出土的器物和墓砖纹饰看，有鸟纹、鱼纹、稻穗纹、同心圆、对角几何纹等花纹，反映出当时新余地区社会政治稳定、经济发展、五谷丰登、人民安居乐业的太平景象。值得一提的是，该墓的鸟纹墓砖纹饰多样，反映出汉代新余地区盛行对鸟的崇拜，用鸟的图案来做墓砖花纹，反映当时人们的一种死后成仙的思想，人死后像鸟一样飞向天宫，为产生羽衣仙女下凡的故事传说提供了文化息壤。

总之，该墓葬的抢救发现，为我们研究汉代新余地区乃至江西地区的政治、经济、文化、生活习俗、葬俗及冶铁工艺，提供了十分珍贵的实物资料。

## 十一、浒溪砖厂古墓群考古调查发掘

浒溪砖厂位于仙女湖区河下镇东南部边缘，这一带地势起伏较缓，丘陵连绵，土质属于红壤酸性黏土。砖厂兴办于2000年初期，厂区占地面积约90000平

河下浒溪砖厂汉墓群墓壁的同心圆钱纹墓砖

方米,10余年来,由于大面积取土烧砖,常有古墓葬暴露或被推毁,地面到处散见墓砖。2012年2月底,新余市文物部门组织考古工作者进行实地调查、勘探,在砖厂东部区发现汉代墓葬20余座,墓区分布面积约10000平方米。3月8日—9日,抢救发掘清理Ml至M4墓葬4座,墓系砖室券顶,平面呈凸字形,坐西朝东,墓室最长6.30米、宽2.25米,残深0.53米~1.20米,出土铁剑、铁斧、双唇陶罐、陶钵、陶质伞形盖等器物10余件;收集鸟纹、网纹、钱纹砖饰标本8件,发掘记录第一手考古资料,绘制墓区分布图1张、拍摄墓室结构照片120张,为研究新余地区葬俗,以及汉代经济、文化等提供了一批重要实物资料。

## 十二、新余旧石器考古调查发掘

1989年12月期间,中国科学院古脊椎动物与古人类研究所、江西省文物考古研究所和新余市博物馆联合组成考察队,对新余地区袁河两岸丘陵山地进行古人类文化考古调查。在罗坊镇的打鼓岭、水西镇的龚家山共采集发现石制品49件,其中打鼓岭42件、龚家山7件,分别为具有人工打击痕迹的石块 11 件、石核 13 件、石片 16 件以及各类石器 9 件。这是继江西省在安义县发现三处旧石器地点之后，又新近在新余市境内发现的两处旧石器地点，填补了江西省及袁河流域旧石器时代考古学的空白。

打鼓岭位于渝水区罗坊镇东部，这一带属丘陵山地，东与樟树市相邻，南有袁河由西向东流经注入赣江，西面为袁河冲积平原，北面是连绵起伏较缓的丘陵山冈。旧石器采集点位于打鼓岭西部，42 件石器均出自被雨水侵蚀后的地表和断面，其中 8 件出自地层，器形有砍砸器、刮削器、球形石等。

龚家山位于高新区水西镇东部，在打鼓岭西面，两地相距约 10 公里，之间为河谷冲积平面，东与罗坊镇相邻，南有袁河由西向东流经，西与北面均为丘陵地带，西面已规划建成高新技术产业园区；北面与马洪办事处毗邻。

此两地旧石器遗物均采集自砖瓦厂取土地面或地层，其中地层采集器物分为上、下两层，在上层采集有新石器时代磨制石器斧、锛等器形数件；下层采集旧石器时代打制石器石核、石片 7 件。从两地采集的石制的品质地看，多以河床砾石为原料，岩性以脉石英为主，其次为石英岩。器形以刮削器数量最多，加工方式多以向背面加工为主；砍砸器是用脉石英石块加工制成，由破裂面向背面加工；球形石多为半成品，加工痕迹少，为脉石英砾石为素材制成；石核，以砾石为主，制作不规则；石片基本是天然砾石台面。加工石器的素材石片居多，打片技术较简单，多为锤击法，两地的文化遗物均出自袁河第二级阶地的红色黏土中，有的石器表面还有红色铁锰锈斑痕迹，与地层颜色相同，明显为地层长期污染所致。两地出土的旧石器文化特征，从加工原料、制作方法以及种类与江西安义、广西百色、安徽水阳江等地出土的旧石器有不少相同特点和共性，表明应同属一个大的华南砾石石器制作传统，依据地形、地层和石制品性质特点以及从河流阶地发育序列判断，在地质时代上打鼓岭、龚家山两处石器地点属于晚更新世晚期，考古学年代称为旧石器时代晚期，其绝对年代为距今约 20 万年。两地旧石器考古调查与发现，为江西省及南方地区乃至我国旧石器文化考古研究提供了一批重要的实物资料。

第四节

# 唐代铜镜的修复

## 一、清洗除锈

1988年9月新余市博物馆工作人员在优惠区基建工地上，找到被民工打碎的铜镜一面。此镜直径21厘米，边沿厚0.5厘米，碎成10块，残缺长9厘米、宽6.8厘米，呈不规则的六边形一小块。绿锈土结，蒙粘镜身，图案不清，纹饰难辨。1990年下半年被修复完整。笔者兹将修补程序及工艺方法介绍如下：

将破碎的镜块放入清水中浸泡4天，用硬棕刷把附在铜镜上的泥块、沙子和部分锈去除，刷不掉的土结锈，再用金属刷细心地局部洗刷和用小凿子小心地铲掉，以“不伤镜身色”为原则。然后放入蒸馏水中冲洗，用干布把洗净的镜块水分擦干净。在每一碎块上画上记号，以便拼接方便，不出误差。

## 二、钻孔焊接

采用钻孔焊接方法进行修复中第二步。块与块合缝处的断面，根据长短决定钻孔的个数，有的钻上一个，有的钻上2~3个，小孔深0.3~0.6厘米之间，块与块合缝处(镜背无纹饰的地方)用小锉刀锉成小坡口，个数、位置不一，在镜的一面形成一网状的焊接点，主要起辅助牢固作用。对钻好的小孔、剪好长度适当的漆包线(不易生锈)两头涂上用环氧树脂、苯二甲胺调和的黏合剂，以编好的记号顺序先后涂上黏合剂对缝拼凑。整个拼好后，在铜镜的四周钉上钉子，以防合缝处松动，产生错位现象。待黏合剂干后，用电烙铁、焊锡、松香等材料对网状的坡口进行焊接。焊好后，在合缝处，多次少量灌入“502”黏合剂，让其慢慢地渗透进骨子里，使镜更加牢固。

## 三、做模补缺

所余残缺部分，笔者通过翻模的方法把它补好。用油泥把需要翻模的部位边缘挡好，再抹上肥皂水2次，用毛巾蘸掉皂泡，把调好的石膏液注入需翻模的部位，插上铅丝2个，石膏凝固后，轻轻震动，取下模块，用刀修平边沿，在模子一侧刻上三角形标记。再在外模内面贴上油泥饼，将调好的石膏液注入模内均匀摇动，挖上铸口，增加气眼，用铁丝捆扎，放在通风处自然干燥后，用锡锌为20%的比例放入铁锅里溶化。溶化时，把溶液上面的废料除掉，就可把它浇灌在模型里。然后将铸成的镜残部分上纹饰不太清楚的地方，用刀对照铜镜上纹饰进行加工修饰清楚。最后将铸配块黏合到残缺的部位去。

## 四、抹缝上色

环氧树脂、立德粉、黑烟子、石黄等矿物颜料调成(接近铜镜底色)色浆，用

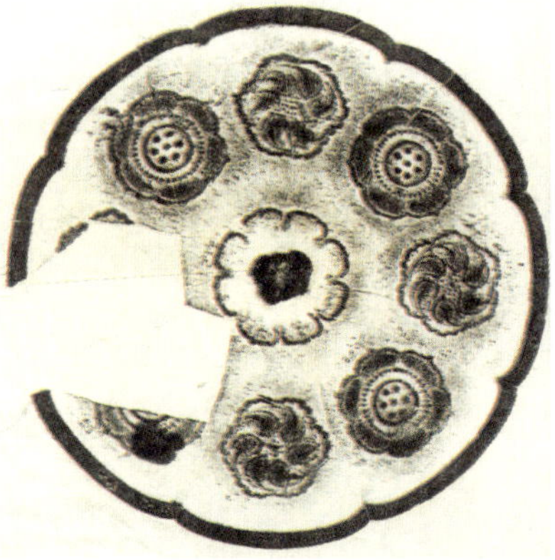

修复前的拓片

修复后的照片

刀片在缝隙凹陷处抹平，干后把凸起的部分用细砂纸轻轻磨平，要达到触摸无凹凸感觉，至少经过2至3次抹灰、磨平。

最后一道工序就是上色。此镜的颜色主要以漆黑为主，部分有绿和浅绿等颜色。上第一次颜色应调出接近底色的颜色，然后其他不同颜色则遵循由深至浅的方法进行上色，修补处和残缺部位上的颜色和铜镜原来的颜色一样才行。上色的方法据面积大小分别采用涂抹、喷弹、触点式三种方式。

上述唐镜，名曰“宝相花镜”。经过细心修复后，镜面漆黑，平整光亮，很难看出残缺部位的痕迹。修复此镜，为新余市博物馆增添了一件珍贵文物。

# 第二章 不可移动文物

第一节

# 古遗址概况

## 一、古化石与古文化遗址

### (一)新余动植物化石分布情况概述

化石是指人类史前地质历史时期形成并赋存于地层中的生物遗体和活动遗迹,包括植物、无脊椎动物、脊椎动物等化石。化石的形成要经过一系列的化石化作用,所谓的化石化作用是指随着沉积物变成岩石的成岩作用,埋藏在沉积物中的生物遗体虽经历了物理作用和化学作用的改造,但是仍然保留着生物面貌及部分生物结构的作用,化石化作用有矿物质填充作用、交替作用、升馏作用三种方式。矿物质填充作用,是指某些无脊椎动物外壳,或脊椎动物骨骼中的有机物分解消失以后留下了中空的部分,在地层下被埋藏很久以后,溶解在地下水中的矿物质(主要是碳酸钙)往往在其孔隙中经重结晶作用变成了较为致密、坚实并且增加了重量的实体化石。交替作用是指生物硬化的组成物质在埋藏情况下被逐渐溶解,再由外来矿物质逐渐补充替代的过程。常见的交替物质在二氧化硅、方解石、白云石、黄铁矿等,相应的过程就可以叫作硅化、方解石化、白云石化、黄铁矿化。升馏作用是指古生物遗体在被埋藏之后,不稳定成分分解,可挥发物质往往首先挥发消失,最后只留下炭质薄膜而保存下来。这个过程也称为炭化。如植物的叶子主要成分是碳水化合物,经过升馏作用后往往也只有碳质保存成了化石。地层中的化石,从其保存特点看,大致可分为实体化石、模铸化石、遗迹化石、化学化石四类。

新余地层有震旦系、泥盆系、石炭系、二叠系、三叠系、侏罗系、白垩系、第三系和第四系。早在二十世纪五六十年代,下村花鼓山一带曾出土植物和乌龟化石，属新生化第三纪的上新世到古新世的被子植物和哺乳动物化石，距今约 240 万年~6500 万年。1976 年地质队又在新余白垩系地层发现恐龙蛋化石，为中生代白垩纪 6500 万年~1.35 亿年前爬行动物化石。1987 年 2 月，文物考古工作者在渝水区姚圩镇进行野外考察时，于龙骨山、狮子山一带发现动物骨骸化石，这是新余市境内继植物、乌龟、恐龙蛋化石之后又一重要发现。这次新发现的五十余块化石，分别是从三处地方采集的，这些零碎的骨骼化石多被雨水冲刷而暴露于土层中，有的散落在土表面上。化石呈灰白色，质地坚硬，表露光泽，以手指沾水触及化石表面，且有较强的吸附感。经江西省有关专家实地考察以及根据实物标本初步分析，有可能属新生代第三纪大约 300 万年前哺乳动物化石。

2001 年，分宜县双林镇白水煤井出土被子植物化石 5 块，经中国科学院古脊椎研究所测定，为新生代第三纪始新世距今约 3650 万年~5300 万年模铸化石。模铸化石就是生物遗体在地层或围岩中留下的印痕，即生物遗体陷落在底层所留下的印迹，遗体往往遭受破坏，但这种印迹能反映该生物的主要特征。被子植物是植物界中最高级、分布最广、形态变化最多和构造最复杂的一类种子植物。因为有显著而美丽的花朵，又称“显花植物”。被子植物一般具有宽大而扁平的叶片、发达的叶柄或叶鞘，有的具托叶或叶舌。被子植物的出现，不仅使大自然披上绿装，而且促进了生物界的更进一步发展，特别是对陆生动物，如哺乳动物、鸟类、昆虫等的发展，具有决定性的意义。

2004 年底，分宜县洪阳洞附近采石厂发现古生物化石 30 余块，这是在一处古生代二叠纪形成(约 290~250 百万年前)的溶洞中清理出土的，以剑齿象为主，共有保存完好的上臼齿齿脊数 7 至 8 个，同时还伴有其他哺乳动物的牙床、剑齿、腿骨化石，为新生代第四纪更新世哺乳动物化石，距今约为 240~1 万年。剑齿象属于古哺乳动物的一属，属长鼻目，生存年代为上新世至更新世，属大型食草脊椎动物，最大的剑齿象有 9 米多长、4~5 米高，体重几十吨，每天食量可达 10~20 吨，为继恐龙之后的“巨无霸”，其生存年代稍早于中国北方的黄河象，其生活环境温暖，根据活动规律和环境，大象出没的地方有可能出现人类活动的踪迹。由于象类演化迅速、分布广、特征显著，在划分地层年代方面具有标准化石的作用，古生物学家常常将它作为寻找古人类遗址的重要线索。哺乳动物是灵活的四足动物，有比较大的脑颅，反映了它们脑量的增加和与之相关的神经控制能力、智力的提高。哺乳动物基本代谢水平高，体被能够保温的毛发，再加上机体内的其他生理机制，使得它成为体温恒定的温血动物。

化石是遥远的地质历史时期各种生物的遗物或遗迹，因此，化石可以为人类研究动植物生活习性、繁殖方式及当时生态环境，提供十分珍贵的实物证据；对于研究地质时期古地理、古气候、地球演变、生物的进化等具有不可估量的价值。



### （二）始新世脊椎动物化石

1954年，中国科学院考古研究所饶惠元，在新余市采集到一批脊椎动物化石，有爬行类、鳄类、龟鳖类、哺乳类、钝脚类等动物化石。这批化石属新生代始新世脊椎动物化石，距今约3900万年。

### （三）姚圩镇始新世钝脚类化石

1961年、1964年中国科学院古脊椎动物与古人类研究所张玉萍、童永生及北京自然博物馆甄朔南、时墨庄等人分别在今渝水区姚圩镇宁家山及其附近的峰间老，采集到个体较大保存情况良好的冠齿兽下颚骨（带下颊齿）和一较完整的左下颚骨及一个残破的下颚骨和一些破碎的肢骨化石。这些冠齿兽化石地质时代属新生代第三纪早始新世，距今约3900百万年。

宁家山及峰间老，位于渝水区姚圩镇姚圩村委和桥老头村西南面的宁家山上，山地为连绵起伏的丘陵，其地貌为红壤与红岩石混合构造，北面山脚下为袁惠渠，早在1959年，宁家山出土了同样的始新世钝脚类化石。

### （四）袁河办事处送桥村乌龟化石

1979年12月在沙土公社送桥大队境内（今渝水区袁河办事处送桥村委境内）出土了乌龟化石，形状完整，已送交中国科学院古人类研究所，经鉴定为新生代第三纪上新世早期，距今约300万年。

## (五)双林镇水田村被子植物化石

双林镇水田村委平安煤矿和石脑岰煤矿井口被子植物化石出土点

1998年12月16日,新余市博物馆考古人员在分宜县双林镇水田村委平安煤矿和石脑岰煤矿井口的矸石堆积中,采集到石灰岩质被子植物叶面化石若干块。其地质时代为新生代第三纪始新世晚期,距今约3650万年。大的一块长20.8厘米,宽12厘米,厚9厘米,呈不规则长方体。正面有被子阔叶脉络纹饰,纹理清晰可辨,小的化石则有较长叶脉或阔叶脉纹饰。这些化石的形成是由于地质历史时期中,生长繁茂的植物,在适宜地质环境中,逐渐堆积成层,并埋没在水底或泥沙中,经过漫长年代的煤化作用,被子植物覆盖在比较坚硬的石灰岩层中,从而形成清晰的被子植物纹理化石。

## (六)分宜镇横溪村剑齿象化石

2004年11月,在分宜县分宜镇横溪村(袁岭山麓)发现脊椎动物化石,骨骼化石残缺不全,数量不多,大小不一,分属不同种类的动物个体,剑齿象臼齿半高冠,齿脊数目多,齿脊上乳突分裂为数目很多的小锥,谷部充填白垩质。化石产出地为一推平的洞穴,洞体可能为古生代二叠纪灰岩溶蚀形成,化石产出于黄色黏土层中，通过化石的鉴定，可以推断化石层时代为晚更新世。还可以推断在更新世，横溪一带，气候温暖，林木茂密，繁殖了以剑齿象为代表的哺乳类动物群。

分宜横溪村剑齿象化石

## （七）旧石器时代地点——打鼓岭和龚家山

打鼓岭旧石器时代地点，在渝水区罗坊镇竹山村委周家村以南500米的打鼓岭，地理坐标为北纬27°53′，东经115°09′；龚家山旧石器时代地点在新余市高新技术产业开发区水西镇加山村委龚家村北面500米的龚家山，地理坐标为北纬27°50′，东经115°02′。这两处地点均为砖瓦厂工地。

1989年底，中国科学院古脊椎动物与古人类研究所、江西省文物考古研究所和新余市博物馆联合组成野外考察队，在这两处地点采集到石制品49件。龚家山7件，其中1件出自地层；打鼓岭42件，其中8件出自地层。石制品包括有15件石核，9件具有人工打击痕迹的石块，16件石片和9件石器。石核、石片和有人工痕迹的石块占总数的82%，石器仅占总数的18%。这些石制品均出自袁河岸第二阶地的红色黏土及黄色网纹土中，现将石制品简述如下：

①石核，素材主要是不同形状的砾石，石核最重1224克，最轻的29克。依石核台面的数量可分单台面、双台面和多台面石核三类。其中单台面石核13件，双台面石核1件，多台面石核1件。

②有人工痕迹的石块9件，其人工打击的痕迹少而零星。

③石片16件。全都是天然台面，最大的一件长66毫米，宽66毫米，厚15毫米，重73克；最小的一件长21毫米，宽15毫米，厚7毫米，重3克；一般石片的长度在40毫米左右，重量在10克左右，石片角一般105°左右。全部石片保留有不同程度的砾石面。

④石器9件。加工石器的主要素材为石片，其次是石块或砾石。最大的是一件出自龚家山地层的球形石，重1228克，长110毫米，宽100毫米，厚85毫米。最小的一件为凸刃刮削器，重8克，长31毫米，宽25毫米，厚12毫米。石器分为砍砸器、刮削器和球形石三类。其中砍砸器1件，用脉石英加工而成，重173克，长82毫米，宽71毫米，厚30毫米，由破裂面向背面加工形成较凸的刃。刃缘长108毫米，宽13毫米。刃角约85°。刮削器7件，可分三型：A型，直刃刮削器2件；B型，凹刃刮削器2件；C型，凸刃刮削品3件。加工原料为脉石英。

⑤球形石1件。出自地层，重1228克，长110毫米，宽100毫米，厚85毫米，据其形状看似是加工石球的半成品，球体保留有较多的砾石面。

发现的石制品出自袁河第二级阶地的红色黏土中，其地质时代为晚更新世，从发现的石制品来看，它们都具有我国旧石器时代的文化特征，与广西右江、湖南澧水、安徽阳江和江西安义潦河发现的石制品相类似并有着密切的关系，其年代为旧石器时代晚期。

1997年7月至10月，南京博物院房迎三研究员与南京大学城市与资源学系杨达源教授，曾两次在打鼓岭旧石器地点进行系统采集土样，全剖面以每样间距5厘米的密度取得磁化率样品120个。经南京师范大学地理科学院磁化率测试，中国科学院西安黄土与第四纪地质国家重点实验室粒度测试，及南京大学现代分析中心X射线荧光谱常量元素氧化物分析和电镜扫描观察等各项分析研究表明：打鼓岭地点中上部红土堆积为风尘堆积。采集的黏土测年样品，经国家地震局地质研究所采用光释光测年技术测定，打鼓岭剖面中，上部风尘红土属晚更新世中晚期的沉积物，所含石制品属于旧石器时代晚

罗坊打鼓岭发现的旧石器时代打击石器

期或稍早一些。

此外，还有专家根据采集的石制品形制特点，以庐山地区第四纪地层可划分5个较大气候冷暖交替旋回的古地磁年代测定数据为参考，将新余发现的旧石器，绝对年代推测至距今40万~20万年前，从而不仅把新余的古代文化史，而且把江西的古代文化史至少推前至20万年前。

### （八）水北镇拾年山新石器时代遗址

拾年山遗址位于新余市渝水区水北镇。遗址于1984年发现，1986—1989年由江西省文物考古研究所、新余市博物馆等单位对该遗址进行了三次科学发掘。清理新石器时代晚期墓葬、陶片堆、石器堆、房基、灰坑以及水井等遗迹。出土遗物4000余件(片)。拾年山遗址第三次发掘中所出土的小型封土揭示了土墩墓承袭江南史前文化的依据。发掘者称，该遗址发现的15座无圹的圆形或椭圆形黑灰土堆所覆黑灰或红褐色土，实有封土之意。这对于研究中国坟丘起源有着重要的历史价值。拾年山遗址是一处史前时期典型的台地遗迹，大量墓葬和房址的发现，是该遗址最具价值之处，对于考察赣鄱

拾年山遗址1986年发掘现场

流域的聚落布局和特征具有重要价值。遗址三期文化的划分，对于建立江西地区史前文化考古学编年具有重大价值。

水北拾年山遗址出土陶鬶

### （九）分宜镇洪阳洞新石器时代遗址

洪阳洞遗址位于分宜县城西南8公里处的袁岭第三峰南麓，东距横溪村约1500米，为洞穴遗址。1972年冬，江西八〇五厂工人在洞中发现了一些动物骨骼化石，及时报告了江西省博物馆。省馆获悉这一情况，后于次年初派员进行了考察。1975年进行了试掘，在洞口外平地上布方发掘，其文化堆积厚0.15～6米，上层出土有磨制石斧、石镞和夹砂影印纹陶片，下层出土有哺乳动物和鸟类骨骼化石440块，牙床46块，兽牙60枚，此外还出土了一枚古人类牙齿化石，并发现有炭屑及用火痕迹。出土的哺乳动物和鸟类骨骼化石及人类牙齿化石属新生代的更新世，出土的磨制石斧、石镞属新石器晚期人类使用的工具，从出土的夹砂影印纹陶分析，为商周时期人类使用过的生活用具残片。而这一遗址主要文化内涵为新石器时代晚期。

1996年8月24日，美国波士顿安德沃考古基金会主席马尼士博士偕夫人简妮及助手大卫，与范黛华等人在江西省博物馆馆长彭适凡等人的陪同下，考察了洪阳洞，拟再一次对洪阳洞进行发掘。先是马尼士博士及助手与北京大学考古系和江西省博物馆联合组成考古队，对万年仙人洞进行了发掘，发现距今约11000年前的水稻种子，并在长沙蛤蟆山遗址也发现了1万年前的水稻品种，这是目前发现最早的中国及世界的水稻栽培品种。

长沙与万年之间断线，看是否能在洪阳洞发现同时期的水稻栽培品种。

1998年底至1999年初，江西省考古研究所与新余市、分宜县博物馆联合组成考古队对该遗址进行发掘，在洞口内右侧开一探沟，并在洪阳洞东面300米的小洪阳洞左面亦开一探沟进行发掘，出土了炭屑及烧火痕迹，以及哺乳动物及鸟类骨骼化石及兽牙化石，还发现了瓜子等遗迹现象，但未发现水稻品种，再一次证实，居住在洪阳洞的古人类其主要活动是采集和渔猎生产。

### （十）罗坊镇棋盘山新石器时代遗址

棋盘山新石器晚期遗址

棋盘山新石器晚期遗址，位于渝水区罗坊镇北岗樟塘村北面100米处的后山，因山地平整，高出周边农田8~12米，像一大棋盘，因而得名棋盘山。属典型的台地遗址。其东西长60米，南北宽50米，面积为3000平方米，1982年11月文物普查发现。1983年秋，江西省文物工作队进行了初步钻探，文化堆积厚1.5~2.0米，内涵较丰富，采集到石器有有段锛、常型锛、石斧、铤扁棱形石镞、残石器等，多通体磨光、制作精细。陶器有：纺轮、凹底器、盆形器、直口尊、釜形器、瓶形器、豆等。陶质为夹砂红陶、夹砂灰陶、泥质红陶和泥质灰陶。器足形式多样，有扁平、扁管、扁平加圆窝、凹面加圆窝等形式，大部分为鼎足。陶器纹饰有菱形纹、方格纹、篮纹、菱形回字纹、三角窝纹、弦纹、旋涡纹、复线菱形纹、回字纹等。该遗址以新石器时代遗存为主,同时还有商周文化遗存。与清江筑卫城、樊城堆新石器时代晚期遗址和高安相城新石器时代晚期遗址出土的同类物相似,距今4500年左右。1984年5月公布为新余市第一批重点文物保护单位,2006年12月公布为江西省第五批重点文物保护单位。

### (十一)珠珊镇沙头山新石器时代晚期遗址

地理坐标北纬27°45′50.6″,东经114°58′19.7″,位于渝水区珠珊镇沙头村西北面,东、南、西三面为山地。东邻天水江,有松山遗址、苑山遗址;西面有闰字山遗址、老禁山遗址;北面有袁河水由西向东蜿蜒流经,袁河冲积平原及挡下遗址。以上皆属山冈类聚落址,1982年7月第三次全国文物普查发现。遗址分布面积约3300平方米。文化堆积层厚约0.5米。1982年,清理新石器时代晚期残土坑墓一座,出土有大型长身锛和斧、凿、矛等石器,以及小型环、管、琮、玦、璜等玉器。在地表采集有大量商周时期的几何形印纹陶片,陶质为泥质和夹砂橙黄陶,陶器多为残片,其器形有豆、罐及平底器、折肩器,纹样有方格纹、菱形纹、刻画直线纹、中型云雷纹、凸方点与凸棱组合纹等。有多件精美

珠珊镇沙头山新石器时代晚期遗址

玉石器同出于一个坑内，从器物形制看，无疑是属于新石器时代晚期。这说明周代与新石器时代晚期堆积叠压关系，在新余地区同样也是存在的。与周边地区的樟树筑卫城、樊城堆遗址下层文化、吉安永丰尹家坪遗址、高安相城遗址出土的同类器物形制相同。因此，其新石器时代晚期文化与赣江鄱阳湖水系的樊城堆类型文化遗存，当同属于一个文化系统，为研究新余四五千年前古文化面貌，提供了一批重要的实物佐证。(见《江西历史文物》1983 年 4 期、《中国文物报》1988 年 7 月 8 日 2 版、《江西文物》1989 年 1 期、《中国新石器时代考古文献目录》(1923—1989)科学出版社)

### (十二)水西镇彭家山新石器时代晚期遗址

地理坐标北纬 27°49′54.8″，东经 115°01′12.2″，位于新余市高新技术开发区水西镇周家小康村南面，东、西、北三面为连绵起伏较缓的丘陵。东北面有龚家山旧石器点；南面有由西向东流经的袁河水及袁河冲积平原；西面有深山遗址、波鱼山遗址、桐林山遗址、走马台遗址；北面有严家垴遗址。属台地类聚落址。1983 年第二次全国文物普查发现，遗址分布面积约 3000 平方米。文化堆积层厚 0.5~2 米。采集遗物有陶器残片，陶质以夹砂红陶和灰陶为多，纹饰有方格纹、网格纹，可辨器形有浅盘鼎、豆等，鼎足式样有侧扁、扁凿、凹面等种，其中鼎足和浅盘鼎为新石器时代遗物。石器有斧、锛等(见《江西历史文物》1983 年 4 月)。为研究江西省史前文化和商周文化提供了重要实物资料。2005 年新余市人民政府列为第二批文物保护单位。

### (十三)水西镇桐林山新石器时代晚期遗址

地理坐标北纬 27°49′51.6″，东经 115°00′17.6″，位于新余市高新技术开发区水西镇云家村北面，遗址东、西、北三面均为连绵起伏坡度较缓的丘陵。东面有波鱼山遗址、深山遗址、彭家山遗址；南面有由西向东流经的袁河及袁河冲积平原；西面有走马台遗址；东北面为严家垴遗址、龚家山旧石器点。属山坡类聚落址，1994 年 10 月考古调查发现，遗址分布面积约 7000 平方米。文化堆积层厚 1 米。采集遗物有陶器残片，陶质为泥质灰陶、泥质红陶、夹砂红陶、夹砂灰陶，纹饰有篮纹、方格纹、弦纹、菱形纹等，可辨器形有罐、豆、带纵沟鼎足、侧扁式鼎足，其中侧扁式鼎足为新石器时代遗物。石器有斧、锛、镞等。为研究江西省史前文化和商周文化提供了重要实物资料。

### （十四）九龙山乡甓坑新石器时代晚期遗址

位于仙女湖区九龙山乡甓坑村西，四面均为丘陵山地，东面为塔前江，由南向北流经汇入仙女湖。属山冈类聚落址。1999年6月考古调查发现。遗址分布面积约3000平方米。采集遗物有陶器残片，陶质为泥质灰陶，纹样有方格纹、菱形纹、筛底纹、篮纹、弦纹等。石器有穿孔钺、锛、砺石等。其中穿孔石钺为新石器时代遗物。为研究江西省史前文化和商周文化提供重要实物资料。

### （十五）珠珊镇斜里夏代遗址

地理坐标北纬27°45′45.3″，东经114°55′11.2″，位于渝水区珠珊镇洋津斜里村南面。遗址东面有老禁山遗址、闰字山遗址、沙头山遗址；东北面有垱下遗址；北面有自西向东流经的袁河，其东、西两面为袁河冲积平原；南面为起伏较缓的丘陵地带，有埂上遗址。属台地类聚落址。1992年2月考古调查发现，遗址分布面积约5000平方米。文化堆积层厚0.5~1米。1992年在一个深约1米的坑中，发现直内石戈和泥质红陶挂黑衣陶觚等器物。1998年初进行试掘，揭露面积约200平方米，发现土坑墓4座，出土泥质红陶挂黑衣陶觚、泥质灰陶豆、泥质灰陶簋、罐、鬲足及泥质挂黑衣陶片，以及石凿等。陶觚形制与二里头早期的陶觚相似（见《南方文物》1992年3期）。为研究江西省早商文化提供了重要实物资料。2005年，被新余市人民政府公布列为第二批文物保护单位；2010年，被推荐申报江西省第六批文物保护单位。

### （十六）城北办事处塘岸龙夏代至商代遗址

地理坐标北纬27°50′12.6″，东经114°54′45.8″，位于渝水区城北办肖家坑西南面，四面均为丘陵山冈。东北面相邻的孔目江由北向南流入袁河水，有株树下遗址、廖坡里遗址、茶山脚下遗址、夏家山遗址；南面为袁河；西与北面仰天岗山地。属于台地类聚落址，1989 年 10 月考古调查发现。遗址分布面积约 1200 平方米。文化堆积厚约 0.4~0.8 米。采集遗物有陶器残片，陶质为夹砂红陶和灰陶，可辨器形有罐、豆等。纹饰有方格纹，石器有单面刃穿孔斧、凿、锛。为研究江西省夏代文化、早商文化及商周文化提供了重要实物资料。



### (十七)新溪乡麻岭山商代遗址

地理坐标北纬 27°51′37.6″，东经 115°18′009″，位于渝水区新溪乡潭溪村东南面，遗址南、西、北三面为丘陵地带，东面南安江；南邻席家山遗址、饶家山遗址、达里山遗址；西面丘陵山地，有江下山遗址、温家山遗址；北有由西向东流经的袁河。属于山冈类聚落址。1984 年考古调查发现，遗址分布面积约1200 平方米。采集遗物有陶器残片，陶质为泥质灰硬陶、泥质灰陶、夹砂红陶，纹饰有云雷纹、叶脉纹、凸方点纹、锯齿状堆纹、间断绳纹、三角窝纹、弦纹、菱形纹、篮纹，可辨器形有直口尊、鬲、折肩罐等。石器有石斧、石锛等。为研究江西省商文化提供了重要实物资料。2005 年，被新余市人民政府公布列为第二批文物保护单位。

新溪潭溪村东南麻岭山商代遗址

### (十八)南安乡碾糠山商代遗址

地理坐标北纬 27°49′26.7″，东经 115°16′53.6″，位于渝水区南安乡朱家村西面，遗址南、西、北三面为丘陵地带。东邻南安江，有达里山遗址；南面有饶家山遗址；西有温家山遗址、江下山遗址；北有席家山遗址、麻岭山遗址。属山坡类聚落址。1982 年 9 月第二次全国文物普查发现，遗址分布面积约 1200 平方米。采集遗物有陶器残片，陶质为泥质灰硬陶、泥质红硬陶、夹砂灰陶，纹饰以云雷纹、圈点纹居多，可辨器形主要有折肩罐、直口尊、鬲等。石器有锛、范、镞、砺石等（见《江西历史文物》1983 年 4 期）。为研究江西省商文化提供了重要实物资料。1984 年，被新余市人民政府公布列为第一批文物保护单位。

### （十九）罗坊镇铁树下商代遗址

地理坐标北纬 27°52′36.8″，东经 115°08′33.1″，位于渝水区罗坊镇铁树下村南面，遗址四周丘陵连绵。东面有狮子山遗址、龙王口遗址、钱家山遗址；南有袁河水由西向东流经；西面有打鼓岭南遗址；西北面有打鼓岭旧石器点、狮子垴遗址；北面为丘陵地带。属台地类聚落址。1991 年 5 月考古调查发现，遗址分布面积约 5000 平方米。采集遗物有陶器残片，陶质为夹砂红陶和灰陶、泥质灰硬陶和软陶，可辨器形有凹底器、罐等，纹饰有方格纹、网结纹、菱形与绳纹组合等。1992 年 3—5 月进行抢救性发掘，开挖 5 米×5 米探方 24 个，揭露面积约 600 平方米。为研究江西省商文化提供了重要实物资料。

### （二十）杨桥镇社山坪商周遗址

杨桥镇湖垢村社山坪商周遗址

分宜社山坪商周遗址，位于分宜县杨桥镇湖圻村湖圻自然村西南400米，商周时期，处于圆形台地上，属台地类型遗址，遗物散布面积有3300多平方米，长60米，宽55米，土质为灰土，从表面和断层来看，内容比较丰富，文化层在1米左右，地表采集的标本有石镞1件，砺石1块，多种印纹陶片15块，鼎足1只。根据采集的遗物分析，其时代应为商周时期，对研究赣西地区先秦时期的文化面貌提供了新的资料。

### （二十一）南安乡凤形山商周遗址

南安乡哲山村凤形山商周遗址

凤形山商周遗址地理坐标北纬27°47′57.8″，东经115°13′14.0″，位于渝水区南安乡哲山村西南500米的凤形山，因山的形状像传说中的凤凰，故名。面积约1100平方米，为山坡型遗址，1982年调查发现。采集到的石器类型有：长方形穿孔刀、矛、钻，扁棱形镞，有铤双翼镞，有段锛，残石器等，多通体磨光，制作精细。陶器器形有陶罐、陶釜、折肩罐、平口捏流鬶口、鬶袋足、柱状鼎足等。纹饰多样，有：云雷纹、细绳纹、直线刻画纹、网结纹、复线方格圆点纹、编织纹、复线菱形纹、长方格纹、菱形、凸弦纹等。其云雷纹小型规整，复线方格圆点纹为多线方格圆点纹或三线四线皆有，陶质大都为泥质灰硬陶、泥质红陶。根据其出土物分析为商周时期文化特征器物，鉴定为商周遗址。该遗址已经列入新余第二批市级文物保护单位。

### （二十二）鹄山乡何家堎商周遗址

地理坐标北纬28°03′46.2″，东经115°01′14.0″，位于渝水区鹄山乡堎上村北

鹄山乡垴上村何家垴商周遗址

面，遗址四周丘陵连绵。东北面有鲤鱼山遗址、高山遗址；东南面拾年山遗址；西面蒙山；西与北面有蒙河支流。属山冈类聚落址。1984年5月考古调查发现，分布面积约1万平方米。采集遗物有陶器残片，陶质为泥质灰硬陶，纹饰有方格纹、S形纹、篦点纹、菱形回字圈点纹、菱形回字纹、凸菱纹、云雷纹与篮纹组合纹，可辨器形有直口尊、敞口尊、折肩罐、釜形器、盆等。石器有斧、矛、砺石、锛等。为研究江西省商周文化提供了重要实物资料。2005年，被新余市人民政府公布列为第二批文物保护单位。

### （二十三）人和乡蛇垴山商周遗址

地理坐标北纬28°01′11.8″，东经114°57′34.8″，位于渝水区人和乡棣村东北面，遗址为一高出四周数米的丘陵山冈，东面丘陵地带；南面邻蒙河支流；西连丘陵地带，有黄土岸遗址；北邻蒙河支流及蒙山，有晓堆石山遗址。属台地类聚落址。1982年11月第二次全国文物普查发现，遗址分布面积约3000平方米。采集遗物有陶器残片，陶质为泥质灰硬陶、夹砂灰陶，纹饰有方格纹、菱形纹、网结纹、编织纹、三角窝纹弦纹、直线刻画纹等，可辨器形有浅盘豆、壶、罐、蘑菇状垫、鼎足及袋足。石器有穿孔器、长方形刀、锛、斧、砺石等（见《江西历史文物》1983年4期）。为研究江西省商周文化提供了重要实物资料。1984年，被新余市人民政府公布列为第一批文物保护单位。

### （二十四）城北办事处廖坡里西周遗址

地理坐标北纬27°50′15.2″，东经114°55′16.0″，位于新余市渝水区城北办肖家坑村东面，遗址四面均为连绵起伏较缓的丘陵山地，东面有孔目江由北向南流经，还有株树下山遗址；东南面有夏家山遗址；南面袁河由西向东流经；西面塘岸龙遗址；北邻仰天岗。属于台地类聚落址。1982 年 7 月第二次全国文物普查发现，遗址分布面积约 4000 平方米。采集遗物有陶器残片，陶质为夹砂红陶和灰陶，可辨器形主要有罐、鼎足，纹饰有方格纹、云雷纹、菱形纹等。石器有斧等。为研究江西省先秦文化提供了重要实物资料。



### （二十五）罗坊镇火楼上西周遗址

地理坐标北纬 27°54′19.5″，东经 115°07′19.0″，位于渝水区罗坊镇陈家村西北面，遗址四周均为连绵起伏较缓的丘陵地带。东有陈家江由北向东流经，有刘家山遗址、雷公山遗址，东南面有牛屎窟遗址、田埠松山遗址、樟板桥遗址；西南面有老虎井遗址；西北面有石头山遗址、太公山遗址；北面有柯树下遗址、麻子岗遗址；东北面有石鼓突遗址、何家山遗址。属台地类聚落址。2002 年 11 月考古调查发现，遗址分布面积约 1.2 万平方米。文化堆积层厚 0.5~0.8 米。采集遗物有陶器残片，陶质为夹砂灰陶、泥质灰陶和软陶，可辨器形为罐类，纹饰有方格纹、菱形纹、绳纹、刻画符号等。石器有镞等。为研究江西省先秦文化提供了重要实物资料。

### （二十六）水西镇棚架山东周遗址

地理坐标北纬 27°46′50.6″，东经 115°00′20.3″，位于水西镇珍田村东南面，遗址东、南、西三面均为连绵起伏较缓的丘陵山地。东面有雷陂江由南向北流经，有珍田禁山遗址、苑山遗址、松山遗址、鸭婆山遗址；西南有沙头山遗址；西有天水江由南向北流经，还有闰字山遗址、老禁山遗址、埈上遗址；西北面有垱下遗址、斜里遗址；北面有坡西茶山遗址，有袁河由西向东流经及袁河冲积平原。属山坡类聚落址。1982 年 9 月第二次全国文物普查发现，遗址分布面积约 1500 平方米。采集遗物有陶器残片，陶质为泥质灰硬陶，纹饰有方格纹、米字纹、蕉叶纹、麻布纹、菱形纹，可辨器形有罐、瓮、鼎等(见《江西历史文物》1983 年 4 期) 。为研究江西省先秦文化提供了重要实物资料。

## (二十七)操场乡何家坳东周遗址

地理坐标北纬 28°04′27.1″,东经 114°41′04.9″,位于分宜县操场乡赤土村南面,遗址四周均为丘陵山冈。东面有山泗水由北向南流经,弓江水、彰湖水由东北向西南流经汇入杨桥江,还有金塔上遗址、铲板上遗址;西南面有亭子边遗址、社山坪遗址、垅上遗址、网形里遗址、社下台上遗址;西面有园前台上遗址;北面山冈地区与上高县毗邻。属山坡类聚落址。1982 年第二次全国文物普查发现,遗址分布面积约 8000 平方米。采集遗物有陶器残片,陶质为夹砂灰陶、夹砂红陶,纹饰有方格纹、长方格纹、菱形纹,可辨器形有鼎足。为研究江西省先秦文化提供了重要的实物资料。

## (二十八)罗坊镇刘家山战国遗址

罗坊镇陈家村东南刘家山战国遗址

位于罗坊镇陈家村东南丘陵。战国时期文化遗址，文化堆积层厚约 0.5 米，面积约为 12000 平方米。2002 年 11 月考古调查发现，采集遗物标本石器有斧等；陶质为夹砂灰硬陶、泥质灰硬陶、软陶；可辨器形有鼎类；纹饰有方格纹、米字纹、重回字交叉纹、蕉叶纹、菱形纹与弦纹组合等。2002 年 12 月,省考古研究所进行抢救性发掘,发现墓葬、灰沟、灰坑等遗迹,出土鼎、罐、杯、纺轮以及石器等 40 余件。该遗址已经列入新余第二批市级文物保护单位。

# 二、古城址

## (一)新余、分宜城址考古调查综述

历史上县治是统治阶级在一个地方设立的政治、经济、文化中心,一般都设有城池，四周筑城墙，也是军事防御之地。新余自古称新渝、新喻；三国吴宝鼎二年(267 年)始建置，县治在今安福县东北之平都镇，城址无存可考。隋开皇九年(589 年)新渝并入吴平县，县治在今樟树市中州门楼里一带，土城尚存，已被地方保护，称之为吴平县遗址。隋开皇十八年(598 年)，恢复新渝县，县治建于龙池墅，无城。隋大业八年(612 年)，县治自龙池墅迁往距村，无城。唐武德五年(622 年)新渝县撤并为始平县(县治在今樟树市太平圩一带)，安抚使李大亮在新渝县治——距村置西吴州，城池方广三里。唐武德七年(624 年)废始平县、西吴州，恢复新渝县。距村城址为今渝水区(已改为仙女湖区)观巢镇共青小县村，城址已毁无存。唐麟德元年(664 年)，度支使王元寿复选新渝县治于龙池墅，唐乾封三年(668 年)起修筑城池，唐大历八年(773 年)大水泛城郭，郡守李嘉祐奏移于虎瞰山。按史载地名位置方位和经实地勘查考证，龙池墅城在今渝水区珠珊镇垱下张家村西北面，袁河南岸，睦宦桥与归驷桥之间东面，这一带为村民耕地，城址因年久风化并常遭洪水侵蚀，自然的和人为破坏已倾废无存。唯一能见证当时历史的睦宦桥只存残墩遗迹，还有长湖水不知是原城池内流经的江水还是护城河流，无证可考。

虎瞰山位居原龙池墅城北面三里丘陵山冈地带，因山坡突兀，势若虎踞，俯视渝水，倚山带水而名之，南临袁河，其北面有孔目江自西北向东南流经，汇入东面的袁河，西枕仰天岗。唐大历八年(773 年)龙池墅城因大水淹城而择县治于虎瞰山。宋靖康元年(1126 年)新渝县治虎瞰山始筑土城，周围五里，前瞰袁河为水河门(原名安福门)；北倚云岑山为开化门(原名高安门)；东环浒溪水为学步门(原名清江门)；西距何公桥为善住门(原名宜春门)。城池东西相距 2 里，南北相距 1 里余，元至正十二年(1352 年)兵变，土城倾圮，黄仕能率邑民在旧址上修筑土城，高一丈许，设东西南北四门，明初倾毁仅存故迹。明正德八年(1513 年)知县邹彦奎重建土城，明嘉靖四十一年(1562 年)土城毁于流寇，知县祝尔庆改建砖城(城墙砖长 37 厘米、宽 18.5 厘米、厚 10.6 厘米)，基广 9 尺，高 1.3 丈，女墙 3 尺，周围长 960 丈，由原四门增设七门：东曰迎恩门；西曰集泰门；南曰纳凯门；北曰通瑞门；东南曰云津门;西南曰凤凰门;西北曰松关门。明崇祯十年(1637年)知县汪士龙奉檄修整。清初,总制张朝璘巡历郡城,议增城垣高2.5丈,雉堞共1965垛,东西相距2里,南北1.5里,东西南北四门各城楼设三楹营房2间,松关、凤凰、云津三门各设城楼1所;康熙四十年(1701年)知县李廷宰重修云津门;康熙五十八年(1719年)东北两门城楼营房倒塌,知县张景苍修葺;乾隆十三年(1748年)知县查世柱、嘉庆九年(1804年)知县恽敬相继奉文对城垣、雉堞、城门重新修整,城墙保持坚固完密、整饬。据清同治十二年(1873年)《新喻县志》"疆域卷"记载:县城垣自东迎恩门至北通瑞门计822弓;自通瑞门至松关门计676弓;自松关门至集泰门计656弓;自集泰门至凤凰门计632弓;自凤凰门至纳凯门360弓;自纳凯门至云津门计474弓;自云津门至迎恩门计310弓,共计周围3930弓(弓是古代丈量器具,用木头制成,由于形状略像弓,两端距离是五尺,一弓为一步,360弓为一里)。城内主要建筑有唐大历八年(773年)兴建的文庙、学宫,宋嘉定年间始建的采芹阁(魁星阁),元元贞年间,州民吴子寅用砖砌修县前大街。至治年间知州庚光夫砌修南门街;明万历年间,大参施天德砌修进士街。设有云津、登高、彭家、胡缑、东山、观背、萧家、务背、曾冈、通津、朝真、忠靖、城下、王家、万庆、古城、骢马、猪市、小庙、西仓、丁家、吴家等22巷。坛庙有社稷坛、城隍庙、先农坛、文昌宫、关帝庙、龙神庙、火神庙、土地祠、真武庙、天符庙、三圣宫、许真君行宫、三刘祠、石门祠、丁公祠;公廨有上谕亭、县署(773年兴建)、戒石亭、仪门、谯楼、后堂、寄圜、县丞厅、主簿厅、教谕署、训导署、典史厅、袁州拨防驻喻把总、分防外委、布政分司、按察分司、皇华馆、迎宾馆、旌善亭、申明亭、巡检司、河泊所、税课局、酒务、税务、惠民药局、医学、阴阳学、僧会司、道会司、县狱;试院附有新喻考棚、宾兴堂、新喻试馆;寺观有东山经堂、育婴堂、普济堂、养济院;其他有缑山书院、瀛洲书院、四眼井、漕仓、浒溪桥、粮衙、丁公墓等。城内东有缑山、孤山,为木星;西有金星堎,为金星;南有虎瞰山,为火星;北有云岑山,为水星;中有县衙,为土星。五星拱照,人杰地灵。民国二十八年秋(1939年),为防日军成空袭目标,动员数千民众拆除城墙,据此,虎瞰山城毁无城垣。新中国成立后,随着经济、文化、城市建设

发展，原城内大部分古建筑在城市改造发展中废除，只剩唯一能见证古城历史文化面貌之魁星阁、孔庙、四眼井等文物名胜；特别是在新世纪的2000年，瀛洲书院在沿江路改造建设中最后拆废。

分宜县治——安仁城址。位于分宜县境中部偏南，在仙女湖区钤阳湖内，万年桥西北面，这里四周山地重叠，东毗邻钟山，南对钤冈山，西靠昌山，北依袁岭，南临袁河水由西向东流经，1958年，修建江口水库，城区淹没于钤阳湖底。分宜古地属扬州，相继为吴、越、楚属地，汉时地属宜春辖区，宋雍熙元年(984年)分出宜春东境十乡立分宜县，县治设安仁，安仁地在汉时为安仁驿，唐时称为安仁镇，无城池。明正德七年(1512年)始筑土城，高丈余，宽不及三尺，有城门4座：东为仙台门；西为昌峡门；南为清源门；北为袁峰门。明嘉靖三十八年(1559年)砌置砖城，高1.8丈，宽1.2丈，城墙临河段从河底砌筑砖石护坡加固，城门增至5门，在昌峡门与袁峰门之间增设小北门，名曰惠安门，各城门之上建有城楼，名醮阁楼。城内主要建筑有县前与县背两街；黄家、袁家、新街、将军、傅家、义井、官巷等7巷；坛庙有文庙、文昌庙、城隍庙、九皇庙、文昌宫、万寿宫、黄忠愍公祠、魁星阁；公廨有县署、县丞厅、主簿厅、教谕署、训导署、典史厅以及布政、按察、巡检司、县狱、钟鼓楼等，其他有观音楼、醮阁楼、福寿桥、化龙桥、天津桥、学儒、考棚、漕仓、林家大屋等。1958年兴修江口水库时，全城拆迁，建筑毁于一旦，整座古城被淹没于钤阳湖底，成为水下千年城址。

### (二)始平(吴平)县城址

据《寰宇记》载："吴平县，本汉末汉平县，三国时改为吴平……今其地金城寺，土城尚存。"康熙《新喻县志》亦载："吴平县，在县东一百一里，后汉时置汉平县，吴改为吴平县。隋开皇九年废新喻入吴平，十一年废吴平入宜春，十八年又析宜春置新喻，吴平故城在新喻境，今废，其地即金城寺，宋时割隶清江，土城遗迹尚存。"对于金城寺，严嵩有诗云：

欲求净土证无生，仿佛黄金筑化城。
甘露门前添黛色，晓霜钟里功寒声。
云垂西极双峰秀，水激东岩九郭清。

野渡杯僧何处所，至今还说是吴平。

康熙《新喻县志》注：金城寺，寺址在今中洲乡门楼附近，近东林寺。始建于唐广明元年(880年)。周遭土郭，相传即古吴平县废基，寺前面对峰岭有九十九阜，颇为幽胜。

古汉平(吴平)县城址在今樟树市中洲乡门楼里村古吴平圩。东临蒙河，西接马祖山，南望九十九阜峰，东北为宽阔的冲积平原。蒙河又称颖江，是袁河的主要支流。发源于渝水区人和乡梅村蒙山东麓，流经人和、下村、鹄山、水北等乡镇，经樟树市的义城、中洲、黄土岗至昌傅的港口牛家村注入袁河，流域面积为476平方公里，古时蒙河水深河阔，与袁河、赣江、彭蠡(鄱阳湖)、长江连成畅通的水运网。据考古调查，在蒙河两岸发现商周、春秋战国遗址20余处，可见秦汉以前这里已是村落稠密、人口众多、经济繁荣的地区，为东汉建立汉平县治城创造了条件。

20世纪70年代中期及80年代初，考古工作者对汉平(吴平)县古城址进行了考古调查，当时残存的土筑城墙高约1~5米，宽约2~6米，整个城址面积50多公顷，遗址内居有村民居住，开垦有耕地。金城寺的遗迹可寻，在该寺原址上的近代寺门楣上还镶嵌有“憩之精合”四字石刻横额。在旧城遗址上采集有陶片、绳纹板瓦、筒瓦、瓦当、铁锄头等物，其中一件铁锄长12厘米，宽5.5厘米，銎为长方形。调查发现该古城遗址与史籍记载基本相符。

1976年，在九十九阜峰发掘了两座东汉墓，由于早年被盗，出土文物不多，出土了陶鼎、陶罐、石器等文物。1987年12月28日，江西省人民政府将“吴平古墓群”公布为第三批省级文物保护单位。

古汉平(吴平)县从东汉灵帝中平二年(185年)建县起至隋开皇十一年(591年)撤吴平县止，其县治一直未变，前后达405年之久，其管辖范围包括今新余市东部及樟树市西部大部分地区。

### (三)龙池墅城址

新喻自三国吴宝鼎二年(267年)建县，至隋开皇九年(589年)撤县并入吴平，十一年(591年)撤吴平并入宜春，十八年又析宜春置新喻县，县治设在龙池墅(即今修建的袁河大桥南岸东侧睦宦桥一带，属珠珊镇挡下村委管辖)。隋大业八年(612年)县治迁往距村(今仙女湖区观巢镇共青村委会小县自然村一带)，唐麟德元年(664年)度支使王元寿将县治复迁龙池墅，乾封三年(688年)修筑城池，大历八年(773年)因洪水泛城，郡守李嘉亮命摄令杜臻将县治迁往袁河北岸的虎瞰山，城遂毁，龙池墅作为新喻古县城除去迁往距村的53年，前后达123年之久。

龙池墅古城址北滨袁河，东南临今炉下和张家村，西为沿江马路。其地高出附近农田1至1.5米，北面临河地段，高出袁河水面3~4米，中心区域面积约24万平方米，睦宦江水自南向北贯穿其境注入袁河，当地村民称该地为古上，现有一小街，街上有零星几家摩托车、自行车修理铺，铁匠铺、木匠铺、小杂货店，因修筑袁河拦河大坝，属搬迁区，许多住户已搬走。但在现睦宦桥下游七八米处，尚存古睦宦桥(三合土船形桥)桥墩等遗迹。

**(四)距村小县址**

隋大业八年(612年)新喻县治由龙池墅迁往距村，唐武德七年(625年)安抚使李大亮析新喻西南地置吴州，以旧城距村为州治，同年废州为县，唐麟德元年(664年)度支使王元寿复迁县于龙池墅。距村作为新喻县治和吴州州治(不到一年)共53年。据康熙《新喻县志》载："吴州城，在县西北五十里距村，方广三里余，大业八年自龙池墅迁县治于此，唐武德七年，诏安抚使李大亮析新喻西南置吴州，乃以距村为州治，其年寻复为县，麟德元年度支使王元寿，又 迁县治于龙池墅，城废，今存遗址。"

距村古城址：即今观巢镇共青村委会小县自然村一带(因古时县治建于此故名)，旧城遗址为山坡地形，北高南低，南临太湖港村钟姓，西邻武吉高速公路村前而过，西对西村邱姓有猪头山，东700米处为杨南江(即孔目江)，北靠大脑上山，欧下公路从山坡东西而过，大脑上山依屋冈树山，山高陡峭气势雄伟，整个地势由西北向东南倾斜，东西宽，南北窄，其地高出耕地 2 米，最高处达 6～8 米。面积按县志上说方广三里即 2.25 平方公里，但实际面积约 1 平方公里，该地现居住有李家（即小县村，归观巢管辖），刘家（紧靠李家东面归观巢镇管辖）。据当地村民讲，古时这里运来有许多城砖，准备做城墙，由于县城搬迁未果，为什么复迁县治至龙池墅呢？原因是二地相争，两地称土，看哪里的土重哪里就为县治，龙池墅民在土中掺石子，结果对方土重而搬县治于彼地。据康熙《新喻县志》载："距河（孔目江），县东北，出袁州分宜县洞村，有两源，一涂塘，一龙塘，合距村南流三十里，经通济桥而合渝水。尝产白鱼，秋后始见顾其间滩峻多石，难通自揖，故县治复迁而城于虎瞰焉。"可能是当地村民根据"距河滩峻多石，难通舟楫"，而误传两地称土，对方土中掺石子之故。1982 年文物普查时尚存文昌宫古建筑，后毁。

新喻古县城——虎瞰山城城墙遗址

## （五）虎瞰山县址

虎瞰山位于市区城南袁河北岸，势若虎踞，俯瞰渝水，故名虎瞰山，其下为虎瞰岩，有二泉如目，曰虎瞰泉。虎瞰岩高百尺俯踞江皋，石壁皆艳

新喻古县城图

色，其下有潭，传闻昔有渔人沿流入其间，渊洞不测。唐大历八年(773年)，因洪水泛城，县治由龙池墅迁往虎瞰山(今孔庙、魁星阁市二中即城南一带)，旧无城，宋靖康元年(1126年)始建土城，周长5里，东西相距2里，南北1里余，元末兵毁。明正德八年(1513年)知县邹彦奎重建土城，后兵毁。嘉靖四十一年(1562年)知县祝尔庆改建砖城，高1.3丈，基宽0.9丈，女墙0.3丈，周长960丈，分设7门，东曰迎恩，南曰纳凯，西曰集泰，北曰通瑞，西南曰凤凰，东南曰云津，西北曰松关。上建敌楼，门编铁叶，清初总制张朝璘，巡历郡城议增城垣高2.5丈，雉堞1965垛，东西相距2里，南北一里半，东西南北四门各建城楼三楹，营房2间，松关、凤凰、云津三门各建城楼1所，后历多次维修，至晚清时期，城区面积0.42平方公里。1939年，县政府奉命拆除城墙，调动4650民众，20天内将高5米，宽2米，周长2900米的城墙拆除，今孔庙广场前，尚存一小段古城墙遗址。

另外，2001年，在城南旧城改造中，沿江路一带工地发现了宋代砖砌水井三口。清理了其中一口，出土了铁锄一把，并抢救清理了西汉墓葬一座，出土了青釉铺首双系钟、青釉双耳盖鼎、青釉盒、青釉双系壶、青釉双唇罐等器物二十余件。

### (六)分宜县城址

分宜本无城，宋称安仁镇，自建县后，始为县治。位于县境中部袁河之滨、钤山北麓，古后称钤阳镇。明正德七年(1512年)，因周围地区常遭贼寇骚扰，知县萧时宾奉檄筑城。城基周围628丈，高1.5丈，宽1.6丈，面宽9尺，有城门四座。明嘉靖三十八年(1559年)，知县戴廷悫奉令对城墙加固加高，历时一年多修成。城长476丈，高1.8丈，宽1.2丈。南临河岸，从河底起用砖石砌护坡，高2.4丈，上与岸平，再加女墙6尺。城门增至5门：东仙台门通新喻，西昌峡门通宜春，南清源门(即清源渡)通安福，北袁峰门通万载，另有一处小北门，名曰惠安。城门之上建有城楼，名蘸阁楼。民国二十三年(1934年)征各保工役，开挖沿城壕沟，并修筑城楼炮台。

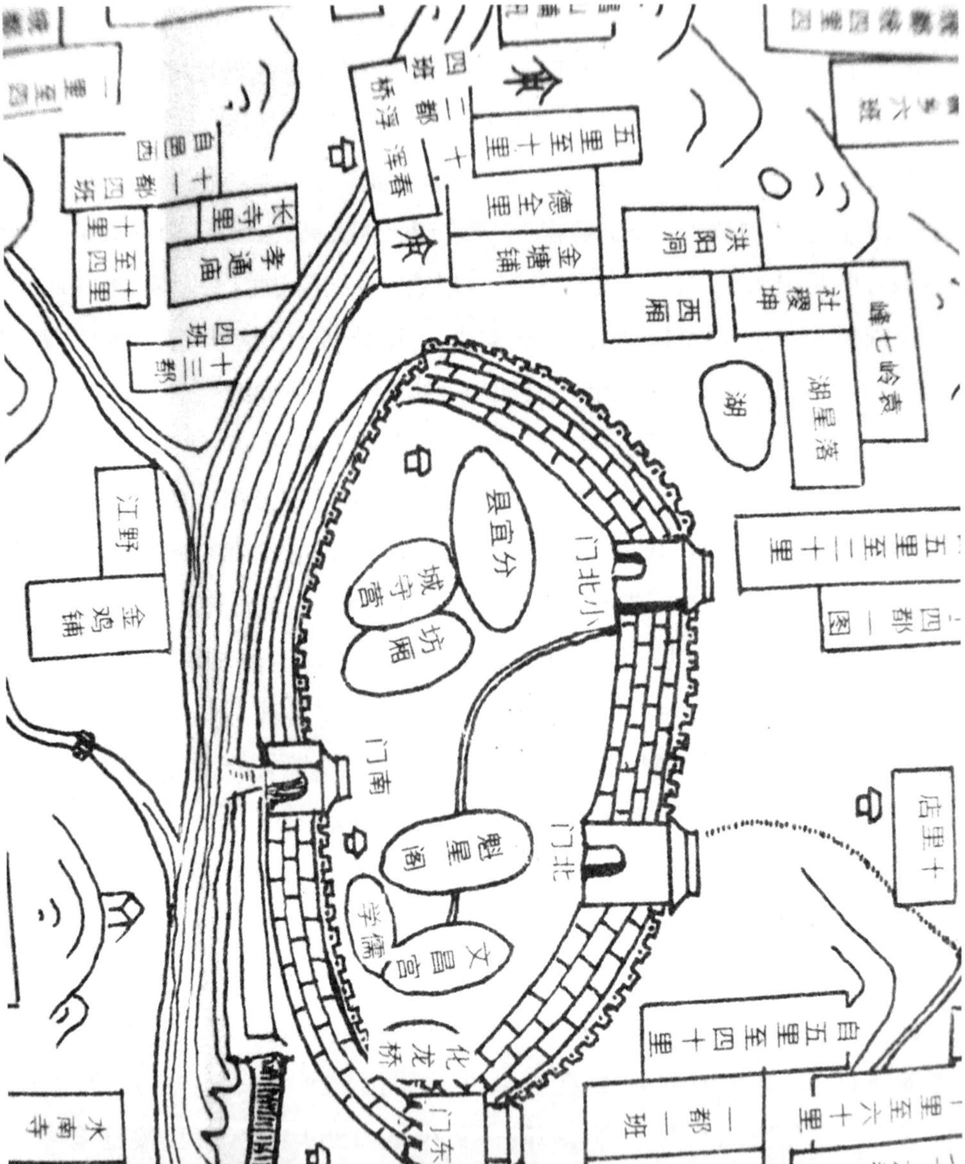
分宜县
城守营
坊厢
魁星阁
文昌宫
儒学
化龙桥
南门
北门
小北门
东门
东厢
西厢
先农坛
洪阳洞
金塘铺
德全里
社稷坛
湖
金鸡铺
江野
孝通庙
长寺里
水南寺
上真观
关帝庙
万寿桥
天津桥
善和里
十里店

分宜古城图

# 三、古矿冶

## （一）采矿冶炼遗址考古调查

新余处在九岭山、武功山、峰顶山交接地带，地质构造较为复杂，境内多数山地是由变质岩系、花岗岩、石灰岩、砂质岩组成。地层发育较全，出露良好，有震旦系、泥盆系、石炭系、二叠系、三叠系、侏罗系、白垩系、第三系和第四系。地下矿产资源较为丰富，目前全市已探明发现矿产达 32 种类，其中铁、铜、银等金属矿产，早在 1000 多年前就在民间或有官方开采冶炼。《唐书·地理志》就有关于今分宜县湖泽镇产铁记载。《新喻县志》（卷一·山川）载，铜山在其西南二十里，山产铜矿，唐麟德年间（664—665）有私采者，大历后遂置官场，宋乾德元年（963 年）以无铜罢采，今绝。《太平寰宇记》有北宋雍熙元年（984 年）置贵山（今分宜湖泽镇桂山）铁务记载，在南宋时，贵山是全国几个产量较多的江西境内的铁矿场之一。《新喻县志》载，宋庆元六年（1200）蒙山产银。元至元十三年（1276 年）设蒙山银场提举司，产银 3 万两。《新喻官洲肖氏族谱》载，肖毓，字伯元，生长肖岭，迁居官洲……为蒙山银厂监官。《新喻县志》载，大德年间（1297—1307 年），晏寿先（新喻人）任蒙山银场提举司提举。在《新元史·食货志》记载的天历元年（1328 年）铁的课税，以江浙、江西、湖南为最，而其中江西冶铁场中就包括新喻、分宜两县。《明史·食货志》载，洪武六年（1373 年），全国置十三处冶铁所，江西有新喻、进贤、分宜三所，全国产铁 783 万斤，江西占 168 万斤，而新喻产量就占据江西三分之二以上。《新喻县志》载，湖九洞在县西北三十里，山产银矿，明万历年间（1573—1619 年），内监潘相开采，税入甚少，而礁石坏田几数百顷，大为民患，后奉禁止，今矿亦绝。明末清初时，明政府由于加重矿税，挫伤矿民采矿冶炼积极性，矿采时开时闭；清统治阶级慑于历史上矿民抗税和起义战争，制定“禁采”戒律，采矿冶炼只许官办禁止民办，新余地区矿场逐步衰败凋敝。迫于全国要求开禁民采的呼声，乾隆时，清政府采取“召商承办”方式开发矿业，新余采矿冶炼业又得到一定发展。据清同治年《新喻县志》卷一载，乾隆十四年(1749年)横琴山(今铁山)在县西北三十里上乐乡，山高而横枕若琴，故呼为横琴，山产铁矿，官当置炉烹煎后罢，今矿亦绝。光绪三年(1877年)新余乡有矿区三十五处，西部茶山、礼泉，南部银铜坡有铁矿场开采。民国时，全国实行封山禁冶，新喻只有佛岭山石冈之杉坡里、银铜山之大窝岭产铁。可谓历史悠久、矿采兴盛，矿业发达。

根据有关史书记载，调查近现代国有矿山采选企业、民间私有采矿区，访问知情人，实地勘探工作情况，考古工作者在分宜县湖泽镇发现凤凰山、伯公庙、贵山、斗牛岭、银山垇等古代采矿冶炼遗址5处；渝水区发现观巢镇横琴山、湖九洞，良山镇铜山、鹄山乡蒙山等古矿冶遗存。分宜贵山(今名桂山)一带包括正在开采的铁坑、渝水区横琴山(今铁山)铁矿属黑色金属矿，按其成因类型为风化残积铁冒式铁矿，矿石主要为褐铁矿，矿体呈帽盖式或零星分布。铜矿系有色金属，主要产于钨、铁、贵金属等多金属矿床中，为伴生元素产出，目前只发现良山之铜山铜矿，唐宋年间开采，规模不大。贵金属矿产新余区内只有金、银两种，发现已开采的银矿，其类型为伴生矿，主要是与多金属、硫铁矿在一起形成的贵金属，按矿床成因区分，渝水铁山一带(湖九洞)、荷沂(蒙山一带)分宜铁坑为矽卡岩型伴生贵金属矿，分宜银山垇为热液型伴生贵金属矿锰矿床。

凤凰山采矿冶铁遗址(唐—宋)。位于分宜县湖泽镇铁坑村东面，地理坐标北纬27°52′33.5″，东经114°45′37.8″，遗址分布面积约为15万平方米，文化堆积层厚1.5~4米。为露天矿，1990年11月调查发现，实地勘探有冶铁炉、铸模、铁矿渣堆积等遗迹，采集采矿冶炼劳动生产物品有铁硫、铁渣、生铁块、木炭、生铁铸件、铁刀、铁矛、碾轮等；生活用品有青瓷盏、乳白釉盏、影青瓷盏、青瓷碗、乳白釉卷唇碗、乳白釉高圈足碗、影青瓷碗、青瓷执壶、酱褐釉双系壶、黑釉执壶、影青瓷卧足碟等，铭文砖有“袁州府提调官通判隋赟司吏任俊分宜县提调官典史邢□司吏张用韶”、“洪武十年”等字样，钱币有开元通宝(唐)，以及宋代淳化元宝、咸平元宝、天圣元宝、嘉祐通宝、皇宋通宝、熙宁元宝等。

贵山冶铁遗址(唐—明)。位于分宜县湖泽镇凤凰山北面，据《分宜县志》

载：贵山有铁，唐时开采立贵山镇，宋雍熙元年(984 年)置贵山铁务。遗址在今桂山南面，分布面积约为 10000 平方米，文化堆积厚 2 米～3 米，1990 年 11 月考古调查发现，实地调查有冶铁炉、铁渣堆积等遗迹，采集遗物中生活用具有粉青釉高足瓷杯、豆青釉盘、青花瓷盏、青花瓷碗以及青花“大明年造”铭文瓷盏等。

伯公庙冶铁遗址(明—清)。位于分宜县湖泽镇伯公庙村，斗牛岭东南面。地理坐标北纬 27°51′47.3″，东经 114°48′03.9″，遗址分布面积约为 10000 平方米，文化堆积层厚 1 米～3 米，1990 年 11 月考古调查发现，实地勘探有大型冶铁炉、铁渣堆积等遗迹；采集冶炼生产遗物有铁渣、铁矿砂、铁锅、铁硫、铁粉、木炭等；生活用具有青花瓷盏、青花瓷碗、青花瓷盘以及铭文砖等。

斗牛岭冶铁遗址(明—清)。位于分宜县湖泽镇凤凰山东南面、伯公庙村西北面。遗址分布面积约 5000 平方米，文化堆积层厚约 1 米～2 米，采集冶炼遗物有铁渣、铁硫，生活用品有青花瓷碗、青花瓷盏，器物底部吉祥语有“万福攸同”、“永葆青春”、“长命富贵”等。

铜山铜矿遗址(唐—宋)。位于渝水区良山镇岭上村东面，地理坐标北纬 27°43′56.4″，东经 114°55′11.8″，遗址四周均为丘陵山地，分布面积约 3000 平方米，为露天矿，1982 年第二次全国文物普查发现，表层堆积 0.3 米～1 米厚墨绿色铜矿石，在东南部暴露有露天矿穴多处以及木桩、房屋墙基等遗迹。据《新喻县志》载：“铜山在县西南二十里，山产铜矿，唐麟德年间(664—665)人有私采者，唐大历后遂置官场，宋建隆四年(963)以无铜置采，今绝。”

蒙山银矿遗址(宋—明)。蒙山方圆一百多里，地处上高、渝水、分宜三县区之间，也临近高安、樟树二市。过去这五县市区，分属袁州、瑞州、临江三府，故清乾隆进士晏善澄有诗为“……峰峦向背分三郡，矿务纷纭慨两朝……”据《方舆记》载，蒙山因山高大，树木多，流泉飞瀑多，在峭壁悬崖和谷深林密的地方，常有云雾出没缭绕，像少女蒙上一层面纱，看去隐约朦胧，故以“蒙”字冠之。据《上高县志》载，蒙山深处多宝峰一带，从宋中叶起便发现白银，开始是“民凿山取之，岁久益深，匹夫荷钎入深采矿，熔之辄得金，以故人富饶”，又据《江西通志》载，“太子壁一带蕴藏银矿丰富，‘多宝峰’由此得名”。又据《元史·百官志》载，元世祖忽必烈时，在蒙山设置银场提举司，隶属中书省政院管辖。《上高县志》载："明永乐四年(1406)锦衣校卫杨冬告称有矿，户部复行堪察。袁、瑞、临三府会同上高、分宜、新喻银矿共十七处，简里村、狗头垴、七坑坐新喻、分宜；大兴、下陂、赐宝等皆为上高地。"蒙山银矿，自宋庆元六年(1200年)官方开采到元至正十年(1350年)两朝先后共开采了130余年。明朝时，蒙山银矿公私交鹜矿利，矿夫冗役，为祸尤烈。据《江西通志》载，自嘉靖至万历间，已历七十年，本矿可称半公半私之盗采时期。鉴于"计其所用，工力数多，得银数少，不堪采取煎炼，请将前项银坑封闭"。蒙山位于分宜洞村、渝水仁和北面，鹄山乡西北面，自古生活在蒙山山区的原属新余之浒江、太窝、小步、鸭溪诸乡以及太子壁等27个自然村分别在1957年、1964年划为上高县管辖(宜春专区蒙山垦殖场)。第二次全国文物普查期间及以后，新余、上高两地曾多次在蒙山一带开展考古调查，发现矿井多处，采矿井坑垂直深达70米~140米，水平长75米~170米，地面尚堆积有数十万吨矿渣，在井内采集有元明时瓷片、铁灯等遗物和银矿石标本。20世纪70年代，在吉林省农安县出土镌刻有正统三年蒙山银场"元字号"和"天字号"银锭，为研究蒙山银矿提供重要实物资料。

简炉、上沂调查发现的明、清冶铁遗址，其冶炼铁矿石应就地或就近取材，有可能是本地横琴山(今铁山)或分宜贵山、伯公庙、斗牛岭铁等地矿石进行冶炼。第二次全国文物普查期间考古调查发现，简炉冶铁遗址在渝水区观巢镇简炉村，地理坐标北纬27°51′15.1″，东经114°49′21.2″，上沂冶铁遗址位于渝水区观巢镇上沂村，地理坐标北纬27°51′18.6″，东经114°48′39.0″，两地相距约500米，现场调查有冶铁炉遗迹，采集遗物有铁渣、铁硫、青花瓷碗、青花瓷盏等标本，遗迹分布面积约3000~4000平方米，其中上沂分布在村的东北面、西南面各一处，简炉主要在村的北面。这两地冶炼遗址据初步分析，有可能为民间冶铁场。

### (二)凤凰山铁矿

位于分宜县湖泽镇闹洲村委铁坑村的凤凰山古矿冶遗址，是新余一个具有一千多年历史的古炼铁场遗址。据史料记载，凤凰山炼铁历史早在唐代晚期就已开始；宋代这里的采矿、炼铁业相当发达，官府曾专门在此设置“贵山铁务”作为管理铁业的官方机构；明代凤凰山采矿业达到鼎盛时期，出产的铁占全国的五分之一。可以说，凤凰山古铁矿遗址从晚唐至明清，千余年来炉火不断，是我国铁矿历史发展的见证，也是新余的宝贵历史文化遗产。

### 1.千年炼铁场历经风雨沧桑

凤凰山铁坑古矿冶遗址位于分宜县湖泽镇闹洲村铁坑村。南北长 500 米，东西宽 300 米，面积约 15 万平方米，文化堆积层厚 1.5 米～4 米，该遗址南北长 500 米，东西宽 300 米，总面积在 15 万平方米以上，其文化堆积一般在 1.5 米～3 米，最厚达 4 米以上。在铁坑村东南面的凤凰山遗址庵旁、茶山里等处发现被村民采掘褐铁矿粉而暴露的古代铁矿炉、铸模共数十座。其中 I 号铁矿炉：上层遭到破坏，现存口呈不规则圆形；东西径 180 厘米、南北径 110 厘米、残高 82 厘米、底径 150 厘米，是利用山坡地形挖凿并用乳黄色的黏性耐火泥夹砂粒与稻草掺和搅拌夯筑而成；炉内壁面涂抹层已被剥脱，周壁被铁火烤成厚 12 厘米～16 厘米不等的红色烧结层。铁矿炉内出土有木炭、铁渣、铁

凤凰山铁矿遗址保护标志

硫、铁矿砂、粉等。在I号铁矿炉西面有两座并列建造的铸模,I号铸模距I号铁矿炉330厘米,距Ⅱ号铸模85厘米。其口沿呈不规则椭圆形,南北径39厘米、东西径32厘米,在距铸模口沿深50厘米处的东壁上,安置有一进铁水的圆孔。Ⅱ号铸模口呈椭圆形,南北径39厘米、东西径29厘米。两铸模内充填着铁渣、铁矿粉等,与均I号铁矿炉呈东西向建造,应是I号铁矿炉的附属装置。在遗址中段的"茶山里",Ⅲ号铸模残破较多,口呈不规则椭圆形,南北径46厘米、东西径41厘米、深113厘米。在距铸模口沿85厘米深处的北壁,安置有一进铁水的圆孔,孔径5厘米。圆孔嘴的上壁有一层凝结的生铁层。铸模是竖直挖掘,其底部南面有一拱形口与竖穴铸模相通,整体结构剖面呈"L"字形。出铁口宽64厘米、高72厘米、进深146厘米。Ⅳ号铸模保存较好,与Ⅲ号铸模并列建造,间距为60厘米。铸模口呈椭圆形,南北径41厘米、东西径32厘米、深119厘米。在距铸模口沿80厘米深处有一进铁水圆孔,孔径6厘米,孔嘴上部粘有一生铁层,其结构、形制与Ⅲ号铸模相同。两铸模均用乳黄的黏性耐火泥夹砂粒与稻草掺和搅拌夯筑而成,铸模竖穴的东西北三壁夯筑层厚22厘米~25厘米,南壁与拱形出铁口的拱顶则全为夯筑层,残厚100厘米~119厘米。铸模和拱形出铁口内壁面均用细腻的耐火泥涂抹一层,壁面较平滑,由于铁水高温灼烤,壁呈黑色,大部分壁面粘有颗粒生铁,颜色呈黑色微泛蓝。周壁外有圈厚12厘米~16厘米不等红色灼烤层。多铸模与出铁口出土有铁矿粉、残炉壁、铁硫、铁渣、木炭等。Ⅲ号铸模的拱形出铁口底部垫有一层1.5厘米厚的河沙,Ⅳ号铸模的拱形出铁口底部先用白色陶瓦平铺,然后在上面垫2厘米厚的河沙。其功用可能是铁水进入铸模出铁口凝固后,使铁不粘在出铁口的底部,以便于取出生铁块。采集到的器物有铁硫、铁渣、生铁块、生铁铸件、木炭、铁刀、铁矛、铁币、碾轮、铭文砖、青瓷执壶、青瓷碗、酱褐釉双系壶、黑釉执壶、青瓷盏、白釉折唇碗、乳白釉盏、乳白釉卷唇碗、乳白釉高圈足碗、影青瓷盏、乳白釉折唇碗、影青瓷卧足碟、影青瓷碗等。凤凰山铁矿是明代全国13大矿冶场所之一,对研究我国古代铁矿技术具有较重要的科学价值。保护区到处长满了野草和低矮的灌木。古炼铁场依山而建,背后是凤凰山,呈斜坡走势。这主要是为了使熔化的铁水从高处往下流,在低处结成铁锭。

在凤凰山遗址保护区，古代的炼铁炉灶很久都没有找到。在文物部门的帮助下，终于发现了一个当年圆柱形的用于结铁的“残炉”，直径有碗口大小。据介绍，20世纪80年代，考古人员对凤凰山一带进行文物普查，在分宜湖泽镇闹洲中贵山(现炉渣屎村)、铁坑凤凰山、罗沙斗牛岭、伯公庙、渝水区观巢镇上沂、简炉发现了六处古代采、炼铁矿遗址。这六处铁矿遗址均分布在产矿区铁坑凤凰山周围，距凤凰山不足3公里。经实地调查，在铁坑村东南面的凤凰山遗址庵旁、茶山里等处发现被村民采掘褐铁矿粉而暴露的古代铁矿炉、铸模共数十座。其中有1座铁矿炉、4座铸模保存较好。新余市博物馆对庵旁的一座铁矿炉和茶山里的两座铸模进行了清理，并发现了铁矿炉、铁硫、铁渣、生铁块及生铁铸件等文化遗物。1992年后，当地村民纷纷在凤凰采矿和挖矿渣卖钱，致使这里的矿炉受到破坏。为了使凤凰山遗址不再受破坏，2005年，新余市文物部门将此列为市级文物保护单位，2006年这里又被列为省级文物保护单位，后又列为全国重点文物保护单位。从这以后，凤凰山遗址基本上制止了村民私自采矿现象发生。然而，由于凤凰山铁矿遗址属于露天矿冶遗址，又处江南多雨地区，自然力对遗址形成的侵蚀与破坏，成为凤凰山遗址保护的另一个问题，此外，近年来当地的工业化，也对遗址带来了严重威胁。

### 2.凤凰山遗址见证新余千年炼铁文化

凤凰山古矿冶遗址是贵山一带发现的六处古冶铁遗址之一，它是新余千年炼铁文化的见证。据史料记载：凤凰山采矿、铁矿始于唐代晚期。当时，分宜湖泽就有矿工在其境内的贵山采铁矿。到五代，新余的开矿铁矿业规模扩大，并已向府衙交纳铁课。南唐保大二年(944年)，袁州刺史边镐捐铁20万斤(这实际是新余、分宜的铁)，为南昌普贤寺铸一大型普贤骑象。宋代，为了发展经济，需要大量铁锻打兵器、铸造农具，致使新余的铁矿规模进一步扩大。北宋雍熙元年(984年)，太宗诏谕天下，分宜置县，特在分宜贵山置“贵山铁务”，作为专门管理铁业的官府机构。《太平寰宇记》载：“皇佑中(1049—1053年)全国每年捐输铁课724万斤，其中有袁州铁课、分宜的铁课。”《袁州府志》载：“袁州于宋淳熙年(1174—1189年)间，上节日发进铁16900斤。”可见当时的新余、分宜的铁冶业已相当发达。

凤凰山铁矿遗址冶铁铁渣

明代，朱元璋诏令天下，允许民间炼铁矿。新余、分宜的矿工又纷纷开矿起炉炼铁。据《介桥严氏族谱》载："明太祖高皇帝崛兴之初，龙凤十二年(1366 年)丙午九月生建分宜县治，授知县张仁经理户量。拨充化全乡、十四都及里长。洪武三年庚戌(1370 年)于十七都铁坑起炉铁矿。本家七世族人信中编为铁冶炉长。洪武五年(1372 年)，关领户繇正当炉匠。是时，以军匠为门阀，故合族都人匠籍。"又载："明洪武三年(1370 年)，江西宣抚使我冶提举司梅兴，又在分宜贵山专设机构，重新起炉铁矿。六年(1373 年)，明太祖朱元璋于全国置十三'铁冶所'，新余、分宜乃升之为二。"《明史·食货志》对此也有明确记载："铁冶所，洪武六年(1373 年)置，江西进贤、新余、分宜、湖广兴国、黄梅、山东莱芜……太原泽、潞各一，凡十三所。"《江西钢铁志》载："明洪武门年，全国置铁冶所十三，新喻、分宜是其中之二。关于铁矿岁额，新喻、分宜冶皆为 815000 斤，占全国总岁额的 20.20%。"明代新余、分宜的铁冶业无论是技术水平和铁矿产量都达到了历史高峰，在全国占有重要地位。史籍上如此丰富的记载，引起了国内外专家的注意。为了进一步探寻物证，1990 年，考古工作者对新余古矿冶遗址进行了一次专题调查。根据采集到的遗迹遗存，以及青花瓷片等生活用具及砌筑冶铁炉的铬文砖，都印证了史籍记载。因此，可以说凤凰山古矿冶遗址，承载了新余千年冶铁文化的历史记忆，对研究我国古代铁矿技术具有较重要的科学价值。

### 3.宋应星的《天工开物》与凤凰山遗址

湖泽镇闹洲村的村名因何而得名？据分宜县文物部门有关人士介绍，闹洲村之所以叫闹洲，是因为这一带炼铁业非常发达，当时贵山炼铁工人聚集，异常热闹，且处于两溪之间的洲地上，故名。闹洲村人口最多时有一千多户人家，很多都是从北方迁来，尤以山东籍为最。因此，闹洲村村民多为当年炼铁工人的后裔，姓氏非常繁杂。经考古人员研究发现，凤凰山遗址遗存丰富，有矿石、铁矿炉、铸模遗迹，包括原料采集、燃料选用、铁水冶炼、成品提取整个工艺技术过程，可以完整反映古代铁矿的全部工序，展示了新余当时在世界上比较先进的采矿和炼铁技术。这里的活塞式木风箱炼铁炉，结构轻巧、灵便，在世界冶金史上占有重要地位。实模铸造工艺当时属于世界先进水平，其基本原理在现代依然适用。由铁矿开始，依次炼成生铁和熟铁，再合炼成钢的类似于半连续化的生产系统，具有现代冶金技术的重要特色，在17世纪的欧洲还是没有的。对照宋应星的《天工开物》，考古人员还发现，上面记载的钢铁冶炼技术与新余凤凰山古矿冶遗址所发现的冶炼技术有很多地方一致。宋应星任分宜教谕时，正值明代凤凰山炼铁业鼎盛时期。因此有理由相信：在分宜任职的四年内，宋应星充分利用余闲时间考察搜集了资料。当时，分宜凤凰山先进发达的钢铁冶炼工艺、方法、技术设施正好成了他的写作来源、参考。或者说，他只要略作总结提炼，便可完成其中的铁冶篇章，《天工开物》铁冶部分应是对当时该地冶炼技术的总结。

### （三）蒙山银矿

蒙山位于渝水区、分宜、上高县交界处，距新余市城区35公里，山地总面积66000多公顷，主峰白云峰海拔1004.5米，相对高度300~500米。1960年前除蒙山西北坡小部分山地归上高县管辖外，其余70%的地域归新余辖境，1958年创办蒙山垦殖场，将新余的小步乡、人和乡蒙山山上的部分自然村划给蒙山垦殖场，后由新余代管。1960年5月将蒙山垦殖场交上高县时，移交有太窝乡太子壁等28个村4097人给上高县管辖，现蒙山东南坡山麓地区仍属新余管辖。

蒙山的矿藏资源相当丰富，有金、银、铜、铅、镁、钨、大理石、透辉石、石灰岩、硫铁矿等。明梁寅在《蒙山赋》中云："其为宝藏，则白金之璀璨，碧细之璘珣，表炎方之奇产，克大府之上珍……博物之张华，无以辨其类，治闻之郭璞曷能究其目？"而蒙山深处的太子壁（传说明太子朱允炆避难于此而得名），又名多宝峰，宋、元、明三代在此开采银矿，历史悠久，开采时间长，规模宏大。太子壁方圆22.5平方公里范围内有采矿银洞17处。据光绪《江西通志》卷五十载：其山曰多宝峰。宋庆元六年(1200年)置银场于此。同治《上高县志》载："蒙山旧产银铅，宋庆元六年(1200年)有银铅坑冶，元置银场提举司于此。"故古谚有'末山出草，蒙山出宝'之言。元至元十三年(1276年)置提举司，拨袁、临、瑞府三路民人三千七百户，粮一万二千五百石办，正课五百锭。二十三年(1286年)再拨粮七千石，增银一百五十锭，又将炉内底锡、黄丹规划添办银五十锭，每年额办共七百锭。至元二十六年(1289年)每银一两加粮五斗，总加粮一万二千五百石，缴交银课500锭。至元二十七年(1290年)在矿区创办'正德书院'，二十九年(1292年)上缴银500锭，至元三十一年(1294年)上缴银课不足220锭。大德十一年(1307年)将银矿拨隶徽政院管督，嗣以工本不敷，添拨粮五千五百石，合计每年五万石，课银七百锭。天历元年(1328年)上缴银课不足400锭。至正十年(1350年)由于经营不善，工本不敷，又因'取矿年久，坑内深陷，爰用栈道，打火照入，土石坍塌，人多被压，'兼以无矿可取，累年银课亏欠，'提举陈以忠将前项缘由申报革罢'。至明建文四年(1402年)，户部行文查勘，永乐四年(1406年)锦衣校卫杨冬告称有矿，户部复行勘查，袁、瑞、临三府会同上，宜、新三县察银坑共十七处，狗头垴七坑坐新(喻)分(宜)外，气砻、大兴、神宝、伏兴、竹藤、下陂、天心、新砐、赐宝、小石等十处皆为上高。每日对矿洞逐一照下，各坑共取三十日，计入匠四百八十工……仅选得焦矿一百八十一觔，止煎炼到白银八钱五分，解入户部，故封闭。"另据马韵珂《中国矿业史略》载："明嘉靖年间，曾议开采矿砂金银，以助大工。嗣因盗矿之风甚炽，

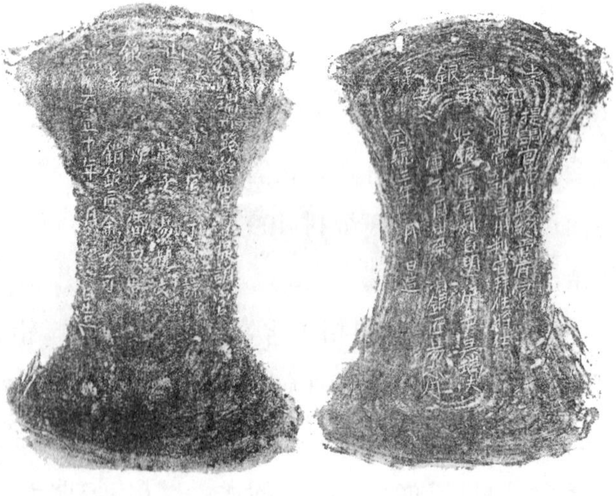

吉林农安县出土的蒙山银锭

而浙江、江西盗矿者且劫徽宁。至隆庆初，南中诸矿山，均勒石禁止。万历十二年(1584年)，奸民屡以矿利中上心，诸臣力陈其弊，帝虽从之，意怏怏。大致太子壁本矿，此时也在进行，故复有万历二十三年(1595年)，洞口立碑封禁之事，自嘉靖至此，已历七十年，本矿可称为半公半私之盗采时期。”《明史·食货志五》载：“万历二十四年(1596年)……，开采之端啟，……无地不开，中使四出……江西则潘相(主持)。”据《江西通志》载：“其时各省中使多暴横酷虐，大多勒索富户以补年额，本矿正在立碑封禁之后一年，是否继续进行，无从考证矣，若专由以上宋元两期考之，可知本矿开采时间，至少在一百三十年左右，当时所采矿砂，尽在洞西五里许之简里村冶炼，乱草之中尚有旧路可寻，简里村炉渣遍地，堆积如山，中间留有平地一小方，似系炼炉遗址，鉴于以上种种事迹，亦足见当时工程之大，无怪矿洞之多，又广且深也。”

民国时期，江西省地质调查所对蒙山太子壁一带地质矿产进行过调查，据该所《地质馆刊》第6号载：“各洞内部，宽狭不一，方向多转折，绝似追寻矿本之踪迹而行，其形状如袋如房，乍宽乍窄，无其规则。有的深不可测，有的大石填塞，有的只有一二十米深，泥堵不可深入。”自1982年文物普查以来，新余文物普查队、上高县文物普查队曾多次对蒙山及蒙山银矿进行过考察调查。规模最大的一次是1982年12月14日，上高县文物普查队在地质队、县武装部协助下，组成十余人的考察组，对太子壁西北面的海拔533米的2号洞(溶洞)进行考察，他们携带矿灯、军用电话、铁锹、绳索、手电筒、照相机等用具，从洞口左边前进30米时，沿洞垂直而下，洞内有许多支窿和吊井，有的吊井深达十几米，每下一层均需用绳索吊引下去，当垂直下至70米深处时，绳索用尽未能再下。在洞中采集到少量银矿标本，铁灯架一个，青花瓷碗片(明青花为多，宋青花较少)等，是当年矿工使用过的生产工具和生活用品。据地质队勘察，此洞垂直深度为140米，水平长度170米，最宽处10.5米，最狭处0.5米。洞内横道有少量流水。采掘是沿自然银矿带进行的，能见到部分凿挖的遗底。四号洞井，垂直深度120米，水平长度200米。八号洞井只有20米，底部发现地下河。另外，在2号洞西北面的1号洞口，石壁上发现一块1.5平方米左右的石刻禁约，因风化严重，多处字迹模糊不清，但尚能辨认，从石

刻文字中,知道此洞叫扁漕洞,刻文如下:

此洞名扁漕,系里面用大石填塞十五丈深,封禁永远,再犯者定问谴不饶。

奉委防守羊坡哨南昌卫中所,功升百户范,奉瑞州府同知杨、掌上高县事知县陈、县丞黄,通判沈,推官刘、典史李、主簿李。奉道按察司屯田副使朱。

(道按察司)右参议支。

(道按察司)佥事方进奉。

(道按察司令)羊坡哨范百户督同南田团禁,带领精兵一百名,督同乡兵烟民一千余,于万历二十二年起工,六月填塞古磨于扁漕等洞,立碑封禁。万历二十三年春月封禁填塞。

宝右三年六月户曹仁七,廖化二、李绍九、晏辛三、简化二、陈春一、黄线二、曹……

石刻最后落款"宝右三年"应是宋理宗年号"宝祐"之简写。乃知此石刻禁约,系宋宝祐与明万历年前后两次封禁碑文叠刻在一起。文中首尾两节,"此洞名扁漕……再犯者定问谴不饶"及"宝右三年六月……曹……",似为第一次所刻之遗文;中间"奉委防守羊坡哨"至"万历二十三年春月封禁填塞"一段系第二次所刻。由此可知,宋庆元六年(1200年)蒙山银场设务开采炼银,宝祐三年(1255年)第一次封禁,前后经历了56年之久。封禁时由附近各村户长共同立碑公禁,计有八村八姓。此外,文物普查队还在离太子壁银洞西面五里许的鉴里村,发现堆积如山的矿渣,矿渣堆积长约120米~128米,宽约97米,厚度平均约10米。矿渣中心有一平方米之地,当地人叫"炉火平",这应是当年炼银炉之地。20世纪80年代初去调查时,矿渣还堆积如山,到90年代去调查时,当地村民以廉价卖给矿运贩子,矿渣已一天天减少,殊为可惜。据采样化验结果,鉴里村矿渣每吨含银24.4克,铅4.89%,锡1.91%,钴0.006%,铜0.196%,氧化锰11.17%,二氧化硅24.2%,二氧化二铁3.5%,氧化铁34.55%,氧化钙11.57%,氧化镁3.51%,三氧化二铝3.84%。

蒙山银矿产银的实物资料于1977年在吉林发现。该年9月27日与29

日，吉林省农安县三宝公社广山店大队一队社员，在村南一古河道旁挖沙子时，先后挖出“元字号”、“天字号”两枚元代蒙山银锭，银锭呈亚腰形，两头外弧，锭面中部微凹，周边缘泛水波纹，背面密布蜂窝状气孔。银质洁白泛光。锭面均錾刻有文字。

“元字号”首部从右至左横錾两行文字“蒙山银课　元字号”，

然后在“元字号”下面从右至左竖刻五行文字：

提调官瑞州路总管府官

催办官新昌州判官拜住将仕

收银库官刘自明　炉户吴瑞夫

库子周世荣 消银匠易志周

元统三年　月　日造

锭长 17.30 厘米，首宽 11.53 厘米，腰宽 6.47 厘米，厚 1.87 厘米，锭重 1895 克。

“天字号”在首部从右至左横刻两行文字：

蒙山银课　天字号

然后在天字号下面从右至左竖刻六行文字：

瑞州路总管府提调官

库官丁谅

库子易观文

炉户雷兴吾

销银匠余珍可

至正十年　月　日造”

锭长 15.7 厘米，首宽 12.02 厘米，腰宽 6.19 厘米，厚 1.5 厘米，锭重 1904 克。

综上所陈历史文献资料，根据考古调查及出土银锭文物等，可以看出蒙山银矿自宋庆元六年（1200 年）设场开矿至宝祐三年（1255 年）第一次封闭，共采银 56 年。第二次开矿从元至元十三年（1276 年）在蒙山设置银场提举司，到至正十年（1350 年）封闭，又开采了 75 年，宋元两朝先后共开采了 131 年。而元朝是蒙山银矿开采的鼎盛时期，从至元十三年（1276 年）到

二十九年(1292 年)间,蒙山银矿每年平均产银保持在 30000 两左右,而至元二十三年(1286 年),大德十一年(1307 年)蒙山银矿缴纳银课均为700锭,达到了历史上的最高峰。“岁课”,是元政府的主要财政收入之一,据《元史·食货志二·岁课》载:“山林川泽之产,若金、银、珠玉、铜、铁、水银、朱砂、碧甸子、鈆、锡、矾、碱、竹木之类……而定其岁入之课。”从出土的两枚“蒙山银课”,可以看出元政府对蒙山银场非常重视,对其管理也很严格,从机构设置、官吏配备、生产设施、产品质量、检测验收、库银保管、装卸运输、缴纳税课等方面的管理制度比较健全。有提调官、催办官、收银库官、库子(保管)、销银匠、炉户等对银课铸造到缴纳的各个环节都有专人专职管理。后来由于工本不敷、银课累年亏欠、而且“取矿年久,坑内深险,爰用栈道,把火照入,土石坍塌,人多被压”,加之矿绝而山崩,到了至正十年(1350 年),蒙山银场终于关闭,当然关闭蒙山银场的另一个重要原因是元统治者对蒙山银场的银户的沉重剥削和残酷压迫。

入明以后,洪武、永乐年间两次对蒙山银矿进行复勘,并进行临时开采,对矿洞“逐一照下各坑,共取三十日,计人匠四百八十工,……仅选得焦矿一百八十一觔,止煎炼到白银八钱五分,解入户部”,鉴于“计其所用工力数多,得银数少,不堪开采煎炼,请将前项银坑封闭”。自嘉靖至万历,蒙山银矿可称半公半私之盗采时期,由于奸民屡以矿利中上心,于是公私交鹜矿利,矿夫冗役,为祸尤烈。因此万历二十三年(1595 年)再次封闭蒙山矿井。此时坑冶之课,金银铜铁铅汞硃砂青绿,而金银矿最为民害。《明史·食货志·五》载:“徐达下山东近臣请开银场,太祖谓:银场之弊,利于官者少,损于民者多,不可开。其后有请开陕州银矿者,帝曰:土地所产有时而穷。岁课成额,征银无已,言利之臣,皆戕民之贼也。”

蒙山银矿,清代至民国未曾开采。1980 年,江西省地质队赣西第三分队曾驻蒙山太子壁一带,进行钻探勘察,在蒙山多宝峰地层中仍发现有铅、锌、银等矿产,此外还有丰富的雪花白、汉白玉云灰、晶灰等不同颜色的大理石蕴藏。我们相信,随着科学技术的进步,重新开发蒙山银矿,提炼矿渣,让蒙山银矿焕发新的活力是有希望的。

### (四)银山垴

据《新余地名志》载:“银山垴上(观巢上沂),山坳有银矿故名。”又据康熙《新喻县志》载:“湖九峒,县西北三十里,山产银矿,明万历年间差内监潘相开采,税入甚少,而礁水坏田几数百顷,大为民患,后奉禁。”银山垴上是否是湖九峒,不得而知,但从县西北三十里的路程算,似乎差不多。

### (五)铜山

据康熙《新喻县志》载:铜山,县西北三十里,山产铜矿,唐大历后,军官场,宋平南唐罢。《明史·地理志》亦载:“新喻府西,元新喻州,洪武初降为县,西有铜山,旧产铜。”但《新余市志》载:“铜山,位于市区西南 10 公里。”据考古调查,铜山铜矿遗址,位于渝水区良山镇敖家村委会岭上自然村东面 100 米处,面积达 3000 平方米。表层堆积有墨绿色铜矿石,约厚 0.3 米,遗址的东南面有露天矿穴洞及木桩,还发现有房屋墙基。20 世纪 60 年代末 70 年代初,赣西地质大队 902 地质队曾驻此进行勘察钻探。除铜矿外还发现有铁矿藏。

### (六)简炉

位于仙女湖区观巢镇上沂村委简炉自然村北面 20 米处,总面积达 4000 平方米,遗址内发现有冶铁炉,并采集到铁渣、铁硫、青花瓷碗、青花瓷盏残片等。从采集的明青花瓷片看,该冶铁遗址似从明代开始采矿冶炼至清代结束;简炉村因冶铁炉简陋而得名。

### (七)上沂铜丝垵

上沂冶铁遗址位于仙女湖区观巢镇上沂村东北 50 米,总面积达 3000 平方米。该遗址堆积较分散,其厚度 2 米~3 米不等,遗址内有冶铁炉和铁碴、铁硫零星堆积,从遗址中采集到一些宋代乳白釉高足碗、影青瓷盏、黑釉瓷壶,陶罐,元代的粉青瓷盘、盏,明代的青花盏、盘等器物残片看,可判断这是一处历宋、元、明时期的冶铁遗址。

# 四、寺庙、宫观遗迹及其重建庙址

## (一)仙女湖昌山庙

昌山庙，又称龙姥庙、龙母庙、阅城君庙、孝通庙、圣母庙，被祀的主神龙姥亦称为温姥、龙母、阅城君、圣母，因此，庙堂亦有多种称呼。昌山庙位于新余市仙女湖风景名胜区钤阳湖西端的昌山峡西南岸，北距分宜县城10公里许，东北距分宜电厂约200米。它始建于唐大和六年(832年)，是一座具有千余年辉煌历史的庙堂建筑。

昌山庙全景

### 1.昌山庙所在的昌山峡

说到昌山庙就不能不先说说它所处的环境——昌山峡。昌山峡又名昌峡，它因钤阳湖南岸海拔382米的昌山而得名。昌山是袁岭的分支，山势高峻，横锁江流。峡岸巉岩嶙峋，利如剑戟，巨石枕岸，水浪湍急，汹涌咆哮，如晴雷夏雪，惊心动魄。古人曾叹此处为“鹅叫十八滩”，也就是鹅叫一声，轻舟直下十八个滩头。由于这里水浪凶险，自古以来不知有多少舟船在此覆没，所以昌山最早的名字叫伤山。南朝梁代(502—557年)，人们以伤非善征，为求化凶为吉，改称昌山。之所以改称昌山，是因为“伤”与“昌”谐音，意义相反，“昌”为正当、初始、兴盛、美好、庆祝等义，寓意丰富，予人以吉祥、圆满的感觉。

令人难以置信的是，在昌山峡如此凶险的地方，竟然曾兴修过大规模的水利建筑工程。根据北宋太平兴国年间(976—983年)编著的地理书——《太平寰宇记》及有关文献记载：西晋永嘉四年(310年)，罗子鲁在昌山峡堰断为陂，即在昌山峡筑堤坝拦断袁河，形成一个大池塘，就像现在的水库，历史上称这个堤坝围成的池塘为昌山堰。从此之后，昌山堰灌溉农田400余顷，这应该是仙女湖乃至整个新余市最早的水库，比现在的江口水库的修建时间早了1649年。昌山堰使用了200多年，到南北朝时的梁朝大同二年(536年)才开始废弃。到了唐代，袁州太守郑望夫顺应民情，也在这里修堰灌田。老百姓为了报答他的悯农之心，将他修筑的堤堰命名为望夫堰，并把峡中的一块巨石称为望夫石，以表纪念。

上述两次治理昌山峡主要是从农业上考虑，也起到了显著效果。但随着经济的发展，水上交通变得日益重要，而昌山峡的水上交通仍未得到改善。虽然这里水浪凶险，却偏偏又是东西水道、南北陆路的交通枢纽，老天爷就喜欢这样造物弄人！从陆路来看，这里是通向袁州府的必经之处，宋元以来是个重要渡口，屡架浮桥，但屡被冲毁。后来分宜县专门在此设渡船一只，渡子(即艄公)二人，负责摆渡。再从水道来说，这里是袁河航运的重要区段，很多商旅行舟经过这里，往往船翻物毁。为此，清康熙九年(1670年)，宜春郡守李芳春委派官员鸠工聚材，凿去部分顽石，减缓水流，减轻险情。道光五年(1825年)，张健英协镇袁州和临江府，自己带头捐出1200多两白银，并发动大家募捐，再一次对昌山峡进行治理。他们用土石装筐，分段分区倒入峡水之中，以堵截、减轻水流的冲击速度，并将水中的高石、尖嘴石、排棚石、牛马石、横江石……一一凿去。经过一年努力，达到了预期的效果。从此船家不再有覆舟之虑，反可悠闲地欣赏昌峡风光，欣赏“断山如蜀峡，束水迫狂奔，风送千帆出，乱飞蝴蝶群”的美妙景象。

为了驱凶求吉，普救苍生，以镇此峡，除改换名称，对昌山峡进行疏浚外，还特意在昌山峡兴建昌山庙。

此外，昌山峡还有一块自然与人文特色交相辉映的奇石。据《分宜县志》

所载:“昌山水滨有试剑石,约长二丈,宽一丈,中横断如劈,相传邓子龙过此试剑。”邓子龙为江西丰城人,字武桥,明代名将。万历(1573—1619)初年,缅甸兵犯云南,他奉命率三千精兵迎击,出奇制胜,晋升云南副总兵。万历十二年(1584年)倭人(日本人)攻陷朝鲜,邓子龙随陈璘军参加抗倭援朝战争,亲督水师,奋为前锋,挫倭锐气,以身殉职,时年六十八岁,为万历二十六年(1598年)。

由此可见,昌山峡以其独特的自然风光和人文内涵,吸引了无数放情物外、栖志丘壑的高人韵士、英雄侠客。

## 2.昌山庙的创建及历史

自古以来,渝钤大地就有勇于吸纳外来文化的胸襟和举措,形成了文化交流的传统,保持了文化的多源性与多样性。昌山庙的祖庭在康州悦城,现在的名字叫龙母祖庙,位于今天广东肇庆市德庆县悦城镇五龙山下的悦城河与西江交汇处,为全国重点文物保护单位。唐元和年间(806—820年),卢萼来到粤西谋求一官半职,曾代理康州录事参军(从七品上至八品之间)。他听说悦城中供奉龙媪与龙伯的龙媪庙很灵验,于是来到该庙中烧香祈祷,希望能担任县令之类的地方长官。当晚,卢萼梦见龙伯说:“你当了这个官(指县令)后,会报答我吗?”卢萼当即在梦中许诺,一旦梦想成真,就恭敬地祭祀、叩拜龙媪与龙伯。第二天,卢萼找术士占卜昨夜之梦,得到“见龙之贞”的吉兆。他听后心中大喜,请人绘制了龙媪与龙伯的图像,日夜参祀、叩拜。大和五年(831年)卢萼如愿以偿地当上了宜春县令。第二年,因政绩突出,得到了上级的嘉奖。这年遇上了大旱之灾,卢萼于是向龙媪叩拜、祈祷,请求保佑这里风调雨顺。由于宜春县昌山渡(当时分宜尚未从宜春分出建县)既是宜春县水陆交通的枢纽,又与康州阅城龙媪庙的周边环境十分相似,所以卢萼就选择在昌山渡兴建龙媪庙,也叫阅城君庙。卢萼还让侄子卢肇为该庙撰记,此后卢肇也许得到龙媪的神佑,故能在唐武宗会昌三年(843年)高中状元。由于龙媪抚爱、养育龙伯与龙伯孝敬龙媪的故事流传开来了,所以唐代又赐予了“孝通”的匾额,意思是孝义通天。龙母曾得到历代皇帝的册封,它的祖庭——广东德庆龙母祖庙中,至今还完整地保存着明代开国皇帝的洪武诏书碑。由于古人有以建筑物所在地的名称呼庙宇的习惯，所以它又被称为昌山庙。

昌山庙依山傍水，上下三进，楼阁并立，建筑巍峨壮观。庙中塑有54座神像，供奉的主神是龙姥(也叫龙母娘娘、昌山圣母)，庙中收藏了历代文人的诗书绘画。清顺治、康熙、雍正、乾隆四朝，地方官吏对昌山庙颇为重视，都曾捐资修葺。雍正、乾隆年间又增建门楼、墙垣和文昌阁等。虽然昌山庙位于分宜古城的西面，但从时间上看，昌山庙的创建却早于分宜县的设置。分宜县建立于北宋雍熙元年(984年)八月，两者相差了152年，所以分宜民间都传说“先有昌山庙，后有分宜县”。庙为源，县为流，昌山庙的兴盛带动了分宜县乃至分宜城的建设，分宜城的繁华又促进了昌山庙的兴盛。从依存关系看，分宜城支撑着昌山庙的物质基础，昌山庙则慰藉着分宜城人民的心灵。千余年来，灵光独耀的昌山庙营造了分宜古城的文化传统，昌山圣母信仰成为古城人民的重要精神支柱，也成为仙女湖区女仙崇拜的源头之一！

谈到圣母信仰，它的祖庭——广东德庆龙母祖庙最为完备：每年农历五月初一至初八的龙母生辰诞，农历八月初一至初八的龙母得道诞，农历十二月十八日的龙母水灯节，农历正月初四的“龙母开金印”活动，正月二十二日的“龙母开金库”活动，都有很隆重的祭祀与游娱活动。昌山庙的圣母信仰虽不及龙母祖庙节日众多，但它与分宜当地文化相融合，由繁复趋向简约，符合祭祀所要求的真诚、简洁的原则，它的圣母圣诞日经过演变之后，定在农历八月十三日。况且昌山庙平时就香火鼎盛，特别是到了农历八月十三日的圣母诞辰日，鼓乐齐鸣，唢呐声声，香客云集，热闹非凡。这既是昌山庙庙会，又是经济、文化的交流会，由于昌山圣母信仰与广东阅城君庙有同宗同源之亲，又和东南沿海及台湾省的妈祖信仰有异曲同工之妙，造成了信仰圈的广大和生命力的旺盛。

然而随着时间的推移，昌山庙也像许多江南的木结构建筑一样，在天灾人祸的打击之下，逐渐趋向残破。1962年，中国佛教协会江西分会曾投资修缮昌山庙。当中国大陆进入到摧残文化的“文化大革命”时期，昌山庙也就在劫难逃了！1966年7月3日，昌山庙被定为“四旧”遗物，全部捣毁，所有雕塑、书法等艺术珍宝及建筑本身皆被毁灭殆尽！

### 3.昌山庙的重建与结构

为了挖掘传统文化,开发旅游资源。20世纪90年代,分宜县做出了修建昌山庙博物馆的决定,并得到市有关部门的批准。1992—1994年,修复了昌山庙的观音殿以及对河的春源码头。1999年开始修复圣母殿,不久后便告竣工。

重建后的昌山庙位于原址之后,由石牌坊、庙堂、孝通亭组成了一个仿古建筑群。庙堂居中,庙的北面和南面分别为石牌坊和孝通亭。从结构上看昌山庙庙堂坐向为70度(即坐西偏南20度,朝东偏北20度),为重檐歇山顶仿古建筑,前后二进,左右配有悬山顶厢房。它的第一进为圣母殿,该殿屋面盖着棕红色琉璃瓦,屋两端饰有鸱吻。中耸有宝顶,宝顶为葫芦状顶刹;背上雕有两条腾龙,身体皆呈"S"状,隔着宝顶相向而戏。该殿面阔三间,柱成四列,其主祀神位在中间的明间,配祀则在左右的次间,其主祀为圣母和圣女。重修昌山庙时,建设者为了区别于广东德庆龙母祖庙,特意去掉了龙伯,而加上圣母的女儿。圣母和圣女皆坐西向东,圣女戴凤冠端立中间,圣母则端坐在圣女身后,头戴冠冕,手捧玉圭(仿品),眉目清朗,面容丰满。圣母圣女座前还设有香案,案前摆有签箱,箱边地上放着插满神签的签筒,人们可以在圣母面前烧香

昌山庙石牌坊

祈祷、抽签祈福。再看圣母两边侍立的是女性神像，而配祀之神蓬莱八仙位于圣母殿的南北两侧，圣母殿南北两侧的厢房分别供奉着关公和包公。

昌山庙的第二进叫观音殿，它位于圣母殿之后，地势更高，有侧门及台阶相接，观音殿面阔五间，柱成六列，额枋之下挂着六个大红灯笼，正中的明间挂两个灯笼，左右次间、左右稍间各挂一个灯笼。该殿主祀为金装加身的观音塑像。观音作跏趺坐姿，身后有火焰状的头光和背光，左手托着净瓶，瓶中盛满甘露，插着的柳枝从瓶口露出几片绿叶；观音右手作弹洒甘露之状，表示观音以“大悲甘露”遍洒人间。观音北侧的胁侍为双手合十的散财童子，南侧的胁侍为龙女。观音及散财童子、龙女像前设有香案，案前摆有供桌，桌体包裹着红布。观音殿南北两侧的配祀各为九个罗汉，合计十八罗汉。此外，昌山庙配享的神像还有天王、地王、人王、玉王四大王及土地神、社观神等。

昌山庙庙堂的北面，竖立着一座作为入口标志和旌表性质的石牌坊。该牌坊为四柱三间三楼的冲天柱式牌坊，四根冲天柱的柱头雕刻有一个如同乌头门柱子上那样的云罐装饰，如果从平面上看，它是“一”字坊。牌坊的明间、左右次间皆设有檐顶，顶两侧都饰有鳌鱼。其中，明间的檐顶之下饰有5朵斗拱，两边的次间的檐下各饰有3朵斗拱。柱根两面皆立有抱鼓石，牌坊明间额枋上高悬“孝通庙”字牌。牌坊的中柱和边柱上分别镌刻着两副楹联：

牌坊中柱上镌刻着昌山庙原来的楹联：

肇于唐，封于宋，圣迹溯越城，千秋声灵仰圣德；

子则孝，母则慈，神功崇护国，万民依赖沐嘉休。

边柱上镌刻的楹联是：

秀水可爱，清光映户，出山千里犹不渴；

龙德宜崇，孝恩感人，荐庙百世亦为常。

昌山庙不仅有庄严肃穆的庙堂、石牌坊，还有观光、小憩的亭子。在昌山庙庙堂的南面，就耸立着一座小巧玲珑的粉色小亭，它就是仿筒板瓦六角攒尖石亭，名为“孝通亭”。亭顶上的六条脊分别趴着六条生机勃勃的圆雕飞龙，龙身由亭顶中心向六个翘起的翼角呈波浪状腾跃。亭子的楣枋下装饰着仿木棂条的几何形挂落。所谓挂落指柱间枋下用细木条搭成各式纹样的镂空装饰品，具有笼罩边框，略示空间划分的意义，常与栏杆上下呼应。孝通亭共有六角六柱，六柱底下顶着六个鼓状的柱础石，柱边设有美人靠（所谓美人靠，即是靠背栏杆），香客或游人可以坐靠在栏杆上休憩赏景。亭子的北面和南面，分别镌刻着两副亭联。今人胡明创作的亭联是："孝忠为人生要义，通达乃处世境界。"聂朋创作的楹联是："圣灵尽含千古秀，慈孝连通上下心。"

## （二）界水乡北山寺及北山牌坊

北山牌坊地处新余市渝水区界水乡北山林场内，位于仙女湖钟山峡北岸的紫云峰上。浙赣铁路临山而过，清宜公路在其山脚下穿行，交通十分便利。北山牌坊属于祠庙前的门式坊，是已毁的北山庙前面的附属建筑，历经风雨而巍然屹立！

### 1．北山牌坊所依傍的祠庙建筑——北山庙的兴废荣辱

北山庙，也叫北山寺，又名北山古祠，始建于北宋治平（1064—1067）年间，明洪武二十四年（1391 年）改为佛教的十方丛林。丛林是佛教的大规模寺院，可以传戒，允许行走江湖的游僧前来挂单，非一般的子孙庙可比，由此可见当年北山庙佛教传播的盛况。然而到了清代初年，由于天灾人祸的打击，使得寺庙衰落、废弃了。清康熙五十七年（1718 年），由一个法号叫"如玉"的和尚化缘重建。

北山庙坐东向西，北倚海拔 507 米的小屏山（即肖屏山）。两侧崇山拱卫、古木环侍，前面平地上有一株高达 40 米许的古枫，经过历史演变，随着"三教合流"的步伐前进，成为一座佛家、道教与民间俗神兼容并蓄、和平共处、一庙多制的庙堂，甚至发展到以民间俗神为主祀之神的地步。该庙共有四栋四殿四十八间，房屋两旁与过廊相连，距右边 5 米处设有两层楼的魁星阁，玲珑精致，前来庙里拜神的人，首先要经过小牌坊，也就是保存至今的北山牌坊，然后穿越大牌坊，再进戏台、凉厅、大厅，最后才能进到神殿之内。戏台前挂着三块匾，中间的匾是"入公门"，两侧之匾分别是"山谷"、"鸣峰"，大厅上饰有"英烈长存"四个二米见方的闪闪发光的大字，最后的一幢神殿正中供奉着 3 米高的"康公元帅"金身塑像，两旁陪侍着许多小神像。

殿的两侧，悬挂着“献及钤阳”、“大和保全”、“恩同再造”、“泽被万家”、“利济群生”、“英天同仰”六匾。

近现代以来，北山庙的主祀之神仍是康公元帅。关于他的来历，有三种说法。一种是生于黄河之界的康公元帅，其依据是《三教源流搜神大全》。该书卷五记载：“帅（指康公元帅）负龙马之精而生于黄河之界，父康衢，母金氏，毓时仁皇炎德九年庚申戊寅月庚辰日戊寅时。帅生而慈惠，不伤胎，不折夭，不虐孤寡，不履生气，虽蟲顽蠢动而虫蚁者不轻杀焉。食以残红，饮以醇浆，时有鹳雏为隼所得，折翼而下，卧收而哺之，后鹳含长生草而报。公之邻里苍生之士处以病者，四方谓之能仁，声闻于天，天帝亦以民之所称者封之曰仁圣元帅，以掌四方郡社令焉。帅乃左执金斧，右执瓜锤与玉玺相周旋。”

第二种说法认为是康公元帅，即康公真君，为汉代元帅李烈，保国有功，受封为康公。澳门十月初五街就有一座康公庙，建庙二百余年，专主民间喜庆法事。

第三种说法认为是为了纪念康王赵构。南宋初年，康王赵构被金兵追击，到处漂泊，甚至逃到海上，但因为他具有皇室血统，从而拉起了南宋军民抗击金兵的旗帜。这时北山庙已创建数十年，不可能是为康王赵构创建北山庙，很可能是为了纪念作为抗金精神领袖的康王赵构，将北山庙改为纪念康王赵构的“北山古祠”。

历史上的北山庙声名远播，影响深远。每逢农历二月十九日观音圣诞日和六月十九日观音成道日，是广大佛教信众和普通百姓前来上香或观瞻的日子。而每到八月初一的界首圩传统的庙会朝拜日，更是人山人海，热闹非凡，“康公元帅”像就由人抬下来的游街巡行。唱花鼓、舞狮子、耍龙灯、踩高跷、摇旱船等活动达数日之久，摆摊设点者不计其数，市场相当繁华。相传明代宰相严嵩小时候也曾来这里拜神求签，当他拆开签文，上有判词四句“手提竹叶四季青，虔诚具体求功名，主人中在第一名，青云得路佐君臣”。严嵩看后满心欢喜，此后签语所述的事情果然一一应验，严嵩后来入阁拜相，一人之下，万人之上，辅助嘉靖皇帝执政达 21 年之久。清代北山庙仍然香火旺盛，曾有一位元帅特意策马前来，一到庙前，就大声呼喊：“啊！庙堂坐在九龙下海之境，乃是绝妙之处！”进香后留诗纪念。

北山庙于1961年被毁，仅剩下庙前的北山牌坊。近年来，有关方面重建了北山庙。

## 2.北山牌坊的结构与装饰

北山牌坊坐东向西，通面阔8.57米，通高8.45米，墙厚0.5米。这是一座六柱五间五楼的非冲天式牌坊，为明代有柱式花岗岩牌坊门。五楼指其面阔五间，从中心向左右分别为正楼、左次楼（南次楼）、右次楼（即北次楼）、左边楼、右边楼。正楼脊板中间高塑刺破蓝天的带刹葫芦宝顶，葫芦两旁装饰有缠枝藤蔓，其象征意义十分含蓄而又丰富。因为中国人视葫芦为吉祥物，中国许多民族都有伏羲、女娲兄妹在洪水期因乘葫芦而得救，后来结婚繁衍人类的神话传说。葫芦在这些神话中被赋予了保护生命的神性。所以葫芦被假托为孕育生命的源头，葫芦藤蔓绵延，象征子孙绵延，万代相传，“葫芦”还与“福禄”谐音，象征福禄双全，传说葫芦还是镇邪之宝，内装丹药，可去疫避毒。除了宝顶之外，牌坊五楼的脊板上皆饰有雕刻的花草砖（也叫分脊花），正楼、次楼的花草砖饰有忍冬纹和缠枝花纹。忍冬是蔓生植物，因越冬而不死，因此被佛教大量运用，比喻人的灵识不灭、轮回永生。边楼的花草砖还饰有万字纹（即“卍”纹）。万字纹是佛门中的一个吉祥符号，在古代印度、希腊、波斯等国家被认为是太阳或火的象征，后来应用于佛教，作为一种护身符和标志，万字纹寓意吉祥万福、长久不断。

北山牌坊修复前的黑白照片

五楼的檐角飞翘，呈弧

状外起，檐旁装饰六个尾在上、头在下的鱼龙吻。从牌坊正面来看，正楼南侧、南次楼、南边楼上端的鱼龙吻呈“S”状；正楼北侧、北次楼、北边楼上端的鱼龙吻则显现出“反S”形，如果从牌坊背面看，鱼龙吻的卷曲形状正好相反。牌坊南北两侧的鱼龙吻以葫芦宝顶为中轴线，在三个层次上南北呼应，呈现出一种曲线飘动与中轴对称的态势，使人产生出一种既严正规矩又灵动活泼的审美悦感。

再从牌坊各楼的雕饰来看，正楼的上花枋和中枋用“减地平钑”之法雕有吉祥花卉图案。所谓“减地平钑”，相当于现在所说的“平浮雕”。“减地”即将雕刻花纹以外的“地”凿去薄薄一层，“平钑”（钑，sà音卅）即铲平的意思，因此其主要特点是凸起的雕和凹下去的“地”都是平的，故有人谓之“平雕”。又由于这种雕刻的主题和“地”各自在同一平面上，从而使雕刻面在“地”上形成的阴影整齐又有规律，反衬出雕刻主题的棱角清晰，外轮廓犹如剪影一般，故也谓之“剪景”或“凸雕”。正楼上共有上下两层题字板（字牌），它的上层题字板题有“紫云峰”三个楷书大字。该题字板为直匾式，嵌于上花枋和中枋之间，题字也采用“减地平钑”之法雕刻而成，题字板的龙边为龙花拐子纹，龙头凸起于龙边上框的正中位置，这些纹样皆是采用“剔地起突”的方法雕成。所谓“剔地起突”，也作“剔空雕”，相当于现在所说的突雕或高浮雕，即主题装饰在建筑构件表面突起较高、层次较多、起伏较大的一种石雕。“紫云峰”题字板两侧的花板，采用“减地平钑”法雕有宝瓶插花的开光图案。题板下面中枋所对的中柱南北外侧，分别装饰有一个外撇的戗角，两个戗角如鸟翼一般对称而舒展。而中枋下面则用“减地平钑”法雕有四块山水人物的“平浮雕”，再往下便是花枋，花枋用“压地隐起”法雕有《十八罗汉图》。所谓“压地隐起”，相当于现在所说的浅浮雕，其主要特点是：凹下的“地”大体在一个平面上，突起的雕刻主题高出石面不多，起伏的高度一般在一至二厘米之间。装饰面无论是平面或弧面，雕刻各部位的高点，几乎在同一表面上。

从花枋往下，至下枋之上，便是正楼的下层题字板，其中题有“英烈行宫”四个楷书大字横额，字体也是以“减地平钑”的方法做出了“平浮雕”的效果。下层题字板之下便是下枋，下枋用“剔地起突”法雕有一款吉祥图案，图案两

北山寺全景

侧各有一个龙头，龙头朝里相向而对，图案正中是一朵绽开的海棠花，海棠花与两侧龙头之间各有一个吉祥动物，看上去有点像三足大蟾蜍。由于三足大蟾蜍是金蟾，而“金蟾”与“金钱”读音十分相近，得之大富大贵，故是福神带来财富吉祥的象征。下枋再往下便是拱形过门，可以想象，九百多年来，不知多少位活跃的生命，怀着各种梦想经过这个门洞而进到北山庙大殿中。如今，美人黄土，名士青山，正印证了老子在《道德经》中所说的：“天地不仁，以万物为刍狗！圣人不仁，以百姓为刍狗！”

当我们把目光从正楼移到两侧，可以发现该牌坊的南、北次楼及边楼的雕饰同样古朴典雅，气韵迷人。有龙凤、麒麟、神牛、鹿马、狮象、仙鹤等飞禽走兽和牡丹、莲花、宝相花、菩提树等花卉祥云以及文臣武将诸像。所刻人物栩栩如生，坐卧驰骋，挥洒自如；所饰飞禽走兽，跃立蹲俯，腾飞踊跳；所雕花卉祥云，柔美飘逸，清雅空灵。而南、北次楼的题字板分别镌有“灵古今”“佑民物”二条吉祥匾；南、北边楼的题字板则依次刻着“恩溥”“泽流”的吉语。该牌坊的六根方柱上原有三副门联，靠内的两副门联因石质风化而模糊不清，只有边楼二柱上的门联还字体端正，清晰可辨，其联楷书云：“受四方之香火，无远不来；震百里之雷霆，有威可畏。”

从牌坊背面来看，墙体是用不规则的长方形砖石采用“侧砖顺砌错缝”的手法砌成，有点像“无眠空斗墙”的做法。

由于北山牌坊作为明式牌坊的历史、艺术、科学价值，它于1984年5月4日被新余市政府公布为第一批市级文物保护单位。

### (三)城北仰岗庙

自古以来，仰天岗就是新余的屏障、新余的祖山，老城的虎瞰、玉几、云岑、缑、孤诸山无不发祥于此。这里奇峰霞举，卓然嚣外！有鸡冠岭、一片门、之字湾、梁山脑、百斗弯、老鹰石等自然与人文俱佳的美妙景观，成为僧道云集、庙观林立的尘外之境。其中最著名的就是位于主峰梁山脑的仰岗庙。

仰岗庙，原名仰山庙、仰山孚惠灵祠。庙前有四季泉涌不绝的仰天池，庙南山腰有相传铁拐李、吕洞宾走过的"仙人桥"。庙中供奉着袁州仰山龙神萧大介、萧济二王以及本土道童黄公真人。它既是农耕文化布雨降旱、祈求丰收理念的产物，又是追求长生久视，突破生命极限的道教神仙崇拜思想的灵迹，也是赣西地区民间俗神崇拜的圣地。相传建庙之时，神人借袁水运木，经魁星阁下深潭，溯阴河送上山井之中。"井上有神，里人黄公真人幼时尝游此山，后遂神焉，祈雨立验。"这位仙踪缥缈、神迹迷离的黄公真人，既有仙道点度、自炼成仙的神奇故事；又有圆鼓裹尸，翻腾上山的羽化传奇；更有显身助国、力退金兵的还魂壮举！由此而被宋钦宗封为"仰天岗开山得道护国孚惠石丘黄公真人，赐额仰山孚惠灵祠"。于是，本名仰岗、仰山的新余祖山，更借真人封

仰岗庙

号之荣光，从此易名为仰天岗。

明嘉靖二年(1523年)六月，新余大旱，祭庙求雨而获灵应，士民感神之福佑而叹庙之破败，于是官绅聚首，庙堂重起。然而，此后数百年的风雨侵蚀，使之日渐残朽，终至倾圮无存，陷入兴废相间的轮回之中。

而今，国运兴，市运兴，百业俱兴。为了开发仰天岗的旅游资源，为了弘扬宗教文化的人文精神，江西新余市渝水区于2001年9月11日，开始了它的第三次修建，使祥云缥缈、瑞霭氤氲的仰岗庙终于再现山巅。它坐南朝北，面阔三楹；螭头高拱，鸱吻分张。伫立庙前，南瞰琼楼玉宇、芳街翠巷的仙城逸姿；北眺稻谷飘香、林溪丰美的田园诗景，顿有独坐孤峰、静观万化之感！

仰岗庙大门

## (四)蒙山圣济寺

蒙山圣济寺，坐落在蒙山大庙善塘村，现蒙山林场场部旁。该寺始建于1300多年前佛教盛行的唐朝，由六祖惠能的高徒道明禅师开山，历经宋元明清，多次遭毁而又重修复。明清之际，台阶、屋柱、坛座都用大理石加以修葺。前后三进，雄伟壮观。相传明建文帝朱允炆曾来寺中避难，为此寺里悬挂着一副由他亲笔写的对联，“佛自西域来，如大冶洪炉，是铁皆堪铸；僧往东蒙趋，似孤鸿野鹤，何天不可飞”。可谓气势恢宏。宋治平元年(1064年)，宋英宗曾经赐了一个匾额“圣济禅寺”，清嘉庆年间皇帝钦赐“唐朝佛国”的碑刻，使得圣济寺更显高贵。

## (五)百丈峰寺庙

百丈峰自古以来就是佛道争胜之处，佛寺、坛庙等星罗棋布。从地域分布考察，至清同治年间，新余寺院较为密集的有以下3处：蒙山11所；县城及附近5里之内有9座寺院；百丈峰有寺院7所，如石井寺、蓝塘寺、南仙姑寺、宝历寺、黄塘寺、圣井寺、仙居寺。而现在实际知道除了以上7所寺庙外，还有保安寺和东角坛寺，共有9所寺庙。

其中，南仙姑寺为唐至德(756—757)年间僧人惠远所建。《雨中投仙姑寺》："雨中投古刹，江岸少行人。立马候松径，呼僧问寺名。断碑经火尽，荒草入秋平。惟(唯)有枫林树，泠泠清梵声。" 蓝塘寺为唐广德(763—764)间僧人安然所建。《咏蓝塘诗》："兰若建蓝塘，秋山兰桂芳。沙从金穴涌，山倚玉峰长。；色界盘龙藏，弥天下雁王。；何公元好佛，不厌宿僧房。"《易尚治诗》："忽见田家树，花繁暗自猜，人间和气少，因傍寺门开。"

圣井寺、石井寺、宝历寺分别为唐至德(756—758)年间僧人若愚、唐广德(763—764年)间僧人惠公、唐乾符(874—879)中僧人千某所建，黄塘寺则为南宋绍兴二年(1132年)僧月窗建。保安寺 、仙居寺 、东角坛寺创建年代不详，2008年8月2日笔者一行四人踏访了百丈峰东角坛寺(按百姓称之为东角坛，向导认为应称为东角坛寺)，该寺位于巨岩之下，坐向340度，即坐南偏东20度，朝北偏西20度，该寺遗址遍布残砖，通面阔约32米，通进深10米，残留的方座圆形石柱础，高25厘米，直径28厘米。据说该寺毁于20世纪60年代初期，当时为了建乡政府而拆毁此寺。

此外，百丈峰道教文化遗迹也不少，例如：葛仙坛"在县东七十里百丈峰，上有炼丹井、飞来石"，所在之地有仙人迹(同治版《新喻县志》卷三《坛庙》)。再如：仙井在百丈峰上，乃葛仙旧迹，岁旱祈雨有应，元时石井院僧永芳立祠，佥宪李谦斋书额。又如：这里有雷祠，又名石井庙，即汉葛仙翁炼药之所；并分香至"县北四十里，亦曰石井庙，盖自百丈分香，故名。

百丈峰东角坛寺遗址柱础

……”(同治版《新喻县志》卷三《坛庙》)

### (六)钤山镇大岗山广庆寺

广庆寺遗址

广庆寺《西游记》人物故事石刻

位于分宜县钤山镇大岗山片双源村上村实验林场。传说唐代尚雅祖师骑虎至此,见此地山多灵气,秀水泉流,便掘基建寺。广庆寺早成废墟,但寺后有许多和尚塔墓,其中有一较大塔上,雕有《西游戏》中唐僧率徒弟取经的两块浮雕,唐僧、孙悟空、沙僧、猪八戒等人物,栩栩如生,形象古朴,现已收藏在县博物馆。广庆寺属禅林南王宗的临济宗,是佛、道合一的禅林圣地之一。

### (七)马洪办事处万寿宫

许多人只知道江西南昌有座万寿宫,却不知新余东北方向农村集镇马洪也有一座万寿宫。原来,马洪万寿宫1966年10月在“文化大革命”一片“破四旧”“立四新”的叫喊声中,被红卫兵视为迷信建筑物,把它彻底推倒了,所以现在50岁以下的人不知道有万寿宫是不足为怪的。

笔者是马洪人,生于斯,长于斯,从小到大,经常在万寿宫里进进出出,而且,1950年7月笔者和谢世汉、黄继民、何立功4人在万寿宫里的三和乡小学

(如今马洪小学的前身)毕业呢,对它岂能不知?

在笔者的记忆中,马洪万寿宫位于马洪集镇上的东向燕子山下,紧傍着马洪陂,与现在的马洪戏台遥遥相对。万寿宫为单体结构,坐东向西,三间三进,长度约 17 米,面阔约 12 米,总建筑面积约为 204 平方米。两边防火直墙,中间开有拱形小门,门上雕有花卉祥云。直墙高处约 10 米,底下约两米部分砌的是乱石,两米以上是红砖,一斗一眠,错缝砌成。直墙随屋面坡度叠落有致而呈阶梯形,每一阶梯的翘起处都雕有一只白鸽,欲展翅飞翔,令人向往。

宫前横墙不高,约 7 米,开有三面大门,平时只开正大门,左右门关着。三面门皆为方胜纹门窗,其上部用木棂条做成的方胜状,其下部雕有虫鸟花卉。门槛高约 0.35 米。天门上部挂有一块方形木匾,上书三个闪闪发光的镏金大字:“万寿宫”,“万寿”二字为繁体字。阶檐宽阔,屋檐长度约 12 米,宽约 2.25 米,由两根粗圆形木柱撑起,其下面奠基是一块圆形平面青石头。木柱上雕有青龙,头向上,缠绕立柱,活灵活现。宫后横墙比前墙略矮,约 5 米,中间开有拱形小门。

宫内全都为木构架结构。踏进宫内,但见屏风前二进,以天井相隔,由 4 根粗而圆的木柱立起,其基部都是平面园石。明间面阔约为 4.5 米,进深约 12 米。左右次间各约为 3.75 米。屋顶为双坡人字形顶,由横梁、顺檩组成穿斗抬梁式构架,榫卯结合,不用钉子。屋顶盖白瓦。宫内各个空间全部用板壁、木扇门、帐幔、屏风隔开。板壁上雕有花、草、虫、水,十分美观,但却让人感叹“画水无风偏作浪,绣花虽好不闻香”。木扇门上部为花窗,装饰有回形棂条。

屏风上刻有各种飞禽走兽,或跳跃,或站立,无不栩栩如生。屏风两侧是帐幔,其上部有两尊雕像,左边一尊青面獠牙,不知是捉鬼的钟馗否,但见他手执大刀,凶神恶煞,看了有些害怕;右边一尊是救苦救难的观世音菩萨,满脸笑容。在她面前,摆设有香炉。屏风后为第三进,靠着屏风是许真君金身坐像,披红色袈裟,喜笑颜开。

马洪万寿宫声名远播,影响深远。一年当中,马洪闹至少闹三次:其一,每逢农历二月十九日观音圣诞日或农历六月十九日观音成道日;其二,每逢三月送娘娘日(各大姓村庄每五年一次);其三,每年农历八月初一至初三马洪

赶传统庙会日。到时，附近十里八乡的百姓，甚至清江、上高、峡江一带的群众，抱着祈福、求子、金榜题名的愿望，带上祭品，面对观音像上香、烧纸、燃爆竹，作揖、下跪，十分虔诚。那时节，但见万寿宫门前，舞狮子的，摇旱船的，演西洋镜的，应有尽有。对面的戏台上此时正唱着花鼓戏或京戏。整个马洪闹上，里里外外，人山人海，热闹非凡。

1945年农历六月三十日，日本鬼子从新余窜入马洪，扰乱了三天，杀猪宰羊，拉屎撒尿，给马洪，也给万寿宫造成了极大的破坏。是年下半年，马洪人便请了两个道士前来重塑观音娘娘和许真君雕像。新塑的雕像比以前更加金碧辉煌。

马洪万寿宫凝聚了马洪人民的许多血汗，寄托着人们的许多美好追求和祝福，也传承着我们中华民族灿烂的历史文化。可惜，如今马洪万寿宫没有了，只能用文字记之，岂不让人不胜感叹？

### （八）马洪办事处山南关帝庙

山南关帝庙，其遗址就是现在的山南希望小学，坐北朝南，紧靠着山南闹上江边，长约24米，面阔约11米，是一幢三间三进的砖瓦房。20个世纪40年代初，山南闹上人廖兴当了新余县三和乡乡长，便把三和乡小学从岭背某村搬到了这关帝庙，并兼任该校校长。

名为关帝庙，却不见关帝像，庙里除了有几间用作教室、寝室、厨房的房屋外，几乎什么也没有。1946年笔者在该校读三年级时，和许多同学一样对关帝庙心里总有些疙疙瘩瘩。后来，廖兴校长告诉我们，早在咸丰皇帝的时候，山南出了个武秀才。他身材魁梧，威风凛凛，学有一身武艺，茅枪、短剑、大刀什么的都能舞几下。大概因为对社会有所建树的缘故，政府批准在村众厅的出口处建了一个“五马流芳”的牌坊。武秀才崇拜红面美髯公关云长，便不惜耗资银千两，买下村前江边地块约1亩的土地，大兴土木，建了这座三间三进、坐北朝南的关帝庙。关帝的塑像高丈许，身穿铠甲，手执长柄大刀，威武雄壮了得。武秀才本人也铸造了一把长柄大刀，带了一班徒弟，天天庙里“杀——杀——杀”地练武。

自后，武秀才的后代，以及后代的后代，都继承了先辈的功夫，以武为业。附近的前家、山南闸上、王家下、上梓坑等几个廖氏村庄的许多青年，在农闲时节都跟着武秀才习武强身。时间到了光绪皇帝末年的1908年。且说这年农历五月端午节，水西乡的胡家与沙陂廖家两村为划龙船事发生了大纠纷，双方磨刀霍霍。沙陂廖家请了全新余廖氏村庄的人前去帮阵。这武秀才的后代便挑选了一伙武功高强的青年，在出发前，曾向关帝烧香祷告，祈求旗开得胜。不想事与愿违，与胡家人背水一战中，廖姓人被打死和淹死的人竟达128人之多，其中，山南人死了18个。山南人闻讯，男女老少哭天抢地，据说，关帝似乎也有一种心灵感应，轰隆一声，倒塌在地。或许这只是一种巧合，关帝的倒塌与帮阵死人并没有必然联系。

“前事不忘，后事之师。”关帝庙后来便成了学堂，村里尊长公请了先生教儿童识字学文化，教育后来人，再也不要去惹是生非。不想，学校一办就是几十年。有人说，学校沾了关帝灵气，这里出了许多优秀人才，其中一个叫廖万邦的，新中国成立前自上海某大学毕业，新中国成立后是北京黑色金属研究所总工程师，2011年病故，享年85岁。

黄鹤西去，紫气东来。新中国成立后，新余市(县)教育局曾3次拨款对关帝庙学校进行了大重修、大改建。最后一次是2002年，时任市广播电视局局长的廖兰芳同志，2002年春在山南蹲点，她慧眼识珠，十分重视这座有着悠久历史的小学校。当她得知广发证券投资有限公司要在新余投资建3所希望小学时，便积极奔走，为该校争得了经费30万元，并扩大校容面积达5至6亩之多，立马开工，恢复原来的坐北朝南方位，重建山南小学为“山南希望小学”，有一幢崭新的有着3层15个教室的现代化教学大楼。当年8月竣工，9月1号迎接新生。

## 五、古桥址

### (一)蒙河水系古桥综述

蒙河位于渝水区境内东北部，蒙山东南面，因发源于蒙山东南山麓，故名之。蒙河东流经人和、下村、鹄山、水北等乡镇,其间共约有近三十条支流汇入蒙河组成蒙河水系,可谓江河溪水纵横。蒙河在水北境内昔又称颖江,于水北新桥村经樟树市境注入袁河。蒙河主长57.4公里,其中在渝水区境内31公里;流域面积476平方公里,在渝水区境内流域面积为266平方公里。

据《新喻县志》载及文物考古调查勘探初步统计,蒙河水系历史上共修建有古桥梁建筑近百座,其中县志记载的二十余座,考古调查新发现七十余座,至今共有近五十余座保存完整,并已登记认定为文化遗产,余皆因自然与人为损毁,仅存残墩或残迹或不复存在。这些桥梁建筑分布在蒙河干流及大大小小的支流上,千百年来成为当地人们过往水道的重要交通建筑。

人和乡位于蒙河上游,是蒙河的主发源地,蒙河水有近百分之六十以上源自其境内。据实地考察,北部蒙山一带的乡村、田野、塘湖处处可见泉水从地下源源溢出,形成潺潺小溪流、湾湾小江水。从很多带有溪、塘、江、湖的村落名称或村居坐落的周围环境就可知其水资源极为丰富,如象溪村,因村傍小溪、地形似象故名;浒溪,坐落田畈中央,西南有小溪向东流入蒙河,仕元幼子讳于宋天圣年间,从清水洲前山徙此,居地蒙水潺流,溪水清澈,以溪流交织之含义而命名;江背村,东北小江环抱,因村背江而建故名;江上村,因居小江之北,故名;味塘村,坐落在蒙山脚下,村东小溪环流,以村前水塘之泉水清澈可口而命名;茂江村,以村前之江畔有茂林修竹之景而得名;览溪村,据谱记,因村北小溪围绕,浩公赘游此地,见其地北界蒙山,有井,绿水漾漾,碧波荡荡,夏则如冰、冬则温,山雾腾起,四野云合而致雨……台之北有览水渔歌,灵塘有水,奇山修竹,以游览之景,而取名览溪。还有因与之取名的莲溪、库塘、辉江、浪溪、上湖、塘上等村落。据《新余县地名志》载:仁和之脑上村,南北有两小溪在村中汇合;朱家村,东西小溪夹流;石竹山村,东靠小溪;沙坩村东北小溪环流;庵下村,村北紧靠小溪;台里村,蒙河支流,流经村南;武郎村,西南北三面小溪环流;街里村,居田南西偏北,两条小溪流交汇点;姜坊村,南北有蒙河支流环绕;三岭村,东西小溪夹流。按居住环境溪江水之描述,可知蒙河支流在人和境内泉水潺潺,溪水交织如网,江河水长流不息。考古调查发现仁和溪江河水流上古桥梁近30座,其中12座保存完好,多系清代年间乡民修建。南边桥、辉江桥为石质多孔桥。

南边桥位于上湖村东南面，二墩三孔石梁桥，桥长9.1米、宽1.7米，单孔跨2.10米，桥系石灰石质，拱圈横联砌置，设计精巧，结构稳固，外观小巧玲珑，是新余地区目前发现的最小体型的石质桥。

辉江桥，位于辉江村南面浒溪水上，二墩三孔石梁桥，桥长20米、宽2.7米，单孔跨4.2米，全桥系硅灰石质，拱圈横联砌置，桥墩上雕有镇水蜈蚣。

午古桥、闸上桥、廖家石灰桥、中和大桥、中和小桥、通衢桥、新桥、沙陂桥、稿诞新屋桥、礼陂桥等为三合土筑或硅灰石与三合土混合梁桥。

闸上桥，位于闸上村西面，二墩三孔梁桥，桥长16.55米，宽1.7米，桥面系硅灰石平铺砌置，桥墩与桥身为三合土筑，即全桥系石质与三合土混合结构。

通衢桥，位于稿诞村南面，桥横跨于田野，河流已成为干涸的河床，四周均种植农作物，桥长44.3米，六墩七孔三合土筑梁桥，是人和境内发现的最长、孔最多的三合土桥，有桥碑记六块，已保存四块，丢失两块，碑上记载通衢桥为清嘉庆十五年(1810年)乡民捐建。

鹄山乡境有蒙河支流四条，考古调查发现桥梁建筑九座，其中三座完整，六座已毁只剩残迹。脑上村保存的两座均为三合土筑桥。

脑上大桥，位于脑上新屋东北面，系二墩三孔三合土筑梁桥，长23.7米，宽2.5米，单孔跨4.4米，目前为村内进出的主要交通建筑，仍在承受过往汽车通行。

脑上小桥在脑上新屋南面，单孔三合土筑拱桥，桥长5.2米，宽1.9米，孔跨4米，桥的南端被水冲击悬空，严重倾斜，面临倒塌。

出门桥，位于递步村东北面柴陂水上，二墩三孔三合土筑梁桥，桥长15米，宽2.35米，单孔跨2.2米，桥面南端出现严重断裂缝，已成为危桥。

考古工作者在下村镇蒙河支流浒水调查发现的六座桥梁建筑，其中三座保存完好，三座已毁。

虹桥，位于虹桥村东面，石质单孔拱桥，长6.2米，宽2.3米，创建于北宋初期，初为木质梁桥，据《新喻县志》载，虹桥在县北四十里崇教乡，宋吴鸾弟吴凤居此，谓之南宅(今虹桥)，旧有木桥，其后(侄)孙吴拯以中允致仕归，建石梁。吴鸾,字棲梧,南唐进士、临川参军、清江县令;吴凤,字棲筠,吴鸾弟。兄弟俩分居南北,鸾居北,曰北宅,为北宅村始祖;凤居南,曰南宅,为虹桥村始祖。虹桥改建为石拱桥,应在北宋中期即1100年之前,距今约900余年历史,是新余有史记载最早的古桥梁。

脑上桥,在脑上村东南,虹桥北面,两桥相距不足一里地,系三合土筑单孔拱桥,长4.5米,宽2.75米,单孔跨2.3米,三合土即为卵石、石灰、沙子加糯米汁拌桐油,四面及底用夹板做成桥模型夯筑,坚实牢固,可与当今水泥比肩。步桥,位于步桥村西南,二墩三孔石质梁桥,长19米,宽2.4米,单孔跨3米,桥面平铺整齐的石板,并列五行纵铺,每行错缝并列铺砌,桥墩雕有镇水蜈蚣,桥面两侧已长满野生植物,至今仍为村民过往浒水交通道路。

水北镇位于蒙河中下游,这里河宽水深流急,其间有10条大小支流汇入蒙河,境内江河溪流密布,有“江南小水乡”美称。据《新喻县志》载,新桥、龙骨桥、昇平桥、颖江桥、檀步桥、缑陂桥、石步桥、龙镜桥、横江桥、塞蓝桥等都在水北境内,史载及文物考古调查初步统计,约近六十座古桥梁建筑分布在水北境内蒙河及支流上,有新余桥乡誉称。

新桥,位于今新桥村与樟树市相隔的蒙河上,明洪武十五年(1382年)里民张永初建,乾隆六年(1741年)募建,桥为四墩五孔石质梁桥,长51.2米,宽5.3米,单孔跨7米,系蒙河水上最宽的石质大桥,目前桥面已毁塌两孔,行人禁止过往。

龙骨桥,坐落在龙骨村委熊家村东南面蒙河支流上,明永乐十九年(1421年)里民钱奇选修,景泰五年(1454年)钱任安重修,桥系四墩五孔三合土筑,残长23米,宽3.7米,单孔跨3米,桥面中间铺设有石灰岩石板土车道,宽约0.65米,桥东面孔已被洪水冲毁,西面四孔悬于干涸河床之上。

昇平桥,又名拾年桥,位于拾年山北面,颍江水支流上,元代监生黄应瑞修建,乾隆九年(1744年)黄日勤重修。桥为二墩三孔石质梁桥,长23米,宽4.5米,单孔跨3.8米,桥保存完整,至今仍承载过往汽车通行。

石步桥,在今库溪村东面的狮子山西面蒙河水上,元代里人黎立心建,以石墩桥首凿严置普庵像,镇以石狮子二,亦称为狮子桥,乾隆八年(1743年)里人黎有德、黎际盛、黎崇贤倡修。七墩八孔石质与三合土筑混合，即四墩为石质垒砌，三墩为三合土筑，每墩间由四根方条形石梁拼铺，桥长 42 米，宽 1.6 米，孔跨 5.25 米，1998 年村民用钢筋水泥拓宽至2.95 米，改作通汽车使用。

伍塘桥，清代修建，坐落在伍塘傅家北面蒙河水上，系四墩五孔三合土筑拱桥，桥长 61 米，宽 2.4 米，单孔跨度 3.8 米，桥面中间纵铺条形石板，石板中部带有土车槽，是蒙河水上最长的高孔桥，孔圈离水面 6 米高。七星桥，清代修建，位居黄坑村西南面蒙河水上，桥系六墩七孔三合土质与麻石混合结构，即桥体、桥墩均为三合土筑，桥面铺砌石板，长 40 米，宽 2.5 米，单孔跨2.55 米，桥两岸用三合土筑有护坡墙，上下长约 100 米，是蒙河上桥孔数量最多的大桥。

### （二）通济桥

通济桥位于新余市渝水区通州办事处通济村委会西面 100 米处孔目江上，它长 60 米，宽 10 米，为五孔四墩的多跨式花岗岩石梁桥。由于它位于原新喻县东门外三里处，上通袁州，下达省会，据郡治之上游，当楚粤之孔道，邮

通济桥遗迹

传往来，商贾络绎，是古代新喻县的重要桥梁之一。由于“济”有“渡”、“过河”之意，而该桥无论“近抵衡湘，远逾桂岭者咸济于是，故曰：‘通济’”（同治《新喻县志·津梁·〈姚振启通济桥记〉》），因此该桥被取名为通济桥。

### 1.通济桥的木梁桥时期

通济桥最早的建筑形式为木梁桥。属于木梁木柱桥，它原本建于新喻县东面一个叫江口的地方。南宋嘉定年间（1208—1224 年）担任大理评事的新喻泉塘人李昭明与兄长李子美将桥梁迁徙到北距江口一里之处，此后通济桥桥址就固定下来了，桥下之水源自分宜洞村，历距河诸水，合于桥下溪水然后灌入渝川，所以桥体就位于诸水合流入渝川之处，是非常适合的位置。历年既久之后，桥体倾圮，李昭明再次予以修复。

元至大元年戊申（1308 年）江口胡梦周修补该桥。元至正十二年壬辰（1352 年），由于红巾起义军与新喻黄士能所率团练武装交战，导致通济桥在战乱中被焚毁。后来这个地方被迫改建浮桥以过渡。明洪武八年（1375 年）僧人静莹谋划重建石梁桥，知县李公让以及李昭明的七世孙——担任县丞之职的李端于洪武九年（1376 年）共同成就了重建石梁桥的事业。重建的新桥是在旧桥的基础上建设的，建设者利用了原来的旧墩及岸石，“乃架巨木为梁，梁上叠小木，而石甃之，屋其上，十有六楹，而东西为二亭”（同治版《新喻县志·津梁·〈梁寅通济桥记〉》）。其中，西亭为胡梦周之孙胡伯谦所建，这时的通济桥已从木梁桥系列中的木梁木柱桥发展到了上木下石的廊桥，这不能不是技术上的进步。不久该桥又遭灾难，后为僧竺潭集合众人之力修成。永乐年间（1403—1424 年）桥被水淹。宣德八年（1433 年）新喻知县洪钧捐出自己的俸禄首倡建桥义举，并令德高望重的老前辈周师秉、廖公济聚集众人的资财以赞助建桥的费用，“宋彦中、杨仲及王善长、黄仲敬率匠作以督其工，甃两旁以锢岸基，立石墩以破水势，木以梁其上，砖以砥其平，屋计以其间，凡十有八，广余长之半一尺，藻绘视其昔有加，不三月就工”（同治《新喻县志·津梁·〈郭伯寅重修通济桥记〉》）。不到三个月就完工，可谓是高效率的工程，这次修建后的通济桥仍是木梁桥系列中的廊式桥，廊屋已有十八间，比洪武九年（1376 年）所建的通济桥多了两间。

## 2.通济桥的石梁桥时期

百余年后，通济桥又一次遭灾。嘉靖二十三年甲辰(1544年)春，洪水泛滥，桥体倾圮。该年适逢陈璨(县志中“陈璨”也印有“陈灿”的)上任新喻知县的第二年，他当即筹划重建通济桥，估算重建工程需“五百金”，乃捐薪发起建桥募捐活动，新喻士民捐助者不管其金额多少，一律接纳。他还挑选县中义士章重五、周信一、李蕃昌、袁会九、胡传五、李朝五等掌管建桥之事，并发给他们印、簿，使掌印与掌簿者互相稽查、监督，以致“劳来无倦，群情翕然”。嘉靖二十五年丙午(1546年)仲春庚辰日新桥建成。这次重建后的通济桥采用的全是石构件，完成了由木梁桥向石梁桥的过渡，在通济桥的历史上具有划时代的意义。新桥长度与原来一样，桥高与桥宽比原来增大了一倍，桥基牢固、规制宏大，桥梁落成之日，大家在桥上设宴，一起举酒相庆，两岸观者如堵，好一派热闹场面！

隆庆四年庚午(1570年)夏，通济桥稍有倾圮，本来打算维修，但不久连雨暴涨，既打乱了计划，又使桥体大圮。当时代理新喻知县的临江府通判(正六品)段豸，将桥毁之事禀告临江知府管大勋，管大勋认为重建通济桥刻不容缓，于是捐俸“四十金”倡导建桥义举，段豸也跟着捐助，县中士大夫及富户小民都乐于捐助，共筹集资金“二百金”有奇。于是授命县丞杨化主持重建之事，“乃命匠斫新石之坚且厚者，以固其址，取其既颓而可用者，足以甃砌加密，畚运加勤，视昔稍壮，逾年而后成”(同治《新喻县志·津梁·〈张春通济桥记〉》)。

万历四十三年(1615年)秋，新喻大雨，通济桥再次倾圮，过往人们只好以小舟载渡，由于舟不胜载，多次发生船覆人溺的悲剧。由于通济桥系川广孔道，行旅之往来，差使之驰传，如果没有船只就无法过渡，许多人甚至不得不在水边住宿。当时在外地做官的新喻人施天德，因奉命出使贵州、云南而途经家乡，怜悯家乡父老的无桥之痛，于是倡

通济桥桥墩石水牛

议重建通济桥。新喻百姓纷纷响应,“不数月而桥告竣，其视昔之随起而旋颓者又加壮矣，其视昔之深厉而浅揭者无病涉矣，可以垂千百年不朽而与洛阳齐名,可以省陟川之劳而继张公伟绩”(同治《新喻县志·津梁〈施天德重修通济桥记〉》)。施天德对自己倡建的通济桥非常满意,认为可以与同为梁式桥的泉州洛阳桥齐名。

清康熙四十四年(1705 年)洪水再次将桥冲毁,知县李天根捐俸倡募重修。乾隆三十三年戊子(1768 年)知县鲍吴条再一次重修通济桥。道光九年己丑(1829 年)水滥溢桥,桥体又一次倾圮。由于重建的桥梁的费用巨大,一时难以纠集,而监生龚全独自承担起建桥的重任,令人遗憾的是“出师未捷身先死,长使英雄泪满襟”,桥未建人却先亡。好在龚全的儿子龚修吉虽然刚届弱冠之年,仍然继承父亲的遗志,开始重建通济桥。工程未到一半却毁于道光十年(1830 年)的大水,龚修吉并不气馁,重新再建。建桥工程始于当年秋天,竣工于次年夏季。所花时间前后九个月,所用费用“白金数千两”。桥的规制虽然与原来一样,但花的工夫却是原来的两倍,是一次非常注重质量的重建工程,建设者还在桥的西面筑堤十余丈,以护卫、巩固桥体。然而三十多年后,桥体也逐渐倾圮。同治八年己巳(1869 年)秋,满洲镶黄旗人详安自宜黄调任新喻知县。西晋江统曾说:“非我族类,其心必异;戎狄志态,不与华同。”而这位新余历史上唯一的满族知县却有同情、体察汉民的慈悲之心,他见行道之人苦于桥体的倾圮,亟劝募兴修,并捐俸以为首倡,恰好遇到乐善为怀、捐资不吝的新喻县人龚伯仁、龚仲友,于是详安起而任之。可惜这次也是好事多磨,重建工程尚未竣工,又遇到同治九年(1870 年)春季的十余日的淫雨,江流暴涨,刚建的桥体为水所侵而功败垂成！此后,又得廪生姚日暄、邹敬修,附生李化龙,例贡生李志廉,监生李宗卫、周作载暨宋万成、宋香林、章秉良、章广兴等人的帮助,他们不忍舍弃前功而思成其善举,于是筹集经费,“伐石程材,正其倾欹,固其基址,统费一千六百余缗,不数月而顿复旧观”(同治《新喻县志·津梁〈详安重修通济桥记〉》)。

当历史的车轮驶入多灾多难的抗战时期,通济桥遭到破坏,桥面已毁,桥墩尚存,桥头两对大型石狮,一对石牛及桥上栏杆雕版均被人抬走,甩到河里，据说有的石狮已沉入河底，有的石牛被桥下生产队社员搬到水井旁用水泥固定起来，1973 年 8 月通济桥被拆毁，并在旧桥桥址旁边另外建了一座新的现代钢筋水泥拱桥，1973 年 9 月 1 日正式通行。

### （三）孔目江桥

孔目江桥位于原沙土乡东陂村（今属新余高新经济开发区城东办事处）正南方向 1000 米处，为花岗岩石垒砌而成，全长 76.7 米，桥宽 7.67 米。孔目江桥最早创建于元泰定年间（1324—1327 年）的乡人之手，以石墩架木为梁，上覆以屋，是一座石墩木梁的廊桥，这也是它最初的风貌。

也许朋友要问，孔目江桥是如何得名的呢？关于它的得名，已不可考。孔目江桥的“孔目”二字本是古代掌管文书档案、收储图书的官名，因事无大小，都经其手，一孔一目，无不综理，故称。唐代有集贤殿孔目官，地方藩镇也有孔目官。宋时秘书诸馆、盐铁度支户部三司、都转运司以及王府皆有孔目或都、副孔目，专管稽核文簿，所以清代新喻知县推测桥名可能与孔目官的官职有关，认为过去可能有担任过孔目官的人居住在这里，这人乐善好施，可能疏导

孔目江桥遗迹

了这条江，或者修建了这座桥，所以大家用他的官名来命名这条江和这座桥，以示不朽。桥下的孔目江水汇涂塘、龙塘二水，由阻陂合流而达通济桥以入于江，源汹流迅，湍悍莫御。过去人们说新喻为“北水南朝七十里”，大概指的就是这种情况。孔目江桥东行可通上高、高安、清江，而鹄山、水北、钱墟入城者也都经过此桥；从该桥西行可达分宜，是新喻的车舆孔道。由此可见，孔目江桥是过去新喻县的交通枢纽之一。

元朝末年，孔目江桥毁于刀兵之乱。明洪武十四年(1381 年)，里民廖士宏重修该桥。此后桥梁日益毁损，只能承载行人过桥，无力承载车舆。后来新喻发大水，孔目江桥被淹没，连年以来行人只好靠舟船摆渡，往往有沉溺之忧。康熙五十二年(1713 年)，里人立志修复此桥，并改为石梁桥。由于没人主管建桥之事，筹建者遇人不淑，竟被佛门中的败类——一个游方的僧人海云把建桥工费卷款逃走了，以致功败垂成。康熙五十五年(1716 年)张景苍前来担任新喻知县，访知上次建桥的弊端后，决心重建该桥。他发起建桥的倡议，并组织里民之好义者王懋选等人劝募重修孔目江桥。建桥工程经始于这年的六月，竣工于康熙五十六年(1717 年)六月。重建后的孔目江桥皆以石头构成，为五孔石拱桥，桥长 22 丈，桥宽 2.2 丈。在建桥过程中，城乡共捐输银两共 900 多两，而僧人占了其中之一，这些僧人以出世的胸怀做着入世的事业，他们舍弃寺庙的赡田五十亩，将变卖后获得的银两帮助建桥，这与盗款远逃的不法僧人海云相比，无异于天壤之别！

建好的孔目江桥是当地一道美丽的风景。它的桥面宽广如同街衢，桥上的廊屋好似连甍接栋的八九户人家，春天的野花在桥畔开放，树根在桥下裸露出了它的本来面目，高人韵士驻桥赏景，咏诗题词，使孔目江桥在满桥的骚风韵雨中走近黄昏。为此，当地文人胡子固诗兴大发，赋诗一首曰：

人家八九清江上，却似街衢不似村；
短短疏篱茅盖尾，迢迢深巷竹为门；
野花春后皆成实，汀树年深尽露根；
坐久忽思题柱客，满桥风雨又黄昏。

然而，令人遗憾的是：此桥已毁，只剩下一点墩基，向世人诉说它的生老病死，向人回顾着它往日的繁华。

### （四）睦宦桥

睦宦桥在渝水区珠珊镇垱下村委会的炉下村，跨袁河支流。该桥创建年代不详，根据有关资料综合分析，该桥可能始建于唐代甚至唐代之前，当时新喻县城在龙池墅。唐大历八年（773年）因洪水泛滥，位于龙池墅的县城被淹，知县杜臻将县城迁往云岑之阳、虎瞰之上，睦宦桥亦改名为古城桥，以坐落在旧县城的这座古桥的更名表达对县城的怀念。

睦宦桥很早就是新喻的人文荟萃之地，相传南宋尚书章颖儿时随老师在睦宦桥口洗澡，曾咏诗曰："睦宦桥下一掬水，掬得鱼儿头向尾，霎时平地一声雷，跃出万丈深潭底"。诗中表达他将来要傲啸政坛、平步天下的雄心。睦宦桥最早是架木为之的木结构桥梁，但很容易朽坏。元至正八年戊子（1348年），里人喻信可将该桥改建为石桥，桥上立屋，变成了可供行人遮蔽风雨的廊桥，虽然规模一新，但桥梁的正式名称仍叫古城桥。然而好景不长，元至正十二年壬辰（1352年）该桥遭受兵燹，桥上木结构廊屋被焚为灰烬，桥体的石头倒塌于水中，人们过河时"褰裳而涉，往来病之"（同治《新喻县志·津梁》）。

睦宦桥遗迹

数十年后，在元末改建石桥的喻信可所在乡里，又涌现了急公仗义之士，他们就是喻元亮、胡均卿等。他们合议各捐己资重建该桥，建桥工程动工于洪武三十年丁丑岁九月三日（1397年9月24日），竣工于洪武三十一年戊寅岁子月二日（1398年12月10日）。改建后的桥梁仍为廊桥，"由是涉道者有所休息，值风雨者有所帡幪，瓦影荫于龟鱼，石势横为鸟鹊，车驰马走，如履康衢”（同治《新喻县志·津梁》）。临江太守刘某为之书写“睦宦桥”匾额以揭于桥上。由于古今置邑沿革不同，当初改桥名“睦宦”为“古城”，是为了不忘建县的旧地，现在又改桥名“古城”为“睦宦”，是为了让人知道它的名字传自很远的时代。

### （五）归驷桥

归驷桥位于渝水区珠珊乡垱下村西南 200 米处，桥跨袁河支流。该地属于古代新喻县南五里的登丰乡地界。明嘉靖（1522—1566 年）年间，乡民胡必达以参军之职退休，衣锦还乡，非常惬意地回归故里，建造此桥，并命名为归驷桥。该桥自诞生以来，就面临着天灾人祸的冲击，清顺治辛丑年（1661 年）新喻县发大水，桥梁被冲坏。三十年后，时值康熙辛未年（1691 年），僧人慈茂募建石桥。

如今保存下来的归驷桥为石梁桥，桥长 14 米，宽 1.13 米，桥面距桥墩底

归驷桥

部高 2.5 米，桥面距 1982 年 7 月 27 日水位高 2 米。该桥由 9 根方形长条麻石分三排平行搭成，每排各有 3 根长条麻石，中排 3 根麻石的接缝与中排外侧

的两排麻石的接缝错开，而中排外侧两排麻石的接缝皆在同一位置。归驷桥则以石梁石墩桥的特点为主，兼有石板平桥的风格。全桥共四墩三孔，桥墩与桥孔立面皆为矩形，桥体两头为雁翅墩。桥墩与分水尖合为一体，逆水面做成三角形尖顶，以便分开河水，护卫桥基。这两座桥墩每个墩长 3.64 米，宽 1.87 米，从平面上看这两座桥墩好像古代战士护身用的盾牌，桥墩逆水面的分水尖犹如盾牌的尖角。桥体两端的雁翅墩从平面上看为一个等腰梯形，由于其两腰舒展如同大雁之翅，故古建筑学术界称之为雁翅墩。

## 六、古窑址

### (一)钤阳湖东汉窑址

钤阳湖东汉窑址位于分宜老县城东北约 3 公里的西岗村东 200 米(现被水淹)处，面积约 900 平方米，标高约 69 米。1957 年 1 月发现时，暴露地面遗迹有绳纹太极瓦、红烧土、索面砖、灰层等。当时为江西首次发现的汉代窑址，对研究古窑有一定价值。水淹前发掘其五分之一，取得一定资料。

### (二)分宜镇岭背村袁州城砖窑址

分宜岭背袁州城砖窑址位于分宜县分宜镇芦塘村岭背自然村东北面丘陵地带。窑址东临丹桂基地，西临袁河，南临岭背村，北临养猪场。在岭背村东北面岭背山东西长约 300 米、南北宽约 250 米的范围内，分别发现 5 个窑炉遗迹和一个晒坪，编号为岭背 Y1、Y2、Y3、Y4、Y5、SP1，窑址面积约 10 万多平方米。Y1 位于丘陵的东部，面对水库，北侧为 Y2，暴露窑炉直径 3.3 米、高 2.5 米，在其表面裸露有火烧土。Y3 处在

分宜镇芦塘岭背明城墙砖窑址发现的四块城砖

芦塘岭背明城墙砖窑址 5 号窑烟道

Y1 的北面，暴露窑炉直径为 3.2 米、高1.5 米。Y4 位于丘陵的西部，东侧分别是 Y1、Y2、Y3，裸露窑炉直径 2.7 米、高1 米。Y5 位于窑址的西北部，暴露窑炉直径为 2.5 米、高 1 米。晒砖坪位于 Y1 的北侧，东临水库，长 52 米、宽 22 米，现存面积 1144 平方米，地面平坦。窑炉都是“馒头窑”，底直径约 2.5 米、高 1 米，窑壁结实，厚 0.2～0.6 米，后壁有 3 个烟囱，平面呈半圆形，宽约 0.33 米。窑址附近发现大量白色碎瓦片和城墙砖，城墙砖质坚如石，白净光滑，烧制工艺高超，工序复杂，采用当地的白色泥土，砖重约 20 公斤，砖长 40 厘米、宽 19 厘米、厚 10 厘米，质地坚硬，有的留存砖文“分宜县提调官典吏/刑初司吏张用韶/袁州府提调官通判隋赟/司吏任俊”和“总甲陈文彬甲首黄南英小甲中敬存窑匠袁尚造砖人中吝十”，均为阳文楷书。它是迄今为止国内唯一保存完整的明代城墙砖窑址，这为研究分宜县、古代袁州，乃至江西砖瓦技术以及明代江西地方经济提供了珍贵的实物资料，对研究明代建筑史、明代砖瓦手工业史、南京城墙砖的烧造管理制度、明代的摊派、检验制度以及交通运输路线等具有非常重要的历史价值。其烧制的明代南京城墙砖是全国烧造质量最好的明代城墙砖，包含了非常丰富的历史信息，对研究明代政治、经济、军事、地理、官制、户籍、民俗及文字结构、书法艺术、姓氏演变、工艺美术、建筑材料、交通运输、管理体制等诸多方面，提供了珍贵的材料，具有补史乘典籍之不足，起订讹补缺之功效，可谓作用巨大，意义非凡。为此应深入挖掘袁州明代城墙砖窑址的文化内涵和历史价值，结合南京明代城墙的历史价值以及南京明代城墙申报世界文化遗产的举措，进一步整合江西、宜春、新余的相关文物资源，提升袁州明代城墙砖窑址的文化内涵、意义和影响，使袁州明代城墙砖窑址成为对群众进行乡土教育、爱国主义教育、历史唯物主义教育的宝贵资料和场所。

## 七、古代书院遗址

### （一）新余市古代书院概述

书院是中国封建社会特有的一种教育组织和学术研究机构，是科举时期聚集应试生员进行课读的堂所，它从唐代的兴起延续到近代，存在有千余年之久，对我国古代教育、学术的发展和人才的培养，都产生过重要影响。

据史书记载，书院的名称最早出现于唐代，唐代非常重视经籍的搜集、收藏和整理，并为此设立专门的机构，这就是最初的书院，但当时的书院只是国家藏书、校勘和整理书籍的地方，不是聚徒讲学的教育机关。唐代私人读书治学之所，也称为书院，书院的开创是建立在私家聚书、藏书基础上，首先使用书院名称的当推学者，而非官家。中唐以后，藩王割据，朝野混战，天下大乱，士人们多避乱于比较安定的穷乡、僻壤、偏远山区，或聚族而居，以耕读为业，或隐居之士，建书堂、书屋、书舍，由于官家“庠序不修”“士病无所于学”而逐渐成为学者讲学说书之所，士子求学读书之地，这就逐渐产生具有教学授徒职能的书院。书院制度形成于宋代，历经元、明、清诸代，至清末改书院为学堂。

新余地区最早书院的原型，应是东晋习凿齿隐居欧里镇白梅村时开办的书馆，名曰“半山书舍”，距今1600余年。他在此广收门徒，传经授史。当时学舍规模可观，分为上中下三进，中间有天井，两边有走廊。学舍廊柱上刻有一副楹联：“半折琴书陶性分，山林风景荡胸怀。”直至1957年被毁，现学舍遗址上建有白梅小学。

据《分宜县志》《新喻县志》载及考古调查统计，两县宋至清代约建立有书院26座，每县各占一半，新余自北宋初始由私人就已在境内创办书院。

建于北宋初(960—1125年)的分宜县清源书院，位于分宜县治古城东清源古渡附近，即在今钤阳湖水淹区内之袁河北岸，袁河在今钤阳湖内一段，因河水澄澈环绕，“罗村如玉带”而名清源江，书院傍水而建，故名清源书院，南宋咸淳六年(1270年)并为县学。

钤阳书院，北宋雍熙元年(984年)创建，位于分宜原安仁镇内，因建邑庠书院，遂废。宋淳祐年间(1241—1252年)，改建于分宜县城池西郊，称为钤岗书院，王杭建立，明嘉靖年间，江西提学副使邵宝曾赋诗赞扬，明末毁于兵火。

云轫书院，在新喻龙塘，即今渝水区下村镇龙湖村内，宋庆历年间(1041—1048年)，监察御史张和建立。

柳溪书院，在新喻易家，今渝水区南安乡易家，易家别名柳溪，位于南安乡与新溪乡毗邻的山坡下，西南面为百丈峰余脉延伸段。南宋淳熙年间(1174—1189年)，释褐状元、礼部尚书易袚创建。

万安野馆，在新喻城东六十里万安铺，今渝水区罗坊镇与樟树市毗邻的万安圩(明隆庆年设立)。南宋淳熙年间(1174—1189年)，为李绍兴与太常寺主簿、知州刘清之创立的讲学所。朱熹曾在此流连数日，有诗云：“身似孤云去复还，投装犹记此窗间，只应烟雨苍茫外，即是当年万叠山”。

竹楼书院，在新喻蒙山之阳。南宋宝祐年间(1253—1258年)，信国公文格斋(文天祥之父)设教于此，有咏雪诗，“一片一片复一片，飞入梨花寻不见。昨夜青山玉裹头，今朝绿水银妆面”。文天祥曾讲学于此。

文明书院，在分宜朱塘，今分宜杨桥镇洙塘，南宋咸淳九年(1273年)，袁庆流建立。

蒙山书院，又名蒙峰书院，在新喻蒙山之麓，南宋恩赐状元、国子司业、枢密院都承旨黎立武于元初(1271—1294年)建立。黎立武学识渊博，“清言叠叠”，文天祥、谢枋得、吴澄等名士对他很钦佩，文天祥说，自立武的大名“震荡以来，吾江西一佛出世，引领愿拜”。立武痛恨异族入侵，宋亡后，他坚决不与元朝贵族合作，潜回家中，仍如年少在家一样，发愤读书，“每至夜分”，次日“鸡鸣复起”，诵读不辍。在蒙山山麓创建“蒙峰书院”，“礼先达以主试，延儒雅以职教。月有讲，季有课，春秋有释菜礼四方来学者”。到他那里读书的人很多，书院常人满之患。书院废，乡人犹称该地为状元讲学堂。

石门书院，初名石门书舍，又称凤台书院，在新喻蒙山南十里，位于今渝水区下村镇梁家村西面。明洪武初，著名理学家、教育家梁寅创建。梁寅虽有满肚子学问，但他“文尚高古，不谐于时，故累举弗捷”，多次考举人都名落孙山，在元朝时，很多名士达官举荐他为官，推辞不仕，在家乡立书庄，孜孜不倦研究经国济世之学，著书立说，专心致志教人读书。金幼孜、黄子澄、练子宁等都是他的门生，金幼孜在建文二年(1400 年)考取进士，历经成祖、仁宗、宣宗三朝，官至礼部尚书、英武殿大学士；黄子澄，洪武十八年(1385 年)会试第一，授翰林院编修，伴读东宫，官至太常寺卿，为大学士；练子宁，洪武年间进士，官至吏部侍郎、左都御史。金幼孜不忘老师教诲造成之恩，大书“夫子堂”三字，悬于石门书舍。

木石书院，在分宜遐贡松山万，今分宜县洞村乡霞贡，因境西山岭陡峭，地势西北高、东南低，源于凤冠垴、钩指垴的溪水合流为遐溪水，得名遐溪，相传此得为“虾蚣沿盆形”，故雅化为遐贡。明代正统元年(1436 年)，黄伯埙建立。

瑞竹堂书院，在分宜介溪，今分宜县分宜镇介桥村。明天顺年间(1457—1464 年)，严准建立，明权臣严嵩曾在此读书。东湖书院，在新喻浒江枕山(原系新余鹄山浒江，1960 年划属上高县)，明代嘉靖年间(1522—1566 年)，为明台谏、刑部主事晏仕翘，中丞、按察司副使、广西巡抚晏日曙，河南左布政使、方伯晏日启叔侄读书处。

钤麓书院，在分宜水南，明嘉靖癸卯(1543 年)。明权臣严嵩建立，世宗赐书匾。

北山书院，在新喻浒江北山之麓(原系新余鹄山浒江北山，今为上高辖地)。明嘉靖二十年(1541 年)，廉州府同知晏若川之父，北山处士之所隐也，在草堂之西建石林书屋，后人称之为北山书院。

方伯书院，在分宜介溪，今分宜县分宜镇介桥村。明永乐年间，四川按察司副使、布政使严孟衡建立。

莱根书院，在分宜白水，即今双林镇白水村，因附近有山泉，清净澄澈，故名白水。清康熙十八年(1679年)建立，湖北东湖县令林有席著有《莱根书院读书记》。

紫云山书院，在分宜箬坑，即今凤阳镇箬坑(因位于宜山西南山坑中，坑内多箬，故名箬坑)。为明正德年间李香读书堂，李香(1494—1561年)，分宜凤阳箬坑人，明正德十六年(1521年)进士，初授工部主事，升任四川巡抚、都御史、大理正卿，为官公廉。清康熙二十五年(1686年)李大春重修书院。

中堂书院，在分宜朱塘，即今杨桥镇洙塘。清康熙二十九年(1690年)袁九润建立。

缑山书院，在虎瞰山城东门孤缑山下，今四眼井南面。清康熙三十二年(1693年)知县李廷宰创立。乾隆三十四年(1769年)知县鲍吴条倡捐重建，道光三年(1823年)中丞程含章捐资修葺。咸丰五年(1855年)兵毁。

香岩书院，在虎瞰山城云津门内学宫东偏，属四坊区，今孔庙东侧。康熙庚子(1720年)士民公建，知县张景苍每朔望集邑俊秀，课试其中第，其高下而鼓舞之，岁以为恒，其制中间讲堂两楹，鹤轩三间，左右厢房各一间，大门三间，基址直深十五丈五尺，横阔十丈五尺。雍正十三年(1735年)，奉文改建上谕亭。

钤山书院，又名太常书院，在分宜表忠祠内，即原分宜县治城内(钤阳湖水淹区)。清乾隆二十九年(1764年)，杨长桂建立。

龙标书院，在分宜杨桥张家岭。清道光二十一年(1841年)，习世黄建立。

瀛洲书院，在虎瞰山麓，今孔庙(学宫)西南。清咸丰元年(1851年)，知县张方矩与绅士捐资兴建，据陈文斗《瀛洲书院记》载，“……江有洲，俗呼东瀛洲，遂名瀛洲书院”。布局与规模为“中立讲堂，旁建学舍三十余间”“……前栋头门三间，左右房各一间，头门内球场，两旁书屋八间，上设讲堂，后一过亭，共两厅十六间。左边上下两栋，连厅共计十八间。后横屋三间，侧屋三间”。匾额“瀛洲书院”为举人刘韵书。2000年，在城市建设改造中被拆毁。

逢源轩书院，在分宜遐贡，即今洞村乡霞贡村。清咸丰元年(1851)，黄还和建立。

平塘书院，位于渝水区罗坊镇平塘村内东南隅。清同治七年(1868年)乡民捐资建立。2009年4月，第三次全国文物普查发现，书院建筑格局保存完整，系典型的南方祠堂式建筑，带庭院三进深一天井布局，坐北朝南，砖木三合土结构，即四面外墙下半部三合土筑、上半部清水空斗青砖砌置，内为抬梁与穿斗式构架，两面夹封火山墙，硬山顶，双坡屋面与单坡屋面相结合，地铺青砖。建筑布局分三部分，前设庭院，在院落东面设山门；中为主体建筑，依次为大门堂、大天井(两侧设对称式檐廊)、讲堂(两边设左右对称式厢房)；后为寝舍(与前面讲堂间隔有通道，通道两头设对称式进出小门)，建筑面阔五开间，面阔18.3米，三进深53.6米，总面积980多平方米。新中国成立后，书院曾先后改做村办小学、大队办公、农民夜校、养猪场、集体农作物及农具堆放处。改革开放后，无人使用，闲置，因年久失修，无人管理，屋面雨漏严重，讲堂及檐廊屋面已倒塌，地面积污，杂草丛生，墙体倾斜，时有倒塌危险，急待抢救维护。

金馆书院，位于渝水区珠珊镇潭口村，清光绪三年(1877)乡民捐资建立。2009年10月第三次全国文物普查发现，书院建筑为祠堂式二进一天井格局，坐北朝南，砖木结构，建筑外墙为清水空斗青砖砌置，内为抬梁与穿斗式构架，左右两面夹封火山墙，硬山顶，双坡屋面与单坡屋面引结合，地铺青砖。建筑布局前设檐廊、敞开式大门，前堂(左右为对称式厢房)，中心为天井，天井两侧设过廊并有对称式小门进出，后为讲堂。建筑面阔三开间，面阔11.6米，二进深20.5米，总面积237平方米。新中国成立后，曾作为村小学，后来书院作为集体财产分给村民居住，被村民购买，因年久失修，屋内雨漏严重，无人居住，闲置，堆放小农具，如不及时维护，将面临倒塌、拆旧做新之危险。

经过多年的寻迹调查、实地勘探、考察，这些书院建筑因年久失修，经受自然的和人为的损毁，有的书院只有史书记载，如今不复存在，有的只剩下残墙断壁，成为人们的记忆。根据史书记载及实地调查状况，这些书院建设规模、布局及所建房舍、环境都较近似，有讲学的讲堂、藏书的书楼或书室、供祀祠、住宿的斋舍、厨浴、游憩的园林亭台等，其布局一般以讲堂为中心，中轴对

称，庭院天井组合，小则二三进，由大门、讲堂、祭殿或书楼，依次排列，其建筑具有地方民俗特色，多以砖木石三合土结构，单层为主，个别突出楼阁，造型简洁庄重，显示朴实自然之美，其环境的选择与建设，尤为突出。大多择幽静之区，深山远林，如蒙山山麓或就近有数座之多，通过命题额、嵌碑立石、匾联文辞，突出其教化内容、修身之道、为学之方，具有浓郁的文化气质。

## (二)钤阳书院

钤阳书院：分宜建县前即存在。院址设安仁镇内，后因建邑庠书院，遂废。宋淳祐一年至淳祐二年(1241—1242 年)建钤冈书院于县城西郊，该书院颇负盛名，明嘉靖年间，江西提学副使邵宝曾赋诗赞扬。明末毁于兵火。清康熙五十四年(1715 年)，建义学于忠悫祠侧。乾隆二十九年(1764 年)，将义学于忠悫祠合并，增房舍六间，名钤山书院。乾隆三十二年(1767 年)，改称大常书院。道光二年(1822 年)，复名为钤阳书院。同治四年(1865 年)，又改名为大常书院。光绪二十九年(1903 年)改为高等小学堂。钤阳书院自建立至改为高等小学堂，先后 7 次易名，系县内历史最久、规模最大、影响最深的一所书院。有学田近 600 亩，山地20 余块，可收租谷 1100 余石。

## (三)蒙山书院

《新喻县志》载：蒙山书院“在县北八十里蒙山之麓，由宋司业黎立武建”。黎立武，字以常，号寄翁，生于南宋淳祐三年(1243 年)，十八岁时入太学，二十六岁时中宋咸淳四年(1268 年)陈文龙榜第三名进士，恩赐状元。

黎立武中进士后，先后担任过承事郎、佥书镇南军节度判官，除太学录、通判袁州、转宣教郎、除宗正寺簿、如试馆职，除秘书省校书兼庄文府教授，奉议郎、承议郎，除佐著作，大著作，军器少监，国子司业，进华文阁待制，枢密院都承旨等职。正当壮年有为之际，蒙古大军大肆进攻中原，宋亡。他反对异族入侵，不愿与元朝贵族合作，历尽艰险，返回故里，从此“潜心圣学，敬事二亲，犹二十年”。在家发愤读书，“每至夜分鸡鸣复起，了无倦色”，诵读不辍。元至元十六年(1279 年)，在蒙山之东麓创办“蒙峰书院”，又称“蒙山书院”。收徒延师授课。由于他学问渊博，品德高尚，其“威仪整肃，意度安舒，清言叠叠”，四方来求学者众。他亲自拟定教材，设置课程，亲自讲课，“礼先达以主试，延儒雅以职教”，做到“月有讲，季有课，春秋有释莱礼，四方求学，造就维多”，培养了一大批德才兼备的学子。正如他在《谢临江李总管建状元坊啟》中所说：“辟山学效嘉眉之规，借时文明孔孟之意，松间喝道，岂无考德问业之人。”书院常人满之患，求业者远涉蒙山山学，“艰于跋涉”，后又在新喻城的金凤洲建立书院，名为“凤洲书院”，收徒授课，其建筑规模如同蒙山书院。原来的蒙山书院旧址，乡人称之为“状元讲书堂”，后毁。

### (四)钤麓书院

钤麓书院，位于仙女湖风景名胜区西部钤阳湖的南岸，为明代权相严嵩所建。自从严嵩第二次复职后，青云直上，官运亨通，从南京翰林院侍读一直升到礼部尚书兼武英殿大学士。家里的“公文典籍”和“御赐批札”愈积愈多，以至“充满私箧”。为了很好保管、利用这些东西。1543 年 6 月 27 日，严嵩向明世宗疏请在分宜建造一所书院，得到了世宗的恩准，书院的所有匾额题词，全部出自“御笔恩赐”。6 月 27 日，单是为了考虑题词的遣词造句，世宗在璇雷殿，“握笔凝思”，反复斟酌，直到“漏下二十刻还定不下来”。6 月 28 日，才以“黄贴手书，出御批赐”。

书院建于钤冈北麓，依山傍水，与分宜古城隔河相望。书院自山腰起祠，名“至善堂”，专供祭祀与藏书之用。顺坡而下，左右各置一亭，左边古木参天，亭名“林皋”；右面泉涌成池，匾书“碧涧”。出亭而北，是它的主体建筑——“延恩之阁”，阁上有匾，题有“川峦萃秀”，此阁为读书治学佳所。由阁而下，山泉汇集，池水清澈，鱼翔浅底。池中起阁，匾书“天光云影”，阁岸之间，小桥曲连。全院砌墙圈围，总以“钤阳书院”四字，置身其中，幽美静雅，如诗似画。

书院建成后，成为分宜城郊的重要教育基地。从嘉靖二十五年(1546 年)到四十年(1561 年)，府县儒生常来此借阅资料。这里一度成为分宜的一大藏书基地，为发展分宜地方文化，促进儒学发展，改变分宜在科第中的落后面貌做出了贡献。

## 第二节

# 古建筑概况

## 一、庙宇

### （一）孔庙

孔庙又称孔子庙、文庙、夫子庙。新余孔庙位于新余市城南的虎瞰山上，它南临袁水，东邻魁星阁，是一座有着1200余年历史的庙堂建筑。2003年10月13日，这是新余市文化史上值得纪念的日子，新余孔庙正式对外开放了！新余市虎瞰山上人声鼎沸、喜气洋洋，各界领导、各方嘉宾及热情的朋友们纷纷走进圣人的殿堂，涌入大成殿、东西两庑及后面的廨舍。有的学生在孔子像前虔心祷告，希望能借用圣人的智慧，在学业上不断进步；有的老表在东西两庑“新余历史名人展览”前观看，当发现自己是名人的同乡时，顿时欢呼雀跃；还有一些人站在院墙前，释读着嵌在墙上的碑刻，当破译出一段古文时，便鼓掌而笑；更有一些持重的老者，在廨舍的“新余书画展览”前仔细端详，似乎要从飞动的笔画中寻觅书写者的心路历程。

#### 1.新余孔庙的性质与历史

唐大历八年（773年），位于龙池墅的新喻县城，在屡次遭受洪水冲击之后而被淹没了，知县杜臻毅然将县城迁到虎瞰山上，并在虎瞰山上创建了面阔五间的大成殿。作为大成殿基地的虎瞰山因其形状而得名，它山高只数丈，却虎踞龙盘，地处袁河北岸，又有石岩直接下到水边高地，所以相对于袁河南岸的低洼绿洲，显得高峻威猛，况且此山之下有用石头砌成的二眼泉井，左右对称，终年清冽。风水先生将此山比做潜伏着的猛虎，那二眼泉井当然就是老虎的双眼，由此取名为“虎瞰山”，意为猛虎在山上俯瞰袁河。有了虎瞰山的依托，大成殿摆脱了被洪水淹没的厄运，虽然它还算不上完整形态的孔庙，却是新余最早最原始的孔庙。

稍有文化常识的人都知道，孔庙是祭祀孔子的庙堂。孔子姓孔名丘，字仲尼。是一位世界闻名的思想家，也是中国教育史上第一位伟大的教育家，他创立了儒学(也称孔学)，奠定了中国文化的基石。他的儒学不仅是中国传统文化的主要组成部分，而且是东亚地区的文化传统和文明精神，在世界思想史和世界各大文明史中占有十分重要的地位，为中国、东方乃至世界文明的发展做出了重大贡献。以儒学为主体的中国文化是人类古文化中唯一从未中断、延续至今的一种文化。它覆盖面极广，形成了幅员辽阔、人口繁密的泱泱大国。以孔子为代表的儒学文化，不靠武力，远播海外，辐射到周边国家，形成了广大的儒学文化圈，它覆盖的人口超过全人类的四分之一。1984 年美国出版的《世界名人大辞典》就把孔子列为世界十大思想家之首，英国出版的《人民年鉴手册》，也同样把孔子列为世界十大思想家和文化名人之首。

孔庙作为庙堂建筑，除具有权威性和庄严性外，还是祭祀孔子或祭祀与地方学馆合一的地方。遍布世界各地的孔庙有四类：一是曲阜孔庙，这是祭祀孔子的本庙，是分布在中国、朝鲜、日本、越南、印尼、新加坡、美国等国家 2000 多座孔子庙的范本；第二类是流落各地的孔子后裔所建的家庙；第三类是京

新余孔庙大成殿全景

师孔庙;第四类是地方孔庙。前两类属于家庙,后两类属于官庙。古时立学必祀奉孔子,京师和各地孔庙虽然被列入国家礼仪和庆典活动场所,但它们又是官府修建的庙堂与学馆合一的设施,其特点是庙堂依附于学馆之中,其功能是祭祀先圣孔子和培养地方人才。

谈到祭祀,有一套规范的程序。世界各地的祭孔大典虽然复杂烦琐,但也大同小异,其基本理念是一致的。目前有三种祭孔大典,第一种是中国大陆曲阜、台湾省台北孔庙和日本长崎的祭孔大典;第二种是台湾省台南孔庙的祭孔大典。在这些祭典中,都有六段礼赞,分别是迎神礼、初献礼、亚献礼、终献礼、撤馔礼和送神礼,每段均有乐章与唱诗,而在三献礼中加入八佾舞或六佾舞。所谓八佾舞或六佾舞之"佾",是指舞的纵横行列,依照行列人数纵横称为佾。它又依祭祀者地位身份的不同,所排成队伍有人数上的不同。如天子地位为八佾,故乐舞时,一佾是八人,八佾是六十四人,成方阵形。至于次要地位为诸侯,用六佾,一佾是六人,六佾则是三十六人。为什么我们常常听到祭孔大典上跳的是"八佾舞"呢?那是因为孔子的德行操守,远远超过天子。祭孔大典的三献礼中,佾舞生会在佾生长的演示及导引下,配合诗乐的节奏而起舞,每一个献礼有三十二个舞姿,这三十二个舞姿,构成了一个章节,舞姿与舞姿之间没有连贯动作,每一个舞蹈动作都代表一个字,每个动作完了都要回复姿势,以等待下一个动作,乐曲演奏完一节,佾生正好完成一组动作。三章节共九十个舞姿,以表达对孔子的尊崇与赞颂之意。

新余孔庙创立以来,建筑形式日臻完善。随着孔庙的发展兴旺,新余文运昌盛,人才辈出,尤以宋明两代为盛。此后,面对风雨侵蚀和战争破坏,为了祭祀孔子,尊崇儒生,奖励读书,以保持新喻文化运势的兴旺发达,新余历代人民及官府曾多次重修或重建孔庙,把各时期新余人民对文化的理解,对生命的理念,都凝聚在孔庙的建筑之中。新余孔庙历史上共有 23 次重修,其中宋代 5 次、元代 2 次、明代 7 次、清代 8 次、现代 1 次。李大有、谢谔、刘辰翁、虞集、胡俨、习嘉言、彭光、张春、李元鼎、鲍吴条、陆允铎、王思训等 12 人先后为之撰文题记、赋诗述怀。最早的一次重修是在宋崇宁二年(1103 年)由知县徐鼎主持进行。南宋绍兴元年(1131 年)、绍兴二十五年(1155 年)、绍熙二年

(1191)、嘉定八年(1215 年),赵子琇、任诏、曾光祖、童埙等四届知县先后重修孔庙。元代前至元二十二年(1285 年)、后至元四年(1338 年),廉部(肃政廉访使)赵秉政、知州李汉杰相继重修孔庙。元末乱世,孔庙毁于刀兵之祸,仅存礼殿。此后朱元璋建立大明王朝,表示要“复汉官之威仪”,恢复华夏正统的儒家文化,恢复汉人官僚士大夫的尊严。因此,惠风所致,新余也受影响,仅仅在明洪武(1368—1398 年)的三十年中,就前后三次增修孔庙。然而,自清末以来,孔庙随着国运衰败而日趋破朽。到 1982 年新余进行全县文物普查时,除大成殿、大成门及西庑、廨舍保存外,棂星门、节孝祠、上谕亭、明伦堂、学署、文昌宫和祭祀孔子先世诸王的崇圣祠及附属文物毁灭殆尽。

新余恢复市以后,保护新余文物、保存新余文明象征的古建筑提上了议事日程。1987 年 4 月,省、市有关部门拨专款维修孔庙,整个孔庙的建筑风格保持了清代孔庙建筑的特征。目前,孔庙与魁星阁、魁星桥、三叠园、袁水园一起,共同构成了沿江文化旅游区。

### 2.孔庙的建筑布局与陈设陈列

孔庙的建筑也与中国封建社会的历史一样,存在着一个发生、发展、鼎盛和衰落的过程，新余孔庙更是与新余社会经济以及城市文化的发展息息相关。新余孔庙自从创建开始,就与新余的教育紧密相关。唐大历八年(773 年),杜臻创建孔庙时,它的西面紧挨着县学,原建筑规模是五开间,修建时为了扩大空间,采取了减柱造法,即减少殿堂中间的柱子,故有“中虚八楹”之说。新余孔庙规模最大时包括棂星门、大成门、东西两庑(即左右厢房)、月台(又名露台)、大成殿、廨舍。四周环以宫墙,宫墙两门分别悬挂“道冠古今”、“德配天地”二匾。清顺治丁亥年(1647 年)因虎瞰山开裂坍塌,棂星门与城墙一起坠入袁水之中。康熙丁酉年(1717 年),知县张景苍重建棂星门,由于虎瞰山不断被袁水冲刷,坍塌,以致棂星门和宫墙不复存在。

1987 年修复的新余孔庙是根据 1982 年文物普查时的孔庙现状,按照“整旧如旧,不改变文物原貌”的原则修复的。比起最盛时的新余孔庙,现在的面积已经大为缩减。它包含了大成门、东西两庑、月台、大成殿、廨舍和院墙。其中,大成门、月台、大成殿、北面的廨舍都在一根中轴线上,呈现出中国庙堂建筑中轴对称的布局。整个孔庙坐北向南，建筑面积1769平方米，长61.2米，宽28.75米，通高为15米。其建筑及内部陈设陈列情况概述如下：

**(1)大成门**

新余孔庙大成门外景

大成门现为山门式建筑，中间为大门。最初的大成门没有房子，现在两侧各有三间屋，加上中间的门洞共有七个开间，面阔间数甚至超过了孔庙的主体建筑大成殿的五开间布局，这显然是违反规制的，这是后人随意分割大成门，改为两侧房屋的结果，其目的是占据者可拥有更多的居住空间。现在的大成门高9.5米，进深6.5米。按照中国古建筑的叫法，最中间的房屋叫“明间”，“明间”的左右房屋叫“次间”，“次间”的左右房屋叫“梢间”，“梢间”的左右房屋叫“尽间”。例如左梢间左边的房屋叫“左尽间”，右梢间右边的叫“右尽间”。在大成门中，占据明间位置的是方形门洞，它的面阔为5.75米，门洞东西两侧分别挂有：新余“孔庙简介”“新余建置沿革表”“分宜建置沿革表”等宣传匾。大成门的左次间和右次间阔都是4米，左右梢间皆为3.75米，左右尽间也是3.75米。虽然从大成门的柱子分列看是七开间，但从立面看大成门的外墙却给人以五开间的假象。再从墙面装饰看，大成门正门两侧墙壁各有一个长方形的花窗，花窗装饰回形棂条，是典型的回纹花窗。大成门墙壁两端靠近山墙处各有一个拱形小门。山墙为五滴水式叠落山墙(马头墙的一种)，其墙高出屋面，并随屋面坡度叠落而呈阶梯形。这既美化了房屋，又可在火灾时起到隔断火势的作用。与山墙墙檐呈直角相接的是大成门的房脊，房脊正中饰有三节黄色葫芦宝瓶。

### (2)大成殿

进了大成门，抬头就可看见大成殿。大成殿是孔庙中规格最高的主体建筑，殿前悬有古朴壮丽的牌匾，中揭“三大殿”三字。牌匾前地面斜铺雕刻精细的大型“龙凤呈祥”花岗石雕一块。新余孔庙大成殿为重檐歇山顶建筑，含有回廊和内殿。回廊宽 2.375 米。内殿面阔 17.25 米，进深 12.75 米，面积 221 平方米。整个大成殿面阔 22 米，进深 17.5 米，面积 396 平方米。大成殿内殿南面为方胜纹隔扇门窗，隔扇的槅心（也叫花心）用木棂条做成方胜的形状。方胜寓意吉祥，与宝珠、古钱、玉磬、犀角、银锭、珊瑚、如意合称七宝。大成殿内殿地盘采用的是唐宋以来最为多见的“金厢斗底槽”的平面形式，共有明间、左次间、右次间、左梢间、右梢间五开间，中间的明间最宽，面阔 5.25 米；左右次间面阔皆为 3 米，左右梢间面阔皆是 3 米。殿中柱子的排列情况是横列 6 柱，纵列 5 柱，本该有 30 柱，但为了扩大殿堂中部的空间，采取减柱造法，减去了 2 柱，所以实际上只有 28 柱，这 28 根柱子与天上的二十八星宿正好对应。如果加上大成殿的回廊，整个大成殿则是纵列 7 柱、横列 8 柱，本该是 56 柱，同样由于使用减柱造法减去了 2 柱，实际上是 54 柱，这与太阳、月亮 2 个天体和一年的 52 周正好对应。举目仰视，大成殿天花板正中做成了斗八藻井。藻井多用于等级较高的建筑物中，它是建筑物室内吊顶局部上凹的部分，常常被处理成近似半球形、四角覆斗形和八角覆斗形。斗八藻井就是八角覆斗形，以八个相同的构件或图案（一般是几何形体）向着一个中心组而成。

另据县志记载，大成殿中楣原悬有清康熙、雍正、乾隆、嘉庆、道光、咸丰、同治七帝御书的“万世师表”“生民未有”“与天地参”“圣集大成”“圣协时中”“德齐帱载”“圣神天纵”七匾。殿内设有孔子、四配、十二哲的牌位。正中供奉的是至圣先师孔子的牌位，北位南向；殿东配享的是复圣颜回和述圣孔伋，东位西向；殿西配享的是宗圣曾参和亚圣孟轲，西位东向。接着是十二哲分列东西，东位西向的是闵损、冉雍、端木赐、仲由、卜商、有若；西位东向的是冉耕、宰予、冉求、言偃、颛孙师、朱熹。然而随着新余孔庙的衰落与朽败，这些题匾与牌位早已荡然无存。

如今，为了开展文物旅游，大成殿设立了孔子彩色塑像，孔子像端立于黄

色帷幕之中，身体微微向前倾斜，双手合抱成拱形，手中拿着向外呈弧形弯曲的笏板，表现了孔子谦恭好学的神态。孔子像前供有香案、香炉，像旁的楹联为：

率性修道致中和得其门者辟门宫墙；

齐家治国平天下信斯言也布在方策。

孔子像前排明间柱子的楹联则为：

先知先觉为万古伦常立极；

至诚至圣与两间功化同流。

而大成殿大门两侧的楹联显得更有气魄：

气备四时与天地鬼神日月合其德；

教垂万世继尧舜禹汤文武作之师。

### (3)月台

月台又名露台，它紧紧地衔接大成殿的大门，处于大成殿与东西两庑之间，是一块露天的石砌平台。它的面阔是 14 米，进深 7.1 米。这里是祭祀孔子时佾舞生跳八佾舞或六佾舞的地方，也是殿庑之间的缓冲地带，以调节人的视线。

### (4)东西两庑

东西两庑是孔庙的配殿，为孔庙除四配之外的配享之位的安放之处。两庑与孔庙中轴线上南北向的建筑不同，为两两相对的东西向三开间建筑。它高 8.2 米，面阔 11.5 米，进深 3.3 米。由于西庑残破，它的进深只有 2 米。从开间的面阔看，明间面阔 4.5 米，南北次间为 3.5 米。两庑皆带回廊，东庑的廊道中悬有一口铁钟，西庑的廊道上则挂有一面大鼓。据县志记载：东西两庑供奉的都是先贤先儒的木主(牌位)，东庑供奉有公孙侨等 40 位先贤、公羊高等 31 位先儒共 71 个牌位；西庑供奉有蘧瑗等 39 位先贤、谷梁赤等 31 位先儒共 70 个牌位。

如今东西两庑以图片、绘画、表格和文字等多种陈列形式，推出了“新余历史名人展览”，展出了陈重、习凿齿、卢肇、李谘、王钦若、萧注、史学家“三刘”(刘敞、刘攽、刘奉世)、文学家“三孔”(孔文仲、孔武仲、孔平仲)、谢谔、萧燧、章颖、傅若金、欧阳玄、梁寅、黄子澄、严嵩、晏斯盛、万上遴、张春发等 23 位新余市历史名人的事迹。

### (5)廨舍与院墙

廨舍位于大成殿之内，平面呈几案形，现分割为七间，北面五间，东西各一间。整个廨舍高 7.9 米，面阔 28.4 米，进深 18 米，它所围合的空地铺有鹅卵石，植有鲜草及数株观赏性颇强的矮树，显得浓荫凉爽，清绿可人。

孔庙院墙将孔庙所有建筑包含在内，这一红墙青瓦的矮墙，主要起遮护作用，以分隔孔庙内外的空间。孔庙东西两面的院墙皆开有海棠形、扇面形等形状的空窗，以利于观赏时巧借窗外之景，并有利于空气的流通。西面院墙内侧嵌有多块古代碑刻，如《重葺三至堂记》碑、《宋廖公墓志铭》碑，还有一些碑块因岁月侵蚀、风雨摧残而显得漫漶不清，只留下让人涌生怀古幽情的痕迹，西面院墙旁还立有多座石刻，如拄剑武官俑、各种石雕柱础。此外，在孔庙与魁星阁之间，砌有一道东西走向的院墙，墙檐中间呈弧状拱起，下开月洞门，门上书有聂朋先生命名的“如圣”二字。此门即是“如圣门”，如者，为走近、近似之义，表示我们走近圣人的庙堂，向圣人学习、靠拢，学习圣人的道德文章，却永远接近而达不到圣人的高度，以表示晚生后辈的崇敬、谦逊之情！



## 3. 新余孔庙历史上的祭祀大典

通常来说，祭孔大典在一年中有三次，它们是在农历八月二十七日、农历二月（仲春）和八月（仲秋）的“上丁日”（上旬的丁日）举行。农历八月二十七日是孔子的生日，即中国古代的圣诞节，后又将此日设定于公历 9 月 28 日，作为孔子纪念日，中国台湾省将这一天定为“教师节”。

自古以来，新余崇孔尚儒，历代祭孔大典不断举行，然而最详细的见著于文献记载的祭孔大典是清代的典仪。新余每年举行两次祭孔大典，分别是在农历二月和八月的“上丁日”举行，祭文采用的也是清乾隆九年（1744 年）颁行的祭文：

先师德隆千圣，道冠百王。揭日月以常行，自生民所未有。属文教昌明之会，正礼和乐节之时。辟雍钟鼓，咸恪荐于馨香；泮水膠痒，益致严于笾豆。兹当春秋（注：春天祭时称春，秋天祭时称秋）伸祇率，彝章肃展，微忱聿将祀典，以复圣颜子、宗圣曾子、述圣子思子、亚圣孟子配尚享。

新余祭孔大典举行时，音乐和仪仗道具相伴于整个过程，其用于演奏音乐的乐器和仪仗器械有338件之多。

新余祭孔大典的仪轨与各地孔庙大同小异，祭典在大成殿及其露台上举行，由正献官主持祭典，祭典中共有迎神礼、初献礼、亚献礼、终献礼、撤馔礼及送神礼六段礼赞，每段也有乐章与唱诗，而在三献礼中加入八佾舞或六佾舞。

首先，迎神。乐长唱，乐奏《咸平》之章。该章唱词："大哉孔子，先觉先知；与天地参，万世之师；祥征麟绂，韵答金丝；日月既揭，乾坤清夷。"迎神队伍将孔子像或孔子牌位迎入大成殿。通赞唱：全体肃立。

其次，行初献之礼。乐长唱，乐奏《宁平》之章。唱词为："予怀明德，玉振金声；生民未有，展也大成；俎豆千古，春秋上丁；清酒既载，其香始升。"钟鼓齐鸣，麾生举麾（麾是一根朱竿龙杖，是统一乐音的指挥器，绣有金色升降龙和五色彩云。祭祀时，麾举则乐奏，麾降则乐止），节生举节，乐舞并起。正献官随引赞诣神位前行初献礼，奠帛，献爵，行叩拜礼。

新余孔庙大成殿孔子塑像

其三，行亚献之礼。乐长唱，乐奏《安平》之章。唱词为："式礼莫愆，升堂再献；响协蕿镛，诚孚罍献；肃肃雍雍，誉髦斯彦；礼陶乐淑，相观而善。"钟鼓齐鸣，麾生举麾，节生举节，乐舞并起。正献官随引赞诣神位前行亚献礼，献爵，行叩拜礼。

其四，行终献之礼。乐长唱，乐奏《景平》之章。唱词为："自古在昔，先民有作；皮弁祭菜，于论思乐；惟天牖民，惟圣时若；彝伦攸叙，至今木铎。"钟鼓齐鸣，麾生举麾，节生举节，乐舞并起。正献官行终献礼，献爵，行叩拜礼。

其五，撤馔。乐长唱，乐奏《咸平》之章。唱词为："先师有言，祭则受福；四海黉宫，畴敢不肃；礼成告彻，毋疏毋渎；乐所自生，中原有菽。"钟鼓齐鸣，执事者撤馔，也就是撤下祭品。

其六，送神。乐长唱，乐奏《咸平》之章。该章唱词则为："凫绎峨峨，洙泗洋洋；景行行止，流泽无疆，聿昭祀事，祀事孔明；化我烝民，育我胶痒。"钟鼓齐鸣，通赞唱：全体肃立。

## (二)魁星阁

自新余市城南魁星桥、三叠园回首北望，可以发现一座四重檐歇山顶式楼阁建筑，它就是闻名赣西的魁星阁。

魁星阁位于新余孔庙的东面，也在古代的学宫范围内。在新余古代，最早把县学与孔庙合称学宫，后来学宫概念扩大，把文化教育与文化祭祀性建筑，以宫墙囊括在一起，称为学宫。学宫中包括魁星阁、上谕亭、孔庙、明伦堂、学署、文昌宫等建筑，而魁星阁就坐落在学宫的东南角。

### 1.新余魁星阁的历史

据文献记载：新余魁星阁，初名采芹阁，曾名文昌阁。关于它的创建目前有二种观点：一是相传该阁创建于南宋嘉定(1208—1224 年)年间，为临江军教授叶师中所创，明嘉靖三十六年(1557 年)知县刘尧诲重建；一说为明嘉靖三十六年(1557 年)知县刘尧诲所创建。而现在采用的是南宋叶师中首创说。

魁星阁最初为什么叫采芹阁呢？这来源于一个典故。因为"采芹"一词源于《诗经》中的《鲁颂·泮水》篇。其诗曰："思乐泮水，薄采其芹……思乐泮水，

魁星阁东面全景

薄采其藻。”“泮水”为学宫前半月形水池，所以古人称学宫为“泮宫”，说入学为“入泮”。据说此诗是歌颂鲁僖公“能修泮宫”，重视“教化”，以后芹藻便用来比喻贡士或有才学之士。此阁初名“采芹”者，是因为建于新喻学宫之东，以示紫气东来，鼓励后生晚辈努力学习，以便能在省试、京考一举中试。采芹阁建成后，上面放置梓潼君像。元至正四年（1344 年），邑人赵埙准备应试，到采芹阁来祈梦，梦见一个老人击鼓。此后不久，赵埙参加考试，“乃‘鼍鼓逢逢，目蒙瞍奏公’果中选”（《新喻县志》卷二《古迹》）。就这样赵埙梦想成真，一举中选。此外，宋人黄伯枢曾有诗吟诵采芹阁：

数椽古屋对云沙，小语空梁燕作家。
冠盖不来庭户悄，东风随意长芹芽。

正由于此阁关系到文化命运的昌盛与否，所以后来被称为文昌阁。随着时间推移，或因战火焚烧，或因风雨侵蚀，该阁终于塌毁。清康熙十年（1671 年）七月，知府王抚民、知县符执桓、训导蔡幼倡率重建，同年十月竣工。阁之顶层塑有梓潼真君像，以供文人祭祀。康熙五十六年（1717 年），知县张景苍重修，上下三层，重檐飞角，高达三十八尺，并改名“在兹阁”，意为文运昌盛，全在此阁。道光元年(1821年)，例贡生傅昭捐资增高一层，使阁变为四层。自此之后，魁星阁的建筑形式已经定型，为四重檐歇山顶式楼阁建筑。同治九年(1870年)，狂风大作，将阁吹倒。次年，知县详安率全县士民捐资按原貌修复，绅士周作义、胡拱辰、罗享玉自备生活用具、修建资金，现场监督魁星阁的重建。楼阁建成后，遂改名“魁星阁”，从此之后，魁星阁的名称一直沿用至今。与此同时，阁的顶层设有魁星阁木雕像，魁星右手拿着朱笔，左手端着木斗，以为点斗之势，意思是说用朱笔点中考试过关者的姓名，所以在科举时代，当地文人特别是应试学子，纷纷携香烛、供果前来，以求得偿所愿。

清末瀛洲书院山长赵辉有“魁星阁联”：

览胜赋长吟，每当晓来江气，雨后山光，凭斯楼坐收诸景；

凌虚聊纵步，若要手抉云章，胸罗宿海，与群英更上一层。

### 2.从梓潼崇拜到魁星崇拜

从新余魁星阁发展历史看，其文化主神由梓潼真君换成了魁星，其祭祀崇拜也由梓潼崇拜演变成了魁星崇拜。

#### (1)梓潼崇拜

梓潼真君即梓潼君，又名文昌君。祭祀他的文昌宫祖庭位于四川梓潼县城北面的七曲山，当地人又叫它“大庙”。大庙有宫殿楼阁20余处，主要有桂香殿、天尊殿、关圣殿、文昌殿、大悲楼等。大庙里铁铸群像最为有名，其中最大的是桂香殿实心铸铁文昌帝君神像，重40余吨。正殿中的空心铸铁文昌帝君神像，高达一丈四尺(4.7米)，重20余吨，文昌帝君两侧是八尊陪侍像，高有六尺，各重约万斤。该庙有前身为“亚子祠”，是为了纪念晋代的张亚子而修建的。张亚子又叫张恶子，对母亲极其孝顺。在晋朝做官，不幸战死。死后百姓给他立了一座庙。最初，他是被当作雷神祭祀的，以后逐渐成为梓潼地方的重要神明，叫“梓潼神”。宋元道士假托梓潼神降笔作了所谓《清河内传》，说他生于清初，后来经过七十三代，西晋末降生在四川为张亚子，成为梓潼神，并说玉皇大帝命他掌管文昌府和人间禄籍。东晋十六国时期，姚苌伐蜀至梓潼岭，见一神人谓之曰：“君早还秦，秦无主，其在君乎！”姚苌询问他的姓名，回答说叫张亚子。后来姚苌果然占据秦地而称帝，建立后秦。唐代安史之乱爆发后，唐玄宗李隆基逃往四川，传说梓潼神在驷马桥(一说在万里桥)迎接玄宗，李隆基便封其为左丞相。后来黄巢起义爆发，唐僖宗也逃入蜀中，封梓潼神为济顺王。相传梓潼神还帮助唐朝军队平息过叛乱。由于唐朝帝王的大力推崇，梓潼神的地位陡长，从一个地方神演变为全国性的大神，并逐渐与文昌神合二为一。

文昌，本是星官名，包括六颗星，即斗魁(魁星)之上六星的总称，古代星相家将其解释为主大贵的吉星。道家认为：文昌星明，文运将兴。所以道教又将其尊为主宰功名禄位之神，又叫“文星”。隋唐科举制度确立以后，文昌星尤为文人学子顶礼膜拜，说什么文昌“职司文武爵禄科举之本”。因文昌星和梓潼帝君同被道教尊为主管功名利禄之神，所以二神逐渐合为一体。元延祐三年(1316年)七月，元仁宗封梓潼神为“辅文开化文昌司禄宏仁帝君”，简称“文昌帝君”或“文昌君”。

南宋时，道士假称文昌帝君的“天启”，作了《文昌帝君阴骘文》。这是一本托名文昌帝君劝说世人行善积德的劝善书。此书在过去十分流行，影响很大，与《太上感应篇》和托名关羽所撰《关帝觉世真经》，并称为三大劝善书。

就梓潼崇拜来说，在主神梓潼真君(文昌君)塑像或画像的两侧，常有两位童子像，这两位侍童，即俗称天聋、地哑。据《历代神仙通鉴》卷十一称：“(梓潼真君)道号六阳，每出驾白骡，随二童，曰天聋、地哑。真君为文章之司命，贵贱所系，故用聋哑于侧，使其知者不能言，言者不能知，天机弗泄也。”原来这是在掌管文人仕途命运的神明身旁，安排了两个聋哑人，为的是防止向凡人泄露秘密，这其实反映了士子们对考官们的极端不信任和对举场黑幕的愤懑不满。由此可见，梓潼真君由地方性主神逐渐演化成了主管全国功名利禄之神明。宋代以来，由于梓潼真君迅速在民间信仰中取得了稳定的地位，此后的统治者秉着“神道设教”的宗旨，虽认为不合古之祀典，仍“秩而祀之”(见《清朝续文献通考》)，由此梓潼真君成为各级政府和天下学校立祠供奉的对象，全国各地纷纷建立文昌宫、文昌阁。新余的梓潼崇拜也因此流行起来，在文昌阁顶层设立梓潼真君像也就成为必然了。

魁星阁中的“魁星点斗，独占鳌头”雕塑

### (2)魁星崇拜

在中国古代，魁星阁的修建虽不及孔庙普遍，但也是比较常见的祭祀性建筑。它包含了文化上面的特殊含义，也是文运昌盛的庇护设施。

魁星阁，顾名思义，是以魁星为主祀之神。相传魁星的“魁”字源于古人的奎星崇拜。奎星(宿)是二十八宿之一，是西方白虎七宿的头一宿，共包括16颗星。说到二十八宿，就不能不简单说一下中国古代独特的天文学体系，古人观测日月五星的运行是以恒星为背景的，这是因为古人觉得恒星相互间的位置恒久不变，可以利用它们做标志来说明日月五星运行所到的位置。经过长期的观测，古人先后选择了黄道、赤道附近的二十八个星宿作为“坐标”，以观测日月五星的运行。所谓黄道，是古人想象的太阳周年运行的轨道。地球沿着自己的轨道围绕太阳公转，从地球轨道不同的位置看太阳，则太阳在天球上的投影的位置也不相同。这种视位置的移动叫作太阳的视运动，太阳周年视运动的轨迹就是黄道。还有，这是据说的赤道不是地球赤道，而是天球赤道，即地球赤道在天球上的投影。“星宿”这个概念不是指一颗一颗的星星，而是表示邻近若干颗星的集合。古人以黄道、赤道附近的二十八星宿作为坐标，各个冠以相应的名称。又根据方位，把二十八宿分为四组，再据各组星宿的排列形状，配上相似的吉祥物的名称：

| | |
|---|---|
| 东方苍龙七宿 | 角亢氐房心尾箕 |
| 北方玄武七宿 | 斗牛女虚危室壁 |
| 西方白虎七宿 | 奎娄胃昴毕觜参 |
| 南方朱雀七宿 | 井鬼柳星张翼轸 |

由于中国古代崇行“天人合一”的哲学，善于将人事与天象相联系。由于奎星“屈曲相钩，似文字之画”，故谓“奎主文章”，被看作成了主管文化命运的神明，况且，汉字中的“魁”字与“奎宿”的“奎”同音，并有“首”之意，按照中国吉祥文化谐音联想的理念，“魁”字理所当然地代替了“奎”字，出现了“经魁”“五经魁”等名目。古代状元又称“魁甲”，解元又称“魁解”；宋人曾称状元为“廷魁”（见《石刻铺叙》），称上舍第一人为“上舍魁”（见《文献通考》）。明清时科举考试榜前五名被称为“五魁”。“魁”字后来又从字形上被理解为“鬼抢斗”，“鬼之脚右转如踢北斗”，所以魁星塑像一般被塑造为赤发蓝面恶鬼，立于鳌头之上。一脚向后跷起，一手捧斗，一手执笔。表示用笔点定考试中举者的名字，这就是“魁星点斗”。至于“独占鳌头”，也是有典故的。这是由于皇宫正殿台阶正中石板雕有龙与鳌（大龟），唐宋时考中的进士要站在台阶下迎榜，为首的状元则荣幸地站在大龟的脑袋上，故曰“独占鳌头”。

在各地魁星崇拜中，福建演绎出来了独特的文化内涵。据《闽杂记》记载：福建龙岩州以农历七月七日为魁星生日，该州人士皆戒食蛙，每逢七月七日魁星生日，必买大青蛙，祭祀之后放生于池中。这是因为“奎”又作“鼃”字，而“鼃”即是蛙字。自古以来，新余善于吸纳外来文化，我们完全可以引入这种风俗，以丰富魁星阁文化旅游的内涵。

### 3. 新余魁星阁的结构

1984 年 3 月 1 日至 9 月 20 日，为了使古老的魁星阁焕发青春，保护好文物古建筑，江西省和新余市拨专款对其进行了重修。重修后的魁星阁仍是一座四重檐歇山顶式建筑。所谓歇山顶是以屋顶形式区分建筑类别的一种称谓，它是庑殿和悬山相交而成的屋顶结构，其级别仅次于庑殿顶。它相当于把一个悬山顶套在庑殿顶上，使悬山的三角形垂直的山，与庑殿山坡的下半部结合，停歇在那里，就叫歇山顶。作为四层屋檐的歇山顶建筑，魁星阁可分为台基、底层、阁身、阁盖（阁顶）四部分。

台基由灰白色麻条石铺砌，四周高 0.7 米，其伸出阁体的部分四面高 1.8 米。底层，即第一层，除四根大柱顶着柱础石外，还有八根檐柱与梁、枋穿插扣紧，围成方形内外的“明间”“次间”。四围砌以青砖，砖墙表面粉以紫红，拱门西向，东、南、北三面各开琉璃九凤窗两扇，室内面积 110.25 平方米。原位于顶层的“魁星点斗，独占鳌头”雕塑也挪到了底层，该雕塑紧贴底层的东面墙壁，面朝西方，魁星右手向上扬起，提着朱笔；左脚翻转地踢举着方形的木斗，右脚踩在展翼翘尾的鳌鱼背上，鳌鱼底下涌动着起伏的波浪。

魁星阁阁身包括第二至第四层，它按相应比例依次由四周向中心缩小，面积分别为 73.9、46.24、21.16 平方米。其结构与底层稍异，为井框式木架结构，仅四柱与梁、枋相扣，起承重作用。楼梯、楼面采用杉木企口接缝，四面围以花格隔扇窗，窗外四檐皆覆以琉璃瓦。其中，每个翘挺的角檐之下都垂悬铜铃，清风拂来，响铃阵阵，别有一番雅趣。阁盖则飞檐凤吻，为饰有帖金图案的牡丹镶花屋脊，两端鳌鱼翘尾，中间耸立着黄色瓷质葫芦宝瓶。

新余魁星阁由于具有特殊的历史文化价值，且是新余文化史的实物见证，于 1985 年 5 月 6 日被列入新余市第一批重点文物保护单位。

### (三)崇庆寺

#### 1.新余崇庆寺的历史

新余物华天宝、人杰地灵，这里既有着比建县历史更长的佛教传播史，又有着悠久的佛教文化传统，而崇庆寺就是新余市佛教文化的象征，为佛教禅宗在新余活动的主要场所之一。崇庆寺原来位于新喻老县城西门外百步许的地方，即今新余钢铁公司苗圃内，本是新余仅存的佛教建筑，为清代穿斗式单檐木结构。

崇庆寺的创始人是隋代生活在新喻县的一个人，他姓唐名兴，也许是个居士，也许只是一般的供养人，也许两者兼而有之。那时江西是禅宗的传法中心，仁寿年间(601—604 年)，禅宗三祖僧璨在毗邻新喻的吉州(今吉安市)传衣法给四祖道信，道信居赣二十余年，曾开法传徒于吉州。就在四祖接受衣法后的大业(605—618 年)年间，唐兴将自己的住宅捐舍出来，改建为寺庙，名字就叫唐兴寺。宋开宝(968—975 年)年间改名为安和寺，太平兴国五年(980 年)赐“崇庆寺”额。由于寺近龙泉，故称龙泉山。元代中后期，崇庆寺进行了维修，新喻籍诗人傅若金在他的两首记游诗中，盛赞新修的崇庆寺“绀柱明蛛网,青莲映玉台”“半岭晨飞锡,诸天昼雨花”的庄严妙景。元末壬辰年(1352年)毁于刀兵之乱。明洪武三年(1370年)重建前天王殿、大雄殿,后毗卢阁、花雨台,左右钟鼓楼,东接兰堂书社,西枕木鱼山冈,最为一邑之胜。邑人刘松有联句咏曰:“龙泉寺古山连郭,花雨堂虚月到钟。”极赞崇庆寺的高古之美、月夜之美以及钟声之美。

历史上,佛寺还发挥了辅助教育的功能,寺庙往往也是一个又一个穷书生发奋读书的栖息之所、圆梦之地。新余籍历史名人——曾任大理寺少卿的张固就与佛教寺院特别是崇庆寺结下了不解奇缘,留下了出尘之人与读书之人相识相知,携手共修毗卢阁的佳话。这位出尘之人就是明代前期崇庆寺的一个住持,他为巢溪张氏子,号岩石,性恬适,有古人风;并且禅修自足,以如来相证如来果。张固入仕前常来寺中,认识了岩石,与之过从甚密,岩石常劝张固读书砺行,劝到了谆谆不倦的程度。张固体谅、感激他的真诚,顺从其意,更加刻苦读书。明宣宗宣德八年(1433年)张固考中进士。后两人合计整修毗卢阁,以示不忘。张固捐资命匠,岩石负责施工,数月之间,便告竣工。游观其中,只见毗卢阁前接大雄宝殿,西枕本寺之木鱼山,后临花雨台,东映乎本寺之兰堂书社,四境联络,巧若天成。张固喜不自胜,携岩石之手说:“师前以此居我,我兹还以为老师憩息所,即此写相识,快乎不快!”岩石说:“必刻石以垂不朽。”于是张固挥笔写下了《重修毗卢阁碑记》,刻石立于毗卢阁前。

尔后,太仆丞张春曾经傍晚登临毗卢阁,赋诗赞美夕照崇庆寺、月映毗卢阁的妙景,有“攀林踏阁招同调,步月看云非异乡”之句。崇祯年间(1628—1644年),又增建武当行宫于寺后。明末清初,屡经兵燹,殿庑十存一二。康熙丁卯(1687年)年,吉州僧玉璞驻锡于此,首先修复毗卢阁。次年又募建大雄宝殿及前殿上下左右廊房,山门佛像焕然一新;同时手植林木,增置赡田,复置猪豕垓,作为本寺风水上来龙山的分脉,以为寺境。康熙戊寅(1698年)年春,知县李廷宰在寺西旧址建亭,并在其间种树凿池,杂莳花木,时来寺中,以作为办公之余游憩之所。这样崇庆寺又成了衙门官员参游之地,政治地位高于其他寺院。有一个夏日,李廷宰下乡劝课农桑,顺路来到寺中,诗兴大发,在《夏日出西郊看雨至崇庆寺诗》中盛赞寺景曰:“青山四面开禅境,翠竹千竿静法王”，此后知县张景苍复建寒碧亭于山后。张景苍对佛学颇有心得，他曾斋宿寺中，看了孝廉赵帝云题于壁上的诗文，于是依照赵诗用韵的次序，写下了四首唱和诗。诗中以景化情，有“露从清处远，花在静中香”等富含禅意的佳句。由于崇庆寺为天地灵气之所钟，故为新喻县历代胜境，吸引了许许多多文人雅客前来游览，他们往往发怀古之幽情，留下了不少佳言妙句，如“霜气欺人催菊老，磬声唤客看云飞”（《张钟瀛过崇庆寺步壁间韵》），“满院翠帷参玉版，弥天花雨界金绳”（《李曰琯庚午首春饭崇庆禅林作》）等。

崇庆寺自创建以来，历经隋、唐、南唐、宋、元、明、清、民国八朝，在1400年的缘起缘灭中，饱经沧桑，几度兴毁。1958年崇庆寺仅剩的殿堂和僧舍被改作他用，而在十年浩劫中，崇庆寺更是厄运迭至，几乎荒废。2000年，为了延续新余佛教的慧命，使千年古寺重放荣光，同时也是为了培植新余文化的多样性，应广大佛教信众的要求，新余终于实施了酝酿多年的崇庆寺迁建计划，于2001年将它迁到城北仰天岗的九龙坡，占地33亩。同年6月礼请江西佛教协会通能法师（又名道云法师）来新余主持重建工作。通能法师年轻有为，来寺后立即着手筹划，整个建筑格局严格按照佛教的寺院建筑规划兴建，大雄宝

崇庆寺一景

殿采用重檐歇山顶风格。承蒙省、市、区各级领导、海内外诸山长老的高度重视和支持，并在新余市佛门弟子等十方护法檀越的积极护持下，大雄宝殿于2001年11月正式动工，此后，大雄宝殿及两边寮房、法堂、斋堂、钟鼓楼、海会堂、天王殿相继竣工。

崇庆寺现为新余市最早经江西省人民政府批准登记开放的寺院。整个寺院境趣幽胜，形迹空灵，是一块难得的风水宝地，也是佛教四众弟子及芸芸众生的心灵家园。随着它的迁建，这里将成为人们放松身心、休闲静思的好地方。将来的元旦、春节，市民们也许会听到从崇庆寺传来的新年钟声！

### 2. 新余崇庆寺的建筑性质与布局规划

新余崇庆寺创建时为院落式木结构建筑。在寺庙迁建到仰天岗以前，崇庆寺经过历代天灾人祸的破坏，同时也经过历代的重建、拓展，重新焕发了新的生命，后来又再次走向衰落。新中国成立以来，崇庆寺保持了它最后一次重建的风格——清代穿斗式单檐木结构建筑，仅存大殿及西配殿和西僧舍。

迁建后的崇庆寺坐北向南，东北西三面环山，南瞰平野，东有山泉潺潺，山下一泓明月湖，平静如镜，清澈见底；山上山花烂漫，层林尽染，依山而建的殿堂飞檐凌空，气势恢宏。

崇庆寺是一处仿照古代木结构建筑的建筑群，其布局采取的是院落式与山林式相结合的方式。其中心位置是大雄宝殿，殿南为露台（也称月台），露台南面接有宽阔悠长的台阶。大雄宝殿西侧建有僧寮，东面僧寮的东南侧筑有斋堂。而在大雄宝殿后面的山坳中，还有一座海会堂（也叫海会塔）。此外，崇庆寺还聘请湖北省大冶殷祖园林古建公司进行了规划设计，崇庆寺正在按照规划图的基本精神和实地操作的需要，开展寺院的基本建设，大殿后面的毗卢阁，大殿前面的天王殿、钟鼓楼、牌坊式山门及寺院后山的佛塔也在逐步筹建之中。

#### （1）大雄宝殿的陈设与雕饰

崇庆寺大雄宝殿（简称大殿）为重檐歇山顶建筑，面阔七间，中间是明间，东西两侧分别是东次间、西次间；东梢间、西梢间；东尽间、西尽间，其中东尽间、西尽间为回廊，殿内面阔只有五间。大殿进深约29.8米，进深19.8米，包括回廊的面积约600平方米。屋脊正中饰有葫芦宝瓶，两侧是两条腾龙隔着宝瓶相向而视，屋面则覆以褐红色的琉璃，屋身是棕红色的柱子，墙体及扇门窗，通体显得热烈而又辉煌。

大殿两屋檐的檐下四周都饰有三层斗拱，斗拱为一斗三升式，为现代材料仿木斗拱形式，所以也失去了承重作用，只是起装饰作用，保留住了中国古建筑的一个符号。斗拱后的拱眼板饰有火珠纹。它的纹样正中为三个呈品字排列的阴阳珠，三珠之外则是金黄的火焰。斗拱之下的大小额枋都绘有清式的金琢墨石碾玉旋子彩画，其色调以蓝绿色为主。枋柱间雀替画有卷草纹，象征茂盛、长久的吉祥寓意。

从屋身来看，大殿前檐墙的东梢间、西梢凿有月亮窗（圆形花窗），正中的明间、东次间、西次间开有扇门窗，它们的横披窗用棂条拼成套方纹，扇的心则是嵌方胜纹、双环纹的回形格窗，扇的裙板也装饰有方胜纹。方胜，古时作为“祥瑞之物”装饰于妇女发髻，用以压胜避邪，并取意“优美”、“优胜”。方胜纹是以两个几何菱形压角相叠组成的图案，一方面取胜的吉祥寓意，另一方

崇庆寺大雄宝殿外景

面取其形的压角相叠,寓意“同心”。表示崇庆寺的僧俗四众弟子及广大信众同心修行,以期证得生命的本来面目。

再从大殿正面题匾来看,明间的门上悬挂有上海陈惠琴先生捐赠的黑底金字的匾联,其中横匾为已故的中国佛教协会会长赵朴初先生题写的“大雄宝殿”四字;楹联则是现任中国佛教协会会长一诚法师撰写的嵌名联,将崇庆寺的“崇庆”二字寺名拆开来,分别嵌于上下联的第一个字的位置,上联是:“崇祖训,建丛林,龙泉新址启佛域”;下联为“庆盛时,立规制,古刹重光扣圣钟”。

### (2)大殿内的佛像与楹联

大殿的殿内中心位置,立有大佛龛,佛龛底座为段弥座,龛中供奉着三世佛,该三世佛共有三尊佛像,皆是螺髻金身,面容完全相同,都呈现出佛特有的“三十二相”和“八十种随形好”,皆结跏趺坐于莲台之上。皆是先以左足押右股,再以右足押左股之上,坐姿为吉祥坐而不是降魔坐。这里的“三世佛”是“横三世佛”而非“纵三世佛”,佛龛的正位为“一佛二弟子”的格局,供奉的是的释迦牟尼佛,他左手置于左膝之上,右手以拇指与中指相捻,其余各指自然舒散,结成“说法印”之手印。释迦牟尼佛左右立有东、西胁侍,分别是号称“头陀第一”的摩诃迦叶和号称“多闻第一”的阿难陀(又称阿难)。除了正位之外,佛龛的东位和西位,分别是手结禅定印、掌托宝塔的东方净琉璃世界的药师佛和手结禅定印、掌托莲台的西方极乐世界的阿弥陀佛。

再看佛龛前东西两侧,耸有两根圆形内柱(双称里金柱),分别挂着两块紧贴柱面的弧形楹联木牌,牌中有黑底金字的行书楹联,上联为:“如是知,如是见,如是信解行持皆得成就”;下联是:“不可称,不可量,不可思议功德即证菩提”。

### (3)十八罗汉雕像

与一般汉地佛寺相同的是:大殿内共塑有十八罗汉,其分布是东、西侧各九位罗汉。罗汉全称为阿罗汉,他们是佛的得道弟子,是小乘佛教修行所获的最高果位(据说修到了罗汉的境地,就已经断尽三界烦恼,永远解脱轮回之苦)。

大殿十八尊罗汉雕塑都立于莲台之上，上悬宝盖，宝盖上书有每位罗汉的名字，罗汉背面的墙壁上嵌有无数浮雕的小佛。与其他汉地佛寺不同的是，这里的十八罗汉有其独特的审美冲击和庄严效果，既表现了罗汉们的各种姿态、表情，又将这些东西统一在一种美妙的韵律之中。

崇庆寺大雄宝殿两侧十八罗汉浮雕

### (4)三菩萨组合雕像及其大殿后门雕像

在崇庆寺大殿主尊的背后，有一排三菩萨组合的雕像。菩萨是音译“菩提萨垂”的简称，意为“觉有情”，即是使有情的众生得到觉悟的意思。这组雕像正中是观音菩萨，东边是普贤菩萨，西侧为文殊菩萨。正中的观音菩萨被雕塑成立于鳌头之上的观音形象，所以又叫鳌头观音。在佛教诸大菩萨中，观音菩萨更是以慈悲著称，他的慈悲心愿最伟大、突出。他以观照众生音声为方便，号召众生于然难之时称念他的名号，他听到后即时寻声解救。

崇庆寺大殿的鳌头观音被塑成了一位中国古代仕女形象，端庄妩媚、秀美可亲。她头戴化佛冠，上披天衣，顶佩璎珞、腰束罗裙，右手的中指与拇指相捻，其余手指自然舒散，作“说法印”；左手握着净瓶，并将瓶口朝下，作遍洒甘露之状。观音东侧是普贤菩萨，她头戴化佛宝顶髻，胸佩璎珞，手捧莲蓬与莲蕾，以右足押于左股之上的吉祥半跏坐的姿态，端坐于六牙白象之上。普贤菩萨的普贤是普遍贤善的意思，行愿广大，深不可测，象征真理。位于观音西侧的是文殊菩萨，她头戴化佛宝顶髻，胸佩璎珞，手捧如意，以左足押于右股之上的降魔半跏坐的姿态坐在青狮之上。文殊菩萨以智慧见长，身骑狮子是因为狮子勇猛，表示文殊菩萨智慧威猛。

崇庆寺大殿三尊菩萨所向之门即为大殿的后门。后门位于明间位置上，门上的横披窗也是用棂条拼成的套方纹，扇的心也是嵌方胜纹、双环纹的回形格窗，扇的裙板也饰有方胜纹。后门上端及两侧悬有匾联，匾联皆为黑底金字，色彩端庄而又明快，匾文为“慈航普度”，楹联的内容是：“甘雨洒诸天，现清净身，说平等法；慈航超彼岸，以自在力，显大神通。”而在后门的两边各凿有一个月亮窗。

**(五)崇庆寺其他建筑的构造、陈设及雕饰**

除了大殿之外，崇庆寺其他建筑既有仿古建筑的风格，又有佛寺建筑的特色，现一一介绍如下：

其一，大殿前有一个露台(也叫月台)，香客可通过宽阔悠长的台阶上到台上。露台面阔约 29 米，进深约 20 米，面积达 580 平方米。露台正中摆有一尊五层塔形的铜香炉，炉脚为三只兽面形鼎足，炉腹鼓起为鼎形，正面铸有“崇庆禅寺”四个繁体的隶书大字，鼎口两边竖有两只鼎耳，鼎耳侧面饰有云雷纹，鼎口之上便是塔状炉身，呈现出仿楼阁式塔的造型，每层塔身都有平座、塔檐，塔檐的翼角都饰有衔珠的飞龙，塔刹为葫芦宝顶，葫芦的正面饰有古钱套，两钱相套表示财源与福气的源源不断。露台东南角和西南角，分别有一个旗杆，两个旗杆上分别挂着国旗和佛教教旗。

其二，大殿两侧各有一幢同样大小的僧寮，每幢僧寮共有三层，每层面积 178.5 平方米，每幢僧寮面积皆是 536.5 平方米，两幢僧寮合计 1073 平方米。其中东僧寮为渝水区佛教协会办公之所，其南墙悬有“渝水区佛教协会”的牌子。而东僧寮三楼为方丈室和会议室。此外，所有僧寮房为出家人住处和挂单僧尼的暂住之所。

其三，在东僧寮的东南方，有一幢两层楼的仿灵顶建筑，总称为斋堂，细分则下层为斋堂，上层为念佛堂。该建筑坐卯向酉，具体坐向是坐东偏北 5°，朝西偏南 5°(坐向 265°)，它既仿有中国古代建筑的琉璃瓦、雀替等构件，又有现代建筑的栏杆和铝合金推拉窗。下层斋堂的大门有中国佛学院养辉法师题写、南昌佛弟子捐做的黑底金字的匾联。横匾中书“斋堂”二个楷书大字，“堂”字边上署有“养辉”二字的落款，匾框为红底龙边；楹联亦为楷书字体：“粥去饭来莫把光阴遮面目；钟鸣板响常将生死挂心头”。

正如联语所吟，斋堂为僧尼、居士及信众吃斋用膳之所。斋堂正中摆着供桌，安放着弥勒佛及香烛、花朵，其后的木壁上悬挂着一态法师的十六字箴言匾，这十六字布局是右起竖列成四字一列的四列，“对上恭敬，对下慈悲，对人和气，对事认真”。

斋堂两堂整齐地排着一条条长连桌和条连凳，僧尼、居士及信众就是坐在这样的长凳上吃饭。

斋堂之上便是念佛堂。堂的北壁上挂着阿弥陀佛画像，前面供着摆满香烛、花瓶的香儿。堂中整齐地排列着一条条拜垫。从念佛堂下楼可从斋堂的一楼南面与佛教居士林二楼相通。佛教居士林是新余佛教居士最早的合法宗教活动场所，上下两层，每层 9 间，共计 18 间，外加南端一个 100 平方米的念佛堂，整个居士林面积达 400 平方米，它原是崇庆寺迁建的基地，设有迁建指挥部，现在完全是居士栖身之所。

其四，在大殿西北侧竹林东面的山坳中，有一幢三层的海会堂(也叫海会塔)。海会堂是僧尼、居士往生后骨灰存放之处。它坐北偏东 10°，朝南偏西 10°(坐向为 190°)，面积 1600 平方米，为歇山顶汉藏混合式建筑，屋顶为汉式的，屋身高耸厚实，呈现出西藏建筑的风格。

## (四)萧公庙

萧公庙，位于新余市仙女湖区钟山峡东口之北岸，这是一座二元神系的祠庙，供奉着箫公和晏公。关于箫、晏二神的事迹，《三教源流搜神大会》卷七记载如下：

公姓箫，讳伯轩，龙眉蛟发，美髭髯，面如童。少年为人刚正自持，言笑不苟，善善恶恶，里闬咸为之质平。殁于宋咸淳间，遂为神，附童子，先事言祸福，中若发机。乡民相率为立庙江西临江府新干县之大洋洲，保舡救民，有祷必应，福泽十方。大元时，以其子萧祥叔死而有灵，合祀于庙。皇明洪武初，尝遣官谕祀于此，诏封为水府灵通广济显应英佑侯，大著威灵于九江八河五湖四海之上。

公姓晏,名戌仔,江西临江府清江镇人也。浓眉虬髯,面如黑漆,平生疾(嫉)恶如探汤。人少有不善,必曰:'晏公得无知乎?'其为人敬惮如此。大元初以人才应选入官,为文锦局堂长。因病归,登舟即奄然而逝。从人敛具一如礼。未抵家,里人先见其扬驺导于旷野之间,衣冠如故,咸重称之。月余以死至,且骇且愕,语见之日,即其死之日也。启棺视之,一无所有,盖尸解云。父老知其为神,立庙祀之。有灵显于江河湖海,凡遇风波汹涌,商贾叩投所见,水途安妥,舟航稳载,绳缆坚牢,风恬浪静,所谋顺遂也。皇明洪武初诏封显应平浪侯。

萧、晏二神的身世皆民间传闻,无根可考,所司之职又同于江水之神。两神本都是江西地方性水神,明初因朝廷推崇而成为具有全国性影响的水神,职司平定风浪,保障江海行船,因此各地纷纷立庙奉祀。新喻作为两神家乡的邻县,较早地建庙奉祀也是自然而然的了。

据说萧、晏二神灵气惊人。来往船家经过此处时,都要进香祈福,否则,难保平安。有一年严嵩衣锦还乡,船到钟山,自认是当朝一品赫赫宰相,不去庙中烧香。两神一气之下,呼风唤雨,大施法术,霎时间天昏地暗,狂飙大起,暴雨倾盆,船只受阻。严嵩恼羞成怒,指使随从捣毁神殿。从此,严嵩也就倒霉了,没几年被革职抄家,落了个孤愤而死的下场。

### (五)笼奎庙

笼奎庙位于分宜县高岚乡兰盘村笼奎闹上自然村,为清朝建的宗教建筑,坐北朝南,面阔18.9米,进深12.8米,占地面积241.92平方米,内部木结构为穿斗式,二进一天井二开间,下堂屋顶上有澡井,呈八边形,斗拱雕有简单的花纹,正堂后部中间置观音菩萨像,民国五年(1916年)重修,1998年孟春月谷旦,分宜县笼奎村弥黄信人合修。

## 二、祠堂

### (一)新余宗族祠堂概述

作为一种历史文化遗存,新余很多自然村至今仍保持着一种古老的公共建筑——宗族祠堂。这是一个村落、一个姓氏宗族或多个家族世传保留下来的祭祀祖先、修添谱牒、婚丧嫁娶、家族议事等各种礼仪和文化公共活动场所，乡民称之为“众厅”。祠堂是民居式建筑，但具有非一般民居所具有的内涵。被称为家庙的祠堂是宗族的建筑载体，祠堂和始于先秦的宗庙一脉相承。魏晋以后，朝廷允许民间修建宗庙，但只限于大家族，一般庶民尚未普及。南宋时，理学家朱熹的《家礼》问世后，民间的祭祖建筑才被称作“祠堂”。据《家礼》中提出的具体祭祖方案：“君子好营宫室，先立祠堂于正寝之东。”其意是，一个家庭在建造房屋时，必须要先建祠堂。反映了宗庙在房屋建造中的重要地位。明代时期，宗法制度进一步强化，明嘉靖十五年(1536年)，礼部尚书夏言上奏《令臣民得祭始祖立家庙疏》，明世宗为加强宗族统治，故准夏言议，允许民间建宗立庙。于是民间兴建祠堂之风飞速发展，各地宗祠林立，牌楼高耸。清代，名门望族更以兴修祠堂为荣，立祠之风，相互攀比，宗祠、家祠、房祠、支祠、公祠比比皆是。有道是过去“千年香火自此旺，万代子孙誉满堂”。这种具有浓厚宗族血缘色彩的祠堂形制，成了维系封建家族关系的一种重要工具。至民国时期，祠堂及宗族制度逐渐衰落。如今的祠堂已失去了往日的功能，大都不再用来祭祖，只是在婚丧嫁娶之日，村民才在祠堂中举办红白喜事，热闹一番，但也有些地方在修添家谱时，召集族人在祠堂商议家事。

据第三次全国文物普查摸底登记及调查情况统计，新余地区保留有明清至民国时期祠堂建筑约有400余座，其中比较完整或有保护价值的近百座。新余祠堂多为我国江南一带较为典型的传统合院式建筑，或称天井院建筑，其建筑形制、结构、布局基本一致。主要建筑在中轴线上，其总体建筑格局，依次为水塘(月池)、牌楼或门楼(大村落或名门望族都有设立，有的保存完好，有的已毁，但有些祠堂无)、院落(一般有牌楼的都设有)、主体建筑，主体建筑前为大门，中为享堂，后为寝室，左右厢房，有的后设花园，组成前后两进一天井或三进两天井或多天井(均为对称式)建筑组群。水塘多为讲究风水而设，可起到排泄、储水、消防、造景、洗涤、调节气温等作用；牌楼多为砖石质，三间四柱三楼式，两侧外带八字形，为祠堂附属建筑，立于大门前或东隅，它在乡村和祠堂建筑中起到划分和控制空间的作用，可增添建筑群体的艺术表现力。享堂为举行祭祖仪式的场所，寝室供奉祖先牌位。天井是祠堂建筑很重要的部分，天井处在大门与正堂、正堂与寝室之间，有大有小，主要起着内部采光、通风、聚集和排泄雨水以及吸除尘烟的作用，还能防止夏日的暴晒，使屋内保持阴凉。按祠堂的平面、立面建筑形式有一井两进式、两井三进式、三井三进式；在结构格局上，从外墙与屋面上看，多数为硬山顶，即外观建筑两面外墙为清水空斗青砖砌置的封火山墙或马头墙，也有部分为悬山顶。内为抬梁与穿斗混合木质构架，由柱、枋、梁、檩穿插构成整体，支撑屋面，柱子主要起承重作用。地面有的为三合土装饰，大部分为青砖铺地，也有部分为石板铺砌。祠堂建筑文化内涵丰富，有匾额、对联、诗词、藻井、轩顶、门簪、月梁、托峰、雀替、斜撑、斗拱等装饰构件，雕刻内容寓意深刻，多以追求幸福为题材的吉祥图案，反映了广大劳动人民对美好生活的向往。



## （二）下村镇梁家村夫子堂

下村镇梁家村夫子堂之簪缨堂匾

夫子堂位于渝水区下村镇千秋岭村委会梁家村，距市区近二十公里。此堂奉当时皇帝的诏书所建，是一处为纪念元末明初新喻籍大理学家、大教育家梁寅的纪念性祠堂建筑，因梁寅的得意门生——相国金幼孜为之书写的“夫子堂”匾额而得名。

梁寅，字孟敬，生于元朝大德七年（1303 年），卒于明洪武二十三年（1390 年），享年八十七岁，长眠于醴溪含珠堆，因创建石门书院，学者称之为“石门先生”。他虽然不是科举出身，却是被新建立的明王朝重点征召的征士，并将自己的见解融入礼乐的制定之中。他勤于笔耕，留下了许多精神财富，计有《石门集》《周易参议》《诗演义》《尚书纂议》《春秋考议》《礼记集略》《史断》《格物篇》等几十种著作，共一千多卷。《明史·儒林传》中收录了他的传记。

夫子堂为江南明式祠堂建筑结构，硬山式屋顶，上覆青灰色阴阳瓦，创建于明代初年。它坐北向南，通面阔 11.6 米，通进深 47.53 米，通高约 8 米，建筑面积共 600 多平方米。夫子堂原来的名字叫“石门第”，整个建筑原有五进，每进一厅两厢，呈三开间布局，两侧山墙为五滴水式叠落山墙，每进从前至后，堂号各不相同，依次为“石门第”“簪缨堂”“文宗堂”“夫子堂”“寝堂”。如今寝堂已毁，只剩下前面四进，总称为夫子堂。这里进与进之间都隔有天井，共有三个天井，天井既起到分割空间的作用，又是各堂之间的联系纽带，表现了矛盾的对立统一。从夫子堂的侧立面来看，它的屋脊线是一个起伏的波浪似的曲线，各堂的脊顶为曲线的高点，而各个天井的脊顶则是曲线的低点，高点是实的，低点则是空的、虚的，表现为建筑虚实相间的对立统一。而从人在建筑内的活动看，人们在各堂堂内的活动则是紧张的高潮，而走到堂外，进入各个天井则是松弛的低潮。天井在这里起到缓冲作用，既是紧张活动、正式活动之后的休闲空间，可以松弛神经；又是“天人相应”，与天地万物相交相融的气场。中国古建筑这种引导人们一张一弛的绝妙布局，绝非西方建筑所能达到。

屋内原有“石门第”“簪缨堂”“文宗堂”“夫子堂”“进士”“文林”“恩荣”等七块匾额，现按原来位置，悬挂其内。每个厅原有的名人撰写的木雕楹联，不仅赞美了梁寅的博学多才，就是楹联书法，亦尽善尽美，具有很好的研究价值。例如梁寅的门生金幼孜送来的一副匾联。金幼孜建文二年(1400 年)考中进士，历经成祖、仁宗、宣宗三朝，官至礼部尚书、武英殿大学士，入阁拜相，成为大明的一代良臣。金幼孜饮水思源，不忘老师教导之恩，曾大书“夫子堂”匾联，其楹联内容为：

近接朱程，继往开来，振起两朝人物；

远宗孔孟，承先启后，维持百代斯文。

下村镇梁家村夫子堂外景

联语中的“近接朱程”是说梁寅的理学思想源自于北宋理学家程颢、程颐两兄弟和南宋理学大师朱熹，把朱熹摆在前面，是因为朱熹的成就更大一些；“两朝人物”即元朝和明朝人物，梁寅生活在元末明初，他的思想和教学对元、明两朝的读书人都是很有影响的。据说这副金幼孜所书的匾联本来是悬挂在“石门书院”门首，石门书院衰败后，梁氏子孙为了更好地保护这副匾联，维护祖上的荣光，将“夫子堂”匾联安放在梁氏宗祠内。

又如门人黄子澄也撰有文宗堂楹联。黄子澄曾任大理寺卿，是明朝第二任皇帝建文帝的亲信重臣，辅助建文帝削藩，事败被捕后，坚强不屈，被篡位的燕王朱棣当堂砍断双手、双脚……惨受磔刑(千刀万剐)而死，并被株连十族，成为大明的一代忠臣。黄子澄的楹联内容是：

应聘承恩，一世声华昭日月；

立言定礼，万年词典镇乾坤。

再如，明洪武戊寅年(1398年)和嘉靖二年(1523年)在位的两位新喻知县谢鼎和林钺，分别题有楹联。

谢鼎所题的楹联为：

声名遍天下，

文采动朝端。

林鉽所题楹联为簪缨堂联：

一门三世簪缨贵，

万古千秋翰墨香。

此外，正像北京故宫不仅仅是宫殿建筑还有文物陈设功能一样，夫子堂内的陈设也精雅温润，反映出历史的信息和梁寅本人儒雅的风貌。据《梁氏家谱》记载，夫子堂内的陈设有：金鼎一件、钟磬二件、古剑一口，画戟一件、象笏一条、银牌一面、薰帛十匹、革履一双、坐舆一乘、宝石一器、彤弓一革、诰命三幅、遗像四轴、御赐衣帽二件、琼英枕一副、龙津砚一口、蛇腹琴一张、凤纹屏一件。

遗憾的是许多陈设文物早已不知去向，剩下的东西也显得弥足珍贵了。据文献记载，夫子堂曾于明隆庆三年(1569 年)、清乾隆七年(1742 年)得到修葺，目前保存完好，具有一定的历史、艺术和科学价值。所以同治版《新喻县志》将“夫子堂”收录到卷二《古迹》条目中。1983 年 11 月，夫子堂被列入《中国文物精华词典》。1984 年 5 月 6 日，它又被新余市人民政府公布为市级文物保护单位，并被列入《中国名人名胜录》内。

### (三)鹄山乡前山村昭贤堂

蒙山之阳的鹄山乡，有一个名为前山的村落，村之中至今保存着一座明代宗祠建筑——黄氏宗祠昭贤堂，堂内高悬一块大型木匾“树国长城”，系第 26 世孙黄鹤鸣为第 10 世公黄占国昭贤将军题记，故名。据《鹄山黄氏族谱》载：“元祚公居新喻鹄山，为鹄山黄氏始祖。”也就是说宗俞第四子元祚于北宋哲宗元符三年（1100 年），从湖北江夏双井徙居鹄山，“江夏城东有山曰黄鹄

鹄山乡前山村黄氏宗祠——昭贤堂

山，因以名其地曰鹄山。鹄山屋西有井二，亦以双井称，不忘本也”。鹄山，以祖居黄鹄山，迁居此后省略“黄”字，名为鹄山。鹄山黄氏至第八世，南宋庆元元年(1195年)，六一、六二郎由鹄山分居，六二郎择地建村于老居鹄山前面的山丘上，故名前山，为前山黄氏始祖。据谱称：“中村之南，平山自西向东出者，曰前山，在鹄山之前也。”

昭贤堂，始建年代无考，其建筑结构、风格、材料，与水北镇楼下村庭尉第、观巢镇汉泉昼锦堂等明代建筑特点同时代。建筑坐南朝北，即南面靠山，依地势南高北低，北面朝向正好是湖北江夏双井始祖发源地及修水双井黄氏同世祖居地，反映了世居他乡的黄氏永不忘本。从建筑平面上看，昭贤堂前面设有水塘(月池)。西面立有“世跃龙门”牌楼，为三间四柱三楼式砖石质，两侧外带八字形护墙，牌楼朝向西，为前山村入口标志，朝向正好是鹄山黄氏始祖居地，意为不忘本也。东面立有“旌善亭”“申明亭”两亭，这是官方为前山黄氏建立的宗族祠规与伦理警示台，旌善，表彰善美，尊老爱幼，孝敬父母，养老恤孤，和睦相处，争做好人好事，倡导文明；申明，遵守族规，奉法察举，无所回避，族民惮之，劝恶扬善，慎其言行。主体建筑为砖木结构，格局是三进两天井，面阔五开间，即第一进为门庭，中置大天井，两侧为过廊与对称式厢房；第二进为正堂(享堂)，东西两厢房，第二进与第三进之间设天井、左右过廊；第三进为后堂(寝室)，两面对称厢房，最后半进为祭祖台。外观建筑立面为悬山顶，又称“挑山顶”，屋面形式为屋顶正脊，两面坡式屋面为四条垂脊，屋顶各檩伸到山墙之外，各部檩子一并挑出，檩头上钉博缝板，将檩头封住。内为抬梁与穿斗构架，柱、梁、枋、檩结合成整体，柱子支撑上下承重、稳固屋身；隔扇、花格门窗起隔挡和装饰作用；地面为三合土冰裂纹装饰，建筑内有轩顶、隔扇、斜撑、门簪、月梁、托峰、雀替、丁字拱等装饰与构件，是新余地区较为典型的并富有地方特色的祠堂建筑。2010年，前山黄氏村民在村干部策划下，自筹资金40余万元，对昭贤堂进行了维修。

### (四)人和乡观下村惇庸堂

人和蒙峰南麓的观下村，自元初始，世代居住着彭氏家族，至今已繁衍为千人以上的大村落,在村的东面有一片森林掩映着,几棵古老而高大的老樟树依然茂盛地生长着,传说这是他们的祖先植下的建村标志物,反映出彭氏宗族居地的悠久历史。据《彭氏族谱》载:彭姓是颛顼帝的嬴姓之后,起源江苏徐州,祖宗彭祖又彭铿是颛顼帝的五世孙,因尧封地大彭而以地得氏,历虞夏而周秦,历周秦而西汉,其间支分派别莫记其详。自西汉宣公以来历历不改,故以宣公为始祖……传至十二世祖德光公(德光生宗周,宗周生允成,允成生仲举,仲举生翔,翔生宣伯),自幼雅好山水,由筠阳至新昌(今宜丰)之喻坊暂结庐以居,后见石窝山环水迤,迨宋元祐间(1086—1093年)遂徙家新昌,阅五世有宣伯公,时值宋宁宗庆元年间(1195—1200年),蒙山银铝发泄,事闻于朝,置提举司于蒙山监市,拔临江、袁州、瑞州三府三千七百户民,粮四万石,以赡岁办,银课七百锭,以进提举。千长总督银课宣伯公恐年老怠事,有负朝廷众望,命我祖愈可公(宣伯之子,观下彭氏始祖)代之课也。愈可公才堪任重,受任蒙山银矿千长总督,随治事之暇,游蒙山南麓,得观蒙阳棣之新喻者上观之下,其冈多梧桐名梧冈,俗称观下,山势迂回,地势平坦,山清水秀,海阔天空,低回留恋,不忍离去,于是卜居于斯矣。从此开始衍生我梧冈宗族,十九世祖舜辅公为吾观下梧冈祖。

人和乡观下村惇慵堂

观下彭氏宗族保存有惇慵堂、余庆堂、缉庆堂、鸣凤堂四座祠堂建筑,其中坐落在村之东面的惇慵堂系祖堂,建筑坐东朝西,北临蒙峰南麓,建筑为砖、木、石结构,建筑布局于中轴线上,依次为腰带墙、古柏、月池,主体建筑四进深九天井,面阔五至七开间,第一进为庭门,面阔五开间,两侧对称式房屋

四间,前设封闭式堡垒状、八字形护墙及偏房,正前各开有出入门,设计独特,系新余地区祠堂建筑类独有,外观偏房与庭门,之间砌有封火马头山墙,墙为空斗青砖砌置,硬山顶,即在房屋基础的台基之上两端,砌山墙一直到顶,把檩子砌于山墙里边封住,形成四条垂脊两面坡的屋顶,上覆盖青瓦。第一进门庭至第二进之间设有大型天井,天井两面有檐廊、对称式厢房四间,厢房之间又设有小天井。第二进至第四进面为七开间,第二进为中庭堂,南北两侧各横列厢房三间,第二进与第三进及第三进与第四进之间均设天井,天井两面均有檐廊及对称式厢房四间,厢房与厢房为小天井相隔。第三进为惇慵堂,两侧横排列厢房各三间。第四进为永思室,两面各立厢房三间,花格门窗装饰,堂屋正中悬挂"永思室"草书阳刻木匾,系明景泰庚午(1450 年)安福王夔题。从立面上看,后三进即第二至第四进为悬山顶,特点是人字瓦坡屋面两端延伸到山墙以外有五六椽至七八椽,各部檩子一并挑出,檩头上钉有博缝板,再将檩头封住,檩下加燕尾枋帮助檩子承托上部荷重,顶上仍是四条垂脊和一条大脊。内为抬梁木构架,由梁、柱、枋、檩结合成整体支撑屋面,柱子主要承重和稳固屋身,形成墙倒屋不倒之势。地面铺方形砖,装饰构件有门簪、轩顶、藻井、托峰、雀替、斗拱、隔扇、雕刻门窗等。惇慵堂建筑面阔 25.25 米,总进深 61.35 米,总建筑面积 1550 平方米,内设大天井 1 个、中天井 2 个、小天井 6 个、门堂 1 个、厅堂 3 个、房间 36 个,形成一座天井院式彭家大屋。对研究新余地区祠堂文化、客家文化、祠堂建筑艺术等提供了重要的历史实物资料。

### (五)分宜镇介桥村毓庆堂

毓庆堂宗祠俗称介桥严氏宗祠,位于分宜县分宜镇介桥(又名介溪)村,这里地处袁岭东麓,南隔仙女湖与钤山相望,分宜文竹铁路在村南通过,介溪水环绕村北,环境优雅,交通便利。

#### 1.毓庆堂宗祠的历史

据新版《介桥严氏族谱》记载:毓庆堂相传是严嵩高祖父的父亲严仲恭所创(严嵩为严仲恭的来孙),建造时间大约是明洪武年间(1368—1398 年),迄今已有 600 多年的历史。毓庆堂创建时上下三进,由前及后分别为前栋(第一

修缮后的分宜介桥毓庆堂外景

进)、中栋(第二进)、上栋(第三进)。上栋在祠堂中位置最为重要,设有供奉祖先神主(牌位)的寝室三间和小厢房两个;中栋除正厅及右边傍巷房一间外,其余皆为宗镇兄弟私人房产,后经立契购买而为宗族共有。前栋有头门(即槽门)三间、中庭和左右厢房。据说头门经过严嵩的改修。严嵩本想接着把祠堂彻底改造一下,后向族中长老征询意见,长老们认为这样做不妥,于是严嵩就放弃了改修祠堂的计划。明朝末年,伯龙公在广西为官,经过故里时,重修了毓庆堂的上下三栋。康熙(1662—1722 年)年间的侍御晓亭公、乾隆(1736—1795 年)初年的州牧孚亭公都对祠堂进行修葺、装饰。至此为止,毓庆堂自创建 400 年来虽经多次修建,其结构均没有大的改动。

自清乾隆十八年癸酉(1753 年)之后,毓庆堂则“时至事起,次第维新”,结构也进行了多次修改。这年对毓庆堂进行全面的改造,“修整上栋寝堂,易置左房木料全楄及右房一柱,换厅桁一根,改砌左右两厢并后横砖墙,三面加以油饰”(《介桥严氏族谱·纪述》。随后又发现中栋、头门两进年久欹倾,必须维修,于是自乾隆丙子年(1756 年)开始,用十年时间筹措经费和材料,于乾隆乙酉年(1765 年)三月初十日动工,拆旧建新,至当年六月底竣工。共“改建中栋两厢、头门及增辟寝堂两小厢,遍甃厅廊、中厅地面,加以黝垩(黝垩:涂以黑色和白色。平治其地令黑一也;涂垩于墙壁令白也)。神龛、匾额焕然俱新,规模一循前制,尺寸不渝”。但头门的方向和位置听从风水先生的指定,比旧址稍微移动了一些距离。然而到了乾隆庚子年(1780 年),十余年间,族中子弟科举不利,于是都怪在头门的方向和位置改坏了,于是又把头门的朝向和位置

改回为原址的朝向和位置。

由于“头门历为往来要路，上下厅皆散漫而无启闭，非所以妥先灵而肃观瞻”。于是在乾隆己亥年(1779 年)在中厅前柱设置一道栅门，不久又把这道栅门移往中厅后柱。随后又于头门外，另建栋门(即门楼)一座，有事则开闭栋门，无事则关闭栋门，守祠者负责掌握开门的管钥。毓庆堂自乾隆癸酉年(1753 年)修理，到乾隆丁未年(1787 年)，朽败已甚，于是兴工修建，“去旧更新，规模不敢少易，调度稍为变通”。到了 68 年后的咸丰乙卯年(1855 年)，祠堂的朝向又发生了变化。这年重修中栋、前栋，修建时采纳形家(风水先生)之言，将前栋的坐向改为对着蒙山的方向。但这样一来，前栋与上栋的朝向有了差异，“局势偏昃，殊不雅观”。这种不够雅观的局面过了 54 年才纠正，这时正值宣统元年(1909 年)，改修了毓庆堂前栋，将前栋的朝向改为正对笏峰，并把倾圮的栅门重新整修，使之焕然一新。

2.毓庆堂的现状

介桥毓庆堂基本上保持了历代毓庆堂的布局，建筑坐向为坐南偏西 15 度，朝北偏东 15 度，前后三进，它的通面阔为 13.38 米，通进深 42.55 米，中轴线上依次排列的是门楼(即“栋门”)、露天的前院、前栋(即第一进，含槽门与中庭)、中栋(即第二进)、上栋(即第三进)，上栋之后近年又建有歇山顶的严嵩纪念馆，但已不属于毓庆堂的范围，祠堂三进之间隔有天井，三进东西两侧皆筑有五滴水式叠落山墙，山墙鹅头微翘，最高处墙体高过屋脊，前栋与中栋交接处两侧山墙各开有一个券形门洞，从开在东面山墙下的券形门洞进去，可进入专门祭祀严嵩高祖父严孟衡的寝室，史称方伯公寝室。在整个毓庆堂建筑中，门楼是 1985 年重建的仿古建筑，前栋也是后来建的，而中栋、上栋则至少保留了清代的建筑特色。

走近毓庆堂，首先映入人们眼帘的是门楼，门楼坐向为坐南偏西 15 度，朝北偏东 15 度，门楼面阔 11.2 米。门洞宽 2.17 米，厚 0.91 米，门楼正楼设有上下两块横匾，两匾皆有黑色楷体大字，上匾从右至左书有“天与子孙福贵”六字，这六字本来自于严氏家族收藏的铜炉瓶上的刻款，这副铜炉瓶是严氏祖传之物，曾散落他处，明万历年间由严云逵重金购归，送到祠堂中，作为祭祀时正案陈设之器，因此，严氏家族也就把这六字用于上匾之中。在上匾之下，还设有一个下匾，该匾从右至左横亘“方伯世家”四字；这四字右边和左侧各有一条竖列小款，右款为“一九八五年二月”；左款为“嗣孙兴河敬书”。门楼门洞两侧，从里到外书有两副门联，内侧门联为：

介水长流连绵甲第金瓯固；

笏峰俊秀璀璨人文玉树芳。

外侧门联为：

春风先到藩侯第，

瑞色平分宰相家。

两副门联之间分别夹有两排款识：“乙丑孟春重修” 和 “姻晚朱轼敬撰拜题”。

进了门楼，在门楼与槽门之间有一个露天的前院，它的东院墙上嵌有一块严嵩撰文的《分宜县万年桥记碑》，东院墙下还靠着一块《进士第》石匾，其中“进士第”三字为硕壮健挺的楷书大字，遗憾的是石匾已从中间裂为两半，其完整性和文物价值受到严重影响。

修缮后的分宜介桥毓庆堂内景(一)

走过前院，踏过三级台阶就可进入前栋。要进入前栋就必须经过前栋的槽门。该槽门为门屋式结构，上覆青瓦，屋脊正中饰有灰塑宝顶。槽门面阔三间，每间各开一个圭角门，明间的圭角门最大，左右次间的圭角门稍小一些。步入槽门后进入第一进，第一进为后来重建的建筑，第一进之后便是祠堂的第一个天井。

修缮前的分宜介桥毓庆堂内景(二)

跨过第一个天井，我们便能进入祠堂的中栋。中栋保留了祠堂的传统

特色，地面是方砖墁地，绿色的苔茸布满砖缝之间和砖面之上，中栋的柱础皆是分为上下两节的石柱础，上节呈鼓盆状，包括础顶和础肚，础顶邻近础肚之处雕有一圈凸起的乳钉纹，乳钉纹之下为一道弦纹。柱础的下节包括础腰和础脚，础腰为八角柱形，础脚则为方形石座。从中栋梁柱结构看，其横梁采取了月梁的形式，梁体向上微微作弧状拱起。柱子排列整齐，但为了扩大空间，采用减柱做法，减去了按柱网排列规则应设在中间的两根柱子。

越过第二至第三进之间的天井，我们可以进入上栋范围。上栋较之于前栋、中栋，更为重要，这里是供奉严氏列祖列宗神位的地方，所以与前栋、中栋的单檐屋顶不同，上栋采取了重檐屋顶的形式。在中国传统建筑中，重檐屋顶的建筑之规格永远高于单檐屋顶的建筑。该栋的两个山面采用的是穿斗式构架。东西两侧设有厢房，厢房与厅堂之间皆以板壁隔开，板壁上端的横披窗皆是木质的直棂空窗。上栋的后檐墙的内壁颇有特色，它设置成近似于太师壁的样子。其特点是在墙壁两侧靠近厢房或山墙的地方，各开一扇小的洞门。标准的太师壁壁上应以棂条拼斗花纹图案，或饰以团龙飞凤之类的木雕。但这里不像戏台的太师壁，强调的是素洁、庄严的氛围，所以这里仅以白灰粉刷墙壁，无任何雕饰。而通过这两扇洞门，我们可以进入歇山顶的仿古建筑——严嵩纪念馆，参观其中的碑刻、书法和文字介绍。

毓庆堂东面（即毓庆堂的右边，与进门的右边方向相反）设有方伯公寝室，这里是奉祀方伯平庵公严孟衡的地方。所谓方伯，指殷周时代一方诸侯之长，后泛称地方长官，汉以来之刺史，唐之采访使、观察使，明清之布政使均称“方伯”。严孟衡为严嵩高祖父，永乐十三年（1415 年）二甲进士，官至四川右布政使（从二品），为官清廉，刚直不阿，所至有能声，人称“严青菜”。方伯公寝室前有一个天井，天井西面通过毓庆堂东面山墙上的券形门洞可通至毓庆堂，该天井边沿躺着一块长方形青石墓碑，碑首两端作了委角处理，碑面右起竖列刻有三排楷书汉字，中排字体最大，刻有“明四川右布政使严公墓”十个大字；右排的上款上端的字已漫漶不清，下面的字是“……壬辰孟夏吉日”，左排下款为“南京礼部尚书玄孙嵩立石”十一个汉字。据笔者考证，该碑为嘉靖十一年壬辰（1532 年）四月严嵩任南京礼部尚书时所刻。

从方伯公寝室结构来看，其门窗为槅扇门窗，采用的是一马（码）三箭窗，这是一种直棂窗，所用棂条为方形断面，同时在纵列的直棂上、中、下部位，各横置三根横条，故称“一马三箭”窗。该寝室为抬梁式与穿斗式相结合的构架，中跨为抬梁式构架以扩大空间，两个山面采用穿斗式构架以增强山面的抗风能力。由于幽处东隅，它采用了彻上明造的做法，没有设天花板，整个梁栿屋架一览无余。靠近后墙内侧的屋面设置了三条长方形的明瓦以增加室内的亮度。作为方伯公寝室，室内本来安放有神龛，龛中设有方伯平庵公严孟衡的神位，清乾隆丙寅年(1746年)“增祀房祖五主”(新版《介桥严氏族谱·纪述》)，岁时香火奉祠。从历史上看，毓庆堂与方伯公寝室内都有陈设许多宗器，如廉石案、铜炉瓶、竹坡公、平庵公诰二轴、方伯公画像一轴、方伯公亲笔分册二本，等等。如今室内空空荡荡，神龛木主、雅玩祭器荡然无存，使人体会到了一种凄美的怀古幽绪。

### (六)操场乡塘西村习氏祠堂

分宜县操场乡塘西村习氏祠堂，为双坡人字顶的清代祠堂建筑，面阔三间，进深三进，两侧筑有五滴水式叠落山墙，墙顶高于屋脊。祠堂包括门楼、前廊、三进厅堂。祠堂面阔12.35米，进深37.8米。大门坐向为坐西偏北29°。如果把前面的门楼包括在内，整个祠堂的通进深为50.3米。

#### 1.习氏祠堂的门楼

该门楼距离祠堂大门12.5米，坐西偏南11°。它与祠堂大门所朝方向是不一致的，两者相差40°。巧的是祠堂大门正向的远方为山峰，而门楼正向的远方为山谷，如此一来祠堂与门楼所对之物，一凸一凹，一阳一阴，以为阴阳平衡，化煞除害，这肯定是出于中国传统环境科学即风水理论方面的考虑。

门楼砖墙以“单丁斗子”砌法砌成。这种砌法先是平摆顺砌一道眠砖，然后再砌一道斗(陡)砖，斗砖采用侧砖丁砌和侧砖顺砌连环相接的砌法砌成，接下来又平摆顺砌一道眠砖，如此循环砌置，以至无穷。门楼分为正、背二面，背面黄砖裸露，可见砖缝。正面则两翼斜墙为裸墙，中间的主楼与南、北次楼则采用混水墙的做法，外表面有粉刷或贴面材料，以保护和装饰墙身。门楼中间开有长方形门洞，门框为青石质地，门框上面两个直角作了委角处理，门洞高3.6米，宽1.56米，厚0.63米。门楼主楼与南、北次楼在平面上为一字形直墙，面阔8.1米。主楼与南、北次楼的楼檐之下，都以砖块仿制木质斗拱，叠涩出檐，即将檐头向外挑出一些。

该门楼最有特色的地方是既有中轴对称，又打破了对称。它的主楼及南、北次楼显示了规整的中轴对称之势，虽然它的南次楼南侧砌有一面外撇的斜墙，但它的北次楼斜墙却不与南次楼的斜墙对称，它不直接砌斜墙，而是在北次楼北侧与斜墙之间砌了一道高一米左右来的直墙。由此打破了中轴对称的局面，表现了一定的灵活。此外，尽管南侧斜墙被拆毁半截，但北侧斜墙却保存完整，斜墙墙帽外端的鹅头略有翘起，似欲起飞。

### 2.习氏祠堂前廊

该前廊面阔尺寸与房屋平齐，也是三开阔。而开间的划分是以两根檐柱来划分的。这里的檐柱也是有其独特风韵的，两根檐柱为粗壮的方形委角木柱，这种使用方形大木柱的现象在新余笔者所调查的古建筑中仅此一例。出于对人的关怀，建造者将方形木柱体的四个直角作了委角处理，以缓和人体碰到柱角的撞击程度，或者使得偶然撞柱者的身体能顺着委角滑向柱外，以免受伤。这种方形木柱下的柱础也是笔者所见新余古建筑中最精美的，它为鼓盆形八角方座石柱础，柱础的础顶边缘有两圈乳钉纹，上圈乳钉纹中的乳钉数量少而且排列稀疏，下圈乳钉纹中的乳钉数量多而且排列紧密；础肚则鼓腹而出，以剔地雕法刻有非常流畅、优美而不失古朴的忍冬纹，础腰内缩如美人腰，使人想起“楚王好细腰，宫中多饿死”的典故。础脚为八角形，它与方形底座为一块整石加工而成。

塘西村习氏祠堂的方形委角木柱和鼓盆形八角方座石柱础

从前廊的天花来看，它以挑檐檩和檐柱来划分天花种类和天花的细微差别。挑檐檩外侧的天花为木条拼成的一排井口字纹天花；挑檐檩内侧为卷棚天花。而卷棚天花也可分为两部分，檐柱内侧的卷棚天花卷曲力度大，而且呈对称性地双边卷曲，就像船底棚、元宝脊的形状一样；檐柱外侧、挑檐檩内侧的卷棚天花虽然只是非对称性地单边卷曲，但卷曲幅度平缓而优雅。

塘西村习氏祠堂正中雕有蝙蝠、两端梁头雕有摩羯纹的骑门梁

前廊天花之下就是梁枋、梁架，在前廊的明间，骑门梁紧紧贴住，并打破了卷棚天花，卷棚天花的一根根弯曲的龙骨从骑门梁上端穿出。骑门梁正中雕有展开双翼的蝙蝠，两端的梁头各雕有一个摩羯纹，这里的摩羯纹各据一端，相向而对，鼻下卷须作了夸张处理，向前作"S"形伸展，并向下翻卷。摩羯是印度神话中的神物，被认为是河水之精，生命之本。由于摩羯为河水之精，这里用它作纹饰，有防火防灾的辟邪之意。骑门梁两端的梁头之下，还有透雕回形拐子纹梁托，起了托起梁体和美化梁架的作用。

在骑门梁两侧，各设有一根与之水平垂直的挑尖梁。两根挑尖梁上，皆设置了满布植物卷草纹的柁墩，柁墩上端直接顶着卷棚天花的龙骨。而在檐柱外侧的挑尖梁梁下，有从柱头栌斗的斗口中伸出的垫板，紧贴着挑尖梁，垫板以剔地雕加线刻的手法雕有流畅的忍冬纹，卷曲翻滚，充满着动感。而在骑门梁两侧的两根的挑尖梁之下，各有一根与挑尖梁相隔近一米的挑尖随梁，梁体扁平，呈现出枋板的特征，挑尖随梁的两头则雕有瑞草纹。

除了明间的骑门梁外，左、右次间还设置了比骑门梁位置低了约1米的横

梁，横梁上都装饰了雕有草龙拐子纹的透雕花板，纹饰中的龙头靠近檐柱，回首向外；龙身则全是缠枝花草纹，这是蔓草纹与龙形象相结合而产生的一种纹样。

如果以平视而不是仰观的角度走近习氏祠堂，最先看到的是前廊后的木板壁。而在明间的木板壁中，开有两扇镶板门（又称“框档门”、也叫“槟子门”），它由木料并接成框，中间镶以木板。镶板门门楣上有三枚门簪，门簪簪体为瓜棱形，八角形的簪托上雕有九片连缀在一起的叶边纹。虽然门扇是木质的，但它的门槛与门墩皆是青石所制，两者的边缘都刻有双钩的线脚，显得简洁而又整齐。

### 3.习氏祠堂室内三进房屋的结构与装饰

习氏祠堂内三进房屋的梁架采用的是“彻上明造”的手法，建筑室内不用天花板，整个梁栿、屋架一览无余。它的结构很特殊，采用的是抬梁式与承重山墙相结合的构架。一般传统建筑无论是抬梁式，还是穿斗式，或者抬梁与穿斗相结合的形式，山墙一般是不承重的，是靠山面的柱子和室内的柱子撑起屋架。而习氏祠堂为了扩大空间，中跨采用的是抬梁式，但它的两个山面皆以山墙承接檩木，撑起屋架。山墙中间还设置了一根从地面直达屋顶的柱子，紧紧倚在山墙内侧，以作为一种象征。这里的天井四面屋檐错落有致，比如第一进与第二进之间的第一个天井，两进厅堂的屋檐位置更高，左右两厢的屋檐更低。

祠堂的第二进没有设置厢房，它前为天井，后为通向第三进的板门，两边砌有砖墙。这一进梁架有一个特别的地方，就是中跨位置设置了两个抬梁式的三角形屋架，这两个屋架不是按一般抬梁式结构那样，由下面的柱子抬起来的，而是横向设置了一根最为粗大的横梁来托起这两个屋架，这根横梁的梁体微微向上拱起，以作月梁之势，梁的两头直接搁在墙上。由于第二进墙体内收到厢房位置，使得这根最粗大的横梁有足够的跨度来横跨厅堂，落脚于墙上。这根大梁两端也设有梁托，梁托朝下的一面雕有四瓣花叶纹，花心刻有呈顺时针方向旋转的涡纹。当然其他梁的梁托也雕有花纹，如雕龙梁托。

从祠堂保存下来的隔扇看，祠堂第三进天井四周的隔扇隔心为一马（码）

三箭窗，这是一种直棂窗，上下各有三根横棂，中间设有五根横棂。这一进天井四周的房屋设有楼厢，楼厢栏杆采用的是瓶式栏杆。这种栏杆的直棂，采用木料旋成外圆的瓶式，俗称西洋式栏杆。这种栏杆明显受西式建筑风格影响，应当在清代才出现，由此可以判定刁氏祠堂为清代建筑。此外，祠堂第三进的后檐墙，也是以“单丁斗子”砌法砌成。后檐墙两边各开有一个券顶边门，出了边门等于走出了这座祠堂。

### （七）水西镇加山肖氏祠堂

加山肖氏祠堂位于原渝水区水西镇加山村（现属新余高新经济开发区）。加山别名雄嘉山，北傍丘陵，南面地势平坦，清萍公路从村南穿过，袁惠渠沿村南环流，附近有吕布湖。加山村是一个历史文化底蕴深厚的风水宝地。1981 年3 月，在该村村北 50 米处，曾经出土过西周编钟。编钟是一种青铜乐器，是上古高度发达的礼乐文化的象征。该村主要居民为肖姓居民，据《增修慕冈萧氏房谱》记载：“肖思沔为大保二十四世孙胜兰之元孙有庆之子，其公于宋宝元（1038—1039 年）年初自湖南浏阳徙居慕岗，后改为雄

水西加山肖氏祠堂

嘉山。祭祖文载：'吾肖氏肇自浏阳，祖首大保，仕马归唐，思沔徙渝，田赐官庄，公生四子，支分慕岗，西日柴埠……堂开八叶，祖德流芳。'兴建村庄时羡慕此处山水秀美，名曰慕岗，后取山之奇秀会意谓之好山，而更名为雄嘉山，再后简化为加山。"

加山肖氏祠堂坐向为 29°，即坐南偏西 29°，朝北偏东 29°。它的通面阔约 9.75 米，通进深约 42.75 米，其建筑结构为抬梁式与穿斗式相结合的混合构架，抬梁用于中跨，穿斗式用于两个山面。该堂面阔三间，进深四进。前两进建造时间更早，后两进为清光绪十六年(1890 年)重修的，所以前两进的山墙为五滴式叠落山墙，后两进的山墙没有超出屋面，没有设置垛子墙。以下就祠堂的前廊和室内结构装饰分别进行叙述。

### 1.加山肖氏祠堂的前廊

该堂的前廊为三开间布局，中间的明间与东、西次间的划分以两根檐柱为标志，檐柱之下为双层柱础，柱础上层为鼓盆形，下层为八角形。除了前廊开间的划分是以檐柱为坐标外，前廊的两种天花的划分也是以檐柱为参照物的。檐柱内侧为双向对称卷曲的卷棚天花，遗憾的是卷棚天花的龙骨间的板湾多处破损、脱落，许多地方只剩下一条条龙骨和几根承托龙骨的天花梁。这些龙骨宛如被宰杀的动物的一条条肋骨，令人不忍观瞻。檐柱外侧为挑檐天花，这里的挑檐天花是素面无纹、不分格的顶棚，亦称"海漫天花"。前廊的骑门梁位置偏上，紧贴房檩的垫板，东、西次间的横梁位置较低，梁体也比较结实粗大。前廊之后不是木壁或槅扇门，而是砖墙，砖墙正中开有一个矩形大门。墙壁上端仍设有木枋板，板上共有七枚门簪，其分布是明间三枚，东、西次间各二枚。门簪簪体有一条条凹槽，看上去如瓜棱之形，门簪簪头表面为菊花纹，菊花纹花瓣分布于里外两层，其中外层花瓣宽度正好为簪体表面两条凹槽之间的宽度。

前廊的抱头梁采取了枋板的形式，抱头梁外侧的挑檐之下皆有雕花撑拱，抱头梁两端的梁头之下承托有木雕卷草纹的梁托，而在抱头梁与卷棚天花之间，装饰有雕刻华美的梁架。梁架皆是采用一斗二升式的变形斗拱形式，坐斗与两个小斗皆是变形朵花纹，坐斗坐于雕有卷草纹的驼峰之上，两个小斗分别撑住卷棚天花中间的两根天花梁。当然梁架纹饰也是不一样,有的梁架雕的是卷云纹和花草纹。

### 2. 加山肖氏祠堂的室内结构装饰

加山肖氏祠堂的室内装饰最有特点的是天井。该堂共有三口天井,纹饰各有不同,但所有天井井壁的线脚雕刻都简洁清爽。有的天井井壁是两个排水眼,并排设于天井面阔方向的井壁中间,两个排水眼分别是透雕古钱纹和十字纹,天井井角附有两个竹筒状堆塑。有的井壁中间虽然也是两个排水眼,但两个都是古钱纹,井角也只附有一个竹筒状堆塑。有的天井井壁四面以双钩的方式雕刻有长方委角形线脚,线脚内侧平面凹进一些,在面阔方向井壁的四个委角中,上端的两个委角角纹向下,雕有双叶花蕾纹。其排水眼虽也是透雕古钱纹,但不是设于井壁中间而是设于两侧,每个井角紧贴面阔方向的井壁的那一面,皆附有堆塑一个,堆塑造型为三脚基座上的一只花瓶,瓶腹表面雕有两圈花瓣的花纹,花瓶之意象征平安。此外,天井井壁中间的两个并排的排水眼,有透雕桃尖形排水眼和透雕尖拱顶形排水眼,前者桃尖向上,后者形状类似北魏石窟寺龛的龛楣。

总之,肖氏祠堂堂内雕饰简洁,不如作为门庭的前廊雕饰精美,但也不乏可赏之处,例如花草纹丁头拱,牡丹花草纹梁托,天井后呈纵向分布的通梁梁头的卷草纹梁托以及多种柱础。柱础有单层、双层、三层之分,所谓三层柱础是指上层为鼓盆形,下层为八角形并带有底座的柱础。此外,该堂前三进梁更粗,第四进梁更细。特别值得指出的是第四进脊檩上书有修复者、吉祥祝愿语及修复时间的楷书墨迹:“雄嘉山肖挺化众监造,合屋清泰,添丁发秀!光绪十六年洪岁庚寅桐月吉日上浣。”由此可见,至少可以说该堂第四进甚至包括第三进在内的房屋都是光绪十六年(1890 年)农历十月重修的。

## (八)分宜镇介桥村飨褒堂

飨褒堂位于分宜县分宜镇介桥村介桥自然村,又叫怡庵公祠,介桥二房祠堂,始建于清嘉庆十九年(1814 年),此建筑坐西向东,抬梁式砖木结构,面阔 22 米,进深 31 米,建筑面积约 682 平方米,有三进二天井二开间,分上厅、

分宜镇介桥村飨褒堂

分宜镇介桥村飨褒堂梁枋间扇面形驮峰雕饰

中厅、下厅，左右两边是厢房，廊枋雕刻纹饰精美，保存完整，为研究清代建筑风格提供了很好的实物资料。

### （九）铃山镇山口朱氏宗祠

山口朱氏宗祠坐落于分宜县铃山镇大岗山村委会的山口村，建于清代中期，为硬山式双坡顶建筑，屋架采用抬梁式结构。它坐北偏东15°，朝南偏西15°，通面阔12米，通进深36.6米，为三进两天井带一廊的布局。从前廊经前

铃山镇大岗山片大岗山村委会山口朱氏宗祠

厅、中厅到上厅(即后厅),地面逐渐升高,表现了中国传统建筑“前低后高”的布局理念。

该祠前廊进深4米,为三开间布局,顶上饰有线条流畅的卷棚天花,明间与左右次间交接的檐柱上,饰有回首麒麟纹圆雕撑拱和透雕缠枝花卉纹雀替,两者呈直角交叉布局。麒麟四肢张开,奔向祠内,而头部回首向外,很有动感。前廊原有八颗门簪,明间四颗,左右次间各二颗, 现存七颗,左次间接近明间的那颗门簪已脱落。门簪呈六角形,簪托为夔龙卷草纹透雕图案,簪柱素面无纹,簪头则为花草纹衬托下的二人一组的人物故事纹雕刻图案。门槛及门墩皆为青石所制。它的柱础与前厅、中厅及上厅柱础的装饰手法一样,皆是采用鼓盆形八角方座石柱础。

山口朱氏宗祠前廊檐柱上的麒麟回首形撑拱和透雕缠枝花卉纹雀替

山口朱氏宗祠夔龙卷草人物故事纹门簪

前廊之后便是该祠的第一进,也就是前厅。前厅进深8.6米,与新余其他古建筑不同,它的天井不是独立于两进之间,而是附于每进的尾部,所以该祠的第一个天井就附在前厅的后端。它进深3.5米,面阔5.4米,是新余古建筑中罕见的大天井。天井的长方形水槽旁的两个长边侧壁,各有一个钱形排水口,既有实用功能,又有装饰象征含义,象征该祠朱氏族人财气细水长流,永不枯竭。

走过前厅之后,便到了中厅,中厅进深13.2米,地面采用方砖墁地的铺砌

之法，中厅后部靠近天井处设置了一个屏门，该门平时不开，遇有祭祀仪式、红白喜事才会打开，使中厅及供奉有朱氏列祖列宗牌位的上厅连成一片。它后面的天井进深1.6米，面阔4.6米。中厅的屋顶采用"彻上明造"的做法，不设天花，仰头可直见梁枋之结构，它的一些横梁因为朽烂已换成了新梁。中厅两边设有厢房，它最出彩的地方是靠近天井处的梁上撑拱，撑拱采用了凤凰形圆雕图案，这在新余古建筑中是独一无二的。它反映了新余地区深厚的楚文化积淀。因为新余古处吴头楚尾，楚文化浓厚的凤鸟崇拜风情深深地嵌入了新余文化的血脉之中。

山口村朱氏宗祠第二进前端柱上的圆雕凤凰形撑拱和云草纹雀替

该祠第三进为上厅，也叫后厅。它与前面二进建筑不同，前面二进建筑宽度与整座建筑通面阔是一样的，而它的面阔为11.6米，两侧各缩进了0.2米。它的进深为10.7米，设有厢房和神龛间，神龛间进深2.3米，面阔4.7米，其中安置的木质神龛宽2.4米，高3.1米，厚1.27米，神龛各层高度不一，第一层高1.2米，第二层高1.53米。神龛中供奉着山口朱氏祖先的牌位，是该祠最神秘而又最神圣的地方。

总而言之，朱氏宗祠的雕刻最具特色，其中前廊的麒麟回首形撑拱和中厅的凤凰形撑拱以及夔龙人物故事纹门簪是最有特色的装饰，在新余古建筑中也是独一无二的。

## 三、书院建筑

### （一）瀛洲书院

瀛洲书院坐北向南，东吻孔庙，南拥袁水，位于新余市区城南虎瞰山上。

是新余仅存的书院建筑。

1982 年的瀛洲书院

清道光二十三年(1843 年),张方矩再次出任新喻知县,果断地做出重建书院的决定。该决定酝酿于他上次担任新喻知县之始,那是初来新喻之时,他就以培植人才为己任,公事之暇,时进诸生讲论,并劝以经济有力之学。他曾视察东门内孤缑山下的缑山书院,见其瓦椽零落,渗漏堪虞,梁栋欹斜,朽蠹已极!心情沉重,心中也就萌发了重建书院的念头。尔后,因调往他处为官而未遂。这次,他再来新喻,见缑山书院满径蓬蒿,几成废墟,这更加坚定了他重建书院的决心。于是,他委托缑山书院山长胡濙负责重建,并召集县中绅耆邓嘉谟、刁梅燮、章添奂、万隆起、周翼进、胡辅仁……等人商议关于书院重建的倡始图成事宜。鉴于缑山书院湫隘

21 世纪初拆毁前的瀛洲书院

浅窄，绅耆们一致要求另外挑选一块宽广爽垲之地，扩大规模进行重建。而孔庙西面的学署右侧隙地，秀水西来，笔峰南拱，烟云掩霭，气象万千，江山之胜于此荟萃！因此被选为新的书院基址。为了筹措资金，知县张方矩特意发布《劝捐兴修书院谕》，晓示百姓，开展募捐。新喻士民急公仗义，慷慨解囊，踊跃捐助，仅众首事所捐之钱就达二十四千九百七十文。咸丰元年三月十三日(1851 年 4 月 14 日)书院建设开工，同年十一月二十八日(1852 年 1 月 18 日)竣工，约费足钱七千余贯。

新落成的书院有“前栋头门三间，左右房各一间，头门内毬场两旁书屋八间，上设讲堂，后一过亭，共两厅十六间；右边上下两栋，连厅共计十八间；后横屋三间，厕屋三间”。共计一场、一堂、一亭、两厅、四十间。由于新书院距离瀛洲塔较近，遂被命名为瀛洲书院。清末，举人刘韵曾为之题写二尺见方的“瀛洲书院”四字之柳体楷书横匾，该院山长赵辉为之撰有二联：

洋中国，施蛮貊，自西自东，吾道一贯，其味无穷皆实学；

明庶物，察人伦，识大识小，比及三年，可使有勇且知方。

秀水漾文澜，欲挽颓波须柱石；

缑山开学派，群分仙翰到瀛洲。

正如第二联所咏，瀛洲书院不仅是缑山书院的再生，而且继承了它的优良传统，成为新余清代的重要教育基地，也是新余古代文明的实物见证，对于新余文明史的研究有着重要意义。此后，瀛洲书院在历史的风雨侵蚀中饱经沧桑，更令人遗憾的是，1978 年盘踞在瀛洲书院及周围区域的新余县印刷厂，竟将书院的过亭、学舍、后横屋及右屋上下两栋拆毁！好在头门、讲堂、书屋及右侧前排房舍得以保存，主体结构完整，尚有约 600 平方米的面积。由于保存下来的部分被印刷厂职工占住，朽弊不甚，岌岌可危，所以新余市人民政府于 1984 年 5 月 6 日将其公布为市第一批重点文物保护单位。保护以来的书院建筑通面阔 15 米，通进深 50 米，通高 6 米。

然而，在新余城南旧城改造中，作为新余市唯一保存下来的书院建筑，于 2001 年 4 月被拆毁，附着它身上的一切历史信息也一去不复返了。

# 四、桥梁、水陂与路亭

## (一)万年桥

分宜万年桥坐落在分宜县古城东门外,又称东门桥,它距离现在的分宜县新城约十五里路,现处于国家级风景名胜区仙女湖西部的钤阳湖中。该桥横跨袁河,贯通南北,是分宜古城通往吉安、吉水、万载方向的交通枢纽,为明代嘉靖年间的分宜籍宰相严嵩捐建。

### 1.万年桥的创建

明嘉靖三十五年(1556年),明军进剿倭寇取得重大胜利,寇首相继落网,一时献俘京师,君臣同贺。趁着这喜庆的气氛,分宜百姓通过严世蕃致函其父严嵩,倾诉因为城东清源古渡浮桥的经常损毁所带来的不便,请求改建为石拱桥。由于分宜古城濒临袁河北岸,袁河水流经分宜时被下游的钟山峡、昌山峡所阻,每年春夏河水暴涨,来往行人只好望河兴叹,常有因渡河而溺死人畜的事件发生,即使贵为宰相之子的严世蕃,过渡时船只也差点被浪掀翻,受到了不小的惊吓。虽然严世蕃回分宜时两次捐款建造渡舟与浮桥,分宜百姓也颇为称赞,但终非长久之计,分宜百姓需要建造石桥,才可以保持过河的永久便利和安全。因此,深知家乡人民疾苦并一向热衷于家乡公益事业的严嵩,顺应民情,慨然允诺,捐银二万两作为建桥资金。一边派严世蕃赶回分宜选择桥址,一边亲赴江浙水乡考察桥型。选址时大家搁置争议,勘察河底,发现清源

20世纪50年代末期的万年桥

万年桥残躯

古渡东部的一处水面之下，巨石横亘，平坦如砥，若天设地藏的佳址，可以累石立墩；如果稍往两边偏移的话，那么水下都是浮沙，就无法作为桥基建桥。于是建设者就在这块巨石上筑起柱墩。由此可见，万年桥的选址非常关键，又特别巧妙，它正好建在天然巨石之上。正因为有如此精准的选址，正因为有了天意与人工的巧妙结合，所以万年桥后来被作为巨石基底的古桥代表，收入在世界第一部《中国古代建筑辞典》之中。此外，严嵩往来"吴中"(明代文人称苏州为"吴州"或"吴中")，阅桥而美者，默记心中。于是征匠买石于"吴州"，运山伐石，载以巨舟，溯长江，入鄱湖，下赣江，在河水较浅的樟树镇中转，换乘数百只小船溯袁河运到分宜。此外，石材不够，又从分宜当地的洋江取了一些石料。与此同时，派人勘测地势水位，请行家设计桥的型制，调来了五府九县的能工巧匠，砌墩卷拱，刻碑雕兽，各尽其职。建桥工程始于嘉靖三十五年(1556年)九月，由于严嵩的亲自过问和省、府、县各级政府的大力支持，加上分宜百姓的积极参与，嘉靖三十七年(1558年)六月桥就建成了，历时一年零十个月。当分宜百姓修书前来表示感谢，称此"是为万人之缘、万年之利也，吾侪敢不德公之赐"，严嵩谦逊地归功于皇上。为了不忘皇恩浩荡，为了祝福嘉靖皇帝像天地一样万寿无疆，严嵩特意命名为“万年桥”。

### 2.万年桥的构造与特点

万年桥是一座拥有十一个桥孔的大型石拱桥，它全长1200尺，宽24尺。(按照明嘉靖牙尺每尺0.32米的长度换算，桥体应长384米、宽7.68米)。从结构上看，万年桥结构精美，规模宏大，气魄雄伟，是中国古代劳动人民智慧的结晶。从桥的分类上看，分宜万年桥是矢跨之比大于1/4的半圆拱桥，自上而下，可分为面、身、基三段。桥基是天然的岩石基底，基底上的十座桥墩用长方形千枚砂岩垒砌而成，每个桥墩上端的两面都有用正方形石柱雕成的吸水兽，兽头嵌于桥身之中，兽头融合了狮、虎、熊三者的形象，或张口，或闭嘴，表示吞吐河水，以作为驱邪护桥的象征。桥墩分为迎水面(又叫逆水面)和顺水面，从桥墩迎水面呈锥状坚挺的分水金刚墙，自外至内有分水尖、雁翅墩、凤凰台三部分，如果说雁翅墩像一把刀的话，那么分水尖就是刀刃。分水尖分开河水，雁翅墩引导着分开来的河水流入桥墩两侧的拱洞，凤凰台则是应付桥体错位的。它们分工合作，既奇伟挺拔，予人以艺术上的审美悦感；又分滔析浪，减缓了河水的冲力，巧妙地发挥了桥基的自我保护功能，使得桥体经历四百四十多度春秋的风风雨雨而岿然不动！

再看桥身，砌了十一个桥孔，中拱最大，跨度达14.4米，愈往两边，拱圈愈小。桥拱采用的砌置方法是当时最好的造桥技法——纵联分节并列砌置。说起造桥发券技术，也存在着一个技术发展历程。最初的造桥发券筑拱技法是“纵向并列砌置”法，这种砌筑拱圈的方法，最早见于汉代，用于陵墓的券拱，它使整个拱圈“化整为零”，再逐一砌筑合拢。

万年桥采用的“纵联分节并列砌置”法，是当时最好的造桥技术，它的每拱皆是纵联分节并列砌置而成，扇面形拱石虽然呈纵向排列，但都不能形成单独的券；因为它是按横向分成若干节，逐节砌置合拢，而在每两节纵联的拱石之间，横向联砌一条长度与桥的宽度相等的铰石，铰石两侧的榫头与卯槽，分别与拱石的卯槽与榫头相连接，以便连锁上下两排拱石。这种运用铰石作为中介的多铰连接技法，是至迟出现于明代的造拱技术，它既利于拱桥的侧向稳定，又能使桥上的负重较均匀地分布到各个拱石上，以免轻重悬殊。至于桥面，则宽阔平整，铺着大青石板，桥体的石缝间用糯米汁、桐油拌石灰黏合在一起，比较牢固。万年桥桥头和柱顶上雕刻有形态生动且姿势各异的石狮，或雕成凉伞式、宝株式、葫芦式等各种形态，两侧竖有两排栏杆，栏杆之中分布着若干望柱，望柱之间嵌扣着栏板，栏板雕饰精美，装饰有龙、虎、狮、象、白鹤、凤凰等珍禽瑞兽和海棠花瓣、缠枝牡丹(寓意为富贵万代)、宝相花开、花草拐子等卷草纹组合的奇花异卉。这些雕饰皆刀法雄健，雕刻精细。而在桥北五百步的地方，有一个龙头龟身的赑屃，驮着二米高的严嵩撰写的《分宜县万年桥记》碑。相传龙生九子，不成龙，各有所好。赑屃为龙的九个儿子中的一位，喜欢负重，故被用作碑的底座。

总之，万年桥反映了元明清时期江西建筑技术的一些新的特色，尤其是反映了明清两代江西在路桥工程建筑方面所达到的新水平。因此，由江西省社会科学院历史研究所、江西省中国农业考古研究中心主办的《农业考古》1992 年第一期“江西古代科学技术史”专号，就将分宜万年桥与江西南城万年桥、抚州文昌桥一起，作为中国大型石拱桥的典范和路桥工程的典型代表收录其中。

### 3. 万年桥沧桑经历及古韵幽情

自从嘉靖三十七年(1558 年)万年桥建成以来，就成为分宜古城的重要交通枢纽。它不仅是一座宏伟的建筑工程，也是一座文化名桥，它承载了许多文化的内涵，像一个历史老人，见证了喧闹繁华的市井风云和那一幕幕苍凉古老的悲喜剧。

万年桥桥侧的吸水兽

经过风雨侵蚀和天灾人祸的破坏，万年桥逐渐老化。早在建桥之后的一百年，严嵩的曾孙——参将严云从重建碑亭。清乾隆七年(1742 年)万年桥东侧石栏发生了倾斜与位移，分宜介桥严姓合族重修。1921 年分宜集资重修第三孔。1946 年，桥南第四墩塌石过半,分宜县参议会拨款百万元修缮。新中国成立后,万年桥桥面加铺水泥,成为安分公路的主要桥梁之一。1958 年,人民政府为了兴利除患,决定兴建江口水库。分宜人民服从大局需要,做出牺牲,离开千年家园,将分宜县城迁往原介桥公社的谭家边村。不久,江口水库建成蓄水,万年桥也与分宜古城一起淹没于万顷碧波之中。20 世纪 70 年代,为了勘测及通航的便利,跨度达 14.4 米的中拱被炸毁,万年桥再次遭到重创!自从万年桥被废弃之后,附属文物也散落各处,桥上的石碑被移至严嵩故里介桥的严氏祠堂,石狮、石龟、栏板石雕被挪至他处,部分文物后来被分宜县博物馆收藏。

尽管万年桥饱经风霜,备受摧残,但终于顽强地保存下来了。它的身躯虽远不及初建时绵长,但它的残长仍有 174 米。它随着水面的涨落而沉浮不定,或"潜龙勿用"(《周易·乾卦》),伏于水下;或"神龙见首不见尾",或"半梦半醒",半身浮出;或"飞龙在天"(《周易·乾卦》),全桥显露。万年桥这种海市蜃楼般的妙趣,这种历尽沧桑的残缺之美,使之成为游人竞相凭吊的胜地,也使得无数韵士竞折腰!1988 年的孟冬,在江西分宜参加全国性的"严嵩与明代政治学术讨论会"的国内外学子,兴致勃勃地驱车前来体验万年桥的古韵幽情!学子们或三五成群,窃窃私语;或独步桥头,凭栏远眺,似乎都在抒发各自的怀古幽情。

### 4.关于万年桥的诗文

#### (1)严嵩撰写的《分宜县万年桥记》

分宜邑治,前瞰秀江,源发于楚萍,至此渟滀。而邑之西东,限以两山,束以巨峡,每春夏之间,水瀑溢汹涌,往来者以为病。迤东数十步,有清凉(按:或作"源"字)古渡,路当要冲,有司济以二艇,间敛富民,斥官帑比舟加板,联为浮桥,以通济之。然水稍泛激,桥复断,病涉犹故。而一造费数百金,越四三年辄坏。居民行旅,盻江涨而回辙,迫则纵舟横奔而渡,频罹覆溺。顷岁,子侍郎世蕃以事归,尝两捐金造舟与桥,民颇称惠。然邑父老谓必造石桥,庶可永久,而费则巨万。合词诣蕃以告,复致书京师,以告于予曰:"公为宰执,当为斯邑建千古长计。"予私自念:"屡岁荷蒙皇上赐金,虽尝捐造宜春二桥,而此举犹不可已,父老言良是。"乃兴石桥之役,始度地相址,议者争论东西弗决。有指今处者曰：盍在斯！乃柜水畚土探其底，则下有巨石横亘，其平如砥，遂加石立墩，稍移之东西，则深溪浮沙，邈无涯涘。信异哉！若天设地藏焉。先是予往来吴中，阅桥而美，于是征匠买石于吴州，运山伐石，载以巨舰，溯江而入湖，至于樟镇，滩水浅固，易数百小舟，乃获抵于分宜。而石犹不敷，将往吴复买之。一日，乡氓来告，邑西洋江之岨有石，盍采诸？往穴数处，果获石，坚大丰盈，用遂以足。既谋合材集制，定工兴酾水为道，凡十一空，其长一千二百尺有奇，广二十四尺，翼以两栏如其长之数，计用白金为两万余。县令许侯从龙出力经画。侯，吴人也，故计处甚习，以被召去通府。曾君大用来署邑，嗣理之，寻以他务去。典史周承源，耆民张浍、王治隆、张梧专董其役，郡守张公任节，推苏君景和时程督劝劳有加。巡抚中丞前可泉蔡公，继钟阳马公，巡按侍御五台徐公行步，至皆亲枉临视，申勅(敕)群吏，罔敢弗共。经始于嘉靖丙辰秋九月，讫工于戊午夏六月。行者嘻嘻，获履坦途，易危以安，罔不称便。夫自有天地，则有此山川，历今凡千百载，桥渡之建，古今人非不欲创构之也，悉阻于时力而有所不能。予始者，惴惴然以难成为惧，既而祷于山川，以徼神明之佑，又赖诸贤大夫之力，皆克有成。噫！亦难矣！父老以书来谢，曰："是为万人之缘，万年之利也，吾侪敢不德公之赐！"予曰："非也，吾非历仕之久，叨锡与之隆，其曷能焉？此吾君之赐也！自古人臣受君之赐，则作为铭识，以示弗忘。江汉之诗，曰作召公，考天子万寿，盍名斯桥曰：'万年桥？'以无忘圣天子之恩，以仰祝万寿与天地相为无穷焉！此吾之志也！"遂勒石以记。

### (2)胡寿先初至万年桥诗

万年桥畔歇笙歌，桥下风轻水不歌。雾霁千仙骑石豹，沙明一练带银河。
山城日晚寒光薄，古寺钟稀帆影边。为道昔年兴废事，沧江是处满烟萝。

## (二)缑陂桥

缑陂桥，亦称勾陂桥，是花岗岩石所砌的五孔石拱桥，桥跨蒙河支流，位于新余市区以北三十五公里的渝水区水北镇勾陂村西北 400 米处。

究其渊源，缑陂桥的雏形是石墩架木而成的简易过渡工具，明代乡民敖东山始改砌为石桥。此后年久失修，清康熙三十八年(1699 年)，乡民敖斯行经

过两年募化维修，恢复了塌圮的三个桥墩，道光二年(1822年)再次重修。

该桥坐东偏南20°，朝西偏北20°，通长52.15米，原宽4.32米，现宽7.08米，桥面距4月水位高5.14米。该桥为多孔式实腹拱桥，共有五孔，分别为右梢孔、右边孔、中孔、左边孔、左梢孔；在正面中孔上端原有一石雕坐僧，现被挪于右梢孔与右边孔之间的分水尖上，中间桥墩头还有石雕石狮子一对。它共有四个分水尖，仿佛护卫桥基的四大金刚，将迎面冲下的急流，分而缓之，使之穿越桥孔而去。

水北镇勾陂村西北缑陂桥背面(顺水面)

1983年，该桥遭到了一次建设性破坏。当时有关部门也不与文物主管部门协商，擅自改造此桥，把桥面石块抽走，改成水泥桥面，并加宽桥面，筑起钢筋水泥栏杆，还在伸出桥体正立面的四个分水尖上加筑四个水泥墙墩，以支撑变宽了的桥面，并在桥的两头的两侧修了四堵水泥护墙，这样一来，便改变了它的原貌，违反了对于文化遗产不得改变原貌的规定，也违反了古建筑保护“整旧如旧”的原则，大大贬低了它的历史、艺术和科学价值。庆幸的是桥基完好，古采依旧，只是相较以前，黯然失色罢了。

### (三)檀步桥

檀步桥位于渝水区水北镇镇政府东面，桥跨蒙河(颖江)支流，是一座麻石砌成的多孔式拱桥。

此桥最早为木结构桥梁，为生活在宋末元初的县丞(正八品)黎立心以檀香木建成，取名为檀木桥。元朝初年，乡民敖景山重建。清雍正四年(1726年)

桥体再次塌陷。这时候，该乡家业颇为丰裕的老人敖斯行，因儿子亡故、孙子年幼，而致力于公益事业，施舍救济，修桥补路，以积累阴德，福荫后人。雍正七年(1729年)十月，敖斯行老人立下大愿，开始修复檀步桥。他采集石料，召集工匠，当他所捐修桥费用不够时，他又毅然变卖家产，以成就修桥事业。由于原桥的左拱所落之处尽是浮沙，桥基不稳，屡修屡塌，难以持久，于是他将桥稍作挪动，移建于原址下数尺之处，整个修桥工程于雍正九年(1731年)十月竣工。紧接着敖斯行老人整治了檀步桥的周边环境，他砌好了桥东侧被冲决的百十余丈堤岸，修缮了桥两侧的城隍、关圣各庙。为奖励敖斯行老人的义举，檀步桥又被称作“老人桥”，而新喻知县景四维应众乡绅所请，为让敖斯行老人的义举永垂史志，撰写了《水北老人桥记》，后被收入同治版的《新喻县志》之中。道光二年(1822年)此桥又得到重修。

水北镇檀步桥顺水面

檀步桥坐向为坐北偏东49°，朝南偏西49°，与坐东北向西南的方向稍有偏差。桥长36米，宽5.15米，高4.9米，为三孔拱桥。桥拱采用“纵联砌置”方法砌成，在砌筑拱圈时，拱石纵联交错，有如砌眠砖墙，已不见独立的一券。这种砌法最为普遍，其优点是较容易保持全桥的整体性。右边孔(西边孔)、中孔、左边孔(东边孔)跨度分别为5.47米、6米、5.7米；三个桥孔的券脸皆内凹，其中，中孔的券脸宽21厘米。而三孔之间的桥墩前面，砌有两堵宽度皆为2米的分水金刚墙，从这两堵分水金刚墙伸出桥体逆水面(迎水面)的尖墩为东、西分水尖。两个分水尖将迎面涌来的水流分开以减少桥基所受的冲力。它们的底脚斜长分别为2米和2.8米，身上长满杂草和灌木。两个分水尖上本来都有圆雕石狮，但东面分水尖的尖头已被折断，石狮也附着在尖头一起，栽落于桥底，后被人搬走；西面分水尖上的石狮，面向东方，还保持着张口抓球的矫健姿态！

此桥桥面基本平整，桥面除了中间，都铺着浅灰色的石板；而中间一线则铺着天蓝色石板。这样桥面中间一线非常醒目地显现出来了，起到了左右分割，让行人各走一边的交通警示作用。桥面两边原有石栏杆，现已全毁，只剩下长方形柱洞若干。此外，桥体左右雁翅墩的逆水面和顺水面的立面都有石雕花卉，两个雁翅墩的两侧原有四堵护墙，现仅存三堵，而且长短不一。迄今为止，此桥仍在发挥它的作用，不时有车马行人从桥上经过。2005年被新余市政府公布列为市级文物保护单位。

### （四）蓉泉桥

在渝水区水北镇排江村东头，有一座小巧玲珑的实肩单拱式石拱桥，桥跨蒙河支流颖江，当地村民根据地望自豪地称之为“排江桥”。此桥苔茸毯砌，薜蔓衣石，浑身散发着古典气息。它既是新余市迄今为止所发现的唯一有纪念诗和纪年款的古桥，又是迄今为止唯一被列入省级文物保护单位的古桥梁。

蓉泉桥通长8米（不包括引桥），体宽2.1米，桥的坐向为东北向，桥面距4月上旬水位高2.21米，桥孔的券面厚23.5厘米，桥孔的两端翼以雁翅墩，墩的高、阔分别是1.6米、4米。桥体有迎水、顺水两个侧面，而最令人注目的是迎水面的桥孔上端的券脸，其表面有首阴刻楷书小诗：

“排江之东
蓉泉流带
月石中隆
永世咸赖
万历八年
简叔辂题”

水北镇排江村蓉泉桥迎水面上端券脸石上的题诗

小诗右起竖列成四字一行的六行，共二十四字。诗中提到的“蓉泉”，是明代新喻排江人简霄

水北镇排江村蓉泉桥迎水面

的别号。

简霄,字腾芳,又号一溪,邑庠生,以诗中弘治十七年(1504年)乡试。十年后,举正德九年(1514年)进士。1515年10月5日,初授湖广荆州府石首县知县。1516年3月27日,调任湖广黄州府黄冈县知县。1519年12月13日,因吏部急缺风宪官,擢为山西道监察御史。1525年6月22日,由于擒捕尤溪等县劫财杀人、积年为患的地方盗贼,因功升俸一级。1527年7月8日升大理寺右寺丞。不久,因亲丧回家守制。1533年10月5日起复原职,改补大理寺左寺丞。在大理寺任职期间,由于平反冤案,声誉鹊起,遂提任都察院右副都御史巡抚河南。1536年3月6日,因"剿平强贼"之功,赏银25两、纻丝2表里。1536年12月1日升为南京都察院右副都御史提督操江,兼管巡江。随后,又擢任南京兵部右侍郎。1539年11月25日,由于奉命护送慈献皇后梓宫南祔显陵之功,赏银20两、纻丝2表里。随后,乞休回籍,卒于家中,赠尚书,葬上岀山。遗著有《历代奏议及政要》、《蓉泉漫稿》(也作《蓉溪集》)等书。

再看看蓉泉桥的那首小诗,从诗句推敲,此桥的创建有两种可能:一为简霄所建,后人题诗其上,以证其源;一为后人纪念简霄所建,并刻诗为志。从他创建时间来看，虽然建桥的具体年代无法得知，但最迟不会晚于明万历八年(1580年)，况且，简叔辂是简霄的侄孙。

此外，蓉泉桥左雁翅墩迎水面的外沿，衔接有呈直角转折的踏步，其下为小码头，是乡姑村嫂洗衣淘物之所；而左雁翅墩顺水面有一个因麻石被抽走而形成的残口。

总之，蓉泉桥基本完好，虽然桥面因石块的自然风化和人为破坏，略显凹凸，但桥体遍布的苔茸和丛生的薜蔓、野草，既为古桥本身增添了不少雅韵，也使目击者漾起了潜伏在心灵深处的怀古幽情。2006年，该桥被江西省政府公布列为江西省文物保护单位。

### (五)状元桥

状元桥位于分宜县杨桥镇东南湖丘村西南，桥跨杨桥河支流，因江西第一个状元卢肇而得名。迄今为止，关于卢肇的美好传说和人文胜迹非常丰富，然而在所有关于卢肇的人文遗迹中，只有状元桥保持了朴实无华、隽永庄重的风貌，并且与周边的田野风光很好地融为一体，达到了“虽由人作，宛若天成”的审美效果。

杨桥镇湖丘村状元桥券脸石所刻太极图

#### 1.状元桥的创建缘由

关于状元桥的创建有两种说法：一是唐会昌三年(843年)乡民为迎接卢肇状元及第、回乡路归而建；一是唐中和二年(882年)建造，这年卢肇逝

杨桥镇湖丘村状元桥

世于吉州任上，灵柩送回家乡。当时该桥尚未竣工，家乡父老听说是卢肇灵柩，临时架板通过，后来为纪念状元卢肇，乡民们将该桥命名为状元桥。总之，状元桥始建于 9 世纪 40 年代至 80 年代间，但经过数百年风霜雨雪、天灾人祸的破坏，原桥早已荡然无存。现在保存下来的状元桥，为明代按原貌重建之桥。

### 2. 状元桥的构造

从桥型分类来看，状元桥属于实肩单拱式石拱桥。它长 12.4 米，宽 3.42 米，桥面铺砌青石板，券跨径 5.2 米。券拱以长方形花岗石纵联砌置而成。采用这种造桥方法砌筑拱圈时，拱石纵联交错，有如砌眠砖墙，已不见独立的一券，它的优点是比较容易保持全桥的整体性。

从坐向来看，状元桥桥身呈南北走向，桥孔两端分别对着东、西两个方向。它的桥拱西面顶端的券脸石上刻有“状元桥”三字；而桥拱东面顶端的券脸石上刻有太极图的装饰图案。由此可见，亲近状元桥，欣赏状元桥，可以见证中国古代的环境规划水平、建筑技术水平，可以感悟中国古老的文化理念。正因为它那独特的历史、科学、艺术价值，所以 1984 年 5 月 6 日被公布为新余市第一批市级文物保护单位。

## （六）青云桥

在新余市城南虎瞰山南麓的南门外，有一座古老的浮桥，横跨袁河两岸，这桥名叫青云桥，又名秀江桥、云津桥。它由十二箱木舟(每箱三舟)、两条大链索、九块钢锚石及沿岸护堤构成。桥上人来人往，川流不息。

很早以前，这里虽说山水秀美，但因无桥点缀，总有美中不足之憾，且行人往返，乘船摇渡，既不安全又不方便。

南宋绍兴年间(1131—1162 年)这里就建有浮桥，因为河水中流有秀水如练带，所以浮桥被命名为秀江桥，后来浮桥废弃了，改为乘船过渡。淳熙十四年丁未(1187 年)冬，县尹李景和、邑士丁南隐、承事郎谢岘开始废渡建桥，淳熙十六年己酉(1189 年)秋天竣工，尚书谢谔书有“秀江桥”三字桥匾，杨万里撰有《新喻县新作秀江桥记》。嘉定三年(1210 年)再建于新喻县学宫之西，知县徐澄亲题“秀江桥”桥匾。

此后，县中绅士认为浮桥挡在县学之前风水不利，况且这里通往农村的“乡”“都”很少，大家一致认为将浮桥迁往东面更为方便，东面可到达5个乡、35个都，能最大程度发挥浮桥的价值。迁桥方案定下来后，县东白水塘进士李梦熊出资，于嘉定七年（1214年）将浮桥移建于学宫之东，尚书章颖改题为“云津桥”。

青云桥

历年既久，蟠龙寺僧迁之于水河门。元贞元元年（1295年），新喻因有户五万由县升州，后至元四年（1338年）知州李汉杰仍将浮桥迁移到了云津门。元至正十二年壬辰（1352年），因元末农民起义军——红巾军与新喻地方武装的战斗而被毁。元惠宗至正二十六年丙午（1366年），浮桥再建于水河门。明初，新喻由州降为县。洪武二十一年（1388年），知县黄震再一次迁建浮桥，名儒梁寅撰有《重修秀江浮桥记》。宣德八年（1433年），知县洪钧重建浮桥于学宫之西，景泰五年（1454年），知县蔡澄另外又建一座浮桥于学宫之东，这样新喻县城南面的袁河水面就有两座浮桥，东西对峙，上下相望，人称上、下浮桥，上浮桥又叫西浮桥，下浮桥又称东浮桥。此时，青云桥达到了它的鼎盛期。

明末，天下大乱，清朝入寇，两座浮桥均毁于兵燹，记下了青云桥的悲愤与无奈！

此后，老百姓只能乘船过渡，船覆人溺事件时有发生。清康熙六十年辛丑(1721年)三月，舟渡沉没者数十人。没过十天，艄公装载胥吏过渡时再次发生溺亡事件，新喻知县张景苍深感痛心，于是捐出俸禄，倡募重建东浮桥于云津门外。建桥之时，全县上下积极响应，“欢然斫木为舟，结石为堤。三越月而桥落成，计十有三箱，凡箱三舟，外小渡舟三，桥之练(链)索二，计几十丈尺，钢锚十有一口。桥之北建水府祠一，东西房各二，俾桥子栖止看守，启闭均无失时”(《新喻县志·晏体仁张公桥记》)。桥的南北岸还建了两座牌坊，一坊题额为“秀江天堑”，另一坊则题额为“云路虹横”。张景苍还吸取了浮桥自宋、元、明三代以来，“兴废无常，利病相仍”的教训，建立起了浮桥维护的保障机制：“捐置马坊塅田园、山塘等计粮三十石二斗为桥庄，头人捐修庄居，庄计宇五栋，庄厅五，厅房十有余间，岁董桥庄事六人，支给桥子工食，扣纳桥粮，……”设置桥庄，保证了浮桥的管理和维护经费的来源，使得浮桥长存不朽，老百姓于是又叫此桥为“张公桥”，以感谢知县张景苍对百姓疾苦的关怀之心。

青云桥自修筑以来，是新喻县城横跨袁河两岸的唯一通道，它的重要性在众桥之中名列首位。清康熙六十年(1721年)是它最后一次复建，此后它也一直发挥着沟通县城与袁河南岸交通枢纽的作用。直到1966年8月新余袁河大桥的建成通车，才使得青云桥的作用与地位降低，但它仍然发挥着它的辅助作用。

### (七)江南桥

江南桥位于渝水区欧里镇白梅村的西南面，桥梁坐南向北，为多孔式拱桥，桥跨孔目江中游涂塘水。桥长约40米，宽约4.22米。桥体共有五拱，分别是中拱、东边拱、西边拱、东梢拱、西梢拱。桥拱的砌法采用的是纵联砌置之法，即砌筑拱圈时，拱石纵联交错，有如砌眠砖墙，已不见独立的一券，这种砌法最为普遍，其优点是较容易保持全桥的整体性。

江南桥的桥体每拱拱圈的两面皆设券脸一圈，券脸皆是从桥体两侧凹进一二寸，在光线的映照下产生了阴影，使拱圈的轮廓线有立体感，并且清晰、优美。该桥券脸的砌法是在每个拱圈的两侧，用券脸石陡置贴砌一券，使宽面内外向；并与数道横向联石相交砌，把券脸石联成一体，自成一券。桥梁逆水面共有四个分水尖，分水尖从中间的四个桥墩延伸过来。侧面看分水尖，分水尖尖嘴犹如鸟头，四个分水尖犹如四只展翅欲飞的鸟儿。该桥的分水尖除了分开河水，护卫桥基之外，还有两种艺术效果：从桥体侧面看，分水尖像飞翔的鸟儿，如果你站在桥面上俯视分水尖，分水尖犹如伸出脑袋的乌龟，尖头就像龟头，分水尖其他部位则像龟颈及龟背。龟背上长满青绿色的杂草，更像绿毛龟。如果你仔细观察，还可在龟头的顶门上看到雕刻的花纹，由于长年风雨的侵蚀，花纹已经看不真切了。分水尖这种结构力学功能与艺术仿生功能的完美融合，反映新余传统文化中的“天人合一”的思想，审视今天的一些现代建筑，只有建筑结构力学上的功能，没有任何艺术仿生功能，是建筑与文化割裂的怪物，没有任何审美价值！是一些没有灵魂的钢筋水泥的森林！

在江南桥顺水面的东南岸，还有一座砖塔，塔的上部及塔刹已残，只留下塔基及三级塔身。其中第一级塔身中间是空的，其四面开有壶门。据说塔叫焚

欧里镇白梅村江南桥顺水面全景

笺塔，是过去白梅村学堂中的先生与学童焚烧废笺之处。白梅村有着浓厚的学习传统，这些文人学子刻苦自学，以纸笺练字习文，写满作废之后，全部拿到焚笺塔中去焚烧。

如今，江南桥仍然发挥着它的作用，桥面后来铺了水泥路面，至今仍是车辆人畜通行之桥。它既是白梅村交通枢纽，又是白梅的一道美丽的风景线。如果从桥的顺水面观赏桥景，桥体的五个桥孔及水中倒影清雅迷人。我们的视线通过桥体之上和桥孔之中，可以看到房屋成片、繁华富庶的白梅村。桥体两边土岸的青草及绿树陪衬其旁，远处的山峰连绵起伏，护卫着白梅及白梅村口的江南桥，真不愧是风水绝佳的好地方！

## （八）观澜桥

观澜桥位于分宜县杨桥镇建陂村东南 200 米处，桥跨杨桥河，为花岗岩石发券砌成的石拱桥。

杨桥镇建陂村观澜桥顺水面

建陂村为黄氏宗族的聚居地，黄氏宗族是一个历史悠久、文化底蕴深厚的宗族。据《分宜建溪黄氏族谱》记载：黄氏宗族本黄帝之苗裔，周朝开国功臣黄飞虎、战国时春申君黄歇、秦汉之际传授张良兵法的黄石公、汉宣帝时累官扬州刺史封建城侯的黄霸、三国时蜀国大将黄忠、北宋江西诗祖黄庭坚皆为建陂村黄氏祖先，建溪、建

观澜桥青石铺砌的具有历史沧桑感的桥面

水乃至建陂的得名，也许就取自于黄霸建城侯的封号。建陂村本有两座石桥，号称建水双桥，观澜桥在双桥中是较后建造的桥，而在黄氏聚居地上首通往上高的路上，孔爵公黄鼎元曾建有一座石桥。其水自台上横塘发源会聚于黄氏聚居地左面，诸水悉于此经过，汇流其间，所以十三世祖香斋公黄鼎高于康熙四十年(1701年)在此兴建观澜桥，既便利交通，又可起到关锁风水的作用。

观澜桥坐向为坐南偏西10°，朝北偏东10°，桥长32.4米，宽5.96米，桥高8米。此桥为三孔式石拱桥，中孔稍大一些，东、西边孔则稍小一些，拱圈采用“纵联砌置”之法，砌筑拱圈时，拱石纵联交错，有如砌眠砖墙，已不见独立的一券，其优点是较容易保持全桥的整体性。该桥上面原有廊亭，是为廊桥，所以村民才称之为亭子桥。桥上的廊亭，既可为车马行人遮蔽烈日或风雨，又可以保护桥面不受风雨霜雪的侵蚀。遗憾的是如此美妙的廊亭却在20世纪60年代被拆除！虽然如此，从桥体两侧保留下来的一截截高矮不一、互不连贯的三合土廊墙来看，还可以推断出当年廊桥的风采。

观澜桥的逆水面，砌有两个分水尖，分水尖将来水分开，引导进入两侧的桥洞，起到保护桥基的作用；观澜桥的南面为顺水面，即顺着水流所向的一面。桥面则以青石铺地，错缝而接，桥侧则灌木丛生，藤蔓翼展，给人一种幽雅古朴的审美悦感。

《分宜建溪黄氏族谱·十景诗》所收咏颂建水双桥诗两首如下：

其一：一水分于明镜中，双桥横跨往来通；从心此日劳堪慰，回首当年感未穷；每羡昇(升)仙题柱客，惟(唯)怀圯上授书翁，绿杨影里行人度，两道依稀驾彩虹。

其二：带水潆洄渊复渊，徒江利涉任回旋；彩虹下上双双落，好猜王维绘辋川。

### (九)佩印桥

“形势瑰玮，三台拱秀，一水环带，帽峙其左，华表捍其右，复有水口砻岭、马山屹立，龟石中砥，瀑布飞泉，其声清扬远闻。”这是分宜县钤山镇龚里长富村(原名长溪)《长溪张氏族谱》前言中的一段话，可见这里是一个美丽的地方。长富村有一座单孔石拱桥，又叫佩印桥，也叫长富桥。由于该桥上盖有廊亭，故属于廊桥系列，它是新余市目前唯一保存完好的廊桥。

佩印桥坐北偏东29°，朝南偏西29°，桥长约12.75米，宽4.11米。桥体逆水面北侧立有一块佩印桥碑，桥碑为青石所刻，碑面自上而下，以双钩阴刻法刻有“佩印桥”三个楷书大字，碑面左侧关于建造时间的落款是：“雍正七年岁次己酉孟冬月……”由此得知佩印桥建造时间为清雍正七年(1729年)十月。碑面右侧的建造者名字虽然不够清晰，但通过辨认可以判定桥是长富村张姓世字辈的族人共同捐建的。

铃山镇龚里长富村佩印桥

佩印桥桥下一泓溪水，系松山河支流，桥体为青石砌筑，桥拱砌置采用了“纵联砌置”的做法。它在砌筑拱圈时，拱石纵联交错，形如砌眠砖墙，已不见独立的一券。这种砌法最为普遍，其优点是较容易保持全桥的整体性。桥面也铺以青石，石板之间凹凸有致，古朴自然。桥上建有廊亭，廊亭采用的是抬梁式屋架，为双坡人字顶，支撑廊亭的是遍布桥沿的木柱，柱下设有地栿，以加强柱子下部的联系，稳定桥廊，柱子上端由许多穿枋穿起来形成梁架，梁架上是覆有青瓦的重檐屋盖，重檐中的下层屋檐遮护了整个桥身；重檐中的上层屋檐对应于桥孔位置，位于屋盖的中间，它从屋盖中间耸拔而出，大约高出下层屋檐半米到一米。

佩印桥位于山边小溪与马路之间，也是长富村的风水之水口和进村必经之处。从佩印桥顺水面看佩印桥，具有宁静悠扬的山野之气，所以该村的《长溪张氏族谱》誉之为“虹桥锁峡”之景，并以此景为题记有一首歌咏佩印桥风光的诗歌：

逝者如斯去不回；谁将顺泻倒倾来；桥营百尺流虹彩，亭辟数层压水隈；题柱共钦京兆品，受书还羡留侯林；会看佩印多豪俊，尽日举樽笑语陪。

具有廊桥风格的佩印桥桥面

### （十）建山桥和余家桥

渝水区罗坊镇石子山邓家，由于该村山多卵石，当地百姓充分利用自然条件，以鹅卵石、沙子、石灰、黄泥搅拌成的三合土建造了两座拱桥，一曰建山桥，一曰余家桥。两桥相距两三百米，同跨一条小河（袁河支流陈家江），皆是多孔式三合土拱桥。

罗坊镇石子山邓家建山桥

#### 1. 石子山邓家的建山桥

建山桥为三孔拱桥，位于石子山邓家的村头，是进村的必经之处，可以说是石子山邓家的咽喉。该桥的坐向为坐南偏西16°，朝北偏东16°。桥长20.25米，桥宽2.7米。后来桥面被拓宽，拓宽后的

罗坊镇石子山邓家余家桥

桥面宽 3.55 米。桥面加宽的部分位于桥体逆水面的一侧，加宽的部分使用的是钢筋水泥，故与老桥面界线清晰。桥梁两端树木丛生，郁郁葱葱，水藻浮萍，分布桥畔，把该桥装扮得古朴自然。

该桥为半圆拱桥，拱矢高度与拱的跨度比大于四分之一，小于二分之一。桥梁的三个桥拱皆为半圆形拱，三个桥拱与水中倒影上下相连，形成了三个美丽的圆形，半真半幻，半实半虚，予人以一种宁静安详而又朦胧优雅的意境！该桥的逆水面有两座分水墩，桥的东北岸是一个绿洲，几株高大粗壮的古樟傲然挺立；桥的逆水面西北岸是村民聚居的房屋，顺水面之南侧是肥沃的田地。

### 2. 石子山邓家的余家桥

余家桥位于建山桥的下游，石子山邓家村庄的南面。该桥坐向为坐东偏南 25°，朝西偏北 25°，桥长 22.5 米，宽 2.4 米。桥面靠近逆水面的一侧后来加筑了一道宽 0.6 米的水槽。如果加上水槽高度，整个桥面就有 3 米的宽度。

余家桥为尖拱桥，它共有三拱。三个桥拱中有两个桥拱呈尖拱形，如果从桥体逆水面看，则中拱和北边拱呈尖拱形，两拱拱顶为桃尖形，从拱顶到拱脚不全是曲线过渡，拱壁下端到拱脚采用的是近乎直壁形式。只有南边拱与上述两拱不同，仍为半圆形拱。但总的看来，该桥应为尖拱桥。在我国，建筑上采用尖顶拱始见于明代，大约是受西方哥特式建筑艺术的影响而产生的，据此可以判断该桥的建造时代应该不会早于明代。

余家桥桥身两面苔茸遍布，桥体逆水面设有两个分水墩，分水墩与桥墩相连，分水墩上长满杂草灌木，桥梁两岸绿草如茵，桥下河水清澈，甚至可见水底的水藻、苔藓。桥面两侧为三合土路面，桥面正中有十余块青石板嵌成的独轮车车道，这样就避免独轮车走桥面两侧碾坏三合土路面的情况发生。虽然如此，时间却可以改变一切，俗话说："滴水穿石"，何况是车轮。长期以来，经过无数车轮的碾压，使得青石板中间压出了一条凹槽，使人不得不怆然发怀古之幽情。该桥远离人世的喧嚣，点缀于田野之中，更有一种返璞归真的情趣。

### （十一）神恩桥

神恩桥又名八字桥，建于清光绪元年（1875 年），坐落在分宜县洋江镇纽村自然村窑前杨桥河上，东西走向，横跨杨溪河之上，无桥栏，桥长 60 米，宽

神恩桥

6.2 米，拱高 6.3 米，为三孔石拱桥，有桥碑记，对研究此桥的历史和文化提供了重要的宝贵资料。

### （十二）福星桥

杨桥镇文江村福星桥

福星桥位于分宜县杨桥镇文江村委会文字自然村南面，清道光十九年（1839年）建，单拱青石桥，西南—东北走向，横跨一条小江（杨桥河支流）之上，无桥栏，长21米，宽5米，高4.8米，西北侧桥拱刻有八卦图案，东南侧刻有“福星桥”三字，有阶梯通往桥上。此桥由合族公众筹资所建。对研究古代桥梁建筑技术具有参考价值。

福星桥八卦图

### （十三）八百桥

古意盎然的八百桥石板桥面

良山镇八百桥村八百桥迎水面

八百桥位于良山镇八百桥村北。清代建筑，元至正七年（1347 年）创建，清道光年间重建。20 世纪 80 年代文物普查发现，二墩三孔石拱桥，券拱以长方形花岗石纵联砌置，桥面铺石板，南北向跨八百桥水（袁河支流），破水礅上雕刻蜈蚣图案。

### （十四）登瀛桥

登瀛桥位于分宜县钤山镇防里村南面。单孔石拱桥，2004 年江西省第三次文物普查发现。元代建筑，南北跨枫溪河，券拱以长方形花岗石纵联砌置，桥面铺青石板。防里是元状元欧阳玄故里，不少文人骚客留下诗文，主要有，通判舒容诗："学士归来志未休，虹桥高架步瀛洲。水从碧玉环中度，人向苍龙背上游。鹳鸟忘机随旦暮，鱼龙变化自春秋。只今访古成豪兴，好似相如写柱头"，知县谢利贞、安成诗："状元昔游地，兹桥号登瀛。虹影挂清汉，河流上玉京。仙人飘翩下，车马若云行。倚栏霁心目，高泳忽然成"等。该桥已经列入新余市第二批市级文物保护单位。

### （十五）星拱桥

星拱桥位于钤山镇防里村东南。单孔石拱桥，2004 年江西省第三次文物普查发现。明代建筑，东西向跨枫溪河，券拱以长方形花岗石纵联砌置，高跨拱，桥面铺长条石板，桥两头引路长30米，为石板铺砌。该桥已经列入新余市第二批市级文物保护单位。

## (十六)棣村三合土水陂与拱桥

人和棣村礼陂桥

渝水区人和乡棣村的蒙河支流上有20多处三合土材质的抬水陂坝及拱桥，系明清时期兴建的，至今保存良好并仍在发挥灌溉和交通作用。

### 1.因地制宜的布局结构

棣村位于渝水区人和乡南部。整个村庄坐落在一处开阔的丘陵山地上，地形西北高东南低，地势高于四周田园5～10米，村庄南北两面各有一条蒙河支流，由西向东顺村蜿蜒而下，至村的最东面交汇。棣村北与蒙山遥对，南和笔架山相望，三面环水、依山而建，是一处孕育着700余户、2800余人口的千年古村落。面对特殊的地理环境，棣村的先民为了生计，将聪明才智演绎到极致：因地制宜筑陂抬水，兴灌溉之利；就地取材建桥涉河，行交通之便。南北两条小河上或桥或陂或闸，方圆数公里内竟有古工程遗址50余处，至今完好并仍在发挥作用的有20多处，形成了“桥多、陂多、圳多”的棣村三多现象。通观这些工程的式制，大致可分为三类：

**(1)桥陂一体式**

即桥就是陂，陂就是桥。通常根据地形及河势，择跌水较大之处筑一陂坝，陂坝上端及左右各开一凹形闸口，凹形闸口内侧两端各设槽道，用若干块木板插入槽道层层壅水，以调节水位。在凹形闸口的上端铺设木板联通整个陂坝，就成了一座陂桥。这种陂桥狭窄而桥面不平，只能人、牛通行，交通功能性较差。也有整陂不设凹形闸口、只在陂坝上端每隔一步砌一墩立脚的简易桥，仅能供人跳跃而行。比较典型的当属棣村南面的礼陂，长约45米，陂顶宽约2米，高约6米，其中陂坝迎水方高出水面1.5米。陂坝的中段及南北两端均开有凹形闸门，水分三股，以北端的水流最大，注入一条宽约1米的圳渠，清澈透底，直行200米处流入村庄，可淘米洗菜。此陂的选址布局极为精妙，陂坝建在一处险滩上，多块怪石横亘。棣村先民们就势用三合土填充石块之间的缝隙，整合成一座天然陂坝，落差较大且能做到滴水不漏，殊为精奇。特殊的地形地貌，使得坝体轴线并不是我们通常所见的整齐划一，而呈不规则的弧形。水随圳走、陂依石建，巧夺天工而基础又特别牢固。据村民介绍，该陂历史久远，可能为建村时就有(棣村数千人口的生活用水均来自该陂水源，须臾不可缺少)，至今已千年(棣村建于宋咸平年间，即998—1003年)。其间也曾毁坏，但多在坝体上部，只需用湿拌的三合土修复，工程难度不大。更为称奇的是该陂水源从未干涸过，即使是枯水季节，陂的上游河段已无滴水下来，陂中仍可见泉水从地下源源溢出，且水质更加甘甜可口。据地质专家考证，此处属喀斯特地貌(坝体中的巨石块就是石灰岩)，由此推断此陂可能正好处在地下暗河的隆起冒头地段，陂中的泉水应由从蒙山下来的暗河而来。

**(2)桥陂联体式**

即有桥有陂，桥承担交通功能，陂承担抬水功能，两个工程功能不同但在建筑布局上却联成一体，合二为一。这也依地形而定，如遇河谷深切，多采用这种式制，可减少工程量。从方位上说一般是桥在陂下、陂在桥上，利用河中建桥的桥墩迎水面作为陂坝的支撑，减小陂坝的厚度。比较典型的是坐落在棣村北面小河的沙陂桥，该桥为三孔半圆拱桥，全长 18 米，宽1.9 米，拱矢高度与拱的跨度比小于二分之一而大于四分之一。桥高陂低，陂顶低于桥面约 2 米，陂上端距桥面边（垂直度）约 1.5 米，下端则与桥头墩及分水墩联成一体。陂坝全长 32 米（含北面的水闸），坝体呈矩形，下宽上窄，顶宽约 1.2 米，高出水面的部分约 2 米。站在桥上看，陂中绿水荡漾、鱼翔浅底，湖中风光与岸边的田野风景融为一体，平添一种隽永与灵动的雅韵。此桥桥面基本平整，通体为三合土路面，中间有十余块青石嵌成的独轮车车道，深深的凹槽显示着岁月的沧桑。从该桥陂的形制及建筑材料看，可能是明末清初的产物，但至今仍人来车往。

**(3)桥陂单列式**

即只具有单一功能的桥、陂工程。比较典型的有礼陂桥和青陂。礼陂桥坐落在礼陂下游 80 米处，是棣村与南面数村交通的咽喉要道，处于古代喻北与喻南的“官道”之上。该桥三拱连一，全长 28 米，桥面较宽，有 2.76 米，是棣村已存古桥中规模较大的一座。该桥整体为三合土材质筑成，包括桥墩及水下部分的建筑材料均为三合土。通观全桥，无一砖一石，就连中间两座桥墩的分水尖，三合土夯筑的痕迹仍依稀可辨。在南方地区，石砌拱桥比比皆是，而这种全部由三合土夯筑而成的联拱桥却十分罕见。从桥的式样、风格及建筑材料分析，大致为清中期所建，距今也有三四百年的历史。神奇的是，此桥不仅现在还在使用，而且还升格成为一座公路桥梁，每天车来车往、川流不息。半圆拱桥的拱顶与桥面的厚度仅有 45 厘米，看起来单薄但坚如磐石。为了将河水分开引入两侧，礼陂桥的逆水面筑有两个分水尖，以减缓水流对桥墩的冲刷，起保护桥基的作用。桥体两侧及桥墩上端，藤蔓爬铺、灌草丛生；桥的南岸不远处，立着一个已破败的风雨亭，似乎在抒发怀古之幽怨。滚水陂在棣村的水陂中占了大多数，像青陂这样仅具有单纯的抬水功能。这种陂坝结构简单，依地势而定高度，规模大小不一，一般通过陂坝两侧的圳渠分流河水，灌溉下游两岸地势较高的台田。

### 2. 因材施宜的营造艺术

棣村位于蒙山脚下，处在蒙河水系的冲积平原地带，山多沙多，自古又有利用蒙山丰富的碳酸钙资源烧制石灰的传统。因此,棣村的先民们就地取材,因材施宜,充分利用优越的自然资源条件,研制出一种天然的混凝土——三合土作为建筑材料,用以建造各种工程。走进棣村,就像走进了一座三合土建筑的博物馆:不仅桥梁、陂坝等工程是用三合土建造的,就是当地百姓居住的房屋,大多数也是用三合土夯筑的。

人和棣村沙陂桥

三合土即为黄土、石灰和河沙三者的混合物。它的制作方法主要有两种,一种是干拌,即将这三种原料按一定的比例混合后,倒入模板框中用木槌不断夯实,两侧用硬木反复拍打直至干透。这种方法比较简单,技术要求不高,主要用以夯筑民居、围墙、亭台等。其夯筑技术的关键在于材质干湿度的掌握上:用手抓一把已混合好的三合土,捏可以成团、揉又会散开即可。另外一种是湿拌,即将三种主要原料按一定的比例混合后,还要加拌适量的糯米(捣碎)汁及桐油,有的地方还要加阳桃藤汁。如明代《天工开物》一书中记载:"用以襄墓及贮水池则灰一分入河砂(沙),黄土二分,用糯米、阳桃藤汁和匀,经筑坚固,永不隳坏,名曰三合土。"湿拌的三合土材料,主要夯筑的是桥梁、城墙、水陂、渠圳等大型工程设施,施工营造工艺十分复杂,搅拌及夯筑的技术要求较高,需要专业工匠才能掌握。用这种材料夯筑的工程,坚实牢固,为当今水泥所不及。它既可以承载巨大的负荷,又可以承受雨水的浸泡和冲刷,历千百年风雨侵蚀而不毁。清康熙乾隆年间,用糯米汁拌"三合土"夯筑的北京卢沟桥河南北岸堤,至今坚固如初,使北京南郊从此免去水患之害。《中国桥梁建筑史》记载,用糯米和牛血等拌"三合土"夯筑的桥梁遗基,与花岗岩一样牢固,除坚硬之外还有韧性,用铁镐刨时会迸发出火星,有的甚至要用火药才能炸开。棣村方圆数公里范围内，为什么能遗存如此众多的古代三合土工程及古建筑物遗址，由此可以得到合理的解释。

从广义上讲，三合土建筑应属于生土建筑的范畴。考古发现最早的生土建筑，是辽宁省牛河梁的女神庙，为新石器时代晚期所建，距今有5500多年，由此可以证明至少在五千年以前，我们的先民就掌握了夯土为基、版筑为墙的"茅茨不翦"技术。从原始社会的生土半穴居式，到商周时期的生土建筑房舍，从北方的"梁柱式"夯土技术到南方的"穿斗式"版筑技术，三合土夯筑工艺不断发展，技术不断进步。秦汉时，政府设置了专职的"版筑官"，北宋时期为了规范建筑工艺，政府又颁行了《营造法式》，目的都是为了规范统一各种三合土建筑物的设计、结构、用料和施工。例如，建筑物角度和坡度曲线及其画法，材料配方与所用框槽几何形状的计算比例，确定垂直和水平的方法，等等，均已达到了现代建筑科技的水准。到了明清时期，三合土配方及夯筑技术突飞猛进、日新月异，不再局限于版筑简单的房墙，而更广泛应用于各种复杂构造的水利交通工程，且讲究装饰和式样的多变，并与中国传统文化要素融成一体，达到了三合土夯筑艺术的巅峰状态。在砼发明之前，这种天然的混凝土是使用最广泛也是最坚固的建筑材料。根据谱牒记载及村民讲述，棣村三合土工程的主体部分修建于清朝及民国时期，最早的可追溯至宋、元、明时期，正好处于三合土夯筑技术飞速发展的时段。因此，棣村现存的三合土工程，设计巧妙，做工精细。例如桥陂联体的沙陂桥，整体就像一个模子倒出来的，桥体平整光滑，棱角分明；桥拱造型优美，与水中倒影上下相连，亦真亦幻，半实半虚，构成了三个美丽的圆圈，宁静安详而又朦胧幽雅，极富艺术感。棣村的三合土工程遗址众多，事出有因，但屡毁屡修，承传有序，有的至今仍在发挥作用。具体到每座工程准确的修建年月及工匠已难以考证，但当地普遍掌握了三合土夯筑技术及拥有专业建筑队伍的事实无疑。据知晓三合土夯筑技术的工匠透露：建造一座水陂或桥梁，通常要经过确定坐向、截水导流、开挖地基、夯打石脚、架设模板、版筑夯墙、出水装修等多道工序才能完成，往往需要几个月乃至一两年时间。版筑，就是利用木制框槽规范墙体而使用木杵之类的工具夯实土质，使其结构紧密、墙体平滑、坚固美观；配料要十分讲究，三合土质量的好坏直接关系到工程的坚固性，因此配方往往为极少数工头掌握，秘而不宣。一般选用黏性较好含砂质较多的黄土作为主料，如果黏性不够，还要掺上“田岬泥”（又称“田底泥”，即水田下层未曾耕作过的黏土），并按一定比例掺进细河沙和石灰以及少量的桐油、糯米汁等，经过充分搅拌均匀并放置一段时间发酵后才能使用。在夯筑墙体时，有时还要放进竹片或木筋作为骨架。这种夯窝尺寸和掺和沙土的配比，夯筑方法和木筋骨架的植入，均与古代夯土版筑技法如出一辙，就其本质而言是现代钢筋混凝土成熟技术的先行与启蒙。

用有机物拌和“三合土”作建筑物的工法，在史料中屡有所见。《宋会要》记载，南宋乾道六年（1170 年）修筑和州城，“其城壁表里各用砖灰五层包砌，糯米粥调灰铺砌城面兼楼橹，委皆雄壮，经久坚固”。明代修筑的南京城是世界上最大的砖石城垣，以条石为基，上筑夯土，外砌巨砖，用石灰作胶凝材料，在重要部位则用石灰加糯米汁灌浆，城垣上部用桐油和土拌和结顶，非常坚固。用有机物拌和三合土作建筑物的胶凝材料及其工法，是中国古代人民的伟大创造，在世界建筑材料进化史上做出了重大贡献。英国著名科学家史学家李约瑟在《中国科学技术史》一书中写道：“中国的那些发明和发现远远超过同时代的欧洲，特别是公元 15 世纪之前更是如此。中国保持着西方国家所望尘莫及的科学知识水平。”中国古代建筑材料发展的过程是，从“白灰面”和黄泥浆起步，到石灰和三合土的混合，进而演变成石灰掺有机物的胶凝材料。棣村乃至渝钤大地上遗存的这些三合土古工程及建筑物遗址，特别是干拌到湿拌的工艺技术革新及搅拌、夯筑技术的改进，有力佐证了这段辉煌的中国建筑材料进化史，具有重要的科学研究价值，是弥足珍贵的文化遗产。

### （十七）马洪杏坑风雨亭

有句唐诗云：“何处是归程，长亭连短亭。”这诗告诉我们，在我国广袤的大地上，隔个三里五里路就会有一座遮风避雨的风雨亭。这是真的，绝对不是信口开河。以马洪走江东为例，一路上就有杏坑、花鼓山、下村、竹子棚、胡家等五座亭子。至于马洪办事处（原马洪乡）境内，这样的亭子足有整整十座。

大凡因为修了公路、很多人行道不再有人走的缘故，十座风雨亭中有马洪走山南的上塘亭、洪陂走严家脑的江边亭、马洪走石龙的太港亭等八座亭子在近三十年内先后倒塌，夷为平地。目前只剩下山南闹上走邹塘的茶山亭和马洪走杏坑的风雨亭，而茶山亭也因年久失修，墙体破损，没有了往日的风光，只有杏坑风雨亭仍容光焕发，迎接过往路人。

杏坑风雨亭在村前癞里山脚下的公路边，它是什么时候建的，无从考起。这座风雨亭距杏坑不足 300 米。从马洪出发，沿着公路往杏坑方向步行，只需十来分钟就到了。风雨亭有别于公园里、湖泊中、高山上的有大有小，有角有棱，有桌有凳，有字有画，可供观赏的文化亭、休憩亭，道路上的建筑风雨亭形制几乎一样，以杏坑风雨亭为例，前后左右四堵墙是用三合土筑起来的，亭长约 4 米，高约 3.5 米，阔约 3 米，人字屋顶，盖土瓦，两边倒水，前后开门，与人行道相通。

杏坑风雨亭是马洪、北冈、罗坊、水西通往南岭、图山及至登上花鼓山，走下村、江东的必经之地。当遇上刮大风、下大雨时，过往路人必定要快步跑进亭子里躲过风雨才走。至于马洪人去书坑、南岭山上砍柴，挑柴回家走到这里正是大汗淋漓、喘着粗气的时候，大家也必定要放下担子，进风雨亭里歇息。当此时，人们就会无限感慨：古人真会替今人着想啊！

其实，古人是替古人着想，为当时人服务。试想，人们骑马也好，步行也好，走累了哪有不休息的？要休息，就要为休息提供场所，这是最简单的道理，所以，在阡陌交通上既有专供传递官方文书的人中途换马或歇宿的驿站，也有专供路人遮风避雨的风雨亭。

现在科技发达，有了汽车、火车这些现代化交通工具，原有的风雨亭便失去了作用，无人问津，在人们视线中逐渐消失。不过，在公路边的这座杏坑风雨亭，却是个例外。近三十年来，虽然修了公路，这条田间小路很少有人走动，而且，风雨亭也曾屡遭风雨侵蚀，断了掉了瓦，漏进了雨水，人们难以进去。可是杏坑村民绝对不会放弃。早在十年前杏坑村搞新农村建设时，村里就有许多人提出：风雨亭是老祖宗留给我们的宝贵财产，就是闲着不用，我们也要给它维修。古人能为古人着想，为什么我们今人不能为今人着想呢？何况现在还有人要在这里躲雨，要在这里休息，我们岂能任其自生自灭？

杏坑村民，历来心地善良、勤劳淳朴，村干部顺民心，秉民意，从村部积蓄里拿出了一笔钱，买琉璃瓦，请泥工，将亭子进行了彻底的翻修，这已经是十几年前的事了。如今，风雨亭神采奕奕，招呼着过往路人。

多少年来，这座风雨亭接纳了许多行人，在这里躲过大风大雨，避免了淋湿了衣服患感冒，也让许多大热天中暑的人在这里打坐，喝一口亭子边的泉水，身体舒服了才走……如今，当谈起古建筑——路上的风雨亭时，他们当然不会忘记马洪杏坑风雨亭。谈到杏坑风雨亭时，他们心中就会油然而生一种感激之情，是杏坑风雨亭曾经温暖了他们的心，给了他们无私的帮助。

### （十八）官溪桥

位于水北镇官陂村西面。明代建筑，2004 年江西省第三次文物普查发现，二礅三孔石拱桥，东西向跨蒙河（颖江）支流，桥体以长方形花岗石纵联砌置，桥面铺条石。该桥已经列入新余市第二批市级文物保护单位。

### （十九）八斗桥

下村镇八斗桥近景

八斗桥位于下村镇江东村东面。清代建筑，单跨石拱桥，2004年江西省第三次文物普查发现，桥系清代嘉庆年间由乡民捐资兴建，东西向跨龙塘水（孔目江支流），高跨孔，桥下通航，券拱以长方形花岗石纵联砌置，桥面铺青石板，桥两头引桥路基均为青石铺砌，长约30米，宽0.8~3米。

下村镇八斗桥保护碑及八斗桥远景



## 五、府邸

### （一）观巢镇汉泉村昼锦堂

#### 1.昼锦堂概述

昼锦堂，俗称“张均海官厅”，坐落在新余市渝水区观巢镇汉泉村，离新余城区20公里，为明代兵部驾部主事（正六品）张均海所建。据《汉泉张氏家谱》载：“明洪武二十八年（1395年），乙亥也，学士解缙先生亲笔书‘昼锦’二字以赠行，故后名其祠曰‘昼锦堂’。至今子孙，世世相传，于勿替云。”又载：“汉泉在县西北长乐乡，地名汉下，山隅巨大屹立，中虚如屋，乡人呼为‘石屋’，其下水泉与汉泉通，虽大旱流溉不竭，张均海主事居此也……”由此可知昼锦堂的来历与四周环境。

昼锦堂坐西向东，砖石木结构，属典型的明代初期民间祠堂建筑，是一组具有江南地方特色的厅堂式宅院建筑。从环境布局和建筑平面看，它的中轴线上依次为牌坊（已废）、砖桥、水塘、幡竿颊（又称幡杆夹子）、上马石、下马石、大门牌楼、主体建筑、花园等。从主体建筑结构上看，它的屋梁采用抬梁式与穿斗式混合构架，其造型显得轻巧秀丽。屋面为双坡人字顶，两头夹山墙，上布碧瓦，下覆青砖，檐沿饰明式瓦当，而梁柱间不设斗拱，体现了它的时代特征，因为明代初期官府曾严禁民间使用斗拱。

昼锦堂共四进一园,通进深 65.13 米(含后花园)、通面阔 26 米,通高 7.76 米,占地面积 2627 平方米,建筑面积918 平方米,其主体建筑通进深 45.67 米,通面阔 16 米。它的单进平面简洁,反映了明代士大夫以简洁为美、以意境为美的审美观,中为厅堂,两侧添立厢房,进与进之间又复为对称式厢房、过廊,正中设置天井。天井不仅是进与进之间联系的纽带,也是中国古建筑的气脉之所在,是中国古建筑优于西方建筑的地方之一。天井合纳气、采光、盥洗、装饰四用为一体,反映了中国古建筑追求"虽由人作,宛若天成"的不露匠痕的建筑思想,更反映了古代中国人生活起居中追求"天人合一"的最高境界。

昼锦堂天井井壁雕饰华丽,如第三进井壁饰有宝相花开、鹭鸶采莲、芙蓉出水、鹿鹤同春、金龙狂舞、牡丹国香、鱼跃龙门七种浮雕吉祥图案。此外,建筑内木刻与石雕匠心独具,花卉、动物栩栩如生;柱础、门窗、隔扇、月梁、驼峰等构件装饰工艺水平很高。如它的柱础式样有鼓形、瓜棱形、六角形,隔扇的槅心有柿蒂纹、绣球纹等。这些纹样都有特殊的象征意义,如柿蒂纹,由于柿与事同音同声,两个或两个以上的柿子寓意事事,所以柿蒂纹的图案表示事事如意;又如绣球纹也有其象征意义,相传雌雄二狮戏耍时从身上掉下来的毛会缠裹成一个小球,小狮子就是从那个毛球中爬来出的,后来人们将这种球形棂格窗户称为绣球花格窗,以寓吉祥。

从整个昼锦堂建筑布局分析,除主体建筑外,其附属建筑也是错落有致的。从祠堂大门向东 11.1 米,耸立着一座江南罕见的八字弧顶有柱式砖牌楼。它通高 6.5 米,面阔 14.1 米,进深 4.8 米,共六柱五间,平面呈喇叭口状,像一个八字。它的明间旁的中柱高 5.9 米,次间边柱高 5 米,梢间边墙高 3 米。牌楼明间的墙帽(又称山尖)呈八字弧状拱起,采用"平砖顺砌错缝"砌法,用五层平砖砌成,与一般的砌法砌出的直线平面不同,它砌出的是弧线面。牌楼嵌刻的字牌上书有"恩荣"二字,字牌两侧各有一个券顶长方形龛。牌楼中间的门洞高 3 米,宽约 1.71 米,门槛高 60 厘米。牌楼使用的砖块,长 34 厘米,宽 16 厘米,厚 7 厘米,采用"平砖顺砌错缝"与"侧砖顺砌错缝"相结合的"单丁斗子"砌法砌成。梢间的檐下皆饰有菱角牙子,左右次间各饰有七块 27 厘米见方的花板。

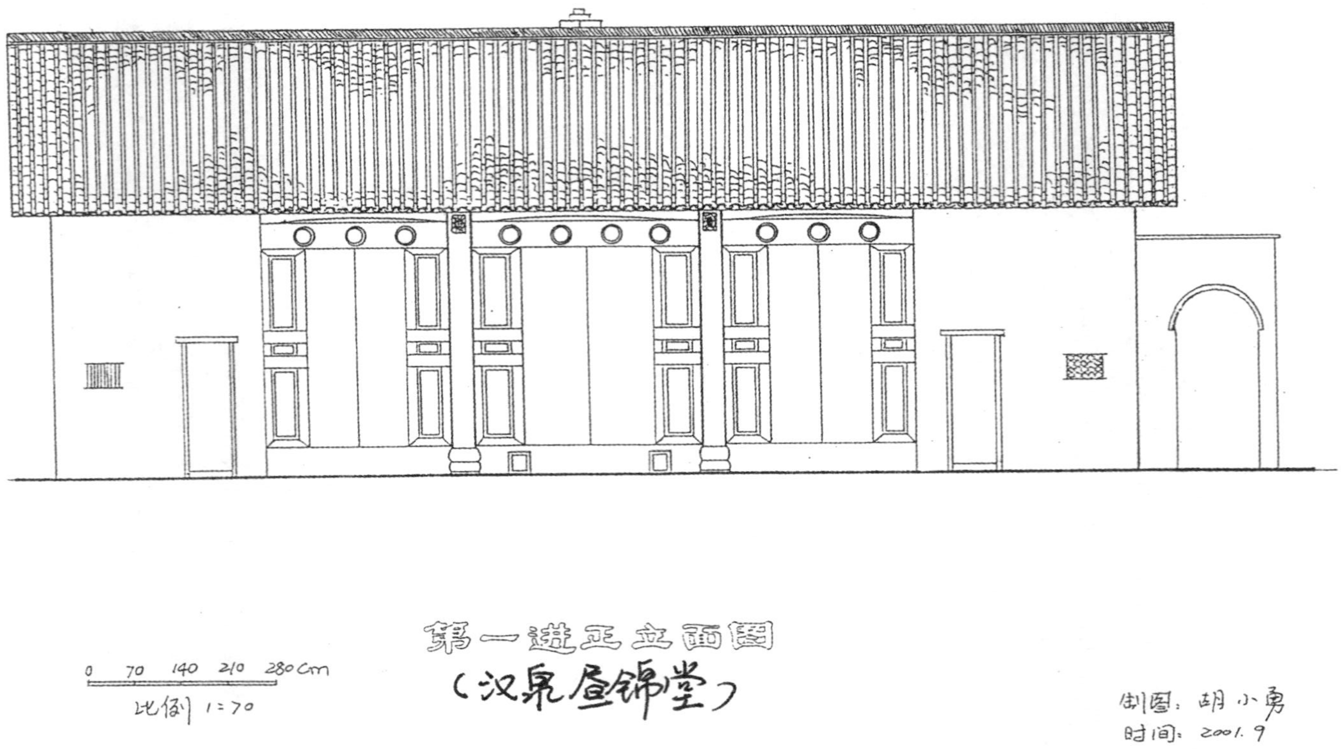


观巢镇汉泉村昼锦堂大门楼正立面图

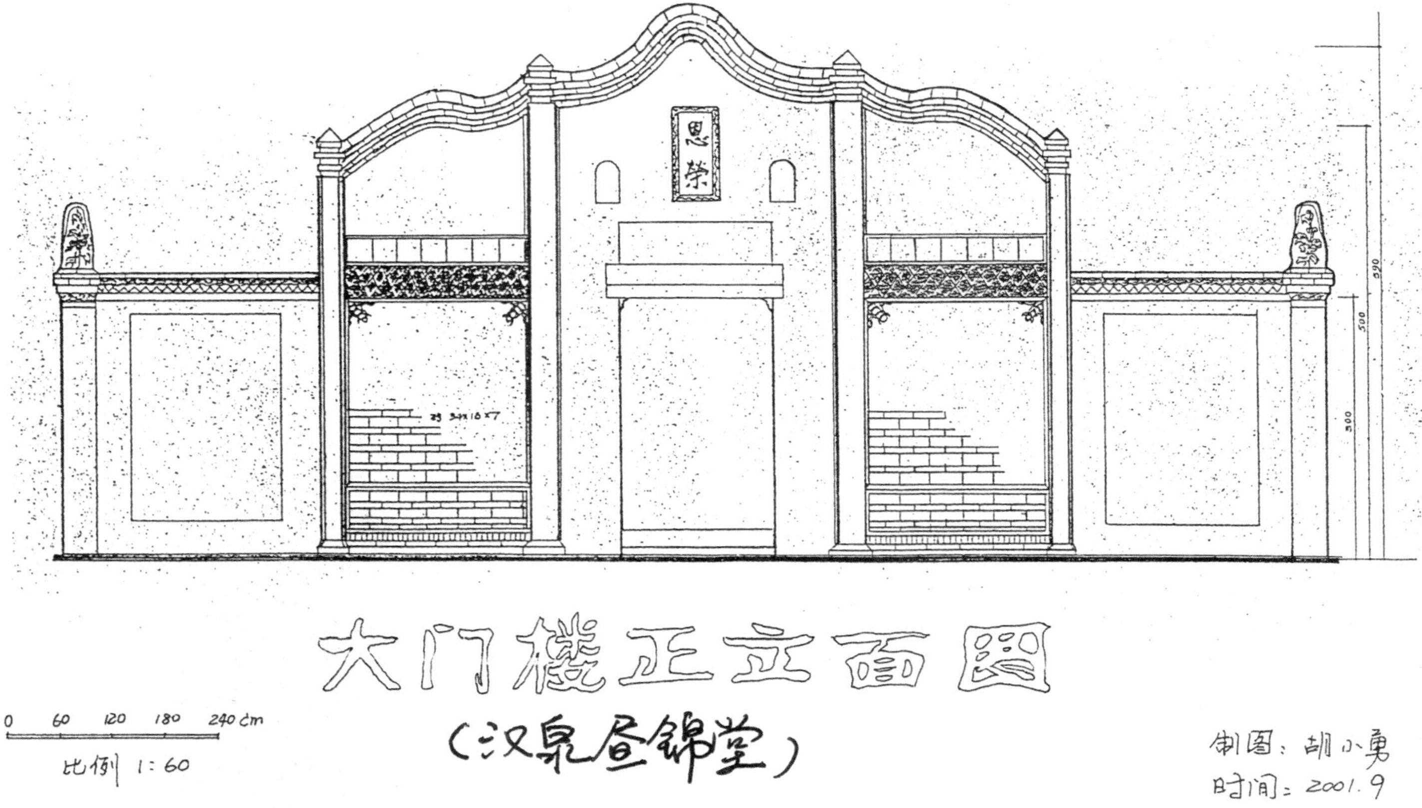


观巢镇汉泉村昼锦堂第一进正立面图

从牌楼门洞往东行8米，对峙着两块相距9米的下马石，从下马石再往东15米，又并立着两块相距11.5米的上马石。每个上马石或下马石的正面皆凿为二级台阶，侧视如乌纱官帽。上马石之间的距离比下马石之间的距离多出3米多，所以这四块石头构成了扇形平面，往返车马被限制在下马石或上马石之外，起到了扩大空间的作用。从上马石再往前14.5米，凿有前圆后方的马蹄形水塘，按照体现古代环境科学特征的阳宅风水理论的观点：圆澄似镜主男女双清，方澄如印则出掌权贵人，此塘圆方两得，其吉兆当兼而有之。

昼锦堂环境优雅，堂前有泉井、马厩，屋后花园（已毁）、垣墙、古柏依次拱卫，整个建筑看上去清爽秀逸，雅正宜人。泉名汉泉，冬暖夏凉，其味甘洌；马厩虽毁，但石凿马槽尚存；古柏则筋缠骨结，森然成韵，体现了历史的沧桑之美！由此可见，昼锦堂是新余市建筑历史文化的瑰宝，其建筑造型、结构、工艺水平体现了我国古代劳动人民特别是新余人民的勤劳和智慧，具有较高的历史和文物价值。1985年江西省首届古建筑知识培训班学员曾以昼锦堂建筑作为实习研究重点课，我国古建筑专家张驭寰、清华大学建筑系徐伯安教授对该建筑给予了高度评价，并建议重点保护。早在1984年5月，昼锦堂就公布为新余市第一批文物保护单位；2000年7月又列为江西省第四批重点文物保护单位。

## 2. 昼锦堂第一至第四进建筑特点

昼锦堂第一进大门及匾联

昼锦堂主体建筑第一进，面阔15.4米，进深7.1米，通高6.9米。从房屋立面布局看，第一进面阔五间，正中三间呈棋盘门布局，最中间的明间面阔3.3米，枋上饰有四个六角形门簪。说到门簪，就必须说到建筑的等级。一般来说，门簪的多少象征房主地位的高低，普通人家只能在明间装饰两个门簪，有地位的大户人家才可享受在明间装饰四个门簪的待遇。

再看左右次间，面阔皆为3.15米，其枋上各装饰有三个门簪；左右稍间面阔皆为2.83米，其靠近次间之处各开有一个小门，而接近外墙的地方皆开一个长方形花窗。而在北梢间北侧附接有一院墙，墙中开有券形门洞。

昼锦堂第一进斗八藻井

从第一进的横剖面来看，前有1.24米进深的檐廊，后有1.07米进深的过廊与天井相接。檐廊之后进深两间，每间进深相同，皆为2.9米。该进建筑构架采用的是以抬梁式为主、穿斗式为辅的混合构架，第一间天花为卷棚顶，第二间天花为斗八浮雕藻井。此外，该进厢房地面采用陡板海漫砌法铺砌而成。所谓陡板海漫是青砖铺地的一种方式，它以砖块一列列平铺于地，每列错缝相连。

第二进进深12米，通高7.35米，它略高于第一进。它与一般古建筑手法不同，不是与第一进敞廊相对，而是砌了一堵封护墙，墙的正中嵌了一个四柱三楼式的石质门楼。门楼高4.56米，面阔5.64米。门楼以三层菱角牙子做成正叠涩的样式，明间的大额枋饰有五块花板，整个门楼装饰精美，刻有飞禽走兽、人物山水、花卉云纹等图案，造型古朴大方，线条简洁明快。门楼的门洞高2.1米，宽1.2米，门洞顶部的左右两端装饰有石质的仿木雀替，由此而使门洞看上有点像变形圭角门的形式。第二进堂屋(厅堂)地面采用的是方砖墁地的砌法，厢房及后屋采用的仍是陡板海漫的砌法。从建筑的横面看，第二进进深四间，中部两间(第二、第三间)进深皆为2.9米，前后过廊的进深分别为1.08米、1.35米，第一间和第四间分别为2.05米和1.9米。第二进采用的仍是抬梁

昼锦堂第三与第四之间的天井雕刻《鹿鹤同春》

式为主、穿斗式为辅的混合构架。第一间天花和第四间天花分别采用了卷棚顶和船底棚，两者各有千秋，但都是为了扩大屋顶空间，以利于空气流通，而船底棚因其形状倒扣的船儿而得名。

第三进通高7.2米，高于第一进，低于第二进。它的进深4.32米，是四进中最短的一进。该进屋顶与其他三进的双坡人字顶不同，采用的是单坡顶，屋面从脊顶向西倾斜。它的屋顶构架也不同于其他三进，完全是抬梁式构架，而且是三步梁的形式。屋顶天花也做成了藻井形式。

第四进通高7.76米，是四进中最高的一进。它采用的仍是以抬梁式为主、穿斗式为辅的混合构架。从建筑的横剖面看，它的通进深10.2米，进深四间，每间进深都是2.1米。它的前后过廊的进深分别是0.8米和1米。该进厅堂地面采用的是33厘米见方的方砖铺砌，两厢采用的是陡板海漫的砌法，铺地的砖块长、宽分别为29厘米和16厘米。

### 3.昼锦堂的匾额及楹联

昼锦堂保存的一些匾额和楹联，反映了中国古代社会耕读传家、光耀门庭的祈盼以及古人“正心、诚意、修身、齐家、治国、平天下”的理想。

#### (1)昼锦堂“昼锦”二字堂匾

该匾是一块木质横匾，采用减地凸雕的手法雕成。“昼锦”二字从右到左依次排列，字体饱满大气，苍劲有力，字迹稍微凸起于匾面。“昼锦”二字的来历和“昼锦”堂匾的产生分别来自于一个典故和一个真实的故事。

首先,“昼锦”二字来源于项羽的故事。秦末项羽率军入关,屠咸阳,有人劝他留居关中。项羽见秦宫已毁,思归江东,于是说:“富贵不归故乡,如衣绣夜行,谁知之。”项羽的意思是白昼穿着华美的锦绣衣服返回故乡,让大家都看到、羡慕,这才能显现出他的富贵与骄傲。此后就称富贵还乡为昼锦。唐刘禹锡在《刘梦得集》卷五《赠致仕滕庶子先辈》中曾咏道:“朝服归来昼锦荣,登科记上更无兄。”还有宋代的韩琦、章得象皆为宰相。致仕归里,各建昼锦堂,宋欧阳修曾为韩琦撰写了《相州昼锦堂记》。

其次,“昼锦” 堂匾源于张均海与解缙的同乡之谊。张均海(1344—1413年),名鼎,字均海,学问渊博,擅长辞章。洪武十五年(1382年),以人才荐授兵部驾部主事,推贤让能,廉洁干练,有着很好的声誉。据《明故兵部主事张公均海墓志》,“……张主事之当政也,上不负于国,下不负于民,在职六年,举无过事”,后因生病,请求告假。朝廷特令支俸养病京师,不必朝参署事。病好后上朝拜谢,洪武皇帝朱元璋喜欢老成的旧臣,想重用他,但张均海看破名利,恳请回籍养老,于是皇上赐宴遣归,这时正值洪武二十八年(1395年)。作为江西老乡的解缙为了祝贺张均海衣锦还乡,特意题写“昼锦”二字相赠。张均海回家后,将“昼锦”二字作为自己新建家祠的堂号,并制成匾额,高悬于祠堂第一进的中堂之上。如今,为了防止匾额等附属文物被盗,新余市博物馆收藏了这块匾额。

### (2)昼锦堂堂联

在昼锦堂第一进厅堂两侧,曾挂着一副表明房主荣光及家族渊源的标志性楹联,它与“昼锦”二字匾额配成了一套完整的匾联。内容如下:

昼锦佳仕司马第,曲江世来大谏议。

“司马”指张均海曾任兵

观巢镇汉泉村昼锦堂鸟瞰图

部主事，分管军事，相当于现在国防部某个司的主管，“曲江”指广东曲江，新喻汉泉张姓家族是从广东曲江迁徙过来的。该联以诗化的语言表明了汉泉张姓最重视的两件事：光耀门楣与祖先崇拜。这也是古代中国人的普遍心理导向。

### (二)罗坊镇堆上张家村张春发将军祠

张春发将军祠位于新余市渝水区罗坊镇陂下村委会的堆上张家村，这里是皇清诰赠建威将军张春发的家乡。张春发是新余历史上品级最高、战功卓著的武将。在他的戎马生涯中数次衣锦还乡，并扩建祠堂和府宅供族人活动和家人居住。其中，保存至今的将军祠具有清代建筑的特色，附属设施及收藏文物也丰富多彩。

张春发将军祠全景

#### 1. 张春发将军祠的建筑特色

张春发将军祠是清末江南民居建筑，它的屋盖为双坡人字顶，上覆阴阳瓦俯仰相扣的黛瓦，屋中央饰有花朵状宝顶。梁架为抬梁式与穿斗式相结合的混合构架，以抬梁式为主，穿斗式为辅。吊顶采用了卷棚天花的装修形式，

张春发将军祠石狮

张春发将军祠正门

既扩大了空间，便于空气的流通；又如波浪般地起伏连绵，富有中国文化所注重的流线之美。房子两侧为五滴水式叠落山墙，墙体分为上下两截：上截用青砖砌成斗子墙的形式，其特点为墙两面用陡砖或平面或立面地交替砌置，中空部分填以碎砖，又名空心砖墙。这种墙体砌法用料经济，且有良好的隔声隔热性能；山墙的下半截则是将石灰、卵石和黄土搅拌而做成的三合土墙（俗称三沙墙）。因此，黛瓦与山墙上半截为黑青色，山墙下半截为黄色，表现了中国传统文化所崇信的“天玄地黄”的宇宙观念。

张春发将军祠面阔三间，每间大门门楣上都饰有六角形门簪，其中明间有三个门簪，左右次间各两个门簪，共七个门簪；祠堂雕饰精美，枋柱直角相交之处，都饰有圆转婉曲的草龙拐子纹透雕雀替。

### 2.张春发将军祠附属设施及环境布局

除了张春发将军祠的固有特点之外，它的附属设施及环境布局也非常精妙。祠堂后面紧接着就是张春发的故居，走出张春发将军祠大门就可以看到两边的圆雕石狮，按照左为阳右为阴的习惯，祠堂大门前左侧的石狮为公狮，大门前右侧的石狮为母狮，母狮怀中则有一个幼狮仰望着母狮，并舔着母狮的舌尖，表现了幼狮对母亲的眷恋，也表现了长年在外征战的沙场英雄张春发对母亲的深深眷念。

从石狮所在位置往前10米左右则并立着两对幡竿颊。所谓幡竿颊，又名幡竿夹子，它是一个方形石座上并排插着两块圭角长条形石板，两板上部各有一个菱形穿孔相对。幡竿颊的用途是固定悬挂旗幡的木旗杆所用的石座。左边的幡竿颊残损，只剩一块圭角长条形石板；右边的幡竿颊上两条石板的侧面分别刻有"特授广西右江总镇调署左江……"官名款和"光绪二十二年岁次丙申仲冬……"的年月款。光绪二十二年就是公历1896年。此外，将军祠的左面有一口葵瓣状的水井，据说为张春发所凿，井栏很矮，井口呈翻垂的葵瓣状，很是美观；井栏之下便是井台，井台上铺着数块石板，井台四周砌有卵石、黄土等搅拌而成的三合土矮墙。

紧挨着幡竿颊前沿的是一个池塘，池塘右边，也就是距离故居20余米的地方，筑有一座平面呈八字形的门楼，门楼墙体也分为上下两截，上截为青砖所砌的斗子墙形式，下半截是三合土墙，门楼两面接有垣墙，垣墙环绕整个村庄，具有一定的军事防卫性质，这种筑有垣墙的村庄在新余市也是独一无二的，非常有特色。后来由于年久失修，加上为了进出方便而人为地拆毁，垣墙多处塌毁、断开，但基本格局仍然依稀可见。从整体环境来看，张春发将军祠所在堆上张家村坐落于袁河冲积平原上，南隔袁惠渠、袁河，与罗坊街相望，土地肥沃，四望无垠，是环境清雅的鱼米之乡。

### (三)下村镇龙湖村张乔松"大参第"

在新余市渝水区下村镇，有一个文化底蕴深厚的村庄，名叫龙湖村，该村的得名来自于村边泉水翻滚的龙泉湖。该村聚居着一个诗书传家的张氏宗族，其中的杰出子孙张乔松留下的"大参第"府第还保存至今。

#### 1.张氏源流及"大参第"主人张乔松

龙湖张氏宗族很早就是新喻的望族。北宋曾巩就曾为他们的家谱题有"清河郡望，孝友家声"的题词。他们最早从北方南迁，世居崇仁之蓝陂，又迁往新淦，最后于北宋时期定居新喻龙湖。关于定居的缘由，是说张子光同弟弟张子昭、堂弟张子烈经过新喻的罗畲湖(即龙泉湖)时，感觉罗畲湖一带景色幽雅迷人，非常适合居住，所以定居于此地。

下村龙湖村“大参第门”楼

至于“大参第”府第主人张乔松，则为明代人士，他号卓斋，字青徕，又字尔操，由郡庠生领隆庆丁卯（1567年）乡举，为万历庚辰（1580年）进士，历任行人司行人（正九品）、工部主事（正六品）、钦差浙江杭州抽分税课、湖广兵备按察司副使（正四品）、布政使司右参政（从三品）。在钦差浙江杭州抽分税课期间，商民都称颂他清正廉洁，而在任湖广兵备按察司副使期间，他明察秋毫，平反了为当地豪强所诬陷而入狱的胡姓父子的冤案，并使诬陷者受到国法的制裁。由于他的种种善政，当他退休回家时，当地军民争相遮留，希望他这样的好官不要离去。

### 2.“大参第”的建筑布局与装饰艺术

张乔松的府第“大参第”坐向为坐北偏西25°，朝南偏东25°，前后四进，以天井分隔空间。建筑内共有三个天井。“大参第”两侧为五滴水式叠落山墙，它的两个山面采用的是穿斗式构架，其特点是沿房屋进深方向由柱距较密、柱径较细的落地柱与短柱直接承檩，柱间不施梁，而用若干穿枋联系，并以桃枋承托出檐。这种构造的优点是可以使用细木料，也较牢固，山面抗风性能好。“大参第”的门楼为三层菱角牙子叠涩出檐，层层外挑。既防止了屋檐上的雨水对门楼墙体的侵蚀，又可起到很好的装饰作用，门楼的字牌上书有“大参第”三个粗壮健硕的楷体大字，可惜字迹已斑驳脱落，几乎接近于不可辨认的地步。

“大参第”的木雕艺术无处不在，例如第二进东厢槛窗饰有平棂井口字纹，西厢槛窗则是直棂窗。再如府第内的横披窗采用了“花横披”的形式，为平棂斜格横披窗，每个斜格的形状就像扑克牌中的方块。而在所有木雕艺术中，槅扇门窗式样最为丰富多彩，其纹饰图案可分为四类。第一类隔扇隔心为直棂竖条纹，而在槅心的上、中、下方分别嵌有圆形开光图案，上、下各一排圆形开光图案，中间为三排圆形开光图案，这些图案皆是珍禽异兽、吉祥花草，有龙、獾、华鸭、山鸡、羊、蕉叶、莲花、牡丹等纹饰。这些纹饰皆有各自的吉祥文化含义，如獾，形如狗而脚短，“獾”与“欢”谐音，寓意欢乐、欢天喜地；华鸭则取自佛教仪典中，鸭象征“压”的镇压鬼魅之意；山鸡则是取自鸡为报晓之物、“阴阳之神”的象征，且“鸡”与“吉”又谐音；羊则取自羔羊跪乳象征至孝知礼，羊性情温顺憨厚，逆来顺受，至死不争，颇有仪礼的风范，况且在中国汉字中以“羊大”为“美”，有美好之意，“羊”与“祥”谐音，便成了吉祥的象征；莲花则取其为花中君子，表示纯净、美好的寓意，佛教八种吉祥物中就有莲花，莲在佛教中被认为是西方净土的象征，是孕育灵魂的地方；牡丹则取其富贵繁荣的寓意，牡丹也是人们祈望美好、祝愿幸福的吉祥富贵之花。这类隔扇的上端绦环板皆为曼草团寿纹。

下村龙湖村“大参第”槅心套钱纹

第二类隔扇隔心为古钱套嵌花鸟纹，一个个古钱环环相扣，钱心嵌有花鸟纹，其中以菊花纹为主，有的隔心全是嵌花古钱套纹，它上端的绦环板雕有藻纹古钱套纹，钱心饰四叶花，藻是水草的总称，藻纹综合了水草和火焰的特征，因其美的造型，象征美丽和高贵。古钱套纹是由古铜钱环环相套作四方连续展开的图纹，铜钱代表财富，环环相套表示财源滚滚永不断。

第三类隔扇隔心布满团状花朵，共九排团花，花型以菊花为主，它上端的绦环板为蔓草团鹤纹。这里的菊花、蔓草、团鹤都有其寓意，菊花是中国传统名花，它不以娇艳姿色取媚，却以素雅坚贞取胜，盛开在百花凋零之后，因而中国人赋予它高尚坚强的情操，从而成了质洁、凌霜、不俗的文人士大夫高尚品格的象征，菊花一般在农历九月盛开，因“九”与“久”同音，人们又常用其象征长寿和长久。而“菊”又与“居”谐音，也象征着人们祈求天下太平、安居乐业的生活。蔓草纹滋长延伸、蔓生不断，人们寄予它茂盛、长久的吉祥寓意。鹤则秀丽高雅，为羽族之长，是飞禽中的贵族，在中国文化中占有很重要的地位，传说它跟随神仙和道人云游，被称为“一品鸟”，另外，鹤还被称为长寿仙禽，具有仙风道骨，传说中的鹤至少有1600多岁，鹤还是神灵的信使，它携带人们的命运之符来到人间。

第四类隔扇隔心既有柿蒂拐子纹，又有柿蒂井字纹，而其绦环板则为夔龙拐子团寿纹。柿蒂纹的柿与事谐音，寓意为事事如意。夔龙拐子纹是对远古青铜器常有的夔龙纹饰的沿袭，因其连绵不断，无穷无尽，被作为祥瑞之美纹。与此同时，它以弯曲的图形为“拐子”，以喻生育贵子。况且“拐”有“带”的意思，寓意夔龙给人类带来了子孙万代。

### （四）分宜镇介桥村御史第

分宜镇介桥村御史第（一）

分宜镇介桥村御史第（二）

御史第位于分宜县分宜镇介桥村，始建于清，北偏东 30°，抬梁式砖木结构，面阔 16.9 米，进深 11.6 米，建筑面积 196 平方米，分为二进一天井二开间，东西两侧为厢房，风火墙上雕有亭台楼阁、人物山水，构图合理，表现细致。该屋主人曾任河南荥泽县县令、户部主事、礼部仪制司郎中、江南道监察御史、浙江道协南、河南道事等。具有一定历史价值。为研究古代乡土建筑提供了实物资料。



### (五)操场乡汕泗村上楼天官第

操场乡汕泗村上楼自然村天官第

上楼天官第位于分宜县操场乡汕泗村上楼自然村，始建于明代，1999 年重修，穿斗式结构，坐北朝南，面阔25 米，进深 49.25 米，占地面积 1231 平方米，分上厅、下厅，檐部额枋雕有各种花卉卷草，屋脊上雕有双龙戏珠，为研究我国的古代建筑提供了实物资料。

### (六)分宜镇水东村公昌里司马第

公昌里司马第位于分宜县分宜镇水东村公昌里自然村，是严义昌从介桥

分宜镇水东村公昌里自然村的公昌里司马第

迁居此地时所建，抬梁式砖木结构，坐北朝南，面阔 19.89 米，进深 22.99 米，面积约 457.27 米，大门门楼雕刻了寓意吉祥的砖雕图案，其雕工精巧，显示出一种清新朴实的砖雕艺术风格。发现保存如此完整的家族古民居，对了解和研究清末时期族人迁徙与发展、宗族文化和古民居建筑有着重要意义。

## 六、牌坊

### （一）新余民间标志牌坊建筑——牌楼

在渝水区之人和、罗坊、鹄山、珠珊、界水、水北、观巢（今属仙女湖区）等乡镇的部分村落，至今仍保留着一种独特的牌楼建筑，约有二十座之多，这些牌楼多系乡村宗祠或庙宇前的附属构筑物，不仅建筑结构自成一格，别具风采，为村祠、庙宇的标志，且其建筑造型、雕刻、绘画、匾联、文辞和书法等艺术形式极为珍贵，熔当时社会生活理念、封建礼教、封建传统道德观念、当地民风民俗于一炉，具有瑰丽的艺术魅力、很高的审美价值和丰富而深刻的历史文化内涵。

牌楼是老百姓在民间的俗称，古代官方称其为牌坊，其实两者是具有显著区别的，牌坊没有“楼”的构造，即没有斗拱和屋顶；而牌楼有屋顶，它有更大的烘托气氛。但是由于它们都是我国古代用于表彰、纪念、装饰、标识和导向的一种构筑物，且又多建在宫苑、寺观、陵墓、祠堂、衙署和街道或路口等地方，加上长期以来老百姓对“坊”与“楼”区分不清，所以，后来两者就成为一个互通的称谓了。作为中华文化的象征，牌楼的历史源远流长，就其结构而言，牌楼的原始雏形可以追考到“衡门”，“衡门”是一种由两根木柱架一根横梁构成的最简单最原始的门，有《诗·陈风·衡门》“衡门之下，可以栖迟”为证，这是最早在《诗经》中的记载，《诗经》是周初至春秋时作品，由此可推断，“衡门”至迟在春秋就已经出现。这种“衡门”后来演变运用到城市中各个居民区之间的“坊门”之上。唐代时，我国城市已采用里坊制，城内纵横交错的棋盘式道路分隔成若干块方形居民区，被称为“坊”，“坊”与“坊”之间有墙相隔，坊墙中间设有便于通行的门，称之为坊门。起初坊门就像“衡门”那样，由简单的两根立柱与一根横梁构成，三者之间安装可开合的门扇。随着城市发展，人们对坊门的建造形制、造型开始讲究起来，至宋代中叶以后，封闭式的里坊制逐渐被街巷制取代，具有地名标志作用的坊门成为无墙体相连的跨街独立、自成一体的建筑，于是老百姓称这种坊门为牌坊。牌坊是一种中国特有的门洞式建筑，《现代汉语词典》(第6版)里的解释是“形状像牌楼的构筑物，旧时多用来表彰忠孝节义的人物，如功德牌坊、贞节牌坊”；而牌楼是做装饰用的建筑物，多建于街市要冲或名胜之处，由两个或四个并列的柱子构成，上面有檐。千百年来，牌坊(牌楼)繁衍发展，不仅遍及华夏城乡，被视为中华文化的一个典型标识。

据清同治十二年(1873年)《新喻县志》载，新喻自晋至清代同治重修县志以前，官方共立有牌坊120座，其中为某年某人记功记德、标志科举成就的牌坊有：

孝感坊1座，在县西，为晋司徒王祥立。

魁星坊2座，同在县东，一为宋枢密李谘立，一为宋尚书章颖立。

耆德坊1座，在县西，为宋光禄卿杨申立。

进士坊10座，一在县北龙塘(今下村镇龙湖)，宋天圣丁卯(1027年)为进士张和立，一在县北龙塘(今下村镇龙湖)，宋熙宁庚戌(1070年)为进士张震立，一在县北书坑(今马洪书坑)，明永乐丙戌(1406年)知县徐澄为进士周珏立，一在县西北白梅(今欧里白梅)，明永乐乙未(1415年)知县辛剑为进士习侃立，一在县西北白梅(今欧里白梅)，明永乐戊戌(1418年)知县李有仁为进士习嘉言立，一在县南丰溪(今珠珊丰溪)，明永乐辛丑(1421年)知县方直为进士胡思学立，一在县北峰下（今人和蒙峰下棣村），明永乐辛丑（1421 年）知县为进士张韫立，一在县东门内浒溪桥右，明景泰甲戌（1454 年）知县蔡澄为进士张黼立，一在县东暇村（今罗坊下寸），明景泰甲戌（1454 年）知县蔡澄为进士胡荣立，一在城坊（今下村城坊），明弘治壬戌（1502 年）知县邓献为进士李奎昭立。

集贤坊 1 座，有县南，为宋学士刘敞立。

画锦坊 2 座，一在县西，为宋参政萧燧立；一在县城内布政分司左，知县蔡澄为明大理寺少卿张固出使荣远立。

东山坊 1 座，在县东，为宋尚书谢谔立。

聚星坊 1 座，在县西，为宋朱晦庵（朱熹）、谢良斋（谢谔）相会立。

折桂坊 5 座，一在县东门内，为宋尚书章颖立；一在县东观下（今通州办观下），明永乐戊子（1408 年）知县徐澄为举人钟献立；一在县北山南（今马洪山南），明正统戊午（1438 年）知县谷显为举人廖铵立；一在县北虹桥（今下村虹桥），明正统辛酉（1441 年）知县谷显为举人吴汇立；一在县北莲港，明景泰庚午（1450 年）知县胡恭为举人吴泰立。

尚书坊 1 座，在县东门外，为宋尚书章颖立。

世美坊 2 座，一在画锦坊内，宋淳熙丁未（1187 年）知县李景和为进士萧逵立；一在县东十都，明景泰癸酉（1453 年）知县胡恭为举人廖相立。

状元坊 2 座，一在县治西，为宋咸淳四年（1268 年）特奏周三异立；一在县北，为宋咸淳四年（1268 年）甲科黎立武立。

德化坊 1 座，在县南，为宋知县黄瀛立。

聚奎坊 1 座，为历科诸贤立。

澄清坊 1 座，在按察分司右。

迎恩坊 1 座，在县城东门外。

兴贤坊 1 座，在县治左，明洪武甲寅（1374 年）知县李公讪立。

政平坊 1 座，在县治右，明洪武甲寅（1374 年）知县李公讪立。

豸肃坊 1 座，在县西，为明监察御史周铎立。

登云坊 4 座，明永乐辛卯（1411 年）县丞刘源分别在县东观下（今通州办

观下）为举人钟琅立、在县东南三良村为举人陈纶立、在县南仁孝乡为举人胡钦立；在县北峰下，知县李存仁为举人余伯钧立。

登龙坊1座，在县南金桥大路，明永乐壬辰（1412年）县丞刘源为进士胡琏立。

双桂坊2座，一在县北赉塘（今马洪内塘），明永乐壬辰（1412年）为进士傅玉良、傅玉润同科立；一在县北虹桥（今下村虹桥），明永乐癸卯（1423年）为举人吴方振、吴方大同科立。

擢桂坊1座，在县东槐江（今罗坊槐江），明永乐丁酉（1457年）主簿张富为举人廖端立。

登第坊1座，在县东泉塘，明永乐戊戌（1418年）知县李存仁为进士李子恢立。

毓秀坊1座，在城西门外，明永乐辛丑（1421年）知县方直为进士施静立。

攀龙坊1座，在城北门外，明永乐辛丑（1421年）知县方直为进士张复阳立。

步蟾坊1座，在县北递步（今鹄山递步），明宣德丙午（1426年）知县王孜为举人黎鹏立。

文魁坊1座，在县北泉下（今水北泉下），明宣德丙午（1426年）知县王孜为举人简载立。

百岁男坊4座，一在城中，明宣德己酉（1429年）知县王孜为六品冠带彭元巽立；一在纱笼（今珠珊纱笼），明景泰乙亥（1455年）知县蔡澄为推官胡渊立；一在武郎（今仁和武郎），清嘉庆己未（1799年）知县陆允泽为乡饮耆宾吴大德立、一在村心（今城南办村心丁家），清同治甲子（1864年）知县冯棫为七品冠服丁星辉立。

登瀛坊3座，一在县东暇豫，明宣德壬子（1432年）知县洪钧为举人廖达中立；一在县北，明正统丁卯（1447年）知县谷显为举人敖瑜立；一在县北里收，明景泰庚午（1450年）知县胡恭为举人吴衡立。

丹桂坊1座，在县北金田（今水北金田街），明宣德乙卯（1435年）知县洪钧为举人简缙绅立。

攀桂坊1座，在县北吟塘，明正统辛酉（1441年）县丞汪玘为举人何扩立。

宾贤坊1座，在县东南市(今罗坊南市)，明正统甲子(1444年)知县胡恭为举人邹震立。

奎光坊1座，在县南四十九都，明景泰庚午(1450年)知县胡恭为举人夏谟立。

经魁坊1座，在县南麻石巷，明景泰庚午(1450年)知县胡恭为举人胡隐立。

会元坊1座，在县治按察分司左，知县蔡澄为明景泰辛未(1451年)进士第一名吴汇立；

世科坊1座，在县东泉塘，明景泰癸酉(1453年)知县胡恭为举人李应浩立。

文衡坊1座，在县西南，为贡士施义立，明景泰癸酉(1453年)主考山西乡试改题曰文衡，故名，以示纪念。

宫保尚书坊1座，在县前，为明礼部尚书傅瀚立。

应宿坊1座，在县北白沙桥(今马洪白沙桥)，明成化丁未(1487年)按察司佥事徐完为知县何钦立。

双豸坊1座，在城西大街，为明御史黎龙、黎凤立；

世荣坊1座，在城内，明正德癸酉(1513年)知县邹彦奎为举人胡瑞立。

秋官大夫坊1座，在城松关门内，为明刑部郎中刘松立。

榜眼坊1座，在县东大街，为明嘉靖丁未(1547年)榜眼张春立。

侍读坊1座，在县东大街，为明侍读张春立。

登科坊1座，在城北，明嘉靖乙酉(1525年)知县李先芳为举人万以忠立。

振铎坊1座，在松关门外，县丞杨勉以肃衣陈公命为刘达立。

仁寿坊1座，在县西北城下巷，明嘉靖甲寅(1554年)知县刘尧为诰封刑部郎中刘濬立。

柱史坊1座，在县前大街口，为明御史敖鲲立。

孝子坊1座，在县东浒溪桥，清雍正辛亥(1731年)知县景四维为孝子施圣撰立。

还有为表彰节妇烈女、贞洁道德的节孝坊，共39座，多立于有节妇烈女

之村的村前或路口。

节孝总坊1座，在节孝祠后，清同治五年（1866年）知县施煦为邑绅章俊德、周鸿恩、罗亨玉、胡发伊、简鸣谦等采访存故节妇百余口汇册呈请详建。

双节坊2座，一是在县北楼山（今水北楼山），为诰赠奉政大夫简颂声妻敖氏、驰赠文林郎简云声妻胡氏立；一是在洋津斜里（今珠珊斜里）为业儒罗桂妻杨氏、驰赠登仕郎罗柏妻廖氏立（石刻题文至今保存在村内）。

百岁女坊2座，一在社头（今界水社头），清乾隆壬辰（1772年）知县鲍昊条为郡附生张仕宠妻周氏立；一在潭口（今珠珊潭口），同治甲子（1864年）知县冯棫为驰赠奉直大夫胡思能妻章氏立。以上记载的牌坊，由于历史上自然和人为的损毁，绝大部分已不复存在，成为历史的记忆。

以下是第三次全国文物普查新发现的牌楼，多是标志坊，作为空间段落的分隔之用，立于官邸或村中祠堂之前或村中庙之路口。

大参第牌楼1座，明代建筑，在渝水区下村镇龙湖村，立于张乔松（明万历进士，授工部主事，历任湖广兵备、按察司副使、布政司使、右参政）官邸前，系三间四柱三楼式，砖石结构。

昼锦堂牌楼2座，明代建筑，在渝水区观巢镇（今属孔目江区）汉泉村。一座在昼锦堂主体建筑前东北隅，为三间四柱冲天式，两侧外带弧形八字形砖石结构护墙，门楣上堂嵌有“恩荣”石匾；另一座在昼锦堂第二进天井与第三进门堂之间，为三间四柱三楼式，砖石结构（昼锦堂为明兵部主事张均海官邸建筑，又名张均海官厅，已公布为第四批省级文物保护单位）。

大夫第牌楼2座，一在观巢镇观巢村，明代建筑，立于树德堂前，为三间四柱三楼式，砖石结构，门枋上刻有“大夫第”、“恩荣”石匾；一在水北镇黄坑村，清代建筑，立于大夫第宅第前，为一间二柱一楼式，砖石结构，门楣上题刻“大夫第”石匾。

茂江牌楼2座，清代建筑，在人和乡茂江村，一座立于茂江何氏宗祠前，为三间四柱三楼式，砖石结构，两侧砌置有八字形砖质护墙；一座立于何氏房祠前，为三间四柱三楼式，砖石结构，两侧砌有八字形砖质护墙。

前山牌楼1座，明代建筑，在渝水区鹄山乡前山村，立于村口黄氏昭贤堂前西北隅，为三间四柱三楼式，两侧外带八字形护墙，砖石结构。

竹头牌楼1座，清代建筑，在渝水区珠珊镇洋津竹头村，立于竹头罗氏房祠前，为三间四柱三楼式，砖石结构，密檐下绘有山水墨画。

世采第牌楼1座，清代建筑，在渝水区罗坊镇新长陇村，立于新长陇村廖氏祠堂前，为三间四柱三楼式，砖石结构。

辉江牌楼1座，清代建筑，在渝水区人和乡辉江村，立于村西面路口，为三间四柱三楼式，砖石结构。

廖家牌楼，清代建筑，在渝水区人和乡辉江廖家村，立于廖氏祠堂前，为三间四柱三楼式，砖石结构。

罗家牌楼，清代建筑，在渝水区罗坊镇美洲罗家村，立于罗氏祠堂前，为三间四柱五楼式，砖石结构，两侧砌有八字形护墙。

胡家牌楼，民国建筑，在渝水区下村镇江东胡家村，立于村西面路口，为三间四柱冲天式，砖石结构，上砌置有西式券顶装饰窗。

济美堂牌楼，民国建筑，在观巢镇上汾村，立于张氏济美堂前，为三间四柱冲天式，砖石结构。

荷沂新花牌楼，明代建筑，在渝水区鹄山乡荷沂村，立于荷沂新花堂前，为三间四柱三楼式，砖石结构。

文英牌楼，明代建筑，在渝水区人和乡坻宇塘上村，立于何氏通和堂前，为三间四柱三楼式，砖石结构，上嵌有“文英”石匾，右款刻有“赐进士知新喻县事刘尧诲为教谕何炁、训导万言”；左款刻有“嘉靖同科中式第三名副榜壬戌岁贡士何如膏立”。

上沂牌楼，清代建筑，在观巢镇上沂村，立于黄氏光裕堂前，有石匾“奕叶重光”，左款刻有“简臬国书翰林院晏斯盛题赠”，右款阴刻“龙飞雍正元年仲春月吉旦”，为三间四柱三楼式，两侧外带八字形护墙，砖石结构。

北山牌楼，明代建筑，在渝水区界水乡北山。

牧伯坊，明代建筑，在渝水区下村镇浒水村，立于浒水吴氏祠堂前，为三间四柱五楼式，木质结构，歇山顶，如意斗拱装饰，上覆盖青瓦。据《吟峰吴氏族谱》载，“曹南吴氏，有牧伯坊，旧明邑宰，杨公简赠，其先奉议大夫，柳州牧伯君，之所为建也”、“坊建于洪武三十一年(1398年)，坊高四丈”，整座牌楼典雅厚重，技艺精湛，不愧为牌楼建筑艺术之精品，为新余乃至江西少见。

这些几百年遗留下来的特殊建筑，至今依然耸立在乡村，古色古香，点缀风景，引人入胜，尽管牌楼是陪体建筑，但是它本身也具有精湛卓越、文化内涵丰富的艺术价值。

### (二)下村镇浒江村世芳堂吴氏宗祠牌楼

在江西新余市下村镇虹桥浒江村(浒水)，有一座非常有特色的牌楼，其拥有者是该村的吴氏族人。

浒江吴氏是新余吟峰吴氏的一支，吟峰吴氏是新余历史上的名门望族，是周太王(古公亶父)长子姬太伯、次子姬仲雍(虞仲)的后代，两人为成全父亲传位三子季历的愿望，毅然南下，来到吴地，由于太伯没有子孙，后世吴姓人称其为开氏始祖，称其弟仲雍为吴姓传代血缘始祖。仲雍下传四代至周章，正式接受周天子封号，就地受封为句吴国君。自周章历十五代传至寿梦，寿梦生有四子，长子诸樊、次子余祭、三子余昧、四子季札(又号延陵季子)。其中季札最贤，有太伯、仲雍遗风，故寿梦有意将王位传给他，季札不愿继承王位，寿梦只好立兄终弟及制，想曲线传位给季札，于是先命诸樊继位，诸樊传位余祭，余祭传位余昧，“及公子僚而诸樊子阖闾嗣立，传夫差而国亡，子孙以国为氏，其派为渤海郡，季札既不受国，乃封之延陵，以此为郡，故吴氏有二派者也！”(《吟峰吴氏族谱·明弘治二年旧序》)。吴国灭亡后，吴国子孙逃往四方，他们感念故国，便以吴为姓，改姬姓为吴姓。季札逝世后葬于上湖(今江苏江阴)岛上，相传孔子因推崇季札之德，曾手书十字碑文：“呜呼有吴延陵君子之墓”。季札生有五子，个个道德高尚，其次子征生世系如下：姬季札——吴征生——吴启蕃——吴诩——吴售——吴庸。数百年后居住于建业(南京)的吴荣禄生有二子：吴鸾、吴凤。吴鸾，宋初为清江潇滩镇巡使，擢县令后退休，他与弟弟吴凤卜居于新喻崇教乡吟峰。自此之后，遂为新喻人。吴鸾为北宅始祖，吴凤为南宅始祖，此后吟峰吴氏迅速崛起为新余的名门望族，宋代的吴振、吴拯、吴佥、吴介、吴洞、吴宪可、吴淮、吴止敬、吴止善、吴南一、吴凤孙，元

下村镇虹桥浒江(浒水)村世芳堂吴氏宗祠牌楼

代的吴德永、吴立可、吴锐,明代的吴方振、吴方大、吴汇、吴衡等,或科场得意,光宗耀祖;或出仕四方,大显身手,将吴氏风流尽情挥洒。

下村虹桥浒水吴氏是南宅始祖吴凤的后代,浒水世芳堂吴氏宗祠建筑是一座清式的祠堂建筑,它由牌楼和主体建筑两部分构成,它与众不同之处是牌楼和主体建筑结合得非常紧密,几乎融为一体。牌楼最为出彩,是四柱五楼三间式牌楼建筑,从中心到两侧分别是正楼、左右夹楼、左右边楼。正楼脊顶耸有镂空葫芦宝刹,正楼及左右夹楼皆饰有如意斗拱,正楼由四个栌斗层层起跳,挑出有四层如意斗拱,左右夹楼则挑有三层如意斗拱。斗拱本是古建筑重要承重物件,发展到后来,一些斗拱变成了纯装饰性的如意斗拱,在新余古建筑中使用如意斗拱的非常少见。该宗祠在1986年重修时,保存了牌楼的基本结构和装饰,只是将牌楼的位置向外面移出了一些,并将原来牌楼的二个边柱改成了边墙,从侧面看上去边墙是鹅头层层飞翘的五滴水式山墙。牌楼与世芳堂主体建筑之间形成了一个前廊,世芳堂主体建筑的明间门楣上有三个门簪,左右次间各有两个门簪,合计五个门簪。

世芳堂吴氏宗祠牌楼当心间两个柱子贴有一副古联:

蒙岭耸灵崖三台笔架朝南宅；

虹桥渡秀水九曲文波汇浒江。

这副楹联吟诵浒水的风水之妙，上联指蒙山的笔架峰正对着吴氏南宅子孙居住之所，下联秀水带来文气，浒江即指浒水。正楼上下有两块题字板，上板书有“邦伯弟”，下版书有“大观有耀”四字，本来题字板三字是从右到左而书，可能1986年重修时将字改成从左到右的排列之法，以满足现代人的阅读习惯。

当我们走进牌楼之后，仰头一望，只见骑门梁上刻有“迎辉”的木匾。审视堂内，可得知世芳堂为三进两天井的抬梁式建筑，梁柱粗大，气势雄浑，我们搜寻堂内挂出的楹联和家谱上的楹联，又得到以下8副楹联：

楼高来燕贺；

池暖看龙跃。

万壑朝宗秀气荣；

三峰献瑞文光聚。

芳声远播自家声；

世德作求由祖德。

风由季子仰尼山；

派出延陵分浒水。

纪章皆日月齐明；

祖德与天地并寿。

举座云汉尽文章；

入座衣冠皆礼乐。

念先代作天家霖雨；

望后人际盛世风云。

箕裘克绍继往即以开来须念古今际道贵共成；

仁让能兴齐家早通治国可知天地间理无二至。

### (三)水北镇楼下村骢马门楼

渝水区水北镇水北村委会的楼下村,有一处用于旌表的门楼,它就是始建于明万历五年(1577年),并以此表彰水北籍明代巡按御史敖鲲的骢马门。

敖鲲,字化甫,号南溟,隆庆戊辰年(1568年)进士,两任司理[司理掌狱讼,又为推官(审判官)的一般称呼],擢巡按御史。明代的巡按御史品级虽低,但职权很重,代天子巡狩四方,可以弹劾封疆大吏,甚至有先斩后奏之权。敖鲲在担任巡按直隶、山东等处监察御史时,秉公执法,铁面无私,他把自己的仁慈、善良之心表现于英明决断之中,相传其所经之处再没有遭受冤屈的百姓。他曾主持福建的科举考试,后来担任内阁首辅(相当于宰相)的叶向高、状元翁正春皆是他的门生。随后他调到大理寺任职,最后又任光禄卿一职。敖鲲为人正直忠纯,声誉遍及大江南北,居家尤以孝友闻名,选编了古文崇正四书及毛诗讲义行于世。在他去世后,他的牌位被奉入府县的乡贤祠。

水北镇水北村委会的楼下村骢马门(一)

骢马门为歇山顶双面门楼建筑,坐向为坐南偏西5度,朝北偏东5度,基本上是坐南朝北方向,为砖木混合建筑。两面山墙及门楣之下为有眠空斗砖墙,门框之下设有两个门墩。门墩承受着门下轴的基石,门墩与门框垂直相接,门框及门楣之上则为木结构,正面的门框上有三个菊花状门簪,屋顶覆盖青瓦,屋脊正中饰有元宝形宝顶,该宝顶采用砖砌与灰塑(用石灰堆塑)的方法做成,宝顶正中穿有圆孔。

门楼两面都刻画有两块内容、字体、色彩等方面完全相同的匾额,匾的正中都有"骢马门"三个硕大无朋的楷体字,匾的上款为"巡按江西监察御史赵耀为",下款为"巡按直隶山东等处监察御史敖鲲立/万历丁丑岁孟冬月吉旦"。匾框及匾中所有字体皆为黑色,"骢马门"三字则描有细细的金边,以突出字。

水北镇水北村委会的楼下村骢马门(二)

因年代久远,金色已褪,几乎到了暗淡无光的地步。

为了彰扬敖鲲的刚正不阿,廉能干练,敖鲲的同道巡按江西监察御史赵耀于万历丁丑年(1577年)十月某个吉日的早上,为敖鲲立下了"骢马门"一匾,门楼因匾额而得名。

骢马门之名来自于古代的一个典故。骢马本指青白色的马。东汉时,有位叫桓典的人,担任侍御史一职,侍御史秩(品级)六百石,犀印黑绶,掌察举非法,受公卿群吏奏事,有违失举劾之。当时宦官专权,桓典却刚正不阿,执政无所回避,经常骑着骢马,京师大小官员都畏惧他,为之语曰:"行行且止,避骢马御史"。桓典由此得名为骢马御史,后世于是采用"骢马"代指执法严峻。在赵耀眼中,敖鲲就是当之无愧的铁面御史,所以才为之立"骢马门"之匾,建"骢马门"之楼。

骢马门环境幽雅,正面的门前有一泓清水,正面的西北侧有几丝翠竹,门楼与翠竹倒影水中别有一番风景!门楼背面则有一口方塘,水中布满浮萍,青翠水灵,非常可爱。两水夹一楼,门楼在前后秀水的掩映、衬托下,显得空灵而又高峻,与铁面御史的品格非常接近。

## (四)观巢镇上沂村“奕叶重光”牌坊

“奕叶重光”牌坊位于新余市渝水区观巢镇上沂村。连屋接甍的黄氏族人宅第位于它的身后,一条马路像玉带一样在它前面环绕而去,隔着马路往前不远处又有一口池塘,整个建筑环境非常不错。

“奕叶重光”牌坊为清代六柱五间五楼式砖石牌坊,属于非冲天式牌坊。从平面上看,它不是“一”字坊,而是“八”字形坊。它的当心间(即明间)与左、右次间虽然呈现出“一”字之形,但它的左、右梢间外撇呈“八”字形展开,与次间的边柱斜线相接,并做成照壁墙的形式。该牌坊通高约 6.45 米,通面阔约 14.6 米。当心间面阔 3.08 米,其中长方形门洞宽 1.54 米;左、右次间无论是通高还是面阔都呈现出中轴对称之势, 它们的通高皆为3.75 米, 面阔都是 2.1 米;左右梢间外撇展开,既呈中轴对称之势,又展相向而望之姿,它们的面阔皆为 3.04 米。

从立面上看,该牌坊的当心间、左右次间皆以三层斗拱悬挑出檐,所饰斗拱为青砖仿木斗拱形式,采用“一斗二升”的做法,并以正叠涩的形式出檐。拱与拱相连既以鸳鸯交手的形式,又有点如意斗拱的味道。该牌坊当心间的檐顶最高,左、右次间的檐顶虽然一样高,但都以当心间为中心,低于当心间的檐顶。左右梢间则没有斗拱,其檐顶又低于左、右次间。所有檐顶皆覆盖青瓦,做成仰瓦盖瓦顶(即阴阳瓦相扣而成)的形式,其上长满藤蔓和野草,并夹杂着少许的灌木,使得牌坊显得古朴雅拙,透过檐顶上的草木似乎可以看得出檐顶为双坡人字顶的形式。

该牌坊为砖石混合结构,纵向的六个立柱及当心间的门框,横向的额枋、字牌皆是石头,起着架构的作用。所有墙体皆由青砖所砌,以两种砌法砌成。在当心间门洞门楣水平线以上的墙体,也就是额枋之间的墙体,采用的是“有眠空斗墙”的砌置形式,平砌为眠,该形式是用平、立交替砌筑,中空部分填以碎砖。其中左、右次间额枋之下还各有青砖做成了三块凸起的花板。而在当心间门楣水平线之下的砖墙,采用的是“无眠空斗墙”的做法,它全部用斗(陡)砖错缝砌置而成。

该牌坊最重要的位置是在当心间第二、三层额枋之间的石质字牌,字牌

中间刻有“奕叶重光”四个行楷大字。“奕”有“大”“美”“娴熟”“光明”之义，“奕叶”指累世；“重光”谓日光重明，喻后王继前王之功德。“奕叶重光”指题匾者希望黄氏家庭世世代代都能继承、发扬前辈的功德。字牌西侧还有上下落款，上款为题名款，并有一方印；下款为年月款。举目望去，两条落款字迹都看不真切。关于牌坊的题匾者，据说是清乾隆时期的户部侍郎（从二品）晏斯盛。

观巢镇上沂村“奕叶重光”牌坊

如果以专业的眼光审视该牌坊的字牌，就会发现字牌中的所有内容都是用俗称“阴线刻”的素平手法雕刻而成的。它的特点是：线型流畅圆和，格调俊秀细腻，宜于写实也宜于写意，多用于石质较好的石料上，字牌两端则各有一块花板，花板上雕有花鸟纹开光图案，这两块图案皆采用“压地隐起”的手法雕成的，这种手法相当于现在的浅浮雕。此外，当心间门洞两角的雀替，是同样用“压地隐起”的手法雕刻而成的，所刻图案为缠枝花草，花草的曲线与飘动之态，使得规整的门洞显得生动而又活泼。

由于“奕叶重光”牌坊是黄氏族人许多府宅共有的大门门面，这种牌坊民间多称之为“牌坊门”。在牌坊分类上被归入门式坊。它主要起装饰、象征作用，又兼有功名坊和道德坊的功能，具有三者合一的功能。它是黄氏族人往来必经的门道，它与其他牌坊最大的区别是：可以供人出入，可以隔断交通，具有广泛的实用性。

### (五)人和乡武郎村谯楼

新余市渝水区人和乡武郎村，前临古井，旧名为古井头，是一个有着悠久文化传统的村庄。其古老文化的体现实物是一座始建于明代的谯楼，该楼为新余明代文化人吴汇所建。

#### 1. 谯楼及武郎村谯楼创建缘由

说起谯楼，就必须谈谈中国古代的楼阁。楼阁是中国古代的多层木构建筑，西汉以后逐渐发展并取代了春秋以来盛行的高台建筑。早期楼与阁有所区别，楼指屋上直接建屋，其中两层之间没有腰檐的称为竖楼；阁指上下层之间除腰檐外还有平座的楼。此后带有平座的阁与一般的楼都通称为楼阁，楼与阁的界限已不严格，同一形式有时称为楼，有时又称为阁，如黄鹤楼与滕王阁等。唐宋以来楼阁建筑使用的领域日渐广泛，从功能上可分为五类：宗教楼阁，文化楼阁，军事性楼阁，游赏性楼阁，居住建筑中的楼阁。谯楼是楼阁中的一种，一般属军事性楼阁，作战时可瞭望敌阵，楼中有鼓，夜间击鼓报时，俗称鼓楼。它的下部柱身很高，顶上有小楼以备登临、瞭望、警戒之用。

人和武郎村谯楼融军事性、游赏性与文化性为一体。它的创建人吴汇，字会川，号浩潮，新喻吟峰人，为北宋廉洁能干的太子中允吴拯的十四世孙，可谓是官宦之家、书香门第。虽然到吴汇时家境变得贫寒，但他刻苦学习，曾经用松明代替膏火挑灯夜读，明景泰二年(1451 年)考取了柯潜榜的会试第一名，是为会元。初入政坛，吴汇担任翰林院编修(正七品)一职，后迁官国子司业（正六品），为国子监副长官，协助祭酒综理国子监事务。英宗复辟后，他告老返乡，全心投入经义的研究，并有精辟的见解，得到四方学者的尊奉，著有《松坡文集》留传后世。吴汇创谯楼的用意主要是发扬祖先的“宣武”精神，而光耀门楣、光耀全村。

### 2.武郎村谯楼的结构

武郎村谯楼为歇山顶重檐建筑，面阔约20米，进深约30米，通高约15米，它紧靠在武郎村宣武第（即聚贤堂）前，前面有口水塘。建筑本身为砖木结构，上下两层，四楹三间中虚，两厅六间，正面四根大柱支撑建筑，与两层的梁、枋相扣。下层朝南方向以木壁代墙，木壁中设有六扇槅扇门，中间两扇较大，木壁前设有过廊，左右两边为垛子砖墙，墙体直接砌在宣武第前，两层屋檐的翼角飞翘，有奔腾欲飞之势。屋面覆以青瓦，屋脊中央有瓷雕宝顶。楼上高悬大鼓，每逢擂击，响声浑厚宏大。登楼瞭望，农家山水尽收眼底。

人和武郎村谯楼

从装饰艺术上看，整个建筑木雕石刻，工艺精美，富有明代特色，民族风格浓厚，例如它的柱础式样丰富多彩，柱础凸出地面的露明部分往往加工为鼓镜（又称古镜）、覆盆的形式，上面饰有覆莲、仰莲、葵瓣、菊瓣等纹样。由于南方潮湿多雨，为避免柱础腐朽，都采用了较高的鼓状石墩，鼓形的柱顶石下面还加有方座或八方座，座上都有雕饰。

### 3.武郎村谯楼的劫难与新生

然而,天有不测风云,1982 年 1 月 24 日,作为新余市唯一的一座谯楼形式的古建筑,它因火灾而化为乌有!

谯楼的被毁虽然在劫难逃,但纯朴的武郎村村民心中的谯楼却永存不灭。世世代代以来,他们已将谯楼视为整个村庄的象征,视为心灵漂泊之后避风的港湾!他们无法忍受没有历史印痕的生活!无法忍受看不到谯楼的日子!为了保持本村的文化特色,他们立即行动起来,集资筹材,仿照原样重建谯楼,新建谯楼为砖木、水泥结构,工艺稍有改进。楼梯设置在外面,改为砖砌。原来的四根大柱及梁枋,改用钢筋水泥混凝土代替,结实牢固。全部重建工程已于 1984 年 12 月 20 日竣工。

## 七、水井

### (一)新余古井概述

水井是人类为获取地下水资源,从地面往下凿成的能取水的深洞,洞壁多砌以砖或石的一种地下与地上联成一体的构筑物。这是汉语词典里对水井的形成和结构的解说。据全国数十年来考古发掘资料统计,考古工作者已发掘数以千座水井及遗迹,为探讨研究古代水井起源、发展、利用、水井形制等具有重要价值。在第三次全国文物普查中,新余市共登记清代及以前水井 200 余处。通过近三十年考古调查统计,新余一县一区共有自然村 3500 余户,按照建村要求,每村最少建有一口老水井,有的历史悠久、人口千人以上的大村户甚至有二至五口水井,供村民取水饮用。改革开放以来,随着乡村经济的繁荣发展,为改变过去肩挑取水方式的不便,大部分村落的村民在自家门口或屋内都建了小型摇水井。近几年来,新农村建设村村户户又大都通有自来水。原有的新老水井有的被遗弃,有的填埋,有的还在发挥作用,余下的数百处老水井面临被毁灭的厄运,这批保留下来的水井多系清代中晚年间保持至今的老水井,造型考究,古朴精制,小巧玲珑,形状各异,有的内外为圆形,如下村何家水井、珠珊竹头下屋水井

姚圩巷口龚家水井

等；有的内外为方形，如珠珊横板桥水井、界水孝头上屋水井等；有的内方外圆，如下村吟峰水井、新溪西江水井；有的内圆外方，如北岗梦塘水井、观巢李家水井；有的内外棱形（多边），如罗坊镇坑背蒋家水井（五边形）、鹄山脑上水井（六边形）、北岗官塘水井（五边形）；有的井口为椭圆或如意形造型，如姚圩巷口龚家水井、新溪堎上中房水井、水北峡江水井等；有的井口为方或圆形内为自然生成的泉水沟或不规整的大小洞穴，如罗坊黄花堎水井、姚圩龚家水井等；有的为内外长方形敞开式天然井，如人和坵宇活水井、界水贯背水井等。结构为全石质打造的占80%以上，凡圆形的多为完整麻石或花岗岩打制，方形的为完整石质加工条板形；井内为砖砌的有两种，一种是井内圆形的为特制定烧的弧形砖平砌，一种是井内方形的为青砖丁砌；有少部分井内为三合土筑，井口为石质等。大部分水井地面上四周砌有方形井台，井台一般高于地面30～60厘米不等，井台面大都平铺石板，小部分为三合土筑，井台中稍高，四周低缓，外圈设计排水沟，以利于排水，四周设有台阶上下，井台保持原状的不多，大部分台面抹有水泥。这些从千百年来传至现代的老井，已成为村里村外一道古老的风景线，如今从乡村保留下来和还在使用的古井处，我们还能亲眼看到或亲身体验取水的全过程，人站立于井口沿上，两手拉提吊绳桶，将桶往井里放置于水面，用手向左或右稍用力一摆，桶顺惯力侧倒于水中盛装满水，两脚跨开马步，两手收紧绳，用力将水桶往上提出井口，将水倒于旁边的肩挑水桶。当然整个过程需要技巧和力量才能顺利完成。若干年后，这种取水的方式将慢慢消失，成为永远的记忆。

### （二）水北拾年山原始水井

水北拾年山原始水井

1986 年，水北拾年山遗址进行第一次考古发掘，在遗址的北部发现距今约 4500 年以前的原始水井一处，井系土坑竖穴式，为不规整椭圆形，深约 2 米，口径 1~1.5 米，这是新余市至今发现的最早水井。

### (三)城南观下村汉代水井

城南观下村汉代水井

2009 年 12 月 1 日，渝水区城南办事处观下村（现为通州办事处管辖）北面300 米处的基建工地出土一口古井。该水井为砖砌圆形竖穴，上部被破坏，井底距井口地表深约4.2 米，残深 2.36 米，井圈外径 1 米，内径0.79 米，用特烧制的弧形楔形青砖和白黏土侧砖顺砌错缝垒砌，井砖的凹弧面有的饰有钱纹、同心圆纹饰、网纹三合一的组合纹饰。砖的正面饰有弦纹。钱纹有两种：一为方孔圆钱；一为单圈布钱纹饰。井砖上弧长28.5 厘米，下弧长 23.5 厘米，宽10 厘米，厚 8 厘米，每 10 口砖砌成一圈，井内还残留有 18 圈。清理出大量黑淤泥，出土有筒瓦、大瓦、陶罐、陶壶等残片。大瓦残长 31 厘米，宽 25 厘米，厚 1.8 厘米，筒瓦残长 36 厘米，宽 14 厘米，厚 1.8 厘米，有的带有榫头，呈半圆形，上有绳纹、凹弦纹装饰。有的施青釉。陶罐、陶壶系泥质灰硬陶，出土有器物的口沿、肩部、底部等残片，残片上有的饰有小方格纹。从出土的筒瓦和大瓦看，水井上当盖有井亭。清理中未发现有纪年的铭文砖，但从该水井的建造工艺、井砖及出土的陶罐、陶壶、筒瓦、大瓦的形制、釉色、纹饰看，应是汉代时期凿建的水井。这与 1991 年《南方文物》第二期、1993 年《南方文物》第三期刊登的《江西宜春下浦坝上古墓群发掘报告》和《江西宜春东汉墓清理简报》中汉代墓葬出土的墓砖、陶罐、陶壶的形制、纹饰、釉色相类似。因此我们认为此水井为汉代时凿造。它还可以从新余地区出土的大量汉代墓葬墓砖的纹饰和出土的陶罐、陶壶的形制纹饰中可以得到佐证。

该水井凿造水平较高，计算精确，每 10 口弧形楔形砖侧砖顺砌，刚好形成直径 79 厘米的规整圆圈。充分反映了新余先民的聪明才智。

该水井用特烧制的弧形楔形砖垒砌，十分少见，弥足珍贵，为研究新余乃至江西地区汉代的建筑工艺、生活习俗等方面，提供了十分重要的实物资料。为抢救这一汉代水井，拟易地恢复保护。

### (四)虎瞰山城宋代水井

2001 年在新余市城南旧城改造工程 1 号，发现宋代水井一处，水井系圆形，砖砌，上下 13 层，每层面由八口弧形条砖一组、之间榫卯结合圈铺而成，井深2.6 米，井口径 0.66 米，井底制有方形木盖板，出土铁锄一件，这是虎瞰山城发现的最早建筑，对于研究古城历史文化具有重要作用。

### (五)城南四眼井

四眼井是虎瞰山县城建治传承至今唯一保留下来的一处完整水井，位于城南市区章家村西面。这是新余市史志所载最早的水井——宋代水井建筑。它又名虎瞰泉井，2004 年全省第三次文物普查发现。据《渥塘袁氏族谱》载："县城东隅有袁姓始居，北宋景祐五年，由分宜凹湖迁城东四眼井……" 另据《新余县志》载："虎瞰山下，二泉如目，名虎瞰泉井，水不甚深，汲之不竭，清澈可口，掘井四眼，得名四眼井……"井为方形，四面壁为麻石砌置，井中部用麻石、青

城南市区章家村西面四眼井

砖分隔，上并立有四个汲水圆井口，井外铺石板，井上原建有亭，今毁，水井现为新余第二批市级文物保护单位，至今仍为民所用。

### （六）良山镇黄虎村元代水井

渝水区良山镇黄虎村至今保留一座有确切纪年的元代老井，村民称之为牛神井，井系砖石结构，长方形，井口径长2.55米，宽1.6米，深1米许，井西北隅卧立一石，正侧面阴刻“至正四年甲申（1344）仲夏吉日，信女刘氏四娘造”，井水为地下泉，清澈见底，清凉甘甜，传为神水，附近村民及良矿工人常慕名远涉至此取水饮之，这是新余市有确切年号保存最久的水井。

良山镇黄虎村元代老井

### （七）分宜镇介桥村古井

介桥古井位于分宜县分宜镇介桥村，始建于宋代，呈方形，长1.74米，宽1.56米，周围用大青石堆砌而成，水清澈见底，现村中仍有上千余人饮用此水。据《介溪严氏族谱》载，严氏于宋元祐年间（1086-1093年），氏族祖严季津由福建邵武光泽徙居袁岭打铁坑（今水北大连坑），三传至大华，季津携全家徙居介桥坑头，传至洪柏又从坑头迁今址开基建村，名介溪，后演绎为介桥。此井具有较高的历史研究价值。

介桥古井

# 八、村落与民居

## （一）新余地域村落的历史渊源及分布状况

据文物考古调查勘探资料表明，新余市渝水区罗坊镇打鼓岭与高新区水西镇龚家山发现的两处旧石器点考证，约 20 万年前后，就有古人类在这一带活动；渝水区水北镇拾年山与分宜县钤阳湖区域之洪阳洞两处新石器时代遗址考古发掘证明，早在约 5000~6000 年前，我们的祖先就已在这块土地上劳养生息。截至 2011 年第三次全国文物普查登记资料显示，新余市县区域内共调查发现战国以前古文化遗址近百处，考古工作者在这些聚落遗址上采集或抢救挖掘出土的陶、石质劳动工具及渔猎工具、礼饰和生活用品等器物标本近万件，这些都是先民们在劳动与生活中最原始、最简单的生存“家当”。在拾年山遗址考古发掘现场的北部分布着排列有序的十一座圆形房基，通过平面测绘复原，这是新余地区至今发现最早的原始村落居址。洪阳洞也是江西省及江南地区重要的洞穴居址之一。通过三十年来的实地考古调查、文物普查工作；查阅有关史记、县志、地名志、家谱；访问史学研究者、乡村高龄人、老教师、知情人等记录资料初步统计，新余地区流传千年以上悠久历史的村落有 123 处。

古村落渊源与分布状况，城南办 2 处：①丁家村，东晋咸和年间（326—334 年），丁尚谦为新喻县令，择居城南虎瞰山，取名村心丁家；②李家村，宋景德二年（1005 年），李氏颜顾兄弟由宜春迁居县城西门李家园里。

城北办（原沙土乡镇）3 处：①盘龙村，据《东溪王氏族谱》载：一世元受于北宋初（960—976 年）自会稽徙居；②东陂村，据《东陂王氏族谱》宋太宗年间（976—997 年）宪重从县城西门徙居；③望城港村，宋景德二年（1005 年）刘氏由宜春迁居。

水北镇 9 处：①水北邓家村，唐乾元二年（759 年）邓氏文辅自河南南阳芦毛洲避寓居于此；②朱家村，朱姓于唐朝年间（618—907 年）从抚州迁此；③钱圩村，钱氏七世德谦、德让于北宋淳化年间（990—994 年）从宜春迁居；④钟家

村，钟氏天德于宋淳化年间（990—994 年）年由湖洲上徙居；⑤堆上村，李氏于唐朝年间（618—907 年）由吉水谷村迁此；⑥傅家村，据《伍塘傅氏族谱》载，宋端拱元年（988 年）文隆由清邑石头迁居；⑦宋家村，宋氏在宋初（960—962 年）由南京瓦子坪、古泥坑迁此；⑧西岭村，曾氏在唐元和二年（807 年）由庐陵吉阳迁居；⑨李家村，据《喻北李氏族谱》唐大历年间（766—779 年），由宜春白水李家迁居。

鹄山乡 3 处：①湖塘村，何氏禹公于宋淳化四年（993 年）从茂江迁上湖分居于此；②递步村，据《黎氏族谱》载，黎植仕唐，为右散骑常侍，于唐德宗贞元年间（785—805 年），由河南徙居递步，因建村时三次择基搬迁，最终选定，以此止步，村名号曰递步；③库溪村，黎氏九世祖十五郎于宋咸平年间（998—1003 年）从递步迁此。

人和乡 4 处：①茂江村，据《茂岗何氏族谱》禹公于宋淳化年间（990—994 年）由铜坑迁居，“茂岗之麓，茂林修竹，里之居庐，如竹之巷，如松之茂，其先之富盛也”。原以山冈寓意，后以村前之江，茂林修竹之景而得名；②姜坊村，姜氏斐然于唐开成四年（839 年），由蒙阳上井迁此；③棣村，张氏子昭于宋咸平初年从新淦县徙居蒙峰之南棣村；④山里村，李氏光澈之子圣锡于宋太平兴国年间（976—984 年）从吉水谷村迁此。

下村镇 7 处：①下村，据《霞溪吴氏族谱》载，吴栖林，栖竹兄弟于宋太平兴国年间（976—984 年），从崇仁县竹楼迁此，谱记：竹虽折枝而林则干霄，其霞溪也。玉带、香泉、云蒸霞蔚，前对梅峰之文笔，后倚璜缑之泰山，蒙岭、秋岭铺张而来，狮山、象山停顿而锁，盘则回龙顾祖，局则翔凤朝阳。以山水奇秀命为霞溪，谐音演变为下村。②北宅村，宋太平兴国年间（976—984 年），吴氏喜公从会元坊迁此。③卫东村，吴氏荣福于南唐保大元年（943 年）自崇仁县郭里迁居。④先锋村，南唐保大元年（943 年）吴氏荣福自崇仁县迁此。⑤虹桥村，吴氏凤公在宋太平兴国年间（976—984 年）由清江徙居。⑥龙湖村，别名罗畲，张氏子光于北宋咸平年间（998—1003 年）偕弟从峡江县城上迁此。⑦舍坑村，吴越天宝年间（908—923 年）喻氏可之由蒙阳徒居。

马洪办 3 处：①内塘村，宋太宗雍熙二年（985 年）傅氏由清江石头迁居至此；②图山，周氏详公自宋太祖开宝元年（968年），由吉水泥田迁此；③黄家村，唐天宝十三年（754年）黄伦为临江府尹，遂卜居沙塘桥黄家。

罗坊镇11处：①章塘村，傅氏在北宋咸平年间（998—1003年）由清江石头迁此；②罗家村，北宋开宝年间（968—975年），罗氏汗滨、汗章兄弟从新淦县大罗山迁居；③暇郙村，宋乾德年间（963—967年），胡氏从金陵筲桥宦游至喻，择居暇郙下方半里许赉湖龙塘，后屋宇扩建于此；④周家村，周氏汝克在北宋乾德年间（963—968年）自吉水泥田徙此；⑤傅家村，北宋咸平年间（998—1003年）傅氏由清江县石头迁居；⑥平塘村，廖氏思仁之子在北宋建隆年间（960—962年），由璜缤岭迁此；⑦高磡村，钟氏天德在宋淳化年间（990—994年），由湖洲上迁居槐关（高磡），据谱记："宋至道年间，泰章任泰州团练使，夜梦金甲神，自云姓高，名石，字甚力"，即高磡名称之由来；⑧丁唐村，唐大历年间（766—779年）廖氏由图山迁此；⑨大路村，古代驿道经此，为县城东往通衢大路而得名，宋咸平年间（998—1003年），廖氏由本邑丁塘迁居；⑩草坪上村，北宋开宝年间（968—976年）李氏颜次子传十二世吐秀，由上溪迁居；⑪白竹潭村，李氏在北宋开宝年间（968—975年），由上溪迁此。

姚圩镇3处：①彭家村，据《秀湾彭氏族谱》载，宋初（960—963年），英若由庐陵三口徙此；②高湖村，宋咸平年间（998—1003年），龚氏由闽光泽县牛田里徙此；③艾家村，艾姓于北宋初（960—963年）从山东汶水县迁居。

南安乡6处：①易家村，后晋天福元年（936年）易氏由袁州迁此；②皂江村，别名皂圩江，据《张氏族谱》唐天宝年间（742—755年），祖籍河南祥符张氏秩公任袁州学政、卜居皂圩江；③饶家村，唐德宗年间（780—804年），饶氏由新干县芫田迁居；④熊家村，后晋天福丙申年（936年），熊氏由新干县南岭迁此；⑤漕州村，龚氏由宋淳化三年（992年）由洪州迁此；⑥晏家村，郭氏在后唐（923—936年）由崇义县过铺圩迁居。

新溪乡1处：厚溪村，据《曾氏族谱》载，曾氏祖居永丰兰溪，宋乾德年间（963—967年）由兰溪徙居。

良山镇3处：①山田村，何氏在唐大顺二年（891年）由苦竹塘迁此；②白沙村，北宋太平兴国年间（976—984年）盛氏由浙江省洪州镇迁此，因村建天水江畔,江底多白色沙子而故名;③陈坑村,唐贞观年间(627—649 年),宋氏从峡江县柘源坑迁此。

欧里镇 3 处:①白梅村,据《白梅刁氏族谱》始祖荥阳郡太守刁凿齿,生于晋成帝咸和三年(328 年)因避东晋苻坚(晋穆帝升平元年—晋孝武帝太元八年,即 357—383 年)从湖北襄阳道经于此,见此梅花盛开,洁白芳香,遂隐于斯,经之营之,取名白梅;②哲村,宋太宗时(976—997 年)张氏由南昌瓦子角徙居喻西北三十里浙溪(哲村)因居哲岭下故名;③埈背村,据《栎溪张氏族谱》张氏子光于唐天宝十四年(755 年),偕弟子贵、子烈,从姑苏徙喻邑栎口,传至益中,于宋太宗时(976—997 年)由栎口徙居于此。

观巢镇 5 处:①易家村,后晋天福元年(936 年)易氏从袁州迁此;②小县村,宋雍熙年间(984—987 年)李陡由朋田徙此,原名距村,隋大业八年(612年)新喻县治自龙池墅迁距村,后存古城址,取名小县;③上汾村,据《汾阳张氏族谱》张椿于南唐时,从韶州曲江仕筠州,北宋初年(960—976 年)罢官道经于此,乐其山水之宜,遂卜居;④山下村,黄元于宋大中祥符三年(1010)由茂山湖头迁此;⑤垱背村,黄元福于宋大中祥符三年(1010 年)携子由湖头卜居。

界水乡 1 处:高家村,高鹗高宋淳化年间(990—994 年)由袁州城南门迁居。

河下镇 1 处:礼珠村,别名洙口洲,唐光启年间(885—887 年)杨氏由湖北沔阳徙此。

珠珊镇 3 处:①渺滩老屋村,唐宣宗大中年间(847—860 年),因遭兵祸,李氏由袁州徙居喻邑之渺滩定居,因有兄弟两人,分居两村,故有新、老屋之分;②渺滩新屋村,唐宣宗大中年间(847—860 年),因被兵祸,李氏由袁州徙居喻邑之渺滩;③洲下村,南唐升元年间(937 年)胡姓遨游至此而卜居,因为袁河水冲积地,泥沙积成洲,村居沙洲下游得名。

水西镇 6 处:①莫家村,莫姓于北宋大中祥符年间(1008—1016 年)在此建村;②桐林村,据《华林胡氏族谱》胡氏十八世顾位在唐穆宗长庆年间(821—824 年),从奉新华林迁居于此,以村建桐林旁而得名;③江口村,北宋大中祥符年间(1008—1016 年),胡氏由下村店下徙居;④黄富脑村,胡氏在北宋大中祥符年间(1008—1016年)由店下迁此;⑤安和村,唐太和年间(827—835年)谭氏四世祖天浚由庐陵田东迁此;⑥汉元村,唐建中四年(783年),阮隽由河南籍任袁州司马,次子阮昉于唐贞元元年(785年)任大理评事,入赘汉源张崇女为婿,而卜居汉源,汉源原名汉溪,因村西山溪水暴涨,自高而下直泻,好似来源于天河之水,故名汉源,简称汉元。

九龙山乡3处:①昌梅村,朱姓于北宋年间(960—1127年)从分宜双溪迁此;②舍下村,朱姓在北宋年间(960—1127年)从分宜双溪迁居;③刘家村,刘姓在北宋年间(960—1127年)由吉安良石迁此。

分宜镇7处:①南山村,伍氏在宋淳化年间(990—994年)由安福河背徙居;②张家村,张氏在唐时(618—907年)自新余观巢徙居;③东坑村,李氏在唐末(905—907年)由新余水西迁此;④坑上村,据《芦塘卢氏族谱》,宋建隆时(960—963年)卢钟麟因父遭难,自观光避居鉴湖(后改称芦塘),次子卢其祥分居于此;⑤昌田村,詹氏在南北朝初(420—422年)自抚州乐平徙居;⑥昌山村,南北朝时(420-589年)任氏中立,因父同知陨阳郡,卒于署,扶榇归宁,舟至昌峡被石触,遂定居此;⑦古岭上村,北宋时(960—1127年)卢时自鉴湖分居。

钤阳镇21处:①白芒村,居邓氏、李氏两姓,相传有村妇拾得聚宝盆,适逢战乱,藏宝盆于后山,插芒为记,尔后满山遍野都是白芒,遂名白芒。邓璠在唐中和元年(881年)自高安徙居,李令旻于唐天祐年间(904—907年)由宜春迁入。②西头村,唐天祐年间(904—907年)李德遂从白芒分居。③上村,唐天祐年间(904—907年)谢辉从白芒秀溪台下徙居。④新祉村,宋开宝元年(968年)胡举自新泽胡家始居于此。⑤屋背村,唐贞元年间(785—805年),李稔自袁州东门徙此建村。⑥下午村,南唐时(937—975年),李服自袁州东门徙此,据传李氏建房时,门楼上书“夏吾”,因名,后谐音演变下午。⑦新屋场村,宋乾德癸亥年(963年)李安期自冶元徙居。⑧西坑村,宋初(960—963年)李陆自下午迁此建村。⑨茅屋里村,唐时(618—907年)项小九自吉水小江徙居。⑩龙源村,唐天祐丙寅(906年)周达行自峡江乌东迁居。⑪社上村,五代十国后唐时(923—936年),周氏从砻源分居。⑫礼冠村,唐天祐四年(907年),李贵理兄弟从冶元徙居，相传此地有大慈庵等庙宇，人们朝拜，竭尽礼仪，故名。⑬斜江村，宋咸平二年(999年)，李秀可由礼冠徙居。⑭胡家村，据《新泽胡氏族谱》唐宝历二年(826年)胡山则从新余破港迁居。⑮淮元村，宋乾德年间(963—967年)李锟自冶元徙此。⑯船形上村，宋初(960—963年)肖氏于此建村。⑰长陇村，据《防里岭溪孙氏族谱》和《丹阳宋氏族谱》同载，余姓在西汉平帝时(1—5年)徙居。⑱枫溪村，宋建隆年间(960—963年)，彭嗣元自庐陵隐源口门下迁居。⑲石芬村，相传秦代时，陈姓已在此建基，据《防里岭溪孙氏族谱》载，西汉武帝癸丑年(前128年)，孙合光自安成徙居，村东石山，古为分宜、安福天然界线，村在其下，故名石分，后雅化为石芬。⑳防里村，村居有孙氏与欧阳氏两姓，据《防里孙氏族谱》载，汉初平四年(193年)，孙琅自石镇移居于此，又据《防里欧阳氏族谱》载，南唐保大元年(943年)，欧阳殊从庐陵徙居，因古为两国接壤之地，设防守卫，故名防里；寨元头村，相传唐时(618—917年)，李克用在此建峡山寨(又名安帮寨)，后改名寨圆头，简为寨元头。

操场乡4处：①下松村，唐大顺二年(891年)陈秀源自新余林泉迁居；②山泗村，五代十国后唐清泰年间(934—936年)，钟琴泉从石马迁居，此地“山高而石峭、溪深而泉甘”，因名山泗；③石马村，唐乾符五年(878年)，钟安滔自萍乡徙居，以“石成似马立芳洲”而名；④太湖村，唐光化年间(898—900年)，钟安濠自石马迁居。

高岚乡3处：①弓江村，唐昭宗时(889—904年)钟邱石自宜春化成岩徙此；②辋溪村，唐乾符年间(874—879年)，钟暮荣自袁州迁居；③午桥村，唐天祐丙寅(906年)，钟晏三自萍乡迁居。

洞村乡3处：①泉洲村，宋咸平年间(998—1003年)，黄大用自湖头迁居；②鸡足寺村，亦名圣因寺，原名陈家园，陈家园为东汉尚书仆射陈重故居，其婿黄珪后为纪念陈重，因建有鸡足寺而名；③霞贡村，东汉时(25—220年)，黄敬真从陈家园迁居。

杨桥镇1处：观光村，原名锦带里，系唐会昌三年(843年)状元卢肇故里，及唐末兵乱，肇偕姻亲宜阳侯钟邱山隐居乡曲，同居故里，是后卢衰钟盛，徙宅芦塘等地，钟氏奄有其地，易名观光，观光者，愿后人善者从之，不善者改之，以冀人能光地，地以光人，使观光其地永不衰败。

洋江乡5处：①下团村，唐大和年间（827—835年）李万仓自钤山北麓徙居；②笋田村，宋初（960—963年），张玉清自井源迁居；③辑睦桥村，唐天祐二年（905年），张兴武从袁州灵泉池分居；④井元村，原名井源，唐咸通年间（860—874年），李欲自宜春东门徙此；⑤桥背村，唐乾符戊戌年（878年），李旭从井源分居。

凤阳乡4处：①田南村，唐昭宗时（889—904年），钟阜从袁州郡化成岩徙居立基；②上村，唐乾宁年间（894—897年），钟安潜从萍乡徙居立基；③沔村，宋景德年间（1004—1007年），李昭质从吉水朋田徙此立基；④梁家坊村，原称东廊，唐代年间（618—907年），梁国栋从陕西咸宁徙此，此处南北山丘连绵，中为狭长地带，号称“走廊”，以梁氏姓命名之。

从有关史料考证，在南宋以前徙居新余，有着700余年历史的建基村落共有574处，其中城南办13处，城北办（原沙土乡）8处，水北镇54处，鹄山乡18处，仁和乡19处，下村镇29处，马洪办14处，罗坊镇71处，欧里镇10处，观巢镇11处，界水乡6处，河下镇6处，珠珊镇21处，水西镇37处，姚圩镇21处，南安乡30处，新溪乡15处，良山镇14处，九龙山乡5处，分宜镇31处，钤山镇53处，操场乡21处，高岚乡9处，洞村乡7处，杨桥镇18处，双林镇4处，洋江乡1处，凤阳乡11处，湖泽镇7处。至今繁衍发展到千人以上人口的大村落有130处。保留十座以上古建筑群体的村落有11处，即罗坊镇的下寸（暇郇）村，水北镇的水北、都宪第、楼下、攀龙坊、邓家、胡家片村、黄坑村，南安乡的哲山村，新溪乡的堎上村、西洲江村，姚圩镇的河埠片村，仁和乡的棣村，分宜镇的介桥村（已公布列为江西省历史文化名村镇，并列入第一批中国传统村落名录），钤山镇的防里村（已列入第二批中国传统村落名录），杨桥镇的锎川村等。这些村落至今保持着古色古香的历史风貌，有宗族祠堂、水塘（月池）、民居、水井、古樟、古柏、桥梁、牌楼、石板路面、旗杆石、小巷、庙宇、垣墙、当铺、院落等传统乡土建筑。根据有关史载，村落始建历史年代、姓氏宗族来历、居住环境条件、始祖建基及姓氏支派流源考证，新余地区各姓氏家族都是汉族徙居客家，有的是因战争避乱移居本土；有的是因自然灾害迁居本地;有的是在本地任官而定居于斯;有的是因不愿为朝廷任官而隐居于此;有的是在外任职途经本埠,被奇山秀水、美好风光陶醉而择居;有的是省内周边近邻同族分居于此建基立业等。经过千百年来的祖基源流发展、繁衍,大多客家姓氏在本埠或周边都有派系、分支、同宗、同房等流派,刘、胡、钟已成为新余三大姓氏宗族聚落。



### (二)新余古民居建筑风格及特点

由于地理环境及文化传统的影响,南方民居的造型美观,贴近大自然,一般分为自由式院落和天井院落。新余地区的古民居建筑具有典型的江南建筑特色和带有在方特点,多为祠堂式天井式院落,砖木石陶三合土混合构造,主要分布在市区东部的罗坊、姚圩、新溪与北部的水北、人和以及分宜的杨桥、钤山、湖泽等乡镇,其民居已成为建筑群体的古村落,这一带古建筑一栋紧挨一栋,有的两三栋或多栋横向连成一排或多排,成为一体,栋与栋之间有的共墙相连,有的小巷相隔。外观建筑为清一色的两面夹封火墙,民间亦称作风火墙或风火垛子,在本埠各乡镇都有发现,比较普及;有的因其高出屋面随坡叠落部分,略似马头形,称作马头墙,也叫叠落山墙,在罗坊下寸、南安的哲山等都保留有;也有的四面山墙直砌到顶,称为封护墙,水北、姚圩、新溪等乡镇发现较多。总之,这几种高出屋顶的山墙,确实能起到防火、防盗的作用,同时也起到了一种很好的装饰效果。山墙体外部表面多为不加粉刷,不加贴面材料的清水墙,有的整面墙都为青砖砌置,也有的墙面下半部或三分之一为三合土筑,上半部或三分之二为青砖砌,其墙面砌法有平砖丁砌错缝、平砖顺砌错缝、侧砖顺砌错缝、一丁一顺或一丁二顺等多种。硬山屋顶,人字双坡式小青瓦覆盖屋面,天井处为单坡与双坡相结合屋面。建筑内部结构基本为穿斗式木构架,即以梁、檩、枋、椽、柱组成屋架,立柱主要起承重作用,墙体不承重,主要起封闭、隔断围护作用,从内部空间布局看,大部分民居多为对称式单进一天井或二天井,面阔三天间,即进门为天井、中为厅堂,左右对称式厢房,也有小部分为二进一天井或二天井或多天井,面阔五天间,即中为厅堂,前后两厅堂,左右对称式并列或前后双间厢房,主体建筑前或后或两侧设院落,为大户宅第，如仁和棣村德声堂、观下惇慵堂、水北黄坑聚星里、司马第等。建筑内有藻井、轩顶、托峰、雀替、斜掌、月梁、丁字斗拱、花格门窗等装饰构件，这些构件装饰的花纹、色彩和样式，用现实的或象征的手法，呈现出丰富多彩的地方特色，反映出人们的心愿、信仰、希望、喜好和审美观念。建筑内地面多铺以地砖或石板，显得整洁、朴素、庄重、恬静、舒适。这些优秀的传统民居建筑具有重要的科学价值、历史价值、文化价值、艺术价值、生态价值以及旅游经济价值，都值得我们去认真研究和发掘。

### （三）尚睦邓家围垅屋

在江西省新余市分宜县湖泽镇尚睦村，有一处有着近300年历史的客家聚族的围屋建筑，它就是赣西闻名的邓家围垅屋。由于它独特的结构和魅力，被列为江西省重点文物保护单位。

#### 1．邓家围垅屋的创建缘由与建筑布局

邓家围垅屋原名立三堂，又名邓家大屋、邓家老屋、邓家围屋。据《邓氏族谱》记载：邓氏先人邓廷焕携子邓勋于清乾隆（1736—1795年）年间随父辈从广东嘉应州（今梅州）迁居于分宜白田村，并在袁河两岸做油生意发家致富。邓廷焕死后，邓勋携三子邓成章、邓锦皋、邓锦彪从白田迁居尚睦，继续做油生意，邓勋第三子邓锦彪于嘉庆十年（1805年）以三兄弟的名义着手建造邓家大屋，起初是建了三进房屋，取名三立堂，寓意三兄弟事业有成、卓立天下。尔后又扩建围屋及门楼，形成了邓家大屋的规模。从动工到竣工共花了十四年时间。

邓家围垅屋系砖木结构，既有广东客家土楼的风格，又与当地传统建筑风格完美融合，它的通面阔为46.8米，通进深（包括门楼）92.4米，占地面积4324.32平方米，约合6.486亩。从建筑方位来看，它的门楼坐向为101°，即坐西偏北11°，朝东偏南11°；大门及厅堂坐向则为130°，即坐西偏北40°，朝东偏南40°，基本上属于坐西北朝东南的方位，门楼与建筑主体坐向的不一致，反映中国建筑考虑风水的特点，可能采用了风水方面的化煞理论。

从邓家围垅屋的建筑布局来看，建筑平面呈中轴对称布局，中轴线上依

次分布有门楼、大门、晒场、茶厅(前厅)、前天井、大厅(中厅)、中天井、上厅(后厅)、祭堂、后天井、龙厅(上下两层,上为绣楼)。前后共五进,第一进为晒场,第二进是茶厅,第三进为大厅,第四进为上厅及祭堂,第五进为龙厅。中心建筑则是第二进至第四进,厅堂两面筑有五滴水式防火山墙,每面山墙五个檐顶都砌置为元宝脊,以示招财聚宝之意。邓家围垅屋四周由二层楼房围成堡垒状密封式大围屋,围屋外侧为坚实的砖墙,墙内户户相连,环绕一圈,房门皆朝着大屋的中心,围成的形状接近矩形。其中前面的围屋共有十一间,正中三间为大门,前面围屋的两侧外墙为锐角的斜边,使得前面的围屋从平面看酷似一个等腰梯形。而大屋后面的围屋的两侧外墙,即龙厅的两侧外墙作了讹角处理,墙体从平面上看呈弧形弯曲,与东北、西南的围屋相接。东北、西南两边的围屋各有 14 间房屋,每房长约 7.5 米。大屋共设有 5 扇与外面的世界沟通的门道,除了前面的大门外,大屋的东北、西南两边各有两扇 1.2 米宽的券形门洞。邓家围垅屋共设有 99 间房屋,房屋之间、中心建筑的厅堂之间以及围屋及厅堂之间由檐廊串通,起承转折,步移景换,既四通八达,又曲径通幽,连地下都设计了纵横交错的暗沟水渠,二百多年来依然排水通畅。

此外,邓家围垅屋在围屋与中心建筑之间设有缓冲空间,在这个空间中安置了 10 个呈对称布局的天井,中心建筑的东北、西南山墙的两旁各有 5 个天井。它们的面阔基本相同,皆是 1.8 米左右,其中第二至第三进山墙两侧的天井皆是狭长的长方形,第二进两侧天井进深皆是 7.8 米。第三进两侧各有两个天井,它那前面的天井进深皆是 2.25 米,它那后面的天井进深皆为 7.8 米。第四进两侧也各有两个接近方形的天井,大概都是 1.8 米见方。

### 2. 邓家围垅屋非中心建筑的构造与雕饰

邓家围垅屋的非中心建筑指门楼、大门、晒场、围屋及后面的龙厅。非中心建筑作为中心建筑的前奏和尾声,作为中心建筑的屏卫与陪衬,既可引导人们一步步深入大屋的中心,又可起到众星捧月般的审美体验。其建筑构造与雕饰亦颇有特色,让我们沿着建筑布局的中轴线走进邓家围垅屋,一一解析非中心建筑的构造与雕饰。

如果要从前面进入大屋,必须经过它的门楼。这座门楼为砖砌门楼,从平面上看它非一字形而是八字形门楼。一般的八字形门楼是明间与左、右次间在平面上呈一条直线，左、右梢间则外撇呈八字形展开。而这座门楼非常特别，打破了开间的界限，它把明间与左、右次间靠内侧的三分之二的部分在平面上砌为一字之形，面阔约6.3米。而把左、右次间靠近外侧的三分之一部分与左、右梢间一起外撇呈八字形展开，既呈中轴对称之局，又造相向而望之势！它所展开的最大距离，也就是整个门楼的面阔，达9.9米。门楼的墙面敷有白灰，门楼檐顶的檐角呈现出优美的"S"形弯曲飞翘，正楼檐顶四角鹅头飞翘，左、右次楼，左、右边楼各有一角鹅头飞翘，组合在一起便表现出了高昂向上的态势。从门楼左、右次间外撇的起点之处，则各砌一道弧形墙体连接大屋正门两旁的围屋，如此一来，门楼与大门之间形成了一个类似古代城防中的瓮城的空间，来犯的盗匪如果突破门楼，厚实的大门及围屋还可以把他们挡住。甚至可以将个别盗贼放入门楼，然后关上门楼的门，让盗贼待在门楼与大门之间，然后关门打狗，瓮中捉鳖，一举歼灭之。

从门楼向前九十米，便可进入大门。大屋大门为三开间的门屋形式，面阔为11.7米，进深4.6米，大门共有三扇，中间的门面阔约2.1米，两边的门面阔皆为1.5米。这三扇门的木质门楣上共有七颗门簪，其中，明间的大门门楣上嵌有四颗门簪，左、右次间的门楣上各有两颗门簪。门簪为大门上端向外凸出的短木，犹如大木销钉，将连楹销在中槛上。连槛则就是在双扇大门上，承受上镶(比门长的木条)的木质或石质做好的安放转轴的构件。从门簪雕饰来看，明间的四颗门簪的簪柱为圆形，柱面雕有开光图案；接近门楣的簪托则雕有蔓草花卉纹。左、右次间的门簪的簪柱表面也雕有图案，因木质表面腐朽而难以辨认，簪托则雕有草龙拱寿纹。

穿过邓家围垅屋的大门，便进到了大屋的第一进院落，这是一个很大的露天晒场，晒场面阔约29.1米，进深约13.33米。晒场的功能主要是供大屋住户晾晒衣物之用，也是赏月聊天、休闲放松的好地方。晒场东北、西南两侧进深11米的位置，各开有一个券形门洞，加上晒场前的大门、晒场后中心建筑的正门，晒场四面各有门道，除了晒场后中心建筑的正门是内门外，其他三个门皆是对外的，由此可见，晒场是大屋居民集散的要地，也是室外活动的重要

湖泽镇尚睦村邓家围垅屋全景俯瞰图

场地。

当我们穿过晒场后的中心建筑，便可看到后天井和龙厅。后天井从平面上看是一个较扁长的梯形，梯形两腰不是直的，而是作了弧形处理，弧面拱向外侧。由于布局为梯形，所以后天井最大面阔为21.3米，最小面阔为18.3米，进深则为3.3米，这是大屋中最大的一处天井。后天井后面便是大屋后端的围屋，也是大屋的龙厅，龙厅楼分两层，下层设为私塾，是邓氏幼年子弟读书之处；上层为绣楼（又叫吊楼），为邓氏未婚的女孩子居住的阁楼，这是大屋中最隐秘、最有青春气息的世界。这里命名龙厅，无非是取自望子成龙、盼女成凤之意啊！龙厅的平面为八字形，龙厅上层的绣楼由两侧向中心逐渐抬升，所以绣楼中段地势最高，绣楼两侧的楼面也倾斜而上，中间的楼面则分节处理，中间的中心楼面最高，中心楼门两旁各有一节楼面，都一样高，在一个平面上，但略低于中心楼面。这样一来，从立面上看，楼面不在一条呆板的平面上，两侧楼面向中间倾斜而上，中间三节楼面又呈凸字形，所有楼面无论从立面上还是从平面上看整体都呈平缓的八字形，显得错落有致，符合人的审美需要。而绣楼的栏杆皆是直棂栏杆，栏杆上部设有寻杖（横置的扶手），寻杖之下用弯曲的木棂条拼成透空的双环纹。栏杆的望柱上端设有撑拱,撑住挑出的绣楼屋檐。

### 3. 邓家围垅屋中心建筑的构造与装饰

邓家围垅屋的中心建筑位于第一进的晒场和第五进龙厅前面的后天井之间,面阔 23.4 米,进深约 39 米,其范围包括第二进茶厅、前天井、第三进大厅、中天井以及第四进的上厅、祭堂。

第二进正门也就是中心建筑的正门,为三开间布局,即明间、东北次间、西南次间。正中的明间面阔 3.6 米,两旁次间面阔 2.1 米,明间与次间的分界处各有一根圆柱,柱间上端的花板皆为棂条拼接的透空的井口字纹,两个次间的两对雀替皆饰有漏雕加线刻而成的忍冬纹。正门的方形门洞宽 2.25 米,门洞门框向内收进约 2.25 米,门洞下的门墩正面饰有剔雕花纹,侧面则以线刻手法作了线脚处理。门框为石制构件,其石质门楣与墙体之间,装饰有四颗门簪。门簪的簪柱素面无纹,保持木质的本色,而靠近墙面的簪托则雕刻丰富,中间二颗门簪的簪托雕有回纹,两边的两个门簪的簪托雕有万字(卍)纹,这两种纹饰皆被称作“富贵不到头”,其中的回纹是一种具有多样花式并连续重复的波形装饰纹样,是由古代陶器的青铜器上的雷纹演变而来,它象征生命之雨可以为农民带来丰收的好年景,因连续使用时整齐划一、绵延丰富,所以有深远绵长的吉祥寓意,中国人常用连续不断的回纹作为长寿符号的装饰边。而万字纹是佛教里的一个吉祥符号,在古代印度、希腊、波斯等国家被认

邓家大屋绦环板雕刻图案《垂荫与华屋》

邓家大屋的回形嵌方胜与双环隔扇窗

为是太阳或火的象征，后来应用于佛教，作为一种护身符和标志。相传佛祖释迦牟尼通过修炼并大悟成佛，达到天人合一的境界时，胸前大放光明，出现银河星云的图像，像涡纹形状，经简化演变成直线，意思是对人间所有的美德和所有的吉祥的祝福。这个符号并不是静止的，而是朝着顺时针方向旋转，唐代武则天制定的这个纹样，读作“万”，寓意吉祥如意，富贵不断头。第二进正门两侧墙壁粉以白灰，墙壁上端各开有两扇方座圆形的透气花窗，圆窗中透雕四只写意的蝙蝠。在中国传统文化中，蝙蝠被视为吉祥物，是祥瑞的象征。蝙蝠本身没有什么自然特性显示富贵、平安等所谓“福”的征兆，人们主要取其谐音“福”“富”而祈盼人生的幸福与富足。

邓家大屋绦环板为双龙对戏纹的井口字纹隔扇窗

从第二进正门方形门洞进来，便到了茶厅(前厅)。茶厅顾名思义，是停轿备茶之处。茶厅与第三进大厅(中厅)之间隔有一个面阔 6.9 米，进深 3.3 米的前天井。第三进后部设置有一个 4.8 米宽的中门，中门由两扇板门合成，平时不开，遇有祭祀仪式、红白喜事等重大活动才会打开，使大厅与上厅及供奉有邓氏列祖列宗牌位的祭堂连成一片。而大厅与第四进上厅、祭堂之间又隔了一个面阔 5.4 米，进深 2.4 米的中天井。这里的梁柱、枋板上全用分宜出产的夏布缠裹、粘贴，并涂上厚厚的油漆。这种装饰梁柱、枋板的做法在全国是非常罕见的。这里的屋檐呈立体结构,屋檐犬牙交错,厅堂的屋檐高于厢房的屋檐,厢房的檐角往往插入厅堂屋檐的梁檩间,于是设置了撑住厢房檐角的撑拱,撑拱为板状,以剔雕加线刻的手法雕有线条流畅、具有曲线飞动之美的香草夔龙纹。大厅屋檐下的当中饰有斜格纹透空花板,大厅屋檐下的两侧饰有套方海棠纹漏雕花板,梁枋交角之处则饰有蔓草纹雀替。大厅中门边柱与梁柱相交处还有透雕加线刻的菊花卷草纹梁托和凤起莲荷纹梁托,以凤凰的雌雄同飞、相和而鸣,表达了邓氏子孙对婚姻美满、祥和如意的永恒追求。

此外,这里的隔扇按隔心雕饰的纹样来看,大致可分为四种。第一种隔心为拐子套方菊花纹透雕图案。它是用拐子套方棂条拼成基本图案,中心再雕一朵菊花,隔心靠近四周边框的中部的地方都雕有半朵海棠结子,雕刻手法还是剔雕加线刻的手法。这种隔扇隔心图案是固定的、程式化的,而它的上、下绦环板则变化多样,有的上绦环板为《古树图》,下绦环板为《过浮桥图》。有的上、下绦环板又是别的图样。这样在相邻的一系列隔扇中,主题图案是固定的、统一的,而次要的边角图案则是充分变化的、丰富多彩的。

第二种隔扇位于大厅的东北厢房正面和上厅的东北厢房正面,都是纹饰组合为一个系列的四扇隔扇。这种隔扇的隔心为平棂拼成的回形嵌双环、方胜纹。它的上绦环板虽不相同,但也成一个系列,都是剔雕的系有如意带的各种杂宝纹样,如意带飘动变化具有曲线之美。它的下绦环板及纹样都是固定的,为万字回纹。其纹样的具体分布是中心布置回纹,两端各有一个万(卍)字与回纹的线条互相贯通,联为一体,深远绵长,连续不断,寓意为富贵不到头。采用的雕刻是剔雕加线刻的手法。第三种隔扇的隔心为平棂拼成的井口字纹,它的上绦环板为透雕的对称相向的香草夔龙纹。第四种隔扇的隔心为透空的回形窗,它以棂条拼接成回形亮窗,并在上下左右相邻的棂子间嵌有花形结子,隔心的四周边框则刻有连环往复的回纹。

这里需要强调指出的是:邓家围垅屋中心建筑的绦环板雕刻纹样丰富多彩,而且有地方特色。由于绦环板正处在人们平视的角度,雕刻最细致。这里的绦环板雕刻有反映分宜及周边景观的《围屋全貌图》《魁星阁》《分宜万年桥》《华屋连薨》《廊榭图》《分宜古城东门图》《浮桥图》《宜春台》《城门与考棚》；有反映分宜人民生产、生活的《耕牧图》《纺织图》《捕鱼图》《射猎图》《入城图》《船运图》《挑夫图》《船临城下》《码头装卸图》；有反映文人学子寒窗苦读、科场拼搏的《树下读书图》、《进城赶考图》；还有反映邓家围垅屋的主人祈求天下太平、吉祥幸福的《鸟禽花树图》《鸟兽率舞图》《梅鹿图》《万字锦》，等等。

### (四) 南安哲山古民居群

新余市渝水区南安乡哲山村，山环水绕、郁郁葱葱。得山川灵淑之气之所钟，聚居此地的胡姓村民自始迁祖顺瞻公于明成化年间(1465—1487 年)由蔡里卜居此地之后，英才辈出，代产名贤，迄今保留下来的"进士"和"恩进士"等牌匾就印证了这个事实。特别是近百年以来，胡氏子孙更加兴旺发达，由此形成了深厚的文化积淀，表现在建筑物上尤为突出，如清隐楼、三老堂、胡母邓孺人节孝坊以及成群成片的古老民居。如今虽然清隐楼、三老堂已经荡然无存，邓孺人节孝坊也只剩下几块残片，丢弃在地上，但是众多的古民居仍然熠

南安哲山村民居群连屋接甍之景

熠生辉，昭示着这里曾经辉煌一时的文化之光。

哲山古民居可分为两类，一类是正门为隔扇门的建筑，一般为明清时期所建，这类建筑现存很少，以题有“无限风光”字牌的民居为代表。另一类是四面筑墙、正门为砖石之门的建筑，这些建筑大约建于清末民初。这类建筑非常多，这与近百年来南安胡氏各方面都取得成就的历史相吻合。

### 1．题有“无限风光”字牌的民居

该民居为硬山式双坡人字顶建筑，两侧为五滴水式叠落山墙，山墙的鹅头飞翘，给山墙平直的墙脊带来了灵动之感。从山墙延伸过来，砌了两堵侧翼的院墙，加上正确的院墙，在正门前围成了一个长方形的院落。在正面院墙中间，设了墙门。墙门门洞为长方形，门楣上有凹进的长方形字牌，字牌上书有“无限风光”四字，字牌之上罩有为墙门挡风避雨的庇檐（又称门罩）。庇檐之上有一道略宽于墙门的一字形檐墙，檐墙脊顶两侧鹅头呈曲线翘起，脊顶正中装饰有灰塑的宝顶。

南安哲山古民居群

当你从墙门中进入院内，走近这所民居，可以看到该民居正面屋顶至门楣上枋板的斜面采用了呈曲线内缩卷曲的卷棚天花，天花下的枋板间设有垂花柱。由于年久失修，该卷棚天花的板湾有数处破损，龙骨也有变形残破之处。该民居最精彩之处在于正面的隔扇。其中，门扇的隔扇雕饰比较简洁，它的上绦环板为花卉纹，下绦环板为麒麟纹。在这所民居门扇的上、下绦环板之间的隔心，为双排金钱如意纹直棂窗，两排直棂之间的横板饰有缠枝花卉纹。它的隔心为透雕的亮窗形式，而上下绦环板采用的是剔地雕加线刻的手法雕成的。

这所民居门扇两边的隔扇相对比较精致，它的上绦环板也是缠枝花卉纹，下绦环板是缠枝花卉纹与鹿纹。上、下绦环板中间的隔心为冰竹嵌花纹贝叶形人物开光图案。它的底纹为冰竹嵌花纹，中间部位饰有倒置的贝叶形开光图案，图案中雕了两个人物。

此外，在该民居内部两厢的隔扇雕刻中，隔心相对简洁，绦环板相对复杂一些。隔心是漏雕的双排金钱如意纹直棂窗，双排之间嵌有两条牡丹结子。它的绦环板是剔地雕加线刻的缠枝牡丹纹，花纹的边框为委角的长方形。

### 2．四面筑墙、正门为砖石大门的民居群

在哲山保存下来的古民居中，四面以砖墙围合、正门为砖石大门的民居占绝大多数。它们与新溪西江村民居有点相似，都有点像浙江民居的风格。

#### (1) 建筑外观与建筑构造

从建筑外观上看，这种正面为砖石大门的民居四面以砖墙围合，墙体以青砖采用“有眠空斗墙”的砌法砌成，由于平砌为眠，这种砌法是平、立交替砌筑的空斗墙，由于四面筑墙，方方正正，有点像“一颗印”式民居建筑，特别是它的正面墙体更加厚实。整个房屋正面的立面呈“凹”字形，正面左右各有一堵一字形檐墙，两堵一字形檐墙两端的鹅头背向飞翘，从而给一字形檐墙带来了动感和美感。这种“凹”字形墙体，中间凹下一截，凹口就处于房屋正面的正中，凹口之下便是石框的大门，大门不宽，仅能并排站下两个半人到三个人。有的民居正面大门上还嵌有字牌，但字迹已漫漶不清，难以辨认。这种民居还设有后门，后门不像前面在中心位置的正门，而是偏离该房屋的中心线，有的后门门楣上也设有字牌，字牌上以双钩的方式勾勒出“日多佳气”四个楷体大字。

这类民居梁枋穿插有序，柱体不粗，最边上的柱子就贴在山墙的墙角。室内设有藻井和天花，进门的堂上往往设有称为火楼的夹层，房屋两侧或后面有的设置了楼厢和阁楼。有的民居中间的藻井为八角藻井，顶端设明瓦三排，以透明采光，该藻井从上到下依次叠落，先是像八角柱体一样直线叠落一两米后，接着分为八面斜着向下叠落、扩充下来，形成了一个巨大的喇叭口状。还有的藻井就设在天井附近，这种藻井不像房屋中心或后面的藻井那么大，也没有设置明瓦，这里的天井井槽全由石板砌成，井底中间铺有一块石块，井

壁与井壁之间的转角处衔有竹筒形雕饰构件，它的井壁都以线刻的方式，作了简单的线脚处理。天井前后壁皆刻有一道弦纹，左右壁则饰有剑环纹。

这类民居中堂的天花层面较平，基本上在一个层面上。例如有的天花正中为方形，方形之内为八角形，八角形内又有木条拼成的海棠花纹，海棠花纹又被十字纹分为四等分，海棠花花心及十字字心有一个稍微凸起的菱形层面，菱形之中雕有菊花图案。这类民居边缘部分特别是天井四周的天花与中堂的天花截然不同，它不在一个层面上，它是卷棚天花或双层卷棚天花，像卷曲的波浪一样。卷棚天花与下层天花之间的夹层面板以雕花矮柱分为三栏，中栏宽一些，左右两栏窄一些，每栏都雕有扇面形缠枝花卉开光图案。如果是双层卷棚天花，两层卷棚之间的枋板则做成月梁之形，两端有角花，中间有开光图案，枋板之下有梁托。

在这类民居中，有的还在堂屋上设有火楼，火楼是用木板、木梁做成的夹层，用于堆放柴火。火楼的正中一般设有花窗，有的花窗以棂条拼成井口字纹四方连续漏雕纹样，有的花窗饰有方格纹五开光漏雕图案，该窗以空棂的方格纹为基本纹样，正中为圆形开光图案，图案中有一个变形寿字。寿字图案上、下各有一个海棠形开光图案，寿字图案两侧又各自有一个嵌有花状结子的海棠形开光图案。有的民居不仅堂上设了火楼，还有堂后的两厢或正面设有可以上人的楼厢或阁楼，在它们上面也都开有花窗，雕有井口字纹、金钱如意纹、菱形网络纹图案。

哲山村这类民居梁下的穿枋也颇有特色。它们的穿枋往往雕琢成长长的扇面形，以模仿月梁的形状，穿枋中间为委角的长方形开光花卉图案，穿枋四周雕刻卷草纹或忍冬纹，忍冬是蔓生植物，忍冬花即金银花，因它越冬不死，所以被佛教用来比作人们的轮回永生，也被作为生命力旺盛的象征。除了描花绘草外，这类民居的枋板上还雕刻文字，这也是非常独特的。例如有的民居在进门后不远处，立有两根不粗的柱子，柱子上横置着一块枋板，两根立柱将横枋分为三栏，每栏都雕有文字。其中，中栏从右至左雕有“光明正大”四个行楷大字，中栏两侧各有一栏，栏中分别刻有“芝”“兰”两个行楷字。有的民居穿枋或横披上刻有“和”“家”“恩”……等行楷大字，寄托着房屋建造者或居住者的信念和追求。

### (2) 光彩照人的隔扇门

哲山村古民居很注重门面，有着精美的隔扇门。虽然这类古民居的门框都是砖石质地的，但它的门扇和门额都是木雕的。例如有的民居门的内外都有雕饰。从门的外面来看，门额为三开光绝对均齐式单独纹样，门额中间是扇面形鹿纹开光透雕(也叫透空雕、漏雕)图案，扇面形图案两侧各有一个海棠形透雕开光图案，两端的角花为缠枝花纹透雕纹样。门额之下有两个门扇，这两个门扇的上绦环板皆为草龙捧寿纹，两个门扇的隔心皆为双排金钱如意纹直棂窗，两排直棂之间各嵌有两朵花形结子，隔心的四个边框皆为卷草纹，框架四角各饰有一朵宝相花。两个门扇的下绦环板皆为缠枝花卉纹。再看大门的内侧，门楣朝下的一面的附件上，雕有卷草太极图纹样，具体来说是中间雕有呈阴阳鱼造型的太极图，人进门时只要略微抬头就可以看到，太极图两边是卷草纹。此外，门楣顶上的门枋上，雕刻有“芝兰其□”四个行楷大字，表示这处民居具有芝兰的幽香，具有文化品位，是一个难寻的雅室。

哲山村古民居“珠联璧合”宅31双排金线如意纹直棂隔扇门

### (3) 精美绝伦的隔扇窗

在哲山村四面砖墙围合的民居中，隔扇的装饰最为精美，体现了中国传统择吉文化的内涵，这说明求吉驱邪的观念已经深入哲山人民的生产生活中，因此也就表现在建筑构件特别是隔扇窗的装饰之中。在这类古民居中，丰富多彩的隔扇窗可以分为很多系列，每一系列又可分为多个种类，某些种类的隔扇又不止一块，各块之间也有差异之处。根据纹样的造型和其文化象征意义，隔扇窗可分为透雕拐子纹窗、贴雕拐子纹窗、直棂窗及套方纹窗四个系列：

第一个系列是隔心基本纹样为透雕拐子纹的隔扇窗系列。在该系列中共有五种隔扇。第一种隔扇的上绦环板为缠枝牡丹纹均齐式单独纹样，中间为绽开的牡丹，两边是翻卷缠动的花枝。它的隔心为回形拐子纹扇面形开光图案。回形拐子棂条间嵌有花蕾、四叶花、插花梅瓶形结子，中心的扇面形开光图案，也是吉祥花卉纹。它的下绦环板从左到右雕有奔跑之鹿、翘首之獾、飞翔之凤、向地之喜鹊。第二种隔扇的上绦环板为卷草花卉纹均齐式单独纹样，中间为一朵刚开的鲜花，两边为卷草纹。这种隔扇的隔心为拐子纹嵌扇面形开光图案。整个隔心以透雕的拐子纹作底纹，相邻的棂条之间衔有大小不一的各种花形结子，隔心底框中间的上沿饰有瓶形结子，隔心正中的扇面形开光图案中饰有鲜花。它的下绦环板两边饰有牡丹花卉，正中饰有回首相顾的双鹿纹。第三种隔扇的上绦环板为缠枝牡丹平衡式单独纹样。它的隔心为回纹拐子嵌花形结子五开光空棂窗。第五种隔扇不同于上述四种隔扇，它下面附有窗栏板，这是第一系列隔扇中独一无二的地方。

南安哲山村古建筑 18 回形拐子纹嵌扇面形开光图案隔心

第二系列隔扇是贴雕拐子纹隔扇。该系列第一种隔扇的隔心为回形拐子嵌花形结子五开光贴雕图案。该隔心正中为委角长方形开光图案，图案为花卉及吉祥物品纹。上下左右的开光图案中皆饰朵花之纹。整个隔心的底纹为回形拐子纹，拐子棂条间嵌有各种花形结子。这种隔扇的绦环板为剔地雕加线刻的《周

哲山村古民居 108“恩进士”匾

敦颐爱莲图》，周敦颐为理学奠基人，哲学家，曾任分宁县（今江西修水）主簿、南康军(治所在今江西星子)知军，筑爱莲池，隐居庐山莲花峰下，建有濂溪书院。在这块绦环板木雕画面中，两边都是夸张放大了的荷叶与荷花，周敦颐头戴平顶巾，身着长袍，右手抚摸着一朵莲花之茎，左手把折扇放在胸前，他身后跟随着一位总角的侍童。整个画面表现了周敦颐赏莲、爱莲及内心深处对莲花的崇拜。第二种隔扇的隔心为拐子嵌团双喜字海棠形开光图案。隔心的中间为接近圆形的海棠状开光图案，图案中有一个双喜字，由于它是“适合纹样”，适应一定的外形框架，所以喜字上面的口字是两个口字，而上下则只是一个土字和一个口字，这样一来图样就很奇特，既像双喜字，又像单喜字。整个隔心为均齐式贴雕图案，隔心边饰则是二方连续纹的卷草纹，它的绦环板为剔地雕加浅刻的宝瓶花卉纹。

邓孺人节孝坊残碑

第三个系列的隔扇是直棂窗系列。这个系列的隔扇品类丰富，有双排金钱如意纹、破子棂窗、方直棂窗、一马三箭窗等。在这个系列中第一种隔扇的上绦板为花草拐子纹，隔心为漏雕双排金钱如意纹直棂窗，两排棂条中间嵌有三朵花形结子。下绦环板为“太师少师麒麟纹”，板中雕有一大一小两头狮子相向而立，左边一头麒麟回望着两狮子。第二种隔扇的上绦环板为山石牡丹纹，隔心为两边嵌有插花瓶的双排金钱如意纹透雕直棂窗，两排棂条间嵌有三个吉祥纹结子。它的下绦环板为“双麟献端”纹。第三种隔扇的上绦环板为草龙拐子拱寿纹的均齐式单独纹样，这种隔扇的隔心为漏雕双排金钱如意纹直棂窗，中间嵌有两个花形结子，下绦环板为鹿、羊等瑞兽图。第四种隔扇的上绦环板为花草捧瓶纹，隔心为双排金钱如意纹直棂窗。两排直棂纹的中段横向分为三栏，中栏为方胜纹，左、右两栏为花形结子，下绦环板为麒麟纹。第五种隔扇的隔心为金钱如意纹直棂窗，窗的中段嵌有两朵花形结子，结子的中间由两根弧形棂条相交纽接成竖向的叶子形状。它的绦环板雕刻为杂宝缠枝花卉纹。第五种隔扇窗的隔心采用了具有宋代风格的破子棂窗。第六种隔扇窗是方直棂窗，它的上绦环板凿有上下壶门重合式的券洞，其隔心是空隙较大的直棂窗，与其他隔心的棂条不同，该窗棂条是方形断面的木料。这种直棂窗形式早于宋以前流行于的破子棂窗。第七种隔扇的上绦环板为忍冬纹漏雕平衡式单独纹样，一般绦环板很少采取漏雕手法，这里却采用了。而它的隔心就是一马三箭窗，该窗所用棂条为方形断面，同时在纵列的直棂上、下部位，各横置三根横条，故称一马三箭窗。此外，它在纵列直棂高度的中段位置，增加了

哲山村古民居 48 绦环板雕饰·杂宝

哲山村古民居 49 绦环板雕饰·杂宝

哲山村古民居 50 绦环板雕饰·杂宝

周敦颐爱莲图

五根横置的棂条。

第四个系列的隔扇是以套方纹为主题的隔扇。该系列第一种隔扇窗是在同一个窗框中对开的两扇隔扇，它们的上绦环板完全一样，皆为草龙拱寿纹绝对均齐式的单独纹样，绦环板正中为篆书的寿字，寿字两侧皆为翻动的卷草，由于翻卷的力度很大，寿字两边皆翻起了中间大、两边小的三个卷草圈，而在两个大的卷草圈之中各有一个朝向寿字的龙头。这两块对开的隔扇隔心也完全一样，皆为拐子套方纹漏雕图案，而它们的下绦环板虽然都是剔地雕加线刻的“杂宝图”平衡式单独纹样，但它们所展示的宝物却各不相同。例如进门方向右边的下绦环板的“杂宝图”中有鼎、灵芝、犀角、书匣……；而进门方向左边的下绦环板的“杂宝图”中收入的是古钱、笙、笔、元宝、翎等吉祥物品。这些杂宝都有其祈求和象征意义。这个系列的第二种隔扇的上绦环板为缠枝花卉纹，隔心为委角套方纹空棂窗，它的下绦环板为“麒麟报喜”均衡式单独纹样，画面左边为一只麒麟，右边有两个喜鹊。第三种隔扇的隔心为十字海棠套方纹，它的绦环板则雕刻的是戏剧故事的场景。

南安哲山村古建筑 47 绦环板·太师少师

南安哲山村古建筑 48 绦环板·一路连科喜中三元

### (4) 其他室内装修构件及纹饰

哲山村以砖墙四面围合的民居非常多，除了隔扇门窗外，它们的其他室内构件及纹饰也是非常复杂、华丽。首先它的飞罩装饰华美。所谓“罩”系用硬木浮雕、透雕而成，满布几何图案或交缠错置的动植物，或神话故事之类，作为室内的隔断和装饰。飞罩的形式是两端下垂，但不落地，状如拱门。而哲山民居使用的是挂落飞罩。这种飞罩与一般飞罩相似，但两端下垂短于飞罩，又略似挂落，故称挂落飞罩。哲山民居的挂落飞罩分为三种。第一种为冰梅嵌扇形开光图案透雕挂落飞罩，该罩用透空的棂条拼成衔有梅花结子的冰竹纹，中间嵌有一个剔地雕加线刻手法雕成的扇面形开光图案，罩的下面边框做成上弧的彩虹之状，富有曲线之美，两侧的垂脚做成含苞欲放的花蕾之形。第二种是夔龙拐子捧寿纹挂落飞罩，该罩中间为外绕花瓣的圆形开光图案，中间一个篆文寿字，寿字图案两边为龙眼圆睁、龙口大开、龙鼻上翘的夔龙龙头，两端的罩脚也各有一个同样形态的夔龙龙头，罩的底框同样是做成上弧的彩虹之状。第三种为回形拐子嵌花状结子挂落飞罩，罩的底框也是按照审美的要求做成上弧的彩虹之状。

其次，这类民居也饰有花牙子雀替。花牙子雀替位于梁柱交接处，外形如雀替，由回纹、动物纹、植物纹组成空棂花板，是一种纯装饰性的构件，这里既有拐子龙纹花牙子雀替，又有夔龙拐子纹花牙子雀替。在夔龙拐子纹花牙子雀替中，夔龙龙头位于花牙子贴柱一面的下端，龙头鼓目、张口、竖耳，头朝下，脖子做成榫头插入柱子之中。

其三，在这类民居中，还有不少精美的隔心不知去向，只留下了一些绦环板。一般来说，在同一个隔扇中，隔心与绦环板是配套的，从绦环板的精美程度可以推知隔心的艺术水准如何。例如“麟吐玉书”绦环板。相传孔子诞生时，有麒麟口吐玉书，上写“水精之子孙，衰周而素王”，暗示孔子非凡人，虽未居帝王之位，却有帝王之德，堪称“素王”。再如“折枝花”绦环板。折枝花又称枝子花、生色花。指截取某种花草的一枝(棵)或部分作为装饰的纹样。这块绦环板上的折枝花为五瓣花，从花、枝综合起来看，既像梅花，又像桃花，既不完全像梅花，也不完全像桃花，世间的妙谛往往就在似与不似之间，予人以联想回味的空间，所以齐白石老人才说画的境界在似与不似之间，太似则媚俗，不似则为欺世。也许雕刻者或房屋主人早就有此不俗的心怀。又如“园林风景图”绦环板，其雕刻画面中分布着堂舍、拱桥、亭子、杨柳、门屋、楼台等，表现了一种恬静安详的画面。

此外，还有“狮子纹”绦环板，在一株遒劲弯曲的苍松之下，一头狮子弓背抬头，怒目圆睁，三足撑地，左前足抬起，尾巴上卷，作雄视天下之状。

### （五）水北黄坑古村落

黄坑村位于新余市渝水区水北镇东南部，以村居黄土丘陵山坑而得名，它西眺蒙河，北倚狮琴山，东临流霞山，西面、南面良田环绕、沃野无垠。而在村后与狮琴山之间，还傲立着一株十余米高的古樟树，村中还有清泉古井，滋润着世世代代的黄坑人。据《黄坑村史》记载，该村发轫于唐代，兴盛于清光绪年间（1875—1908 年），原有古屋百余栋，后因失修或损毁，现存五十余栋，占地六十余亩，栋栋相连，四通八达，可从村头通到村尾，房屋属于清代风格的民居建筑。

#### 1．黄坑村民居的建筑结构与装修雕饰

从黄坑村民居群结构与装饰来看，这些青瓦覆盖的民居以双坡人字顶建筑为基本单元，纵横相交，左右相连，其屋脊为井字脊形式的复合式屋脊。在这类复合式屋脊之上，除了五滴水式山墙外，还在一些屋檐上砌有压檐墙（又叫女儿墙），这种矮墙上端有一排用子母砖采取陡砖立砌方式砌成的砖线，这种子母砖都是头有榫头、尾有卯口，砖线上的子母砖首尾相扣，榫卯相接。这些井字形复合式屋脊又回环相接，四向延伸，形成了一种规模效应，折射出黄坑人民的凝聚力和团结向上的精神。这种井字形复合式屋脊在新余农村是独具特色的，在江西古民居中也不多见。

在黄坑村民居中，有的房子天井边的横梁做成月梁形式。这种梁的梁肩呈弧形，梁底略上凹，外观美观秀巧。虽然它在明清官式建筑中已不使用，但在江南民间建筑中仍有沿用，黄坑村古民居沿用了这种月梁，但弧形弯曲得更为厉害，可说是有所发挥和创新。再从黄坑村古民居的外墙墙体来看，它分

上下两截：门楣以上的上截用青砖砌成有眠斗子墙的形式，其特点是墙两面用陡砖或平面或立面地交替砌置，平砌为眠，中空部门填以碎砖，又名空心砖墙。这种墙体砌法用料经济，且有良好的隔音隔热性能。墙体下半截则是将石灰、卵石和黄泥搅拌夯筑而成的三合土墙。其色彩效果是上青下黄，与蓝色的天空和黄色的大地非常协调，表现了古人注重建筑与环境的和谐统一。

水北镇黄坑村古民居群全景

水北黄坑村民居门楣底部八角太极图

当我们的视线从外墙移到室内，可以看到黄坑村古民居的室内天花采用了卷棚顶的形式。它是在房屋前后出廊或厅堂顶上用薄板做成卷曲的天花，既扩大了空间，便于空气的流通，又如波浪般地起伏连绵，表现出华夏文化所追求的流线之美。而在房屋重要位置的上方天花上，往往装饰有斗八藻井，以八个对称的几何形构件或图案向着一个中心聚拢而成。黄坑村以“大夫第”、余庆堂为代表的民居群，其装饰、雕刻丰富多彩。从隔扇雕刻装饰看，它的隔心既有拐子龙纹，又有拐子嵌方纹，还有书条嵌方胜、双环纹，至于它的绦环板则多为人物戏剧故事雕饰。除了隔扇门窗为主要雕饰所在之外，其他木构件也有不少雕饰，如有的房子阁楼的楼栏栏板，用木棂条拼成了方胜嵌十字海棠纹图案。

此外，黄坑村的木刻匾额也显得端庄而大气。例如“余庆堂”匾，红底金字黑框，字体为行楷，硕大饱满、端庄有力。再如“萱草长春”匾，为吴城镇水利同

知河南汲郡人张湄送给房主母亲七十大寿匾。匾文中提及的萱草，是中国传统的“母亲花”，萱草往往成为母亲的代称，过去流传的祝贺女子七十大寿的寿联中，就曾有“金桂生辉老益健，萱草长青庆古稀”之语。这里的“萱草长青”四字为楷书大字，字体饱满苍劲，透出一种傲然的骨气。题匾的上款为张湄的落款，款文右起纵列成字数不等的两行：“诰授奉政大夫南昌府吴城镇水利同知/加三级河南汲郡张湄”，款尾刻有两方篆印，一方是字迹下凹的阴文印“春槎”，另一方是字体上凸的阳文印“臣张湄印”。从款文分析，奉政大夫在清代官中为正五品文阶，这说明张湄至少享有正五品官员的待遇。能得到正五品官员的贺寿匾额，至少说明受匾人是新喻县有地位的人，这也间接说明了黄坑村文化底蕴之深厚。

## 2．黄坑村石刻艺术与石质构件

黄坑村古民居建筑包含了丰富的文化艺术内涵。其中的石刻、石雕艺术和石质建筑构件，充分展示了中国古建筑的人文艺术价值和建筑科学价值。例如两副石质方柱上的楹联，无论就书法、对仗还是从意境上以及结合地方风情特色方面来看，都达到了较高的水平。第一副楹联是楷书阴部刻而成：“颍水环轩一泓养就鱼龙甲；蒙峰当户千仞高腾鹤凤声”。第二副楹联是楷书双钩阴刻而成：“水绕清潭虚涵天影呈冰鉴；山圜（圆）平野淡点岚烟作画屏”。又如，有一个大户人家，门楣底板竟刻有阴阳鱼太极图。它不是定型后的太极图，而是保持了它初始的风貌。图中阴阳鱼鱼形明显，呈“S”形互缠互绕，太极图外环以弧边八角纹。太极图纹是中国吉祥符号中最原始、最基本的图形。它是中国人的思维定式。圆，本来的意思是中国人对整个大宇宙的理解，也就是说，天是圆的。用S线把圆分割成一半是阳，一半是阴，好像两条阴阳分明的“鱼”，方向相反地处在一个圆内，以两只“眼睛”显示阴中藏阳，阳中藏阴，形象化地表达了阴阳轮转，相生相克，是一种万物生成变化所遵循的原理。除了它的象征意义之外，纯粹从视觉效果来看，太极图展现了一种互相转化、相对统一的形式。而太极图外的几何图形，在中国史前文化中屡有发现，分布地域虽然广泛，但都集中在长江下游和黄河下游的中国东部地区，时间自公元前4000年以前一直延续了二千多年。它是最原始的“洛书”图像。如果模仿九宫

水北黄坑村清代民居群旁的石狮

水北黄坑村楹联下联

的配数，将天数一、三、五、七、九与地数二、四、六、八、十分别依相反的次序布列在两个五位图中，便可得到两个形状相同而布数各异的五位图，然后将二图仿效天旋地转而交午，可以得到一幅中宫五与中宫五彼此重合的九宫图，这个九宫图就是“洛书”，八角图形就是把两个五位图中相互重叠的部分如实画出，而将其他部分舍去而得到的图形。这种在门楣底板雕刻八角太极图的民居，在新余目前发现的古民居中是独一无二的，从它的门楣之上的墙面饰有七颗木质门簪，中可看出房主是一个很有文化内涵的大户。

再如，黄坑村石质建筑构件也丰富多彩，所有民居的门框都是石头做的，圆雕石狮生动威猛，石雕套方纹和万(卍)字纹花窗也有其吉祥祝福的文化含义。这里的石砌天井有一尺来深，井底铺列卵石，且有暗道排水，四周井壁青石相衔，光滑匀称，天井井壁雕有花卉和万(卍)字开光图案。万字(卍)纹是佛教中的一个吉祥符号，寓意吉祥如意，富贵不断头。由于村中民居井字脊组织布局，墙体纵横笔直，也使得村中巷子深邃笔直，纵横交错，巷中嵌有青石板。

此外，大夫第民居门上所嵌“大夫第”石匾，是采用减地平钑的方法雕成的。减地是将雕刻字体和花纹以外的地凿出薄薄的一层；平钑(读 sè，音色)，铲平的意思。因此它的基本特征是：凸起的“大夫第”三个楷书字体和两边花板中的缠枝花草的雕刻面是平的；凹下的“地”也是平的，所以也称“平雕”或“平浮雕”。又由于减地平钑的雕刻和“地”各自在同一平面上，从而使雕刻面在“地上”的形成阴影整齐又有规律，反衬出“大夫第”三字及两侧花板图案楞角清晰，外轮有如剪影一般的美丽。

此外，横跨颖江、蒙河的石拱桥——黄坑村七星桥是颖江两岸的交通纽带，这里就是当时的重要水运中转站，在桥畔曾有热闹繁华的水运市场——黄坑墟，农业商贸的繁荣促进了黄坑的经济文化发展，据说黄坑古村曾有当铺十八间，冠誉“江南第一当”。

### (六) 罗坊下寸古村落

罗坊暇邨民居隔扇·绦环板·人物故事雕刻

渝水区罗坊镇历史悠久，从近期发现的旧石器时代石器证明，早在 20 万年前，这里就有人类生息繁衍。下寸原称暇邨，它位于罗坊集镇所在地，该村始建于北宋，历代村民所建住房的建筑质量较高，现存古民居 50 余栋，占地面积上万平方米，大部分属明清建筑，具有典型的新余古建筑风格，即为两间一厅三开间，马头形叠落山墙，砖木结构带天井套房。木构架起到骨架和支撑的作用，墙体

罗坊暇邨民居群

罗坊暇邨民居直棂隔扇窗·冰竹纹虹脚横披

罗坊暇邨民居

只起隔断作用，正所谓“墙倒屋不塌”。这些民居青砖黛瓦，与周边环境相协调，体现了“天人合一”的道家和儒家思想。小部分临街房屋为前店后卧式结构，大部分房屋有旧式箱柜桌椅等家具。

从下寸民居内部结构与建筑装饰来看，许多房屋都设有框槛、隔扇。框槛常随门、窗、隔扇安装在金柱之间或檐柱之间；大门的框槛还常随大门安装在脊枋下、中柱或山柱之间。在框槛内，下寸民居设有横披。横披是形式上的侧高窗，是位于上槛和照面枋（中槛）之间的扇。这里的扇是一种可动框架，是能够分隔室内外空间的、能启闭和采光的木门扇。它两旁立边梃，边梃间横安抹头，抹头又将一扇隔扇分为上（隔心）、中（绦环板）、下（裙板）三段。上段的隔心也叫花心，是主要部分，占整个隔扇高度的五分之三，可透明通气；它的四周在边框抹头内有仔边，中间大面积的空间都拼满花式棂子，绦环板和裙板都是镶在边梃、抹头之间的木隔板，表面常雕出各种花纹图案。

在下寸民居中，有的房屋使用了双藻井的做法，双藻井为一小一大两个藻井，前面小的是“斗六藻井”，后面大的是“斗八藻井”。藻井是一种顶部呈穹隆状的天花，天花的每一方格为一井，并饰以花纹、雕刻和彩画。“斗六藻井”“斗八藻井”又称“六角藻井”、“八角藻井”，是以六个或八个相同的构件或图案(一般是几何形状)向着一个中心组合成的藻井。这两个藻井夹着天井，使厅堂内能充分采气、采光，并相应扩大空间。有的房屋在房厅之间设置了隔而不断、藕断丝连的冰竹纹几腿罩，甚至将几腿罩设在天井边上。特别是设在天井周围的几腿罩，采用了落地明罩(又称落地明造)的装修手法，整个隔扇都用隔心，不用裙板，自上而下，全部透雕花纹，给人以玲珑剔透之感。

罗坊暇郙民居隔扇窗·开光云板·花鸟卷草纹图案

在某种意义上来讲，建筑是时空的艺术，是凝固的音乐，是物化的诗歌，而在建筑语言中装饰至关重要，它是建筑的文化之魂！可以说没有装饰就没有建筑。罗坊下寸民居的装饰艺术，集中体现在木雕、石雕上，分别装饰着门罩、隔扇、天井、漏窗、额枋、房梁、斗拱、雀替、挂落、花罩、帘架等多个构件。

第一，在下寸民居中，一般的隔扇装饰图案丰富多彩，据不完全统计，仅是隔心图案就有七种：第一种隔扇的隔心是拐子龙纹围绕的麒麟瑞鸟图案，绦环板则是异兽图案。第二、三种隔扇隔心是直棂窗，中间加一块把直棂分割为上下两排的横槅板，其板分别透雕卷草纹或方胜纹，凡是方胜纹的隔心，四周都装饰拐子龙纹。隔心中的直棂条为“金钱如意纹”，每条直棂上下两端都有如意头，这样看上去就像一根根双头的如意。第四种隔扇的隔心是直通到底的直棂条，中间设有横隔板，夹住直棂条的两块绦环板有人物故事木雕图案。第五种隔扇隔心中间是墨锭与毛笔的开光图案，上下是瑞鸟图案，四周是缀花拐子龙纹，其主题图案的棂条髹以金漆，与辅助图案的棕色既保持暖色调的和谐，又形成了鲜明的对照。第六种隔扇隔心中间为瑞兽纹，上下为宝相花纹，四周则饰以缀花拐子龙纹。第七种隔扇隔心中间为瑞兽纹，上下为海棠纹，四周则以缀花拐子纹作陪衬。此外，有的木壁或隔扇裙板上装饰有团状开光木雕图案。例如，雕刻插着三支戟的长颈溜肩花瓶，旁边环以卷草纹和向日葵，它的纹饰最重要部分是瓶与戟，通过“瓶”与“平”，“戟”与“级”的谐音，寓意为“平升三级”，寄托了升官晋爵的人生梦想。总的来看，下寸民居群的隔扇隔心可分为直棂与花棂两类，隔心、横隔板及绦环板图案以花鸟瑞兽及人物故事题材为主，体现出了吉祥文化的思想。

第二，在下寸民居中，像房门、飞罩之类的大的隔断，以及某些横披与枋板，其造型雕饰也同样丰富多彩。仔细品味下寸民居，我们可以看到有一些房屋装饰有冰竹纹虹脚横披直棂隔扇门窗。横披为棂条拼成的冰竹纹，寓意高风亮节、竹报平安。横披的正中都有一个髹有金漆的扇面形开光图案。它的照面枋（即中槛）做成上弧的彩虹之状，富有曲线之美，又寓意生活如彩虹一样美丽。有的冰竹纹棂条交叉处点缀了髹以金漆的花形结子，看上去似繁星闪烁，有吉星高照之意；有的冰竹纹在冰竹的开片中，也就是在开片的棂条上，点缀以半瓣花朵及其他图案，皆髹以醒目的金漆。有的房子为了扩大空间，采用始创于明代的卷棚天花和垂莲柱。卷棚在南方又称为轩，是室内天花的一种，不同于北方圆屋顶所指的“卷棚”，它是房屋内前后出廊或厅堂、亭内顶上用薄板做成卷曲的天花，因顶圆卷而得名。这里的卷棚天花和垂莲柱更多的是环绕着天井，在阳光的照耀下显得轻快美观、简洁雅素。有的横披用棂条拼成透空海棠纹与方胜纹。在横披的海棠纹与方胜纹连环相续的中间，还有一

个扇面形开光图案，开光内有一对瑞兽相向而视。有的房屋大额枋枋板也做成海棠纹与方胜纹连环相续的图案，紧挨着的小额枋则饰以卷草纹与人物故事相间的图案。卷草纹花叶婉转翻卷，饱满丰美，似乎有一种旺盛的生命力。卷草纹曾经是唐代纹样的典范，并因此流传后世，有人也称它为唐草。

第三，下寸民居的砖石砌法和雕刻也颇为精美。有的房屋的后门或侧门的庇檐（门罩）采用“正叠涩”做法，在门楣之上用青砖正叠涩出檐三层，每层做成人字形与丁头拱相间分布的造型，层层外挑，顶上覆盖瓦檐，它除了装饰外，还具有为进门之人遮蔽风雨，并把墙面流淌下来的雨水引向远处的实用功能。此外，在下寸民居中，山墙纵面朝向街头的墀头墙，也饰有图案，特别是墀头墙上端的戗檐雕刻最为精细，可惜有些砖雕已风化脱落。下寸民居的石雕也较出色，有的砖砌的山墙墙体中嵌入了石雕变形长寿字和福字花窗，既具有装饰之美，又起了透气的作用，是艺术化的透气孔。有的房屋大门门框是石质的，门楣内侧被雕刻成卷草纹的形状。有的天井井壁正中有石雕铜钱纹，钱是古今上下通用之宝，内方外圆的方孔圆钱既表示古代中国人所崇信的天圆地方的宇宙观，也表示钱财像天井之水一样长流不息。

### （七）新溪西江古村落

西江村民居位于渝水区新溪乡政府驻地西南 2 公里的老头山脚下，南部边缘丘陵起伏，全境属河谷平原，农田平展，水源充足。良好的地理环境，孕育了耕读传家的文化传统，表现在建筑遗迹方面就是留下了许多古代民居建筑，而迄今保存基本完好的至少有六七栋之多。

#### 1．西江村民居的外观风貌、建筑构造及装饰特点

西江村民居与新余其他地方民居不一样，有自己的特点。从建筑外观上看，目前西江村古民居分为两种，第一种民居四面筑墙，特别是正面筑有厚实的墙体，房屋正面呈“凹”字形，正面左右为一字形墙体，中间凹下一截，然后是门罩，再下为大门。这种大门小于正面为木板隔扇的大门，门上悬挂着一面辟邪用的照妖镜。左、右山面筑有五滴水式叠落山墙，山墙叠落的幅度很小、高度很矮，以达到与正面墙体相协调的效果。这种正面筑墙的民居时代稍晚，

估计是清末民初的建筑,有的两栋并排联在一起,展示了其组合的魅力。这种民居在西江村占绝大多数,而第二种民居则是正面为隔扇或木壁与立柱的组合,大门大于第一种建筑的大门。这种民居时代更早,但在西江村只留下很少的几栋建筑。

从建筑构架上看, 西江村民居大多是抬梁式与穿斗式相结合的构架,中跨为抬梁式,以扩大空间;两个山面为穿斗式,以节约木料,并增加山面的抗风能力。出于扩大空间的需要,采用了始创于明代的卷棚天花和垂莲柱,轻快美观,简洁素雅。垂莲柱分布在进深短、面阔宽的横扁形天井四角。天花在空间层次分布上错落有致,有的民居天花分为三层,最下一层是靠近天井进深方向的天花,中间一层是靠近天井面阔方向的天花,这两层天花皆是井口天花,然后通过轩顶(卷棚顶)过渡到中堂的天花。部分民居从天井四周,经轩顶到中堂的天花层次却逐层降低,与前述民居的天花相反,并在轩顶与中堂天花之间又设置了四块呈矩形的狭长的天花。天花图案分栏而设,用棂条拼成了十字嵌方纹、套方纹、宫式纹、八角嵌圆纹。狭长天花向中堂天花降落衔接处,形成了一个立面的楼厢,其立面的花板采用了套方纹漏雕图案。有的民居也在天井与中堂的天花之间设有楼厢, 楼厢正面也设置了许多分栏的花栏,每栏图案不一,有方格海棠纹、宫式纹。前者方格为底纹,中间嵌海棠结子。而在楼厢底层悬空的枋板的不同位置,采用剔地雕法雕有奔鹿纹和吉祥花纹的扇面形开光图案。有的花板以壁柱分为三栏,中间是棂条拼成的方格纹,方格纹的中间嵌一个海棠结子,左右两栏为井口字纹。有的楼厢花板图案为方格纹和套方纹,从楼厢横梁上垂下一绳,绳端系有灯架,为堂内夜晚放灯照明之用。有的楼厢高如阁楼,素面无纹,只是正中用棂条拼成了透空回形窗。

在西江村民居中,最富特色的装饰是天井后墙砖雕图案和傅氏祠堂的龙形牛腿。首先,在倚墙而建的后天井中,或是在中厅与厨房相隔的天井之中,有的民居在天井靠壁上布置有美妙的砖雕图案。例如:有的砖雕正中为右起横书的“祥光㢊㢆”四个楷体字,“㢊”指高屋,“ 㢆”指大屋,“祥光㢊㢆”意思是说祥瑞之光淋浴在高大的屋宇之中。“祥光㢊㢆”字牌四周饰有砖雕图案框,上框为双凤翔舞图案,即双凤隔着仙桃或桃尖形物展翅盘舞,双凤的凤首背

向扭首，俯视着两端。左、右边框中则分别站立着一位头戴展脚幞头、身穿交领官袍的长髯老者，手捧记事备忘的笏板，面带一丝似有似无的微笑。下框的底部为象征河水的长流水纹样，下框两头各有一尾翘首吐沫的鱼儿，中间偏右处饰有摩蝎纹，该纹旧称为“鱼龙变化纹”、“鱼龙纹”，它的头部像龙，长鼻上卷，鼻下两卷须，口大张，獠牙外露，长舌，眼圆睁，眼后螺旋羊角绕一小牛耳，头顶至颈鬃毛粗壮，鱼身鱼尾。摩蝎纹被认为是河水之精，是中印文化交流时随佛教一起传入中国的，这说明房屋主人或建房人是深受佛教文化影响的。由于天井是采集落水之处，在其靠壁砖雕上布置摩蝎纹，也是最恰当不过了，这也反映了西江村民潜意识中对水的崇拜，对生命之本的反思。

西江村傅氏祠堂的龙形牛腿也很有特色。据《傅氏族谱》记载：明洪武四年(1371 年)，傅浚修授太平府通判，洪武十八年(1385 年)退休后衣锦还乡，见这一带山水奇秀而卜居此地。傅氏祠堂是西江村现存最古老的建筑，残破不堪，但其天井四周屋檐下的龙形牛腿展示了这所建筑深厚的历史底蕴。所谓牛腿是由代替檐下斗拱的撑拱发展而来的，撑拱毕竟只是一根木条，它和立柱之间总保留着一块三角形的空白，为了加强檐下斜撑的装饰作用，有的用雕花木板填充在三角空白处，并且逐渐地二者连接在一起成为一个完整的构件，于是棍状的斜撑成了三角形块状的构件。为了与撑拱相区别，而把这种三角形块状构件称为牛腿。

### 2. 西江村民居多姿多彩的大门

西江村民居的大门千姿百态，质地多样，品种丰富。既有石门、砖门，又有木门以及多种材质混合垒砌的大门，还有各种款式、各种雕饰的大门。有的大门建有门罩，门罩集审美与防雨功能为一体，门罩以阴阳盖瓦形成的屋檐两端升起，像鸟展双翼一样，呈反弓之弧状展开，具有灵动飘逸之感，其檐下以平砖顺砌错缝之法砌有数层青砖。由于屋檐呈弧形翘起，以致中间的砖层薄，两端的砖层厚，砖层之下又以青砖做成三层菱角牙子叠涩，以此叠涩出檐，层层外挑。叠涩之下又以平砖顺砌法砌有三层青砖，其下又用青砖将 10 个壁柱仿造成了木结构中丁头拱的形状。有的民居门的外框是石制的，门额却是木头的，门额采用了漏雕图案，正中为扇面形五福捧寿纹开光图案，图案中心是

新溪西江村民居

圆形的篆书寿字，周围环绕五只蝙蝠。门额两端为卷草纹。介于五福捧寿图案与卷草纹之间，各有一只捣药的玉兔，玉兔都面向中心的五福捧寿图案，形成了一个均齐式对称图案。

有的民居采用了石质门楣，门楣内侧附加了石雕饰件，饰件平面朝下，雕有蔓草太极图纹。还有的民居木板门扇上装有木质门钹。它的立面为圆角梯形，该面雕有卷草纹和四瓣朵花的横二方连续纹样，而它的正面（即平面）为圆形，饰有剔地雕加线刻的菊花纹，花纹中间衔有铁质扣环。此外，西江村民居大门门口都附加有厌胜辟邪的装置。例如有的民居在其木门之上的回形透窗上，系挂了姜太公的傩面面具。有的大门门楣上悬有照妖镜。

### 3. 西江村民居的主要隔扇装饰

在西江村民居中，雕刻最精美的图案都集中于隔扇之上。从纹饰的内容来看，隔扇装饰可分为三个系列，每个系列的隔扇又包括了许多主题风格相同或相近而其他纹饰稍异的不同隔扇。

### (1) 隔心底纹为夔龙拐子嵌花纹的隔扇系列

这系列隔扇的上绦环板(也叫上夹堂板)为卷草梅瓶纹、瑞禄图等图案,隔心为夔龙拐子嵌花纹。在夔龙拐子纹隔心的中部,有一长方形开光图案,图案由八仙系列和瑞兽系列组成,每两仙装饰一个开光图案,中绦环板(中夹堂板)为刀马人和风景画雕刻以及各种吉祥图案,而中绦环板之下皆是多栏的冰梅嵌方纹图案。该图案是以棂条拼成冰竹纹,棂条上大多附着半朵梅花结子,中间则嵌有长方形,使整个窗栏板有点像灯笼框的做法。这里的冰竹纹是由竹纹演化而来的,用它作为门窗装饰寓意高风亮节、竹报平安。

这类隔扇虽然是同一系列,但图案又稍有差异。例如有的隔扇上绦环板雕有麒麟与鹿的纹样,麒麟代表祥瑞,以鹿与“禄”谐音,组合为“瑞禄图”。有的隔扇上绦环板为缠枝瓶花纹样,中间为一插花梅瓶,瓶与“平”同音,象征平安。此外,这类隔扇绦环板上的刀马人雕刻最为奇妙,既结合了戏剧舞台场景及道具,又展现了古代骑战场面,例如有的绦环板饰有“长刀战双雄”的刀马人雕刻;有的绦环板则饰有“双戟对长枪”的刀马人雕刻。

### (2) 隔心底纹为金钱如意纹的隔扇系列

该系列隔扇的上绦环板为双龙拱寿纹。其中双龙为草龙纹。整个图案仿照经典的双龙戏珠纹而加以变化,表现在龙身与缠枝卷草的合二为一,中间的宝珠也变成了团寿纹,为绝对均齐式的单独纹样。该系列隔扇的隔心为金钱如意纹双排直棂窗,窗的中段横置有一块小花板,花板中间为一个花形结子,花的两边都是婉转优雅的卷草纹,透

新溪西江村古村落

西江村民居天井井壁“祥光詹廒”字牌雕刻

雕的花板也是绝对均齐式的单独纹样。再看它的绦环板，雕有“麒麟现瑞、福在眼前”之纹，该纹为平衡式单独纹样。雕刻画面中的麒麟与蝙蝠相向而动，麒麟位于绦环板中间偏左之处，它的前面有一条云气，与之相对的是右面的蝙蝠，蝙蝠展翅向左飞动，前面有一条弯曲起伏的如意带，带子上穿了两枚铜钱，在这块绦环板的右上角的左下角，分别有一座云气下的小山和树边的小山石，加上麒麟与蝙蝠的合理摆放，使得绦环板整体上呈现出一个平衡式的布局。

**(3) 隔心底纹为金钱如意嵌花形结子的隔扇系列**

这个系列的隔扇，它的上绦环板都是均齐式单独纹样，为卷草纹或龙花拐子纹。它的隔心为直棂窗，窗的中段横置一块小花板，花板为缠枝花卉纹或披柳纹，花板上下各有金钱如意嵌花形结子直棂窗。隔心的上、下两排直棂窗中心部位有一个不大的圆形开光花形结子，其他部位分布着许多更小的花形结子，犹如满天星斗。这些花形结子嵌在两根相邻的棂条之间，相邻的两排花形结子都隔棂错开，使得略显呆滞的直棂窗变得生动起来，又使得花形结子间既有对称之美，又有层次的变化。该系列中的一种绦环板图案——“祥麟威

凤”将艺术之美与文化之意完美结合，它的雕刻画面左边，有一只麒麟张口迈步向前，右面则有一只威风凛凛的凤凰，振翅腾尾，左足独立，右腿弯向腹部，麟与凤所朝方向一致，表现了画面的和谐与动感。

### 4. 西江村民居中的其他隔扇、花罩装饰

在西江村民居中，其他不成系列的隔扇、花罩装饰也很多，展现了它们独特的风姿。例如绦环板雕刻“麟吐玉书、欢天喜地”图案。该绦环板右边一个麒麟，口吐玉书，喻好运降临；左边一只獾，与麒麟相向而视表示欢乐到来。又如绦环板雕刻“麒麟献瑞、喜上眉梢”，在雕刻画面中，右侧为麒麟玉璧，麒麟头扭向右边，看着右上方的玉璧，寓意祥瑞；左侧为一只回首向左的喜鹊站在开有三朵梅花的梅树上，三朵梅花紧紧簇拥在一起，呈现倒梯形结构。整个画面寓意取喜鹊的第一个字“喜”，取其意而用之，梅梢与眉梢同音而取其意，人逢喜事精神爽，喻喜事到就笑逐颜开。

这里其他种类的隔扇也很多。例如有的民居在次要房屋上采用了一马三箭窗的形式。一马三箭窗是直棂窗的一种，西江村民居的一马三箭窗不同于标准的一马三箭窗，它融入自己的创造，除了在直棂上、下部位各横置三根棂条外，它在纵列直棂高度的中段位置增加了五根横置的棂条。此外，还有棂条拼成的拐子龙纹嵌花形结子的隔心以及套方嵌花纹隔心。

另外，西江村民居室内装修也很不错，在厅堂与厢房的门道之上往往使用几腿罩的形式。有的民居在中厅两侧边门上设置了冰竹嵌梅捧瓶纹几腿罩。中厅是民居中的重要位置，中厅中间的两扇中门一般不开，遇有重大、隆重的活动才开，所以一般又在中门两侧各开一个小边门，这一带的装饰也是非常重要的，这里的几腿罩中间为扇形开光结子，结子中间立有一花瓶，开光图案两边皆是棂条拼成的冰竹嵌梅花结子的图案。

## （八）人和乡棣村古村落

棣村位于渝水区人和乡南部，整个村落坐落在一处开阔的丘陵山地上，地形西北高东南低，地势高于四周田园约 5~10 米，南北两面夹蒙河支流，两河水由西向东顺村蜿蜒流经，在村的最东面交汇，北有蒙山遥对，南与笔架山

相望，是一处三面环水、依山而建的千年古村落。据《棣村张氏族谱》载：渝北五十余里，有地曰棣村者，张氏世居之晋时，间其祖有讳载，字孟阳者，为著作郎，偕弟景阳、季阳并以博学俊才，鸣世赞云，载协飞芳，棣华相映，厥复唐祖载昭讳哲，刺吉州；而家吉之龙江，敬心讳壮，任抚州；而家崇仁之蓝陂，迨我朝，以德兴天位，其祖乾吉，为新干令，而家新干，长子文彪，生子子光、子昭；次子武彪，生子子烈；三子德彪、四子才彪，二彪子孙仍居淦（干）邑，而子光徙居渝北龙塘（龙湖）、子昭徙居蒙阳棣村、子烈析居同邑睦村，各处一方，伊祖深悼兄弟，折处乃选屋植棣，以寓思兄之情，因名地曰棣村，至今称之不变者，乃其验也……始祖子昭于宋咸平年间（998–1003 年）从新干徙居蒙峰之南棣村，经千年繁衍，至今已发展到有近 700 村户、2800 余人口的大村落。在村内中心保持有德声堂、庆乐堂、老拔厅、衡庐钟秀牌坊、涵关紫气古民居、余霞散倚古民居、南厅祠堂、上厅祠堂、一览众山古民居、张顺成宅第、张寿昌宅第、张金邦宅第、张航千庭院、张才来宅第、张贵能宅第、张渭才宅第、张圣茂宅第、张义茂宅第、张元初宅第、张水趋宅第等传统民居建筑以及古井，村周边

千年古村落棣村

保留有沙陂桥、礼陂桥、永锡亭、青陂亭、沙陂坝等23座古代水利工程建筑以及蛇堖山、黄土岸等50余处商周古文化遗址，是新余市文化遗产数量最多、种类较全，既保存较完整、文化内涵又丰富的古村落。

该古村落以古民居为主，建筑布局特征可分为两大片区，即村北部区和村中心区。村北部以德声堂为中心，建筑坐北朝南，主要分布在德声堂两侧或前侧，排列向东西延伸，单栋分散较多；村中心区以庆乐堂为主片区的建筑，多为坐西朝东，成小片群体分布于庆乐堂南侧或后侧(西面)，其建筑一栋紧挨一栋，有的共墙连成一排，有的小巷相隔。建筑外观四面为高耸的封护墙，祠堂是砖石、木结构，面阔三或五开间，一天井两进或三进两天井，有的前或侧或后带院落，建筑内装饰有轩顶、雀替、托峰、月梁等构件，雕刻动物、花卉精美，寓意深刻，文化内涵丰富。古民居的代表建筑为德声堂，这是一栋祠堂式天井院落的明清风格建筑，坐北朝南，砖、木、石及三合土结构，建筑外墙下半部三为合土筑，上半部为清水空斗青砖砌置，内为穿斗式木构架，两面夹风火墙，双坡屋面与单坡屋面相结合，建筑面阔五开间，通面阔20米，三进五天井，通深46.98米，建筑占地面积1000余平方米，建筑布局中轴线上依次为影壁、月池、露天庭院、牌楼、大门厅堂及两侧对开四厢房、天井及两头对称厢房、中厅堂及两侧对开四厢房、祖堂及两侧对开厢房六间。建筑内有藻井、轩顶、雀替、月梁、隔扇、雕刻门窗，地面平整洁净，第一进地铺方砖，第二进铺条形砖，第三进铺设方砖，第二进与第三进之间为错层，设有三级踏步上下，两侧设天井，天井内边围石柱及石栏板。牌楼为四柱三间三楼式

千年古村落棣村天井地面雕刻

石与砖混结构，歇山顶，顶面设密檐，具有较高的建筑水平和装饰工艺水平。天井设计考究，中心平铺大型石雕刻五蝙蝠团图，蝙蝠与“福”谐音，寿、富、康宁、攸好德、考终命称之五福，天井朝对天，寓意天降五福，以图吉利。天井上正侧壁雕刻鲤鱼跳龙门和龙云图案，鲤鱼跃龙门以跃动的鲤鱼、龙门、水纹等组成，比喻时转来运，顷刻高升，古时常作为平民通过科举而金榜题名的写照。据辛氏《三秦记》：“河津一名龙门，水险不通，鱼鳖之属莫能上。海江大鱼薄集龙门下数千，上则为龙，不上者点额暴腮。”此说当为跳龙门传说之渊源。又，因此意过去也以龙门比喻高名硕望，凡得其接引而增长声价者，谓之登龙门。龙云图案为龙尾在上端，头在下端，四周云团，称为降龙，龙如同天降，寓意降龙乘云降福人间。天井东侧壁雕刻麒麟、鹿、狮、牛、象等瑞兽，麒麟是我国古代传说中的神奇动物。它全身鳞甲、牛尾、狼蹄、龙头、独角。它武而不为害，不践生灵，不折生草，是人们心目中的祥瑞之物，被看作是美德的象征，表达某种良好的祝愿。狮乃百兽之王，是至高无上神圣的象征，有驱邪除恶的寓意。牛象征奏，牛和水有很密切的关系，牛可以镇水保平安。象是南越大兽，用祈吉祥，被视为福国利民的良兽。天井西侧壁雕刻八吉、书画、寿、蝙蝠、鹿、祥云等，八吉为法螺、法轮、宝年、白盖、莲花、宝瓶、双鱼、盘长，都是圣洁无穷尽的象征，书画是文人雅士必备之物，它象征着生活安逸，及表示有高度的知识和修养的含义。这些吉祥图案是棣村祖辈祈祷子孙儿女热爱美满生活、创造物质文明和精神文明的虔诚祝福和心理寄托。吉祥文化是我国优秀传统文化的组成部分，它赋予建筑积极向上的意义和内涵，是中华民族热爱生活、努力创造幸福的美好、乐观的心理的反映。

### （九）水北镇慕江民居

慕江民居位于渝水区水北镇慕江村，据说是一位姓简的商人了九年时间完成的杰作。其中，三年将房子建造起来，三年进行室内装修、装饰雕刻，又花三年时间进行油漆。

#### 1．慕江民居的独特外观

慕江民居坐西偏北 17 度，朝东偏南 17 度，大致向东。它的建筑外观不同

慕江民居隔心为龙花拐子嵌八角形髹金开光图案的隔扇门窗

于其他的古民居，它方方正正，状如一颗方印，古建筑学界称之为一颗印住宅。慕江民居为平顶建筑，正面檐下不远处，有一长条与正面墙体等宽的庇檐，使得正面墙体及大门门口减轻被雨淋湿的程度。慕江民居四面墙体采用有眠空斗墙的砌法砌成，两面墙交接处的直角改用眠砖铺砌，以增加墙体的稳定性。墙体中段以下设有一层黄泥。房子东面为正面，中间的正门为石质门框构成的长方形门洞，门楣上石雕门额题字采用减地雕法雕成，薄薄地打剥掉一块横八方形的空地，在打剥过程中保留空地中间的“喜出望外”四个楷书大字，使其更加醒目。此外，在正门门框北侧与门槛平行的位置，还凿有一个石框的狗洞，表现了人对动物的重视与关爱。

再看慕江民居的北墙，开有二扇门框为石质、门扇为木质的券形门洞，两扇券门布局基本相似，只是题刻、装饰稍有不同：第一种券门门额上阴刻“含和履中”四个楷体字，“含和”指包容和谐、温和，古代君子和而不同，不同见解与学说之间能保持和谐。“履中”指履行不偏不倚的中道。这反映了古代君子的处世哲学。该门门栏板为双龙拱寿剔雕图案，将本来的双龙戏珠图案的珠纹改为团寿字纹，门棂为瓶形直棂，取“瓶”与“平”的谐音，象征平安如意。第二种券门亦阴刻四个楷书字：“恩承北阙”。“北阙”是古代宫殿北面的门楼，是大臣等候朝见或上书奏事的地方，后通称帝王宫禁为北阙，“恩承北阙”就是指房主或房主祖先曾经承受过帝王及朝廷的恩泽，故标于门额，以表示不忘君主的浩荡皇恩，并借此光耀门庭于乡里。该门的门栏板也是双龙戏珠纹剔雕图案，也是把其中的珠纹改为团寿字，门棂则采用简洁的直棂形式。

### 2. 慕江民居的室内装修与雕饰

慕江民居的室内装修与雕饰可谓是雕梁画栋、花窗绮户，极尽装饰之美。是迄今所见的新余民居中装饰最为丰富、美妙的民居之一。一般民居是以天井分割院落，如果设置两个天井，就应该有三进院落，而慕江民居不分院落，将两个天井设置于范围不大而又方整的空间中，分置于房内的前后部位，可谓高度浓缩，具有聚珍之美。

这里的天井，特别是房内前部的天井做得非常精致，天井井口下的枋板采用月梁造型，枋板中雕有变异的双龙戏珠纹。它与传统的双龙戏珠纹稍有不同，这里的龙纹大胆写意而又活泼率真，身体蜷曲变形，与蔓草纹完全融合，形成了一种新的纹饰——草龙纹；中间的圆珠则雕成了团寿字纹样，这是对双龙戏珠纹的创新与发展。天井井口四周设有卷棚天花，井口的四角垂柱雕成香球的造型。香球本是古人用金属编织的笼炉式随身佩戴之物，其中充以香料，常配以结带式流苏装饰，挂于胸前或腰间，作为人们珍爱之物。后来演绎成了“流芳百世”的吉语符号，垂柱雕成香球形状也是取其“流芳百世”的寓意。天井井底青砖墁地，井壁凿有古钱纹排水眼，意为财源像水一样长流不息。

慕江民居与一般新余乡村祠堂、民居的不同之处是使用了顶棚，顶棚隔断上下，顶棚既可以阻挡梁架上落下灰尘，又有助于室内保持一定的温度，同时还起美化作用，使室内有一个完整的空间。况且这里的顶棚中心向上凹进一米左右，采用了透雕拐子龙团寿纹天花，顶棚四边衔接井口花纹透雕长条形花板，花板下穿木采用月梁形式，穿木两边的梁头饰有蔓草纹，中间雕有“福”字。顶棚与透雕天花过渡之处，设有月梁形枋板及梁托，枋板的梁头为蔓草纹，梁托亦饰有蔓草纹。慕江民居还设有阁楼，阁楼帘架的花窗为回形灯笼框。室内过门的横披窗有的饰有斜方格嵌花纹，窗下的门枋雕有月梁形开光图案，图案中心为髹金花朵。这里的板壁上端的雕饰也很丰富，有的四角的角花为蔓草纹，中心则为展开的画轴形横披开光图案，图案为一簇青竹。有的板壁上部四角角花亦为蔓草纹，中间为柿蒂形开光图案。

如果从慕江民居隔扇门窗来看，它的纹饰最为精细，大概可分为以下七类：第一类隔扇上绦环板为蔓草拱莲纹，隔心为龙花拐子嵌八角形髹金开光图案，该图案边框饰有套云拐子纹，中心是团寿字，下绦环板则饰有《四季有余》木雕。该图案雕出四条水草中觅食的鱼儿取“鱼”与“余”的谐音，作为四季有余的象征。

第二类隔扇又分为两种，第一种的上绦环板为海棠双花纹，隔心为拐子龙纹，下绦环板为人物故事木雕；第二种上绦环板为草龙拱寿纹，隔心为回形拐子龙纹，该隔心与上述隔心不同，它不是透雕的，而是采用减地雕法刻成的，它的下绦环板为“梅花树下弈棋图”，图案中两位高士坐在一棵大树之下，在石桌上摆开围棋对弈，一位侍童在旁升炉煮茶，反映了古代文人士大夫追

水北慕江村“一颗印住宅”

求心灵自在的闲适生活情调,美中不足的是人物头部可能在“文革”中被铲掉,以致头面模糊。

第三类隔扇上绦环板为对称的蔓草纹,隔心为冰竹纹,冰则喻为冰清玉结,品节高尚,竹子则被中国人历来视为吉祥物。它的下绦环板雕有飘带所系的宝瓶、画轴等杂宝图案。

第四类隔扇上面的横披窗四角角花为卷草纹,中间为外带如意形花瓣的圆形福字纹开光雕饰图案,它的上绦环板为蔓草纹烘托下的牡丹图案。隔扇的隔心四周边框为花草拐子纹,隔心置有瓶状嵌钱纹棂条,这一类隔扇还有一种隔心为冰竹嵌髹金花纹的隔扇图案,下绦环板则为瑞兽图。

第五类隔扇是灯笼框系列,此类隔扇又可分为四种图案。第一种隔扇门上的门枋四周为蔓草纹,中心为“福”字开光剔雕图案,“福”字外圈饰有既似如意头又似莲瓣的花瓣。门枋之下隔扇门的上绦环板为双菊纹,雕有呈曲线状起伏的花枝及花枝上的两朵菊花。隔心为龙花拐子纹灯笼框,其雕刻手法不是透雕,可能是剔雕或贴雕而成的。剔雕又称剔地雕,明清称采地雕,即将主题图案以外的空地凿剔去,使主题形象立体化的手法。贴雕则是用锼条锯将花纹图案锼出,然后胶贴在板面上的一种木雕手法,是明代时从采地雕中发展而来的工艺。它具有省工力,又可以将不同木色组合在一起,从而具有变换同一单调的呆板气氛的优点。它的下绦环板则为人物故事剔雕图案。第二种隔扇门上的门枋雕刻与第一种相同,也是圆形“福”字开光图案,上绦环板则为缠枝花卉纹,隔心为龙花拐子纹灯笼框,其雕刻手法为剔雕或贴雕,下绦环板为人物故事剔雕图案。第三种隔扇上绦环板为剔雕团寿字纹,隔心则是龙花拐子纹灯笼框,其手法亦为剔雕或贴雕。第四种隔扇隔心为透雕回形拐子嵌花纹灯笼框。

第六类隔扇隔心为拐子龙嵌双环、方胜纹。方胜,古时作为“祥瑞之物”装饰于妇女发髻,用以压胜避邪,并取意“优美”“优胜”。方胜纹是以两个几何菱形压角相叠组成的图案,一方面取“胜”的吉祥寓意,另一方面取其形的压角相叠,寓意“同心”。它的绦环板为剔雕梅花纹,这里使用梅花纹,有着深邃的含义。

第七类隔扇上绦环板为卷草纹，隔心为拐子龙纹，中间嵌有圆形瓶花开光图案，其雕刻手法为剔雕或贴雕。

此外，慕江民居绦环板雕图案非常有特色，有“周敦颐爱莲”“白蛇传故事·许仙借伞”“伯乐相马”“四时花鸟瑞兽纹”等木雕。

### (十) 操场乡大院村钟姓民居

分宜县操场乡大院村民居是典型的民国时期的建筑，它为一位姓钟的人做烟土生意发家后所盖，根据房屋西次间的“壬申年”的题款，推知该房屋于1932年建成。

该民居通面阔20米，通进深21.6米，坐北偏东16度。其面阔五间，设有前廊，廊间布有廊柱，柱下垫有八角带方座的石柱础，柱础与廊柱之间设置有石质盆形柱櫍。前廊之后砌有屋墙，屋顶铺有青瓦，屋脊正中饰以灰塑宝顶，两侧为五滴水式叠落山墙。走近这座民居，依次看到的是前廊后的屋墙、前廊梁架

操场乡大院村钟姓民居外景

装饰及室内建筑结构装饰，以下我们就分这三部分来介绍、剖析这座民居。

### 1. 前廊后的屋墙

当我们走近大院村民居时，最先映入眼帘的是前廊后的屋墙。屋墙分为上下两层，上层设有阁楼。屋墙的明间墙面开有圭形门，门框为砖石所砌，但门楣却是木质的，门楣朝下的底板上刻有太极八卦图，门楣上端镶嵌有带边框的字牌，可惜字迹模糊，字牌上就是阁楼屋，在这个层上用砖石砌有龟锦纹漏明窗。屋墙的东、西次间皆设有券形漏明窗，窗头为呈发券的圆拱形，饰有太阳发射纹；窗身则为砖石所砌的龟锦纹。屋墙的东、西梢间都开有券形门，门头为发券的圆拱形，有点西式风格，但门中的两个门扇却采用了传统的木隔扇的做法。它的隔心为木棂条拼成的龟锦纹，它的上绦环板为束丝树叶形透雕，即绦环板中间凿出束丝形空洞，左右又凿出一个既像桃形又似树叶形的空洞。此外，在屋墙东、西次间和东、西梢间的阁楼屋，各凿有一个券形洞门。房屋主人可以在洞门口架上梯子，将柴火和家什放置到阁楼之内。

从屋墙的砌法看，它的墙面采用了混水墙与包框墙相结合的砌法。墙的外表面有粉刷或贴面材料，以起保护墙身和美化墙面的作用。而且墙体的裙肩、上身两侧及墙顶四边都作实砌，形如镜框，框内壁心略为收进。壁心都作装饰，最上端最接近天花的壁心画有花草，其中屋墙西次间的一幅花草图落款题有“壬申年”的年款。屋墙中段壁心使用浮雕手法，布置有风景图。屋墙下部的壁心也有浮雕的花卉图案及菱形开光图案。

### 2. 前廊天花及梁架装饰

大院村民居与新余其他地方的民居不同，就是它的前廊装饰美轮美奂，其中最突出的是位于前廊上部的天花及梁架部分。

前廊按照房屋的开间布局也分为明间、东次间、西次间、东梢间、西梢间，越接近中心位置其装饰越为精美，越往两边装饰的精美程度就会依次递减，甚至无装饰，这反映了中国传统礼制以中为主、以中为上的思想。就拿前廊的天花来说，明间的天花为矩形藻井的形式，藻井从中心到四周以卷棚天花过渡，而东、西次间及东、西梢间的天花则为素面无纹、不分格的顶棚，称作“海漫天花”。明间的矩形藻井四周以薄板做成卷曲的天花向下叠落。藻井正中的

天花板上饰有回形拐子花鸟纹贴雕图案。然而美中不足的是贴雕图案中间一块已经脱落。

### (1) 前廊明间的梁枋装饰

从前廊明间的梁枋装饰来看，它的额枋被二根垂花柱划分为中间大两边小的三栏，每栏皆雕有卷草纹。垂花柱由天花板往下垂落，打破额枋和额枋下面的挂落，垂花柱的下端是该柱装饰的重点，也是垂花柱的“垂花”之处，该处以圆雕(即混雕)的技法雕刻成香球的造型。此外，该香球底端透雕成古钱纹，又表示财源茂盛，而围绕古钱纹的两圈菊瓣纹，以“菊”与“居”的谐音表示安居乐业。

再从挂落装饰来看，明间的额枋下以透雕手法雕有凤戏牡丹龙花拐子纹挂落。所谓挂落，是挂在梁枋之下、柱子两侧的一种装饰，由连续木雕或木棂雕花组成，形如室内的花罩。该挂落的纹饰分为主要纹饰和辅助纹饰两种，其主要纹饰位于廊柱与额枋垂直交接处，为凤戏牡丹纹，两侧各有一个凤戏牡丹纹，呈对称之形，两凤首回头相望。牡丹与凤组合在一起，一个是“百花之王”，一个是“百鸟之王”，比喻富上加富、贵上加贵，寓意婚姻美满。该挂落的辅助纹饰为龙花拐子纹，分布于额枋中部的下端和廊柱的上端。分布于廊柱上端的龙花拐子纹还衔有二枚圆雕的爆竹，以示竹报平安。

### (2) 前廊明间与次间交接处的梁枋装饰

大院村民居前廊的明间与东次间之间的梁枋装饰，明间与西次间之间的梁枋装饰，皆呈中轴对称之势，装饰图案也完全一样。现以明间与东次间之间的梁枋装饰为例加以说明。明间与东次间之间的梁架设有挑尖梁(又称抱头梁)和挑尖随梁，两条梁梁体已不是圆形，而是模仿成穿枋的做法，板型化、扁平化，以利于装饰。这两条梁的雕饰皆是大同小异的双凤造型。双凤颈腹贴柱，后凤身呈“S”形翻卷，凤首回头相望，两条凤尾则在梁的中间贴尾后反向翻卷，两条凤尾贴体之处，有圆形剔地开光图案。但两条梁也有不同之处，例如挑尖随梁虽然与上面的挑尖梁皆是枋板之形，但它比挑尖梁在纵向高度上尺寸更大一些，它的双凤纹与挑尖梁不同，是凤首鱼尾，两鱼尾反向相扣，形成一个菱形开光图案，图案为云气纹。而挑尖梁凤尾贴体处的开光图案为篆书寿字。

此外，对挑尖梁和挑尖随梁伸出廊柱的梁头也作了非常精美的雕饰。挑尖梁梁头为大象象头造型，惟妙惟肖，象鼻上卷，通过花盆状小斗与上端木板相连，象鼻之下，又有一个类似鱼龙形的小斗，其下则为挑尖随梁撑拱的挑头，挑头之下为鳌鱼回形卷草古钱爆竹纹撑拱，该拱紧贴挑头的为鳞片分明之鳌鱼身体及向上翻卷的尾巴，该拱紧贴廊柱的部位饰有回形拐子卷草纹，卷草下挂有一枚古钱，古钱之下垂有两个爆竹。

**(3) 前廊东次间与东梢间交接处的梁枋雕饰**

前廊的东次间与东梢间交接处，设有挑尖梁和挑尖随梁，它们皆是双凤纹及造型，双凤颈腹贴柱后凤身呈“S”形翻卷，凤首完全翻卷过来，返身相望。凤身上布满剔地雕的花卉纹。两只凤尾在中间贴体后反向翻卷。当然挑尖梁与挑尖随梁也有差异之处：挑尖梁的双凤纹凤尾相贴外翻的中间有剔地雕圆形开光图案；挑尖随梁的双凤纹凤颈翻卷弯曲处，各有一个剔地雕圆形开光图案，图案中有些部分被铲掉，而凤尾相贴外翻处的中间又有一个圆形浮雕卷草纹。

这里的挑尖梁梁头也被做成大象之形，象鼻上卷，通过小斗与上端木板相连接。而与挑尖随梁同一高度，并与之对应的是鳌鱼龙花拐子撑拱。该拱贴柱的下端为龙花拐子纹，该拱上部为鳞光闪闪的鳌鱼身体及向上翻卷的鱼尾，身体与鱼尾顶着上面的挑头，挑头上有马鞍形小斗，小斗中雕有花草作为装饰，该小斗承托着挑尖梁的象形梁头。

**(4) 前廊西次间与西梢间交接处的梁枋装饰**

前廊的西次间与西梢间之间，也设有挑尖梁和挑尖随梁，这两根梁已经不是真正意义上的梁，它们被做成了穿枋一样的板形，装饰性很强，也许纯粹为了装饰。它们的花纹基本相同，也是双凤的花纹和造型，凤首设于两侧下端，凤首相望，凤身呈“S”形翻卷，凤尾相贴后反向翻卷。当然他们也有不同之处：挑尖梁的双凤身上布满剔地雕的忍冬纹及吉祥花草纹，凤尾贴体之处有一个剔地雕圆形开光花朵图案；挑尖随梁的双凤表面布满缠枝花草图案，凤尾反向翻卷的中间有一个圆形篆书寿字开光图案，双凤凤身翻转的转折之处，各有一个类似菱角之形的开光图案。

在这里，挑尖梁采用的也是象形梁头，与上一节的梁头造型大同小异。其撑拱紧贴廊柱的是回形拐子卷草纹，卷草下挂一枚古钱，古钱下挂着两枚圆雕的爆竹。

### 3. 大院村民居室内建筑结构及装饰

大院村民居室内采用了天花吊顶的做法，其雕刻手法是透雕天花。天花的层次往往是多层天花相合、共存，不同层次的天花以卷棚天花来过渡、衔接，两层天花之间的夹层正立面装饰了椽条拼成的斜格纹花板。天花的纹样讲究对称、规整，所以有的天花为拐子纹嵌圆形开光透雕天花。

当我们的眼光从该民居的天花板下移一些，就可以看到天井周边的厢房木壁上，设置有三块横板。最上面的横板雕刻为双凤贴尾纹，有点像前廊挑尖梁上的装饰；中间的横板则素面无纹，下面的横板四角为卷草纹角花雕饰，中间为叶边纹开光图案，图案边框绕以卷草纹，中间有一个观音瓶，瓶中插了些四季花草。

大院村钟姓民居呈“S”形翻卷的双凤形雕饰的挑尖梁和挑尖随梁

大院村钟姓民居前廊的凤戏牡丹龙花拐子纹挂落及垂花柱

该民居室内为天井院，围绕天井，利用柱子、枋板、穿梁在平面上围成一个横八方形的框架，在横八方斜向的一面设有几腿罩。天井四周分为两层，楼上隔扇门窗的隔心为棂条交叉而成的斜方格纹，楼沿栏杆为瓶足棂直棂栏杆，栏杆在平面上也是横八方形，以对应下面围绕天井的横八方框架。栏杆转折处设置了瓜棱形垂花柱，垂花柱与纵向的通梁之间雕有夔龙拐子纹雕花雀替。在该纹的夔龙龙头前，又装饰有椭圆形刀马人开光图案。

此外，在天井四周的隔扇上，各有四块横披枋板，枋板四角雕有缠枝花草纹角花。每块枋板中间都刻有一个圆形开光图案。而在这四个圆形开光图案中，分别刻有"人""文""蔚""起"四个楷书大字。如果合在一起念，这四块横披枋板的开光汉字为"人文蔚起"。这表达了房屋建造者或居住者对中华人文复兴的渴望。

### 4. 室内隔扇装饰

一般来说，隔扇上的上绦环板不采用透雕的手法，而这座民居的上绦环板都是采用透雕的手法雕成的，它的隔心也是透雕而成的，只有下绦环板才是采用剔地雕手法雕成的实板雕刻。

这所民居的隔扇主要围绕天井四周，从其隔扇纹饰来看，可分为以下三种：第一种隔扇的上绦环板为双鸟水草纹，隔心则为“平升三级”吉祥图案。其具体雕刻结构是在一个雕有双鹿纹的几案上，放置一个盘口双节的花瓶，花瓶瓶腹是上节大于下节，两节看起来像倒置的葫芦，两节之间有束腰。瓶口插有三支戟，整个图案表示“平升三级”，为祝颂加官晋爵的贺词。花瓶表面则布满缠枝花草，中间为一个团寿字。下绦环板则为人物戏剧故事雕刻。

第二种隔扇的上绦环板为水藻纹，隔心分为上下两部分，上部分占整个隔扇的三分之一，有竹树纹；下部分为无口凹首的双节瓶纹，瓶腹中间为吉祥玉佩纹。吉祥玉佩纹是从玉器的组佩仿制而来，具有礼仪的含义与象征。该玉佩纹两侧为双鹤回首纹，瓶下有一长桌，桌下有一羊，象征吉祥；瓶首上有一象，故表示太平有象。该隔扇的下绦环板则为刀马人图案。

第三种隔扇的上绦环板为卷草纹，它的隔心为回形拐子纹，拐子中嵌有花草、蕉叶及一些吉祥物品。下绦环板有的是人物故事纹，有的是带有卷草边饰的鼓形开光图案。所谓卷草边饰鼓形开光图案，是指该绦环板两边是卷草纹，中间有一个鼓形开光，开光图案为吉祥花卉纹，而令人遗憾的是很多人物故事纹的凸出浮雕被人铲掉。

### （十一）操场乡塘西村习氏兄弟进士民居西栋（上栋）

嘉庆十年(1805年)分宜县操场乡塘西村习家驹、习家骕两兄弟同时考中进士。习家驹担任河南新蔡知县，习家骕历任湖南衡阳、祁阳知县。之后两兄弟在老家塘西村各建了一栋民居，称习氏兄弟进士民居。为区别这两栋民居，笔者把位于该村马路西侧那一栋称为西栋，因地势较高，也称为上栋；把位于马路东边的一栋称为东栋，因地势较低，又称为下栋。

习氏兄弟进士民居西栋从两个山面上看属于穿斗式结构，它面阔五间，进深三进。其具体尺寸是通面阔26.3米，通进深28.45米。房屋坐西偏北11度，朝东偏南11度。

## 1. 房屋前廊结构与装饰

从房屋正面来看，五开间中最边上的南、北梢间筑有前檐墙，正中三间凹进去数米，形成一个前廊，前廊明间及南、北次间的分隔以两根檐柱为标志。柱下置有方座八角形柱础，即柱础下为方形，上为八角形。柱础与檐柱之间隔有鼓盆形石榍。从檐柱上部梁架来看，房屋明间的骑门梁向上凸起弯曲，仿作月梁之形，

塘西村兄弟进士民居上栋(西栋)·正面门口

南、北次间的横梁也向上凸起，并微微弯曲，但弯曲的幅度不如骑门梁大。这种为了突出中心位置的骑门梁，反映了中国传统的以中为尊、以中为贵的礼法思想。

从前廊的装饰来看，檐檩之下的檐枋下端雕有对称、翻卷的花牙。在两根檐柱的柱头之上、檐枋之下，设置了两朵饰有透雕卷草纹的一斗二升斗拱，非常漂亮，纵向的挑尖梁从里面伸出，穿过这两朵斗拱的拱心，挑出一米左右，以撑住挑檐檩，挑尖梁下面又有装饰忍冬纹的垫板，垫板底端还雕有四叶花，垫板像榫头一样嵌入斗拱栌斗斗口中，并随着挑尖梁一起伸出。檐枋及斗拱之下便是骑门梁和南、北次间的横梁。明间的骑门梁上的透雕花板为夔龙花草拐子纹花板，两个夔龙龙头分别倚在两根檐柱内侧的花板两头，相向而望，中间则为翻卷不息的花草拐子纹。南、北次间横梁上则饰有回纹透雕花板，在南、北次间两侧靠近墙面的檐枋之下和横梁之上，还装饰有半边斗拱，看上去犹如横置的丁头拱。

当我们站在前廊之下，仰视廊顶时，就会发现它不是露明的，而饰有天花。天花的最高形式就是藻井，而在该民居檐廊正中，也就是对应明间的位

塘西村兄弟进士民居西栋•几腿罩

置,则装饰有八角藻井,藻井井顶为圆形雕刻图案,藻井向下叠落时则转换为八角形,它的八个边装饰的都是透雕花板。在距离天花板不远处的挑尖梁上,往往设置有雕花驼峰,在天花与挑尖梁之间起着承上启下的作用。挑尖梁下面的挑尖随梁雕刻有扇面形开光图案,扇面两头各雕一条翻转相对的草龙拐子。

### 2. 房屋门洞及室内装饰

民居西栋在其正面屋墙上开有圭形大门,该门是砖砌大门,但门槛与门墩却是青石的,门楣又是木头的。大门内侧的门楣上端,设有装饰板,其上雕有绝对均齐式的花草纹。从大门进去约 2.1 米,马上又有一道木门,为二门。在新余古建筑中,大门与二门之间的距离如此逼近,仅见一例。这可能是出于防火防盗的目的,也可能是出于建筑风水方面的考虑。

该民居室内装饰最出色的东西就是它的飞罩。在该民居的二门与天井之前,砌有两根圆形砖柱,柱体表面粉刷有贴面材料。在两柱之间的枋板之下和两柱内侧,贴附有透雕忍冬纹天弯罩。该罩是飞罩的一种,形同拉起来的帷帐，又似鸡腿状，故又称鸡腿罩。此罩用棂条卷曲盘绕做成忍冬卷草纹，它的用途是加重视觉刺激，使出入口处更易引人注意，并将内外不同的功用部分分清。如果我们将视线移向天弯罩外侧的二根圆形砖柱上端，可以看到沿进深方向还设置了木质雕花的丁头拱。

该民居第二个有特色的装饰是在室内横向的檩与枋之间，竟然也设置了斗拱。虽然它的脊檩及上金檩下面没有设置斗拱，但它的下金檩(又称老檐檩)、檐檩之下都设有斗拱。下金檩与檐檩下沿都雕成花牙状。房屋建造者在下金檩与下金枋(又称老檐枋)之间设置了两朵重拱，两拱之间空出适当距离，每朵重拱都是两个一斗三升的斗拱叠加在一起，上大、下小、重拱的坐斗(又称栌斗)置于下金枋之上。所谓一斗三升，就是在栌斗上安正心瓜拱一道，拱上安三个三才升，故名一斗三升。由于古建筑讲究对称、对应，该民居在檐檩与檐枋之间，也设置了两朵斗拱，两拱之间也空出了适当距离。不过，这两拱不是重拱，而是一斗二升交麻叶的斗拱。它的做法在是斗座(即栌斗)上横着安放正心瓜拱一道，拱两端各安放槽升子一个，并从坐斗上出厚木板一块，上雕麻叶云，故称一斗二升交麻叶。

此外，天井前后的房屋上端有的设有称为火楼的夹层，主要为堆放柴火家什之用，火楼两边的亮窗为一马三箭直棂窗。这种窗子一般设在房屋的次要位置，它除了在直棂上、下部位各横置三根横条外，它还在纵列直棂高度的中段位置，增加了五根横置的棂条。一般中段是设置三根横条，这里设置五根横条是对既有程式的突破。

### (十二) 操场乡塘西村习氏兄弟进士民居东栋(下栋)

从总体来看，操场乡塘西村习氏兄弟进士民居东栋民居比西栋保存得更好一些。它的前面有门楼、晒场等设施，房屋坐西偏北 26 度，面阔五间，通面阔24.3 米，通进深 36.1 米。五开间中最边上的左、右梢间皆筑有前檐墙，正中三间则凹进数米，形成一个前廊，前廊之后就是一堵棕红色的屋墙，墙体正中开有圭角门。

### 1. 民居北侧的门楼

该民居在房屋的大门前，设置有一个晒场。场前面筑有一道院墙，院墙北端建有一座门楼。门楼坐西偏北6度。它与房屋大门所朝方向不一致，这可能出于风水化煞理论的需要。在中国古建筑选址之时，特别是新余地区丘陵山地较多的地方。如果建房子的地盘大而平整，而坐向不大理想，又遇到不便另选地址之时，往往照样在所选之地建房，但在建房的同时，为了化解煞气，化除房子坐向不好所带来的不利影响，往往在房前不远处再建一座门楼，作为整个建筑的出入口，门楼所对方向为吉向，如此一来，门楼成为整个建筑的气口，生动活泼之气因此迂回而入，而一切煞气、邪气、秽气则被拒之门外。

从建筑结构看，门楼背面设有庇檐（也叫门罩），庇檐为单坡瓦顶，以双柱和梁架撑起檐顶，使得单坡的檐顶伸展达二三米之远，可以遮蔽风雨。门楼正面则呈八字形向两翼展开，从中心到两边分别是主楼、南次楼、北次楼、南边楼、北边楼。门楼的主楼为弧顶方肩的墙体，中间开有方形圭角门洞，门楣之上嵌有长方形门匾。门楼的南、北两面次楼皆砌成约45度的斜墙，墙体外撇成八字形展开；南、北两面的边楼则砌成约30度的斜墙，如此一来，墙体外撇得更为厉害。由于次楼与边楼外撇的角度不同，给人的感觉是既有舒展之美！又有节奏的变化，使这种门楼不至于单调、呆板。

### 2. 前廊的结构与装饰

民居东栋的前廊是进入主体建筑中最先看到的部位，所以也成为结构设计与建筑装饰的重点。该前廊为三开间布局，中间的明间与左、右次间的划分以两根檐柱为标志。檐柱之下皆顶着方座鼓盆形的石柱础，该柱础可分为础顶、础肚、础腰、础脚四部分，它的础顶上用剔雕手法刻有一圈弦纹和一圈乳钉纹，乳钉纹紧贴在弦纹的上端，就像一面鼓一样。础肚圆满鼓出，直径最大，础腰内缩，础脚则为八角形，再看柱础周围的整个前廊地面，是用长方形条砖铺砌的青砖地面。

除了前廊开间的划分是以檐柱为标准外，前廊两种天花的划分也是以檐柱为标准的，檐柱内侧为卷棚天花，檐柱外侧为挑檐天花。这里的挑檐天花采用的是井口天花的形式，即用支条搭成井字形格网。这里的井口天花有自己的特色，它是在每个井字形框格中，饰有四只贴雕的变形蝙蝠，象征幸福。这四只蝙蝠在井字形框格中翅膀相接，连成了菱形图案，许许多多的菱形图案排摆在天花之中就形成了规模，具有了一种韵律的美感！

在天花之下，紧贴着井口天花的是位于明间的额枋，这种额枋紧贴天花的做法比较罕见，额枋两头微微弯曲，落在檐柱柱头之上。与此同时檐柱柱头支撑着与额枋垂直的挑尖梁，挑尖梁向上拱起呈弧状微微弯曲，挑头梁的拱背上设有双层的雕花驼峰，驼峰峰背直接顶着卷棚天花的龙骨，这与一般古建筑将驼峰设于两层梁枋之间的做法又有不同，体现出了它的特色。

塘西村兄弟进士屋下栋(东栋)民居正门北侧(左侧)门楼

此外，让我们再以檐柱

塘西村兄弟进士民居下栋(东栋)·狮形撑拱

为标志来看挑尖梁，挑尖梁伸出檐柱的部分为梁头，其下附有垫板，垫板至檐柱之间斜向装饰有圆雕狮形撑拱。由于受狮子原形的限制，该狮形撑拱的狮子头在下，竖起身子，尾部在上。支撑着挑尖梁梁头，进而通过挑尖梁梁头支撑着屋檐。这种狮形撑拱共有一对，左、右各一只，两只狮形撑拱在下的狮子头同时扭向房屋中心，扭向大门，亦有护卫、辟邪之意！况且头在下、尾朝上也是为了便于观瞻。这种圆雕狮形撑拱在新余地区古建筑中非常少见，在我们调查的新余古建筑中也仅此一例，它反映了新余古代手工业的高超技艺。



除了挑尖梁外，挑尖梁下面设置有挑尖随梁。挑尖随梁的梁面各雕有一朵四叶花；梁面中间剔地雕有扇面形开光图案，图案中有花瓶及吉祥花草等。

### 3. 民居房屋大门及室内装修

民居东栋的房屋大门为圭角门，门框、门楣、门槛、门墩皆是石质的。圭角门的南、北两侧圭角表面都饰有浅浮雕图案，北侧圭角表面雕有如意带缠绕的花结；南侧圭角表面，饰有如意带缠绕的元宝和画轴，元宝象征财富；画轴表示文雅，表示心灵的自在与宣泄。再看大门两个圭角外侧的边缘，与屋墙在一个平面之上。这些边饰有吉祥图案和卷草纹，由于磨损严重，有些图案已经看不出其具体形象，只是可以辨识其模糊的印象，就像现代印象派大师的作品，自有其妙趣所在，难能可贵的是它还有印象派作品所没有的历史之韵和古拙之气。

当我们的眼光稍为抬高，就可以看到大门上有三颗八角形门簪，门簪的簪柱表面与簪托都以剔地雕手法雕有花纹，簪柱表面为插有四季花朵的花瓶，表示四季平安，簪托雕有兰草、宝鼎、花瓶、带叶花朵等吉祥物品。如果我们把目光下移，就会看到门槛两边一对古朴的门墩，门墩正面用阴线刻有矩形的线角，矩形左右两肩原本的直角被刻成了委角，矩形线脚中间刻有花瓶，花瓶口插了些东西，花瓶右边刻有一朵菊花，花瓶左上方刻有一把短剑，门墩内侧面则饰有卷草纹花边。

当我们从大门登堂入室，可以看到厅堂内的铺地青砖，厅堂与厢房夹有木板壁的圆柱之下，竟设置了方形石柱础。然而美中不足的是隔扇窗破损严重，从一些保存比较完整的隔心来看，主要是套方拐子海棠纹透雕隔心，并在隔心的纵横棂条交叉点上,有的嵌有花形结子。当我们走到最后一进面对天井的厢房时，发现厢房正面开有接近方形的矩形漏明窗，窗棂装饰为“卍”(万)字四方连续纹样,这种纹样的结构形式是“卍”(万字)向上下、左右反复循环延续的纹样。在这一个天井两边开有券形边门,房主可从边门进入房间之内,不一定非得从大门进来。这种设置边门的做法是进深较长的建筑普遍采用的手法，这是中国乃至新余古代以人为本的建筑设计思想的具体体现，例如邓家大屋、昼锦堂等建筑都设置了边门。

### (十三)南安乡潢溪村温联孙宅第

在渝东南安乡东北部有一温姓潢溪村,因村旁小溪,水呈黄色,故名。潢溪是一个不足百户的小村,坐北朝南,北面丘陵山地连绵,南邻南安江,与百丈峰相望,地势处于山水相连之间,依山傍水,东西两面为狭长的平原,土地肥沃,盛产水稻,可称是鱼米之村。据《温氏族谱》载,温姓在北宋元祐年间(1086—1093年),由泰和县武溪徙居本埠梧岗屋场,清乾隆年间(1736—1795年)由梧岗迁居至此,至今已有200余年历史。村内保持有温氏宗族老祠堂、古民居、老桥、廻龙庵等传统建筑等近二十处,这些建筑大都集中在村之南、西面,形成一处具有地方特色风貌的古村落。

温联孙宅第,位于潢溪村最南面,坐东朝西,是一栋典型的南方天井院式并带有地方风格的古民居。外观建筑四面为高耸的封护墙，墙头上飘露出1米许高的人字双坡屋顶面,上覆盖清一色的陶质青瓦,外墙下半截约三分之二以上为三合土筑;上截约小于三分之一为青砖砌置。整体建筑布局为:前置露天式院落,三合土墙围筑,北侧面中开设有小院门,主体建筑内为二天井一进式,面阔三开间,中轴线上依次为大门、檐廊、天井,天井两侧是对称式檐廊与厢房,中设厅堂,为前后式,之间以隔扇相隔,左右对称排列有前后卧房,最后为天井,天井依墙而设,既可通风、排水、透气,还可作为照壁,起到反光、采光、装饰之用。建筑内部装饰富丽堂皇,厅堂藻井以八仙宝物为题,即张果老的渔鼓、吕洞宾的宝剑、韩湘子的横笛、何仙姑的荷花、铁拐李的葫芦、汉钟离的扇子、曹国舅的阴阳板和蓝采和的花篮。寓意八仙暗暗降临人间赐福免灾。

厢房隔扇、门窗雕刻精美，内容丰富，双寿双钱、宝瓶、拐子方格纹、如意花草、人物、花卉、宝物等寓意深刻，反映屋主对生活安康、延年益寿、征服自然、祛灾免难的祈求，表达对五谷丰登、四季平安等美好生活的希望。

### （十四）铃山镇新屋里村枫溪彭氏民居

枫溪彭氏民居位于分宜县铃山镇松山片石枫村新屋里自然村，2004年江西省第三次文物普查发现，清朝咸丰十年（1860年）建。民居坐东向西，为抬梁式砖木结构，二进一天井三开间，三栋房并排而建，为三结构、布局、面积相同的祠堂式建筑，总长45米，宽25米，每栋房子之间间隔1米，占地面积1125平方米，前置大院落，中间设立八字门楼，主体建筑为抬梁式坡式屋顶，两面夹马头墙，建筑内中为厅堂，左右厢房，花格门窗，有藻井、轩顶、托峰等装饰，屋内地铺青砖。檐部额枋有各种花卉卷草装饰，雀替雕有花卉卷草纹，廊枋之间雕有人物图案，栩栩如生，天井雕有云雷纹、卷草纹、竹节纹，门窗棂条镂空装饰，增加美感与通风效果，在门窗上有数十幅精美的浮雕，内容多以风物人情，花、鸟、虫、草为主，据《彭氏族谱》记载，为枫溪彭氏三兄弟共建，老

枫溪彭氏民居撑拱

分宜县铃山镇松山片石枫村新屋里自然村枫溪彭氏民居

大彭启昆，山东寿光县知县，老二彭启棻，中书科中书，老三彭启昌，中宪大夫，老四彭启星，浙江海沙场盐使在外另建房各建一栋。只有对研究江南建筑提供了重要的实物资料，民居已经列入新余第二批市级文物保护单位。

### （十五）观巢镇上沂村民居

观巢镇上沂村黄氏民居位于渝水区观巢镇上沂村，这里是黄氏宗族聚居之地，有一片旧式民居。

黄氏民居大多是抬梁式与穿斗式相结合的屋架结构，面阔为三开间，中间是明间，两边分别是左、右次间。房子两侧都是五滴水式叠落山墙，与五岳朝天式山墙不同的是：山墙墙檐并不呈现出曲线飞翘的状态，而是平整如直线，只是墙檐的前端稍稍作了一些翘挺的处理。有的民居一看门簪就知道是大户人家，例如位于"奕叶重光"牌坊后的民居，门楣上装饰有四个六角形门簪，门簪上雕有花草拐子龙纹，它由象征茂盛、长久的蔓草纹演变而来，强调了蔓草的卷曲、延伸及连续不断的特点，表示富贵万代，并与龙的形象结合起来。一般来说，两个门簪是普通人家，四个门簪则是大户人家，这说明黄氏宗族中有一些世家大户。

这些民居中属黄氏宗祠——光裕堂最具特点。堂匾"光裕堂"中的黑色行楷字与黄红的底色相得益彰，体现了中国传统社会奉行的"天玄地黄"的宇宙观。它的丁头拱形制多样，约有四五种之多。例如鸾凤形丁头拱，凤首朝下，凤尾翘上，身体呈"S"形弯曲，优美飘逸。说到鸾凤，它是中国文化的重要象征之一，在封建社会，凤凰进入历代皇室后，与象征皇帝的龙相匹配，成为象征皇后高贵典雅的神鸟。在平民百姓中，凤凰作为吉祥、喜气的象征，它那美丽的形象一直在民间广泛地流传和应用。工匠们将凤的造型，广泛应用于传统建筑装饰艺术中，所以黄氏宗祠中鸾凤形丁头拱就是典型的凤凰拱。

又如，黄氏宗祠中的马形丁头拱风格独特。马昂首贴梁，两只前腿向后紧贴胸腹，一双后腿则向前紧贴肚皮，予人一种四足腾空的奔马形象。这种以马作为主题的装饰，反映了中国人所崇尚的矫健雄姿和永远奔腾向上的精神。在中国文化中，马在中国人心目中地位极高，《易经》中用马来象征天，有"天马行空"之说。黄氏宗祠上的马头形丁头拱，无疑也是鼓励黄氏子孙奋发有为的"天马"。

再如，黄氏宗祠天井的装饰简洁而明快，它没有繁缛的雕饰，只是在井壁中间和井角雕刻了钱纹和圭角纹。钱是万世通用之宝，铜钱代表财富。在井壁装饰铜钱，表示钱财像天井中飘落的雨水一样长流不息，表示财源滚滚永不断；而井角装饰圭角纹也是有内涵的，圭是祭祀地神的礼器，房子是建在地上的，将井角装饰圭角纹，也是为了取得地神的福佑，希望大地母亲永远保佑黄氏子孙兴旺发达。

## （十六）水北镇官陂村民居

水北镇官陂民居位于新余市渝水区水北镇官陂村，据说是一位姓简的人建造的，始建于宋代。

官陂民居坐向为坐东偏北 18 度，朝西偏南 18 度，基本上属于坐东朝西方向。该民居现存四进，共有三个天井，它采用的是混合构架，即叠梁式（又称抬梁式）与穿斗式混合使用的构架形式。抬梁式构架用于中跨，以获得较大的空间；穿斗式构架用于两山面，既节省木料，又使山面牢固，增强其抗风性能。

当我们走近官陂民居，稍抬头就可以看到横跨在房屋门厅中央开间檐柱间的大梁，这就是骑门梁，这里的骑门梁素面无饰，梁体向上弯曲。它的做法与一般的月梁造型稍有不同，一般的月梁是稍有弯曲，这里的骑门梁拱弯得更厉害。如果抬头仰视，可以看到雀替与门簪。雀替雕饰有忍冬纹。这里的门簪均匀地分布

水北镇宋代官陂民居如意纹门墩

水北镇宋代官陂民居外景



于房屋的明间、南次间和北次间，每间三颗，共有九颗门簪，门簪的正面为花瓣形，花形颇似菊花。当我们将眼光下视，可以看到大门之下的下槛两端，各有一石质的墩，叫门枕石，借以承托大门转轴的下端之用，该石三面作了如意头纹的线脚处理。走进第一进后，北侧有一个鼓架，架上置有大鼓一面。

官陂民居的梁枋完全露明不作任何遮盖，梁枋之间设有柁墩、瓜柱。两层梁枋之间用作垫托的构件称为柁墩，它的功能就是将上一层梁枋的重量传递到下一层。一般的柁墩其高都小于本身之长宽，但有时两层梁枋的空间较高，使柁墩之高大于本身长宽，方整的垫木变成直立的短柱，即称为瓜柱。这里的瓜柱的柱脚四周加工成花瓣形。除此之外，还有卷草纹梁托，梁托的位置和功能与雀替相同，在梁枋两端之下起垫托的作用，所以也称梁垫。

官陂民居斗拱也有自己的特色，有的斗拱在方形栌斗上出跳两层斗拱，拱心竟沿着进深方向插入圆梁，这与一般的一斗三升的做法不同。此外梁柱间还出现三层丁头拱层层叠托的现象，上一层的拱臂比下一层的伸展更远，最上一层伸展得最远，并雕成了卷草纹的图样。室内木柱成列，有的柱子采用了梭柱的做法。梭柱是柱子采用上下卷杀或上段卷杀的方法，使柱子略似

水北镇宋代官陂民居花草拐子纹木质柱础

织布的梭子。梭柱为早期的一种柱式，宋以后已少见。如今能在官陂民居中见到梭柱，真是令人大开眼界。

官陂的柱础也像它的梁柱一样丰富多彩，所有柱础都采用了柱木质这类防潮构件。所谓柱木质，是柱脚下、柱础上的木垫块，它的木纹都是水平方向的，这样可防止潮气顺着柱体的木纹上升。官陂民居的柱木质都是双层的，呈束腰状，皆置于石制柱础之上，有的柱木质雕成覆莲纹，有的两层皆雕成蔓草纹，有的两层皆为菊瓣纹，有的上层为仰莲纹，下层为忍冬纹，还有的柱木质上为素盆状、下为忍冬纹。这里的纹样皆有吉祥含义。

通观官陂民居梁柱粗大健硕，筋缠骨结，老纹纵横，既没有浮光，也无火气，显示出木质的本来之美，显示出大道的中和之美，予人以古老苍凉的审美悦感。再结合梭柱的设置现象，说明该建筑是年代比较久远的建筑。该建筑经过后世的改建，加上年久失修，已经残朽不堪，部分屋顶已被掀落，整座建筑岌岌可危，亟须抢救、保护。

### （十七）分宜镇介桥古村落

介桥古村落始建于北宋元祐年间，在宋末以前系一自然山坡地，地势虽有起伏，但基本平坦。据考证，坡地上原长满翠竹，有少量黄姓居民在此地筑屋居住，地名为“黄竹坡”，介桥严氏三世祖自“打铁坑”迁至此处，后因严姓族裔繁衍，人口逐渐增加，黄姓居民自“黄竹坡”迁出，严氏九世祖严仲恭在该地进一步“分支建祠”，自号为“竹坡”，严氏后裔尊其为“竹坡公”。在村北 300 米处有一古渠，古称介溪，为便利介溪南北交通，先辈在村前介溪水上架设石拱桥一道，人称介溪桥。后来，人们将桥南300 米处已经形成的村庄也称为介溪桥，简称“介桥”，“介桥”地名始见于明朝中期《介桥严氏族谱》。

介桥村历史文化积淀深厚，是明朝内阁首辅、大学士严嵩的故里，至今村庄里还留有他大量的诗文碑刻。在村里，有39栋古建筑保存完好，曾拥有“毓庆堂”“迎禧堂”“继序堂”“光裕堂”“用章公祠”“和“五房公祠”等九大祠堂。其中，“五房公祠”为严孟衡所出五个儿子的后代（五房）分别供奉他们的祖先的祠堂，故称为“五大公祠”。九大祠堂均为清朝以前所建，至今都有120余年建造历史。部分古建筑木构和雕刻十分精美，工艺考究，融入大量人文历史、地理、民俗、建筑等文化内涵。多属江南天井式建筑，但天井的位置和组合形式不尽相同，各有特点。建筑入口和采光方式也各不相同，是构成介桥历史文化名村整体历史风貌和传统格局的重要历史遗存。

介桥村古民居老墙

介桥宋、元古樟群位于介桥村南，呈东西走向，其中有一名为“樟树王”的

介桥古村落

树，其树干最大直径有4.2米，树冠遮地面积约0.8亩，据林业专家测定，该棵古樟树龄在900年以上。其余古樟至今仍然郁郁葱葱、极为壮观，该古樟群目前尚有30余棵存活于介桥村内，形成十余亩古樟树林的林木规模，成为介桥村古文化历史的重要见证。

在介桥村西路口哨院东面，系一小型古陵园，原古围墙上古藤覆盖，郁郁葱葱，围墙外古樟参天。陵园内有介桥严氏严竹坡的墓葬，明宣德六年(1431年)重建，新中国成立后“文革”期间被毁。2000年，英籍华人介桥严氏族人严大庆捐资重建。

介桥古村受交通环境的影响，明清、民国、新中国成立初三个时期分别出现了三处不同的商业中心，特别是村前古道延续至今的古商铺，对研究明清时期分宜县历史社会环境和经济状况有较高的价值。2009年7月，介桥村被江西省人民政府正式命名为江西省历史文化名村。

### (十八) 钤山镇防里古村落

防里古村落地处分宜最南端，距县城35公里，与安福县赤谷山庄两乡相邻，三面环山，二水分流，形态各异的数百棵大小樟树星罗棋布，点缀着整个村庄。该村始建于东晋永和元年(345年)，自古以来，文风鼎盛，书香四溢，素有“进士之乡”的美誉，千百年莘莘学子，崇文尚学，好读成风，竞技科场，先后出了19名进士、12名举人、6名拔元、诸贡百余人，其中官居正二品2名。欧

防里村千年古樟群

阳玄、宋濂、揭徯斯、黄子澄、严嵩、海瑞、彭华、胡广、解缙、吴伯宗、金生、王杰、刘俨等登高临赋,在防里著述大量的精湛文章。还有族谱翔实记载的历代皇帝诏书敕命、以靖难功授的武略将军和拒吴三桂以书招之的赴任而以黄冠道服隐息山林的忠义名儒。其中,尚保存有民国总统黎元洪旌表贞女节孝的赐匾。是一座拥有深厚文化底蕴的千年进士古村。

防里环山绕水,古貌依然,新姿迥然。至今仍较完整地保留数十处历史遗迹。有明清时期的星拱桥、三星桥、古民居建筑群(中宪大夫楼、进士楼、科甲楼、贞节楼)以及欧阳氏祠。欧阳氏祠始建于元至正二年(1342年)系元朝翰林学士欧阳玄首创。在明嘉靖年间由一品夫人欧阳淑端(严嵩之妻)捐资扩建,此后虽经欧阳氏族屡次修缮,奈何岁久湮远,风雨肆虐,墙体崩塌,梁楹腐蚀倾废。2006年,新建的欧阳氏祠在遗址上动工,祠成后,祠内恢复各朝中式的进士、举人、拔贡的匾额,以及历代文武官员的爵秩名录石刻,描绘进士人物和古樟群中的文房四宝画像与画图。明嘉靖年间时任工部主事海瑞在祠内留下千古名联:"北来见懿昭冷眼闲看门上莠、南行怀召杜芳心犹恋县前花。"这座祠堂长47.8米,宽17.8米,总面积1040平方米,两个天井,分上、中、下三堂。在封建社会,礼堂的规制是有着严格规定的,没有出三品以上官员的村庄建祠堂时禁开前三门,禁立石狮石鼓。

防里村古樟群位于村庄东南方,其中最大的一株千年古樟胸径3.34米,树高26.5米,垂荫1961平方米,树龄有1046年,外观形似酒壶,枝叶茂密、树冠雄伟。树旁有一坯石砌筑的砚子台,方圆72米,形成圆形大砚,象征孔子三千弟子中的七十二贤人,砚中生长有十余株古樟,树龄有近300至400年。砚子台右侧有一座青石结构的石拱桥,名曰星拱桥,长29.86米,宽4米,高5米,跨度10.26米,左边9个台阶,右边8个台阶,寓为四通八达通九州之意。古樟群的大草坪,大约有30亩,草色青青,宽广平整,像一张大宣纸铺在笔砚旁。防里村已列入第二批中国传统村落名录。

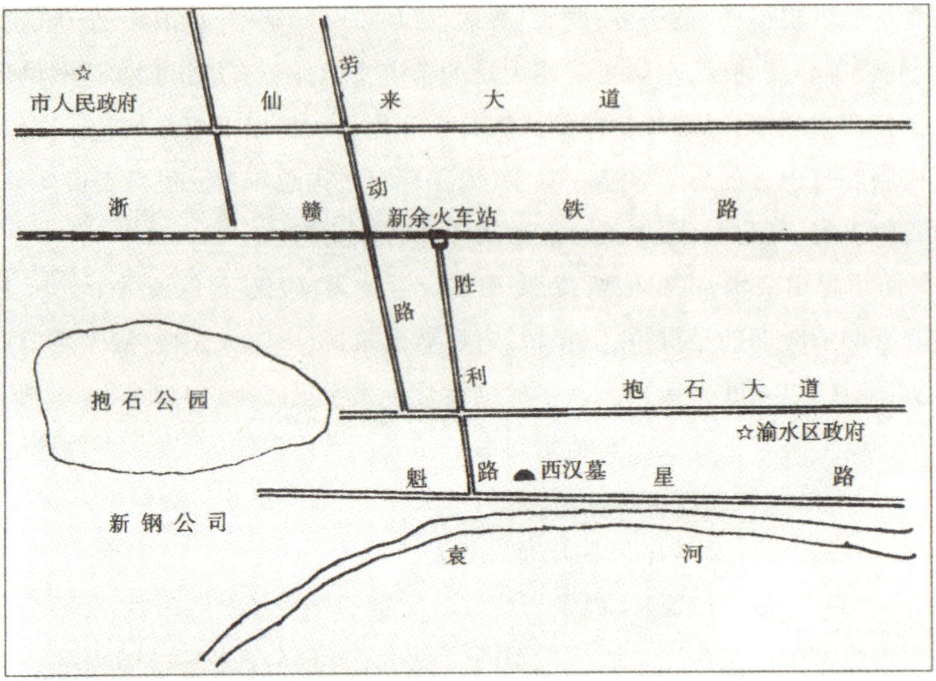


西汉墓位置图

## 九、古墓葬

### (一)城南魁星路西汉墓

2001 年 8 月 3 日,新余市城南旧城沿江路改造工程盛德房地产公司一号工地挖柱洞时发现墓葬一座（见上图)。新余市博物馆立即组织人员抢救清理,除部分器物已遭损毁外,大部分器物得到妥善保护。

该墓东西向,坐西朝东,残长 3.92 米、残宽 2.55 米,墓底距地表 3.67 米。该墓出土器物如下:

青釉铺首双系钟 1 件。喇叭形口,平沿,圆肩,浑圆腹,矮圈足,平底,胎质灰白。口与颈部接合处饰一道粗凸弦纹,颈部和腹部各饰两道凹弦纹,肩部饰四道凹弦纹,腹部饰细斜方格纹。肩部置一对兽面半圆形系,配圆饼状盖,盖面微凸,盖中央塑一方形钮,上有一穿孔,盖面上饰四道凹弦纹。施青绿色釉且不及底,釉大部分脱落,造型规整硕大。通高 37.5 厘米、口径 13 厘米、底径 17.5 厘米。(见下图)

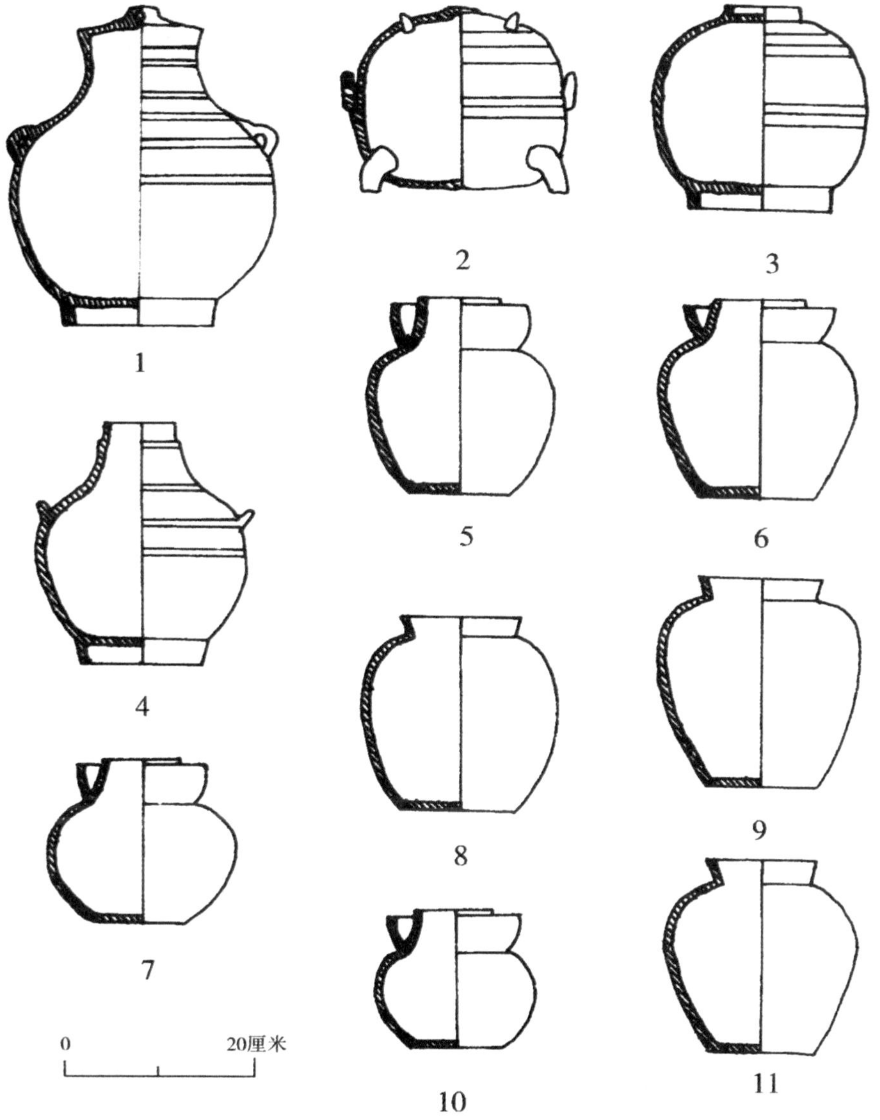


出土器物

1.青釉铺首双系钟(M:6)　2.青釉双耳盖鼎(M:9、10)　3.青釉盒(M:11)
4.青釉双系壶(M:12)　5.A型青釉双唇罐(M:4)　6.B型青釉双唇罐(M:5)
7.C型青釉双唇罐(M:7)　8.A型青釉罐(M:1)　9.B型青釉罐(M:2)
10.双唇陶罐(M:8)　11.陶罐(M:3)

青釉双耳盖鼎 2 件。其中一件缺盖。带扁圆形盖，盖顶中央饰一假横钮，盖面另匀称地安有三个羊角状钮，盖面饰八道凹弦纹，盖下部饰细斜方格纹，口沿处置一对长方形中空竖耳。腹往下渐收，口沿处饰两道凹弦纹，底平，下有三蹄形足，足安在下腹处，足较低，鼎几与地平，腹部饰细斜方格纹，通体施青绿色釉，造型规整匀称，通高 21.3 厘米、口径 22.5 厘米、底径 17 厘米。(见上图)

青釉盒 1 件。由两个形制相同的圈足大盆碗套合组成，盖稍矮，盖面饰五道凹弦纹，盖下部饰细斜方格纹，敛口，平沿，圆腹，矮圈足，平底微凹，口沿处饰两道凹弦纹，腹部饰斜细方格纹，通体施青绿色釉，造型浑圆厚重，通高 23.5 厘米、口径 23.4 厘米、底径 15.6 厘米。(见上图)

青釉双系壶 1 件。子口，溜肩，扁球状腹，矮圈足，肩部置一对半圆形系，系下镂对称小圆孔，和系配合便于穿绳提携，配圆饼状盖，盖面微凸，上置山字形钮，钮残破，盖面饰五道凹弦纹，肩部和腹部饰细斜方格纹，颈部、肩部和腹部各饰两道凹弦纹，胎灰白，施青绿色釉且不及底。通高 28 厘米、口径8.5 厘米、底径 13.8 厘米。(见上图)

青釉双唇罐 3 件，分三型。

A 型 1 件，缺盖。双唇，内唇稍高，圆肩，浑圆腹，平底，领较高。肩部饰三通凹弦纹，器表肩部素面，腹部饰浅细方格纹，施青绿色釉且不及底。高21.8 厘米、口径 14.4 厘米、底径 11 厘米。(见上图)

B 型 l 件，缺盖。双唇，内唇稍高，外唇破损，圆肩，浑圆腹，平底。肩部饰四道凹弦纹，肩部和腹部均饰细方格纹，肩部有刻画符号，施青绿色釉，半釉，下腹及底部无釉。高 23.7 厘米、口径 16.6 厘米、底径 12.4 厘米。(见上图)

C 型 l 件，缺盖。双唇，内唇稍高，圆肩，浑圆腹，平底。外唇饰五道凹弦纹，肩部饰两道凹弦纹，器表饰细方格纹，领较高达 5.5 厘米，比其他二件领口均高，施青绿色釉，半釉，下腹和底部无釉。高 19.2 厘米、内唇口径 8.8 厘米，外唇破损，底径 8.9 厘米。(见上图)

青釉罐 2 件，分二型。

A 型 1 件。敞口，平沿，平底微凹，溜肩，圆腹，无系。器表饰细方格纹，胎灰白，口沿内饰五道凹弦纹，肩部有刻画符号，通体施青绿色釉，釉大部分脱落。

高 22.5 厘米、口径 13.1 厘米、底径 12.2 厘米(见上图)。

B 型 1 件。敞口,平沿、平底,溜肩,圆腹,无系。器表饰细密方格纹,胎灰白,口沿内饰五道凹弦纹,肩部有刻画符号,通体施青绿色釉,釉大部分脱落。高 24.4 厘米、口径 13.2 厘米、底径 12.2 厘米。(见上图)

双唇陶罐 1 件,缺盖。泥质灰色硬陶,双唇,内唇稍高,圆肩,浑圆腹,平底微凹,颈部和肩部各饰两道凹弦纹,器表肩部素面,腹部饰细方格纹,外唇破损,肩部有刻画符号。高 15 厘米、口径 14.6 厘米、底径 10.5 厘米。(见上图)

陶罐 1 件。敞口,平沿,溜肩,浑圆腹,平底,泥质灰色硬陶,口沿内饰三道凸弦纹,口沿破损,器表饰细斜方格纹,肩部有刻画符号。高 22.5 厘米、口径 12.6 厘米、底径 11.5 厘米。(见上图)

该墓出土的器物比较多,有钟、壶、鼎、盒、双唇罐、罐、瓮(未修复)等器物。从出土的钟、鼎、壶、罐的造型及纹饰看,与南昌老福山、南昌东郊等地发现的西汉中晚期墓葬出土的同类器物十分相似。但出土的青瓷鼎,器形较矮,其三个兽蹄形足安在下腹部,而不是安在底部,鼎几与地平。从出土的罐来看,大都是凸圆肩,小平底,其中有三件罐、两件双唇罐都刻有符号,似是窑工们随手刻画,可能是器物的编号或记数。出土的青瓷盒(敦)为两个圈足大碗组合,这在东汉墓中已很少见,特别是鼎盒(敦)组合同在一个墓中出土,这一现象东汉墓中已不见。东汉早期墓要么有鼎无盒(敦),或有盒(敦)无鼎,到东汉中期鼎与盒(敦)已不见。综上所述,我们认为新余城南旧城沿江路改造工程出土的古墓应该是西汉中晚期的墓葬。

这批出土已修复的 12 件器物,只有两件无釉,其余均施青绿色釉,而出土的钟、鼎、壶、盒(敦)、罐胎釉结合较好,虽然有的脱釉,但其胎质灰白坚

致扣之作金属声,特别是鼎、盒、壶的釉色更佳,釉色光润,制作精美,又一次充分证明了江西青瓷生产在西汉已趋于成熟,其青瓷生产的历史应可追溯到比西汉更早的时代。

### (二) 良山垣下村汉墓

1995 年 12 月 15 日,新余市博物馆接到群众报告,说新余市渝水区良山

镇机砖厂取土时，推出一座古墓，出土了许多器物。闻讯后，博物馆立即派员赶赴现场，只见砖瓦厂南面山坡中段峭壁上露出一洞口（砖室墓）。该厂厂长何言华和办公室主任万腾根告诉我们，昨天抓机手推出一座古墓，听到职工报告后，他们立即组织职工把出土文物存放在办公室保存。同时，出土古墓的消息不胫而走，许多文物贩子前来收购，说每件 150 元全买。他们见事不妥，担心文物安全，所以赶快报告市博物馆。简单了解情况后，我们立即对该墓进行了清理。

该墓葬坐落在良山镇垣下村东南面的大槎山上（砖瓦厂），为长方形券顶砖室墓，坐南朝北，墓长 4.9 米，宽 1.75 米，高 1.82 米。墓壁用长 35.2 厘米、宽 16.5 厘米、厚 6 厘米的青砖垒砌。墓砖花纹有：同心圆、钱纹、对角几何纹组合纹、鸟纹、鱼纹、稻穗纹、几何纹等。鸟纹有两种图案，一为鸟头冠下挂一条鱼，鸟尾下置一方孔圆钱；另一种为鸟喙刁一垂直稻穗，鸟尾下置一布线。该墓出土器物 20 余件。有筒形罐、盘口壶、双系罐、铁釜、铁斧、铁带色彩等，现分述于后。

筒形陶罐 1 件。侈口，卷沿，粗长颈，浅折肩，直筒腹，平底。高 34 厘米，口径 15.3 厘米，底径 16 厘米。颈部有轮制旋痕，腹部饰细密方格纹，并饰四道凹弦纹，近底部无纹饰，施青釉，釉脱落，铁灰色胎，胎质坚硬，叩之作金属声响。

双系盘口壶 2 件。Ⅰ件，盘口，高颈，溜肩，圆腹，平底。高 39 厘米，口径 15.5 厘米，底径 15.6厘米。口沿与颈部接痕处呈一道凸弦纹，肩部置对称半圆形双系，肩部与腹部饰细密方格纹。施青釉、釉脱落，器形硕大、胎质厚重，呈铁灰色。近底部无纹饰。

Ⅱ件，盘口，高颈，溜肩，球腹，平底。高 33.8 厘米，口径 15 厘米，底径 15 厘米，口沿与颈部接痕处呈一道凸弦纹，肩部置对称半圆形双系（一系线），肩部与腹部饰细密方格纹，系下一道凹弦纹，近底部无纹饰，器形硕大，胎质厚重，呈铁灰色，施青釉，釉脱落。

方格纹陶罐 5 件。均泥质灰硬陶，敞口，平沿，中颈，溜肩，圆腹下收，平底无系。器表饰细密方格纹，胎质厚重坚实，呈铁灰色，施青釉，釉脱落。其中有三件口沿内饰有五道凹弦纹，两件肩部饰有一道凹弦纹，两件口沿残破。其尺寸分别为高 23.8 厘米，口径 13.5 厘米；高 23.8 厘米，口径 13 厘米，底径 11.1 厘米；高 22 厘米，口径 13.5厘米，底径 10 厘米；高 13.5 厘米，口径 10.4 厘米，底径 8 厘米；残高20厘米，残口径 10 厘米，底径 9.5 厘米。

双唇陶罐 4 件。均泥质灰硬陶，双唇、内唇稍高，刺颈，圆肩，平圆腹，平底。伞状盖，山字形盖钮，盖面及器表饰细密方格纹，肩部均饰一道凹弦纹，其中有三件外唇颈饰多道凹弦纹。其尺寸分别是：通高 20 厘米，口径 13 厘米，底径 9.8 厘米；通高 17 厘米，口径 12.7 厘米，底径 8.6 厘米；通高19.5 厘米，口径 12.6 厘米，底径 9.8 厘米。一件外唇残破，缺盖，残高 14.9 厘米，内唇口径 8.1 厘米，底径11.6 厘米。

双系陶罐 1 件。泥质灰硬陶，罐体修长，侈口，窄沿，刺颈，圆肩，圆腹下收，平底，肩部置对称小圆形系。腹部饰浅细方格纹。口沿残破，高20.5 厘米，口径 11.5 厘米，底径 10 厘米。

铁器 4 件。

铁釜 2 件。一件为双耳铁釜。敞口，口沿上置对称，两长方形，坚耳，中有握手圆孔，浅平底，腹部有凸弦纹两道。通高 18.5 厘米，口径 31.5 厘米，底径 11.4 厘米。另一件为盂形铁釜。敛口，宽斜沿，刺颈，溜肩，球腹，圆底。肩部有两道凸弦纹。高 17.8 厘米，口径 21.6 厘米，腹径22 厘米。

铁斧一件。斧呈梯形，长方形銎，刺腰，双面刃，銎口至刃两侧进正中有一条凹起范钱，銎口长 6.4 厘米，宽 2.8 厘米，銎深 6.5 厘米，斧通长 13.6 厘米，宽 7.5 厘米，刃宽 9.5 厘米。

铁带钩一件。带钩为“~”形，扁平长条状。长 11.7 厘米，宽 2.4 厘米，厚0.3 厘米。

该墓葬出土器物较多，有筒形罐、双系盘口壶、双条罐、方格纹陶罐、铁釜、铁斧、铁带钩等器物，还出土有五铢钱、陶纺轮和陶灶、猪圈、仓等碎残片及铁器、青铜器等碎片。出土的五铢钱“五”字交笔弯曲，铢字的“金”字较大呈三角形，“朱”字转折较圆，并以“金”字并头，系东汉五铢钱特点。出土的罐、壶、器形偏长，颈部粗大且长，溜肩，圆腹，平底稍大。均具有东汉器物的特点，并具有本地特色，而西汉墓葬中常见的鼎、敦、钟不见。而且出土铁器较多，据此,我们认为该墓葬为东汉时期所葬。

从出土的器物和鸟纹、钱币、鱼纹、稻穗纹等墓砖花纹看,反映出当时社会、政治稳定,经济发展,五谷丰登,人民安居乐业的太平景象,出土的铁器较多,且品种丰富,有铁釜、铁锅、铁斧、铁带钩等,说明此时新余地区普遍使用器物,为我们研究汉代的政治、经济、文化、生活习俗、葬俗及冶铁工艺,提供了十分珍惜的实物资料。

### (三) 洞村乡霞贡村陈重、雷义合葬墓

陈重、雷义合葬墓,位于分宜县洞村乡霞贡村礼堂南200米的黄桃妹菜地。陈重,字景公。东汉宜春人(现为分宜县)。少年时和雷义结交为挚友,乡里的人说:“胶漆自谓坚,不如雷与陈”。《鲁诗》《颜氏春秋》都学过。举孝廉为郎。有同署郎,欠负息钱数十万,债主日至讨债,陈重秘密地为他还清,而始终不说他做了这件好事。陈重、雷义都升了尚书郎。当雷义被罢免职务时,陈重亦因患病被免除了职务,后陈又被推举为茂才,担任细阳令,治政有功,升为侍和御史,卒于任上。

据分宜县文化馆文物普查队调查,该墓原合厝于牛角形里,厝期不详。清道光七年(1827年)迁葬于此。1986年1月,分宜县人民政府拨款800元,石

洞村乡霞贡村陈重、雷义合葬墓

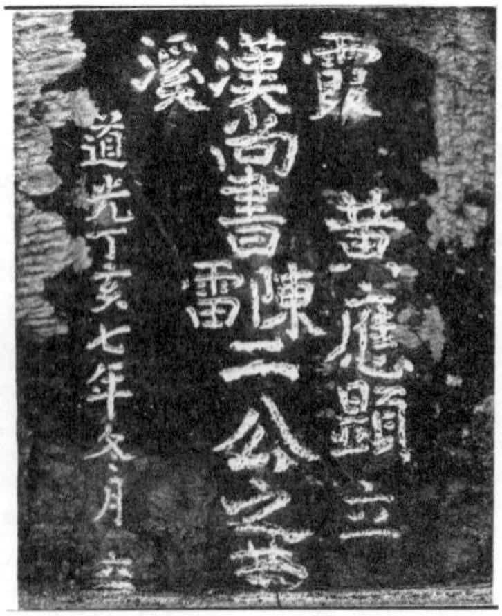


陈重、雷义合葬墓墓碑

牛滩水库捐资 500 元维修，于 1987 年 1 月竣工。封土高2.81 米，直径2.41 米，底径 5.91 米。墓前竖花岗石墓碑一块，系道光七年之物。维修后碑四周用砖垒砌成锥形，表面用水泥沙浆粉刷。碑面高 0.56 米，宽 0.50 米，厚 0.09 米。碑文楷书阴刻，上端从右至左刻有“霞溪”(现霞贡村)二字。自右至左竖排三行：右为“黄应显立”，中为“汉尚书陈、雷二公之墓”，左为“道光丁亥年冬月”。1984 年 8 月 30 日，分宜县人民政府公布此墓列入县第一批重点文物保护单位。

### (四) 洞村乡枣木山村习凿齿墓

习凿齿墓位于江西新余市分宜县洞村乡枣木山之阳，属县级文物保护单位。墓主习凿齿，字彦威，号半山，东晋著名文字家、史学家。他既是襄阳人，又是江西省新余市欧里镇白梅村习氏的始迁祖。主要著作有《汉晋春秋》《襄阳耆旧记》《逸人高士传》《习凿齿集》。习凿齿少有志气，发愤读书，博学多闻，以能文著称。曾为荆州刺史桓温的别驾（刺史巡视辖境时，别驾乘驿车随行，故名。总理日常众务，有“刺史之半”之称）。桓温北伐时，也随从参与机要。后桓温企图称帝，习凿齿著《汉晋春秋》以制桓温野心，因忤桓温，迁为荥阳太守。不久辞职归乡。习凿齿亦通佛学，力邀著名高僧释道安到襄阳弘法，在我国佛教史上产生一定影响。前秦苻坚攻陷襄阳后，把习凿齿和释道安二人一起接往长安，说：“朕以十万师取襄阳，所得唯一人半，安公一人，习凿齿半人。”(《高僧传》卷五)，因习凿齿有脚疾，故有半人之称。苻坚与习凿齿、谢道安会晤后，龙心大悦，赏赐甚多，(《晋书》卷八十二)并给予隆重的礼遇。习凿齿在长安待了不久，便以病请回。此后，为了躲避苻坚，习凿齿就带着妻儿一起到江南隐居，经万载而至新余。“履书堂过白梅(今欧里白梅村)，见其山水清幽，喟然曰：‘此

习凿齿墓前华表

习凿齿墓维修前的老墓碑

桃源别境也！遂家于斯焉，是时史不及载。’”（《梅田习氏族谱》）习凿齿于是定居白梅，成为白梅习氏始祖。后来淝水之战，苻坚大败，东晋收复襄阳，重新征召习凿齿出仕，让他编撰国史，但习凿齿年事已高，未能赴职。习凿齿在所著《汉晋春秋》和给皇帝的临终上疏中，提出晋朝应该超越曹魏承继汉朝正统的思想。由于汉朝是中国大一统的王朝，既然蜀汉是汉朝的延续，就应该承继蜀汉的正统，习凿齿认为蜀汉虽不如曹魏强大，却是正统所在。这种不以所建政权国力强

习凿齿墓文物保护单位标记碑

弱、地盘大小而是以文化与政权合法性来认定正统思想，对其后在南北朝对立中苦苦支撑的南朝汉族政权起到了精神支柱的作用，也对在宋辽对峙、宋金对峙中宋朝政权强调华夏正统的思想起到了精神启示的作用。南宋理学大师朱熹也十分赞赏习凿齿的观点，并在撰写《通鉴纲目》时"以凿齿言为宗"。后来的《三国演义》就采纳了习凿齿的政治历史观。习凿齿隐居到江西新余白梅期间，在当地开堂讲学，因居住在山腰，故号半山，设立了半山学舍，教书育人。

修缮后的习凿齿墓

习凿齿生于晋成帝咸和三年戊子(328 年)八月十三日，卒于义熙八年(412 年)(乾隆十二年《梅田习氏族谱·世系总图》)，享年 85 岁，殁葬于现江西省分宜县双林镇枣木山。据《白梅习氏族谱》载，其名下还生有三子，即习辟强、习辟疆和习辟简。其中长子习辟强，才学有父风，元兴元年位至骠骑从事中郎，亦殁葬于分宜枣木山之阳。鉴于习凿齿晚年定居新余白梅，既为白梅习氏始祖，其子孙散布江西、湖南、湖北、陕西、河南、浙江等地。因此，其也为天下习氏共祖，据谱牒记载，习辟强长子和三子习安邦、习安民的第二十八世孙有毅公迁居峡江湖州花门楼，成为花门楼始祖远公，远公四世孙文德公又迁居江西新干，文德公七世孙思敬公又于明洪武二年(1369 年)从新干迁居河南邓州，成为邓州习氏始祖，前国务院副总理习仲勋即是思敬公的后人。

习凿齿的陵墓所在地海拔约400 米，峰峦起伏，树木葱郁，竹林掩映，墓后远处是海拔约 535 米的凤冠脑。据清乾隆十二年(1747 年)《白梅习氏合修族谱·白梅兰峰习氏宗派图》记载：习凿齿"配罗氏女，生咸康乙未岁四月初八日子时，殁未详，葬枣木山亥山巳向”，“亥山巳向”说明习凿齿墓原来“坐西北偏北，朝东南偏南”，由于一千余年的沧桑演变，墓碑历经毁损，最后一次重立为乾隆年间，20 世纪 80 年代文物普查时看到的乾隆四十六年(1781 年)重修时的墓向已经与原来不一样了。文物普查时看到的习凿齿陵墓规模不大，其平面为椭圆形，长 3.16 米，宽 2.7 米，封土高 90 厘米，墓前竖立着一块青石凿成的墓碑，墓碑露出地面的高度为 78 厘米，宽 87 厘米。墓碑以不同字数呈七列分布，墓碑本身左边的上款镌刻“乾隆四十六年子月冬至吉旦”一列文字。中间镌刻着三列文字，左列抬头为“始”字，空了一段后为“公凿齿老爷”；右列抬头为“祖”字，空了一段后为“母罗氏夫人”；中列为“东晋荥阳侯习”六字，中间这三列文字合起来应是“始祖东晋荥阳侯习公凿齿老爷习母罗氏夫人墓”。右边的下款分布三列文字，左列中段为“玉梅”，空一格后为“一本”；中列上段为“四十四世孙”，空二格后为“习”字，再空二格后为“合族重立”四字；右列文字布局格式与左列相同，右列中段为“塘西”，空一格后为“同孙”；下款三列文字合起来应读为“四十四世孙玉梅习一本、塘西习同孙合族重立”。墓碑左右石框上分别刻有“子山”和“午向”，说明该墓坐北向南，用罗盘测量后也是如此。墓碑下款中出现的“玉梅”和“塘西”字样，则就是现在的渝水区白梅村和分宜县塘西村(由白梅迁出)。由此可以推断，该墓为习凿齿和其夫人罗氏的合葬墓。且如今仅留存残碑一块。据《白梅习氏族谱》上有记载的距陵墓前 2 米左右两侧，竖立的两根刻有“习氏华表”字样的石柱，由于“文革”期间的破坏和 1987 年盗掘，与习凿齿墓志铭和墓前蹲踞的两尊石狮，都早已毁灭殆尽。

2008 年，该墓再次修葺，在旧坟之上扩建新墓，新墓包裹在旧坟之上。新墓有四个墓台，即三层墓台和中心墓台。从地面到第一层墓台有十三级台阶，每级台阶高 13 厘米，第一层墓台面阔 11.7 米，进深 5 米，沿着四级台阶拾级而上，便进入第二层墓台，第二层墓台进深 4.66 米，走过二级台阶便进入第三层墓台，该层墓台进深5.37 米，三层墓台虽然面阔相同，但进深递减，地势逐渐抬高。中心墓台为长方形，它嵌于第二、三层墓台之间，占据第二层墓台后部和第三层墓台的前端，而且其台面高于第二、三层墓台的台面。中心墓台内空长 4.54 米，宽3.55 米。从第二层墓台到中心墓台有三级台阶，每级台阶高14

厘米，宽 36 厘米，旧墓碑就藏于这三级台阶与中心墓台的衔接之处，只要将这三级台阶立板抽出来，就可以看到老碑，而新碑则位于老碑之后 4.54 米，新碑高1.66 米，宽 1.58 米，基本上沿袭了老碑的格式，略有改动。碑文右起呈纵列三部分布局，正中部分镌刻“始祖东晋荥阳侯凿齿老爷、罗氏夫人墓”，墓碑本身的左边部分刻有“中华人民共和国公元二〇〇八年三月吉日”，该年款略显重复，本来只要刻“中华人民共和国五十九年三月吉日”或“公元二〇〇八年三月吉日”就可以了。而墓碑本身的右边部分镌刻“白梅习氏五十六世裔孙重立”。墓前耸立着两根“习氏华表”，这对华表东西对峙，相距 3.3 米，柱头呈圆形，身体为长条状。其中，西面的华表高 90 厘米，宽 19.7 厘米，厚 16 厘米，柱头高 16 厘米；东面的华表高 89 厘米，长宽与西面的相若。这两根“习氏华表”复原了华表作为标识作用的原始风貌。

### （五）铃山镇新址片冶元村李宪墓

李宪墓位于分宜县铃山镇新址片冶元村红花仰之猿猴板果形，砖石墓，坐北朝南，封土堆 3 米，高 2.5 米，宽 1 米。李宪，字章武，生于唐宝应壬寅年（762 年），是唐时著名将领西平忠武王李晟的第十个儿子，祖籍甘肃临洮县，精通儒家经典著作和古代历史，以礼法修整起家。曾任太原府参军，醴泉县

铃山镇新址片冶元村红花仰的李宪墓

李宪墓墓碑

尉，太和二年(828 年)年转任岭南节度使，唐太和三年乙酉(829 年)八月十三日辰时，李宪卒于岭南官所，享寿 68 岁，被追封为定国功臣、陇西郡公。李宪墓的发掘对研究古代墓葬提供了实物资料。

### (六) 新钢苗圃北宋墓葬

2008 年 4 月 28 日，新余钢铁公司苗圃基建工地民工打柱洞时发现一木棺，负责该工地的江西高能地产公司立即报告新余市博物馆。

在该公司的大力支持下，文物工作者进行了抢救清理。该墓为土坑竖穴墓，坐北朝南，位于新钢公司苗圃小区南面(该地原为龙泉山，1958 年新钢公司成立后辟为职工生活小区)。墓上部为现代堆积土层，下部为黄泥黏土。该墓距地表深约 3 米，墓穴已被破坏，经清理出土木棺一具，木棺长 2.4 米，宽 0.71 米，高 0.68 米，用 6 块整柏木板做成，板厚 0.07 米至 0.13 米不等，木棺两头挡板已腐烂破坏，棺内全是黑淤泥及骨渣，清理出青铜镜、青白釉碗、银钗、钱币等器物。

青白釉唇口碗一件。侈口，尖唇，斜腹壁，矮厚圈足，器内施满釉，外壁施釉不及底，露出灰白瓷胎，胎质较粗糙，不致密，施釉较薄，青白釉微泛青灰色，无纹饰。器物略显厚重敦实。口径 11 厘米，底径 3.9 厘米，高 4.3 厘米，重 104 克。

青铜镜一面。圆形镜，小圆钮，无钮座，素面，素缘卷边，镜薄有锈斑，直径 10.5 厘米，厚0.2 厘米，重 90 克。

银钗一支。银钗为“⊃”字形，双股，一边为两针头状，一边为弯头状，为一根银丝弯曲而制成，长 20 厘米，重 15.2 克。

钱币1 9 枚。该墓清理出钱币 19 枚，余皆腐烂。其中有开元通宝 9 枚，重3 至 3.6 克不等，皆直读、真书，径 2.5 厘米。太平通宝 1 枚，重 2.8 克，径 2.5 厘米，直读、真书。淳化元宝 1 枚，重 4 克，径 2.4 厘米，行书旋读。至道元宝 5 枚，其中草书、旋读 2 枚，重 3 克、3.5 克，径 2.4 厘米；旋读、行书 3 枚，重 3 克、3.2 克、4 克，径 2.4 厘米。咸平元宝 3 枚，重 2.5 克、3 克不等，皆真书、旋读，径2.5 厘米。

该墓葬未发现墓志铭，但从出土的器物和钱币看，应为北宋早期墓葬。出土的钱币,其年号,上限为唐开元通宝。开元通宝为唐高祖李渊武德四年(621年)始铸,后历代通用。太平通宝、淳化元宝、至道元宝,为宋太宗赵炅所铸造,下限为北宋咸平。咸平元宝为宋真宗赵恒铸造,均属北宋早期铸造。出土的青白釉唇口碗,器物略显厚重,造型敦实,施釉较薄,青白釉微泛青灰色,制作工艺仍采用五代时期的湿泥拉坯成形法,所以胎壁稍厚,采用一匣一器的匣钵仰烧法,圈足底部有垫烧痕迹,此时已摒弃了五代时期的重合叠烧方法,碗内底中没有叠烧所留下的支钉痕迹,而且圈足矮厚,其风格带有五代时期的遗风,系北宋早期青白釉创烧阶段的产品,出土的青铜镜圆形,有小圆钮、无钮座,素面质薄等特点,系北宋早期风格。因五代十国时期战乱频繁,经济衰退,至宋初太祖赵匡胤平定十国,建立宋朝,百废待兴,经济刚刚复苏,铜源短缺,宋太祖提倡节俭,所以北宋早期所制作的青铜镜质薄型小。综上所述,可判断该墓系北宋早期墓葬。

### (七)城南渝水区第三小学南宋墓

1984 年 12 月 3 日新余市渝水区第三小学教学楼基建动工,发现一座南宋墓。新余市博物馆派员当即赶赴现场,见墓室已遭破坏。

#### 1. 出土器物

##### (1)瓷器

①影青粉盒 2 件。一件通高 3.8 厘米、口径 9.6 厘米、底径 8.5 厘米。子母口,盖面微隆,印有形态生动的飞凤一对。口沿、底部无釉,盒内施满青釉,盖至口沿、腹部施满青釉呈青色。白胎,胎质细腻。另一件通高 2.5 厘米、口径 4.2 厘米、底径2.9 厘米。子母口,胎质白中夹杂黄土色,圈足底。平面盖上模印小花一朵,盖内、子母口及底部露胎,全身饰竖条纹,盖至腹部施青釉,青中泛黄,开细冰裂纹,盒内施浅绿色青釉。

②影青粉盒盖 1 件。高 2.3 厘米、口径 6.9 厘米,盖内施一块不规则青釉,盖外施满青釉。盖面微鼓,印花,有一周凸弦纹,外至盖壁饰一周梳子纹。

③影青粉盒(缺盖)1 件。高 1.3 厘米、口径 5.1 厘米、底径 2.6 厘米,盒内底施浅绿色青釉,开细冰裂纹,口沿施一圈黑褐釉,子母口有酱褐色斑痕,胎体

素面，底内凹，白中夹杂着黄土色。

④影青钵 1 件。高 6.1 厘米、口径 9.3 厘米、底径 5.4 厘米。敛口，肩部饰一周梳纹，鼓腹下收，实饼圈足。器外施满青釉，有冰裂纹，口沿及圈足露胎，白胎夹杂着黄土色。

⑤酱褐色乳钉罐 1 件。高 6.3 厘米、口径 6.5 厘米、底径 2.8 厘米。唇口外卷，直颈，溜肩，圆腹下收，颈部堆饰 11 枚米黄色釉乳钉，腹部刻画对称同心圆纹，平底。罐内施满酱褐色釉，罐外无釉。胎质灰色、坚致，属江西七里镇窑产品。

⑥黑褐色罐 1 件。通高 4.6 厘米、口径6.3 厘米、底径 5.7 厘米。侈口、束颈、弧腹下收，平底，平盖。器内、腹部、盖面施黑褐色釉，通体素地无纹，口沿、底部无釉。灰色胎，屑江西吉州窑产品。

**(2) 陶器**

①罐 1 件。高 5.1 厘米、口径 2.9 厘米、底径 2.4 厘米。内外无釉，灰胎夹杂细小颗粒，胎质坚硬。口沿外撇，折颈，溜肩，腹下收。

②地券 1 块。长 44.5 厘米、宽 28 厘米、厚 44 厘米。陶质，原有朱红色楷体字，惜被洗刷，仅见朱红痕迹。

③凤形砚

砚面残长 12.5 厘米、宽 9.8 厘米、厚 1.2 厘米。青石质，砚面饰羽毛纹阴刻尖底，线条流畅，磨墨窝槽呈圆形，平整光滑，直径 69 厘米，窝槽底近颈部处深凹呈月牙形。

**(3)铜器**

①葵形镜 1 件，直径 183 厘米、厚0.3 厘米。铜锈布满镜身，素面，小钮，镜背一小方框内铭文模糊不清。

②古钱币 8 枚，其中咸平元宝、庆历重宝、大观通宝、宣和通宝各 1 枚，淳熙元宝 4 枚。

### 2. 考古结论

①从江西两宋墓出土化妆粉盒看，福建德化窑生产的大量影青印花粉盒一般不见姓氏标记铭文，景德镇窑生产的青白瓷粉盒正好印有姓氏标志，该

凤形砚

葵形镜

影青粉盒

酱褐色乳钉罐

影青钵

黑褐色小罐

影青粉盒

影青钵

酱褐色乳钉罐

黑褐色小罐

渝水三小南宋墓出土文物

墓所出影青粉盒似应是德化窑产品。此墓随葬的瓷器窑口不一,有德化窑、吉州窑、七里镇的产品。

②江西省宋墓多出抄手砚,凤形类砚台尚属少见。按古人习俗,凤形砚一般多属女子所用。

③从出土的钱币时间看,此墓的下限年代为南宋。从出土器物看,有一件粉盒与南昌市淳熙五年(1178 年)化州推官王尉宋墓出土物相似,一件粉盒盖与1964 年南昌市开禧二年雷氏墓出土物相同,更可证明该墓系南宋墓葬。

④此墓出土器物较丰富,装饰上采用刻画、印花、堆贴等各种不同制作工艺,色泽典雅,富有江西民间特色,对研究宋代经济、文化、生产工艺具有一定的参考价值。

### （八）钤山镇枫溪村彭嗣元墓

位于钤山镇枫溪村南面丘陵，宋代墓葬，2004年江西省第三次文物普查发现。彭嗣元，生于宋太平兴国壬午年(982年)十月十一日，殁宋庆历癸未年(1043年)二月初十日，为枫溪彭氏始祖，其后裔多居于海外，墓坐北朝南，立有碑石，墓前砌有石质台阶拾级而上。该墓已经列入新余第二批市级文物保护单位。

### （九）观巢镇享堂下村明代张固墓

明中宪大夫大理寺左少卿张固墓，位于观巢镇享堂下村内(原地名枣山)，以壬山丙向，即墓坐北偏西，向南偏东。土封高1.2米，墓呈圆形，直径4米。

1982年11月1日，新余县文物普查小组实地调查，据享堂下村的群众反映：墓表原用花岗石垒砌，分为四层，依次缩小，似宝塔形状。“文革”期间，遭受破坏，镇墓石散失，露出封土，失去原貌。墓志石两块(志盖、志文)，亦已出土，志盖(63×63厘米)，篆书，阴刻，文曰：“故中宪大夫大理寺左少卿张君墓志铭”。志文(63×61厘米)，楷书，阴刻，共计36行，每行37字。

张固，号南坡，渝水区仙女湖区观巢镇上汾村人。生于明洪武二十八年(1395年)，宣德八年(1433年)进士。正统四年(1439年)授刑科给事中。十一年(1446年)调史科，廉洁奉公。十四年(1449年)，升本科都给事。奉敕招抚河南流民。境内社会安宁。景泰改元(1450年)，改任大理寺左少卿，奉命出镇四川，与都司卫所官军分屯要害，严谨防

观巢镇享堂下村墓志铭篆盖石

御，境内帖然太平。景泰三年(1452 年)，山东饥荒盗起，奉命前往赈济，盗弭民安，民患已息。明景泰丙子七年(1456 年)八月十六日，张固病逝在京。据《故中宪大夫大理寺左少卿张公墓志铭》载："讣闻朝廷，遣官谕祭，给舟归其柩，特命有司营其葬地"，"……其葬将以明年腊月庚申吉日"。当时明代宗朱祁钰，不仅派遣行人刘恕，代表朝廷主持"谕祭"，并命新喻县知县营造坟墓，建筑亭堂，葬仪较为隆重。葬期为天顺元年(1457 年)十二月。

又据《汾阳张氏家谱》载："……葬洋潭枣山之原，建立享堂，遣家丁傅金联居住守坟。""享堂"是当时用于祭祀的建筑，后因人口日繁，由一户守坟，发展成村。顾名思义，说明了墓与村的关系及村的变化。

1984 年 5 月 6 日，新余市人民政府将此墓列入市第一批重点文物保护单位。

### (十) 分宜镇介桥村明代严孟衡墓

严孟衡墓位于分宜县分宜镇介桥村西南石塘坑虎形里（即今 632 仓库内)，明朝墓，坐落在平缓坡地上，坐西向东，偏北 20 度，封土底径7.05 米，高 1 米。周围茶树、茅草环绕。土坑墓，砖石结构，地面砖石俱毁，有长 1.6 米、宽 0.67 米、厚0.15 米碑一块，有底座，现已倒塌，上刻"明四川右布政使严公墓"，为严嵩任南京礼部尚书时所立，质地汉白玉，具有历史研究价值。

### (十一) 水北镇官陂村御史简适斋及其妻黎氏孺人合葬墓

明诰封山西道监察御史适斋、妻黎氏孺人的合葬墓，位于渝水区水北镇官陂村南 50 米，即油榨附近。

简适斋(自号)，名成，字缉典，是简霄的父亲。明封文林郎山西道监察御史，累赠奉政大夫、大理寺丞，通议大夫都察院右副都御史，新余市水北镇排江村人。生于景泰五年(1454 年)二月二日。天性颖敏淳朴，少年求学乡塾。据严嵩《封御史适斋简先生墓志铭》载："先生博通书史，旁及山经、地志、阴阳、琴卜之学，靡不研究。"由此可知，他是一位博学多才的人，在家开办"瑞芝书院"，先后请师教子，都有所成就。适斋乐善好施，对邻里姻族贫困的人，无不援助。适斋卒于嘉靖九年(1530 年)五月三日，享年七十有七。简适斋妻黎氏，仁和乡步溪人,累赠孺人、宜人、淑人,生于正统十四年(1449年)二月初十,殁于正德五年(1510年)六月廿五日,享年六十二。

该合葬墓坐东向西,封土高1.5米,直径8米。用糯米浆、桐油拌三合土材料砌筑,非常坚固,现在墓表封土完好,原封未动。墓上增葬简壁墓。墓前竖立残墓碑,上半截已毁,下半截尚存。碑文楷书阴文,字迹清晰。从残文内容看,尚能辨认出此墓是简霄父母的墓葬。据《简氏家乘》中《封御史适斋先生墓志铭》载:"……先生之卒嘉靖庚寅五月三日也。距其景泰甲戌二月四日,享年七十有七。大理解官归家,将以辛卯(嘉靖十年,1531年)夏四月十九日,葬于本里祖垄城头山,巽山乾向。"与新余县文物普查队实地勘察情况相吻合,附属文物石人、石马各一对,均已散分附近。

### (十二)水北镇胡家村明代兵部右侍郎简霄墓

简霄墓,位于渝水区水北镇胡家村东南方向200米的禁山脚下,坐东向西,周围遍植茶树。

简霄,字腾芳,号一溪,又号蓉泉,正德九年(1514年)进士,正德十年(1515年)授湖广荆州府石首县知县,正德十一年(1516年)调黄州府黄冈县知县。历官山西道监察御史,擒捕流贼有功,升大理寺左、右寺丞。后迁福建都察院右副都御史,又授河南都察院以及四川都察院佥副都御史,后升南京都察院右副都御史、提督操江兼管巡江,升南京兵部侍郎,归卒,赠尚书,葬于渝水区水北镇胡家村东南的禁山脚下,著有《历官奏议》《政要》《蓉泉漫稿》。

据排江《简氏重修家乘》坟茔条载:"皇封御葬上岗山,坐落新喻水北乡三十都狮子桥背,植杂树七,南李宅山,里许,作乙山辛向。"据此,1983年10月,新余县文物普查队,反复调查核实,古名"上岗山"即现在的胡家村东南的禁山。因年代久远,雨水冲刷,其墓封土,自然流失,现与地面平齐。原用糯米浆、桐油拌三合土混凝层,已露地面,直径8米,非常坚固,墓的四周有围墙,围墙长50米,用三合土筑成。至今墙毁,而墙脚尚存,地面建筑及附属文物石人、石马、墓碑,都已散失。

### （十三）水西镇安和村明代“恭人张母墓”

明代“恭人张母墓”位于新余市高新技术产业开发区水西镇安和村的乌龟山上。

1988年4月13日，根据彭振声、聂朋、王强同志考察确认该墓已被破坏。其墓向为北偏西20度，墓顶的镇墓石已散落于墓穴，墓被掏空，墓前有一座龙首龟身的石雕赑屃而得名。此外，该墓赑屃本来驮有石碑，但碑散失，只有龟背上的凹槽能证明碑的曾经存在。

从墓葬各部分形制来看，镇墓石呈方座盝顶状，厚40厘米，边长70厘米，方座厚10厘米，盝顶径50厘米。赑屃长120厘米，宽80厘米，厚43厘米。赑屃的龙首吻部已残，龙首宽25厘米，上长35厘米，下长40厘米；龙首高于龟背16厘米。赑屃龟身上雕琢有清晰的龟鳞纹，其用于插碑的凹槽长35厘米，宽11.5厘米，深22厘米。

经过现场勘察，我们认为龟背上的石碑可能在其底部。刨去表土，果然有块方形石块，其一角已露出地面，很可能是石碑。经过深度挖掘，看到了石碑残块。此碑宽70厘米，断了两截，这次挖出的是中间一截，碑上所刻为“恭人张母墓”，墓字只看到草头，右为“冬吉旦”的落款，碑上之字均为双钩阴刻而成。考“恭人”之义，为古代妇人的封号，宋制中散大夫（正五品上）以上官员之母亲或妻子封恭人；元制六品以上，明清四品以上官员之母与妻封恭人。另外，恭人也是宋元时对官吏妻的敬称。由于此墓为明代墓葬，所以无疑是明代四品以上官员母亲的归葬之地。

另据该村一位88岁老人（指当时即1988年时为88岁）和一位老妇人回忆：该墓是“文革”时挖的，挖了二十多天，挖开时有两副棺材，还有一面铜镜，棺中有一棺红色的液体，还有衣服；又说该墓是社教前挖的，是1964年以前挖的，挖出时有衣服，一见阳光就化了，挖出时尸体已腐，只剩骨架。

总而言之，该墓已被破坏，但墓前的赑屃体量硕大，雕刻精美，是新余境内所发现的赑屃中最好的一个。此外，该赑屃与该墓时代相同，墓为明代的，赑屃无疑也是明代的作品。2001年7月，市博物馆接水西镇文化站的报告，称该墓石雕赑屃已被盗走。

### （十四）凤阳乡明都御史李香墓

1987年3月31日，新余市博物馆接到分宜县文化馆电话，得知分宜县凤阳乡李香墓被盗。

次日，笔者与老彭赶到分宜，在县文化馆小何陪同下，跟县公安局长谈了此事。当天下午我们三人来到离县城十余里的凤阳乡，偕同派出所的同志驱车抵达凤阳乡十余里的琴山下，拂袖登山，踏进了李香墓墓地。

李香（1494—1561年），江西分宜箬坑村人，明正德十六年（1521年）进士，在工部任主事。后派去徐州，正值荒年，李香“捐俸赈穷”，救了许多老百姓。后转刑部任郎中，不久升任广东兵备道，有功，受到朝廷褒奖。补任山西，又取得较好政绩。升任四川巡抚都御史（从二品官），署大理寺正卿，威震西南，赐匾曰：“霜威节钺”，该匾目前仍然悬挂在箬坑村李家祠堂。后因病“致仕”回乡，又“敦尚孝友，修缮学宫”。死后，葬凤阳琴山下。史称李都堂。

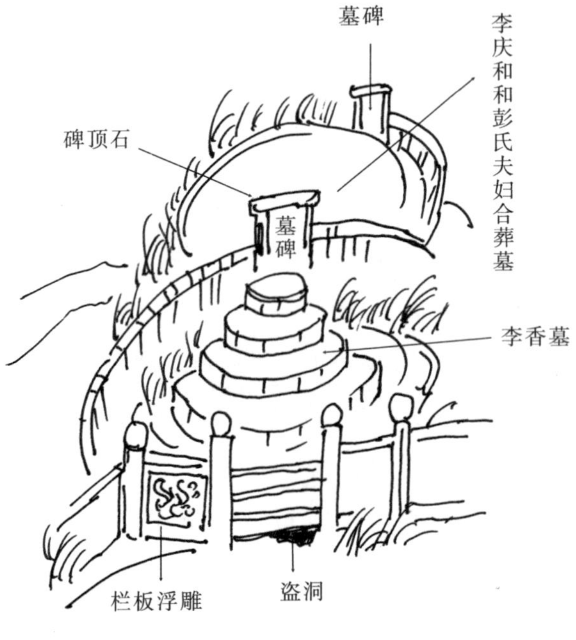


凤阳乡琴山下明都御史李香墓盗后现场示意图

李香墓地有两座墓，前低后高，前者为李香墓，后者为李庆和、彭氏夫妇合葬墓，都是坐北向南。

李香墓结构良好，坟顶呈圆柱体状，形似磨盘，坟包罩砌着坚硬的白石条，坟包后竖着墓碑，碑文内容为：

显考都御史润山李公之墓

显考李公讳香仁寿相之墓

嘉靖辛酉孟春吉旦

孝男……　　孙……

立石重修

由此可见，此墓于1561年重修过。从坟包前走下几级台阶便是敞顶门，两旁是石栏杆，其中的栏板浮雕精美。而盗洞就在门底，使得洞上的白石条斜向倾陷，虽然洞口被填，但仍可看到被掀出来的墓砖。我们经过仔细察看，确认为盗墓老手所为。

据调查，李香墓被盗是这样发现的：1987年3月4日下午凤阳中学的阎老师带着百名左右学生到琴山下一带春游，来到了李香墓。当时他们除发现了盗洞外，又看见一把无齿耙，还有一盒江伶灌制的流行歌曲磁带，磁带有些湿润，此外，李香墓墓碑的碑顶石也被挪至别处，师生们当时就将它搬回原处。这些师生确认他们是第一批发现李香墓被盗的人。

综合上述情况，我们估计盗墓者有三种可能：一，外地人与本地人合伙盗墓；二，外地人盗墓；三，本地人盗墓。这三者中第一种可能性更大。

分宜镇介桥村石门寨公园古金大师和尚墓

### （十五）分宜镇介桥村古金大师墓

古金大师和尚塔位于江西省新余市分宜县分宜镇介桥村石门寨公园内，清朝时期的塔，坐北朝南，砖石结构，塔顶为球状，塔身呈菱形，塔高1.5米，距塔2.4米用砖砌成低矮的小围墙，围墙长4.6米，宽5.2米，四周竹山环绕。据《介桥严氏族谱》记载，石门庵是康熙辛亥（1671年）秋古金和尚与严氏族人一起筹建，对研究分宜县的佛教发展提供了实物资料，具有一定的历史研究价值。

## 十、塔

### （一）文峰塔

文峰塔位于分宜县钤山镇大岗山片双源村朱家坊自然村西的一座山上，此塔为砖石结构，周长12.9米，塔高大约4米，始建于同治十年(1871年)，在其大门上方刻有“文峰耸秀 同治十年 桂月吉旦”，字迹清晰工整，但塔顶已破坏。此塔对研究我国的佛教提供了实物资料。

钤山镇大岗山片双源村朱家坊文峰塔

钤山镇朱家坊村文峰塔《文峰耸秀》塔匾

# 第三章

# 可移动文物

第一节

# 碑刻与石雕

## 一、宋胡三郎地券

宋元祐元年(1086 年)地券，此券高 43.9 厘米，宽 38.2 厘米，厚 1.2 厘米，等腰梯形券首，长方形券身，券文为青石阴刻而成，字体介于楷书与魏书之间。

券首右端有一处三角形残口，券首从右至左有“地券”这两个 6 至 7 厘米见方的大字；券首文字瘦长，约 2 至 3 厘米见方，它们右起竖列成字数不等的十五行刻于券面。券文如下：

地券

维皇宋元祐元年岁次丙寅七月丙辰朔，临江军新喻县凤巢里下谗公保殁，故胡三郎行年五十九年，于去年三月十五日身亡，切以生居阎浮，死安宅兆，龟筮叶宜，相地袭吉，今用□禾香酒共为信幣(币)，于皇天父邑社稷主边买得兴里土名行桥酉向地一穴，东止甲乙青龙，南止丙丁朱雀，西止庚辛白虎，北止壬癸玄武。上止皇天，下止冥泉，内方勾陈，分掌四域，丘丞墓伯，封疆界畔，道路将军，齐整阡陌，千秋万岁，永无殃咎，若有干犯，将军令长收付，河伯工匠修茔，克取今月二十七日大吉，安厝外内存亡，永保元吉，奉太上勅(敕)急急如律令！

书契人　功　曹　读契人　主簿

保　人　岁月主　知见人　直符

此地券为新余市渝水区珠珊乡中州山里村刘秋耀垦荒时所得，1982 年 5 月收集，现藏于新余市博物馆。

## 二、宋陈隐君圹记

此圹记高82厘米，宽32.6厘米，厚1.3厘米，碑文共259字，为青石阴刻而成。

碑首文字为“宋陈隐君圹记”六字，以右起隶书竖列成二字一行的三行，每字约4至5厘米见方，字体活泼、舒展、整齐美观、庄重大方；碑身文字则为楷书竖列成字数不等的十二行，有253字，每字约2厘米见方。此记全文如下：

宋陈隐君圹记

君名士雄字世英临江喻人也曾祖大猷奉大夫通守衡州祖中行从政监仓父邦彦闿爽乐周与赀源唑日微淳熙戊申八月廿五日君生资介朴船（躬）苦厪（廑）惟（唯）恐不足于利娶苏氏奇羸奸啬材尤倍之见谓簪绂云来得此不箕其弓必堂其室虽锋变态蕞（丛）人非生计藉俭力增前裕后富在天俭在人俭岂能致富胜贫足已晚从羽衣流诀秘书灵勅（敕）妖呵楚恻自隐中来仁而寿宣也辛卯中春望卒年四十四弗寿而仁何也岂命于气者促不能命于德者不能促然君亦循理愿人也男自强女秀娘蒲娘昭娘岁律遄迈妻与诸孤卜葬于凤巢之烟村时绍定癸巳九月谨记

此圹记为陈士雄的妻子儿女于南宋绍定癸巳（1233年）九月庚申所作，它简要叙述了陈士雄的籍贯、先世状况、生平事迹、生卒年代（1188—1231年）、家室现状、墓葬地址。它于1985年11月11日从新余市渝水区沙土乡（现为城北街道办事处）沙土村的林云彩、林言珠手中收集，现藏于新余市博物馆。

## 三、南宋道教咒语碑（孺人王氏地券）

1997年上半年，新余市博物馆为配合市五金工业区工地建设，进行文物调查勘探及文物抢救发掘工作，抢救出土了汉、宋、明墓葬十余座，出土了青瓷罐、铁剪刀、青铜箸、青铜镜、地券、墓志、石砚、青白釉盒、皈依瓶、钱币等文物数十件。其中一方道教咒语碑（孺人王氏地券）颇具特色，比较少见，现介绍于此：

该地券弧顶长方形(碣石状),高53厘米,宽83厘米,厚1厘米,青石质。地券左边刻券文。右边刻"酆(酆)都升天真咒"和"酆(酆)都地府升天图"及"开业道甘露通真咒"、"破酆(酆)都地狱升天咒"、"太极真咒、"讃(赞)酆(酆)都真咒"。

孺人王氏地券。券文如下:

维皇宋宝庆二年岁次丙戌十月十二日甲午,孺人王氏终于甥馆(赘婿所居之室曰甥馆)。丁亥五月十三日于新喻县地名观山,卜得吉地一穴以葬。丁未山,丑艮向,朱雀玄武卫乎南北,青龙白虎夹乎东西,上则两曜二十八宿之照临,下则九宫三十八将之辅助,永归如顾,山朝若趋,幽旷清净,神灵逍遥,宅儿妥安,福延后嗣。庚辛壬癸,甲乙丙丁,所遛四方,皆吾受用。应有魍魉,爰洎凶殃,墓中有神,必行诛剪,当膺飨祀,永世无穷,宜墓将军,受事恪遵科教,急急如律令。

右边,刻:"酆(酆)都升天真咒"与"酆(酆)都地府升天图"呈碣碑状图形,

南宋道教咒语碑(孺人王氏地券)

额首阴刻九叠篆“酆(酆)都升天真咒”,左刻青龙,右刻白虎,龙虎尾相连,组成额首图案。额下方刻“酆(酆)都地府升天图”,地府升天图分三部分,下部是“狱府”“狱穴”;中部有“文人宫”“上元六洞”“泉曲府”“中元曹局”“下元六宫”“六天使者”;上部有“变生府”“洞阴金阙”“鬼帝金阙”“上通天门孺人王氏”“五道府”“北都宫”“黑池”“幽关”“司命”;最上面是“天帝宫”。

酆(酆)都地府升天图右旁刻“天业道甘露通真咒”咒语如下:

功德金色光,微微开幽关,华池流真香,莲盖随云浮。千灵重元和,堂居十二楼。急宣灵宝旨,自在天堂游。

酆(酆)都地府升天图左旁刻“破酆(酆)都地狱升天咒”,咒语如下:

茫茫酆(酆)都中,重重金刚山。灵宝无量光,洞照炎池烦。七祖诸幽魂,身随香云舆。定慧青莲花,上生神永安。

酆(酆)都地府升天图下方刻“太极真咒”和“讚(赞)酆(酆)都真咒”。“太极真咒”因字迹风化腐蚀严重难以辨认。“讚(赞)酆(酆)都真咒”大部字迹尚清楚,咒语如下:

酆(酆) 都真□□禄上清学修仙□□制国精三官赐□□□□生削除黑薄□□□陵感神默转□□□成六禾策文□宅利享行南昌受□司熊天瑞吉行。

该地券集券文、酆(酆)都地府升天图、酆(酆)都升天真咒(含“天业道甘露通真咒”“破酆(酆)都地狱升天咒”“太极真咒”“讚(赞)酆(酆)都真咒”)为一体实属罕见,反映了两宋时期新余地区道教盛行和普遍殉葬地券之风。据康熙十二年(1673 年)《新喻县志·风俗》载:(新喻)“其俗尚鬼,而好祀”。据不完全统计新喻在宋明期间有坛、祠、观、台、庙等近百座。县志还记载了许多本地道教人物及其传奇故事。如东晋新喻人王朔遇许旌阳被授以修炼之术;唐邑人陈大素遇王能、何仙娥后成仙;宋黄公真人逝后显身用法术在汴京击败金兵,明七雨道人连续七年旱七年祈雨;明成化年间(1465 年—1487 年)邑道士傅同元六月天为宪宗皇帝求雪,以致雪深三尺。民间传说明大理寺左少卿张固父亲葬时,土地公对张固说:“人戴帽,马骑人,鲶上树,十八只鹤来朝,将有十八代官宦世家,并再三叮嘱,葬完毕离开时,千万不能回头。”葬毕回去,张固想起还有一把银壶,忘在墓地未拿,于是返回去取,只见十八只鹤飞落围在墓地转，见张固返回，十七只鹤立即飞走，只剩下一只拐了腿的未飞走，因此后来只有张固的儿子张黼中进士官至广西按察使。其后代再没有人当官而默默无闻。特别是北宋江南第一个宰相王钦若，新喻人，生平好神仙道术，尝劝真宗皇帝封禅泰山，天降祥瑞，造天书。建议真宗广建天下道观，龙虎山的受箓院和上清观就是王钦若建议建的，从此龙虎山才有敕建的道观。他还遵宋真宗意图，主编道教书籍《道藏经》，真宗赐名《宝文统录》。此外，王钦若还编著了《卤薄记》《彤管懿范》《天书仪制》《诩圣真君传》《列宿万灵朝真图》《罗天大醮仪》《天禧礼记》《告元图》《诩圣保德传》《七元图》《先天纪》等道教书籍，可谓深达教法，多所建白。新喻县志还记载了一则轶事说王钦若拜相后，宋真宗向他"卿家何积而有今日？"王钦若回答说祖宗的坟地在五显祠上，这里是白玉蟾，并把风水先生话背诵给真宗听："头顶龙蟠（北面山名），足踏凤落（南面袁河滩传说有凤凰沐浴于此，因此叫落凤滩），左有云车（寺庙名），右有白鹤（道观名）；通济桥下水来朝，分土作王侯，睦宦桥下水来冲，世代出三公。"所以王钦若家乡新喻道教盛行，死后择风水宝地，选黄道吉日，请道士作法场，超度亡灵，殉地券，冥途路引等道教色彩的葬俗在当时盛行。

近些年来新余地区陆续出土了两宋时期的许多地券，如《开宝九年胡十二娘地券》《元丰八年廖氏夫人地券》《元祐元年胡三郎地券》《绍兴七年黎氏六娘地券》《嘉泰三年温氏九孺人地券》《宝庆三年孺人王氏地券》等。地券又称"买地券""券文""地神券文""地契""符券"等，它是墓主买阴宅地的凭证，也是墓主阴宅私有权的凭据。地券具有典型的道教色彩，道家把人的世界分为阳世与阴世，人死后到阴世去生活。阴间有罗丰山周回三万里，洞天六宫周回一万里，是六天鬼神之宫，鬼神治事之所，由酆都大帝主管，设有"变生府""洞阴金阙""鬼帝金阙""上通天门""五道府""北都宫""黑池""幽关""司命""文人宫""上元六洞""泉曲府""中元曹局""下元六宫""六天使者""狱府""狱穴"等一系列完备机构。各地事务又有社稷主、土地，道路将军、丘丞、墓伯、河伯、功曹、主簿、直符、岁月主等官吏主管。因而买阴地造阴宅需征得他们的同意与庇护，并请仙人相地，择吉凶。"温氏九孺人享年五十四岁，不幸于庆元三年九月初五日辞世，于嘉泰三年九月二十日乙酉安葬，谨请白鹤仙人相地，青鸟子择吉凶……”(《嘉泰三年温氏九孺人地券》)“今用钱九万九千九百余贯;五方谷米,年命一就于东王公,西王母边买得凤巢乡化成里地名烟村,西山乙向,受地一穴,其地东至甲乙青龙,南至丙丁朱雀,西至庚辛白虎,北至壬癸玄武,上是皇天,下是后土。见人功曹,书人玄武,四生六道,座位分明,寅申巳亥,家资不退,辰戌丑未,君家富贵,子午卯酉,得令长久,社稷见亡人出入过往,不得乱有侵夺,如有此留收,付太上斩之。”(《绍兴七年黎氏六娘地券》)“今用钱禾香酒为信币于皇天父邑,社稷主边,买得灵塘保土名白石塘,震山辛向地一穴,东止甲乙青龙,南止丙丁朱雀,西止庚辛白虎,北止壬癸玄武,上止皇天,下止冥泉,内方勾陈,分掌四域。丘丞,墓伯,封疆界畔,道路将军,齐整阡陌,千秋万载,永无殃咎。若有干犯,将军令长收付,河伯工匠修茔克取。今月初十日壬寅大吉安厝,外内存亡,永保元吉。奉太上敕急急如律令。书契人功曹,读契人主薄、保人岁月主,知见人直符。”(《元丰八年廖氏夫人地券》)所以殉地券是当时的主要葬俗,是必不可少的,否则墓主到了阴间世界不得安宁,没有住宅会成为孤魂野鬼。

道家又把阴世分为天堂和地狱两个对立的层次。在阳世不积功德,作恶多端的人,死后就要打入地狱,遭风雷、火车、金刚、溟冷之狱,过刀山、下火海吃尽万般苦头,永世不得超生,来世作牲畜任人宰割。只有在阳世多积阴德,至忠至孝,或勤修苦练,功德丰厚的人死后肉体可以成仙,灵魂离开肉体,升入天堂。所以地券上出现了酆都升大真咒和酆都地府升天图。通过勤加修炼“开业道甘露通真咒”“破酆都地狱升天咒”“太极真咒”“讚(赞)酆(酆)都真咒”,墓主可升入天堂。该酆都地府升天图上就刻有“上通天门孺人王氏”而到达天帝宫。正如开业道甘露通真咒说的“自在天堂游”。升入天堂后做神仙“上生神永安”(破酆都地狱升天咒)。

总之,该地券的出土,为我们研究新余地区乃至江西宋代时期的道教及丧葬习俗提供了珍贵的实物资料。

## 四、宋代凤形砚

砚台，是我国“文房四宝”文具之一。有着历史悠久、内涵丰富、质地各异、形制不同的特点。早时期的石砚，从考古发掘的材料表明，最初是一种研磨工具，远在新石器时期，是一种石臼研磨工具，由“臼”和“杵”组成，做工简单，造型单一。秦汉时期的石砚，外形仍用天然的鹅卵石，从1973年湖北云梦睡虎地四号秦墓出土的石砚来看，它已没有臼窝形状。汉代前期石砚简单，大多为圆饼形素石块，后期为平面圆形，底饰三足，有盖。魏晋南北朝时期，纸张广泛使用，砚台品种和形制进一步有了新的发展，特别是陶瓷工艺制作水平的不断提高，砚台的质地由石质转向陶瓷，陶瓷砚台普遍使用。南京石门坎魏正墓、江西永丰南朝墓、江西赣县南朝墓等地出土的瓷砚来造型大同小异，瓷砚均为圆形，内底向上凸，砚面鼓起，周围出现水槽，底足有三足或多足之分，有的塑成乳钉形或兽蹄形。瓷砚形制与风格都与前期有显著的不同，讲究形式美，追求活泼多样，新鲜别致，柔和轻巧的形制为时代的风尚。隋唐时期的瓷砚，基本上保留了前期风格，所不同的是砚底足逐渐增多，足数达二十枚之多。至宋代时期，流行了千年之久的瓷砚消失了，取而代之的是一种石质抄手砚，以素纹为主，既无花纹设计，又无图案点缀，只在砚面边缘偶尔用阴纹直线装饰一下，大部分以方形为主，底空，砚面长而平，储水槽沟位于砚的另一端。1984年12月，新余渝水区出土一座南宋墓，出土了影青粉盒、乳钉罐、铜镜等11件器物，现将其中一件古代少见的造型独特

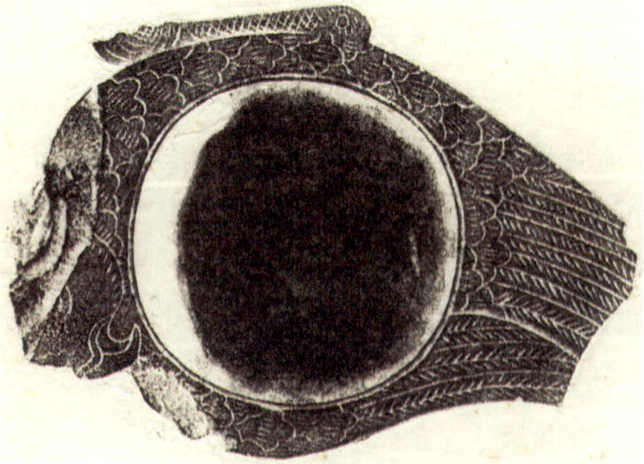

宋代凤形砚（拓片）

的凤形砚池特向大家介绍，供同仁欣赏和爱好者研究。

凤形砚，青石质，砚面长 12.5 厘米，宽 9.8 厘米，厚 1.2 厘米，砚底椭圆形，凹饼底，直径 8×6 厘米，砚面阴刻羽毛纹，线条流畅清晰，砚堂圆形，平整光滑，直径 6.9 厘米，近颈部处深凹呈月形，见拓片。

宋代石砚，从江西各地宋墓出土的来看，器形多以大小不同的长方形抄手砚为主。在漫长的砚台演变过程中，抄手砚为宋代所特有，它的造型不同于任何时期的任何砚台。新余市南宋墓首次出土的凤形石砚，与宋代墓葬的抄手砚迥然不同，它的造型运用写实手法，巧妙地将凤形图案的各部位按比例设计。凤是传说中的瑞禽，喜好音乐，民间有“弄玉引凤”的故事。图纹具有吉祥、喜庆的特点，民间有“龙凤呈祥”的喜词。古代，凤的图案是人们所喜爱的一种吉祥图案，是从人们生活中吸取题材，祈望和谐、美满、幸福的愿望。此砚设计大方，神态逼真自然，凿工细致，耐人寻味，是一件具有江南特色的民间工艺品。凤砚出土，除有观赏价值外，还为宋砚研究提供了实物资料。

## 五、明代严骥墓志铭

2003 年 11 月分宜县博物馆征集到一方出土的明代权相严嵩祖父严骥墓志铭，该墓志铭高 58 厘米，宽 58 厘米，厚 8 厘米，正书，汉白玉质，盖佚。据清同治《分宜县志·杂类·茔墓》卷十载：“赠少傅尚书大学士严骥墓在邑北枣林阡。按此墓明正德九年葬，嘉靖二十五年孙少师大学士嵩具奏，上遣官修治茔域仍赐祭二坛，碑存。”所征集到的这方墓志铭，正是明正德九年(1514 年)严嵩为迁葬其祖严骥墓而立的。嘉靖二十五年(1546 年)二月十五日严嵩上奏乞容世蕃回籍迁葬祭祀祖严骥墓，世宗命工部差官营葬，赐祭二坛。《明世宗实录》卷三〇八载：“二十五年二月……壬寅，赐大学士严嵩祖严骥葬祭。先是嵩称茔被水冲啮，乞容男世蕃给假迁葬，上许之，仍命礼部官仪恤典，至是议请得旨，严嵩辅政有年，勤劳素著，伊祖严骥令工部差官营葬，赐祭二坛，不为例。”与县志所载相符。

明正德三年(1506 年)五月二十三日，严嵩祖父严骥去世，享年七十九岁，严嵩回乡奔丧，次年二月初九日卜葬于分宜县东西峰安院山之原，正德九年(1514年)严嵩为迁其祖父墓与祖母合葬，改葬于里唐坊枣树山之原。该志撰于明正德九年(1514年)七月，首题为“□□□严公墓志铭”，次刻“赐进士出身翰林院编修文林郎经筵讲官同修国史弋阳法俊撰”，“赐进士出身翰林院编修上海陆深书”，“赐进士第河南道监察御史前翰林院庶吉士新喻傅元篆”。再次刻正文，落款为“正德九年七月丙寅改葬我先祖府君于里唐坊枣树之原。山日癸丑，向日丁未，孝孙嵩泣血志”。正德九年(1514年)正是严嵩隐居钤山读书期间，弘治十八年(1505年)严嵩举进士入翰林院庶吉士，正德二年(1507年)接编修，正德三年(1508年)其祖严骥去世，次年六月二十五日其母晏氏又去世，按明制，内外官吏人等凡遇承重祖父母、亲父母之丧，自闻丧日起，不计闰，守制二十七月，期满起复。本来严嵩于正德六年(1511年)九月应起复，因身体有疾，又为避阉祸(时宦官刘谨擅政危害朝廷)，再谒告假家居获准，正德十一年(1516年)才上京赴任，民国《介桥严氏族谱·少师介溪公傅》：“已而联望日隆，诏书敦迫，公亦幡然不复东山之志矣。十一年丙子，挚家赴阙。”

严嵩与其祖父严骥感情深厚，十六岁时父严淮去世，全靠祖父抚育成人。《历官丧奏·谢赐祖迁葬恤典》卷八：“臣生年十六而失怙，貌然孤苦之踪，赖祖抚育成人。”该志正文首载：“严编修嵩惟中，以嫡孙承重，奔其祖之丧，将归，泣谓俊曰：‘嵩不幸早孤，吾祖诲育备至，嵩既领乡荐，每就试礼部，必为躬视行具’，及行，必抚之曰：‘吾已老，及见汝一第，以无隧先业足矣！’弘治乙丑，嵩成进士，吾祖慰喜，贻书以勉学，共职为戒。嵩念吾祖年高，将乞告归觐，适史事方亟，不敢言，今乃得讣，以今年戊辰五月二十三日见背，尚忍言哉！”“言既复泣，授俊状俾为公铭。”开头这段文字生动地表述了严嵩丧祖父之悲痛和祖孙之间的亲情孝心及恳请汪俊为其祖父撰写墓志铭的心情，读之如见其人，如闻其声，不禁让人潸然。志接载：“公骥，字献，以字行世，为袁州分宜人，曾祖仲慕封监察御史。祖孟衡，登永乐乙未进士，累官至四川布政使。父琏，母黄氏。”分宜严氏自开墓祖严季津传至第六代严洪泊择居介桥，再至第九世严仲恭。(据《介桥严氏族谱》)民国《介桥严氏族谱》载：“族自季津公居袁岭下，三传至大华公徙居坑头，长子祚裕公传洪伯公为六世祖，始相地势从坑头右畔百余步，有黄竹坡(即介桥)遂辟基而定居焉。”据雍正四年(1726年)重修《介桥严氏族谱》严氏世系简表：严恒(宋元祐间以秘书丞出为袁州通判)—严惟澄—严季津（分宜严氏开基祖)—严钧—严慧瑞—严大华—严祚裕—严洪伯（定居介桥)—严诚可—严决英—严仲恭—严孟衡—严琏—严淮—严嵩—严世蕃—绍忠、绍庆、绍庭、绍康、绍庚、绍应。严仲恭因子孟衡贵封文林郎行在山西道监察御史，妻蓝氏封孺人。(据《介桥严氏族谱·敕命》，严孟衡系仲恭次子，字衡中，号来庵，行巽工。永乐十三年(1415年)乙未会试中会元洪英榜三十名，迁试登状元陈循榜三甲第三名进士。历任行人司行人、山西道监察御史、浙江提刑按察司副使、四川提刑按察司副使、四川布政使。为官清正，刚直不阿，廉干有声，人称“严青菜”，在四川任上卒，归葬故里，行李无几，涉江时船颠簸激荡，在道旁扛一巨石压舟，后人称“布政石”、“清官石”。有子五人：琏、瓛瑛、琦、琥。严琏系孟衡长子，字邦器，号重黄，行三。诰赠特进光禄大夫柱国少师兼太子太师吏部尚书华盖殿大学士。夫人黄氏新喻上沂人，诰赠一品夫人。四子：骥、騊、□、骐。严骥为严琏长子，字廷献，号纯德，生于宣德五年(1430年)，从小跟在四川为官的祖父严孟衡身边学治举子业，不久祖父严孟衡与父亲严琏相继去世，家境贫寒，只得放弃学业整治家务。平生以孝、仁、义、让处世。公“俭朴纯诚，仁慈谨厚，犯而不校或高长者之风”(《介桥严氏族谱·敕命》)，“乐予饥乏，数起困仆，礼周姻戚，弟洽丧从，葺馆授餐，不厌烦屡”(《崔文敏洹词·严骥神道碑》)。嘉靖二十九年(1550年)二月十九日诰赠特进光禄大夫柱国少师兼太子太师吏部尚书华盖殿大学士。据志（《介桥严氏族谱·敕命》)接载：“公少从方伯公(严孟衡)宦蜀，学治举子业，既而方伯卒于官，归，未几父亦丧。遂驰学，理家务。诸父遇之少恩，公曲意承之，凡产值服用，多所推让，弗与较，卒皆愧悔。荐更家难，生理浸微，公力营，缉久而复振。乐施予，赈饥急因恐后，待姻族有恩礼，诸外弟至必馆榖之，留数月乃去，岁以为常。正德改元，以优老，恩例受冠带，初闻命谢曰：‘吾幸从布袍幅中为太平民，可复谓荣宏耶！’强而后受，平居足不至诚府，乡饮礼请，尝一再往后不复赴，公平既高，视听不衰，虽御风雨，黎明辄兴，远生庆弔，率步往，子弟强之乘马，曰：‘吾步甚安，无以为也。’性不嗜酒，寡啖食。体貌癯古，眉间毫长寸余，望而知为德人长者云。疾革，教戒其家人甚悉，既绝，踰时，复苏徐曰：‘时未至耳！’犹顾谓子孙力守雍睦，毋玷前人。诸孙问曰：‘向绝时，见诸亡者否？’曰：‘吾正人，安有此。’俄而逝，得年七十有九。”严骥娶妻张氏，名慕贞，赠一品夫人，三子：淮、海、渊。严淮为严骥长子，即严嵩之父。字伯川，号仰云，行一。生明景泰癸酉年(1453年)十月初三日，殁明弘治乙卯年(1495年)四月十三日。娶新喻城内晏氏，名灵秀，累诰赠一品夫人，生二子：嵩、岳。志最后载：“配张孺人，先公卒，子男三，长淮，次海皆卒，次渊。孙男六，长山卒，次即嵩，次峰，次嶽(岳)县学生，次幽、次峦。曾孙男二，阑、惠。卜以明年春二月初九日葬于邑东西峰安院山之原。为之铭曰：‘其貌之癯，其德之腴。始造之艰，未则有余。尔祖尔孙，世业弗渝。是惟天定，公功则殊。抱正归全，安此幽庐’。”

该志文典雅，铭文颇具古韵，撰志文者汪俊，弋阳人，字折之，号石潭。弘治癸亥(1503年)进士，选庶吉士，授翰林编修，正德初， 逆宦官刘谨，调南工部侍郎，后经吏部左侍郎，官至礼部尚书兼国史副总裁。谥文庄，赠太子太保，学者称石潭先生。与父汪风贵州学政，长兄汪僎工部郎中，弟汪伟吏部侍郎，弟汪佃詹事府詹事，人称“一门五进士”。汪俊比严嵩大约十岁，同在翰林院，经常诗词唱和，非常友好，严嵩曾于嘉靖三年十一月十八日自上饶趋弋阳徙三十里到汪俊家登门造访，“涉溪寻径以抵公之庐，秉烛促席，语如梦寝，翌日周览溪上”(《钤山堂集·赠石潭汪先生叙》)。书志文者陆深，上海人，初名荣，字子渊，号俨山。弘治十八年(1505年)进士二甲第一，入庶吉士授编修，历官南京主事，国子司业祭酒，充经筵讲官，同知山西提学副例，改浙江，累官四川布政使。嘉靖十六年(1537年)召为太常卿兼侍读学士，进詹事府詹事，致仕卒，谥文裕。文章书法闻名当世，工书仿李邕，赵孟頫。有韩欧之风，赏鉴博雅，为词臣冠。然颇倨傲，人以此少之。比严嵩大三岁，亲如兄弟，为平生知己。两人同年进士，同选翰林院庶吉士同授编修。据《钤山堂集·陆公神道碑》：“嵩忆弘治壬戌春，会试识公子于沧卫之间，倾盖如生平，是岁并下弟归，归则约次年必偕来，已而果如约，同窗寓邸，同举进士，自是出必联骑，居必联榻。公才气俯一世，顾以予之不类不鄙，辱为知己，恬羽族厉，蒙益为多。”篆盖者傅元，新喻人，明礼部尚书傅瀚之子，字冠卿。与严嵩同年进士，同选翰林院入庶吉

明代权相严嵩祖父严骥的墓志铭拓片

士，授监察御史，视京学政。书法颇工，特别是篆书古朴雄健，为当世人所推重。严嵩之曾祖母黄氏，母亲晏氏都是分宜毗邻的新喻人，与傅同在翰林院自然更加亲切。由此可见，严嵩为什么请汪俊、陆深、傅元为其祖严骥撰墓志、书志文、篆志盖了。

严嵩位高权重，入阁二十一年，担任首辅十五年，因才名大一生应人之请撰写神道碑墓志铭墓丧一百余篇，单收录在《钤山墓集》的就有九十七篇。近些年又陆续发现未收录的严嵩撰写的《晁错墓志铭》《张端训墓志铭》《温宜泰

墓志铭》等多方墓志铭。严嵩虽然应人之请写了这么多墓志铭、神道碑、墓表，但请人为自己去世的亲人撰写的神道碑、墓志铭、墓表甚少，遗留下来的实物则更是鲜有。该墓志系名人名事，由名家撰志、名家书丹、名家篆盖，因而弥足珍贵。该墓志还可校正弥补严氏族谱的不足，如严骥的去世日族谱有误。民国《介桥严氏族谱·世系表》："十二世骥，琏长子……生明宣德庚戌年，殁明正德戊辰年五月二十一日。"而墓志记载的是二十三日"……以今年戊辰二十三日见背（去世）"。另严骥孙五人说及六人说，曾孙一人说二人说，《崔文敏公洹词·赠光禄大夫太子太保礼部尚书兼翰林院学士严公神道碑》卷十二："……孙五人，日山、嵩、峰、岳、函，曾孙一"；而墓志："……孙男六，长山卒，次即嵩，次峰，次嶽（岳）县学生，次幽，次峦，曾孙男二，阑、惠"。墓志增加了孙峦和曾孙惠，对于严骥先葬分宜县东西院山之事，严氏族谱及分宜县志无载，而墓志对于先葬及后迁葬均有记载。如："以明年吾二月初九日葬于邑东西安院山之原"，"正德九年七月丙寅改葬我先祖府君于里唐坊枣树之原"。总之，该墓志的出土为研究严嵩及其分宜介桥严氏家族提供了不可多得的新的实物资料。

## 六、明代严嵩撰文的张诲墓志铭

此铭分为铭盖、铭底上下两块。

铭盖是篆盖，高 71 厘米、宽 43 厘米，圆形碑首，倒置的等腰梯形状碑根，碑文为青石板双钩阴刻而成。

碑首右端有处残口，碑体已裂而为五，拼合起来，可见三条裂缝横贯碑体，皆在篆书的"士"字上交织；碑首至碑底厚度渐增，碑首厚 0.8 厘米，碑底厚1.8 厘米，紧接碑底之下的为碑根，高 10 厘米，上下宽度分别为 15 厘米和 7 厘米。

碑文是"明故静隐翁张公端训良七处士墓志铭"十六字，为右起篆书竖列成字数不等的三行，中间六字一行，两旁皆五字一行，每字约 8 至 10 厘米见方。

铭底是被铭盖盖住的那块石头，高 77 厘米、宽 44 厘米、厚 2.5 厘米，圆形碑首，倒置的等腰梯形状碑根，碑文为青石阴刻而成。

碑首阴刻凤纹，由于碑首破损，双凤纹已残，碑体从上端开裂，分为三四

严嵩撰文的张诲墓志铭拓片

块，其中有一块大的。目前尚存那块大的和一块小的，绝大多数文字和纹饰都在大的那块上，拼合之，可见碑顶至左上方的裂缝，裂缝抹去了一些纹饰和三个字体；碑根高 11 厘米，上下宽度分别为 16 厘米、8 厘米，碑根中间有一直径为 2.5 厘米的穿孔。

碑文右起楷书竖列成字数不等的二十四行，共 777 字，每字约 1.2~1.5 厘米见方。碑文如下：

明故静隐处士张公端训墓志铭

赐进士第翰林编修宜阳七峰堆中严嵩撰文

赐进士第南直隶监察御史提督学校楚蒙山人黎凤篆额

江西庚午科乡贡进士同邑中堎胡梅书丹

处士讳诲，字端训，静隐别号也。远祖唐睢阳守，以忠烈封东平王，子孙徙江南者，至宋家新喻之城东，邑治之左。迨祖子铭公席世业创垂特立，父永龄雅好儒术，邑里敬慕之，母邓氏、钟氏孺人有至性，内行可范，公钟出。幼谨敏长，博学达材，不羁俗俚，事父母孝，接长幼顺。壮岁从行内姻廉宪公金川胡奇历云云贵，周涉湖海，闻见益扩，既而偕伯兄教、仲兄与弟佩以家世宦远流别，乃相奋励，彰前传后，先时居之界连于公治，厥祖慎厚多所让入于官，或为别宅所混，公激兄教鸣诸邑宰旧者复之，其公若私非己分内者平其值以取之，故居之基视昔为有加焉，旧居以国初制严卑且隘，每宾祭子姪(侄)缩于礼，公率众鼎新之，则宅与基称第甲于邑，无愧先世之宦，始者癖好静处，特建楼于居之壮垂，又喜行乐，多植别墅于邑之南乡，虽无意资产而昆仲财税都于人人，成化己亥间，岁馑，民相食，公大发廪帑，活者甚众，居甫邑市而忠厚持平如乡长者，卑幼皆敬服，邻隶畏而爱之云，一日疾作，踰旬疾甚，呼厥嗣天彝，曰：不可为己第念，尔嗣晚且特立勖诸，遂终于正寝，时正德乙亥七月十日酉时也，距其生正统丁巳十月十二辰时享年七十有九，配同邑土斜川宋氏，继配武郎吴氏、泗溪刘氏，天彝育自宋氏，娶天峰周继南村周氏，以家政颇剧，又娶黄氏分理之；天魁刘氏所随育者，娶泗溪陈氏，女闺秀适郡庠学生大陂桥赵昭庆。孙二：长尧伯。娶梢溪傅氏；次舜伯，聘杭桥李氏。孙女五：如仪，适大陂郡庠赵专贤；闰仪，适大广胡观国；德仪，聘午桥钟故；定仪，适阳津罗性恭；佩秀，适城北李克明。天彝将以明年丁丑正月二日奉柩厝于湖边之原，首午趾子，持状乞铭，以垂不朽，子惟(唯)人之贤祖有开莫难于继已无述，莫为之传，公蚤有为，卒有就于先为，益光于后为弗坠，是举人之难□□独当之法为有书，故为之铭。

铭曰：

惟(唯)□□厚，而未为鉴，生事死继，业日益扩，光前维难，多后维乐，报弗尔平，疑兹冥漠，时或先违，而为□作，午山之原，天地磅礴，高坟峨峨，山川其廓，福及曾玄，维庞维博，永永镌石，久弗刊落。

大明正德十二年丁丑岁正月戊寅良辰孤哀子　张天彝　泣血立石

此墓志铭由严嵩撰文，为张诲长子张天彝于明武宗朱厚照正德十二年丁丑(1517年)所立，它简述了张诲的籍贯、字号、祖辈渊源、生平事迹、生卒年代(1437—1515年)和家室现状。

这两块墓志铭出土于新余市渝水区界水乡布下村，1985年4月15日收集，现藏于新余市博物馆。

## 七、明代严嵩撰文的《温宜泰墓志铭》

2006年1月10日，浙赣铁路电气化改造工程工地(新余市东段与樟树市交界处)施工打柱洞时发现一块墓志铭，工人们见有严嵩撰文字样即报告新余市博物馆，博物馆闻讯后即派员前往征集。该墓志铭正面高68厘米、宽48厘米、厚4.5厘米，底面高72厘米、宽51厘米。铭文32行，行32字，正书，盖佚，青石板质。该志撰于正德七年(1512年)，首题为“明故温处士宜泰墓志铭”，次刻“赐进士出身翰林院编修兼修国史分宜严嵩撰文”，“赐进士文林郎河南道监察御史奉敕提督畿内学政翰林院庶吉士姻主小水傅元篆盖”，“承事郎直隶束鹿知县清江聂仪书丹”。

据载：墓主姓温名盛字宜泰，新喻南河温氏，“世蓄巨资，而服儒业”，乃新喻名门望族。“其先居梧冈，处士之祖鼎成始徙居里南河之上，故人称南河温氏，父汉节，母傅氏。”公“初从学书参政东洲胡公”学成后，但从不参加科举考试，平生志向游名山大川，竭然湖江，“乃弃铅椠，方舟江湖间，尝涉匡庐泛彭蠡，以观于金陵乐之，既又涉淮逾汴，历咸阳关中之境”。以“讴吟彷徉自适”，淡泊名利，因自号“适菴”。志中记载了温盛周贫赈乏、助丧葬、修桥补路诸多善事，如“当游关中时，值岁饥，处士捐所载粟三百石输之官，以助不给，有司酬以七品散官不自受，推以荣其亲”，“里杨家坑道冲，故有桥毁，涉者为病，郡别驾黄瑜欲新之，而难其役，遗书以告，处士欣然捐资命工，不日而成”。诸如此类的善事“多不可记”，志中还记载一则有趣的故事，说温盛家曾遇贼寇毁焚房屋，因亲丧在堂不能移动，哀号呼天，突然大雨如注，火即被灭，所居完好，亲柩有凶无恙。“人谓孝感所致”。温盛享年七十二岁，于弘治十六年癸亥三月二十八日卒。孺人宋氏享年七十三岁，弘治十三年(1500年)庚申正月十四日卒。有子三人，孙男八人，孙女三人，诸子于正德七年(1512年)十一月二十七日择地和尚港祖茔旁将两老合葬。

温氏虽然是新喻名门望族，平生不仕，其祖上及后代亦没有人做过大官，与严嵩不相识，更谈不上交情，严嵩为何会为温氏撰写墓志铭呢？原来是礼部尚书傅瀚与其子傅元之故。傅瀚，新喻水北小水人，明天顺八年(1464年)进士，选庶吉士，除检讨，嗜学强记，善诗文。再迁左谕德直讲东宫。孝宗嗣位擢太常少卿兼侍读，历礼部左右侍郎，寻命兼学士入东阁专典诰勅(敕)，掌詹事府事，官至礼部尚书。卒赠太子太保，谥文穆。与温盛相交莫逆，志载：“尚书傅文穆家食时与处士交莫逆，至是闻其事于中朝大夫、中朝大夫争庞之以诗。”傅瀚之子傅元，字冠卿，与严嵩是同榜进士，皆弘治乙丑(1505年)进士，改翰林院庶吉士，授河南道监察御史，奉勅(敕)提督京畿学政，与严嵩同年进士，同在翰林院，温盛的第三子重廉又是傅瀚的女婿，志载：“次重廉名玉府学生，娶小水傅氏尚书文穆公长女也。”所以严嵩看在傅瀚父子的面子上，自然会给温氏撰墓志了。正德九年严嵩亦请傅元为其祖严骥篆墓盖。志接载：“礼也，先事重廉奉其内兄侍御冠卿傅先生所行状，请予铭纳诸墓。重廉文穆公馆甥也(女婿)，其内兄于予同年，故不克辞，乃叙而铭之铭曰：‘学可用世卷而弗试，竭游湖江，亦成厥志。有粟在舟，野有饥民，市义而归以荣其亲，狂童叫欢。亲柩在堂，仰天呼号，雨澍煌熄。古有冯媛(冯马蘿，战国人，孟尝君食客)、蔡顺其人，吁嗟！处士卓行与伦有崇者，丘伉俪同宅，刻此铭诗永昭令德。’”

该志撰于明正德七年(1512 年),正是严嵩隐居钤山读书期间,严嵩弘治十八年(1505 年)进士,改翰林院庶吉士,正德二年(1507 年)受编修,三年其祖殁,回里奔丧,十一年(1516 年)才复出,此期间严嵩潜心诗文,刻苦绩学,寄情"石路寒山里,溪流万木中",锐意名山大川,览胜寻幽,著述日富。作诗秀丽清警,为文极简洁无芜冗之病。

该志文文笔流畅,叙事条理清楚,层次分明,用词精练准确,典雅庄重,其铭文颇具特色,不落俗套,实事实说,无荒诞媚颂之词,不堆砌空洞无物的辞藻,一扫古人作铭的诡秘奥涩之风,别具一格,给人以清新明快之感。严嵩因有才名,平生应人之请撰写墓志颇多,该志未被《钤山堂集》收入,也未见其他严著记录。是新发现的严嵩又一佚作,弥足珍贵,为进一步研究严嵩其人及其诗文提供了不可多得的实物资料。

## 八、清建威将军张春发墓志铭

张春发(1843—1915),字秀川,号兰阶,新余市渝水区罗坊镇堆上张家村人,1856 年他十三岁参加太平军,1861 年投效清军吉字营,1876 年他作为遇缺题奏提督参加平定新疆阿古柏叛乱,1885 年参加中法战争。他出身寒微,"崛起茅檐,少有大志,只身入军旅,前后百余战,功冠当时,名震中外,考其战绩,以平安新疆,克服越南为最著"。虽然曾充当过清廷镇压太平天国运动、捻军起义和陕甘回民起义的鹰犬,但是他的功大于过,仍不愧为清末一位爱国将领。

张春发去世后,其族侄张琴于中华民国丙辰年(1916 年)阴历八月上旬为他撰写了墓志铭。1951 年土地改革时,张春发的墓被毁坏,此后此墓共清理了三次,墓志铭由张春发的孙子张正道(居住新余市渝水区罗坊镇堆上张家村)保存,1982 年收集,现藏于新余市博物馆。

此块墓志铭长 98 厘米、宽 70.2 厘米、厚 4 厘米,铭文为右起楷书竖列成字数不等的二十四行阴刻于青石板上,铭文每字约 1.5 厘米左右见方,字体工整,铿锵有力。铭文简述了张春发姓名、字号、籍贯、生平事迹、生卒年代和家

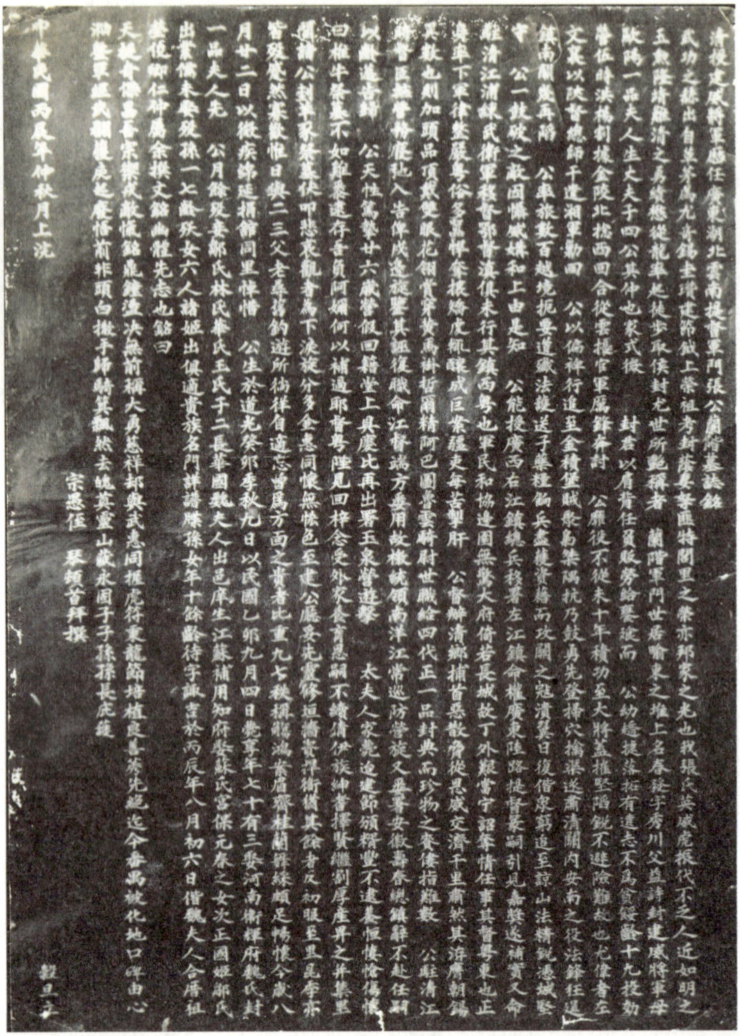

清建威将军张春发墓志铭

室现状，其中不乏赞美之词。从中，可以窥见撰者作为张氏子孙所流露出来的无比的自豪感和优越感。

## 九、清代新喻重修县署记碑

此碑高 72.5 厘米、宽 172.5 厘米、厚 8 厘米，由钦加运同衔赏戴蓝翎补用清军府调补南昌府新建县权新喻县事衡阳文聚奎于清光绪十三年（1887 年）

四月撰文立碑。

碑文共605字，以右起楷书竖列成字数不等的四十行阴刻于青石板上，字体工整，约3厘米见方，碑面右端有若干字已模糊，中间也有几个字漫漶不清，碑面左侧的落款之下，有两个3.8厘米见方的篆文方印，上面的印为白文印“文聚奎印”，下面的印为阴地阴边阳文印“□□”。字体已无法辨识。碑文全文辑录如下：

新喻重修县署记

百里之□古诸侯之职官置所在，政刑出焉，是为己之宗主，非徒壮观□云尔，堪舆家每以□署占一邑之吉□□□儒者或勿深□然其义有足征者□□□相阴阳，观流泉，周公卜涧水东□水西易称告公用圭利用为依□国，盖建都邑必测以土圭，所谓辨方正位，体国经野之本也，讵可诬欤，新喻署由龙池墅迁建于玉几山，邑乘称喻境之山，东葛西钟，北蒙南鼎，象木金水火四曜而玉几象土，适居中央，稽之卦位，坤当离次，传曰坤也者土也，万物皆致养焉，故曰致役乎坤然则官署居此义莫正焉，吉莫大焉，自咸丰乙卯毁于粤寇，迄今垂三十年矣，而民生日蹙，井荒市索，旧德滋替，余昔莅任，有忧之。越十年，复摄篆于兹，则迩来益以多事，余方引为官司咎而耆老群进，谓邑无官署犹水无所朝，星无所拱，且如旧志言形势湮废，尤不足以集地灵而起人杰也，愿及时修复，众口一词，余不能违其意，乃捐廉为之倡，绅民乐从，咸原输款相助，邑之慕义急公有如此者，于是择日经始，乃知旧址坐向未正，于山水朝拱形势多有不合，是前人揆度之未尽善也，爰易其向，绳直于壬丙子午之间，襟止带水，位置攸宜，鸠工庀材，百室班布，凡八越月而落成，自始暨终事，无违工无害邑，无他故，观者举欣欣曰：吉有兆矣，吾邑之兴隆可操券获矣，余惟(唯)一邑之治，忽必由人事主之，自余重来之期年，幸斗岁而人和，赋税日赢，讼狱日简，固赖士民之安余拙也，然使果如形家言，五位时叙可以迓天庥而延地厘，继自今既庶且富，民乐无央，人文蔚起，习俗敦庞，讵非宰斯土者之厚望欤！余故乐书其缘起，使后人有所考见焉。

钦加运同衔

赏戴蓝翎补用清军府调补南昌府新建县权新喻县事衡阳文聚奎撰

光绪十三年岁次丁亥孟夏月　穀旦

据碑文记载，县署原在龙池墅，后迁建于玉几山，咸丰五年(1855年)被太平军焚毁，到光绪十三年(1887年)已经三十余年了，由于乡绅耆老的倡议，为了集地灵而起人杰，纠正旧署址的坐向不正，于是鸠工修建县署，经过八个月建设才竣工，为了使后人有所考见，文聚奎便撰文立碑。

此碑是1980年在新余县人民政府拆旧房子时与《重葺三至堂记》一起被发现，同年新余县档案馆将它收藏，1983年12月23日从档案馆移交到新余市博物馆。

## 十、《重葺三至堂记》碑

此碑高144.5厘米、宽67厘米、厚6厘米，为新喻县事华阳王濬道撰文、南昌地方检察长李琴鹤书丹，于民国七年(1918年)九月所立。

该记是为新喻百姓纪念文聚奎所建三至堂撰写的文章，文聚奎于清同治十二年(1873年)首次出任新喻知县，前后三次担任新喻知县，由于他广施德政，以致他最后离任时新喻百姓扶老携幼，夹道挽留。随后新喻父老为文聚奎建立了感怀其德政的纪念堂——三至堂。说来也巧，数十年后的民国初年，曾经受到文聚奎提携的王濬道出任新喻知县，为了报道文聚奎的知遇之恩，为了再次彰显新喻百姓对文聚奎知县的怀念，他重新修葺了三至堂，并写下了这篇记文。王濬道在记文中颂扬了清末新喻知县文聚奎的仁德，记述了三至堂的由来、繁荣、荒废及重修之故，抒发了撰者个人的遭遇和感慨，并决心在治理新喻时发扬光大文聚奎的仁德。最后撰者叙述了文聚奎等人对自己的知遇之恩。

记文共791字，它以右起竖列成字数不等的二十一行阴刻于青石板上，每字约1.5至2.5厘米见方。字体为欧阳询的楷书，布局严谨，娟秀瘦劲。

附：《重葺三至堂记》碑全文

衡阳文公聚奎，清之循吏也！宰喻邑最久，喻民食德亦最深，於(于)其三至也。闢(辟)斯园以息其劳，额曰："憩园"。址广八亩有奇，宽如之。堂凡□楹两厢，为文公木主龛以祀之。其前环以曲栏，其外缭以土垣，四围则植松柏、桃李、桐桧百余株，有河阳花满之胜。宰是邦者，每以春秋佳日，宴集宾僚，赋诗饮酒以适志，洵盛事也！甲寅冬，余捧檄来喻。政事之暇，辄徘徊其间，则见刻桷尘封，连甍日漏，荒烟蔓草，狐鼠凭依，非复昔日胜观。溯公去喻之日，喻民扶老携幼，夹道攀辕，如临莅之。乞侯霸颍川之借寇恂，至流涕呼号而不可得，其仁泽感人之深久而弗替。虽无是堂可也，而堂亦遂千古矣！以故兵燹蹂躏，风雨摧残，历数十寒暑，不随劫灰以俱灭，非循吏有以致之欤！余徇喻人请，集资兴修数月，于堂之左拓地为菜畦，堂之右则辟亩圃植苗种数千本焉，锄之垦之，栽之溉之，忽忽三周寒暑矣！每当春日和煦、燕影参差、秋月凄清、蝉声断续，抚良辰而思旧，慨衰世以怀人，盖不禁有所思焉！当庚子政变，康梁获罪，钩党之声遍朝野。余以倡西学为同辈所嫉，谮于当道，终岁不得

《重葺三至堂记》碑

委，欲免去时，公综览计政，与余无一面之雅，逮余为其次子傧介婚礼。谈次间，矍然异之，谬许为后起之英也！密荐之于方伯柯公，柯公未之应，公一再抗争。柯公始霁颜领之，乃以告于余。噫！余平生无汲引，而持蒙知遇者沈公曾植、张公检、陈公夔麟，得公而四矣！抚今追昔，能无涕零。公往矣！公之子若孙类能奉扬先德，不坠清芬，而余则忝附婚姻，重联旧好，踵公之后获宰是邦。睹乔木之犹存，慨前贤之不作，屋梁月落，人往风微，毋亦叹缔造之艰难而思所以光大之乎！居尝默念，苟于堂之前凿池贯流而卧虹桥于其上，凡芙蓉芰荷之的皪，幽兰白芷之芬芳与！夫水藻荇萍之萦回缭绕，赤鳞白鲂之唧唼，泳游一一皆备焉，暇则与都人士之秀杰者、宾佐中之骚雅者息焉、游焉！以赏清景而联歌咏，讵非至乐。顾

以人事之蹉跎，时局之迁变，不获稍事增饰，良可慨已，赵子辉、刁子歆龙、张子灏、刘子敬舆、李子耀宗，皆喻邑之宿学耆绅也！思公遗泽，恐遂湮没，丐余缀数言而刊之石，异日者登其堂，想见其人，当为之流连咏叹而不能已，而余之姓字傥借斯堂而并垂不朽乎！

知新喻县事华阳王浚道撰文

南昌地方检察长李琴鹤书丹

民国七年九月日泐石

此记是1980年在新余县人民政府(今为新余市渝水区税务局所在地)拆旧房子时与新喻重修县署记碑一起被发现的，同年新余县档案馆将它收藏，1983年12月23日从档案馆移交到新余市博物馆。

## 十一、清代广庆寺越凡老和尚塔墓浮雕人物石板

浮雕人物石板长86.5厘米、宽50厘米、高6厘米，呈长方形，青石浮雕，上面刻有“玄姻洞”三字，刚劲有力，所刻内容为广庆寺宗教人物故事，其人物刻得栩栩如生，动感较强，石刻人物雕塑部分保存较好，字迹清晰。石板右上角有残缺，风化磨损严重。

## 十二、清万上遴指画梅花雕刻石板

万上遴，字殿卿，号辋冈，江西分宜(分宜城郊辋冈人)拔贡生。清朝画家，曾任清宫画院待诏，专事书画。上遴年少失父，家境清寒。从小聪颖好学，酷爱王维诗画，终日练习作画，画一幅画，就写一首诗。“诗、画、行、草”，均“细筋入骨”。晚年工山水，所画林壑深邃，有“尺幅千里之胜”。善画山水，超秀无作家气，也能指墨作梅花，别开生面，独创一格，其指画梅花，号称“指梅”，疏花细蕊，挥指点染，别开生面。分宜县博物馆收藏的八幅梅花石板雕刻，是他晚年的精品。梅花石板长144厘米、宽39厘米、厚2.5厘米，青石阴刻，三块完整，五块断裂，呈长方形条形状，其刻法流畅古朴，气韵生动。

清万上遴指画梅花雕刻石板

## 十三、钟灵毓秀石碑

钟灵毓秀石碑一套两块，为新余本地收藏家从河下乡传世文物中征集所得。

这套石碑通高 142 厘米。两块石碑分别为《钟灵》石碑和《毓秀》石碑。前者碑首饰圆形开光，开光中刻阳文“钟灵”二字，碑身画面用浮雕技法表现松鹤，鹤为仙禽，称作一品鸟，鹤之品高、清淡高雅。后者碑首也是装饰圆形开光，开光中刻阳文“毓秀”二字，碑身画面主饰蝴蝶与鹿，寓意仕途通达、步步高升。“鹿鹤”与“六合”同音，古代所指六合为天、地及东、南、西、北四方。寓意普天之下太平盛世，表达了人们祈求天下太平、风调雨顺、福禄吉祥的良好愿望。

钟灵毓秀，“钟”凝聚、集中，“毓”产生、孕育，凝聚了天地间的灵气，孕育着优秀人物，指山川秀美、人才辈出。

这两块石碑条各有一个倒梯形的碑根，可能是用来将碑插在赑屃上或底座。赑屃，龙之九子之一，又名霸下。形似龟，好负重，长年累月地驮载着石碑。人们在庙院、祠堂或古墓前，处处可以见到这位任劳任怨的大力士。据说触摸它能给人带来福气。据收藏者考证，这两块石碑是来自于新余河下镇一带的传世文物，其时代最晚不会晚于清中期。

《钟灵》《毓秀》石碑

第二节

# 金属器具



## 一、水西苑山出土的商代青铜鬲

1995 年 11 月的一个晴朗日，在水西丰都头（现属新余市高新技术开发区）的苑山聚集着十几位男女村民，他们一边辛勤地劳作，一边欢快地说笑，这是村民们首次合伙承包本标的荒山搞开发。这天大伙儿正集中开挖排水沟、掘土坑，干得热火朝天时，突然有人惊叫起来：“看我挖到什么东西了！”在距地表约 0.6~1 米深处的土层中，有两个从未见过的怪器形暴露在眼前，围拢过来的人举起锄头就要敲碎它，也有人建议先把它取出丢到一边去，这时有一位青年小伙站出来，冷静地制止了他们的冲动，小心地刮去器物上的泥土，为免遭损坏将它取出保护起来。在其他几处地点又陆续发现一些器物，共出土铜鬲 1 件、陶器罐类 4 件。这位青年名叫彭树清，读过多年书，有文化，见识也广，他深知这些器形是地下出土文物，他到过多家书店并购买过有关文物知识书籍查找了解，也有社会上文物贩子高价利引收购，但他不为金钱诱惑，决定送交文物部门鉴定收藏，他这种保护国家地下文物的可贵精神，受到政府表彰和社会好评。

经文物部门实地勘探、调查，出土器物地点是一处商代古文化遗址，考古工作者在地表上采集有大量陶器形标本。其中出土的珍贵器物鬲系青铜质，侈口，口径 22.7 厘米，口沿上立有方形直耳一对，耳高 4 厘米；束颈，颈下饰有三环凸弦纹；鼓腹，腹径与口径相等，腹下部饰有两道环连凸弦纹；分裆，裆较肥大，底为圆柱形实心足，三足分立。鬲通高 27.6 厘米，重 4250 克。此鬲的出土，在江西省内属首次发现，根据鬲的器形和有关专家实地考察以及同地出

水西苑山出土的商代青铜鬲

土的陶器的形制、纹饰等特征，应为商代晚期遗物。

鬲是古代炊粥器，即为鼎一类的烹饪器。款足中空，侈口。柳宗元《非国语·三川震》载："夫釜鬲而爨者。"新石器时代普遍使用陶鬲，铜鬲是仿新石器时代的陶鬲而铸，它流行于商至春秋战国时期。《尔雅·释器》指款足鼎谓之鬲。《汉书·郊祀志上》谓："鼎，空足曰鬲。"颜师古注引苏林曰："足中空不实者，名曰鬲也。"故将鬲单划一类，与鼎区别开。鬲足中空，是鬲中空，是鬲最明显的特征之一，足空则水下注而易热。青铜鬲最早出现在商代早期，大口，袋形腹，犹如三个奶牛乳房拼合而成，其下有三个较短的锥形足。袋形腹的作用主要是为了扩大受火面积，能较快地煮熟食物，到商代晚期以后，袋形腹演变逐渐蜕化，不宜于火煮，当为盛粥器。西周中期以后，青铜鬲很盛行，常以成组出土。春秋战国之际，鬲多以偶数组合与列鼎同墓随葬，起着陪鼎的作用，到战国晚期，青铜鬲便从祭器和生活用器的行列中消失。鬲除本名之外，尚有"鼎""羞鬲""丰鬲""荐鬲"等称法。

## 二、界水罗坊出土的西周青铜甬钟

在江西省博物馆一批馆藏青铜器精品中，有三件甬钟是原新余县境内的界水、罗坊、水西镇出土的。1962年4月4日，新余钢铁厂铁矿工人在界水主龙山取土时，发现铜甬钟一件，器体通高约50厘米，其中甬残长17.5厘米，钲与鼓长33.5厘米，重约21千克；1980年4月19日，罗坊陈家村民陈火芽在村之北面的雷公山进行生产劳动时，开挖排水沟掘得甬钟一件，器体通高36.9厘米，其中甬残长12.3厘米，钲与鼓长24.6厘米，重约17.5千克；1981年4月的一天，水西加山村民肖耀明在村旁烧砖取土，挖掘出土甬钟一件，器体通高35厘米，其中甬残长15.5厘米，钲与鼓长195厘米，重约18千克。三地出土发现的甬钟，当时因新余无文物收藏机构，市民直接送江西省文物有关部门鉴定并捐献给国家收藏。

界水主龙山出土的西周铜甬钟

三件甬钟质地均系青铜制作，形制模式基本相同，只是体量略异，器形皆为扁椭体、平顶、弧形口，双面合模铸造。为阔腔空甬无干狭鼓式，即三甬钟都是由两侧尖锐的扁体共鸣箱和用于悬挂的柄组成。甬钟的上部为空圆柄，柄为悬挂之用。其饼形物通称作“甬”，甬的顶端为圆形的空衡，甬的中段下部有突出的一圈称“旋”，旋四周饰有图案，旋上无干；甬钟的下部为共鸣箱，共鸣箱又由钲与鼓两部

分组成，共鸣箱上面为平顶，称作“舞”，共鸣箱正面靠上中部有一呈纵长的部分称为“钲”，钲的两侧饰有对称并立各三颗乳钉状物，纵向有上、中、下三排，突出乳钉部分称作“枚”，在枚上下间隔饰有窃曲纹，枚端为景，枚间的花纹斜带为“篆”。“钲”和“枚”约占去钟面上部五分之四位置，再其下约为五分之一部分处称为“鼓”，鼓部中间面饰有窃曲纹，此部分称为“隧”，鼓的弯曲弧形下口部又称为“于”，其尖锐的最下端两侧称为“铣”。如此多的分部位名称，说明甬钟的构成复杂，但各部位都有其内在作用。据《考工记》“凫氏为钟”记载，有钟各部分长度大小厚薄的计算方法。从实验来看，钟音量的大小在于共鸣箱的大小；钟音频的变化主要在于鼓部的厚薄，其共鸣箱凡为扁突体似上下覆瓦构成的，都可以敲击出两个音。一个音在鼓的中心位置发生，另一个音在鼓侧发生。按物理的振模式，钟的敲击点不同，其振动模式也不同，这种结构的钟又称为双音钟。双音钟都能发生两个不同的音频。这两个音频的音程有小二度、大二度、小三度、大三度、纯四度等。双音钟的优点在于用数量不多的钟，即能构成较完整的音阶。根据新余出土三口甬钟的质地、形制、特征、装饰及有关专家考证，应为西周中晚时期打击乐器。

乐器，是青铜礼器中不可缺少的一部分，皆反映贵族的等级制度，曾有“礼非乐不履”之说。礼制如果没有乐来配合，很难体现出礼的高低贵贱，亦渲染不出其庄严的气氛。常见的乐器有钟、钲、铙、鼓、錞于、铃、铎、句鑃等。钟，乃祭祀或宴飨时用的乐器。它演变于商代的铜铙，始于西周中期，延用于今，虽延用时间长久，但唐代以后钟的用途与周代截然不同。周时为乐器，唐时只为打点定时之用。钟还为纪功烈的乐器，《左传·襄公十九年》载“季武予以所得于齐之兵，作林钟，而铭鲁功焉”。

## 三、西周青铜戈

西周青铜戈，长 25.5 厘米。戈，古代用以钩杀的兵器。属“钩兵”，用于钩杀。它是当时的国家兵器，是军队必不可少的装备，为了铸造在作战中能取胜的利器，国家毫不吝惜珍贵的青铜。戈由铜制的戈头、木柲或竹柲、柲上端的柲冒和下端的铜四部分构成。戈头每一部分都有专名：刃部称“援”，援末折而下的部分称“胡”，被木或竹柲夹住的称“内”，援末和胡上穿绳缠柲的小孔称“穿”，援体呈三角形的戈称作“戣”。戈流行于商至春秋战国。

西周青铜戈

## 四、西汉弩机

西汉弩机

西汉弩机，通长12.5厘米，廓长10厘米。弩是杀伤力较强的运射武器，弩机是木弩的铜质机件，装置于弩的后部。其构造是由机身、“郭”、钩弦的“牙”、郭上的瞄准器“望山”、郭下的板机“悬刀”等组成。发射时，扣板悬刀，牙即缩下，其所钩住的弦即弹射出，将箭有力地射发出去。

## 五、唐代宝相花铜镜

宝相花纹，是唐代初期至中期铜镜背面常见的一种瑞花类纹饰，是“将某些自然形态的花朵(主要是荷花)进行处理，变成一种装饰化的花朵纹样”。在唐代的铜镜、丝织品、建筑艺术类中，宝相花纹是一种非常流行的纹饰。但是，哪些纹饰图案属于宝相花纹呢？唐人的著作中无明确记载，若从考古资料整理分析，发现以花瓣纹为主纹的称为宝相花。江西新余市博物馆馆藏有一面1988年9月出土于新余市优惠区的宝相花纹镜。镜径21厘米，边沿厚0.5厘

唐代宝相花纹镜照片

米，边沿宽0.6厘米，重1000克，铜质。镜为八瓣葵花形，扁平圆钮，花瓣形钮座，钮座到镜沿之中相间排列着两种形状不同变相花卉共八朵，一是向日葵，二是石竹花，其含意是“花团锦簇，吉祥如意”。故名“宝相花镜”。

宝相花镜，又名团花镜、簇六规格宝相镜。其形有圆形、弧形、菱形，形体较大，直径多数在15厘米以上，有的甚至可超20厘米，主题纹饰均为图案形宝相花，施以六朵或八朵花，有的以枝蔓连接花朵、花叶，占据镜内主题纹饰。这些团花设计紧凑，图案性极强，无其他花纹相衬，显得干净利落。

这面铜镜，造型厚重，图案新颖，做工精细，纹饰清晰，色泽新灰泛褐，是一面较为珍贵的唐代中期铜镜。

## 六、宋代铜镜选介

新余市博物馆积极配合基础建设，通过考古、征集、挑拣、接交等渠道，清理古墓，挖掘遗址，保护文物，将文物进馆入库保管。收藏有诸多宋代铜镜，现选择文字系列的代表性铜镜介绍如下：

### (一) 长方形铭文镜

1984年在新余渝水区下村镇大桥村出土。长14.6厘米、宽8.6厘米、厚0.5厘米，小钮，素缘。镜背铸有两排竖行“勋业频看，衣冠可正”八个隶书铭文。(拓片1)

### (二) 钟形镜

1986年9月4日新余渝水区东边乡樟村出土。钟形，长11.3厘米、宽8.5

厘米，无钮，素缘，镜背铸有“(视)尔前，虑尔后”隶书铭文。此镜造型特异，较为少见。(拓片 2)

### (三) 圆形柄镜

1985 年 9 月 9 日，在渝水区土产公司废品仓库中挑拣、收藏。圆形带柄，直径 12.2 厘米，通长 23.2 厘米，素缘。镜背铸“保其子孙永用”铭文，篆书，旋读。(拓片 3)

### (四) 圆形柄镜

1985 年 6 月 12 日在渝水区珠珊乡张家村出土。圆形带柄，直径 9.7 厘米，

拓片 1

拓片 2

拓片 3

拓片 5

拓片 4

新余博物馆馆藏宋镜拓片

通长 17.9 厘米，厚 0.5 厘米，素缘。镜背铸“河澄皎月，波炼晓风”铭文，蝌蚪文，旋读。(拓片 4)

### (五) 淳祐六年菱花镜

1989 年 6 月 22 日在渝水区罗坊镇草池大队草池村出土。直径 17.5 厘米，厚 0.6 厘米，小钮，六瓣菱花形。镜背有直径 12.3 厘米，凸弦纹一周，弦纹内铸一对仰首翻腾、盘旋飞舞的龙凤呈祥图案。图案为细线浅浮雕，尾部和浮云海水中分别嵌铸“陈氏正卿”四字楷书，旋读，“氏卿”两字间饰有一宝鼎、一寿龟纹饰。六菱花瓣中分别铸有“淳祐六年谨记”铭文(拓片 5)。

这批铜镜多无绝对纪年，但据有关资料得知，从南宋乾道年间一开始，宋镜就独创了长方形、柄形、钟形等形制，而且皆为小钮，相对照后可知上述铜镜的年代。

宋镜不但形制各异，品种繁多，而且将吉语、颂辞或纪年也作为镜背纹样的装饰内容之一，在一定程度上反映了当时人们的向往、祈求及文化心态。

宋代铜镜纹饰多样，题材广泛，内涵丰富，可划为以下几大类：①人物故事；②花草；③四神八卦；④神仙吉祥；⑤鸟兽鱼虫；⑥气功镜；⑦航海等等。

除此以外还有素面镜。宋镜上的不同文字可划归为铭文类。这批宋镜的铭文有蝌蚪文、篆书、隶书、楷书，不同的字体也为研究书法、文字的演变提供了实物资料。

## 七、宋代金耳环

金银器是指以黄金和白银为基本原料加工制成的器皿、饰物等，中国历史上最早出现的是金银饰品。黄金首先是作为实用器物的装饰出现在陶器上，商周遗址或墓葬就出土有金叶、金箔、金饰等。银器的出现略晚。到春秋战国时期，金银器皿已经出现。春秋战国和两汉时期的金银器的设计制作工艺已经非常高超。总体上讲，唐代以前的金银器发现不是太多。到了唐朝，金银器的生产空前发展，工艺水平达到当时世界的最高水平。唐代金银器的制作和应用达到了历史的巅峰，除了饰件，还开始生产餐具、茶具、佛教法器等生活器物，而且品种大为增多。两宋时期的金银器制造业更为商品化。皇亲贵戚、王公大臣、富商巨贾，都享有着大量的金银器，上层庶民家庭和酒肆妓馆的饰品及饮食器皿也都使用金银器。随着金银器的社会化，宋代金银器无论在造型上或纹饰上一反唐代的富丽之风，而变为素雅和富有生活气息。宋代金银器的制作向两个方向发展，一类更加华丽、精细，另一类趋于朴素和简洁，适应了不同社会阶层的需求。胎体轻薄、制作简洁、小巧玲珑的器物逐渐增多，像端庄秀美的莲花杯、菊花碗、梅花杯等。寓意幸福繁荣和美好吉祥的瑞果、鱼藻、牡丹、童子戏球等纹样颇为盛行，图案更具写实性，富有浓厚的生活情趣。宋代金银器有以下几个突出特征：①商业化。宋代金银器在民间得到大量生产，一般平民百姓也开始大量使用金银器，商家往往在器物上铭上自家之名号，故宋代金器上有铭记。在器型上最明显的特征是轻而薄，与唐代金银器的厚重完全不同。②仿古化。大量出现仿古器型和纹样，多仿商周时期之青铜器，这与宋代的复古风盛行有关。③写实化。器物的造型、纹样往往多源于现实生活，其形象生动逼真。④文人化。出现人物故事、亭台楼阁和錾刻诗词等，可见文人赋词作画之风对金银器的影响。金银器可分为金银器物和金银饰物两大类，它们还可分为饮食、信符玺印、容器、舆洗器、梳妆用具、陈设观赏品、宗教祭祀器、冠服、发饰、颈饰、耳饰、手、臂饰、胸坠饰、剑饰、车马饰、货币、杂器等小类。

河下乡岭泉村委会黄泥坑村宋代金耳环一对

1988 年 11 月 5 日，新余市博物馆在城北优惠区考古中，于河下乡岭泉村委会黄泥坑村发现一座宋墓，一般来说，墓主若为男性，墓向所对为山谷，女性为山峰，该墓墓主为一位女性，所以墓向遥对的为远方山峰，墓主为阴，山峰为阳，反映了阴宅风水讲究阴阳平衡的观念。墓中出土了一对宋代金耳环。一对2件，总重7.25克，其形介于柳叶和鸟形之间，呈“乙”字长条状弯曲，每只长约3厘米，宽0.2厘米。耳环环体一半圆形，一半锤压成扁平形，近端扭成鸟头形，整条弯曲成鸟形或柳叶状。

## 八、宋代“仁者寿”镜



在我国传统民俗文化中，龟鹤与松，均为长寿之象征，在历代名人著述中，普遍以龟、鹤、松比喻长寿之含意与说法。如《抱朴子·对俗》曰：“……知龟鹤之遐寿，故效其道(导)引以增年。”《旧唐书·魏徵传》曰：“可以尽豫游之乐，可以养乔松之寿。”唐白居易《郊陶潜体诗十六首》云：“松柏与龟鹤，其寿皆千年。”并且世人有“松柏常青，龟鹤遐龄”，祝长寿之对联。

1997年4月，新余市渝水区良山镇出土铜镜一面。此镜长方形，长26.5厘米、宽21.7厘米、厚0.7厘米，重2025克，青铜质，宋代，有绿锈，铜镜背面的松枝下端，有长方形的铭文，现已磨损，文字不清。铜镜四边各铸长1厘米、宽0.2厘米的内孔一对，起固定之用，见拓片。镜背图案：一棵古松，粗枝叶茂，从右至左，盘亘挺拔。右上半轮明月，依稀掩映，五彩浮云，随风飘浮。中有白鹤，翩翩起舞，引颈高吭，如歌如诉。下有一灵龟，甲壳斑斑，伸头摇尾，逍遥自在。左边人物，衣冠齐整，其气浩然，其质文雅，其度安详，似有仁人君子之风度，故此镜名曰“仁者寿”镜。

“仁者寿”镜拓片

铜镜，是古代人们照面饰容的生活用具，上至君臣百僚，下到平民百姓日常都用它。铜镜背面各种花纹铭文与当时的思想文化、时代风尚紧密相关,具有一定的时代性、典型性。纵阅考古资料,我国铜镜早在商代就已铸造,到清代晚期才消失,延续三千多年,历史悠久,形制各异。有圆形、菱形、柄形、鼎形、钟形等;钮有桥形钮、园钮、扁平钮、锭形钮等。每面铜镜都有钮或有柄,既没柄又没钮的几乎不见。翻阅了《中国古代铜镜》、《铜镜图案》、《考古》、《南方文物》等许多书刊,都未记载无钮无柄铜镜,以此看来,这面无钮无柄的铜镜应属稀罕之物,是一面上乘铜镜。

此镜构图严谨匀称,造型典雅古朴,纹饰雅致大方,保存完好无损,为研究我国古代铜镜提供了可靠的实物资料。

## 九、南宋嘉祐年间铜锣

1986 年 1 月,江西省新余市分宜县双林公社一村民建房挖墙基时,出土了大小铜锣四件,其中两件破碎,余下两件由新余市博物馆收藏。

大号铜锣,1 件,口径 42 厘米,高 10 厘米,厚 0.9 厘米,重 5.2 千克。通体光面无纹饰,锣面平整,器形完好,内外有大小不一的绿锈斑迹,腹部呈微弧形状。且有系绳小孔二个,孔径 0.7 厘米,孔距 6 厘米。铜锣腹部外侧,镌有 39 字铭文:“宜春县尉司据阳山里东甲袁从俊赍到铜锣壹面口排余字号给据镌记讫嘉定二年八月日官下”,形成一条铭文带,长 58.5 厘米,宽 1.5 厘米。铭文楷书,阴文,系用钢刀镌刻,然后用白粉填文,铭记字体清晰,内容可考。

小号铜锣,1 件,口径 27.9 厘米,高 5.5 厘米,厚 0.6 厘米,重 1.5 千克。通体素面无纹,锣面平整,器形完好,内外有大小不一的绿锈斑迹。腹部微弧,有系绳小孔 2 个,孔径 0.7 厘米,孔距 4.3 厘米,无铭文。

铜锣,是我国民族传统打击乐器之一。在封建社会里,大小铜锣用途广泛。大的铜锣,配上长号,用于庆典、朝拜、迎神、祭祀及高级官员外出,侍从卫士前呼后拥,由仪仗队最前列的人鸣锣开道,增加肃穆气氛。庶民听到锣声,不敢喧哗,必须远远回避,确保沿途畅通无阻,以显示官员的威严。而小铜锣仅用于配合鼓、唢呐等乐器,供民间婚丧喜事、传统节日、群众集会、接风饯

南宋嘉祐年间铜锣

行、玩戏灯彩等用。

据大号铜锣铭文所载，此锣主人名叫袁从俊，是宜春县阳山里东甲人。南宋嘉定二年(1209年)八月某日，袁氏将铜锣敬献给宜春县尉司，至今有八百余年之久。关于袁从俊的身份，无从查考。其余三件铜锣，虽无铭文，但因四件铜锣都是一处出土，据推测均属袁从俊向宜春县尉司献礼之物。

上述两种铜锣，大小不同，轻重各异。设计古朴，造型厚重。保存完整。镌有绝对年号，实为可贵。南宋铜锣出土，江西省罕见，它为研究我国民族传统乐器及新余古代地方风俗提供了可靠的实物资料，有着一定的文物价值与历史意义。

## 十、南宋铜钱窖藏

1985年9月9日，新余市渝水区土产公司从罗坊乡供销社购进附近农民挖到的钱币窖藏一处，共出土铜币44.2千克。新余市博物馆得知后，立即前往派人将其收集。

工作人员经过六个月的除锈、洗刷、整理，除泥、铜锈、破碎外，所有钱币净重34.75千克，共7000余枚。这批铜钱，均为方孔圆钱，钱纹清晰，轮廓完整，有汉代的“五铢”、“剪轮五铢”；王莽“货泉”；唐代“开元通宝”；五代十国“周元通宝”“唐国通宝”；北宋太祖“宋元通宝”，太宗“太平通宝”“淳化元宝”“至道元宝”，真宗“咸平元宝”“景德元宝”“祥符元宝、通宝”“天禧通宝”，仁宗“庆历重宝”“至和元宝、通宝”“嘉祐元宝、通宝”，英宗“治平元宝”，神宗“熙宁重宝、元宝”“元丰通宝”，哲宗“元祐通宝”“绍圣元宝”“元符通宝”，徽宗“圣宋元宝”，孝宗“乾道元宝”“淳熙元宝”，光宗“绍熙元宝”，宁宗“庆元通宝”“嘉泰通宝”“开禧通宝”“嘉定通宝”，理宗“大宋元宝”“淳祐元宝”“皇宋元宝”“开庆通宝”“景定元宝”，度宗“咸淳通宝”；金代海陵王“正隆元宝”等铜币，此窖藏钱币的具体种类、数据和特征详见下表：

**南宋铜钱窖藏处出土铜钱一览表**

单位：毫米

| 序号 | 钱名 | 书体 | 读法 | 直径 | 孔径 | 特征 |
|---|---|---|---|---|---|---|
| 1 | 汉五铢 | 篆书 | 横读 | 24.5 | 10.0 | 背四决纹 |
| 2 | 剪轮五铢 | 篆书 | 横读 | 21.0 | 9.5 | 背无内廓 |
| 3 | 剪轮五铢 | 篆书 | 横读 | 18.0 | 9.3 | 背无内廓 |
| 4 | 货泉 | 篆书 | 横读 | 22.5 | 7.4 | 素背 |
| 5 | 开元通宝 | 隶书 | 横读 | 25.0 | 6.5 | 通字下星纹 |
| 6 | 开元通宝 | 隶书 | 直读 | 25.0 | 7.0 | 背穿上仰月纹 |
| 7 | 开元通宝 | 隶书 | 直读 | 24.0 | 7.0 | 背穿左宣字，左上角星纹，穿上仰月纹 |
| 8 | 开元通宝 | 隶书 | 直读 | 24.0 | 7.5 | 面兀手内星驭 |
| 9 | 开元通宝 | 隶书 | 直读 | 23.0 | 7.0 | 背穿上孕月纹 |
| 10 | 开元通宝 | 隶书 | 直读 | 24.5 | 75 | 背穿上月纹 |
| 11 | 开元通宝 | 隶书 | 直读 | 22.2 | 6.1 | |
| 12 | 开元通宝 | 隶书 | 直读 | 23.0 | 6.3 | 面宝字上方星纹，背穿上昌字 |
| 13 | 开元通宝 | 隶书 | 直读 | 23.0 | 7.0 | 背穿上昌字 |
| 14 | 开元通宝 | 隶书 | 直读 | 24.0 | 6.5 | 背穿上昌字 |
| 15 | 开元通宝 | 隶书 | 直读 | 25.0 | 6.9 | 背穿上星纹 |
| 16 | 开元通宝 | 隶书 | 直读 | 23.0 | 6.5 | 背穿上兖字 |
| 17 | 开元通宝 | 隶书 | 直读 | 24.0 | 6.0 | 背穿下越字 |
| 18 | 开元通宝 | 隶书 | 直读 | 23.0 | 6.0 | 背穿上云纹 |
| 19 | 开元通宝 | 隶书 | 直读 | 23.0 | 6.5 | 背穿左下角京字 |
| 20 | 开元通宝 | 隶书 | 直读 | 23.0 | 6.5 | 穿下覆月纹 |
| 21 | 开元通宝 | 隶书 | 直读 | 23.5 | 6.5 | 铁钱 |
| 22 | 开元通宝 | 隶书 | 直读 | 25.0 | 7.0 | 穿右上角仰月纹 |

| 序号 | 钱名 | 书体 | 读法 | 直径 | 孔径 | 特征 |
|---|---|---|---|---|---|---|
| 23 | 乾元重宝 | 真书 | 直读 | 20.5 | 6.5 | |
| 24 | 乾元重宝 | 真书 | 直读 | 25.0 | 7.5 | |
| 25 | 周元通宝 | 真书 | 直读 | 25.0 | 6.8 | 背穿上覆月纹 |
| 26 | 唐国通宝 | 篆书 | 直读 | 24.0 | 7.5 | |
| 27 | 唐国通宝 | 真书 | 直读 | 25.0 | 6.0 | |
| 28 | 宋元通宝 | 隶书 | 直读 | 24.5 | 6.0 | |
| 29 | 太平通宝 | 隶书 | 直读 | 24.0 | 6.0 | |
| 30 | 淳化元宝 | 真书 | 旋读 | 25.0 | 6.0 | |
| 31 | 淳化元宝 | 行书 | 旋读 | 25.0 | 6.0 | |
| 32 | 淳化元宝 | 草书 | 旋读 | 25.0 | 6.0 | |
| 33 | 至道元宝 | 真书 | 旋读 | 25.0 | 6.0 | |
| 34 | 至道元宝 | 行书 | 旋读 | 25.0 | 6.0 | |
| 35 | 至道元宝 | 草书 | 旋读 | 25.0 | 6.0 | |
| 36 | 咸平元宝 | 真书 | 旋读 | 25.0 | 6.0 | |
| 37 | 景德元宝 | 真书 | 旋读 | 25.0 | 5.5 | |
| 38 | 祥符元宝 | 真书 | 旋读 | 25.0 | 6.0 | |
| 39 | 祥符元宝 | 真书 | 旋读 | 25.0 | 6.0 | |
| 40 | 祥符元宝 | 真书 | 旋读 | 25.0 | 6.0 | 背穿右星纹 |
| 41 | 天禧元宝 | 真书 | 旋读 | 25.0 | 6.5 | |
| 42 | 天圣元宝 | 真书 | 旋读 | 25.0 | 7.5 | |
| 43 | 天圣天宝 | 篆书 | 旋读 | 25.0 | 7.5 | |
| 44 | 明道元宝 | 真书 | 旋读 | 25.5 | 6.2 | |
| 45 | 明道元宝 | 篆书 | 旋读 | 25.5 | 6.2 | |
| 46 | 景祐元宝 | 真书 | 旋读 | 25.0 | 7.1 | |
| 47 | 景祐元宝 | 篆书 | 旋读 | 25.0 | 7.1 | |
| 48 | 皇宋通宝 | 真书 | 直读 | 25.1 | 7.5 | |
| 49 | 皇宋通宝 | 篆书 | 直读 | 24.0 | 6.5 | |
| 50 | 庆历重宝 | 真书 | 直读 | 31.0 | 8.0 | |
| 51 | 至和元宝 | 真书 | 旋读 | 25.0 | 7.0 | |
| 52 | 至和元宝 | 篆书 | 旋读 | 25.0 | 7.0 | |
| 53 | 至和元宝 | 真书 | 直读 | 24.0 | 7.0 | |

| 序号 | 钱名 | 书体 | 读法 | 直径 | 孔径 | 特征 |
|---|---|---|---|---|---|---|
| 54 | 至和元宝 | 篆书 | 直读 | 24.0 | 7.0 | |
| 55 | 嘉祐元宝 | 真书 | 旋读 | 25.0 | 7.0 | |
| 56 | 嘉祐通宝 | 真书 | 直读 | 25.0 | 7.0 | |
| 57 | 治平元宝 | 真书 | 旋读 | 25.0 | 6.5 | |
| 58 | 治平元宝 | 篆书 | 旋读 | 25.0 | 6.5 | |
| 59 | 熙宁重宝 | 真书 | 旋读 | 30.0 | 8.5 | |
| 60 | 熙宁重宝 | 篆书 | 旋读 | 29.0 | 7.5 | |
| 61 | 熙宁重宝 | 真书 | 旋读 | 24.0 | 7.0 | |
| 62 | 熙宁重完 | 篆书 | 旋读 | 24.0 | 7.0 | |
| 63 | 熙宁重宝 | 篆书 | 旋读 | 24.0 | 7.5 | |
| 64 | 元丰通宝 | 篆书 | 旋读 | 30.0 | 7.0 | |
| 65 | 元丰通宝 | 篆书 | 旋读 | 30.0 | 7.0 | |
| 66 | 元丰通宝 | 行书 | 旋读 | 30.0 | 7.0 | |
| 67 | 元丰通宝 | 篆书 | 旋读 | 24.0 | 7.0 | |
| 68 | 元丰通宝 | 篆书 | 旋读 | 24.0 | 7.0 | 背四决纹 |
| 69 | 元丰通宝 | 行书 | 旋读 | 24.0 | 7.0 | |
| 70 | 元丰通宝 | 行书 | 旋读 | 24.0 | 7.0 | 背穿上星纹 |
| 71 | 元祐通宝 | 篆书 | 旋读 | 30.0 | 8.0 | |
| 72 | 元祐通宝 | 行书 | 旋读 | 30.0 | 8.0 | |
| 73 | 元祐通宝 | 篆书 | 旋读 | 30.0 | 8.0 | |
| 74 | 元祐通宝 | 行书 | 旋读 | 25.0 | 7.5 | |
| 75 | 绍圣元宝 | 行书 | 旋读 | 30.0 | 7.0 | |
| 76 | 绍圣元宝 | 篆书 | 旋读 | 30.0 | 7.0 | |
| 77 | 绍圣元宝 | 行书 | 旋读 | 24.0 | 6.5 | |
| 78 | 绍圣元宝 | 篆书 | 旋读 | 24.0 | 7.0 | |
| 79 | 绍圣元宝 | 篆书 | 旋读 | 24.0 | 6.5 | |
| 80 | 绍圣元宝 | 篆书 | 旋读 | 24.0 | 6.0 | |
| 81 | 元符通宝 | 篆书 | 旋读 | 31.0 | 6.5 | |
| 82 | 元符通宝 | 行书 | 旋读 | 31.0 | 6.5 | |
| 83 | 元符通宝 | 篆书 | 旋读 | 24.0 | 7.0 | |
| 84 | 元符通宝 | 行书 | 旋读 | 24.0 | 7.0 | |

| 序号 | 钱名 | 书体 | 读法 | 直径 | 孔径 | 特征 |
|---|---|---|---|---|---|---|
| 85 | 圣宋元宝 | 行书 | 旋读 | 30.0 | 7.0 | |
| 86 | 圣宋元宝 | 篆书 | 旋读 | 30.0 | 7.0 | |
| 87 | 圣宋元宝 | 行书 | 旋读 | 24.5 | 6.0 | |
| 88 | 崇宁通宝 | 真书 | 旋读 | 35.0 | 9.0 | |
| 89 | 崇宁通宝 | 隶书 | 直读 | 35.0 | 8.1 | |
| 90 | 大观通宝 | 真书 | 直读 | 24.0 | 6.8 | |
| 91 | 大观通宝 | 真书 | 直读 | 24.0 | 6.8 | 背穿左斜月纹 |
| 92 | 政和通宝 | 真书 | 直读 | 29.0 | 7.0 | |
| 93 | 政和通宝 | 篆书 | 直读 | 29.0 | 7.0 | |
| 94 | 政和通宝 | 真书 | 直读 | 25.0 | 5.5 | |
| 95 | 政和通宝 | 篆书 | 直读 | 25.0 | 5.5 | |
| 96 | 政和通宝 | 真书 | 直读 | 25.0 | 5.5 | 背四决纹 |
| 97 | 宣和通宝 | 真书 | 直读 | 29.5 | 7.0 | 小字 |
| 98 | 宣和通宝 | 篆书 | 直读 | 31.0 | 7.5 | |
| 99 | 宣和通宝 | 真书 | 直读 | 27.0 | 7.0 | |
| 100 | 官和通宝 | 篆书 | 直读 | 30.0 | 7.0 | |
| 101 | 宣和通宝 | 真书 | 直读 | 24.0 | 6.2 | |
| 102 | 宣和通宝 | 篆书 | 直读 | 24.0 | 7.5 | |
| 103 | 宣和通宝 | 真书 | 直读 | 25.0 | 6.0 | |
| 104 | 建炎通宝 | 真书 | 直读 | 27.0 | 7.0 | |
| 105 | 建炎通宝 | 篆书 | 直读 | 30.0 | 7.8 | |
| 106 | 绍兴通宝 | 真书 | 直读 | 31.5 | 8.5 | |
| 107 | 绍兴通宝 | 真书 | 直读 | 29.0 | 7.8 | |
| 108 | 绍兴元宝 | 真书 | 旋读 | 29.0 | 8.0 | |
| 109 | 绍兴元宝 | 篆书 | 旋读 | 29.0 | 8.0 | |
| 110 | 隆兴元宝 | 真书 | 旋读 | 30.0 | 8.0 | |
| 111 | 乾道元宝 | 真书 | 旋读 | 28.0 | 8.0 | |
| 112 | 乾道元宝 | 篆书 | 旋读 | 28.0 | 6.0 | |
| 113 | 淳熙元宝 | 真书 | 旋读 | 29.0 | 8.0 | 背穿上仰月纹,穿下星纹 |
| 114 | 淳熙元宝 | 真书 | 旋读 | 24.0 | 6.0 | 背穿上十字,穿下一字 |
| 115 | 绍熙元宝 | 真书 | 旋读 | 30.0 | 7.5 | 背穿下二字 |

| 序号 | 钱名 | 书体 | 读法 | 直径 | 孔径 | 特征 |
| --- | --- | --- | --- | --- | --- | --- |
| 116 | 绍熙元宝 | 真书 | 旋读 | 24.0 | 6.0 | 背穿下二字 |
| 117 | 庆元通宝 | 真书 | 旋读 | 23.5 | 7.0 | 背穿下三字 |
| 118 | 庆元通宝 | 真书 | 旋读 | 29.0 | 8.5 | 背芽下兀罕 |
| 119 | 嘉泰通宝 | 真书 | 旋读 | 25.0 | 6.5 | 背穿上一字 |
| 120 | 嘉泰通宝 | 真书 | 直读 | 29.0 | 9.0 | 背穿上二字 |
| 121 | 开禧通宝 | 真书 | 旋读 | 28.2 | 7.5 | 背穿上元字 |
| 122 | 开禧通宝 | 真书 | 旋读 | 28.2 | 6.5 | 背穿上元字 |
| 123 | 嘉定通宝 | 真书 | 直读 | 29.0 | 9.0 | 背穿上四字 |
| 124 | 嘉定通宝 | 真书 | 直读 | 23.5 | 7.0 | 背穿上十字,穿下二字 |
| 125 | 大宋元宝 | 真书 | 旋读 | 29.0 | 8.0 | 背穿下二字 |
| 126 | 淳祐元宝 | 真书 | 旋读 | 28.2 | 9.0 | 背穿上六字 |
| 127 | 淳祐元宝 | 真书 | 旋读 | 24.0 | 7.5 | 背穿上二字 |
| 128 | 皇宋元宝 | 真书 | 旋读 | 29.0 | 8.0 | 背穿上六字 |
| 129 | 开庆通宝 | 真书 | 直读 | 29.0 | 8.0 | 背穿上元字 |
| 130 | 景定元宝 | 真书 | 直读 | 24.0 | 7.0 | 背穿上三字 |
| 131 | 景定元宝 | 真书 | 直读 | 29.0 | 8.5 | 背穿上四字 |
| 132 | 咸淳元宝 | 真书 | 直读 | 28.0 | 7.5 | 背穿上元字 |
| 133 | 咸淳元宝 | 真书 | 直读 | 26.5 | 7.5 | 背穿上八字 |
| 134 | 咸淳元宝 | 真书 | 直读 | 23.5 | 7.0 | 背穿上八字 |
| 135 | 正隆元宝 | 真书 | 旋读 | 25.0 | 6.5 | |

考证结论:

①这一窖藏,上起汉朝武帝刘彻建元元年 (公元前 140 年)的“四决五铢”,下迄南宋咸淳八年(1272 年)的“咸淳通宝”,时达 1400 多年,历经 23 个皇帝,51 个年号,51 种钱币和 128 式。其中,有国号钱、年号钱、对子钱、纪年钱、记重钱、剪边钱,等等,以两宋为主,占总数 94%以上,北宋钱币为南宋钱币的十倍以上,而且延续时间长,品种繁多,内涵丰富,故此窖藏对于中国钱币史富有研究价值。

②这一窖藏的钱币下限为南宋咸淳年号,无元、明期间的钱币。故定为南宋窖藏。

③咸淳八年，离南宋政权覆灭的时间只有15年，政权即将解体，时局动乱不安，战争频繁，在此兵荒马乱之际，为逃避战祸，宋人埋下钱币窖藏后离开，后来窖藏主人或死于战乱，或回来后找不到埋藏之地，这一窖藏便保留至今。

④这一窖藏，“开元通宝”钱币数量多达500余枚，17个品种，为其他窖藏所不及。其中，钱面“通”字下星点、“宝”字上近钱沿处巨星，钱背穿左下方“京”字，错位等式样，在以往的出土窖藏中，较少出现。特别是铁质开元通宝钱，甚为珍贵。据陶岳《货泉录》载“元宗时，韩熙载请以铁为钱，其钱之大小；如‘开元通宝’，文亦如之。徐铉篆其文，比旧钱稍大，而轮廓深润”。

⑤“正隆元宝”(1156—1160年)铜钱，是海陵炀王完颜亮于正隆三年二月，中都置钱监曰：“宝源”，“宝丰”，京兆置监“曰利用”，三监铸钱，文曰“正隆元宝”。它是我国北方少数民族政权的钱币。该钱币在新余发现很多。此窖藏中的钱币，对研究宋金贸易交往、货币流通及经济互相促进的关系和研究当时新余政治、经济、文化、商业等方面的情况，提供了可靠的实物资料，有着重要的文物价值和历史意义。

**南宋铜钱窖藏处出土铜钱实物图**

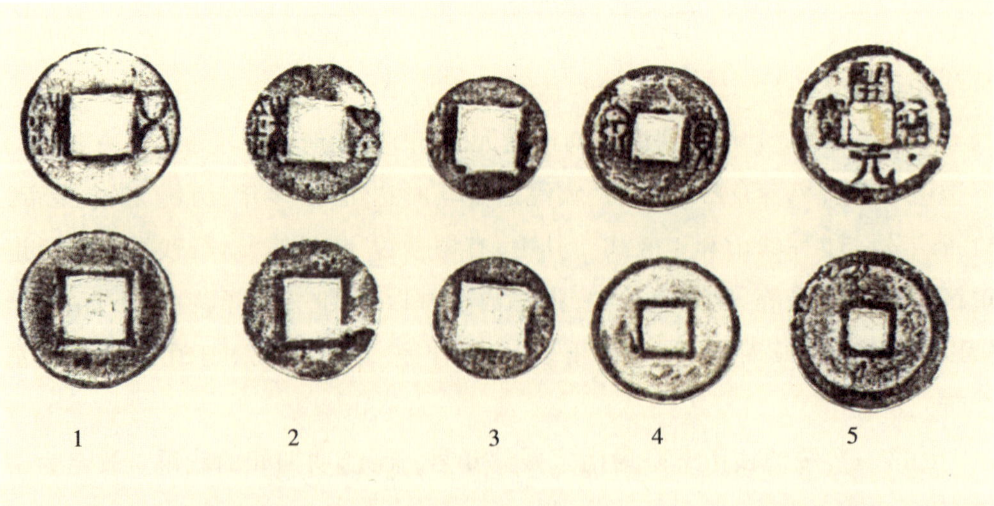

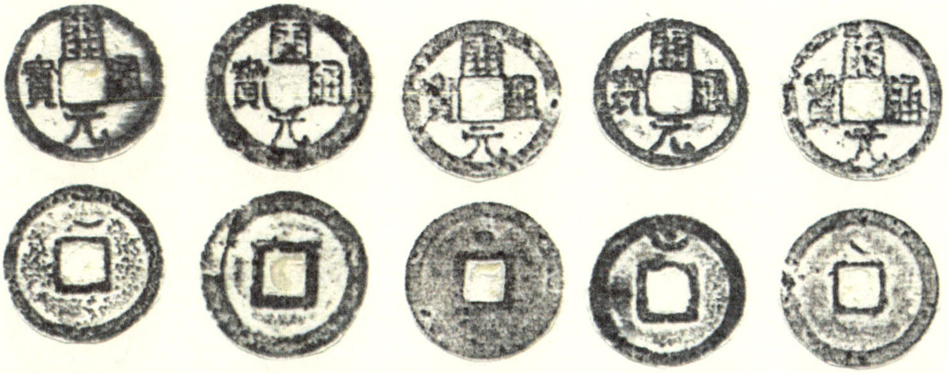

6 7 8 9 10

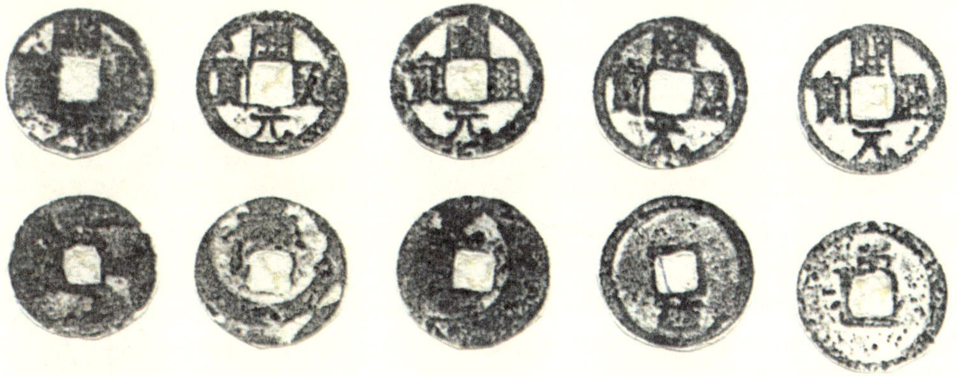

11 12 13 14 15

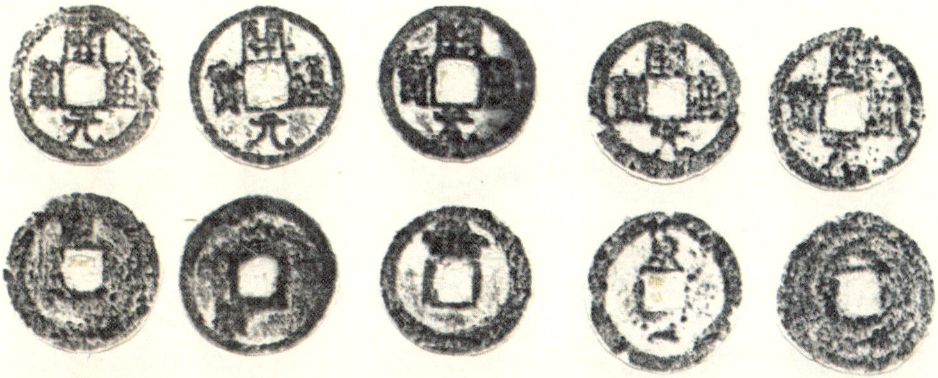

16 17 18 19 20

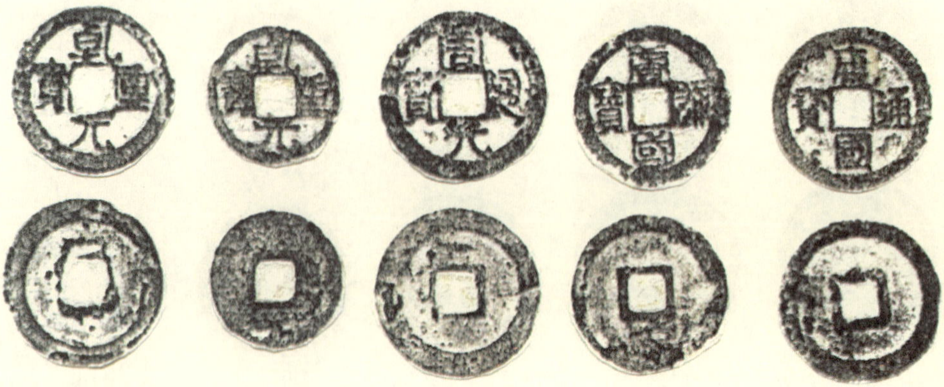

21　22　23　24　25

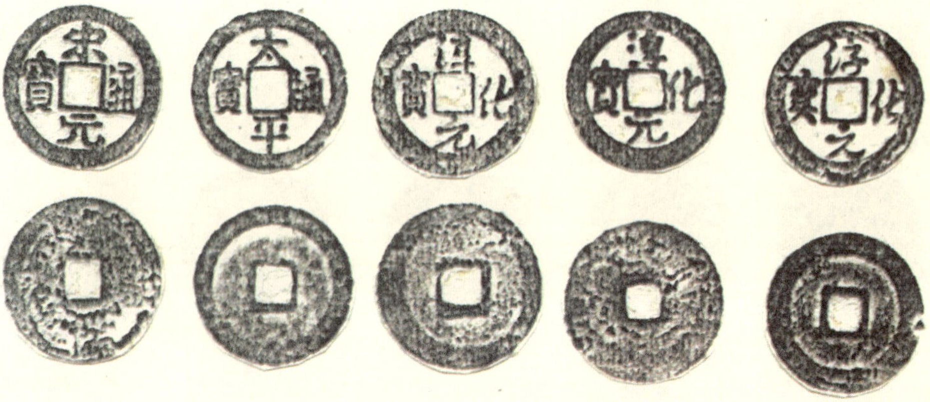

26　27　28　29　30

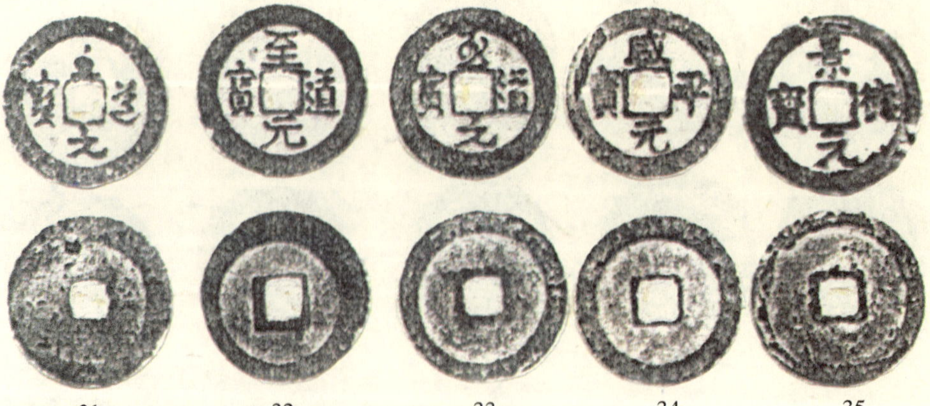

31　32　33　34　35

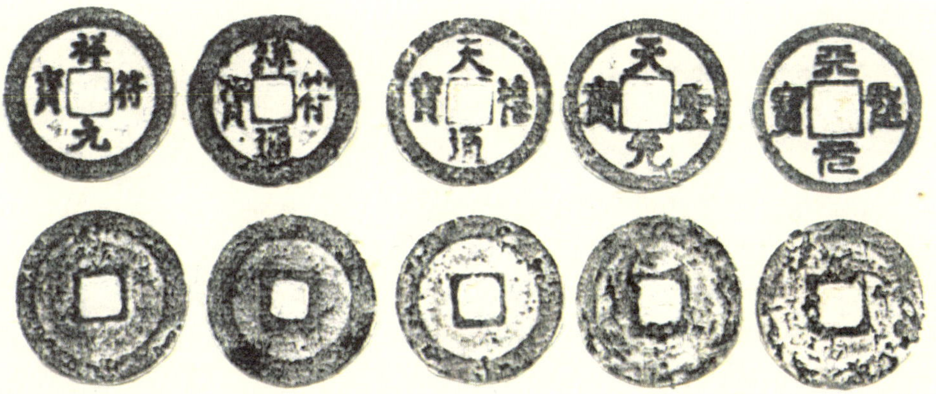

36　37　38　39　40

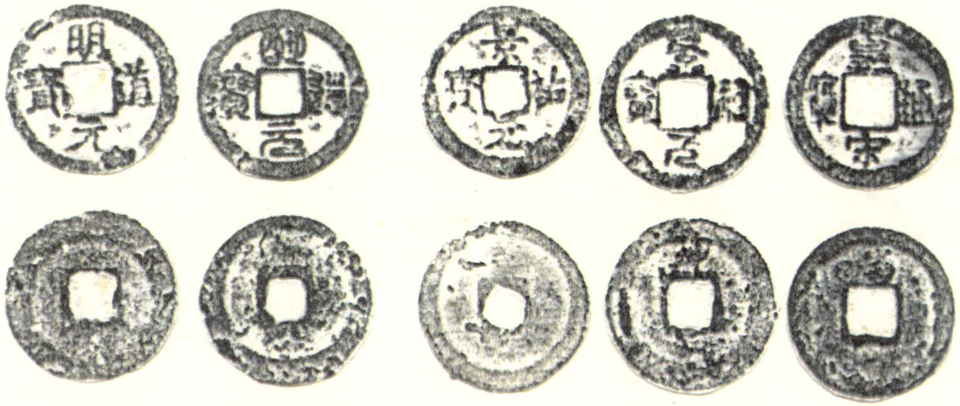

41　42　43　44　45

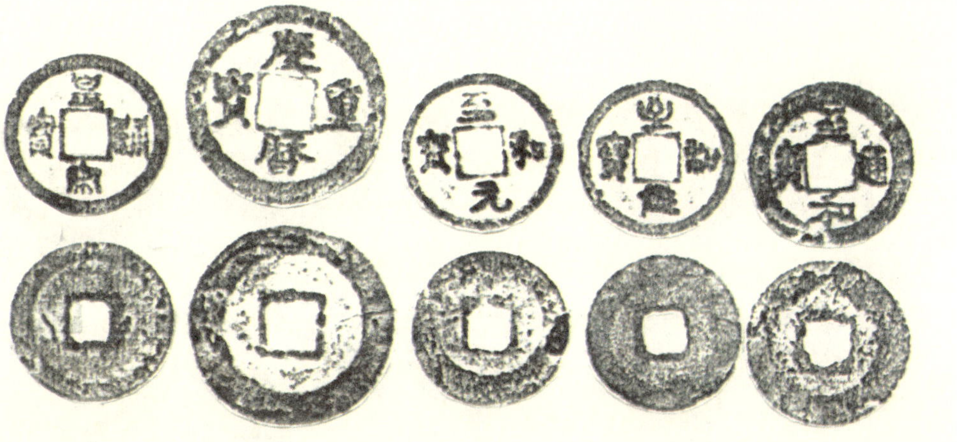

46　47　48　49　50

51

52

53

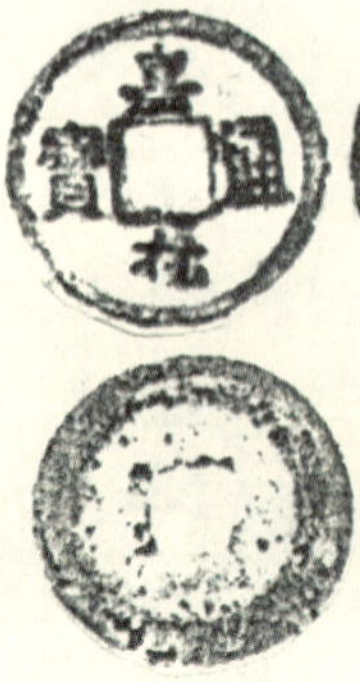
54

55

56

57

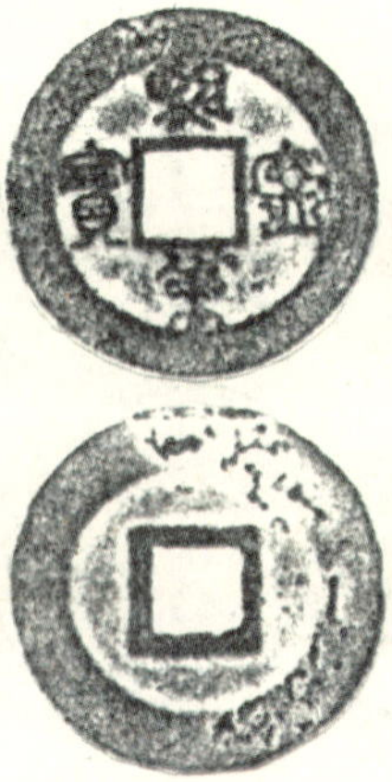
58

59

60

61

62

63

64

65

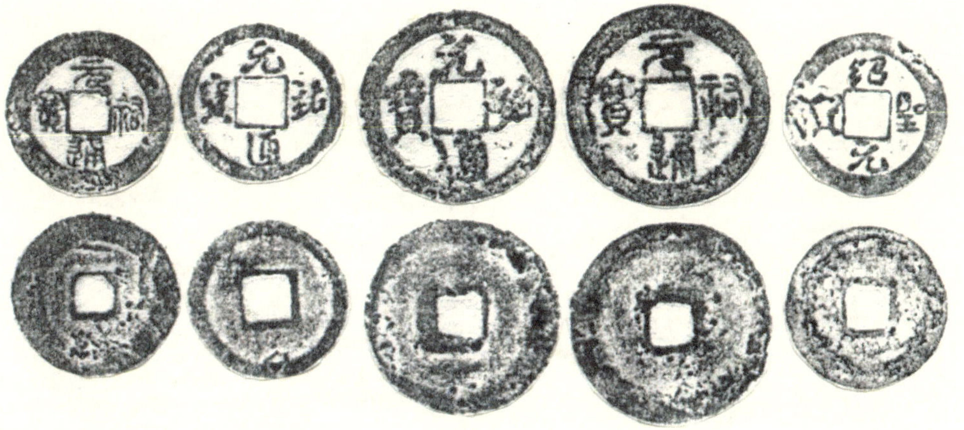

66 67 68 69 70

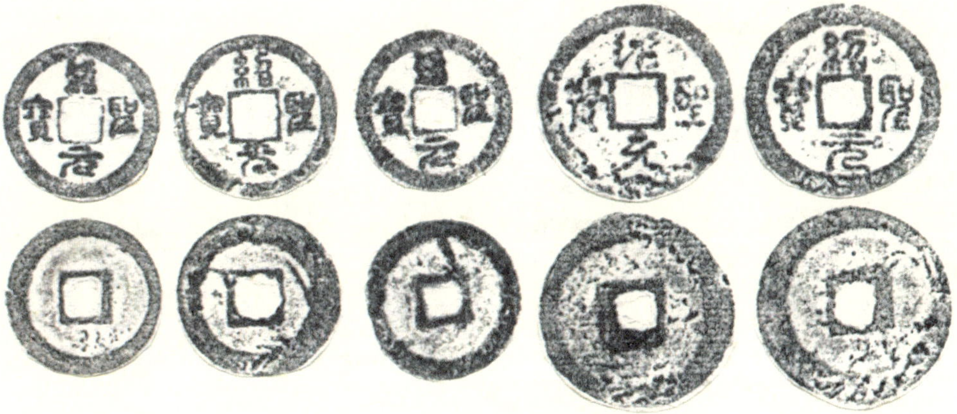

71 72 73 74 75

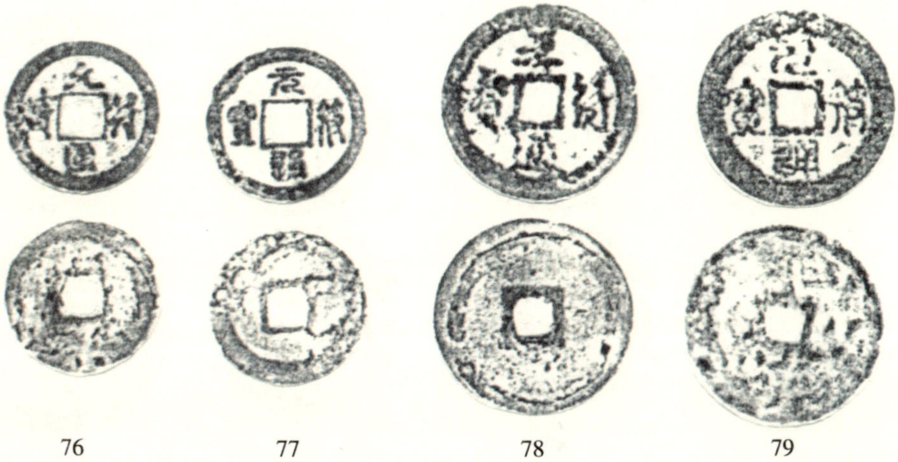

76 77 78 79

80

81

82

83

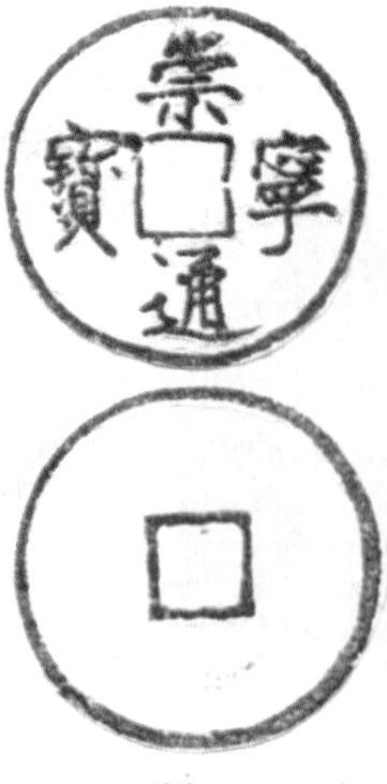


84

85

86

87

88

89

90

91

92

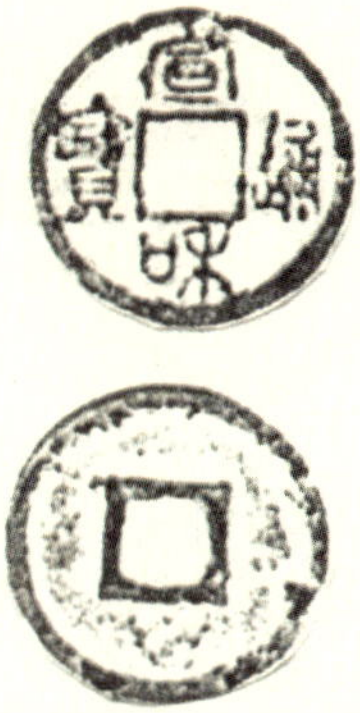

83

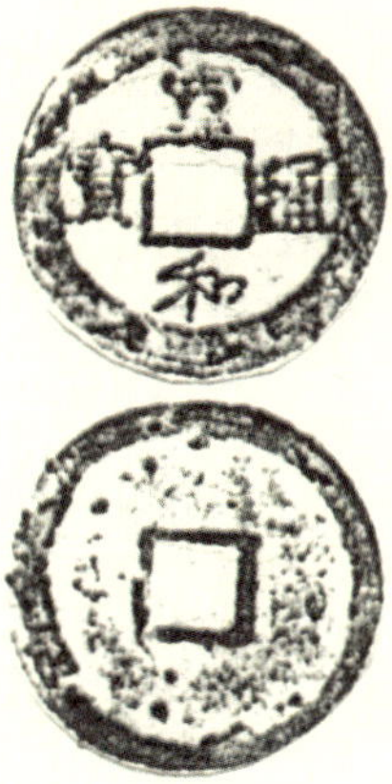

94

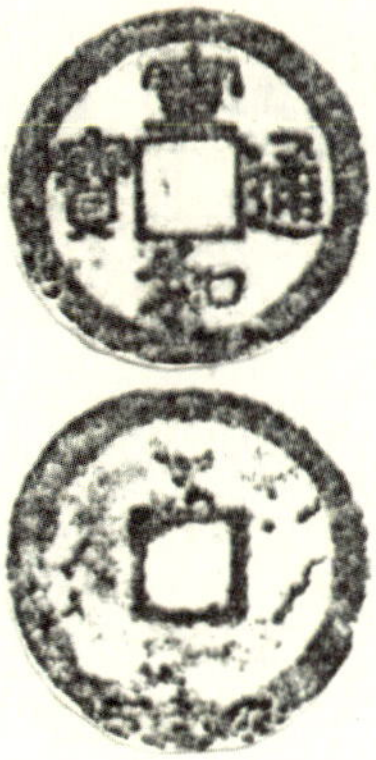

95

96

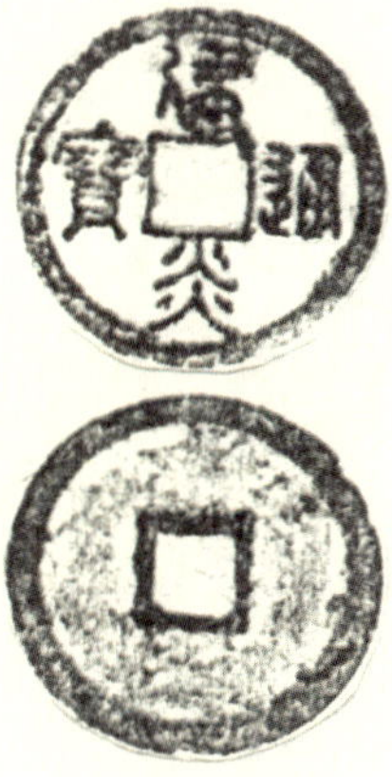

97

98

99

100

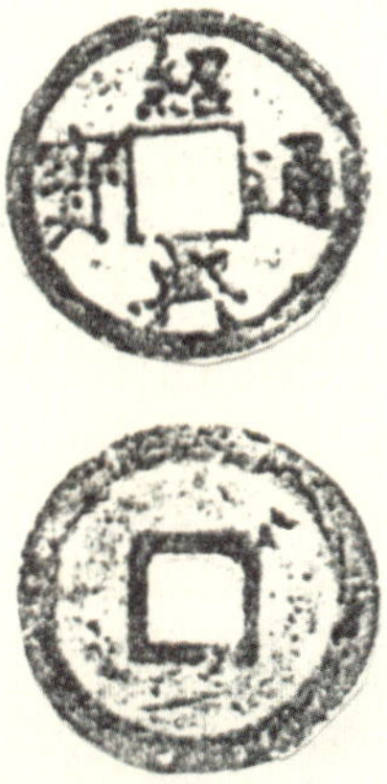

101

102

103

104

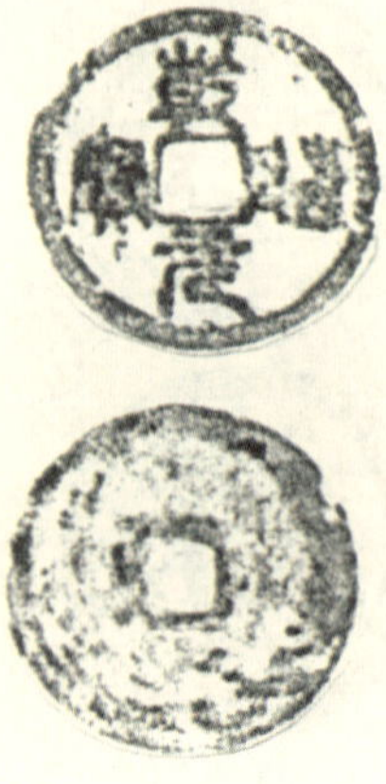
105

106

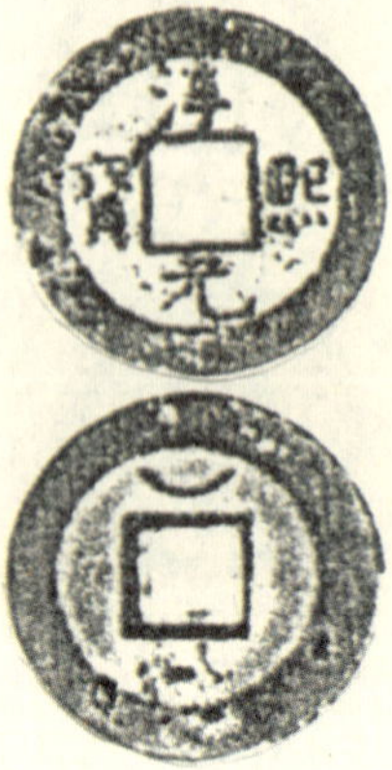
107

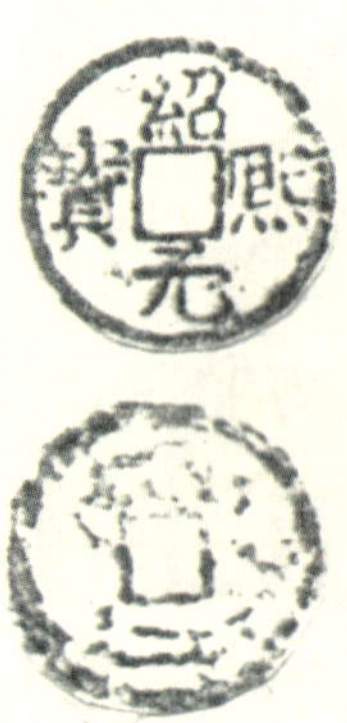
108

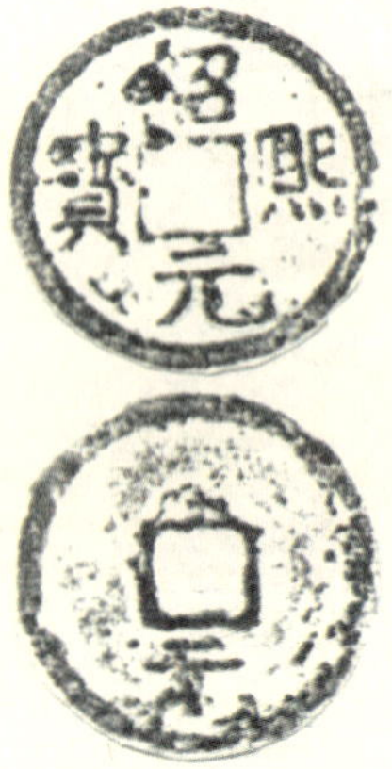
109

110

111

112

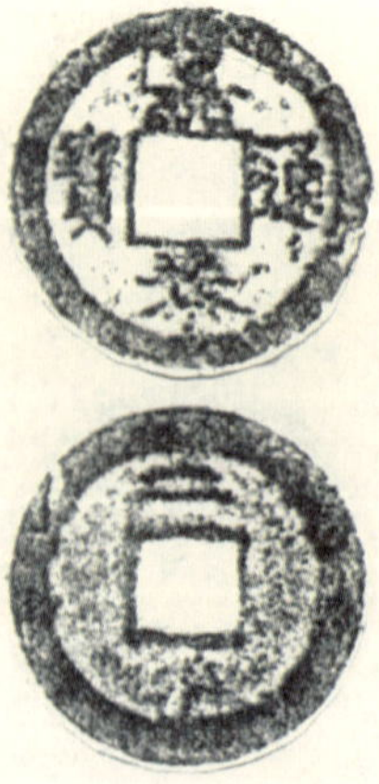
113

114

115

116

114

118

119

120

121

122

123

124

125

126

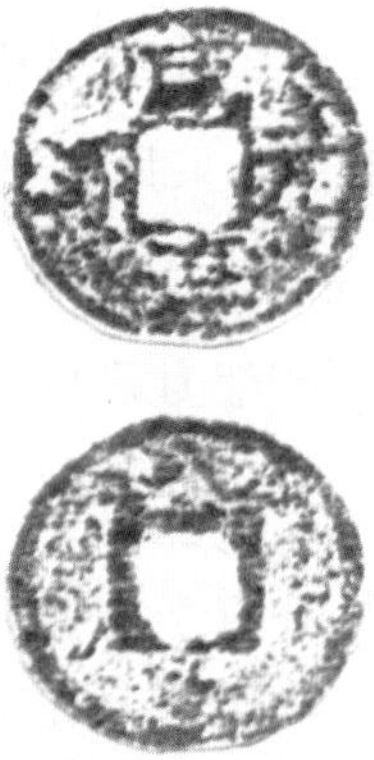

127

128

# 十一、简家村窖藏银器

## (一)简家村窖藏鎏金葵菊纹银盘

1982年下半年,新余市渝水区水西镇简家村村民简礼云在建房取土时发现一批窖藏银器,共有银盘7件,银杯1件;1983年1月30日由新余市博物馆征集入库,经鉴定皆为元代器物。

简家村窖藏鎏金葵菊纹银盘

鎏金葵菊纹银盘出自这个窖藏,它高1.7厘米,口径16.7厘米,底径11.7 厘米,重107.7克。浅腹,腹壁斜收,平底微凹,锤鍱成型,模压纹饰。盘口呈48曲菊瓣形,每一菊瓣沿面上间相錾刻凸起菊花和菊叶图案,腹壁锤压成内凹状48瓣莲花纹,与盘口菊瓣和沿面菊花菊叶相等并相互对应。盘内底中央锤击出凸起高浮雕硕大葵花一朵,呈圆形开光,内正中镌刻绶带蝴蝶一对。开光外围绕葵花锤鍱一周凸起高浮雕带叶菊花。纹样繁复精美,层次分明,又予以鎏金,格外富贵华丽。银盘制作采用了圆雕和高浮雕的技法,并使用模压、锤鍱、錾刻、鎏金等工艺,技艺精湛,制作精良,体现了元代金银细工的高超水平,是元代金银器中的珍品。此盘为茶具托盘,盘中央葵花上正好安放一只银杯。

## (二)简家村窖藏素面带铭文银盘

素面带铭文银盘是1982年下半年出土于水西镇简家村的窖藏银器中的一件,该盘高0.8厘米,口径15.7厘米,底径12.7厘米,重80.5克。圆形,宽平沿,浅腹,腹壁斜收,平底,素面。盘外底正中镌刻"戊寅司 匣"字样。经国家文

元代“戊寅”铭文银盘

元代“戊寅”铭文银盘上的铭文

物鉴定组杨伯达研究员等专家鉴定,“戊寅”为元世祖忽必烈至元十五年(俗称前至元十五年,即 1278 年), “[illegible]”为巴思巴文即汉文“年”字之意, “[illegible]”为花押,即官府花押。元朝建国初期因久经战乱,经济正处恢复期,元政府禁止民间私自炼金银铜铁和私自贩卖,金银铜铁器的制作均需申报由官府监造登记,并在器皿上刻记花押作为官验,否则当为犯禁,要受到严厉处罚。据《元史·食货志》和《刑法志》载:“……诸出铜之地民间敢私炼者禁之,诸铁法无引,私贩者比私盐减一等杖六十,铁没官内,一半折价付告人充尝。伪造铁引者同伪造省部印信论罪”,又载:“诸贾商以买金银下番者,禁之,违者罪之”。

简家村窖藏凤菊纹银盘

### (三)简家村窖藏凤菊纹银盘

凤菊纹银盘也是出土于水西镇简家村的元代窖藏银器中的一件,该盘高1 厘米,口径 16.7 厘米,底径 12.4 厘米,重 108.5 克。浅腹,腹壁斜收，平底微凹，锤鍱成型，模压纹饰。盘口呈 39 曲菊瓣形，每一菊瓣沿面上间相錾刻凸起菊花与菊叶图案，腹壁锤鍱成内凹状 39 瓣莲花纹，与盘口菊瓣沿面菊花菊叶相等并相互对应，盘内底中央锤击出凸起高浮雕硕大葵花一朵，呈圆形开光，内正中镌刻绶带蝴蝶一对，开光外围绕葵花锤压出一周凸起高浮雕双凤和带叶菊花，所饰双凤展翅飞翔，凤尾伸展舒卷，飘拂逸扬，所饰菊花有的含苞初绽，有的竞相开放，花枝相连，形态各异。纹样繁缛华丽，雍容富贵，为元代金银器中的珍品。



## (四)简家村窖藏菊纹银盘

菊纹银盘出自于水西镇简家村的元代窖藏银器，它高 1 厘米，口径 16.8 厘米，底径 13.2 厘米，重 101.5 克。浅腹，腹壁斜收，平底微凹，盘口沿面与腹壁锤压成 22 曲葵瓣形，每一葵瓣上镌刻多道水波纹和菊瓣形。盘内底中央锤击出凸起高浮雕硕大葵花一朵，呈圆形开光，内正中镌刻飞凤一对，双凤头顶冠羽，脖颈弯曲，两头相对，展翅飞翔，羽翅与尾羽向盘中心弯曲，形成半弧状。开光外锤压出凸起高浮雕菊花六朵，布局均匀，间以繁密的枝叶花蕾，纹样繁缛而不杂乱，主次分明，构思巧妙，做工精细，体现了元代金银细工的先进水平。

简家村窖藏菊纹银盘

## (五)简家村窖藏錾花枝莲纹银盘

錾花枝莲纹银盘为水西镇简家村的元代窖藏银器中的一件，高 1 厘米，口径 15.8 厘米，底径 12.7 厘米，重 80 克。圆形，宽平沿，浅腹，腹壁斜收，平底。沿面錾刻一周卷草带纹，盘内底中央錾刻用单圈构成的三枝带叶莲花图案，每枝莲花向单圈边缘自然弯曲，花瓣低垂，相对盛开，枝叶繁茂。錾刻线条流畅准确，刻工精细。

### （六）简家村窖藏錾花绶带双鸾纹银盘

錾花绶带双鸾纹银盘出自于水西镇简家村的元代窖藏之中，它高 0.8 厘米，口径 16 厘米，底径 12.8 厘米，重 82.5 克，圆形，宽平沿，浅腹，腹壁斜收，平底。沿面錾刻一周卷草带纹，盘内底中心錾刻用不规则圆圈构成的绶带双鸾图案，鸾鸟对飞，首尾相接，羽翅与尾羽沿着圆圈延伸形成半弧形，线条流畅，刻工精细。

### （七）简家村窖藏錾花凤蝶纹银盘

錾花凤蝶纹银盘出自于水西镇简家村的元代窖藏之中，它高 0.8 厘米，口径 16.4 厘米，底径 12.7 厘米，重 97.7 克，圆形，宽平沿，浅腹，腹壁斜收，平底。沿面錾刻一周四叶纹，叶与叶相连，间以戳点纹，内底錾刻双凤双蝶图案，双凤对飞，头顶冠羽，脖颈弯曲，双凤回首四目对视，双翅双尾伸展飘逸成弧状，在两凤首尾之间镌刻蝴蝶一对，一作正面飞舞状，一作斜飞状。刻工精细，线条流畅准确。盘内底边缘用墨书“朱藻”字样，有锈斑。

### （八）简家村窖藏鎏金莲瓣纹银杯

鎏金莲瓣纹银杯出自于水西镇简家村的元代窖藏之中，它高 3.2 厘米，口径 7.4 厘米，底径 4.8 厘米，重 41.2 克，直口，唇外卷，腹微鼓，平底微凹。杯身口沿上錾刻一周卷草带纹，杯内底錾刻围绕双圈构成的八瓣莲花纹，每一莲瓣上刻有忍冬花，双圈内錾刻用双线组成的变形“光”字图案，加以鎏金，显得格外富贵华丽。

这批出土银器制作精美，装饰华丽。其纹样有的素面带刻款；有的只刻一种纹饰，简洁明快；有的纹饰却繁密复杂，但不杂乱，主次分明，形式多样富有变化，大都以元代常见的菊花、莲花、葵花为主纹，间以凤鸟蝴蝶，边沿多饰卷草纹和带叶菊花纹。在制作方法上采用圆雕、高浮雕技艺，同时采用模压、锤

镤、錾刻、鎏金等工艺，工艺精湛，体现了元代金银细工的先进水平和风格清新、造型秀丽、轮廓突兀的特点，为研究元代的手工业工艺、金银器的制作提供了不可多得的实物资料。

## 十二、新渝州造元代铜权

2003 年 4 月，新余市博物馆征集到元代新渝州造铜权（俗称“秤砣”）一枚，颇有史料价值，十分珍贵。

此权青铜质，造型为六台体，上小下大，平底内微凹陷，方形圆孔权钮，通体黑褐，略有绿锈。底长 5.5 厘米，底宽 3.8 厘米，高 10.5 厘米，重 0.95 公斤。铜权两面铸有楷书铭文，一面为：“新渝州造”四字，另一面为：“元廿一□”四字，皆为阳文，两侧有翻模铸造棱线。

《江西通志稿》载，元朝统一全国后，将各地先后分为 10 个行中书省，江西省称为江西行省，管辖临江路、赣州路、袁州路等 13 路。前至元十四年（1277 年），临江军改为临江路，设总管府，辖新喻（余）、新淦、清江三县，元贞元年（1295 年），新喻户口人数上升 5 万余升为州，名曰“新渝州”，因当时条件不够成熟或其他原因，不久便撤州复县（新喻）。又查阅《新喻县志》、《临江府志》所载新余县历史沿革，知在元朝元贞初，因新余县升州的时间短促，不久恢复县制，并无用“新渝”二字作为州名

新渝州造铜权 拓片

新渝州造铜权 照片

的记载，这是旧志不详之处，故此铜权的发现，填补了当时州名的历史空白。“新渝州造”铜权的铸造时间应为元贞元年(1295年)。

“元廿一□”铭文，笔者理解：“元”为元代，“廿一”应是权的种类序号，第四字因锈蚀不清，细心辨认似为“号”字。

从此铜权铭文看，这枚铜权应属新渝(余)州政府官员监督铸造，为新渝(余)州政府在征收课税及民间交易时推广使用的一种标准度量衡，浇铸“新渝州”铭文，是指升州时铸造，铭文由“喻”改“渝”，是当时县与州建制的区别，以示醒目，使用法定新铜权时以免和旧度量衡混淆，避免出现误差，并禁用旧铜权。

此枚铜权铸有州名、年代、序号的铭文，字体清晰，器形完整，造型规范，实为罕见。它历经沧桑，距今已有七百余年历史，是一件很珍贵的历史文物。它为研究元代经济以及度量衡制度提供了极好的实物资料，对研究新余元代行政区划的变迁史提供了难得的实物见证。

## 十三、临江路元代造铜权

1998年至2002年期间，笔者在新余市文物商店从事文物鉴定、征集、管理工作。1999年1月，在一次工作中碰见一枚铜权，看到铜权上铸有“临江路造”铭文四字，十分高兴。多次与对方洽谈收购未果，虽然铜权实物购买不成，但征得对方同意，将铜权的文字和数字让笔者传拓记录保存下来，甚感欣慰。

此权黄铜质，稍有绿锈，为上、中、下三部分：下部为塔形座，平底，中部似球形体，上部为梯形环钮。正面铸有“临江”两字，背面铸有“路造”两字，两侧有翻模铸造的棱线，见拓片。变形楷书字体，阴文，笔画笨拙显示为权工所铸。铜权造型规整，字体清晰，底径4厘米，通高8.8厘米，重达575克。

元朝在全国统一后，各地先后划分10个行中书省，江西名曰江西行省，下辖临江路、袁州路、赣州路等13路。此枚铸有“临江路造”铭文的铜权当属临江路总管府按照元朝所制定的全国统一度量衡标准铸造，无疑。

从铜权铭文看，这枚铜权应属江西行省下辖临江路政府机构铸造，是临江

临江路元代造铜权

路官员在征收新喻（余）、新淦(干)、清江三个县上交的课税而使用的一种标准度量衡。铜权铸有铭文的目的，主要是以免与江西行省其他路和其他州、县和以往各朝代的度量衡混淆不清，避免在征收课税上出现误差。

元代统治的时间虽短，但铜权在全国时有出土发现,无年号的多,有年号的少，而铸有某路造的铜权更属少见。临江路造铜权,虽是拓片,同样十分珍贵。它对研究元代江西行省下辖临江路官府铸造的铜权度量衡制度提供了新的实物资料。

## 十四、明崇祯五年西隐庵铁钟

此钟铸成于崇祯五年冬月(1632年12月),乃清江县工匠甘时富为新喻(余)县金牛山西隐庵所造。

此钟为生铁浇铸而成,通高83厘米,口周长约212厘米,口径68厘米。钟顶开口,口径14厘米,顶端有一钮柄,高19厘米,造型为张口双龙,背向而立。钟面有三道弦纹,上二道是凸弦纹,将钟面分为钟首、钟腰、钟脚三部分,下一道是凹弦纹,靠近钟口,距钟口仅6厘米。

在钟腰,环绕钟面按顺时针方向,铭文以竖列成字数不等的二十九行铸于钟面。

铭文只能看清一部分,其中最主要的内容是铸造年代、人物、动因,而最清楚的是“皇图巩固”、“法轮常转”、“帝道昌”、“天日增辉”这四个标题,每一列标题所对的钟脚,皆有一个口径为7厘米的浮起于钟面的圆饼,因而钟脚有四个圆饼。此外“皇图巩固”和“帝道昌”这两个标题对着的钟首部分都有一个凹陷疤痕,这两个疤可能是钟角或钟耳残毁而遗下的痕迹。

此钟铸造较粗,通体披有一层褐色锈衣,由于磨损所致,“皇图巩固”对着的钟脚和“天日增辉”下面的圆饼中皆有破洞。

此钟原抛露于新余市渝水区九龙山乡城上勾形里村的荒野之中,1985年1月收集,现藏于新余市博物馆。

在九龙山乡城上勾形里村征集的明崇祯五年西隐庵铁钟

## 十五、清“康熙通宝”钱五品

清康熙皇帝为了适应政治、经济、军事、文化的需要,达到自己维护统治的目的,对铸造钱币极为重视。即位以后,便铸造“康熙通宝”钱币,并令将铸成之样钱,颁发各省局,依式铸造。康熙年间(1662—1722年)时间长达61年。“康熙十五年(1676年)二万一千一百二十六万五千三百六十有奇”,为康熙年间铸钱最少的一年。“康熙五十九年(1720年)四万五千七百三十二万五千八百有奇”,为康熙年间铸钱最多的一年。康熙元年(1662年)至二十二年(1683年),沿顺治十四年(1657年)法定,每文重一钱四分,二十三年(1684年)改为每文重一钱,四十一年(1702年)又改为一钱四分。连罗汉钱、花钱在内,康熙时期钱币有大小之分。工部宝源局、户部宝泉局为康熙官炉钱局，沿袭"顺治通宝"(背满文)钱币版式，鼓铸"康熙通宝"钱币。又增铸钱币版式，钱背改为满、汉文，即汉文为江、同、宁、东、宣、原、苏、昌、南、河、临、广、浙、台、桂、陕、福、云、漳等二十一种，皆为下属省铸钱局名。

可是，"康熙通宝"当时铸造的历史背景却不是很理想的。早在顺治年间"各省开炉大多铸造不精，以致奸民乘机盗铸，钱愈多，而愈贱，私钱公行，官钱壅滞，官民两受其病"。这种私铸劣钱之风，一直延续到康熙年间。康熙皇帝虽三令五申，严刑峻法，命官查处私铸劣钱；禁止私铸铜钱，改铸铜器与私铸同罪等措施，亦无济于事。如本文后面所谈到的私铸罗汉小钱，就是一例。

新余出土的"康熙通宝"五品，分官铸、私铸二类。官铸，工艺精湛，设计新颖，图文并茂，目不暇接。私铸，钱体偏小，重量不足，字体平浅，铸造不精。这"康熙通宝"五品，均有它的代表性，现分述如下：

①"康熙通宝八角云纹钱"，重 4.424 克，直径 2.6 厘米，穿径 0.7 厘米，廓宽 0.35 厘米，传世古，黄铜质。面文："康熙通宝"四字，真书，直读。钱缘镌刻八角图形和云纹。背面满文："宝泉"两字。(如图 1)它既是通用币，又是压胜钱。此钱制作精美，设计新颖，传世很少，显示官炉所铸。考其图纹，究其内涵，云纹象征太平盛世，人寿年丰，五谷丰登。八角图形为二个方形移位组成，方形代表地，大地博物，取之不尽，用之不竭。

②"康熙通宝鎏金钱"，重 4.346 克，直径 2.6 厘米，穿径 1 厘米，廓宽 0.56 厘米。原色浆，黄铜质。面文："康熙通宝"四字，真书，直读。钱缘镌刻两圈锯齿纹，鎏金。背面满文："宝泉"两字。(如图 2)此钱设计古雅，做工精细，鎏金精美，成本昂贵，传世品少，显示官炉所铸，应为宫廷钱，并非私铸，无疑。何时铸造，无从查考。此钱就是清政府在喜庆、寿辰、赏赐、赠礼时用。

③"康熙通宝梅花瑶草钱"，重 4.182 克，直径 2.6 厘米，穿径 0.75 厘米，廓宽 0.4 厘米，传世品，原色浆，黄铜质。面文："康熙通宝"四字，真书，直读。钱缘镌刻梅花、瑶草纹。背面满文："宝泉"两字。(如图 3)它既是流通币，又是压胜钱。此钱做工精美，设计新颖，传世少，系官炉所铸。梅花五瓣象征"五福"："一曰富，二曰寿，三曰康宁，四曰攸好德，五曰终考命"。瑶草是仙境吉祥之

草。此钱寓意为梅开五福，笔者推测它是康熙六十华诞(1722 年)纪念之钱，但无文献记载，资料不足，是否有当，尚待进一步探讨。

④“康熙通宝狭沿钱”，重 2.075 克，直径 2.1 厘米，穿径 1 厘米，廓宽 0.1 厘米，传世品，黄铜质，狭沿。面文：“康熙通宝”四字，真书，直读，双点通。背面满文：“宝泉”两字。(如图 4)“康熙四十一年(1702 年)又铸半重‘轻钱’”。此钱虽是狭沿，但重量与上述半重轻钱吻合，应属官铸钱一类。

⑤“康熙通宝罗汉钱”，重 1.144 克，直径 1.8 厘米，廓宽 0.25 厘米，传世品，黄铜质。面文：“康熙通宝”四字，真书，直读。背面满文：“宝泉”两字。(如图5)“康熙宝泉局小平有一种熙字左侧少一竖的‘罗汉钱’”，此钱与上述罗汉钱的特征一样，故名。罗汉钱为清康熙朝代特有，它的由来与说法，传说不一。纵观古泉资料，罗汉钱的版式很多，有大有小，数量不少，一般都是官炉铸造。如马定祥先生收藏的一种“康熙通宝”为铸刻花罗汉钱。此钱制作精美，大而厚重，是康熙六十寿辰时(1722 年)铸的贺寿钱。为悬挂宫内宫灯四角下装饰之用，它洋溢喜庆、吉祥之意，传世很少。

此外，各省铸钱局同样开炉专铸罗汉钱，以示祝寿庆贺。如罗汉钱背文：“同”“福”，足以证实。罗汉钱不仅宫廷喜用，而且在民间亦广泛流用，深受人们喜爱，竟被民间视为吉祥、幸福之物。人们常把它当作春节压岁钱、婚嫁压箱钱、男子相亲之物等。寓意深远，俗情浓厚。本文此枚罗汉小钱，从钱径、重量、做工来看，应为民意仿铸，这也是偶然的重大发现。流传至今，也很有研究价值。

上述“康熙通宝”一至三品(图 1、2、3)皆为刻花钱。刻花钱，顾名思义就是在钱面或钱背镌刻形形色色的各种图案，是压胜钱其中一种。而压胜钱，又名厌胜钱、押胜钱、吉祥钱、杂钱等等。它包含连体钱、借口钱、占卜钱、赏赐钱、春钱、祝寿钱等四十余种。洪遵《泉志》、丁福保《古钱大辞典》把非用品流通钱列入压胜钱。把“有花纹的无花纹的各种非正用品都称之为‘花钱’”。当然先贤立论，无可异议。而笔者认为正用品流通钱与非正用品花钱，不能硬搬教条，明显地划分。正面铸有“通宝”字样，背面刻有花纹的钱，它既可当流通币用，又可作压胜钱使，如本文图 1、2、3 就是一例。

新余出土的“康熙通宝”五品，大小不一，版式各异，工艺不同，官私有别。它既是压胜钱，又是流通钱；有正品流通，有宫廷钱，有私铸流通币。而在这些钱中，做工精美有纹饰的占三品，无纹饰做工一般的一品，无纹饰做工粗糙的一品。其中官炉铸造的四品，私炉仿造的一品。上述“康熙通宝”花钱，流传至今，存世很少，不易看到，应属珍稀品之类。“康熙通宝”，内涵丰富，品种繁多，数量宏大，新余出土的“康熙通宝”五品将为研究“康熙通宝”正品流通币和非流通币压胜钱的区别、官炉钱与私铸钱的识别、罗汉钱与流通币的鉴定、宫廷钱与流通币的比较，提供具有价值性的实物考证。

康熙通宝八角云纹钱（图1）

康熙通宝鎏金钱（图2）

康熙通宝梅花瑶草钱（图3）

康熙通宝狭沿钱（图4）

康熙通宝罗汉钱（图5）

## 十六、清朝江南省造银圆

清顺治二年(1645 年)设江南省,置两江总督(辖江南江西驻江宁)及江宁巡抚(治苏州,又设凤庐安徽巡抚),康熙六年(1667 年)更今名(江苏)。①江南为江苏、安徽、江西三省之别称。②

清光绪二十二年(1896 年),时任两江总督刘坤一奏请朝廷开设银圆造币厂,奏请批准后,即在江宁择地建厂,定名江南省造币厂,次年正式开炉铸造银圆。银币正面沿用清初“江南省”地域名,铸有“江南省造库平七钱二分”字样银圆。到光绪三十一年(1905 年)止,前后铸有一种无纪年(俗称老江南)和八种以干支纪年的戊戌、己亥、庚子、辛丑、壬寅、癸卯、甲辰、乙巳“光绪元宝”银圆。随着时代的沧桑变化,银圆的兴衰沉浮,这种银圆有的经过银匠手熔化改铸成其他首饰和佩件;有的进入窖藏隐埋起来;有的埋入墓葬而成陪葬品;有的收藏在民间个人手中,物换星移,遗留下来的银圆,寥寥无几。一鳞半爪,不成系统,给研究者带来许多困难。

这种银圆,材质优良,颜色银白,纹饰清晰,棱角分明,做工精美,经久耐磨,在全国各地广泛流通使用。近几年来,笔者在新余地区先后走访了几位钱币收藏者,深入调查研究,特从藏友李发根手中挑选了面值壹元的“江南省造”(七钱二分)的银圆(以下统称“江南省造银圆”),不同纹饰、版别、字样、铸造时间,共计 25 枚,进行研究,心有所得。兹不揣冒昧,制图撰文,将实物分述如下,以供钱币研究者进一步共同探讨,以起“抛砖引玉”的作用。

### (一) 江南省造银圆 1 枚

直径 39.58 毫米,重量 26.91 克。正面:上沿“江南省造”四字,真书,右读;下沿“库平七钱二分”六字,右读。左右沿六星纹,中央“S”纹圈内“光绪元宝”

①《二十五史·清史稿》上(册),上海古籍出版社,上海书店,1986 年,第 286 页。

②施嘉干:《中国近代铸币汇考》,上海书店出版,1989 年,第 66 页。

四字，真书，直读，正中满文。背面：上沿英文“江南省造”四字，下沿英文“库平七钱二分”六字，左右沿六星纹，圈内铸饰大清龙（老版龙）纹图。正反面沿（边）饰“S”纹，鹰洋边。

### （二）江南省造银圆（戊戌江南银圆）2 枚

1. 直径 39.83 毫米，重 26.73 克。正面：上沿“江南省造”四字，真书，右读；下沿“库平七钱二分”六字，真书，右读。左右沿“戊戌”年号，右沿上角饰星纹。中央珠圈内“光绪元宝”四字，真书，直读，正中满文。背面（大英文）：上沿英文“KIANG NAN PROVINCE”三字，下沿英文“7 MACE AND 2 CANDAREENS”五字。左右沿六星纹，中央铸饰大清龙（老版龙）纹图。正反面沿（边）饰珠点纹，线齿边。

2. 直径 39.64 毫米，重 26.72 克。正面：上沿“江南省造”四字，真书，右读；下沿“库平七钱二分”六字，真书，右读。左右沿“戊戌”年号。中央珠圈内“光绪元宝”四字，真书，直读，正中满文。背面（小英文）：上沿英文“KIANG NAN PROVINCE”三字，下沿英文“7 MACE AND 2 CANDAREENS”五字。左右沿六星纹，中央铸饰大清龙（老版龙）纹图。正反面沿（边）饰珠点纹，线齿边。

### （三）江南省造银圆（己亥江南银圆）2 枚

1. 直径 39.40 毫米，重 26.72 克。正面：上沿“江南省造”四字，真书，右读；下沿“库平七钱二分”六字，真书，右读。左右沿“己亥”年号。中央珠圈内“光绪元宝”四字，真书，直读，正中满文。背面：上沿英文“KIANG NAN PROVINCE”三字，下沿英文“7 MACE AND 2 CANDAREENS”五字。左右沿六星纹，中央铸饰大清龙（老版龙）纹图。正反面沿（边）饰珠点纹，线齿边。

2. 直径 39.90 毫米，重 27.07 克。正面：上沿“江南省造”四字，真书，右读；下沿“库平七钱二分”六字，真书，右读。左右沿“己亥”年号。中央珠圈内“光绪元宝”四字，真书，直读，正中满文。背面：上沿英文“KIANG NAN PROVINCE”三字，下沿英文“7 MACE AND 2 CANDAREENS”五字。左右沿六星纹，中央铸饰大清龙（新版龙）纹图。正反面沿（边）饰珠点纹，线齿边。

### (四) 江南省造银圆(庚子江南银圆)1枚

直径39.45毫米,重26.18克。正面:上沿“江南省造”四字,真书,右读;下沿“库平七钱二分”六字,真书,右读。左右沿“庚子”年号(小“子”版)。中央珠圈内“光绪元宝”四字,真书,直读,正中满文。背面:上沿英文“KIANG NAN PROVINCE”三字,下沿英文“7 MACE AND 2 CANDAREENS”五字。左右沿六星纹,中央铸饰大清龙纹图。正反面沿(边)饰珠点纹,线齿边。

### (五) 江南省造银圆(辛丑江南银圆)3枚

1. 直径39.73毫米,重27.03克。正面:上沿“江南省造”四字,真书,右读;下沿“库平七钱二分”六字,真书,右读。左右沿“辛丑”年号,左上沿英文“HAH”,右上沿圆圈内“Z”字。中央珠圈内“光绪元宝”四字,真书,直读,正中满文。背面:上沿英文“KIANG NAN PROVINCE”三字,下沿英文“7 MACE AND 2 CANDAREENS”五字。左右沿六瓣纹,中央铸饰大清龙(闭眼龙)纹图。正反面沿(边)饰珠点纹,线齿边。

2. 直径39.78毫米,重27.04克。正面:上沿“江南省造”四字,真书,右读;下沿“库平七钱二分”六字,真书,右读。左右沿“辛丑”年号,左上沿英文“HAH”。中央珠圈内“光绪元宝”四字,真书,直读,正中满文。背面:上沿英文“KIANG NAN PROVINCE”三字,下沿英文“7 MACE AND 2 CANDAREENS”五字。左右沿六瓣纹,中央铸饰大清龙(睁眼龙)纹图。正反面沿(边)饰珠点纹,线齿边。

3. 直径39.83毫米,重26.78克。正面:上沿“江南省造”四字,真书,右读;下沿“库平七钱二分”六字,真书,右读。左右沿“辛丑”年号,左上沿英文“HAH”。中央珠圈内“光绪元宝”四字,真书,直读,正中满文。背面:上沿英文“KIANG NAN PROVINCE”三字,下沿英文“7 MACE AND 2 CANDAREENS”五字。左右沿六瓣纹,中央铸饰大清龙纹图。正反面沿(边)饰珠点纹,线齿边。

### (六) 江南省造银圆(壬寅江南银圆)2枚

1. 直径39.51毫米,重26.63克。正面:上沿“江南省造”四字,真书,右读;

下沿“库平七钱二分”六字，真书，右读。左右沿“壬寅”年号，左上沿英文“HAH”。中央珠圈内“光绪元宝”四字，真书，直读，正中满文。背面：上沿英文“KIANG NAN PROVINCE”三字，下沿英文“7 MACE AND 2 CANDAREENS”五字。左右沿六瓣纹，中央铸饰大清龙纹图。正反面沿（边）饰珠点纹，线齿边。

2. 直径39.72毫米，重26.74克。正面：上沿“江南省造”四字，真书，右读；下沿“库平七钱二分”六字，真书，右读。左右沿“壬寅”年号，左上沿英文“HAH”。中央珠圈内“光绪元宝”四字，真书，直读，正中满文。背面：上沿英文“KIANG NAN PROVINCE”三字，下沿英文“7 MACE AND 2 CANDAREENS”五字。左右沿六瓣纹，中央铸饰大清龙纹图。正反面沿（边）饰珠点纹，线齿边。



### （七）江南省造银圆（癸卯江南银圆）2枚

1. 直径39.73毫米，重26.28克。正面：上沿“江南省造”四字，真书，右读；下沿“库平七钱二分”六字，真书，右读。左右沿“癸卯”年号，左上沿英文“HAH”，右上沿五星纹。中央珠圈内“光绪元宝”四字，真书，直读，正中满文。背面：上沿英文“KIANG NAN PROVINCE”三字，下沿英文“7 MACE AND 2 CANDAREENS”五字。左右沿六瓣纹，中央铸饰大清龙纹图。正反面沿（边）饰珠点纹，线齿边。

2. 直径39.61毫米，重27.08克。正面：上沿“江南省造”四字，真书，右读；下沿“库平七钱二分”六字，真书，右读。左右沿“癸卯”年号，右上沿五星纹，左沿上角英文“HAH”。中央珠圈内“光绪元宝”四字，真书，直读，正中满文。背面：上沿英文“KIANG NAN PROVINCE”三字，下沿英文“7 MACE AND 2 CANDAREENS”五字。左右沿六星纹，中央铸饰大清龙纹图。正反面沿（边）饰珠点纹，线齿边。

### （八）江南省造银圆（甲辰江南银圆）11枚

1. 直径39.44毫米，重26.87克。正面：上沿“江南省造”四字，真书，右读；下沿“库平七钱二分”六字，真书，右读。左右沿“甲辰”年号和单星纹。右沿上角铸英文“UB”，左沿上角铸英文“BAR”中央珠圈内“光绪元宝”四字，真书，直读，正中满文。背面：上沿英文“KIANG NAN PROVINCE”三字，下沿英文“7 MACE AND 2 CANDAREENS”五字。左右沿六瓣纹，右沿六瓣纹之下星纹，正中铸饰大清龙纹图。正反面沿（边）饰珠点纹，线齿边。

2. 直径 39.64 毫米，重 26.84 克。正面：上沿“江南省造”四字，真书，右读；下沿“库平七钱二分”六字，真书，右读。左右沿“甲辰”年号和星纹，左上沿英文“HAH”，右上沿英文“CH”。中央珠圈内“光绪元宝”四字，真书，直读，正中满文。背面：上沿英文“KIANG NAN PROVINCE”三字，下沿英文“7 MACE AND 2 CANDAREENS”五字。左右沿六瓣纹，右沿六瓣纹之下星纹，正中铸饰大清龙纹图。正反面沿（边）饰珠点纹，线齿边。

3. 直径 39.59 毫米，重 26.73 克。正面：上沿“江南省造”四字，真书，右读；下沿“库平七钱二分”六字，真书，右读。左右沿“甲辰”年号和十字星纹，左上沿英文“HAH”，右上沿英文“CH”。中央珠圈内“光绪元宝”四字，真书，直读，正中满文。背面：上沿英文“KIANG NAN PROVINCE”三字，下沿英文“7 MACE AND 2 CANDAREENS”五字。左右沿六瓣纹，右沿六瓣纹之下星纹，正中铸饰大清龙纹图。正反面沿（边）饰珠点纹，线齿边。

4. 直径 39.77 毫米，重 26.25 克。正面：上沿“江南省造”四字，真书，右读；下沿“库平七钱二分”六字，真书，右读。左右沿“甲辰”年号，左上沿英文“HAH”，右上沿英文“TH”。中央珠圈内“光绪元宝”四字，真书，直读，正中满文。背面：上沿英文“KIANG NAN PROVINCE”三字，下沿英文“7 MACE AND 2 CANDAREENS”五字。左右沿六瓣纹，正中铸饰大清龙纹图。正反面沿（边）饰珠点纹，线齿边。

5. 直径 39.60 毫米，重 26.51 克。正面：上沿“江南省造”（“造”字下开口）四字，真书，右读；下沿“库平七钱二分”六字，真书，右读。左右沿“甲辰”年号，左上沿英文“HAH”，右上沿英文“CH”。中央珠圈内“光绪元宝”四字，真书，直读，正中满文。背面：上沿英文“KIANG NAN PROVINCE”三字，下沿英文“7 MACE AND 2 CANDAREENS”五字。左右沿六瓣纹，正中铸饰大清龙纹图。正反面沿（边）饰珠点纹，线齿边。

6. 直径 39.66 毫米，重 27.01 克。正面：上沿“江南省造”（“造”字下开口）

四字,真书,右读;下沿"库平七钱二分"六字,真书,右读。左右沿"甲辰"年号,左上沿英文"HAH",右上沿英文"CH"。中央珠圈内"光绪元宝"四字,真书,直读,正中满文。背面:上沿英文"KIANG NAN PROVINCE"三字,下沿英文"7 MACE AND 2 CANDAREENS"五字。左右沿六瓣纹,正中铸饰大清龙纹图。正反面沿(边)饰珠点纹,线齿边。

7. 直径 39.47 毫米,重 26.72 克。正面:上沿"江南省造"四字,真书,右读;下沿"库平七钱二分"六字,真书,右读。左右沿"甲辰"年号,左上沿英文"HAH",右上沿英文"CH"。中央珠圈内"光绪元宝"四字,真书,直读,正中满文。背面:上沿英文"KIANG NAN PROVINCE"三字,下沿英文"7 MACE AND 2 CANDAREENS"五字。左右沿六瓣纹,正中铸饰大清龙纹图。正反面沿(边)饰珠点纹,线齿边。

8. 直径 39.44 毫米,重 26.73 克。正面:上沿"江南省造"四字,真书,右读;下沿"库平七钱二分"六字,真书,右读。左右沿"甲辰"年号,左上沿英文"HAH",右上沿英文"CH"。中央珠圈内"光绪元宝"四字,真书,直读,正中满文。背面:上沿英文"KIANG NAN PROVINCE"三字,下沿英文"7 MACE AND 2 CANDAREENS"五字。右沿六瓣纹,左沿六瓣纹和星纹,中央铸饰大清龙纹图。正反面沿(边)饰珠点纹,线齿边。

9. 直径 39.55 毫米,重 26.48 克。正面:上沿"江南省造"("造"字上开口)四字,真书,右读;下沿"库平七钱二分"六字,真书,右读。左右沿"甲辰"年号,左上沿英文"HAH",右上沿英文"CH"。中央珠圈内"光绪元宝"四字,真书,直读,正中满文。背面:上沿英文"KIANG NAN PROVINCE"三字,下沿英文"7 MACE AND 2 CANDAREENS"五字。左右沿六瓣纹,中央铸饰大清龙纹图。正反面沿(边)饰珠点纹,线齿边。

10. 直径 39.58 毫米,重 26.88 克。正面:上沿"江南省造"四字,真书,右读;下沿"库平七钱二分"("分"字无钩)六字,真书,右读。左右沿"甲辰"年号,左上沿英文"HAH",右上沿英文"CH"。中央珠圈内"光绪元宝"四字,真书,直读,正中满文。背面:上沿英文"KIANG NAN PROVINCE"三字,下沿英文"7 MACE AND 2 CANDAREENS"五字。左右沿六瓣纹,中央铸饰大清龙纹图。正反面沿(边)饰珠点纹,线齿边。

11. 直径39.78毫米,重26.85克。正面:上沿"江南省造"四字,真书,右读;下沿"库平七钱二分"("库"字封口)六字,真书,右读。左右沿"甲辰"年号,左上沿英文"HAH",右上沿英文"CH"。中央珠圈内"光绪元宝"四字,真书,直读,正中满文。背面:上沿英文"KIANG NAN PROVINCE"三字,下沿英文"7 MACE AND 2 CANDAREENS"五字。左右沿六瓣纹,中央铸饰大清龙纹图。正反面沿(边)饰珠点纹,线齿边。

### (九)江南省造银圆(乙巳江南银圆)1枚

直径39.98毫米,重26.88克。正面:上沿"江南省造"四字,真书,右读;下沿"库平七钱二分"六字,真书,右读。左右沿"乙巳"年号,"乙"字右方英文"AS"。中央珠圈内"光绪元宝"四字,真书,直读,正中满文。背面:上沿英文"KIANG NAN PROVINCE"三字,"宝"右星纹,下沿英文"7 MACE AND 2 CANDAREENS"五字。右沿六瓣纹,左沿六瓣纹。中央铸饰大清龙纹图。正反面沿(边)饰珠点纹,线齿边。

自光绪二十三年(1897年)十二月至二十四年(1898年)底止,共铸大小银

**"江南省造"银币历年铸造数量表④**

| 铸币时间 | 铸币数量 |
|---|---|
| 光绪二十三至二十五年(无干支、戊戌、己亥) | 3255730枚 |
| 光绪二十六年(庚子) | 2531689枚 |
| 光绪二十七年(辛丑) | 2377710枚 |
| 光绪二十八年(壬寅) | 3561957枚 |
| 光绪二十九年(癸卯) | 1489045枚 |
| 光绪三十年(甲辰) | 924295枚 |
| 光绪三十一年(乙巳) | 634370枚 |

④柳贻徵:《江苏钱币志初稿》。

清朝江南省造银圆

元 500 万元，盈利据称达1000 余万吨两③。

江南省造银圆，铸造时间九年，时间虽短，但版式各异，认真察看，细心辨认，有以下几点特征：

①边沿纹饰：清代时期鼓铸的银圆多为珠圈纹，边沿多为珠点纹，而江南省造银圆的圈与边沿则以“S”纹组成，与众不同，别具一格。如图 1。

②错版版式：英文倒置，英文“Y”倒置排成“⅄”，由原来“YS”错刻成“⅄S”词。如图 25。

③干支纪年：从 1898 年至 1905 年，前后八年，在银圆正面铸“戊戌”“己亥”“庚子”“辛丑”“壬寅”“癸卯”“甲辰”及“乙巳”等八个不同干支纪年。确切纪年，铭文清楚。

④铸有英文字母：从上述银圆年号顺序排比情况看，可知江南省造银圆自“辛丑”年起至“乙巳”年止，“江南省造”龙洋的面文上方有加铸英文“HAH”文字，并有大写字母与小写字母之区别。如图 8–20。据考证，这些英文字母为江南钱局由上海汇丰银行所聘外籍（英籍 H·A·HOLMES）化验师姓名的缩写，以此取信于洋人。⑤为了确保银圆质量，烙上名字，公布于众，信誉在上，质量第

③中国人民银行参事室金融史料组：《中国近代货币史资料》，中华书局，1964 年，第 824 页。

⑤谢天宇主编《中国钱币收藏与鉴赏全书》下卷，天津古籍出版社，2005 年，第 426 页。

一。而甲辰年后江南省造银圆,还有加铸“CH”“TH”“SY”等英文字母,其含义又待考证。据收藏者行道之说法,一说是厂长之名,一说是雕刻人名,但是还有待资料最后证实。

⑤甲辰年号版式:数量多达11枚(种)而且枚枚版式不同,每枚正面、背面不同位置上,铸上不同的“HAH”“TH”“CH”英文字母字母和不同的六星纹、单星纹、十字星纹、六瓣纹等纹饰。平均1个月左右鼓铸一种新的版本。这种银圆鼓铸方法实属少见。

⑥本文第一枚银圆(如图1)与“老江南”一元,币上未注年份,当系光绪二十三年间(1897年)南京厂所铸[⑥]的银圆版式、图纹相同。即此枚银圆为1897年所铸,俗称“老江南”。

江南省造银圆,造型规整,银质纯净,设计新颖,做工精美,内涵丰富,主题突出,传统相承,很有特色。其一,本文上述江南省造银圆戊戌、己亥、庚子、辛丑、壬寅、癸卯、甲辰、乙巳等八种干支纪年,为其他钱局银圆所不及,是江南省银圆一大特色。其二,在银圆上加铸“HAH”“TH”“CH”等外籍化验师名字,这种版式,在中国银圆系列内是独一无二的。其三,上述银圆连续鼓铸八个年号,很有研究价值。它为人们对江南省造银圆的化学成分、冶炼技术、铸造工艺、真伪鉴定提供了绝对可靠的年代标尺。这充分显示江南省造银圆在我国银圆史上占有很重要的地位,具有历史价值、研究价值、艺术价值、经济价值及收藏价值,对研究我国银圆和江南省造银圆提供了实物佐证,具有重要的参考价值。

## 十七、江西错版铜圆

铜圆,又名铜板,是由机器铸造的一种圆形无孔新型机制辅币。清末至民国初期,铜圆曾经广泛流通社会,遍及全国各地,大街小巷,边远地区,人人喜用,在我国近代货币史中,占有很重要的位置。

⑥施嘉干:《中国近代铸币汇考》,第66页。

光绪二十九年(1903年)四月,江西铜币厂(宝昌局)开始铸行(铜圆)。当时,江西铜币厂"日铸(铜圆)四万枚,先铸当十铜圆"。江西造币厂(宝昌局)所鼓铸的机制铜币,设计新颖,图文并茂。制工精美,棱角分明。纹饰清晰,深峻立体。兹将新余市博物馆收藏的实物描述列举如下:



### (一)江西省造光绪元宝当十铜圆7枚

1. 直径28.33毫米,缘厚1.79毫米,重7.42克。正面上沿"江西省造"四字,真书,右读。下沿"当十"两字,真书,右读。左右沿满文"宝源"二字,左读。中央一珠圈,珠圈内"光绪元宝"四字,真书,直读。正中平花纹。背面上沿英文"KIANG-SI"两字,下沿英文"10"和"CASH"两字,左右沿双星纹,中央铸饰浮雕坐龙图纹。如图1。

2. 直径28.20毫米,缘厚1.56毫米,重7.47克。正面上沿"江西省造"四字,真书,右读。下沿"当十"两字,真书,右读。左右沿"库平"二字,真书,右读。中央一珠圈,珠圈内"光绪元宝"四字,真书,直读。正中满文"宝昌"二字,左读。背面上沿英文"KIANG-SEE PROVINCE"三字,下沿英文:"TEN CASH"二字,左右沿单星纹,中央铸饰浮雕水龙图纹。如图2。

3. 直径28.89毫米,缘厚1.61毫米,重8.12克。正面上沿"江西省造"四字,真书,右读。下沿"当十"两字,真书,右读。左右沿"库平"二字,真书,右读。中央一珠圈,珠圈内"光绪元宝"四字,真书,直读,正中满文"宝昌"二字,左读。背面上沿英文"KIANG-SI"两字,下沿英文"10"和"CASH"两字,左右沿双星纹,中央铸饰浮雕坐龙图纹。如图3。

4. 直径28.40毫米,缘厚1.66毫米,重7.24克。正面上沿"江西省造"四字,真书,右读。下沿"当十"两字,真书,右读。左右沿满文"宝昌"二字,左读。中央一珠圈,珠圈内"光绪元宝"四字,真书,直读。正中平花纹。背面上沿英文"KIANG-SI"二字,下沿英文"10"和"CASH"两字,左右沿单星纹,中央铸饰浮雕蛟龙图纹。如图4。

5. 直径28.50毫米,缘厚1.88毫米,重7.44克。正面上沿"江西省造"四字,真书,右读。下沿"当十"两字,真书,右读。左右沿满文"宝昌"二字,左读。

中央一珠圈，珠圈内“光绪元宝”四字，真书，直读。正中平花纹。背面上沿英文“KIANG-SI”两字，下沿英文“10”和“CASH”两字，左右沿单星纹，中央铸饰浮雕反尾水龙图纹。如图 5。

6. 直径 28.20 毫米，缘厚 1.70 毫米，重 7.32 克。正面上沿“江西省造”四字，真书，右读。下沿“当十”两字，真书，右读。左右沿满文“宝昌”二字，左读。中央一珠圈，珠圈内“光绪元宝”四字，真书，直读。正中平花纹。背面上沿英文“KIANG-SI”两字，下沿英文“10”和“CASH”两字，左右沿单星纹，中央铸饰浮雕坐龙图纹。如图 6。

7. 直径 28.89 毫米，缘厚 1.61 毫米，重 7.11 克。正面上沿“江西省造”四字，真书，右读。下沿“当十”两字，真书，右读。左右沿满文“宝昌”二字，左读。中央一珠圈，珠圈内“光绪元宝”四字，真书，直读。正中平花纹。背面上沿英文“KIANG-SI”两字，下沿英文“10”和“CASH”两字，左右沿单星纹，中央铸饰浮雕坐龙图纹。如图 7。

### （二）“赣”字大清铜币丙午当十铜圆 1 枚

直径 29.10 毫米，缘厚 1.48 毫米，重 7.77 克。正面上沿满文“大清铜币”和“丙午”两字。下沿“当制钱十文”五字，真书，右读。左右沿“户部”二字，真书，右读。中央一珠圈，珠圈内“大清铜币”四字，真书，直读。正中“赣”字，真书，阴文。背面上沿“光绪年造”四字，真书，右读，下沿英文“TAI-CHING-TI-KUO-COPPER COIN”字，中央铸饰浮雕大清龙图纹。如图 8。

### （三）中华民国壬子当十铜圆 2 枚

1. 直径 28.60 毫米，缘厚 1.63 毫米，重 6.96 克。正面上沿“中华民国”四字，真书，右读。下沿“当十”二字，真书，右读。左右沿“壬子”两字，真书，右读。中央一珠圈，珠圈内“江西铜币”四字，真书，直读。正中平花纹。背面上沿英文“KIANG-SEE”两字，下沿英文“TEN CASH”两字，左右沿六瓣花纹。中央一珠圈，圈内铸饰“铁血十八星”图纹。如图 9。

2. 直径 28.50 毫米，缘厚 1.52 毫米，重 6.97 克。正面上沿“中华民国”四字，真书，右读。下沿“当十”二字，真书，右读。左右沿“壬子”两字，真书，右读。中央一珠圈，珠圈内“江西铜币”四字，真书，直读。正中竖花纹。背面上沿英文“KING-SEE”两字，下沿英文“TEN CASH”，左右沿五瓣花纹。中央一珠圈，珠圈内铸饰“铁血十八星”图纹。如图10。

**(四) 江西省造当十错版铜圆1枚**

直径28.64毫米，缘厚1.61毫米，重6.88克。一面上沿英文“KIANG-SI”两字，下沿数字“10”和英文“CASH”，左右沿双星纹，中央铸饰浮雕坐龙图案。另一面阴刻版，左右沿双星纹，中央铸饰坐龙纹，定名为合背阴阳文错版铜圆。如图11。

**(五) 江西省造当十光绪元宝铜圆1枚**

直径28.13毫米，缘厚1.84毫米，重7.63克。正面上沿“江西省造”四字，真书，右读。下沿“当十”两字，真书，右读。左右沿满文“宝昌”两字，左读。中央一珠圈，珠圈内“光绪元宝”四字，真书，直读。正中平花纹。背面上沿英文“KIANG-SI”两字，下沿数字“100”和英文“CASH”字，左右沿单星纹，中央铸饰浮雕坐龙图纹。如图12。(注：江西没铸当100文面值的铜文，背面标出“100”数字，有误。属为数字错版铜圆。)

**(六) 江西省造当十光绪元宝铜圆1枚**

直径28.52毫米，缘厚1.36毫米，重6.36克。正面上沿“江西西省造”四字，真书，右读。下沿“当十十”三字，真书，右读。左沿满文“宝”字。中央一珠圈，珠圈内“光绪绪元宝”五字，真书，直读。正中变形平花纹。背面上沿英文模糊，下沿英文“CASH”字，中央铸饰坐龙图纹。如图13。移位重压铸出“江西西省”、“当十十”字、变形平花纹，故名为移位重压错版铜圆。

**(七) 江西省造当十铜圆1枚**

直径28.64毫米，缘厚1.36毫米，重6.48克。一面上沿英文“KIANG-SI”

两字，下沿数字“10”和英文“CASH”字，左右沿单星纹，中央铸饰浮雕坐龙纹。另一面阴刻版，上沿英文“KIA…”，下沿数字“10”和英文（模糊），左右单星纹，中央铸饰坐龙图纹。如图 14。定名为合面阴阳文错版铜圆。

### （八）江西省造当十光绪元宝铜圆 1 枚

直径 28.54 毫米，缘厚 1.51 毫米，重 7.38 克。正面上沿双星纹和“10”字。下沿“当十”两字，真书，右读。右缘满文“昌”字。中央一珠圈，珠圈内“光绪元宝”四字，真书，直读。正中平花纹。背面上沿满文“昌”字，下沿“10”字和英文“CASH”，左沿双星纹。中央铸饰坐龙图纹。如图 15。定名为试制版或定位错版铜圆。

民国十三年（1924 年）九月底，“……省财政厅为此曾发出布告，以本省自铸当二十铜圆，行使市面，足敷支配，至本年底停止铸行”。自开始至停铸，江西铸造铜圆时间累计有二十余年。时间虽短，铜圆各异，认真察看，细心辨认，江西铜圆特点如下：

**江西省造当十铜圆版式数据表（一）**

| 序号 | 项类<br>名称 | 直径（毫米） | 缘厚（毫米） | 重量（克） | 正面 | | 背面 | | 特 点 |
|---|---|---|---|---|---|---|---|---|---|
| | | | | | 左右沿 | 正中 | 图纹 | 左右沿 | |
| 1 | 光绪元宝当十铜元 | 28.33 | 1.79 | 7.42 | 平花 | 宝源 | 坐龙 | 双星 | 缶宝 |
| 2 | 光绪元宝当十铜元 | 28.20 | 1.56 | 7.47 | 宝昌 | 库平 | 水龙 | 单星 | 缶宝 |
| 3 | 光绪元宝当十铜元 | 28.89 | 1.61 | 8.12 | 宝昌 | 库平 | 坐龙 | 双星 | 缶宝 |
| 4 | 光绪元宝当十铜元 | 28.40 | 1.66 | 7.24 | 平花 | 宝昌 | 蛟龙 | 单星 | 缶宝，蛟龙 |
| 5 | 光绪元宝当十铜元 | 28.50 | 1.88 | 7.44 | 平花 | 宝昌 | 水龙 | 单星 | 反尾水龙，尔宝 |
| 6 | 光绪元宝当十铜元 | 28.20 | 1.70 | 7.32 | 平花 | 宝昌 | 坐龙 | 单星 | 小江西，缶宝 |

续表

| 序号 | 项类/名称 | 直径（毫米） | 缘厚（毫米） | 重量（克） | 正面 | | 背面 | | 特点 |
|---|---|---|---|---|---|---|---|---|---|
| | | | | | 左右沿 | 正中 | 图纹 | 左右沿 | |
| 7 | 光绪元宝当十铜元 | 28.89 | 1.61 | 7.11 | 平花 | 宝昌 | 坐龙 | 单星 | 缶宝 |
| 8 | “赣”字大清铜币丙午当十铜元 | 29.10 | 1.48 | 7.77 | 户部 | 赣 | 大清龙 | 无 | 丙午年(1906)，赣字 |
| 9 | 中华民国壬子当十铜元 | 28.60 | 1.63 | 6.96 | 平花 | 壬子 | 铁血十八星 | 六瓣花 | 铁血十八星纹，壬子年(1912) |
| 10 | 中华民国壬子当十铜元 | 28.50 | 1.52 | 6.97 | 竖花 | 壬子 | 铁血十八星 | 五瓣花 | 铁血十八星纹，壬子年(1912) |
| 11 | 合背阴阳文错版铜元 | 28.64 | 1.61 | 6.88 | 双星 | 坐龙（阴文） | 坐龙 | 双星 | 合面阴阳文 |
| 12 | 数字错版铜元 | 28.13 | 1.84 | 7.63 | 宝昌 | 平花纹 | 坐龙 | 单星 | 面沿：江西西省造。面沿：当十十。 |
| 13 | 移位重压错版铜元 | 28.52 | 1.36 | 6.36 | 宝 | 平花纹 | 坐龙 | 无 | 背沿：10 错写100 |
| 14 | 合面阴阳文错版铜元 | 28.64 | 1.36 | 6.48 | 单星 | 坐龙（阴文） | 坐龙 | 单星 | 合面阴阳文 |
| 15 | 试制版或定位版错版铜元 | 28.54 | 1.51 | 7.38 | 昌 | 平花纹 | 坐龙 | 双星 | 面沿：双星、10背沿：双星、10、满文“昌” |

①铜圆面值稳定。不管是在市面上流通的铜圆，还是书刊、杂志上记载的铜圆，江西铸造光绪元宝、大清铜币和中华民国时期的铜圆，只能见到面值当十铜圆，其余二十文、五十文、一百文、二百文面值铜圆没有铸造。说明江西宝昌局鼓铸钱币面价的原则，把握很准，没有滥造、乱造，在一定的程度上，稳定了金融经济，限制了物价膨胀。

②铜圆版式规范。江西铜圆正面版式：光绪元宝、大清铜币和中华民国三

种，背面版式清晚以龙纹为主，龙纹分成：坐龙、飞龙、大清龙、蛟龙、蟠龙、水龙六种。民国时期，背面版面改用铁血十八星为主纹。做工精美，版式规范，图纹鲜明，主题突出。

③江西铜圆局名称。江西铜圆初铸时，取工部铸钱局名“宝源”二字。不久，改为江西铸钱局名“宝昌”二字。

④库平的位置。“库平”，作为计量，一般只铸在金银币中，而在铜圆中，唯有江西把“库平”两字铸在铜圆中。与众不同，很有特色。

⑤水龙的特点。铜圆上的水龙，龙尾一般是向右转的，较常见。江西铸的水龙龙尾是向左转的，叫“反尾水龙”，这种版式只有江西铜圆才有。

⑥铜圆面铸干支。铜圆上铸“辛亥”、“壬子”两种年号。

⑦错版铜圆版式。目前为止，发现下列几类：一类：合面阴阳文错版。如图1、图4。二类：数字错版，把“10”错写“100”如图2。三类：也不排除后人动机不良，有意将“10”改铸“100”，称谓改铸错版。四类：一个铜圆经过二次冲压的铜圆版——移位重压错版。如图13。五类：面、背错配版。六类：试制错版或定位错版。如图15。

⑧江西错版铜圆少。铸造铜圆时，技工从制模、刻字、拼版和机床冲压而铸成铜圆的过程中，因主观原因（英文、满文不熟）和客观原因（机床本身故障），错版铜圆的现象是不可避免的。那么，江西错版铜圆数量究竟多少？笔者从以下几个方面进行探析：

第一，从省与省的铜圆背面错配的角度看，伍德华先生统计的错版铜圆表格中记载：湖北22种（枚），湖南10种（枚），江西1种（枚）。从中可以看出，江西省铸造错版铜圆的数量是最少的。

第二，从各省英文字母错刻的角度看，吴进先生统计的表格中记载：安徽、江苏、湖北、河南等省份，都错刻了本省英文字母，江西铜圆没列入此中。

第三，从本文错版铜圆数字看，在20世纪80年代初，收藏者已对铜圆很感兴趣，开始铜圆的收藏。近三十年的时间，用“以文养文”的收藏方法，已经触摸了解的铜圆20多万枚。仅见上述五枚错版铜圆。

⑨铜圆珍稀程度。物以稀为贵，币以精为美，钱以巧为珍，江西铸造的铜

元，它的珍稀程度如何？一直是收藏者、研究者、交流者密切关注的。目前为止，笔者已发现以下三枚：江西省造光绪元宝（错配江苏省背飞龙版）当十铜圆，孤品；江西辛亥大汉铜币（当十铜圆），系短时产物，铸额稀少，属铜圆“十大珍”之一，如图16；江西省造光绪元宝（大字江西飞龙版）当十铜圆，三级。

江西铜圆，铜质优良，经久不锈。设计新颖，图文并茂。做工精美，棱角峻深。内涵丰富，主题突出。铸币工艺既与全国铜圆相连，又显示强烈江西地域钱币特色。本文上述“江西库平”、“江西蛟龙”铜圆，为其他省铸钱局铜圆所不及，是江西铜圆一大特色；本文上述“辛亥大汉”“江西反尾水龙”铜圆，也为其他省铸钱局铜圆所不及，其价值无以取代；本文上述“辛亥”“壬子”年号铜圆，很有价值。它为人们对江西铜圆的真伪鉴定、化学分析、冶炼技术、铸造技术提供了绝对可靠年代标尺，等等。这充分显示江西铜圆在我国铜圆史中的重要地位，具有历史价值、研究价值、艺术价值和经济价值。

## 江西省造当十铜圆版式图片

图1　光绪元宝当十铜圆（1型）

图 2 光绪元宝当十铜圆(2 型)

图 3 光绪元宝当十铜圆(3 型)

图 4 光绪元宝当十铜圆(4 型)

图 5 光绪元宝当十铜圆(5 型)

图 6 光绪元宝当十铜圆(6 型)

图 7 光绪元宝当十铜圆(7 型)

图 8 “赣”字大清铜币丙午当十铜圆(民 1 型)

图 9 中华民国壬子当十铜圆(民 2 型)

图 10 中华民国壬子当十铜圆(民 3 型)

图 11　合面阴阳文错版铜圆(错 1 型)

图 12　数字错版铜圆(错 2 型)

图 13　移位重压错版铜圆(错 3 型)

图 14 合面阴阳文错版铜圆(错 4 型)

图 15 试制版或定位错版铜圆(错 5 型)

图 16 辛亥大汉当十铜圆

第三节

# 陶瓷

## 一、东晋鸡首壶

鸡首壶，又名天鸡壶、凤鸡壶、凤头壶、鹰头罐、鸡头罐等。古代饮器。是一种盘口有鋬的壶，壶嘴作鸡首状，故名。它是我国两晋南北朝至隋唐考古中常见的一种器物。由于它的形体特征变化明显，器形产生的年代较为明确，因而成为这一时期考古学的标准断代器物之一。

鸡首壶的质地多为瓷质，其次有硬陶和泥质灰陶。瓷质鸡首壶的釉色有青色、青黄色、酱色几种。江西省新余市博物馆馆藏的东晋瓷质酱褐色鸡首壶，口径 7.6 厘米，底径 9.8 厘米，高 19.3 厘米。盘口，长颈，丰肩，圆鼓腹下收，平底微撇。颈上塑两道凸弦纹，肩上置一鸡首，相对的部位作一微凸鸡尾；肩部设两个对称的竖系，饰三道弦纹。腹上部分一圈双勾短瓣复莲，腹下部饰一圈双勾长瓣仰莲相对应。整器满釉，色呈炒米黄色，开冰裂纹，底部无釉。整器神情毕肖，既实用又华丽。

鸡首壶流行于两晋南北朝，是墓葬断代的标准器。鸡首壶在东汉晚期出现。东汉处于雏形阶段，往往被人称为鹰头罐或鸡头罐。因为此时的鸡着壶只是在罐的肩部新捏出一个实心的鸡头（或鹰头），另外在罐的腹部刻画出几道象征性的翅膀的纹饰而已。这样的鸡首壶，安徽省全椒县曾出土过，是东汉时期比较少见的鸡首壶标本。西晋时的鸡首壶，形体低矮，鸡头小而无流，身后为一小鸡尾。到了东晋以后，鸡首壶的造型趋于成熟，壶身、壶颈都比西晋略高。鸡头高起有流，可流通，后端可为执，使用性明显高于前期。南北朝时期，鸡首壶壶身、壶颈明显高于前期，鸡头高高昂起，似正在打鸣的公鸡，鸡冠美丽，后端的执把高于壶口。到唐代时，鸡首壶的造型发生了一系列的变化，总的趋势表现在：壶身由小变大，壶腹由圆球形发展成修长型，壶颈变粗；花纹装饰从无到有，由简单朴素进而复杂繁丽；鸡头流由随意捏塑变到刻意工整，形象生动逼真。如早期的鸡首壶一般只有10多厘米高，通体无纹饰，而安徽无为县出土的一件隋代鸡首壶竟然高达44.5厘米，壶身上又压印了许多仰莲和圆珠花纹，可谓鸡首壶之冠，反映了当时的制瓷业烧制鸡首壶达到很高的工艺水平。

东晋瓷质酱褐色鸡首壶

鸡首壶这种器形，在唐代时被执壶所取代，究其原因，与当时的社会风尚与需要有关。唐王朝中期以后，由于饮酒饮茶的风气，社会上需要大量的酒茶用具。鸡首壶虽然深得人们的喜爱，但这种器形烧制不易，不能满足社会的大量需求，工匠们便巧妙地将鸡头流，改造成简单的角状或圆管状短流，从而使鸡首壶发展为执壶，弥补了鸡头换成短流的缺憾。到了宋代，执壶又有了发展，短流又变成了细长管状的长流，其名称也被人们改称为注子，一种可以广泛使用于注酒、注茶的用具。

鸡首壶是当时人们的生活用品，盘口便于装酒，长柄利于提携，桥形钮对称美观和谐。它既注重实用功能，又注意外形艺术。特别是鸡冠、鸡眼的塑造，虽然简单、古朴，但其神态逼真，生动活泼，主次分明，十分可爱。流传至今，甚为珍贵。

## 二、南朝洪州窑青瓷

洪州窑，“始烧于东汉晚期，经过三国东吴、西晋、东晋的发展，在东晋中晚期开始成熟，其盛烧期一直延续到中唐，晚唐走向衰落，终烧于五代”①，“窑址规模较大，堆积层厚，面积约3万平方米……瓷窑遗弃废品、半成品、窑具等俯拾皆是”②。可想而知，当时窑火冲天，气势浩大，千军万马，瓷业兴旺，商客游人络绎不绝，产品销运省内外。至唐时，与越州窑、鼎州窑、婺州窑、岳州窑、寿州窑并列为全国6大名窑，是南方重要青瓷产地。

洪州窑位于江西省中部丰城境内，赣江下游，距新余市约100公里，而赣江自西向东贯穿全境。境内红壤土质，丘陵地貌，山岭连绵，树木茂盛，瓷土丰富。洪州窑所在地附近，遍布低洼水塘，塘底均系白色黏性胶泥，土质较细腻，当时烧瓷就地取材。加上丰城盛产煤炭，江河甚多，水源充足，古代劳动人民利用这得天独厚的自然资源，成功地烧制出著名的洪州窑瓷器。

洪州窑青釉瓷，属民用瓷，始烧期至发展期，造型规整厚重，品种丰富，器形多样，有双唇罐、盘口壶、鸡首壶、唾壶、虎子、盏、灯、盘、鸡含、狗圈等；装饰技法有：刻、画、贴花、模印、堆塑等手法。纹饰有弦纹、水波纹、麻纹、方格纹、重圆纹、锥刺篾点纹、卷叶纹，等等。总之，装饰简化，注重实用，基本上继承了商周陶原始瓷器物的纹饰风格。随着时代的发展和瓷器制作工艺水平的提高，纹饰也逐渐向新的方向发展，以满足人们审美的需要，约在西晋晚期出现了口部、肩部及盖面等部位点绘褐彩的器物。如西晋青釉褐彩盏。为改变单色釉起了典范作用，也为唐代有名的“唐三彩”烧制成功提供了很好的借鉴作用。从江西新余墓葬出土的洪州窑青瓷可知，南朝时胎质较为坚致，胎呈灰白、灰青色，胎体均匀，厚重，制作精细。造型简朴、美丽，器物底为实饼底和平底两种，可见旋削痕。釉色呈青黄、米黄色两种，且稳定、均匀，釉层厚，玻璃质感强。器物纹饰，虽然不多。常在口沿、腹下、肩部刻画弦纹。据考古资料得知，受佛教的影响，不少洪州窑青瓷在碗、盘内外刻饰莲花纹图案，图案纹饰规整，线条清晰，布局均匀。

---

① 张文江著：《洪州窑》，文汇出版社出版，2002年，第16页。

②《江西丰城罗湖窑发掘简报》，文物编辑委员会编：《中国古代窑址调查发掘报告集》，1984年文物出版社，第73页。

罗坊镇南朝墓葬出土的洪州窑青釉六系盘口壶

罗坊镇南朝墓葬出土的洪州窑青釉球腹长颈瓶 Ⅰ式

罗坊镇南朝墓葬出土的洪州窑青釉球腹长颈瓶 Ⅱ式

罗坊镇南朝墓葬出土的洪州窑青釉三足炉盘

罗坊镇南朝墓葬出土的洪州窑青釉五盅盘

罗坊镇南朝墓葬出土的洪州窑青釉九格盘

罗坊镇南朝墓葬出土的洪州窑青釉平底碗

罗坊镇南朝墓葬出土的洪州窑青釉二杯盘　Ⅰ式

罗坊镇南朝墓葬出土的洪州窑青釉二杯盘　Ⅱ式

洪州窑“化妆土”成功运用,把烧瓷技术水平提高到一个新的台阶,标志着洪州窑进入兴盛期。经过长期制坯、上釉、入窑烧瓷,洪州窑窑工们发现瓷胎胚较粗糙,胎呈深灰褐、深褐、灰泛紫砖红色,烧出的青瓷不太美观,因此不断总结经验,找出差距。上釉前,窑工们在胎上先施一层白色的护胎“陶衣”,史称“化妆土”。烧制的青瓷釉呈青褐、青泛深黄、青泛褐、黄褐等釉色,以青釉为主,釉层饱满,富有滋润,富有光泽,为其他窑口所不及。即,以釉取胜。据有关资料介绍,“化妆土”层为高石英含量的原料制成,因为显然用陶洗加工过,其粒度比胎中的小一个数量级,并且非常均匀。“化妆土”的使用可将坯胎粗糙表面加以修饰,填没其孔隙和缺陷,使其平滑,不但更好地扩大了原料的使用范围,而且施在胎上的釉层更加晶莹、饱满、美丽。这种工艺的成功应用在当时瓷业中独树一帜,为我国瓷业文化的发展做出了很大贡献。但在“化妆土”的实施使用中,胎、釉、化妆土烧制温度不一致,膨胀系数不同,窑火如控制不好,时间把握不准,就会使烧成后部分瓷器釉层脱落,或脱落严重。这一特有的现象,只有洪州窑窑口的青瓷才有,也成了鉴定洪州窑窑口青瓷的标尺之一。

1987 年 3 月,新余渝水区罗坊镇挖山、开荒、种植果树时,发现墓葬一座,出土了南朝洪州窑青釉瓶、碗、盘、壶等九件青瓷器,数量之多,器形完整,十分珍贵,具有历史价值、科学价值、研究价值。现将其实物分述如下:

①青釉六系盘口壶 1 件,南朝。口径 13.7 厘米,底径 13.9 厘米,高 24 厘米。盘口,束颈,丰肩,圆鼓腹渐下收,实饼底。盘口底部边缘置一对半圆形小钮,肩部置六个横桥形钮,刻饰二道凹弦纹。灰青胎,胎质较细腻、坚致。造型规整,厚重。器物素纹,内外施青釉,釉色偏黄,釉不及底。釉面开细冰裂纹,玻璃质感强。壶内釉层脱落严重,外釉层保存尚好。

②青釉球腹长颈瓶 2 件,南朝。I 式:口径 8.4 厘米,底径 8.1 厘米,高 21.8 厘米。喇叭口,长颈,扁平球腹,圆饼状实足,外撇。肩部饰凹弦纹一周。灰胎,胎质较细腻,通体施釉,釉色偏黄,外底露胎。釉色晶莹,富有光泽,玻璃质感强,开细冰裂纹。釉层脱落严重。II 式:口径 8.5 厘米,底径 7.8 厘米,高 19.3 厘米。胎质、釉色、造型与 I 式相同,且釉层保存尚好,瓶腹为球形腹。

③青釉三足炉盘:1 件,南朝。口径 13.8 厘米,底径 11.6 厘米,高 5.6 厘米。

三足炉置盘内中央。三足炉：敞口，斜腹，平底，兽足；盘：敞口，唇沿，浅盘，斜壁，弧面盘底，是供祭祀之器物。灰胎，素纹，内外施釉。盘外底露胎，釉色黄绿色，开冰裂纹，部分釉层脱落。

④青釉五盅盘 1 件，南朝。口径 15.8 厘米，底径 14.2 厘米，高 3.8 厘米。子母口，弧腹，平底微内凹。盘内置敛口、弧腹、平底五个小盅。灰胎，内外施釉，底座露胎。釉，青色泛黄，釉层部分脱落。

⑤青釉九格盘 1 件，南朝。口径 16.3 厘米，底径 14.2 厘米，高 3.8 厘米。子母口，弧腹壁，平底，盘内分九格。素纹，灰胎，通体施釉，外底露胎。釉，青色泛黄，部分釉层脱落。

⑥青釉平底碗 1 件，南朝。口径 16 厘米，底径 7.7 厘米，高 6.4 厘米。敛口，弧壁下收，实饼底。内外满釉，外底露胎，灰胎，胎质细腻，坚致。碗内釉色呈黄，碗外釉色现青，釉面开细冰裂纹，釉层完好。

⑦青釉二杯盘 2 件，南朝。I 式：口径 11.6 厘米，底径 5.8 厘米，高 2.2 厘米。敞口，斜腹壁，浅盘，盘内置两耳杯，实饼底，盘内窑巴一小块，外弧壁下部至底无釉。灰胎，细腻，坚致。釉色晶莹，开细冰裂纹，玻璃质感强。釉青色泛黄。II 式：口径 10.7 厘米，底径 4.4 厘米，高 2.4 厘米。与 I 式胎、釉、造型相同。

洪州窑青瓷，造型简朴厚重，美观又实用；纹饰简洁，图案清新，题材自然；工艺技法既与中原瓷业文化体系相连，又强烈地显示出江南地域民族特色。南朝青瓷，别开生面，跨入胜景；釉色晶莹，富有光泽，釉层饱满，玻璃质感强，为其他窑口所不及，其价值无以取代。这些充分显示出洪州窑青瓷在我国瓷业文化中的重要地位，是古代人们喜欢用的生活民用青瓷，也是现代人们喜爱收藏的青瓷，又是文博、考古人员探讨研究的重要课题之一。江西新余出土的南朝洪州窑青瓷对研究洪州窑及洪州窑的生产工艺技术提供了实物佐证，具有重要的参考价值。

## 三、宋钧窑盘

钧窑的烧制技术源于唐，其最突出的成就在于铜釉剂的使用和铜红釉的稳定烧成，并由此而衍生出玫瑰红、海棠红、葱翠青、鹦哥绿、天青、天蓝、月白等窑变色彩，从而改变了以往一览无余单色透明釉瓷器一统天下的局面。钧瓷的器型延续商周时期青铜器造型，质朴敦厚，体现出冷峻崇高的民族意识。钧瓷以薄胎厚釉为主，窑变色沉釉底或悬釉中，或浮釉表，透活欲滴，时代性极强。古人用“绿如春水初生日，红似朝霞欲上时”“高山云雾霞一朵，烟光空中星满天，峡谷飞瀑兔丝缕，夕阳紫翠忽成岚”等诗句来形容钧窑瓷器的千变万化、五彩缤纷、争妍斗奇的效果美，钧瓷充满着丰厚的文化底蕴，体现出极高的艺术品位。钧窑是我国宋代五大名窑之一，与汝、官、哥、定诸窑并驾齐驱。然宋钧瓷器中以“釉具五色，艳丽绝伦”而独树一帜，其古朴厚重的造型美、光润如玉的乳浊釉效果和“入窑一色、出窑万彩”“千钧万变、意境无穷”的窑变艺术又为诸窑之冠，为世人所倾慕。故有“纵有家财万贯，不名钧瓷一件”。

宋钧窑盘

新余市博物馆馆藏宋钧窑盘口径 18 厘米，底径 8 厘米，高 3 厘米，造型饱满，敛口，浅腹，圈足，胎呈烟灰色，圈足墙外露胎处涂有护胎釉。除圈足墙外，器身施满天蓝色窑变乳浊釉，口部施釉较薄，内外口沿露出明前茶色，形成古铜色口沿。

施釉部位呈现出荧光一般的温润，釉中的流纹变化无穷，形如牛毛，犹如美玉宝石，光艳夺目，漂亮异常，具有引人入胜的艺术魅力。极具文物收藏价值。

## 四、南宋吉州窑锭形彩绘瓷枕

瓷枕是我国古代生活中的夏令寝具，质坚清凉，沁肤爽神。清代朱笠亭《陶记》卷五“瓷枕”条载：“（瓷枕）最能明目益睛，至老可读细书。”古时，人人用（瓷）枕，无论

“富贵贫贱”都有喜好，连“皇宫中多用之”，皇室备嫁妆有用瓷枕的。1982 年 4 月新余县(今新余市渝水区)出土一件南宋吉州窑锭形彩绘瓷枕，现由江西省新余市博物馆收藏。瓷枕全器作锭形，中空，两端近似正方，向中部枕面弧形凹下，牙白色胎质，在乳白色釉质底色上，绘以棕褐色菊花形等图案纹饰，两端各绘花卉一朵；枕之四面：两面绘带叶菊花，一面在菱形格内分别填以菊花一朵，另一面绘 I 形几何形图案。枕长 23 厘米，宽 11 厘米，高 11.3 厘米，中腰 8 厘米。所绘菊花，笔法流畅，形象逼真。花形虽少有变化，而主题突出，布置格局得当，雅而不俗。1990 年6 月经中国古陶瓷研究会副秘书长、江西省考古研究所副所长余家栋先生鉴定称：“此白地彩绘瓷枕是南宋吉州窑产品，采用酱褐彩料勾绘菊花，织锦几何形图案，造型别致，制作精细，画笔流畅，布局匀称，是江南瓷枕中独树一帜的精品。”

南宋吉州窑锭形彩绘瓷枕

吉州窑为宋代著名综合性民窑，窑址坐落在吉安市永和镇。吉安，在宋代称吉州，故名。它创烧于唐代，宋、元瓷业有较大发展。烧制的产品品种相当丰富，器物有皿具罐、俑、灶、炉、粉盒；日用器具有瓶、枕、盆、碗、盘、盅、碟、壶等。釉色种类较多，既有南方流行的青釉、黑釉、青白釉，又有北方常见的褐釉、绿釉、白釉及白地褐花釉。引用北方磁州窑的白地褐花彩绘之技法，烧出的瓷器胎釉及绘画又具有浓厚的地方特色和生活气息。吉州窑生产的产品，积累了丰富的经验与成就，在我国瓷器发展史上，起着承前启后的作用，产生了极其深远的影响。

## 五、宋代吉州窑绿釉瓷枕

1989年3月新余市渝水区下村镇出土绿釉瓷枕一件。枕长26.3厘米，宽22厘米，高9.5厘米。圆角五边形，前低后高，正面作凹下弧面，便于安睡。枕面沿边划篦纹，形成开光图形。形内刻画草叶纹（芭蕉叶纹）；枕边上下刻画弦纹，中部压印散水波纹点缀；底部微凹，近中处压印长条形框，上下饰花叶图案，内有“舒家记”戳印，字体阳文，楷书；枕右侧壁留有四块支烧痕迹。全器施绿釉，底部露胎，釉面较厚，釉层部分剥落。此枕造型古朴典雅，纹饰简洁明快，釉色温和均匀，工艺精细不苟，结构错落有致，具有独特风格。经江西省文化厅文物鉴定小组鉴定，属于南宋吉州窑典型的低温绿釉瓷枕。

考古资料表明，吉州窑瓷业烧造的方式是以一家一户为单位作坊，产品没有明确的分工，如枕、瓶、罐、碗、盏等各类产品每家都可以随意烧造。窑户都会在自己出色的产品上标明姓氏，注上商号。在全省范围内已出土的吉州窑瓷枕上有打上“舒家记”“郭立”“谢”“陈家号记”“元祖郭家大枕记号”等铭文标记。

吉州窑绿釉瓷枕，是吉州窑舒家记窑的早期产品。它生烧素胎，再上绿釉，经低温焙烧而成。绿釉瓷枕常见于北宋墓葬，江西北宋中晚期墓葬出土有绿釉器皿，质地与绿釉枕完全一致，南宋早期墓葬也有绿釉瓷枕出土，从中可知绿釉瓷枕流行于北宋至南宋早期。

宋代吉州窑绿釉瓷枕

据《景德镇陶录》卷七载："宋时吉州永和市窑……惟(唯)舒始者颇佳。"明《格古要论》曰："吉州窑……宋时有五窑，书(舒)公烧者最佳。"清《文房肆考》载：吉州"宋时有五窑，舒翁工为玩具，烧者最佳，翁之女号舒娇，尤善"，等等，由此可知，"舒家记"即是舒家窑的标记。舒家记窑所烧成的产品江西各地时有出土，评价很高，影响颇大。又有文献资料记载，舒家记窑为当时各窑之冠。此件舒家记瓷枕器形保存完好，流传至今，十分珍贵，具有一定的研究和珍藏价值。

## 六、吉州窑玳瑁纹黑釉香炉

2002年5月，新余市文物商店征集到吉州窑玳瑁斑纹香炉一件。其口径13.5厘米，底径6厘米，高10.6厘米，形为直口，平沿，束颈，弧腹下收，内凹底成小碗状，置三足。为民间祭祀、烧香、敬神之用。经江西省文化厅文物鉴定小组鉴定为宋代吉州窑产品。炉里外施黑釉，炉内、外底露胎，在黑釉中满布黄褐色玳瑁斑纹，胚胎灰白色，较疏松。该类器物的坯体用含铁量较低的瓷土成型，胎胚挂釉，入窑焙烧后再挂一次膨胀系数不同的釉，经过二次烧成。由于釉层的龟裂、流动、稠密、填缝之变化，使得黑釉中形成一种黄褐色无规则的块状，又形似海洋动物玳瑁壳上的纹饰，故称玳瑁纹。玳瑁纹产于宋代，是江西吉州窑典型代表产品之一。该窑所生产的器物以盏为主，其他所生产日用器物品种各地亦有出土。

此炉小巧玲珑，做工精美，玳瑁斑黑釉具有独特风格，为当时人们所喜爱，历经近千年，黑釉仍光亮，造型典雅，纹饰独特，极为珍贵，具有收藏和研究价值。

## 七、南宋至元代龙泉窑青瓷

### (一) 龙泉窑烧制史

龙泉窑，位于浙江西南部龙泉县境内，其环境条件优越，自然地理独特，瓷土丰富，林木茂盛，水溪众多，为烧瓷提供了充足的燃料和原料。先民利用得天独厚的自然资源，发挥聪明智慧，成功烧制出很有特色的龙泉青瓷。

通过考古资料得知，龙泉窑属于南方青瓷系统，是我国著名的一种民窑青瓷。宋代初期，受越窑影响，龙泉窑烧制的青瓷多管瓶、盘口瓶等器物，仍有越窑之遗风，但也逐渐地显现龙泉窑自身的特点。北宋时它的瓷器生产初具规模。

南宋时期，为应付宫廷、官府的需要，工匠们在烧瓷的过程中，不断总结经验，勇于探索，(大窑)成功地烧制出梅子青、粉青等有自身特点与风格的龙泉青瓷。这时期的青瓷，胎骨坚实，釉面光亮，釉层较厚，釉色青纯。器物从胎质、釉色、造型上有了很大的改进。特别是烧制出的梅子青、粉青，釉色纯净，温润如玉，深受官僚、绅士、文人和百姓的喜爱，在全国各大瓷器窑口行列中影响很大。元代，蒙古族统治全国，治理时间不足百年，而龙泉窑烧制瓷业得到蓬勃发展。在宋代的基础上烧造出高足杯、双鱼洗、荷叶形盖罐、连座瓶等一批元代典型器物，造型胎体厚重，设计古朴典雅。而且运用在青瓷上的刻画、镂雕、堆塑、印花等技法更趋完整，如新余市博物馆藏品豆青釉莲瓣纹碗外壁莲瓣纹的纹饰和青釉斗笠碗内壁花卉纹的纹饰。常在盆类、洗类器皿内底中，堆贴双鱼、龙、凤、花卉纹饰图案。如新余市博物馆藏品青釉双鱼洗内底堆贴双鱼纹，就是一例。在龙泉(安福窑)窑址里，可以找到许多青瓷和瓷片，上面装饰刻画的纹饰有植物类纹饰、动物类纹饰、文字类纹饰和其他类纹饰等精美图案。其数量众多，题材广泛，纹饰清楚，让人赞叹佩服。明代初期至明天顺年间，龙泉窑还为宫廷烧青瓷。明末，因战乱频繁，经费拮据，工匠生活日趋贫困，龙泉窑烧瓷技术逐渐衰落，产品数量减少，质量下降，釉面呈灰暗青绿色，不难看出，与宋元时期青瓷相比明显逊色，至清代停烧。

目前，已“发现大窑、金村、溪口、梧桐口、大白岸、小白岸等300余处窑址。……从采集的标本与出土、传世器物看，龙泉窑烧瓷时间从宋至清，约有七八百年的历史”。(窑址)堆积层甚厚，遗物十分丰富。

近二十年来，随着我国经济建设飞速发展，城乡面貌日新月异，配合基本建设，新余市博物馆抓住机遇，通过发掘、征集、清理收集了一批龙泉窑青瓷，

瓜棱形青釉盏(Ⅰ式)

瓜棱形青釉盏(Ⅱ式)



作为藏品入库保管。这批青瓷，胎质坚致细，吸水率小，胎釉结合好。釉面光亮明洁，清洗方便。器物具有耐酸、耐碱腐蚀，和食物接触不起化学反应，又融实用性和艺术性为一体。现从这批龙泉窑青瓷挑选九件来进行剖析。

## (二) 馆藏龙泉青釉瓷器

### 1. 青釉三足炉

1件，南宋。口径10.2厘米，高7.8厘米，敞口，束颈，扁圆腹，小圆形外底，底置圆柱状三足。上腹三道凹弦纹，灰色胎质，胎质较细腻，坚致。造型古朴、典雅，器物素纹。内外施青釉，三足底露胎。釉色呈蟹壳青，釉面光亮，玉质感强。釉层保存尚好，口沿残损一处。2005年5月新余渝水区新溪乡出土。

青釉三足炉

### 2. 瓜棱形青釉盏

2件，元代。I式，口径8.6厘米，足径2.8厘米，高5厘米，平口，瓜棱形，斜弧腹，鸡心底，矮圈足。胎质坚致，造型规整。器底厚重，器物素纹。内外施釉，釉色微青。圈足露胎，泛火石红。釉面晶莹，富有光泽，釉层完好，器行完整。

Ⅱ式，口径8.1厘米，足径3厘米，高4.6厘米，平口，瓜棱形，斜弧腹，鸡心底，矮圈足。灰(褐色)胎，胎质坚致。造型规整，器底厚重。内外施釉，外底露胎。釉色晶莹，釉层完好，器形完整。1985年6月，上述两件青釉盏均系新余市渝水区罗坊乡出土。

### 3. 青釉双鱼洗

1件，元代。口径13.2厘米，足径5.5厘米，高3.7厘米，敞口，折沿，浅腹(腹壁斜收微向外鼓)，矮圈足，鸡心底。内底一周凹弦纹，堆贴双鱼纹，外腹刻画仰莲瓣纹一周。纹饰大小适中，比例协调。胎质坚致，造型古朴、纹饰典雅。内外施釉，圈足露胎，泛火石红。釉色滋润、纯正，呈豆青色。器形完整，釉层完好。此件双鱼洗于1985年8月新余市渝水区珠珊乡出土。

### 4. 褐斑点彩莲瓣纹青釉碗

1件，元代。口径6.5厘米，足径6.2厘米，高4厘米。敞口，浅腹，矮圈足，鸡心底。内腹素纹，外腹刻画仰莲瓣纹一周，纹饰大小适中，比例协调。灰色胎质，胎质坚致。造型古朴、纹饰典雅。内外施釉，圈足露胎，泛火石红。釉色纯正，富有光泽，呈豆青色。口沿施黑褐釉点彩，犹如荷塘叶中三颗小花苞，恬静，悦目。造型古朴，釉色完好。此品系1992年5月南昌铁路公安处刑警队收缴，后与新余火车站派出所一起移交给新余市博物馆。

青釉双鱼洗

褐斑点彩莲瓣纹青釉碗

5. 青釉小碟

1件,元代。口径11.5厘米,足径5.3厘米,高3厘米,菱花口,浅腹,矮圈足。近口沿内壁刻画三圈弧形纹。灰色胎质,胎质坚致细腻。造型古朴、纹饰典雅。内外施釉,外底露胎,可见旋削轮痕。釉色青中泛黄,釉面晶莹光泽,开细冰裂纹。器形完整,釉层完好。此品系2000年新余市文物商店征购,2006年3月16日移交新余市博物馆。

6. 青釉斗笠碗

1件,元代。口径12厘米,足径3.2厘米,高4.6厘米,敞口,斜腹呈斗笠状,小圈足,鸡心底。内壁刻画写意花草纹。灰色胎质,胎质坚致细腻。造型古朴,胎体(偏)厚重,纹饰典雅。内外施釉,外底露胎。釉呈豆青色。器形(黏合)完整,釉层完好。此品系1985年8月新余市渝水区珠珊乡出土。

7. 青釉斗笠碗

1件,元代。口径12.5厘米,足径3.3厘米,高4.6厘米,敞口,斜腹呈斗笠状,鸡心底,矮圈足。灰色胎质,胎质坚致,造型古朴,胎体(偏)厚重,器物素纹。内外施釉,微呈蟹青壳色,外底露胎。釉色晶莹,釉面完好,器形完整。此品系1985年8月新余市渝水区珠珊乡出土。

8. 青釉小盘

1件,明代,口径14.9厘米,足径7.7厘米,高3.3厘米。敞口,浅腹,矮圈足。近口沿内壁刻画写意花卉纹。胎体(偏)厚实,胎质坚致。造型古朴,纹饰雅典。内外施釉,外底露胎,泛火石红,中心留点青釉。釉色滋润,釉面开大冰裂纹,釉层完好,器形完整。此品系1992年5月2日,南昌铁路公安处刑警队收缴,与新余火车站派出所移交新余市博物馆。

### (三)龙泉青瓷特征

龙泉青瓷造型古朴,美观实用。纹饰清晰,图案简洁。技法娴熟,线条流畅。工艺技法不断创新,既擅于吸收别窑口之精华,又显示自己窑口之特色。

1. 古朴典雅

龙泉青瓷,造型古朴,做工规整,比例协调。它既有大众喜爱之形(如新余市博物馆藏品青釉三足炉造型和青釉碗造型)，又有龙泉异工精品之貌(如新余市博物馆藏品青釉双鱼洗造型和瓜棱形青釉盏造型)。美的造型、美的神韵、美的色质映入眼帘，美不胜收。

青釉小碟

## 2. 巧施点彩

龙泉青瓷，吸取精华，去除糟粕。擅于把别窑口好的、优秀的釉彩技术传承而发扬光大。在自己青瓷上巧施点彩(如新余市博物馆藏品褐斑点彩莲瓣纹青釉碗口沿上点彩)。用褐斑点彩点缀，起到了画龙点睛之美感，使烧出的青瓷更加美丽，令人耳目一新。

## 3. 技术先进

龙泉青瓷，在长期的烧瓷实践中，工匠们不断地探索，不断实践，不断创新，在施釉技术上下功夫。在原先使用的含钙高的石灰釉，改用石灰碱釉(钙钾釉)，这种施釉技术技改成功，在我国陶瓷史上是一次伟大创举，使得青瓷釉层发生了很大变化。烧出了人人喜爱的粉青、梅子青等釉色。而本馆藏品龙泉青瓷光亮明洁，肥厚滋润，亦为龙泉青瓷釉色技术先进独到之处。

青釉斗笠碗

## 4. 釉色明净

龙泉窑粉青青瓷，如宋龙泉窑七弦瓶，釉色柔和淡雅，温润如玉。龙泉窑梅子青青瓷，如清宫旧藏的宋龙泉双凤耳瓶，釉色莹润明亮，清澈纯正。这两种釉色，如玉似翠，瑕疵难寻，犹如天使美女

之感觉，爱不释手，回味无穷，其他窑口无法烧成。而新余市博物馆龙泉青瓷釉色明净之程度，与此相同，无容赘述。釉色淡青中微带灰色，色调几乎可与翡翠媲美。

### 5. 图纹精美

龙泉青瓷，工匠就地取材，从自然中发现美、寻找美、憧憬美，把大自然中美的图案、美的纹饰理解归纳，并抽象提炼出青瓷的图案、纹饰。因此，在青瓷的器物上，刻画纹饰，贴花图案，镌刻文字。其内容丰富，题材广泛，把大自然中的花草、飞鸟、龙凤、吉语等美的纹图在瓷器上表现得淋漓尽致 。如新余市博物馆藏品青釉双鱼洗外腹仰莲瓣纹和藏品青釉碗内腹花草纹便非常精美丽。

### 6. 拍卖价高

龙泉青瓷，具有历史价值、艺术价值、科学价值和经济价值。至今，世界各地人们，通过各种渠道，千方百计寻觅收藏、迫切追捧。在中国、美国、英国等国家，以及中国香港地区的拍卖行中，不惜重金，征购竞买。如 1996 年香港苏富比秋拍，1 件南宋龙泉琮式瓶拍卖价为 563 万港币 ；2006 年北京翰海春拍，1 件南宋龙泉窑琮式瓶拍卖价为 275 万元人民币 ；2006 年伦敦苏富比秋拍，1 件南宋龙泉窑青釉纸槌瓶拍卖价为 118.4 万英镑 ；2008 年纽约佳士得春拍，1 件南宋龙泉窑青瓷双耳瓶拍卖价为 228.1 万美元 ；等等。长期以来，龙泉窑青瓷在拍卖行里的拍卖价居高不下，年年升温，价值有增无减。

### 7. 人们喜用

龙泉青瓷，当时在民间的普及度怎样?笔者只想从以前埋下瓷器窑藏的数量、窖藏窑口瓷器的数量比例来说明龙泉瓷器被人们喜用的程度。众所周知，内蒙古地区出土了许多处元代窖藏瓷，“数量最多的是磁州窑，其他依次为龙泉窑、景德镇窑、缸瓦窑、钧窑、霍窑、定窑、耀州窑” 。从中可见，元代时期，龙泉青瓷排列第二，深得蒙古族人们的喜爱。即使在动乱之际，还要把喜爱的龙泉青瓷埋藏起来，以待后用。从新余地区出土元代龙泉青瓷来看，新余先民同样喜欢使用龙泉青瓷。

龙泉窑青瓷，不仅是我国人民喜用的生活用具，又是我国古代外销瓷的大宗之一。1976 年朝鲜新安海底发现的一艘沉船，大部分为我国古代陶瓷器。

这些瓷器可分龙泉窑、景德镇窑、磁州窑、钧窑、吉州窑和建窑。从中打捞清理6457件青瓷，龙泉窑青瓷有3406件，竟占一半以上。它远销亚洲、非洲世界各地。在日本、朝鲜等地的遗址和博物馆中，至今都保存了龙泉窑青瓷藏品和标本瓷片。龙泉窑青瓷，对这些国家、地区物质需求和物质文化丰富、社会进步产生了很大的影响，作出了不可磨灭的贡献。充分显示出龙泉窑青瓷在我国瓷业文化中和世界瓷业文化中的重要地位，赢得了“龙泉瑰宝、璀璨明珠”的崇高赞誉。

青釉斗笠碗

龙泉窑青瓷，是古代人民喜用的生活用具，又是现代人民喜欢收藏并具有自身特点的青瓷，更是文博、考古人员探讨研究的重要课题。江西新余博物馆藏龙泉窑青瓷，对研究龙泉窑青瓷及龙泉窑烧造工艺提供了实物佐证，确有重要的参考价值。

青釉小盘

## 八、南宋钧窑托盏

托盏是由耳杯承盘发展而来，始制于东晋，南北朝时已较流行，唐代随着江南地区饮茶风俗的盛行，产量有所增加。五代末期，盏腹加深，托变高，美观

南宋钧窑托盏

实用。宋代盏托式样繁多，南北瓷窑无不烧制，托口较前显著增高，颇具特色。这件南宋钧窑托盏高 8 厘米，底直径 5 厘米，盘直径 18 厘米，杯直径 5 厘米。它托盏合为一体，不可分离，上为敛口小杯，中为圆形托盘，下为圈足。它通体施了一层青釉，圈足露胎处上了一层酱色护胎釉。造型于凝重中不失清丽。使用时双手托举盘的边沿饮用，既庄重优雅，又不烫手。该托盏现为新余一收藏家所收藏。

## 九、青花瓷器艺术中的“苏泥勃青”

在青花瓷器艺术发展的历史长河中，青花瓷器和其他艺术一样，既善于吸取前朝釉下彩工艺和融汇外来的文化营养，又扎根于中华民族传统文化的土地之中。早在元代使用“苏泥勃青”绘制的青花瓷器，就是中国与西亚经济文化交往的一个成功典范。“苏泥勃青”的使用，是中国瓷器的一个突破，是一个简单到繁复、写实到写意的飞跃，对我国瓷器的发展繁荣生产起到了极为重要的作用，在中国瓷器艺术园地展现出了自己别具一格的风姿和鲜明的时代特色。从此，青花瓷器才真正成为我国陶瓷装饰的主流，在中国陶瓷史上树立了一块里程碑。

### （一）“苏泥勃青”的由来

“苏泥勃青”，又名“苏麻离青”“无名异”“撒卜泥”“回回青”等名称。“苏泥勃青”“苏麻离青”和英语“smhit”发音相近，离为用钴料、钾碱、硅石制成的蓝玻璃或大青花、花钳青、藤紫色颜料；"无名异"、"撒卜泥"和西域语中的"sabam"音相近，意为浅绿宝石。这两个词的音很近，被错以为同一物，因而名称沿用下来。

对于"苏泥勃青"的由来，文物界和收藏界的同仁都有一个普遍的认识。元代最早在瓷器中使用"苏泥勃青"，元代这种钴料是舶来器。现查明世界上的钴料矿有100多处，以南非和中亚居多。这种进口钴料的来源，"苏泥勃青"产于何处，怎样进入我国？蓝浦《景德镇陶录》说："南洋船来或由西域引进。"有的认为是郑和下西洋引入的。傅振作注释朱琰《陶说》则认为是从苏门答腊、勃泥一带出产或转口传入我国的。据对"苏泥勃青"的化学组成分析，多属低锰（MnO/CoO为0.01%～0.06%）、高铁（$Fe_2O_3$/CoO为2.21%～3.02%），且含有微量的砷，与国产青料高锰（MnO/CoO为3.74%～16.19%）、低铁（$Fe_2O_3$/CoO为0.11%～3.71%）又明显不同。上海硅盐所测试的数据也表明，其化学组成为低锰高铁型。另据美国物理学家J.W.杨格用X射线进行定性分析，还发现钴料含有砷，而据说西亚的钴矿多含砷。印证元代文献《饮膳正要》序中称这种钴料为"回回青"和明代文献称"苏麻离青"，可知"苏泥勃青"材料当产于伊斯兰地区。从元青花的造型上看有部分特殊风格的扁壶和梨形瓶等，都与中东地区的金属皿和陶皿造型相似。从装饰风格上看，那种层次多、空间极为狭窄的构图方法也具有伊斯兰图装饰文化特色。

永乐苏麻离青瓷

从云南地理历史看，南洋回青或"苏泥勃青"可能由云南入境。大理国、云南得外国回青或"苏泥勃青"，则与云南古代通南洋各国贸易的历史有着密切关系。云南地处西南边陲与东南亚一些国家接壤，交通上

比内地方便，与东南亚各国交往密切。《史记·西南夷列传》载及后人考据，西南夷与越南北部人民同属汉朝附属国南越国统治。南朝时期，由于商品经济的发展，促进了商品交换和开发市场的需求，于是南朝打通与了南海沿岸国家的贸易往来。

## （二）“苏泥勃青”的呈色

“苏泥勃青”呈色效果主要看钴料的纯净率和它化釉的凝聚情况。如果钴料去掉了杂质，特别是去掉了铁和锰，又不很凝聚，就会得到纯正的蓝色，在绘制时用料均匀，色浓而薄，线条精细稳定，不晕青。钴料更凝聚的话，色呈紫黑色，如纹饰上带有锈斑表明了钴料的过度富集，青蓝浓香，多聚不散。出现绘画时留下运笔痕迹，料厚处出现深清色的斑点，它沉入胎骨，有下凹感，不是浮出釉面的“料刺”。这种深清色、自然分布的斑点，犹如中国画的大写意中的泼墨法，不但可丰富青花

永乐苏麻离青瓷局部花纹

宣德苏麻离青瓷（正面）

宣德苏麻离青瓷（反面）

中浓淡层次，而且色彩鲜明、画面清新明快。当钴料的浓度太低，罩以厚釉后，青花呈色苍白弥散，铁和锰这种通常所谓的杂质，假如没有去掉的话，青花呈灰色。白中泛青和白中显蓝的原因是由于釉中所含铁杂质而引起的，而且是瓷器在还源蹈中烧成的结果。在氧化的条件下釉呈浅黄色，加之胎土淘洗又细偏黄，青蓝偏灰，多是欠烧瓷化程度不高所制。其实每件瓷器的呈色效果并不相同，都各有差异，这与胎骨的瓷化程度、釉料成分、釉层厚薄以及器物在窑的位置和烧成气氛甚至气温、气压、湿度都有着密切的关系，因胎、青料、釉互相映衬也会产生不同的效果。

### （三）“苏泥勃青”的使用

元青花的烧制成功离不开“苏泥勃青”的使用，这种材料的应用，最好地表达了中华民族的审美情趣，白瓷之上的苍翠蓝色也正好符合了中国思想的审美和文人的心境。从其内容看不仅有山水、动物、植物，还有生活情趣的“婴戏”“伎乐舞蹈”等民间乐见的演义小说、戏曲故事等内容。其布局疏密相间，错落有致，有动有静，有聚有散。表现了形式上追求 “似形写神”“气韵生动”和“似与不似之间”的艺术境界，来抒发自己对客观世界所产生的种种内心感受，而不是简单地对自然描绘。表现手法上一反唐宋那种点彩和线条装饰图案、纹饰，改用中国绘画的笔墨画

永乐苏麻离青瓷残片

永乐苏麻离青瓷残片

面。使用这样的单色青花料，能“青分五彩”地深浅浓淡的表现，是前朝无法做到的事情。这种青料、被毛笔使用时，能通过线条的粗细，疏密，点线，勾、蹋、涂、点等笔法变化，表现各种艺术意境。所以一笔之下的刚柔、虚实、浓淡、轻重变化，有如运笔于纸上，不难看出在宣纸上的笔墨韵味。与具有中国传统水墨画之美的陶瓷绘画结合，找到了中国传统绘画在瓷器上的一种最好的艺术表达形式。也就是这种青料的运用，才使得艺术家能把自己的想象和情感融入艺术画幅，同时予以概括、夸张、取舍，从而使其有深厚内涵。观者面对这样

元青花龙纹梅瓶

的瓷器画面，必然会被其鲜明的主题和深邃的画外意境所激荡，而引起连绵的遐想和回味，这就是后人对元代青花艺术倍加推崇的一个极其重要原因。也使得元青花瓷器具有浓郁而醇厚的中华民族所持有的艺术风韵。元青花正是借自己鲜明的特色征服亚洲、打入欧洲而闻名世界。

## 十、元青花龙纹梅瓶

通高 13.3 厘米，口径 3 厘米，底径 4 厘米。

小口外撇，短颈，丰肩，腹下渐收，矮平圈足，锅巴底。胎质紧密。器身有两道胎接痕，器内无釉。通体施白釉不到足，釉面白里闪青，莹润明亮。通体青花纹饰，画一游龙，小头，鹿角，上吻部突出，张嘴，露齿吐舌，圆目舞爪，满身绘较乌实的如蛇般鳞片，有背鳍，三爪尖利，肘部均有三条飘带，躯身 S 形翻转，饰满器身。用进口料绘制，呈色纯正，布局合理，用简练活泼的线条，绘出一条空中游龙，笔意生动，动态十足。

## 十一、元代龙泉青瓷盏

1991 年 5 月，新余市博物馆在罗坊镇村头村征集到 2 件元代青瓷盏，系由捐献人于 1985 年建房挖地基时出土。在距地面两米左右处，有很多砖，里面有 8 件瓷器，大多被砸碎。只有在砖室墓中出土的两件瓷器品相还好。

①豆青莲瓣形盏平口，瓜棱形斜腹，矮圈足，圈足露胎处有圈火焰红，足底有一凸乳钉饰，足壁厚重，胎质坚致厚重，施青釉，釉色青中微泛黄，釉色晶莹有玉感。口径 8.6 厘米、底径 2.8 厘米、通高 5 厘米。

豆青莲瓣形盏 Ⅰ

粉青莲瓣形盏Ⅱ

②粉青莲瓣形盏，平口，瓜棱形折腹，矮圈足，足底有一凸起乳钉饰，足壁厚重，圈足外撇呈喇叭形，足露胎，胎质坚致厚重，施青釉，釉色青中泛黄，晶莹有玉感。口径8厘米、底径3厘米、通高4.6厘米。

这两件瓷器从釉色、釉质以及胎骨上看是典型的龙泉元代青瓷，特别是足底露胎处的火焰红，更具龙泉青瓷的装饰风格。从器物的造型上看，胎釉厚重，釉色晶莹，玉质感强，是典型的元代龙泉窑瓷器。

## 十二、明永乐青花折枝花果纹玉壶春瓶

通高30.5厘米，口径7.8厘米，足径10.8厘米。

瓶撇口，长颈，斜肩，鼓腹，圈足。瓶饰青花图案五层，颈、肩三层为卷枝，散点和如意状开光，光内为卷枝图案花纹。腹部主题饰以折枝花果图。造型秀丽、胎质洁白细腻，釉层晶莹光洁，滋润肥厚，青花色泽浓艳，色聚处凹凸不平，有铁锈斑点。为永乐青花器中的佳品。

## 十三、清康熙太极八卦图瓷挂盘

若干年前，江西省新余市私人收藏家曾从毗邻的新干县，收集了一件富有道家特色的传世文物——清康熙青花釉里红太极八卦图瓷挂盘。该盘直径17厘米，厚2厘米，呈圆版状。在盘体的乾卦顶端至盘背之处，开有一个小孔，以便盘体可以穿绳悬挂。挂盘器型基本完好，但美中不足的是盘沿稍有残损。

该盘从盘心到盘沿可分为四部分。第一部分是盘心，绘有呈阴阳鱼造型的太极图。鱼眼呈圈点状，鱼须清晰可辨，阳鱼点有青花点和三个稍有变形的青花“人”字，阴鱼在青花底色上，分布着蓝黑色冰裂开片纹。第二部分在白色

明永乐青花折枝花果纹玉壶春瓶

环带中，绘有呈逆时针方向旋转的釉里红旋涡纹，旋涡纹紧裹着太极图外圈，漩涡纹外侧围绕着两道青花弦纹。第三部分则用青花描绘八卦，笔画粗壮，内藏与太极图阴鱼中同样的蓝黑色冰裂开片纹。它的八卦排列呈无序状态，既非伏羲先天八卦排列，又非文王后天八卦之序。只是东、南、西、北四卦与先天八卦相同，分别是离、乾、坎、坤四卦；但它的东南、东北、西南、西北四卦却分别是兑、艮、震、巽四卦。第四部分是盘沿，饰有起伏奔涌的青花水波纹，其两侧各有两道青花弦纹框栏。

清康熙太极八卦图瓷挂盘

据笔者分析，该盘为道家装饰、厌胜用品。盘心的“太极图”原本就是在一个象征天盖的圆图上绘出了源于东方七宿的苍龙星象，圆形天盖可以理解为“太极”，由于龙星东升西落，回天运转，于是将其绘成卷曲的形状。因为在一个固定的空间内绘有这样的龙形，所以它所映衬的底色部分也显示了同样的龙形，久而久之，“太极图”形成了黑白两条龙体相互盘绕的图形，最后经过抽象或简化，形成了今日所见的黑白回互或阴阳鱼图像。“太极图”又称“河图”，如果将“河”考虑为天上的银河，这样龙作为星象就恰好与之匹合。从实际天象看，龙体正从银河而出，这又和“龙马出河”的传说再贴近不过了。

至于盘沿的水波纹，则体现了中国传统文化特别是道教文化对水的崇拜。水在中国原始民族里因它有清洁的作用，是圣洁之物，也是人生存中必不可少的物质。老子认为“上善若水，水善利万物而不争，……故几于‘道’”，又说：“天下莫柔弱于水，而攻坚强者莫之能胜，以其无以易之(《道德经》)。”而尊奉老子为教主的道教认为：服水既可维持生命，又可养生延命。唐代道教著名法师司马承祯认为水是气之津液，为有形之气精。它潜含阳气而润泽万物，所以一切有形之物，没有不依赖于水的。基于此理，则称水是气之母体、源头，服水可以益津液、润脏腑、养脾胃，所以道教中有服水疗法，认为服水可以疗病、可以绝谷，由此提倡服饮香水(不是现代概念的香水)、咒水、符水和井华水。

概而言之，太极八卦图加上其间的旋涡纹和水波纹，都表示了宇宙万物的运动变化和展发不尽的能量。它可通神明之德，能类万物之情，是号称“天人之学”的中国传统文化基础——易学的标志图案。此后，随着时代发展，太极八卦图在保持易学标志的同时，又成了道家专有的图案，具有不可替代的象征、厌胜和装饰作用。例如，造于唐开元二十一年(733 年)的四川青城山天师洞的三皇石刻像，就有伏羲手抱八卦太极图象征伏羲制“易”的伏羲像。道教华山陈抟派也有《太极图说》。道教斋醮坛场布置也与八卦五行说发生联系，坛场建置有天门地户、八卦榜等。清代的道教戒衣，如金丝绣八卦天仙洞衣和金丝提花天仙洞衣上，都用金丝绣成八卦图形。

再从该盘传世之地——江西新干县(注：后来的清江、峡江两县都是从新干县中分立出来的)来看，这里历来就是江西道教中心之一，境内的玉笥山、玉笥山南的郁木洞、阁皂山分别被列入第十七洞天(名曰太玄法乐天，真人梁伯鸾主之)、第九福地(南朝萧梁时萧子云侍郎隐处，至今阴雨，犹闻丝竹之音，往往樵人遇之，属地仙赤鲁班治之)、第三十六福地(郭真人所治处)由此可见，在道家的三十六小洞天、七十二福地中，新干县独占三处。早在魏晋时期，著名道学家葛玄、葛洪就曾在阁皂山、玉笥山业炼丹修道。历代在新干玉笥山隐居修道的高士不胜枚举，其中著名的有秦代的孔丘明、汉代梅子真、南朝萧梁时的杜昙永、萧子云，唐代的罗子房、罗公远、谢修通、刘道平等。唐代新干道教臻于极盛，江西四个道教传播中心，新干的阁皂山和玉笥山就占了其中之二。宋代新干道教趋向成熟，玉笥山道士多时达 500 余人。宋仁宗天圣八年(1030 年)玉笥山人朱旦以医术被召，仁宗赐号“善济处士”。此外，新干祥符观道士何德一，自守清净，不附权贵，被召到京师，赐住太乙宫，徽宗赐号“冲妙丹师”给予丹林郎的官品，任京师右街鉴议之职。元代新干道教继续发展，仅玉笥山就有道宫 2 处，道观 21 处。揭傒斯称赞说：“天下称大名山在大江之西者三，曰匡庐、曰阁皂、曰玉笥，玉笥又为天下绝境。……大江之西虽有三大名山，惟(唯)此山(指玉笥山)兼洞天、福地之重。……今宫廷之丽不独可称上赐，又足以称此山，不亦美乎！”(《揭傒斯全集·临江路玉笥山万寿承天宫碑》)明清两代道教从教团的社会地位及其教义发展来看，虽然步入了衰落时期，但从道教文化的下移和扩散来看，却进而拓宽了道教的社会基础，更深地渗透到社会生活的各个领域。从新干道教的发展来看，在此道教大环境的依托下，新干道教更多地表现为它的世俗化和为民祈福禳灾方面；与此同时，道教思想的普及化有了空前加强。由此道教法器、用具及饰品日见增多，而笔者所介绍的这个清康熙青花釉里红太极八卦图瓷挂盘便是其中的典型代表。

## 十四、三件康熙景德镇青花瓷



纵读《陶雅》，“世界之瓷，以吾华为最，吾华之瓷，以康熙为最”。康熙年间所烧制的青花瓷器，引起了国内文博、考古、古陶瓷专家和收藏专家的高度重视和研究。而新余出土的三件康熙青花瓷，造型各异，纹饰清晰，具有较高的研究价值。

### (一) 时代背景

清圣祖玄烨，年号康熙(1662—1722 年)，在位 61 年之久，是中国历史执政时间最长的一位皇帝。他善于吸取教训，实行宽仁政策，研究汉文化，减轻租税，发展生产，倡导外来科技工艺，经济得到迅速恢复和发展。

在任何一个历史时期，社会的手工业生产都和当时的政治、经济及文化的兴衰关系密切。康熙时期，促使瓷业发展和兴盛的历史背景、社会原因，主要有三个方面。

一是废除“工奴”“匠籍”制度，促使瓷业快速发展。在手工业生产中，元、明两代的统治者，实行了“工奴”“工匠”制度，使工匠沦为工奴，不但人身失去了自由，而且经济受到残酷的削弱。这种制度，是发展手工业生产的严重障碍，阻碍了生产力的发展，是统治者奴役工匠的一种手段。清康熙年间，为了解除工匠们的精神枷锁，进一步发展瓷业发展，便废除“工奴”“匠籍”制度，让瓷业生产与工匠的关系发生巨大的变革，工匠由工役变为以金钱雇用的劳动力，改变了工匠对统治者的人身依附关系，调动了工匠生产的积极性，解放了生产力，促使瓷业生产的快速发展。

二是康熙皇帝开放海禁，扩大对外贸易往来。康熙二十三年(1684 年)，康熙皇帝谕令沿海各省，将以前所制定的“海禁例”尽行停止，实行开放海禁政策，让民间扩大对外贸易往来。这样，便使大量的中国瓷器输出到国外，如暹罗、真腊、满剌加、荷兰、日本等许多国家。由于世界各国对中国瓷器大量需要，无疑对景德镇的瓷业发展起到了强有力的促进作用。据《浮梁县志》载："昔日景德镇只有三百座窑，而现在窑数已达三千座。"可想而知，自海禁开放以后，当时景德镇瓷器生产供不应售的情景。

"圣友雅制"青花杯

"圣友雅制"青花杯底部圈足与落款

三是"官民竞市"措施，促进瓷业生产繁荣。由于瓷器是朝野人们迫切需要的日常用品，烧制亦随之改革。从康熙十九年(1680年)开始，"官搭民烧"便成为瓷器生产中的一种固定的制度。特别是宫廷、皇室、贵族所用的各种优质瓷器，一般来自民窑中的"包青户""宫古器"。由此看来，康熙时期的官窑、民窑的瓷器生产，在国内外各种因素的刺激下，产生"互相促进、互相帮助、互相影响"的局面，而"官民竞市"这一措施，给景德镇的瓷业生产，带来了繁荣景象。不言而喻，官窑、民窑所生产的青花瓷，同样也得到了很大发展和提高，为世人所喜爱。

根据近年来新余文物出土的情况和馆藏的文物，挑选三件代表性青花瓷，结合器物谈及景德镇青花瓷。

青花花鸟将军盖罐

## （二）实物描述

### 1．“圣友雅制”青花杯

2002年5月9日新余市博物馆征集。口径9厘米，底径4.6厘米，高5.2厘米，景德镇窑瓷。撇口，直腹，腹下收。口沿上约有磨损，可见小许露胎，圈足足壁内外斜削呈尖状，无釉。胎质坚致细腻，有“白玉”之感。圈足外壁青花弦纹两周。杯外腹纹饰：正中饰置山石、青竹、梅花，其下兰草点缀，其上还饰有机灵的喜鹊等纹图，组成为主题纹饰。杯内底青花双圈，内饰青花花卉一簇。外底青花双圈铭文：“圣友雅制”四字，楷书，青料书写，字体刚劲。整器白釉泛蛋青，青花釉色浓艳而有青翠感，纹饰清晰。主题突出，纹饰与杯的造型协调吻合。

### 2．青花花鸟将军盖罐

1979年3月新余市南郊出土。口径12.5厘米，底径17厘米，盖径18.5厘米，通高43厘米。景德镇窑瓷，胎质厚重，质地细腻坚致。直口，弧腹，底座外撇，圈足内斜削，珠宝顶钮盖状，故名将军罐。罐外腹绘有双朵牡丹、竹叶、灵雀、雉鸡、寿石、蝴蝶等纹图为主题纹饰；罐口、圈足各饰弦纹一组，圈足弦纹上绘有梅、竹、石纹饰；颈部绘饰竹节纹。整罐纹饰青料绘制，画面动静兼宜，纹饰清晰，线条流畅，主题突出，布局合理；釉面均匀呈粉白色，胎釉结合紧密，色泽清新、淡雅、明快。

### 3. “康熙年制”青花(瓶)底座

2004年江西省新余市郊区出土。残底径12.2厘米,底中间厚1厘米,残高6厘米。圆背形圈足,厚胎坚致。足端触摸有高低不平之感,无釉,底部见跳刀痕,胎质坚致紧密。器物外壁兰地青花之表现技法为指印纹,呈现青花青色浓淡不同的层次,青花釉色鲜丽而有浓翠感。器内施青白釉,内、外底釉面可见大小不一的小棕眼,触摸有凹凸不平之感,釉薄之处能见同心圆的痕迹。外底中央署有“康熙年制”四字铭文,楷书,青料书写。

## (三)烧制工艺

青花瓷是一种白底蓝花的釉下彩瓷器,其中有蓝底白花青花瓷、青花釉里红等,一般是在1200℃以上高温还原焰下烧成。参阅有关资料得知,制瓷工匠用瓷料做成胎,在胎上用氧化钴为原料绘画,上面施一层透明的白釉,入窑在高温下烧制成。青花釉料有进口料和国产料两种。进口料,名曰“苏泥勃青”,又名“苏麻离青”,主要成分为高铁低锰,烧出青花之中有颗粒状的铁锈斑效果;国产料,有江西的陂塘青、云南珠明料、浙料等,主要成分是高锰低铁,烧出青花清新、明快、艳丽。青花瓷经过几百年的烧制,康熙时瓷业工匠烧造技术已达炉火纯青,远远超越了前代的烧造工艺。

“康熙年制”青花(瓶)底座(一)

“康熙年制”青花(瓶)底座(二)

通过上述三件青花瓷器,可见康熙青花与元、明青花截然不同,其表现为:元、明青花应用进口料和国产料两种,康熙使用的是国产浙料;

元明青花罐、瓶之类的器物纹饰全身布满，层次多，多达七层以上，康熙青花罐、瓶之类的器物纹饰，虽然也布满全身，但布局疏密有致，虚实均衡，主题突出，繁而不乱。密处有密不透风之感，疏处有空旷开朗，疏可赛马之说。

由于康熙时期景德镇制瓷技师已熟练地掌握了国产料的呈色技术，青花瓷以分水法渲染，绘制在胎胚上的青料经过高温烧制的出青花釉色，达到青翠明快、色泽鲜艳、清新悦目的程度，深受人民的喜爱。

再说，康熙时期器底釉面，施釉极淡薄之处，因釉缩或气泡而可见小棕眼，透过釉面还能见到同心圆痕迹。康熙时期的胎质细腻坚致，有“白玉”之效果，而元、明青花瓷是无法比拟的，在中国整个瓷器的历史长河中，任何朝代也是无法与之抗衡的。康熙时期器物圈足内外斜削和圆背状和部分圈足修整不平，器身厚重，也属特征之一。

## （四）纹饰特点

民间青花，归属于民窑产品。它的生产条件、作坊设备、人员配备、经费数额，虽不能与官窑相比。但在器物的纹饰创新上却做出了重要贡献。一般以线条塑造形象，以形象广涵意境。图案内容与民间生活习俗紧密相连。从新余出土的花鸟青花将军罐、梅竹青花杯来看，既有工笔图案的特点，又有国画写意的技巧，画面有笔墨淋漓、气势奔放、神采飞扬的效果。

花鸟青花将军罐，此罐画面采取工笔花鸟画的技法，以寿石、花草、青竹、飞鸟、雉鸡等自然界题材为主，淋漓尽致地描绘大自然风光，熟练地运用中国传统花鸟画技法，画出的纹图层次分明，远近有别，意境深邃，耐人寻味。而在纹饰布局方面却别开生面，有所创新，纹饰虽然布满全身，但布局虚实均匀，突出主题，有着繁而不乱的效果。

梅竹青花杯，这件以民间喜闻乐见，象征吉祥平安，以梅、竹、兰、石、鹊为题材的青花杯，采用国画写意的手法，笔法简练，构图疏朗，意境含蓄，而内涵意义很深远。例如：梅，寒冬开花，花有清香，寓意福兆，花分五瓣，所谓“梅开五福”；竹，常青植物，四季翠绿，寓意平安，所谓“竹报平安”；兰，高贵温馨，寓意吉祥，素有清香，所谓“王者之香”；鹊，即喜鹊，是女神，具有感知预兆吉事的神异本领。

蓝底青花(瓶)座,这件残缺不全的瓶座上端一处尚存有少量的青花纹饰,底座的蓝地表面,晶莹光滑,釉层很厚,釉层里面,用肉眼仔细一看,隐隐约约地可分辨水波浪素色纹样,瓶底座外底中央署有“康熙年制”蓝色楷书四字铭文,其中“熙”字写成“熈”,与清康熙青花砚台外底“康熙年制”铭文款一样,写法一致,笔者认为它应为康熙时的青花瓷器。此件器物虽残,甚为珍贵,对鉴定康熙青花瓷提供了实物标本。

## 十五、清康熙青花梅瓶

清康熙青花梅瓶

通高 17.6 厘米,口径 3.2 厘米,底径 6 厘米。

直口,圆唇,短颈,丰肩,腹下部渐收敛,至底外撇,玉璧底。瓶身三层纹饰,皆青花绘制。各有双圆线隔开。肩部、腹下部饰卷草纹，腹部主题图案饰缠枝牡丹。釉层晶莹肥润。青花色泽浓艳。造型浑厚、丰满，构图主次分明，线条流畅。系清初青花梅瓶中的上品。

## 十六、清末渔樵耕读粉彩雕塑瓷

渔樵耕读粉彩塑瓷由老、中、青、少四个不同年龄层次的人物构成，好比四世同堂。人物形态各异，栩栩如生。老年人头戴草帽，双手紧抱鱼竿于胸前，后背塑一条收获的鱼，悠闲自在。中年人身着梭衣，头戴斗笠，双手紧握锄头瞭望远处，充满对丰收的希冀。青年人坐在一捆柴上抽着烟小憩，悠然自得。少年右手托书，左手持扇，勤奋苦读以博取功名，器物寓意。因社会连年动荡，

清末渔樵耕读粉彩雕塑瓷

百姓盼望天下太平，安居乐业，反映了百姓对美好生活的追求和向往。

渔樵耕读，即渔夫、樵夫、农夫与书生，是农耕社会四个比较重要的职业，也是很多官宦用来表示退隐之后生活的象征。因此，我国的民俗画常以渔樵耕读为题材，而很多古典家具也常常以渔樵耕读为雕刻图案，寓意着对美好生活的追求和向往。

在渔樵耕读的典故中，渔是东汉的严子陵，他是汉光武帝刘秀的同窗好友，刘秀很赏识他。刘秀当了皇帝后多次请他做官，都被他一一拒绝。严子陵一生不仕，隐于浙江桐庐，垂钓终老。

樵则是汉武帝刘彻时的大臣朱买臣。朱买臣出身贫寒，靠卖柴为生，但酷爱读书。妻子不堪其穷而改嫁他人，他仍自强不息，熟读《春秋》《楚辞》，后由同乡推荐，当了朝中大夫、文学侍臣。

耕所指的是舜在历山下教民众耕种生产的场景。

读则是讲述苏秦埋头苦读的情景。战国时纵横家苏秦到秦国游说失败，为博取功名而发愤读书，每天读书至深夜，每当要打瞌睡时，他就用铁锥子刺一下腿来提神。这就是悬梁刺股的由来。

渔樵耕读是农耕社会民间的基本生活和生产方式。古代人之所以喜欢渔樵耕读，与其说是对这种田园生活的恣意和淡泊自如的人生境界的向往，不如说是内心深处对入朝为官、得到统治者赏识的一种心理寄托或向往。

目前，该套瓷雕现为新余收藏家所收藏。

## 十七、清雍正矾红彩瓷笔筒

该笔筒为直口、直壁，高 17.5 厘米，直径 23 厘米，口底相若，矮圈足。器底中央有一个 3 厘米圆孔，和我们常见的木雕笔筒相似。器外饰一周用矾红彩绘制的四个瓦当图案。分别为“长乐未央”“延年”“万物咸岁”“甲天下”内容。画面布局合理，疏密得当，对比性强，艳而不俗，符合当时文人雅士追求的艺术效果。

清雍正矾红彩瓷笔筒

汉代瓦当集绘画、浮雕、工艺美

术及书法于一身，以其独特的艺术形式和装饰手法成为中国古代艺术宝库中的一种极具特色的艺术品，是清雍正时期文人雅士的激赏搜玩的重点，故千百年来始终发挥着经久不衰的艺术魅力。

笔筒是中国古代除笔、墨、纸、砚以外最重要的文房用具，大约出现在明朝中晚期。笔筒因使用方便，很快就风靡天下，至今仍盛而不衰。

从传世品来看，笔筒形制变化不大，但材质却多样，有瓷、木、铜、象牙、玉、竹等。装饰方法最为丰富，有刻、雕、镂、绘等。特别是清三代(康熙、雍正、乾隆)以前的瓷笔筒，因存量很小，一直是藏家追求的目标。



## 十八、清乾隆青花缠枝莲纹赏瓶

高 37.7 厘米，口径 9.5 厘米，底径 12.4 厘米。

口微撇，长颈，圆腹，圈足。通体饰青花纹样。主体纹饰为缠枝莲花纹变体莲瓣和卷草纹等。底青花书“大清乾隆年制”六字三行篆书方形印章款。此瓶以青花莲花为饰，取其“清廉”之意，为清代皇帝特制赏瓶，用于赏赐有功的臣

清乾隆青花缠枝莲纹赏瓶

清乾隆青花缠枝莲纹赏瓶底部圈足与落款

子，意在令其“为政清廉”。赏瓶始创于清代雍正时期，以后各朝均有烧制。该瓶现为新余收藏家所收藏。

## 十九、清乾隆豆青釉蒜头口瓶

清乾隆豆青釉蒜头口瓶底部圈足

清乾隆豆青釉蒜头口瓶

清乾隆豆青釉蒜头口瓶为笔者藏友九年前转让，此瓶通高18厘米，口径3.6厘米，底径5厘米。“大清乾隆年制”青花印章款，乾隆本朝早期作品。上肩下腹各饰一周突出乳钉纹，形制玲珑秀巧，釉色清新典雅，制作工艺精细，较为少见，是极为难得的珍品。

## 二十、清乾隆青花斗彩鼻烟瓶

几年前，一个藏友转让了一件乾隆斗彩鼻烟瓶给笔者赏玩。明代宣德年

乾隆斗彩鼻烟瓶

间(1426—1435 年)开始烧制斗彩,流行成熟于成化年间(1465—1487 年)。因为斗彩的制作是在釉下青花勾轮廓线的基础上,釉上加施彩料二次烧制而成。故有釉下青花和釉上彩互相争奇斗艳,使瓷器有绝妙巧伦之意,故称斗彩。

斗彩在绘制的过程中运用了填的手法,使绘制的色彩丰富,层次分明,富有表现力。斗彩瓷器传世甚少,极其珍贵,平时要想收藏到一件清三代的斗彩就很不容易。

笔者所收藏的清乾隆年间烧制的青花斗彩鼻烟瓶,该瓶通高 7.5 厘米,底径 2.4 厘米。瓶短颈,圆唇,平肩,长直腹,圈足。饰四层图案,腹部饰主题图案三组,面目疏密适宜。两组为两只公鸡在菊花石柱间打斗,一组为公鸡和鸡冠花柱石。此瓶图案取其"冠长加官"之意。由釉下青花与釉上彩结合进行彩绘,有争艳斗丽之意。此瓶无论在主题图案和制作用料的选择上都充满此意。斗彩鼻烟瓶为书房用品。虽说器物不大,但青三代斗彩器存世极少,平常所见皆属大路货,不是青花,就是粉彩,且多数品种一般。此件藏品确属稀少品类。

## 二十一、清末石榴紫砂砚滴

砚滴又称水滴、书滴,贮存砚水,供磨墨之用,为文房用具之一。砚滴的出现与笔墨的使用和书画的兴起有关。最迟在东晋时期,就出现了各种形状的水盂,人们在使用中发现,用水盂往砚里倒水时,往往水流过量,于是出现了便于掌控水量的器物,这就是砚滴。砚滴也称水滴、水注、书滴、蟾注等。《饮流斋说瓷》:“凡作物形而贮水不多则名曰滴。”具体出现的年代已不可考,宋赵希鹄《洞天清禄集》:“古人无水滴,晨起则磨墨,汁盈砚池,以供一日用,墨尽复磨,故有水盂。”文中所说“古人”语焉不详,但滴晚于盂则是不争之实。从传世品和出土器物来看,砚滴的出现不晚于汉代,最早为铜制,后改为陶、瓷、玉、石等材质。其样式不定,历代均有创新。砚滴与水盂不同之处在于:有单独的进水孔和出水孔,且水流细缓最慢以滴出者。宋、元时砚滴较为盛行,明清继续流行。紫砂是一种炻器,是一种介于陶器与瓷器之间的陶瓷制品,其特点是结构致密,接近瓷化,强度较大,颗粒细小,断口为贝壳状或石状,但不具有瓷胎的半透明性。宜兴紫砂器胎质具有这种特性,而且,于器表光挺平整之中,含有小颗粒状的变化,表现出一种砂质效果。紫砂器以器型、泥色和儒雅风采取胜。其器型方非一式,圆无一相,千变万状。紫砂器的泥色有多种,除去主要的朱泥、紫砂泥外,尚有白泥、乌泥、黄泥、松花泥等各种色泽,紫砂器不挂釉,而是充分利用泥本色,烧成后色泽温润,古雅可爱,紫砂器面还具有亚光效果,既可减弱光能的反射,又能清晰地表现器物形态、装饰与自身天然色泽的生动效果。紫砂陶质地古朴淳厚,不媚不俗,与文人气质十分相似,文人深爱笃好。石榴则“千房同膜,千子如一”,为多子多福的象征,是中国传统吉祥文化的造型之一,将紫砂砚滴塑为石榴形,紫砂之红与石榴之色天然相近,既有仿生之义,也蕴含中国文化的寓意,更兼实用之功,可谓一举三得。这把清末石榴紫砂砚滴产自江苏宜兴,全身浑圆,直径9厘米,石榴皮中间裂缝为进水口,石榴顶端残存的宿萼为出水小孔,基部有果柄、果叶相连,现为新余收藏家所收藏。

清末石榴紫砂砚滴

## 二十二、清道光窑变釉葫芦瓶

通高 23 厘米，口径 4 厘米，底径 7 厘米。

瓶呈两节葫芦形撇口，卧圈足，胎体厚重。通体施窑变釉，底及里施白釉，质地浓厚肥润，玻璃感极强，制作精美。此瓶有招财进宝之寓意，却又散发出仙风道骨之气，清心脱俗。

清道光窑变釉葫芦瓶

第四节

# 玉器与石器



## 一、珠珊沙头村新石器时代晚期管形玉琮

1982年7月6日，新余县文物普查队在今渝水区珠珊镇沙头村委珠珊变电所抢救清理一座新石器时代晚期墓葬时出土。礼器，器呈圆柱管形、竹节状。中有圆孔，为两端对钻，周壁用平行弦纹上下分为四节，栗黄色玉质，晶莹温润，泛油脂光泽。残高5.3厘米，直径2.6厘米，孔径0.6厘米。

琮，为祀地礼器，郑玄注："琮，八方，象地。"《周礼·春官宗伯第三》："以黄琮礼地"，即作为祀地的礼器。玉琮出现于新石器时代，以良渚文化最为发达，良渚玉琮可分为早、中、晚三期。早期为圆矮筒形，器表有四块对称的长方形凸面；中期为矮方柱体，内圆外方，一般分上下四节；晚期为长方柱形体，长度从数节至八节至十数节不等。从珠珊变电所出土的这件玉琮看，似相当于良渚文化玉琮的中期，距今约4600年。

## 二、珠珊沙头村新石器时代晚期五件玉璜

这五件玉璜均为渝水区珠珊变电所新石器时代晚期墓葬出土。距今约4600年。礼器，均为梨花白玉质。器呈细条弧形。其中有四件，两端有钻孔，孔为两面对钻，一件残。两头钻孔为穿绳线佩戴之用。这些玉璜雕作规整，打磨精细，光泽度好，其尺寸分别为：A件，长7.2厘米，宽1厘米，厚0.6厘米，此件较完整；B件，长8厘米，宽1厘米，厚0.5厘米，此件断为两段；C件，长16厘米，宽1厘米，厚0.5厘米，此件断为三段；D件，长16.2厘米，宽1厘米，厚0.5厘

珠珊变电所新石器时代晚期墓葬出土的玉器与石器

米，此件断为五段；E 件：残长 13 厘米，宽 1.2 厘米，厚 0.5 厘米，此件一段。

璜，形状像璧的一半。古代贵族朝聘、祭祀、丧葬时所用的礼器，也作为装饰用。《周礼·春官宗伯第三》："以玄璜礼北方"，释文："半璧曰璜，佩上有衡，下有二璜，作牙形于其中，以前冲之，使关而相击也，璜为佩下之饰，有穿孔，置系之处。"

这五件玉璜皆小件，应为佩戴之装饰品，亦可作礼器。

此外，该墓葬还出土了似小型玉坠、玉管、玉玦的残玉片，因残缺严重不好辨认。还出土有长条形有段石锛、常型锛、石斧等器物。

该墓出土的玉石器制作精美，打磨精细，并施以抛光，其工艺采用了切割、对钻、旋削、打磨抛光等技艺，体现出先民们制石制玉的极高工艺水平，从出土众多的玉器和高级长条形有段石锛、常型锛、石斧等刃部均没有使用过的痕迹看，这些特点表明这些制作精美的石锛、石斧，并非作为实用器物，而应是表示墓主身份的礼仪性器物。

## 三、珠珊新石器时代晚期长条形有段锛

1982年7月6日，珠珊变电所新石器时代晚期墓葬出土。距今4600年，用质地坚硬细腻的青石制作，长20.8厘米，刃宽5厘米，厚2厘米，农业或手工业工具。器身呈长方条形，顶部平整，两侧平直，双面刃，一面刃斜坡长，一面刃短，即由器身一面斜磨成刃口，另一面刃口稍斜磨而成，直刃口，较锋利。器身正反两面上部十分之一处有一阶梯状内收。使器身成厚薄不同的两段，上小段薄，下大段厚，这种形状称为段。所谓段是为了便于安装木柄而设置的，突起的段将木柄卡住，使之捆扎更牢固，石器装柄后，即可减轻劳力，又可提高劳动效率。有段石器是我国南方地区新石器时代石器制作的进步，是富有特点的生产工具。

此件长条形有段石锛制作非常精美，器形规整，线条挺拔，棱角分明，加之精致打磨，并抛光，堪称一件石器艺术珍品，体现了先民们的聪明才智和石器制作者工艺技术的高超水平。从刃口没有使用过的痕迹看，此件石锛并非一件实用器，而是表示墓主身份地位权力的礼仪性器物。

## 四、拾年山新石器时代晚期环形穿孔石器

1989年11月，水北拾年山遗址第31号探方第四文化层第15号石器堆出土。属拾年山一期文化出土物，距今6000年。用红褐砾石制作，直径8厘米，孔径2.8厘米，厚5厘米，重469克。渔猎工具，整器呈扁平圆形，中间较厚实，中央穿孔，孔为两面对钻，孔壁有凸起的台面。器形规整，打磨精细，通体磨光，光滑平整，造型厚重。此件器物为拾年山遗址出土的环形穿孔器A型，拾年山遗址共出土22件环形穿孔石器，均为一期文化出土物。分三型：A型为平面圆形共10件，B型为不规则形共9件，C型为平面圆形共3件。其制

水北拾年山遗址出土的石锛、石穿孔器、石钺、石斧

作材料有红褐砾石、墨绿砾石、灰褐砾石、砂质灰岩等。对于其用途，说法不一，考古工作者普遍认为是渔猎工具，作为捕猎野兽的投掷器，用绳索绑住穿孔，可来回抛扔打击野兽；有人认为是装饰品，可佩戴，用来美化生活，如1964年江苏邳县刘林墓地出土了一枚石环(穿孔器)属大汶口文化遗存，距今5000年，质料为蛇纹岩，直径4.9厘米，呈扁圆饼形，孔径大于边廊，用于佩戴；还有人认为是当时的原始“实物币”，“为商品交换媒介的货币初级形态”；笔者认为作为“装饰品佩戴”和原始实物币，这种环形穿孔石太重太笨，不便携带，定为“渔猎工具”较确切。

从拾年山一期文化出土情况看，众多的环形穿孔器是拾年山一期文化的一大特点，反映当时的渔猎工具发达。这些穿孔器体质厚，制作难度大，厚者达7厘米，但对钻非常规整，器身通体打磨，非常光滑，至今仍有光泽，反映出当时工匠们的高超技艺。

## 五、拾年山新石器时代晚期石钺

1987年秋，水北拾年山新石器晚期遗址，第77号墓葬出土，属拾年山第三期文化出土物，距今4800年。用质地细腻的青石制成，长12.4厘米，刃宽9厘米，厚0.6厘米。属礼器。平面呈上小下大的梯形，顶部平直，两侧挺直，器身较薄，刃部弧凸，两面刃较锋利，无使用痕迹。器身中部偏上位置上下钻两孔，孔为两面对钻，孔壁留有旋痕。整器制作精美，器身通体经精工磨光，器表光亮平滑，光可映人，反映出当时高度发达的石器制作水平。伴随该件出土的还有精美的陶鬶、陶簋、陶壶等器物，从拾年山遗址出土的136座早晚不同的墓葬看，石钺、陶鬶似唯有此墓才发现，说明墓主人生前拥有突出地位和权力，同时也说明石钺作为礼器，是代表地位和权力的象征。

拾年山新石器时代晚期石钺





## 六、拾年山新石器时代晚期长方形双孔石刀

1986年10月，水北拾年山遗址第三号探方A土层出土，距今约5000年，用灰色泥质页岩制作。长5.6厘米，宽3.1厘米。切割工具，造型呈扁薄长方形，顶部较宽，刃较窄，四边微弧，刀身两面磨制，两面刃，平整光滑。近顶部有两个圆形穿孔，孔由两面对钻，这种形式的石刀应是一种复合性切割工具。两圆孔是为了捆扎木柄或穿绳索，便于握持而设置。双孔石刀，形制规整，磨制精良、制作工艺水平较高，是新石器时代晚期石刀的一种典型形式。拾年山遗址共出土石刀19件，其形状有倒梯形、长方形，有的无孔、有的钻二孔、有的钻三孔，有的单面斜刃，可分五型，此件石刀为D型石刀。

## 七、拾年山新石器时代晚期石镞

1986年夏，水北拾年山遗址第2号探方第四土层出土，属拾年山遗址第一期文化遗物，距今约6000年，渔猎工具，用青石制作，长4.9厘米，石镞扁薄呈叶形，中有脊，横剖面呈菱形，无铤，通体磨光。早期的石镞，无铤或铤不明

显，后慢发展为有扁铤，圆锥铤，椭圆铤，有的出现双翼，拾年山遗址中出土石镞 139 件，其中新石器时代晚期 83 件，可分五型，此件石镞为 A 型，商周时期 56 件可分七型。

## 八、斜里村夏代石戈

1992 年 2 月，渝水区珠珊镇洋津村委斜里村出土，夏文化器物，距今 3800 年左右，兵器。用青石制作，长 20.6 厘米，宽 5.9 厘米，厚 0.3 厘米，器身偏薄，平面呈不规则三角形，上下两边出刃，前锋为三角尖状，为无阑直内式戈。戈，最早出现在河南偃师二里头文化二期(夏文化)，而珠珊斜里出土的这件戈与河南偃师二里头文化出土的戈相同，为无阑直内式，无阑、无胡，内为直斜式，援首呈三角尖状。同时伴石戈一起出土的还有一件陶觚，为泥质红陶、喇叭口外翻，腹部粗肥且呈筒形，平底。与二里头文化二期出土的陶觚基本一致，所以确定珠珊斜里出土的石戈和陶觚属夏时期之遗物。

戈，作为古代钩杀兵器，其发展较复杂多样，从无阑直内式发展为有阑直内式，从无阑直内二穿式到有阑直内弧刺式、曲内式、銎内式、三角援戈、条形短胡戈、圭援戈、短援阔内戈、狭援长胡戈、内刃戈等数十种形式，安装长秘及镦，用于横击钩援。盛行于商至战国时期。

## 九、肖家坑商代早期穿孔石斧

1989 年 10 月，渝水区沙土乡(今城北街道办事处)肖家坑商代早期墓葬出土。距今 3500 年左右。用页岩制作，长 16 厘米，宽 3~4.2 厘米，厚 1.2 厘米，为农业或手工业工具。整器扁薄呈狭长梯形，上窄下宽，横断面为长方形，两腰斜直，四边有棱角，顶端稍弧，两面刃，刃口平直，上部正中有一圆形穿孔，孔两面对钻，孔壁留有台痕。通体磨光，造型规整，制作精致。斧身穿孔，主要是为安装木柄，便于使用。

## 十、西汉滑石骑马俑

西汉滑石骑马俑

该俑高 20 厘米，长 15 厘米，宽 5 厘米；底板长 11 厘米，宽 5.5 厘米。它的质地为滑石，滑石是一种单斜晶系石质，一般多呈淡绿色、白色、米黄色，也有棕黄色、青黄色的，但少见。滑石光洁莹润，有玉的外观。滑石通常被研究者归入玉类。滑石雕刻是中国古代的传统艺术，从新石器时代至近现代，有七八千年的历史，一直流行不绝，特别盛行于战国至南北朝时期，大多制成璧形器、剑饰器及握猪等品类，例如江南地区的战国时期墓葬，与汉代墓葬出土的大量滑石璧，就是陪葬玉器最常见的替代物。虽然滑石器是玉器的替代品，造型纹饰都仿自玉器，但是因为滑石的质地干涩，硬度较低，表面缺乏光泽，而且遍布白色的撞击点与刮痕，所以在质感上并不难于辨识。滑石器在中国丧葬史和工艺美术史上占有相当重要的地位，关于滑石器的研究和收藏正逐渐为人们所重视，在古玩艺术品交易市场中滑石器也从不为人关注到逐渐得到玩家的肯定。

这件西汉滑石骑马俑人马合一，马胸圆鼓，马眼圆瞪，马口嘶张，马腿粗壮有力，马尾上翘。骑马者头戴平巾帻，手抓马鬃，两腿悬于马肚之下，反映了汉代尚未发明马镫的历史实情。该俑现为新余收藏家所收藏。

## 十一、西汉滑石钺

钺的形成与斧的形成属相同的时代，钺是由原始社会的劳动工具——石

西汉滑石钺

斧演化而来的。石斧的历史大约可追溯到几十万年以前。那时人们用磨制粗糙的石斧，砍斫器物、捕猎禽兽，是不可缺少的劳动工具之一。古汉字中“斤”就是砍木头的斧字，所以后来从斤字旁的汉字多有斩截、折取的意思。在新石器时代的文化遗址中，曾发现过一种磨制非常精细的石钺，钺体扁平，刃部宽阔，弧曲度大，两角上翘。这种精心制作的石钺显然不适宜砍伐林木或用于农作。据推测很可能是古人专门制造的原始兵器。钺的式样与斧相同，唯较斧为大。作为一种青铜兵器的青铜钺，出现于春秋时期，在战国时期被大量使用。由于其杀伤力不如戈矛，在春秋时期实战中的地位已大大降低，多用于仪仗、装饰之需，以作为军权的象征。玉石钺和滑石钺，则是仿自青铜钺的礼器和祭器，是世俗权力和宗教权力的象征，供礼仪、祭祀、殡葬之用。

这件滑石钺，刃部宽阔，呈半月形圆刃特征，它长15厘米，高8.5厘米，厚0.3厘米，它的器壁很薄，制作工艺水平很高，其上有三龙一凤，通过浅浮雕和透雕的形式雕琢而成。它的正中为圆形开光呈“S”形翻卷之龙的图案，钺有四个长方形小穿眼，为穿绳之用，通过这些穿眼可将该钺捆扎于长柄之上。钺背各有一龙一凤，龙凤反向而行，凤位于钺背右上方，凤冠朝下，凤喙、凤胸向上，凤爪踞地有力，凤翅展开，似有腾飞之势。钺背左上方有一龙，伏首向下，追逐着下方左刃端的另一龙。龙嘴几乎碰到了另一龙的臀部。滑石钺上的三条龙龙体皆为兽形龙，属早期龙，沿袭了战国时期龙的特征，又兼具图案化的卡通龙的造型，显得非常生动有趣。该钺制作极为平整，抛光打磨得非常好，确属新余民间收藏家所收藏的滑石精品。

## 十二、西汉兽面纹滑石盒

通高 8 厘米，口径 16.5 厘米，底径 14 厘米。

质地呈米黄色，造型呈椭圆形，口微敛，鼓腹下内收，平底，带盖。以盖面用云雷纹作底饰蟠，龙盘旋在盖面全身。盖的外沿饰一周圈点纹。器身口沿外饰云纹一周，盒身用高浮雕饰有兽，四耳将其分格为四等分，其上以云雷纹作底雕饰四组浮起的兽面纹，形象狰狞。整体气势磅礴、庄严雄浑。现为新余收藏家所收藏。

西汉兽面纹玉盒

## 十三、西汉初廓云龙纹滑石璧两件

第 1 件，直径 13 厘米，上部镂空雕一龙。

背面为素面，壁正面分内、中、外三区，内外区为素面带，内区较宽，外区较窄，中区分四组饰卷云纹，两组相向，两组相背。上方采用镂空雕一龙，张口回首，曲身卷尾卧于璧外沿。

第 2 件，长 12.5 厘米，上部镂空雕双龙。

鸡骨白色，背面为素面，正面由圆璧和出廓三部分组成。莲子纹圆形璧体，在内孔和外沿边缘上各刻弦纹一周。内孔用透雕一龙，昂首挺胸，尾部卷曲，作沿边奔跑状，分镂雕双龙卷云纹，双龙相背昂首，张口曲身翘尾挺立于壁沿，收尾于郑云纹之中，似有越云腾飞之势。这两件文物现为新余收

西汉初廓云龙纹璧(一)

西汉初廓云龙纹璧(二)

藏家所收藏。

## 十四、西汉镂空龙凤纹滑石璜

文物质地为滑石,长22.5厘米。

主体呈璜形,两端雕对称的龙形,龙眼圆睁,独角上旋,张口,曲颈,两前足作向前行进状。通体饰同心圈点纹。龙身上下雕琢弦纹轮廓线,双龙之下雕镂空的相背而立的双凤,凤鸟长冠尖喙,挺胸玉立,凤尾向后旋卷,上垂于火纹上,凤爪立于勾云纹上,前与龙爪相连,后与火纹下勾云纹相接。

西汉镂空龙凤纹滑石璜

此器设计奇巧,运用雕、琢、镂及刻等多种工艺,制作成玲珑剔透的龙骨双全的玉佩,其纹饰精细、造型完美,为西汉滑石所罕见。现为新余收藏家所收藏。

## 十五、西汉双龙莲子纹滑石璜

玉璜自新石器时代早期出现以来，至周代被定为重要礼仪玉，在造型、工艺、使用功能上精益求精，不断完善。西汉末年至东汉时期，除了玉材以外，石材也被大量用于汉代玉器制作。这样做的原因主要是，西汉向东汉过渡的过程中，社会连年征战，国力耗尽，民不聊生，导致玉料匮乏。国家已无力厚葬王公贵族，更无力制作耗力耗时的玉器来随葬。但死后葬玉这一遗风还在作祟，因此就出现材料来源多种多样，就地取材，如琉璃、水晶、滑石、琥珀、玛瑙等在汉代玉器中被广泛应用。这也是当时社会的一种无奈选择，但在制作工艺器形上保留当时的社会传统，并有新的突破和长足的进步发展。

西汉双龙连子纹滑石璜

西汉双龙连子纹璜，长 17 厘米，质地为滑石，鸡骨白，半透明，主体形若战国时期的双龙首同体璜，龙身琢刻隐起的莲子纹，左右对称雕刻龙首。璜下附饰方折简化双凤装饰图案，璜的中部上下各有一孔，以备悬挂。全器采用镂空、浅浮雕、线刻三种技法，线条流畅，镂刻精工。

## 十六、西汉山羊形滑石璜

该璜质地为滑石，长 10.5 厘米。

米黄色，扁平体，形制规整，制作考究，以阴线勾勒和镂空透雕技法表现山羊形象，呈伏卧状，躬身昂首，张目怒视，前后肢蹲曲，张如蓄劲前冲之势。

西汉山羊形滑石璜

西汉五山纹滑石镜

现为新余收藏家所收藏。

## 十七、西汉五山纹滑石镜

该镜质地为滑石，直径13厘米。

镜背置三弦钮，卷缘。圆钮座外环以羽纹和叶纹为底，主纹为五山字纹排列一周。这种纹饰是从战国青铜镜的勾连雷纹演变而来的。此镜制作精细规整，纹饰简洁。现为新余收藏家所收藏。

## 十八、西汉滑石圆雕犀牛

西汉滑石圆雕犀牛

西汉滑石圆雕犀牛灰白色，半透明，通高4.5厘米，长8厘米，最宽4厘米。器为圆雕写实手法雕刻而成，真实活现出一头张目平视、傲然站立的犀牛形象。犀牛异常粗笨的躯体、短柱股的四肢、庞大的头部、吻部上端有双角(前角长大、后角短小)，头小，侧雕刻有一对小眼睛，昂首伫立，四足敦实有力，洋溢着充沛的活力。

西汉滑石圆雕犀牛体态雄健。现为新余收藏家所收藏。

## 十九、西汉滑石圆雕长颈鹿

西汉滑石圆雕长颈鹿通高 7.5 厘米，长 3 厘米。此器物仿一只长颈鹿雕刻，昂首头上有两肉角在耳前方，前足长、后足短，蹄有三足，合匾口，圆目。造型逼真，形象生动。据说在 600 年前明代的郑和远航世界，其中之一就是为寻找中国人心目中的吉祥神兽麒麟。中国古代传说中世有麒麟出。麒麟的出现是国泰民安、天下太平的吉兆。可谁也没见过这种古籍中形容为鹿身、中尾、独角神兽的模样，故一直有人怀疑它是否真的存在。在明永乐十二年(1414 年)郑和来到非洲榜葛剌国(今孟加拉国)，将新任国王赛弗西进贡的一只类似古书中描绘的“麒麟”——长颈鹿带回，当时明朝举国上下为之欢腾。

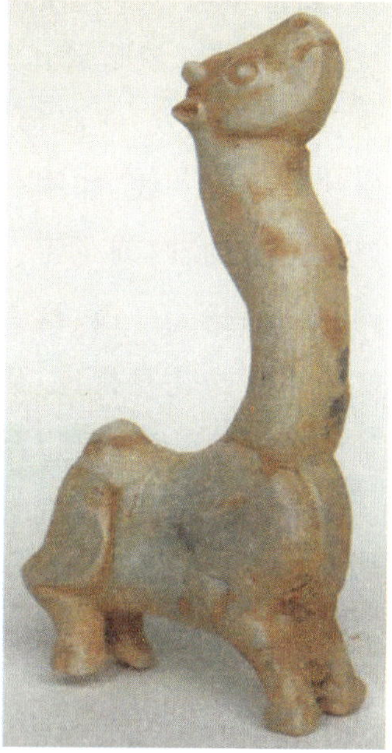

西汉滑石圆雕长颈鹿

据古生物学家研究认为，长颈鹿祖籍地在亚洲。这件西汉文物，或许能从侧面证明这一点。目前，该长颈鹿雕件为新余收藏家所收藏。

## 二十、清代龙首螭纹和田白玉带钩

玉带钩古时又名“师比”。是古时集实用与装饰为一身的物品，起系结腰带的作用。它通常由钩首、钩身、钩钮三部分组成。钩首位于器之一端并向上弯曲成钩状；钩身正面为钩面，多有纹饰；钩身底一般有一钮。玉带钩基本形状一般为扭曲“S”形，还有棒形、竹节形、圆形、兽面形、琴面形等。材质多为白玉、黄玉、青玉、墨玉、碧玉和水晶、玛瑙、翡翠等。历史上玉龙带钩流行主要在战国至汉代和元、明、清两个时期。清代玉龙带钩，以乾隆时期为代表，选料讲究，玉质纯净，脂感较强，雕刻细腻丰满。

最近，笔者在新余一位朋友家里发现的一件传世和田白玉带钩，经查阅有关资料，这件带钩与上海陕西北路清墓出土的白玉龙首螭纹带钩大相径庭，造型和结构为典型的清代中期带钩风格。带钩重 110 克，长 13 厘米，宽 2.3 厘米，厚 2.8 厘米。其特征为：①钩首为龙头，呈块状凸起，额部出短双角，角间无披发；龙眼形同“虾米眼”前凸，并与由明代合页状耳演变而来的棒状耳连成一线，如同一短棍；鼻尖上翘，鼻翼舒张，露角形鼻孔；龙嘴斜杀，口微张，口腔内刻龙舌，舌尖外露，嘴角边沿腮帮上浮起三条块状肌肉。②钩身正面腾起一螭，螭首额部亦如板块隆起，出须三撮，前须下垂，左右两须交于肩膀与钩身相连；眉、眼、鼻堆砌在脸部前缘；螭耳作圆窝状高高起凸，耳间生螭发，发顺身以阴刻线表示，阴刻线至脊柱消失；螭体圆浑，僵直无起伏，整个螭身由钩背的 8 个支点撑起。③钩体似一块厚薄均匀的条状板块，钩钮薄而短。

这件清代龙首螭纹白玉带钩特征明显，器型适中，天地饱满，具有较高的艺术和收藏价值。

清代龙首螭纹和田白玉带钩

# 第五节

# 服饰及丝织品





## 一、水北胡家山墓葬出土的明代罗大袖袍

1996年5月2日，水北胡家山2号明墓出土。此件罗大袖袍是2号墓女主人穿的第二件服饰。袍通长122.5厘米，两袖通长195厘米，袖口宽40厘米，领高12厘米，领长114厘米，腰宽74厘米，下摆宽109.5厘米。交领、右衽，直裾式，宽大袖，夹袍。以紫褐色罗缎做面，白棉布衬里，衽上有两系带，长18.5厘米，便于系扎。其服饰特点是长广袖，大胸襟，右衽交领，下摆宽，做工精细，显得雍容大方。

## 二、水北胡家山墓葬出土的明代云纹暗花褶裥缎子裙

1996年5月2日，水北胡家山2号明墓出土。此件缎子裙是2号墓女主人下葬时穿在下身的第一件裙子。裙通长86厘米，腰高8厘米，腰宽56.5厘米，下摆宽172厘米。前后用4幅紫褐色锦缎面缝制，用罗缎衬里，裙边镶1厘米宽的缘边。裙与腰相连缀处褶细裥，将172厘米宽的细缎褶裥后与56.5

明代云纹暗花褶裥缎子裙

厘米宽的裙腰相连，褶裥均匀细密，致使裙上窄、下宽，裙摆呈圆弧形。裙腰用罗缎缝制，裙子质地细腻柔软，光亮平滑。整个裙面浑身织就云纹暗花图案。花纹为双线卷勾云团云头纹，在云纹图案骨架中，织成暗白色朵朵卷云云纹，云纹舒展飘逸，变化多样，重重叠叠，气象万千，显得格外高雅富贵。此种织锦工艺，是用花机织成，需要二人以上共同操作方能完成。宋应星在分宜当教谕期间，考察了新余分宜的农业、手工业、生产，写下了《天工开物》这部伟大科技巨著，在该书服饰第二卷机式中就有这种花机的详细介绍并附有插图，反映了明代纺织技术的先进水平。



## 三、水北胡家山墓葬出土的明代蓝棉半袖对襟衫

1996年4月24日，水北胡家山1号墓出土。衣长65厘米，两袖通长84厘米，下摆宽70厘米，袖宽27厘米。用细蓝棉布缝制。衣对襟，半袖即短袖。因短袖衣的衣袖为长袖衣的一半，所以汉魏时将短袖衣称之为半袖，沿称至清。此件半袖对襟衫，系男主人生前穿过的衣服，衣服较旧，而且肩上打有补丁，对襟上均匀地缝有四粒棉线做成的纽扣，便于扣扎。该衣服采用的是“扎染法”，衣服颜色蓝白相间，自然渲染，色彩柔和，显得朴实大方。

明代蓝棉半袖对襟衫

## 四、水北胡家山墓葬出土的明代白棉褶裥袍裙（褶子）

1996年4月17日，水北胡家山1号明墓出土。此件袍裙（褶子）系1号墓

明代白棉褶裥袍裙(褶子)

男主人穿的衣服。衣长132厘米,两袖通长250厘米,下摆宽170厘米,领高12厘米,领长112厘米,袖宽50厘米。用细白棉布缝制,单衣无衬里。交领、左衽,广袖,袖子呈圆弧形,上身为衣,下身为裙,裙与腰相连缀处褶细裥,将170厘米宽的白棉布褶裥后,形成72厘米腰宽。裙摆呈上窄下宽的圆弧形。左襟腰间安一布纽扣,与右腋腰间纽眼相扣。该衣做工精细,褶裥均匀细密,5厘米宽就有裥20个,整衣计有近300个褶裥,并运用了热熨技法,衣服平整挺直,针线细密均匀,体现出较高的缝制水平。

这种褶裥袍裙(褶子)是由深衣袍衫发展而来。周代以前,中国的服装主要采用一种形制,即上衣下裳,那时的服装不分男女,全都做成两截,一截穿在上身,称衣,穿在下体称裳。裳的形制有点像后世的围裙。到了春秋战国,出现了一种新的服制,将上衣下裳合并起来缝制,名叫深衣;进入汉代,有裆裤出现,由曲裙深衣改变为直裾之服叫襜褕;东汉时襜褕发展成袍,袍发展为衫。从东汉历经三国、晋、南北朝、隋、唐、五代至宋,帝王百官朝会之服一直采用袍衫。元明时期根据袍衫的不同形制,定有各种不同的名称,常见的有直裰、道袍、曳散、褶子等。褶子是明代男子常用的便服,其式用交领,或用圆领,两袖宽大,下长盖膝,腰部的下折有细裥,状如女裙,不分尊卑,均可穿着,尤以官吏、士人所穿为多。据明无名氏《天水冰山录》记载:严嵩被查抄的金银细软中,就有油绿绢褶子 3 件，绿褶 3 件，玉色罗褶子 2 件，蓝纱褶子 4 件及蓝细褶子 4 件。《金瓶梅词话》第七十九回，写西门庆外出时“身穿紫羊绒褶子，围着风领，骑在马上”，反映了当时的衣着习俗。而水北胡家山 1 号明墓就出土了 2 件蓝棉布褶子和 3 件白棉布褶子，说明 1 号墓男主人家庭比较富裕殷实。

## 五、水北胡家山墓葬出土的明代蓝棉夹裤

1996 年 4 月 24 日，水北胡家山 1 号明墓出土。裤长 88 厘米，腰宽 52 厘米，腰头高 6 厘米，裤脚宽 30 厘米，用蓝棉粗布缝制，蓝细布衬里。两条裤腿在上与腰相连，腰的两边安两条系带，带长 41 厘米，以便系扎。该裤直裆较高达 42 厘米，裤脚偏短，应为冬天穿在外面的夹裤，我国穿裤的历史悠久，从出土的文物和传世文献来看，早在春秋时期就有裤。那时的裤没有裆，只用两只裤管套在胫上，即膝盖以下的小腿部分。这种裤称为胫衣。《说文解字·系部》曰：“绔，胫衣也”，即指裤管之类的服饰。秦汉时出现一种穷绔，其制上达于股，下覆于胫，在两股之间施以裤裆，裆不缝缀。而类似开裆裤。汉代出现了有裆之裤，称裈，除下长过膝的长裤以外，汉代也有短裈，即裤裆缝合的短裤称为犊鼻。以后亦将有裆之裤称作满裆裤。水北胡家山一、二号明墓出土裤 7 件，有开裆裤和合裆裤，有夹裤、单裤之分，还出现了一种短裤，从裤管的边开口，再安二根系带便于系扎，这种短裤，实属少见。证明这两种式样的裤子，一直延续到明代。

水北胡家山 1 号明墓出土的蓝棉夹裤

## 六、水北胡家山墓葬出土的明代蓝色棉布大襟右衽襦

1996年5月2日水北胡家山2号墓葬出土。这件蓝棉襦系2号墓女主人穿的第五件服饰。衣通长70厘米，两袖通长161厘米，下摆宽76厘米，领高8.5厘米，领长85厘米。用细蓝棉布缝制。大襟、右衽、直裾式。襦是最常用的短衣，《礼记·内则》：童子十年，“出就外傅，居宿于外，学书计，衣不帛襦袴”。许慎《说文解字·衣部》：“襦，短衣也。”其制有长短，单夹之别，长者不过膝，短者仅至腰间，夹襦之中有时还可以纳入棉絮，即后世棉袄的前身。此件蓝色棉布襦，亦采用“扎染法”，色彩蓝白相间，自然渲染，朴实大方。

明代蓝色棉布大襟右衽襦

## 七、水北胡家山墓葬出土的明代蓝色棉布裙

1996年5月2日，水北胡家山2号墓葬出土。此件蓝布裙系填塞捆扎尸体空间的服饰。裙长80厘米，腰宽57厘米，下摆宽140厘米。前后用4幅蓝棉布缝制，用白棉布做腰头，下摆呈弧形，前稍短，后稍长，腰间稍加褶裥。裙子是从裳演变而来的一种服饰。古代“裙”“群”二字同源，群者，多也。当时布帛门幅狭窄，一条裙子通常由多幅布帛拼制而成，因而有“裙”的名称。汉刘熙《释名·释衣服》：“裙，群也，连接群幅也。”从汉代起裙子盛行，在湖南长沙马王堆汉墓中就出土了裙子实物，它是用4幅素绢拼制而成，上窄、下宽，呈梯形，腰间无褶裥，到东汉后出现了褶裥裙，后来裙子发展形式多样，色彩丰富多彩。

水北胡家山2号墓就出土了蓝白棉布裙5件，并有夹、单之分，夹裙以白

棉布衬里为多。此件蓝棉布裙，亦采用“扎染法”，使蓝白颜色自然过渡，色调浅雅相宜。

## 八、水北胡家山墓葬出土的明代白棉裤袜

1996年5月2日，水北胡家山2号明墓出土。裤袜为2号墓女主人所穿。裤袜鞧长38厘米，袜脚长22厘米，宽17厘米。用双层粗白棉布缝制，圆头，长筒鞧，筒鞧上部前后褶裥，后侧开一长1.5厘米半口，口两侧各安一白棉扎带，带长25厘米，宽0.5厘米，以便穿着系扎，长鞧下部与白棉缝制的袜脚面相连，袜脚下缘缝一周棉线，形成比较牢实的袜底，裤袜穿于脚胫上很像现代的长筒袜。

## 九、水北胡家山墓葬出土的明代翘头弓鞋

1996年5月2日，水北胡家山2号明墓出土。此鞋为2号墓女主人所穿。鞋长21.5厘米，宽5.5厘米，高5厘米。用艳色罗面缝制，用粗白棉布衬里和做鞋底。鞋前尖后宽，前端上翘，呈起伏云头状，鞋尖面和鞋底中部绘有朱红莲花图案，鞋帮前左右各缝一根系带，用于绑扎，穿着牢固。鞋面与鞋底，缝合牢固，针线细密、均匀，体现出手工针线的高超水平。水北胡家山两座明代墓葬，出土了服饰实物80余件，有半袖对襟衫、大袖袍、圆领衫、交领衫、右衽襦、褶子、合裆裤、开裆裤、围裳、翘头弓鞋、裤袜、幞子、头巾等10多种类型，大多是墓主生前穿着的服饰，都较朴素，为我们研究明代的服饰制度、纺织工艺等提供了宝贵的实物资料。

翘头弓鞋

## 十、操场乡山泗村明代圣旨

2003年5月，笔者在本地一乡村调查时，发现了一则明朝天启年间(1621—1627年)敕封。此敕封是明熹宗皇帝敕封时任明代内阁中书科中书舍人钟炌及其妻子的。现为钟炌第九世孙收藏。敕封质地为黄绫,黄绫上有白丝提花织出的“万历四十五年□月□日造”暗花织造年款。敕封较为完整,存长144厘米,宽30厘米。据介绍,此敕封在20世纪60年代由于藏者害怕受牵连,曾被藏于阁楼混入稻草中,后家人忘记,用稻草铺猪圈时一起被垫在猪圈沤入猪粪中,出粪施肥时在田间重新找到,故敕封中间被钉耙挖了两个洞,受粪水浸泡,黄绫颜色已褪,较为灰暗,但字迹未糊未散,仍十分清晰。现将敕封全文内容整理如下:

“奉天承运

皇帝敕曰　士甫释蔬屩而服采承明参陪侍从亦至荣遇矣地清则可以养品职暇乃足以储施盖异日重远实需之非徒以掌故见长也　尔中书科中书舍人钟炌美爱可传文明以止一翘蕊榜遂秩薇垣而尔文学足以润身名蜚五字谋猷长于议制藻蔚千秋承休矣精白之衷 报主在丹铅之外修途伊始大受可期当龙楼毓秀之时正鸡树覃纶之会是用授尔阶征仕郎锡之敕命夫尔职昔分四户则势利易滋今履双清则名行宜饬玩而多优游急而求闻远毚焉宁得终日乎士善藏厥用乃能大用钦哉

朕且以耳目寄汝

敕曰　遗袿之悲人情乎况当显庸之日悼兰芳之早萎念蕙问之犹

馨使人何能已已也尔中书科中书舍人钟炌妻严氏动与礼遊(游)静以义立居室而道齐师氏有行则德配女仪乃丙夜篝灯相励鹏骞之志而丁年捐佩竟摧燕婉之芳降命不长维德之吉兹赠尔为孺人尚歆紫绋之恩永作黄圩之贲

敕曰　出纳丝纶之臣遑问户内傥相在尔室有儆凫雁而饬蘋(濒)繁则女而士者也朕是以有六珈之锡尔中书科中书舍人钟炌妻卢氏风规闲静德度端良仰绍前徽解佩襄勤于中夜恪修妇职服綦励介于从官室无问织之劳爨有欲清

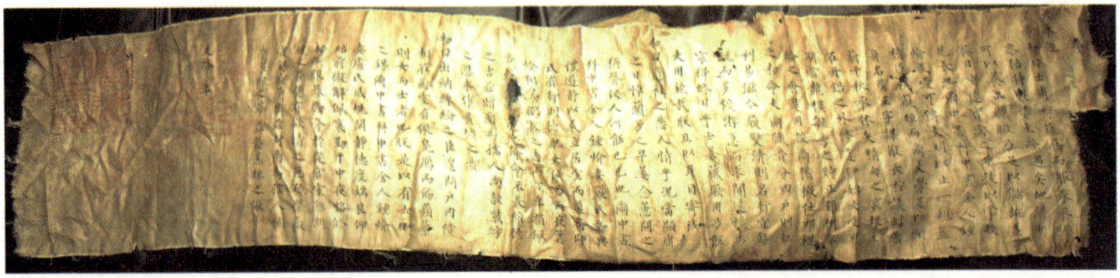

操场乡山泗村明代圣旨

之色疏荣薇省锡宠兰衡兹封尔为孺人祇膺翟服之华益饬羔丝之儆

天启　年

[ ]字一百五十二号

注："天启　年"处加盖"敕命之宝"印；"[ ]字一百五十二号"处加盖"广运之宝"印。另外，敕封为竖排，"[ ]字一百五十二号"为骑缝字，仅一半在敕封上。原件未注明为天启X年，但据《钟氏族谱》，可知为天启癸亥年，即天启三年，1623年。

钟炌（1582—1650年），字淑宪，号昭民，江西分宜人。明天启二年（1622年）进士，初授内阁中书科中书舍人（从七品），后改任大理寺卿、顺天府尹、吏部左侍郎、工部右侍郎，最后官至都察院左都御史（正二品）。钟炌在年轻时，便以德行与文章著称，入仕后，器识沉练，办事缜密谨慎，为官清廉，疾恶如仇，关心民间疾苦。他在朝廷任职初年，正值熹宗朱由校重用宦官魏忠贤之时，钟炌不愿同流合污，借故乞假归里闲居。崇祯皇帝继位后，才重返朝廷任职。官至都察院左都御史，后在查处内侍邓希诏案时，得罪了邓的同党司礼内监曹化淳和东厂宦官王之心，被污为"忤旨"，被罢职。崇祯十一年（1638年）再次返乡归里，此后在家教子耕读。清顺治七年（1650年）卒，年六十八岁。

封典是历代皇帝给予官员本身和其妻及祖先的荣典，始于晋代，具体制度各代均不相同。据《明史·职官志》记载，明朝时期五品以上用皇帝之诰命授予，称为诰封，五品以下用皇帝之敕命授予，称为敕封。一般在有庆典时颁给。封典给官员本身的称为"授"，给予其祖先和妻的，生存者称为"封"，已死者称为"赠"。官员因品级不同封典也不同，"一品三代四轴，二、三品二代三轴，四、

五、六、七品一代二轴”,即一品封典给予曾祖父母以下,三品以上给予祖父母以下,七品以上封其父母以下,九品以上仅封其本人。“外命妇之号九:一、二品曰夫人,三品曰淑人,四品曰恭人,五品曰宜人,六品曰安人,七品曰孺人,……”;对妻母的封典,规定“嫡在,不封生母;生母未封,不先封其妻;妻封赠止于一嫡一继”。

解读此道敕封:敕封时钟炌为内阁中书科中书舍人。中书舍人一职,最早设于南朝梁时,唐代为中书省的属官,司管上奏、参议及诏敕的起草等;宋代时地位渐高,官品尊贵,官位正四品;历代“舍人”为四至六人。明代废中书省,中书舍人属内阁中书科,人员增至二十人,职责为“掌书写诰敕制诏银册铁券等事”,品级也变为从七品。按明代文散阶制,从七品官官员本身初授从仕郎,升授征仕郎;其妻母敕封为孺人。封典时钟炌官品为从七品,因此封典限其本人、父母及妻(一嫡一继)。对钟炌“授尔阶征仕郎”;从圣旨第二、三段看,敕封时原配妻严氏已故,故“赠尔为孺人”;妻卢氏尚在,故“封尔为孺人”。再从此圣旨看,未见封其父母,与文献记载明代封典制度似有不符。其实不然,此次封典,其父母也一同被封,只是圣旨原件已不知落于何处。现根据《钟氏族谱》记载,将敕封其父母之内容整理如下:

敕曰　彰美职开传盛职受厥及析薪厥子荷之譬　材既勤朴斫以涂丹　尔钟之翰乃中书科中书舍人炌之父处士名高德星应瑞孝弟力田而自得其羽可仪准绳规矩其为人非礼不动观桥观梓传经积厚嬴金修学修祠好仪品高韫玉榆社犹腾月旦兰　未歇风徽启尔亢宗为余秘翰兹赠尔为征仕郎中书科中书舍人焕纶音于琐掖歆腆渥于蒿原

敕曰　白华之咏美孝子洁清也乃当陈茵之时常怀陟岂之感而白粲在庋板舆不御伤若之何尔张氏乃中书科中书舍人钟炌之母生有令德嗣其徽音仰奉三人滫瀡以承色笑俯摩遗育刺绣而佐饔飧至于鸣轧杼机韵吾伊于伏案和调九胆示勤苦于折　爰启庭兰作余国宝兹赠尔为孺人九原昭彤管之辉　一命焕元　之色

再考此敕封之来历:由于钟炌罢官归里,直到去世,在老家一共住了十二年,敕封可能是其带回老家,此后世代相传,历时三百八十余年,直至今日,由其第九代孙保存。据《钟氏族谱》记载,钟炌一生共得过皇帝圣旨七道,内容涉及其本人和祖父母、父母、妻子及其工作部门，但保存下来的仅此一道。另外，随此敕封一起收藏的，还有一枚钟炌私人印章。印章质地为玉，篆体，钮为独角兽。因此这道敕封圣旨很好地佐证了明朝封典制度的文献记载，不失为一件具有较高文物价值的实物资料。

# 附录

# 新余市各级文物保护单位简表

## 一、全国重点文物保护单位

| 名称 | 时代 | 位置 | 保护范围 | 建设控制地带 | 建设控制高度 |
|---|---|---|---|---|---|
| 罗坊会议旧址 | 1930 年 | 渝水区罗坊镇院前村委陈家闹村 | 旧址前临街东55米,南10米,西20米,北10米,后至大樟树。 | 保护范围各方向延伸距离,东15米,南15米,西20米,北15米。 | 7米 |
| 兴国调查会旧址 | 1930 年 | 渝水区罗坊镇彭家洲村委,彭家洲新村西南面 | 以围墙为界,东10米,南10米,西20米,北10米。 | 保护范围各方向延伸距离,东50米,南30米,西30米,北40米。 | 7米 |
| 拾年山遗址 | 新石器时代 | 渝水区水北镇南陂村委拾年村东面 | 以三次发掘揭露面积 探坑最外边线为界:东延伸10米,南15米,西10米,北5米。 | 保护范围各方向延伸距离:东延伸10米,南10米,西5米,北10米。 | 6米 |
| 凤凰山古矿冶遗址 | 唐至明 | 分宜县湖泽镇铁坑铁矿北面 | | | |
| 上高会战遗址(中国军队74军58师师部遗址) | 1941 年 | 渝水区下村镇大桥村 | | | |

## 二、江西省文物保护单位

| 名称 | 时代 | 位置 | 保护范围 | 建设控制地带 | 建设控制高度 |
| --- | --- | --- | --- | --- | --- |
| 昼锦堂 | 明代 | 渝水区观巢镇汉泉村 | 以主体建筑外墙为界，东延伸15米，南40米，西10米，北25米。 | 保护范围各方向延伸距离：东10米，南45米，西30米，北15米。 | 5米 |
| 棋盘山遗址 | 商周时期 | 渝水区罗坊镇北岗樟塘村北面 | 以遗址分布实际面积区为准：东延伸20米，南20米，西20米，北20米。 | 保护范围各方向延伸距离：东延伸50米，南50米，西50米，北50米。 | 10米 |
| 蓉泉桥 | 明代 | 渝水区水北镇排江村东面 | 以主体建筑实际计算面积区桥基外边为界：向东延伸15米，南10米，西15米，北10米。 | 保护范围各方向延伸距离：东延伸10米，南10米，西10米，北10米。 | 6米 |
| 邓家围垅屋 | 清代 | 分宜县湖泽镇尚睦村 | 以整个建筑外墙为界：向东延伸60米，南20米，西20米，北20米。 | 保护范围各方向延伸距离：东延伸15米，南10米，西10米，北10米。 | 6米 |

# 三、市级文物保护单位

第一批　　1984 年 5 月 6 日

| 编号 | 类别 | 名称 | 时代 | 地点 | 保护范围 |
|---|---|---|---|---|---|
| 1 | 古建筑 | 魁星阁 | 南宋 | 虎瞰山东南 | 阁基周围延伸 4 米 |
| 2 | 古建筑 | 孔子庙 | 唐创建清重建 | 虎瞰山东南魁星阁西 | 整个建筑 |
| 3 | 古建筑 | 瀛洲书院 | 清咸丰 | 虎瞰山南，孔庙西边 | 全部建筑 |
| 4 | 古建筑 | 夫子堂 | 明洪武 | 下村镇城潭梁家 | 全部建筑 |
| 5 | 古建筑 | 张均海官厅 | 明朝 | 观巢镇汉泉村 | 全部建筑 |
| 6 | 古建筑 | 北山牌坊 | 明朝 | 界水乡北山 | 牌坊周围 10 米 |
| 7 | 古建筑 | 杨桥 | 明朝 | 杨桥镇新楼村 | 桥体两头 10 米 |
| 8 | 古建筑 | 状元桥 | 唐朝 | 杨桥镇湖丘村 | 桥体两头 10 米 |
| 9 | 古遗址 | 碾糠山遗址 | 商代 | 南安乡杨家 | 整个遗址 |
| 10 | 古遗址 | 棋盘山遗址 | 新晚至西周 | 罗坊镇北岗章塘村 | 整个遗址 |
| 11 | 古遗址 | 蛇脑山遗址 | 西周 | 仁和乡棣村 | 整个遗址 |
| 12 | 古遗址 | 洪阳洞遗址 | 新石器时代 | 仙女湖区界桥乡横溪村 | 整个遗址 |
| 13 | 古遗址 | 社山坪遗址 | 商周 | 杨桥镇湖丘村彭家里 | 整个遗址 |
| 14 | 革命文物 | 罗坊会议旧址和毛泽东同志旧居 | 民国初 | 罗坊镇院前村委陈家闹村 | 整个房屋 |

续表

| 编号 | 类别 | 名称 | 时代 | 地点 | 保护范围 |
| --- | --- | --- | --- | --- | --- |
| 15 | 革命文物 | 红一方面军总部旧址和朱德同志旧居 | 民国初 | 罗坊镇院前村委园前村 | 整个房屋 |
| 16 | 革命文物 | 毛泽东同志开兴国调查会旧址 | 1969 年修复 | 罗坊镇彭家洲村 | 整个房屋 |
| 17 | 革命文物 | 罗坊会议纪念馆 | 1973 年 | 罗坊镇彭家洲 | 整个房屋 |
| 18 | 革命文物 | 九龙山革命烈士纪念塔与墓 | 1975 年 | 九龙山乡黄田村南 | 塔与墓整个小山 |
| 19 | 革命文物 | 谢家祠分宜中心县委旧址 | 民国 | 钤山镇苑坑田心江背村 | 整个房屋 |
| 20 | 古石刻雕塑 | 观音岩 | 明清 | 钤山镇松山年珠水晶坑 | 全部石刻建筑 |
| 21 | 洞泉 | 龙施泉 | 明嘉靖 | 仁和乡政府附近 | 洞泉四周 5 米 |
| 22 | 古墓葬 | 大理寺左少卿张固墓 | 明天顺 | 观巢镇洋潭村委亭堂下村 | 墓周围 3 米 |

第二批

2005 年

| 编号 | 分类号 | 名称 | 时代 | 地址 |
| --- | --- | --- | --- | --- |
| 1 | 古遗址 | 龚家山遗址 | 旧石器时代 | 市高新技术开发区水西镇加山村委 |
| 2 | 古遗址 | 打鼓岭遗址 | 旧石器时代 | 渝水区罗坊镇竹山村委周家村 |
| 3 | 古遗址 | 彭家山遗址 | 新石器时代 | 市高新技术开发区水西镇周家村 |
| 4 | 古遗址 | 斜里遗址 | 夏 | 渝水区珠珊镇洋津村委斜里村 |
| 5 | 古遗址 | 何家垴遗址 | 商周 | 渝水区鹄山乡鹄山村委 |
| 6 | 古遗址 | 麻岭山遗址 | 商代 | 渝水区新溪乡潭溪村 |
| 7 | 古遗址 | 凤形山遗址 | 商周 | 渝水区南安乡哲山村 |

续表

| 编号 | 分类号 | 名称 | 时代 | 地址 |
|---|---|---|---|---|
| 8 | 古遗址 | 刘家山遗址 | 战国时期 | 渝水区罗坊镇陈家村委 |
| 9 | 古遗址 | 凤凰山古矿冶遗址 | 唐晚期至明 | 分宜县湖泽镇 |
| 10 | 古建筑 | 将军府 | 清 | 渝水区罗坊镇堆上张家村 |
| 11 | 古建筑 | 骢马门 | 明 | 渝水区水北镇楼下村 |
| 12 | 古建筑 | 三立堂（邓家大屋） | 清 | 分宜县湖泽镇尚睦村 |
| 13 | 古建筑 | 毓庆堂 | 明 | 分宜县分宜镇介桥村 |
| 14 | 古建筑 | 枫溪古民居 | 清咸丰十年 | 分宜县钤山镇枫溪村 |
| 15 | 古建筑 | 蓉泉桥 | 明 | 渝水区水北镇排江村委 |
| 16 | 古建筑 | 官溪桥 | 明 | 渝水区水北镇慕江村委 |
| 17 | 古建筑 | 檀步桥 | 清 | 渝水区水北镇水北村委 |
| 18 | 古建筑 | 八百桥 | 清 | 渝水区良山镇八百桥村委 |
| 19 | 古建筑 | 八斗桥 | 清 | 渝水区下村镇江东村 |
| 20 | 古建筑 | 登瀛桥 | 元 | 分宜县钤山镇防里村 |
| 21 | 古建筑 | 星拱桥 | 明 | 分宜县钤山镇防里村 |
| 22 | 古建筑 | 四眼井 | 北宋 | 渝水区城南办事处东风村委章家村小组 |
| 23 | 古墓葬 | 胡家山古墓群 | 明 | |
| 23 | 古墓葬 | 彭嗣元墓 | 宋 | |
| 25 | 近现代史迹和纪念建筑 | 江西省苏维埃政府旧址（曾山旧居） | 1930 年 | 渝水区罗坊镇院前村委习彭村 |
| 26 | 近现代史迹和纪念建筑 | 上海劳动妇女战地服务团旧址 | 1939 年 | 渝水区珠珊镇横板桥村 |
| 27 | 近现代史迹和纪念建筑 | 北伐军仰天岗战场 | 1926 年 | 城北仰天岗 |
| 28 | 近现代史迹和纪念建筑 | 中共花桥党支部旧址 | 1927 年 | 仙女湖区九龙乡花桥村委棕形里村 |

# 新余文物工作大事记

●1954年,中国科学院考古研究所在新余采集发现鳄、龟鳖爬行类以及哺乳类、钝脚类等动物化石,属新生代始新世脊椎动物,距今约36.5百万至53百万年。

●1959年1月,为配合江口水库建设,长江流域规划办公室文物考古队江西分队,在分宜境内水库淹没区调查发现下马垅、昌山、泉塘、西冈四处古文化遗址。

●1959年,新余再次发现始新世脊椎动物化石。

●1960年,江西省文物管理委员会、江西省文物考古分队在分宜县试掘古窑遗址。

●1961年,中国科学院古脊椎动物与古人类研究所在新余县姚圩宁家山采集发现冠齿兽化石,属新生代第三纪始新世,距今约36.5百万至53百万年。

●1962年4月,新余市界水主龙山出土西周铜甬钟。

●1964年,分宜县出土宋俑。

●1965年,新余县发现始新世约53百万至36.5百万年前的钝脚类化石。

●1976年,新余在白垩系地层发现中生代白垩纪65百万至135百万年爬行动物恐龙蛋化石。

●1979年12月,新余县沙土送桥村(今为袁河街道办事处)境内出土乌龟化石,属新生代第三纪上新世,距今约5.3百万至2.4百万年。

●1980年4月,新余县罗坊陈家雷公山出土西周铜甬钟。

●1981年4月,新余县水西加山出土西周铜甬钟。

●1981年11月—12月,蒋务本、胡小勇在宜丰县参加宜春地区举办的第

二次全国文物普查试点培训班学习。

●1982 年 3 月，经新余县人民政府发文批准，成立新余县文物普查领导小组，为县志编纂办下设单位，后经县文教局同意，改设新余县文物陈列室。

●1982 年 3 月—4 月，蒋务本、胡小勇、章琳、倪孝世、刘义珍、阮君文、施义、胡惠民、彭忠平九位同志以及分宜文化馆何岸松等六位同志，在清江县参加宜春地区举办的第二次全国文物普查骨干学习班培训。

●1982 年 6 月，新余县文教局 39 号文件、新余县供销社 25 号文件联合发文《关于加强文物收购管理制止文物外流的通知》。

●1982 年 7 月—12 月，新余县在本埠境内开展第二次全国文物普查工作，共发现登记古文化遗址、古建筑、古墓葬、古桥梁、古石刻、革命文物旧址 86 处。

●1982 年 7 月，新余县珠珊变电所发现新石器晚期墓葬一座，出土锛、斧、凿、矛、环、管、琮、玦、璜等玉石器。

●1982 年 9 月，新余县开展第二次全国文物普查工作时，在南安中学征集到廖常敏老师捐献的出土文物吉州窑瓷枕。

●1982 年 10 月至 1988 年 12 月，在市、区各土产公司、废品仓库、废品收购站配合下，新余县文物部门从废品中拣选有价值的铜质文物 400 余件，汉至清代钱币 200 余斤。

●1983 年 1 月，新余县仁和武郎古建筑——谯楼，失火烧毁。

●1983 年 1 月，水西镇简家出土元代窖藏银盘、银杯器皿，共计 8 件。

●1983 年 10 月，江西省以及新余市政府拨专款 12 万元，维修保护魁星阁。

●1983 年 12 月—1984 年 1 月，在原新余县文物陈列室举办全市第二次全国文物普查成果展，共展出分宜县、渝水区出土与传世文物 600 余件，实物图片 140 幅。

●1984 年 2 月，城南虎瞰山凤凰门修建沿江路，发现汉代土坑墓一座，出土壶、罐、甑、耳杯、权、纺轮、灯等以及铜釜、钱币、滑石共计 26 件。

●1984 年 3 月，经新余市人民政府批准，市长办公会议同意，成立新余市博物馆，隶属新余市文化局，与罗坊会议纪念馆两块牌子、一套人马办公。

●1984年4月，渝水区界水乡湖边村修建公路，发现明朝大学士严嵩撰文“明故静隐处士张公端训墓志铭”二方，送交给新余市博物馆收藏。

●1984年5月，新余市人民政府第4号文颁布《关于公布第一批文物保护单位的通知》，共有22处文物点列为市级文物保护单位。

●1984年8月，为纪念建县1000周年，分宜县在本县文化馆举办历史文物展览，共展出文物200余件、图片50幅。

●1984年8月，分宜县人民政府发文《关于公布第一批文物保护单位的通知》，共有21处文物点列为县级文物保护单位。

●1984年9月，在水北镇开展文物复查工作，考古工作者胡小勇、蒋务本、倪孝世、彭振声、胡惠民等调查发现江西省具有重要价值的拾年山新石器晚期聚落遗址。

●1984年10月1日，为庆祝中华人民共和国成立35周年，按原貌修葺一座新的名胜古建筑——魁星阁，正式向广大市民开放，供市民参观游览。

●1984年11月—12月，江西省首届古陶瓷学习鉴定班在罗坊会议纪念馆举办，来自全省文物系统共40余名业务骨干参加培训。

●1985年1月，新余市文化、文物部门召开编写《新余市文物志》工作会议，组织成立编委会，拟定文物志纲目。

●1985年2月，经江西省文化厅研究同意，罗坊会议纪念馆设立全省文博干部培训中心。

●1985年5月—7月，江西省首届古建筑培训学习班在省文博干部培训中心——罗坊会议纪念馆举办，邀请我国著名古建筑专家、教授张驭寰、张健夫、蒋博光、徐伯安、王朴子、于卓云、张剑波等为学员授课。

●1985年8月，新余市公安局、新余市工商局、新余市文化局联合发文《关于坚决制止盗挖古墓和严厉打击文物走私活动的通知》。

●1985年11月，江西省、新余市政府拨专款对孔庙进行大维修，大成殿原为单檐升为重檐，保持和恢复了原有建筑风貌。

●1986年1月，分宜县拨专款维护汉尚书陈重、雷义合葬墓。

●1986年5月—7月，江西省文物工作队、新余市博物馆联合组成考古

队，首次对拾年山遗址进行抢救发掘，开挖5米×5米探方12个，发掘面积300平方米，发现房址2座、灰坑2处、水井1处、灶1座、石器堆8处，清理墓葬30座，出土文物400余件。

●1986年9月—10月，全省文物鉴定学习班在江西省文博干部培训中心——罗坊会议纪念馆举办，著名文物鉴定专家史树青等为来自省内50余名学员讲课。

●1987年2月，考古工作者在姚圩龙骨山、狮子山调查发现新生代第三纪大约三百万年前的哺乳动物化石。

●1987年3月，渝水区罗坊镇黄花园廖义华等村民在鸡腿山承包果园开发，发现南朝砖室墓一座，将出土青瓷壶、盘、三足炉、碗等文物送交新余市博物馆收藏。

●1987年8月，分宜县人民政府第034号文件，经提请第六次县长办公会议研究同意，设立分宜县博物馆，隶属县文化局。

●1987年11月—12月，江西省文物考古队、厦门大学人类学系、新余市博物馆联合组成考古队，第二次对水北拾年山遗址进行发掘，开挖5米×5米探方15个、5米×3米探方2个，发掘面积405平方米，发现房基4座、灰坑2处、陶片堆33处、石器堆1处，清理墓葬50座，出土文物600余件。

●1987年12月，江西省考古学会、江西省博物馆学会首届年会暨学术研讨会，在省文博干部培训中心——罗坊会议纪念馆召开，新余市委、市政府领导到会祝贺并作了重要讲话。

●1988年6月，新余市博物馆举办全市文物通讯员培训班，聂朋为学员讲授“中国古代建筑知识”。

●1988年9月，江西省考古研究所、新余市博物馆联合组成考古队，对城北优惠区进行调查、勘探，发现汉至清代古墓葬百余座，发掘清理61座，出土文物200余件。

●1988年10月—11月，全国文物鉴定知识培训班(华东片区)在省文博干部培训中心——罗坊会议纪念馆举办，来自各省、市、地级公检法、工商部门干部60余人参加学习。

●1989 年 6 月 20 日—9 月 30 日，新余市博物馆开展“新余历史名人展览”筹备工作，万小毛、聂朋负责史料收集与编研工作。

●1989 年 7 月，新余市人民政府办发 56 号文件《关于进一步加强文物保护管理工作的通知》。

●1989 年 10 月—12 月，江西省考古研究所、厦门大学人类学系、新余市博物馆联手合作，第三次对拾年山遗址进行考古发掘，开挖 5 米×5 米探方 20 个，发掘面积 500 平方米，发现房址 5 座、灰坑 2 处、陶片堆 12 处、石器堆 4 处，清理墓葬 56 座，出土石器等小件器物和可复原陶器 160 余件。

●1989 年 12 月，中国科学院古脊椎动物与古人类研究所、江西省文物考古研究所、新余市博物馆联合对新余袁河两岸丘陵地进行古人类文化考古调查，发现罗坊镇打鼓岭、水西镇龚家山两处旧石器点，采集石制品 49 件，填补江西省及袁河流域旧石器时代考古学空白。

●1990—2005 年，由胡小勇撰写制作完成的新余设区市文物点 222 处词条，共 35000 字，已经编入《中国文物地图集·江西分册》。

●1990 年 11 月，新余市博物馆组织古矿冶遗址考古调查，在分宜县湖泽镇调查发现凤凰山、炉渣屎、伯公庙、斗牛岭矿冶遗址；在渝水区观巢镇调查发现简炉、上沂、银山垇等 7 处古铁矿、铁冶、银矿遗址。

●1991 年 5 月，为配合浙赣铁路复线建设，考古工作者在铁路沿线两侧调查发现铁树下、河底下、龙望口、狮子山 4 处商、周时期古文化遗址。

●1991 年 8 月至 1992 年 8 月，南昌铁路公安处刑侦组与新余铁路公安派出所，连续在南昌开往北京 147 次列车上查获 10 起文物走私案，共缴获文物 800 余件，移交新余市博物馆鉴定收藏。

●1991 年 9 月，新余市博物馆组织万小毛、聂朋撰写、印发《新余名人名胜录》(征求意见稿)。

●1992 年 3—6 月，江西省考古研究所、新余市博物馆联合抢救发掘铁树下遗址，开挖 5 米×5 米探方 24 个，发掘面积 600 平方米，出土器物标本 100 余件。

●1992 年 6 月，新余钢铁公司环山路发现唐代砖室墓一座，出土铜官窑

壶、罐以及铜镜等文物13件。

●1992年7月，为配合三资企业新铨皮塑制品有限公司兴建厂房建设，考古工作者在牛形山抢救发掘西晋砖室墓5座，出土青瓷碗、钵、盂、杯等文物30余件，并首次发现西晋太康二年(281年)纪年铭文砖。

●1994年3月25日—1995年1月10日，新余市电视台播映了该台“这方水土”摄制组与市博物馆合拍的介绍新余文物的专题片——《魁星阁》《孔庙》、《崇庆寺》。聂朋在片中负责主讲魁星阁、孔庙、崇庆寺的历史、传说以及历史、文化、艺术、科学价值。该片在新余电视台，新余有线一台、二台播映后反响很好。

●1994年4月，考古工作者在城东开发区城东轧花厂基建工地调查发现汉至宋墓葬10余座，发掘清理出土陶、铁、漆木器等随葬品40余件。

●1995年7—10月，为配合清萍公路改建，考古工作者调查发现汉晋宋古墓葬20余座，古文化遗址1处，抢救发掘清理墓葬7座，出土文物100余件。

●1995年11月，水西镇丰都头苑山出土商代青铜鬲。

●1995年12月，渝水区良山镇垣下发现汉代砖室墓，考古工作者抢救发掘清理出土陶、铜、铁质类文物20余件。

●1996年4月，渝水区水北镇胡家山明墓遭犯罪分子盗挖，考古工作者抢救清理时新发现明墓一座，出土棺木一具，中国丝绸博物馆、上海自然博物馆、江西省文物考古研究所、新余市博物馆联合进行开棺，发现完整女尸一具，两墓共出土服饰、银钗、铜镜、牛角梳、陶罐等随葬品118件。

●1996年6月，渝水区水北镇新农贸市场建设，发现三国砖室墓葬一座，考古工作者抢救发掘清理出土青瓷、铁、铜类文物6件。

●1996年9月，中美合作江西地区稻作起源研究队美方队长安德沃、考古研究基金会主任乌尼士博士，为研究世界水稻起源这一重大课题，对分宜县洪阳洞史前文化遗址及地理环境进行考察。

●1996年12月—1997年12月，新余市开展文物普查复查工作，从市、县、区抽调人员组成专业队伍，对全市各乡镇文物点进行了一次普查摸底登记工作。

●1997 年 3 月 26 日—6 月 1 日，新余市博物馆开展《水北明墓出土女尸及其文物展览》的筹备和陈列工作。

●1997 年 6 月，为贯彻落实国务院《关于加强和改善文物工作的通知》(国发〔1997〕13 号)文件精神，新余市文化局拟发《关于在全市开展文物普查工作的实施意见》，经新余市人民政府办发〔1997〕14 号文件转发分宜县、渝水区、市府有关部门贯彻执行。

●1997 年 8 月—9 月，为配合新余市五金工业开发区建设，考古工作者在基建工地进行调查、勘探，抢救发掘清理汉、宋、明期间的砖窑、土坑墓、砖室墓 33 座，出土粉盒、皈依瓶、铜镜、铜簪、砚台、料器、铁剪刀、钱币、地券、墓志铭等文物 120 余件。

●1998 年 2 月，在江西省全省省级以上文物保护单位建档工作中，胡小勇同志荣获省文化厅先进工作者。

●1998 年 3 月，江西省文物考古研究所、新余市博物馆联合对渝水区珠珊斜里夏代遗址进行考古试掘，开挖 5 米×5 米探方 8 个，揭露面积 200 平方米，清理墓葬 4 座，出土遗物石器有凿、镞、戈，陶器有豆、簋、甗等珍贵遗物。

●1998 年 6 月，分宜县进行文物普查试点工作，重点对松山、双林、杨桥三乡镇文物现状作详细全面摸底调查，发现并登记一批重要文物。

●1998 年 12 月，分宜县双林镇平安和石脑坳煤矿出土被子植物化石，属新生代第三纪始新世，距今约 36.5 百万至 53 百万年。同月，经江西省文化厅批准，新余市首家文物商店在文化大楼正式开业经营。

●1999 年 11 月，分宜县钤阳湖区发现明朝万历十年(1582 年)大型汉白玉田粮碑，碑文记载有分宜县当时的田亩、产量和上缴税额等情况。

●1999 年 12 月，“新余市历代文物精品展览” 在新余市博物馆三楼展厅开展，共展出有 190 件文物精品，30 余幅珍贵文物图片。

●2000 年 3 月初，聂朋在新余市政协五届三次会议期间提交了《基建动工项目必须实行先期考古调查、勘探和发掘》的提案。该提案得到承办单位的认真办理，达成了先期考古的具体操作办法，开创了新余市文物保护工作的新局面。

●2000 年 7 月 25 日，江西省人民政府赣府字〔2000〕113 号文件公布，拾年山遗址、昼锦堂列为第四批省级文物保护单位。

●2001 年 4 月，分宜县双林镇白水煤井出土新生代第三纪始新世、距今约 36.5 百万至 53 百万年模铸被子植物化石。

●2001 年 7 月，胡小勇拍摄的古建名胜魁星阁雄姿艺术风光照片《夜色古阁》，入选由国家文物局举办的首届“青春风采——全国文博青年摄影艺术展”，并在北京大学红楼展出。

●2001 年 8 月，新余市城南旧城改造工程 1 号小区发现宋代水井、汉代墓葬，考古工作者抢救发掘清理出土铁锄、双系壶、罐形鼎、罐、瓮等陶瓷器 30 余件。

●2001 年 8 月—10 月，为配合国家重点工程——赣粤高速公路建设，江西省文物考古研究所、新余市博物馆联合对龚门山、赵家山遗址进行抢救性发掘，开挖 5 米×5 米探方 150 个，揭露面积 3750 平方米，出土陶器有鼎、豆、罐、壶、盆、簋、角瓜、鬲、盘、纺轮；石器有铲、刀、锛、矛、棒、镞等器形器物。

●2001 年 10 月—12 月，为配合旧城改造、沿江路开发、城市美化建设，新余市政府拨专款经费 20 万元，对孔庙、魁星阁屋面进行大翻修，油饰门窗、梁柱、墙体，安装夜景轮廓灯饰，并对周边环境进行整顿规划。

●2001 年 11 月，新余市博物馆在三楼展厅举办“新余市出土文物展览”，共展出配合基本建设抢救发掘文物精品 105 件、图片 58 幅。

●2002 年 5 月，在江西省文化艺术志和文物史料编纂工作中，胡小勇被授予全省文化系统史志编纂工作先进工作者称号。

●2002 年 10 月—12 月，为配合国家重点工程——沪瑞高速昌金公路建设，江西省文物考古研究所、新余市博物馆联合对柯树下、雷公山、刘家山、石鼓突四处古文化遗址进行抢救性考古发掘，开挖 5×5 米探方 162 个，发掘面积 4050 平方米，出土陶器有罐、釜、尊、盘、瓮、鼎、豆、缸、纺轮等；青铜器有刀、剑、锯等；石器有锛、斧、镞等一批器形器物。

●2002 年 10 月—12 月，考古工作者在罗坊镇陈家江两岸调查发现雷公山、牛屎窑、火楼上、老虎井、松山、何家山、太公山、姥下山、石头山、刘家山、麻子岗、井上菜土等12处商至战国时期古文化遗址。

●2002年11月—12月，考古工作者在沙土（城北街道办事处）株树下山调查发现汉至宋代砖室墓46座，抢救发掘清理22座，出土青瓷碗、钵、杯、壶、青釉盖碗、双系陶罐、折腹罐、皈依瓶、铁刀等器物60余件。

●2003年5月，分宜县操场乡山泗村发现明代圣旨，系天启年间熹宗帝敕封中书舍人钟炌及妻卢氏、已故原妻严氏奏折，圣旨全文446字，长150厘米、宽30厘米，保存完整。

●2003年6月11日—13日，新余市政协文史委组织开展新余市“文物的保护与利用”与“古民居的保护与利用”两个专题调研。起草并提交了《新余市古民居的保护与利用专题调查报告》。

●2003年8月—2004年9月，根据江西省政府办公厅《关于开展全省第三次文物普查工作的通知》文件精神，按照统一实施方案和工作部署，新余市分宜县、渝水区成立普查领导小组，组织文物普查队，实地进行文物调查，共登记完成不可移动文物195处，可移动文物登记在册67341件。

●2004年5月—7月，为配合浙赣铁路复线电气化改造，江西省文物考古研究所、新余市博物馆联合发掘钱家山商代古文化遗址；并清理晋、宋代砖室墓2座，出土金、银、铜、铁、瓷等质地文物30余件。

●2004年7月，考古工作者在分宜县钤山镇大岗山调查发现唐代古驿道遗迹，为青石铺设，保存完好的路面长约2000米，为古时官府走兵、商贾往来重要交通要道。

●2004年12月，江西省文物考古研究所、分宜县博物馆联合在古生代二叠纪溶岩洞内，发掘清理出土哺乳动物牙床、剑齿、腿骨等化石30余块，为晚更新世距今约5万至10万年前剑齿象化石。

●2005年1月，胡小勇、何岸松在江西省全省第三次文物普查工作中取得突出成绩，授予“全省第三次文物普查工作先进个人”荣誉称号。

●2005年4月，根据《中华人民共和国文物保护法》有关规定及江西省全省第三次文物普查工作要求，新余市人民政府发文公布28处不可移动文物，列为第二批市级文物保护单位。

●2005年7月，分宜县人民政府发文公布10处不可移动文物，列为第二批县级文物保护单位。

●2005年11月，聂朋万余字论文《江西新余孔庙魁星阁的开发》(载2004年第3期《南方文物》)在新余市“全市第七次社会科学优秀成果”评比中获得论文二等奖。

●2006年2月，江立明、聂朋编撰的《凝固的乐章——新余古建筑实录》(新余市政协文史资料第十一辑)由江西科技出版社出版。该书是新余市首部全面介绍新余古建筑的书籍，已被国家图书馆、首都图书馆、上海图书馆、澳门中央图书馆……等海内外55家图书馆收藏。并交流给国家文物局、中国古代建筑博物馆、国家博物馆、故宫博物院、河南省文物局、江西省文化厅、江西省文物局等文物单位收藏参考。

●2006年1月，考古工作者在浙赣铁路复线电气化改造罗坊段工程，发现明正德年间(1506—1521年)严嵩撰文“明故温处士宜泰墓志铭”，并收藏于新余市博物馆。

●2006年3月，考古工作者在渝水区南安乡小江洲抢救发掘清理明代墓葬5座，出土墓志铭二方。

●2006年5月26日，国务院国发〔2006〕19号文件《国务院关于核定并公布第六批全国重点文物保护单位的通知》审定公布，罗坊会议旧址群4处文物点，即罗坊会议旧址、兴国调查会旧址、红一方面军总部旧址、江西省苏维埃政府旧址列为全国第六批重点保护单位。

●2006年12月，为配合农业果园开发，考古工作者在渝水区珠珊棚架山调查发现汉至明代墓葬11座，抢救发掘清理6座，出土汉代盘口罐、双唇罐、褐釉罐、双系罐、铁剑、铁带钩、陶瓮等，宋代银夹、铜镜、铁剪刀、钱币、影青瓶等，明代陶质地券、皈依瓶等随葬品40余件。

●2006年12月，江西省人民政府发布《江西省人民政府关于公布第五批江西省文物保护单位的通知》{赣府发〔2006〕29号文件}，审定公布新余市分宜县湖泽镇凤凰山古矿冶遗址、邓家围屋，渝水区罗坊镇棋盘山遗址，水北镇蓉泉桥列为第五批省级文物保护单位。

●2007年3月，渝水区人民政府与新余市文物部门对水北镇黄坑古村落、罗坊镇下寸古村落进行考察调研，聘请上海同异城市设计有限公司进行测绘、设计；并对传统建筑群体做出保护利用规划方案。

●2007年4月—9月，新余市、县、区分别组织成立第三次全国文物普查领导小组，下设文物普查办公室。副市长万筱明任组长，市政府秘书长章一帆、市文化局局长万新安任副组长并兼任领导小组办公室主任，万小毛、高增忠兼任办公室副主任。

●2007年10月23日，新余市第三次全国文物普查领导小组办公室发布《关于组建新余市第三次全国文物普查队伍的通知》{余文物普查办字[2007]1号}，决定新余市博物馆和分宜县分别成立第三次全国文物普查工作队。

●2007年11月2日，分宜县人民政府办公室发布《关于成立分宜县第三次全国文物普查领导小组的通知》{分府办字[2007]114号}，副县长严小青任组长，县政府办公室副主任钟艳青、县教文体局局长曾士保任副组长兼任领导小组办公室主任，京三海、傅初明、何岸松任副主任。

●2007年11月13-20日，江西省第三次全国文物普查第一期(赣西片)培训班在宜春市举办，高增忠、胡小勇、甘泉、何岸松、黄亮、辛会英等代表市、县、区参加学习。

●2007年11月26日，分宜县人民政府发布《关于印发分宜县第三次全国文物普查实施方案的通知》。

●2007年11月，新余市文化、文物部门领导及专业技术人员，对发现分布在分宜县芦塘村古岭上明代南京城墙砖贡烧窑址进行实地勘探保护。

●2008年3月初，由新余市博物馆承担的渝水区文物普查工作正式启动，田野普查工作首先在鹄山、下村、罗坊等乡镇展开。

●2008年3月7日，分宜县举办第三次全国文物普查培训班，文化、文物部门及乡镇文化站20余人参加学习。

●2008年4月，江西高能地产有限公司在新钢新开发房地产基建工地发现宋代木棺椁墓一座，经考古工作者抢救发掘清理，出土铜镜、银钗、青釉瓷盏以及太平兴国、淳化、至道等年号通宝和元宝钱币10余件。

●2008年5月14—20日，新余市文物普查办公室在罗坊会议纪念馆举办第三次全国文物普查培训班,市、县、区文化文物部门和全市各乡镇文化站50余人参加学习并组织赴西安参观考察。

●2008年6月,分宜县文物普查队在县委、县政府关心重视下,财政普查经费到位,配备专用车,购置电脑及打字复印机、照相机等普查设备,正式启动田野普查工作。

●2008年6月12日,在实地调查的基础上,聂朋所提的社情民意《尽快将南安乡哲山村古建筑群列为市级文物加以保护》刊发于新余市政协2008年第14期《社情民意》之上。

●2008年9月17—18日,新余市政协文史委组织开展《关于新余市文物保护与利用的专题调研》。调研组先后到孔庙魁星阁、抱石纪念馆、新余市博物馆文物库房、分宜一座被破坏的汉墓遗址、分宜芦塘村明城墙砖窑址、黄子澄纪念馆进行现场调研,并相继听取了新余市文化局及分宜县教文体局关于文物保护与利用情况的介绍。9月22日,提交了《关于对分宜县芦塘村明城墙砖官窑遗址进行保护与发掘的紧急提案》,10月15日起草了《关于新余市文物保护与利用的调研报告》。

●2008年10月—2009年12月底，第三次全国文物普查实地调查工作,以一县一区为基本单元在全市展开。共普查登记不可移动文物1008处,其中渝水区650处、分宜县358处。

●2008年11月17—19日,江西省文物普查办在金溪县召开全省第三次全国文物普查现场培训班,各设区市、各县(区、市)普查办负责人、普查队长共150人到会进行经验交流,新余市高增忠、刘丽兰、胡小勇、甘泉、辛会英代表市、县、区参加。

●2009年5月,新余市博物馆被国家文物局评定为首批国家三级博物馆。

●2009年6月,胡元洪、徐若华、胡小勇、何岸松、蒋水生荣获国家文物局颁发的从事文物、博物馆工作三十年荣誉证书。

●2009年6月—12月,江西省文物局拨款项100万元,对省级文物保护单位昼锦堂进行大维修。

●2009 年 8 月 17 日，江西市政协文史委组织对水西镇沙陂村、汉源村的古建筑的视察活动；8 月 26 日，起草并提交了《水西沙陂村、汉源村古建筑列入市级文物保护单位刻不容缓》的社情民意。

●2009 年 9 月，根据国家文物局《关于开展第七批全国重点文物保护单位申报工作的通知》要求，新余市推荐拾年山遗址、昼锦堂、凤凰山古矿冶遗址三处省保单位，以及明南京城墙砖分宜定烧窑址群，报省专家评审，申报第七批全国重点文物保护单位。

●2009 年，聂朋论文《赣西邓家大屋的布局结构、花纹雕饰及历史文化蕴含》(载 2006 年第 2 期《新余高专学报》)获得新余市第八次社会科学优秀成果三等奖。

●2010 年 1 月—5 月，按照全省第三次全国文物普查领导小组办工作计划安排，新余市一县一区基本完成文普文物点纸质登记填写和电子文档登录工作。

●2010 年 2 月—8 月，新余市一县一区按照国家文物局关于开展文物保管数据库建设通知精神，对库房可移动文物馆藏珍品进行数据采集和电子文档登录工作，第一阶段完成一级文物 11 件、二级文物 48 件、三级文物 483 件普查登记。

●2010 年 6 月，江西省文物普查办组织专家对新余一县一区文普工作实地抽查和文档资料验审，渝水区文物点总量与新发现均进入全省前 10 位，验审评比 91 分，列全省第三名。

●2010 年 7 月—11 月，鹄山乡前山村干部自筹资金 40 余万元，在新余市文物部门专家指导下，按照整旧维旧原则，对重要古建筑昭贤堂进行修缮，这是我市首次以民间捐资方式维修保护祖国文化遗产。

●2010 年 9 月，江西省文物局拨专款 80 余万元，对新余市名胜建筑孔庙进行大维修。

●2010 年 10 月—11 月，根据江西省文化厅《关于开展第六批省级文物保护单位申报工作的通知》精神，新余市推荐古文化遗址 2 处、古建筑 9 处、石刻 1 处、近现代重要史迹及代表性建筑 4 处等，共有 16 处不可移动文物申报

省级文物保护单位。

●2011年1月,高增忠荣获全国文化遗产日活动先进个人称号。

●2011年1月,高增忠、刘丽兰荣获全省博物馆质量建设年先进个人称号。

●2011年1月,章国任在江西省文物普查及数据库管理系统建设项目工作中成绩突出,荣获先进个人称号。

●2011年3月4日印发的新余市政协2011年第一期《社情民意》刊出了聂朋提交的社情民意——《在新农村建设中要重视保护古建筑》,市委主要领导张荣生对此社情民意作了批示。

●2011年3月,仙女湖区河下镇浒溪砖厂发现汉代砖室墓葬20余座,考古工作者抢救发掘清理较为重要的墓葬4座,出土铁剑、铁斧、双唇罐、陶钵等随葬品10余件。

●2011年3月,胡小勇、习刚峰、辛会英在江西省第三次全国文物普查工作中,荣获江西省第三次全国文物普查工作先进个人奖、新余市博物馆文物普查队荣获先进单位。

●2011年11月14日,新余市政协的《社情民意》上刊登了聂朋提交的社情民意——《水北镇黄坑村古民保护与利用的建议》,建议中提出了坚持文物保护法的宣传教育、理顺古民居保护与新农村建设的关系、积极引导社会力量参与保护等三条意见,为水北黄坑村古民居群的保护提供了决策参考意见。

●2011年11月—12月,新余市文物管理部门与新闻媒体联合对水北黄坑、新溪西江等古村落;湖泽邓家围屋、人和惇慵堂等古民居;官邸建筑昼锦堂、将军府;宗祠建筑毓庆堂等进行探访、调研、现场采访,在《每日新余》报开辟专版进行报道。

●2012年8月,考古工作者在人和乡塘上村调查新发现明代通和堂、三桂堂、文英牌楼等三处重要建筑。

●2012年10月,考古工作者在马洪白沙桥村调查新发现清代时期民间戏楼。这是新余市至今唯一幸存并保存完好的古戏楼建筑。

●2012年10月,文物考古工作者在渝水区人和乡棣村南、北蒙河支流调查发现清代年间兴建的抬水陂坝等水利设施23处。

●2012年12月，分宜凤阳乡箬坑下山果园开发发现隋代砖室墓15座、宋代砖室墓3座,其中隋墓呈一字排列有序,为隋墓群,考古工作者抢救发掘清理出土青瓷碗、杯、五盅盘、双系罐、砚等随葬品近百件,隋朝墓葬在新余市为首次发现。

# 新余历史沿革

《三国演义》说得好:“天下形势,合久必分,分久必合。”这句话用在新余市行政区划的沿革变迁上最为妥当。虽然新余市建市历史不长,但它建置的基础、它所辖的分宜县和原新余县,随着岁月的推移、朝代的更替而分合变化,游离回聚,其中缘由让我们一一道来。

自古以来,新余文化源远流长,早在20万年前,这里就有人类生存繁衍。6000年前的拾年山文化原始社会就有了稻作文化的萌芽和原始崇拜的酝酿,罗坊镇的陈家村、田埠村、官塘村等12处商代至战国时期的古文化遗址,填补了新余战国时期文明史考古的空白,对了解袁河流域乃至赣中西部文化历史面貌、文化性质有着重要意义。

夏商二代及西周,今新余市地域为扬州之地。春秋时期先属于吴国,后属于越国。战国时属于楚国。在吴越文化和楚文化的影响与交融之中,新余文化既有了吴越文化的精致、细腻与淡雅,又有楚文化的自由、潇洒与飘逸。从而表现新余文化的多源性与多样性,

秦始皇统一中国后,今新余县地属九江郡,今分宜县地属长沙郡。(根据谭其骧主编的《中国历史地图集》第二册第11—12页:《秦·淮汉以南诸郡》)这是新余、分宜两县第一次分处两郡。

西汉高祖六年(公元前201年)设宜春县,今新余市地域划入宜春县,隶属于扬州刺史部之下的豫章郡管辖。这是新余、分宜两县第一次同在一县之内。

新王莽时期,王莽称帝,改宜春县为修晓县,属九江郡,今新余市地域在修晓县内。

东汉恢复宜春县名称,今新余市地域仍在宜春县内,属扬州刺史部之下

的豫章郡管辖。

三国吴永安五年(262 年)宜春县仍属扬州豫章郡管辖,今新余市地域在宜春县境内。[根据谭其骧主编的《中国历史地图集》第三册第 26—27 页:《三国吴永安五年(262 年)·扬州》]

新喻首次建县于三国吴宝鼎二年(267 年),分豫章、庐陵、长沙三郡之地立安成郡(《宋书·州郡志》),属扬州。(《宋书·州郡志》载:“《晋太康地志》属荆州。”而《晋书·地理志》认为安成郡最初属扬州,及晋平吴,以安成属荆州。同年,划出宜春县钟山以东至吴平县西端这块地域,设置新县,由于南水(今名袁水)[根据谭其骧主编的《中国历史地图集》第三册第 26—27 页]在这里易泛滥成灾,而渝字有泛滥之意,所以命名为新渝县。这是新渝第一次从宜春县的母体中分离出来,而今分宜县地仍在宜春县内。新渝、宜春二县皆隶属于扬州安成郡。

西晋太康元年(280 年)晋灭吴,由于郑太后避“春”字之讳,将宜春改为宜阳。分宜县地在宜阳境内。将安成郡划归荆州。新渝、宜阳同属荆州安成郡[《晋书·地理志》作“新谕”,盖“谕”为“渝”字之讹也。而《中国历史地图集》第三册第 53—54 页:《西晋太康元年(281 年)·荆州》作“新渝”。]

元康元年(291 年)分荆州、扬州之十郡设置江州。新渝、宜阳皆随安成郡隶属江州管辖。

《宋书·州郡志》中新余县名作“新喻”。

南朝齐时,新余县名仍作“新喻”,属江州安成郡[《中国历史地图集》第四册第 29—30 页:《南朝齐建武四年(497 年)·江州》]

南朝陈时,新余县名仍作“新喻”[根据谭其骧主编的《中国历史地图集》第四册第 44—45 页:《南朝·陈太建四年(572 年)》]

隋开皇九年(589 年)隋灭陈,新喻首次撤县,其地并入东面的吴平县,县治在吴平圩。(据《嘉庆重修一统志》卷三百二十四《临江府》载:“《寰宇记》废吴平县在新喻县东一百里,按清江县有吴城,在县西三十里,即吴平也。”此说认为县治在今樟树吴城,另有一说认为在今樟树市中洲乡附近。)

隋开皇九年(589 年)隋灭陈,废安成郡,因山之名而置袁州。宜阳县属袁

州管辖。

隋开皇十一年(591 年),吴平县并入宜阳,新喻县随吴平回归宜阳,与今分宜县地一起在袁州宜阳的版图之内。这是新喻县重新回归宜阳——原宜春母体。(《隋书·地理志》)

新喻再次立县于隋开皇十八年(598 年),宜阳县改名为宜春县,(《隋书·地理志》)新喻县地再次由宜春分出,再次设置新喻县。县治在龙池墅(今珠珊乡炉下村附近)。今分宜县地仍在宜春境内,新喻、宜春二县皆隶属于袁州管辖。

大业(605—618 年)初,改州为郡,依汉制设置太守,袁州改为宜春郡(《隋书·地理志》),新喻、宜春二县皆隶属于宜春郡管辖。

隋大业二年(606 年),奉敕在新喻县东虎瞰山百三十五步置钟山府,次年因战乱而废弃(同治十二年《新喻县志》转载旧志资料)。

大业八年(612 年),新喻县和在宜春县内的今分宜县地皆属宜春郡管辖。[根据谭其骧主编的《中国历史地图集》第五册第 21—22 页:《隋大业八年(612 年)·淮南江表诸郡》新喻县治由龙池墅迁往距村(今观巢乡小县村)]

《隋书·地理志》县名作“新喻”。

唐武德四年(621 年)改郡为州,置袁州,新喻县和在宜春境内的今分宜县地属袁州管辖。(《旧唐书·地理志》)

新喻第二次撤县。武德五年(622 年)新喻,第二次撤县。其地一分为二,东北部并入始平县,县治在栖梧山下玉虚观(今属樟树市昌傅乡北太平圩);西南部置西吴州,州治设在今观巢乡小县村。始平、西吴州、宜春皆属袁州,辖于洪州都督府之下。

新喻第三次立县,从此县的建制得以稳定下来。武德七年(624 年),始平、西吴州俱废,恢复新喻县,这是第三次设新喻县,自此以后,新喻县建制得以稳定下来,只有扩大建制而没有撤除建制的情况。今分宜县地仍在宜春境内,新渝、宜春二县皆属袁州,归洪州总管府管辖。

唐代前期[至开元二十九年(741 年)为止],新喻再次改作“新渝”。[《中国历史地图集》第五册第 57–58 面:《唐开元二十九年(741 年)·江南西道》]

贞观二年(628年),袁州属江南道。

唐麟德元年(664年),度支使王元寿再一次将新渝县治迁往龙池墅(今珠珊乡炉下村附近)。

唐天宝元年(742年),袁州改为宜春郡(《旧唐书·地理志》、民国二十九年《分宜县志》)。新渝县名又改为新喻,大历八年(773年),县治自龙池墅迁往虎瞰山。

乾元元年(758年),宜春郡改为袁州(《旧唐书·地理志》、民国二十九年《分宜县志》)。

五代十国吴天祐四年(907年)新喻划归镇南军新淦都制置使,次年划归镇南军袁州。南唐昇元元年(937年),新喻再次划归镇南军新淦都制置使管辖,次年,又改属镇南军袁州。五代十国时,今分宜县地仍在宜春境内,隶属于袁州管辖。

宋雍熙元年(984年)八月,朝廷割出宜春县的神龙、招贤、丰乐、化全、儒林、彰善、挺秀、文标、旌儒、清教十乡之地,另立一县,处于宜春、新喻之间,以分自宜春而得名为分宜,县治设在安仁镇。分宜、新喻二县皆属袁州管辖。

宋淳化三年(992年),置临江军,新喻自袁州划归临江军,分宜仍属袁州管辖。此后近千年之中,新余、分宜分属于临江和袁州管辖。

元前至元十三年(1276年),临江军属江西行都元帅府(《元史·地理志》)。次年,改为临江路总管府,新喻属临江路总管府管辖。

元初,分宜县属湖南行省,前至元十九年(1282年)升袁州为路,改隶江西行省,分宜县属袁州路。

元贞元年(1295年),新喻因有户五万,升为新喻州。

明洪武二年(1369年),新喻州仍改为县,属江西行中书省临江府。洪武九年(1376年),江西分为五道十三府。新喻属江西布政使司临江府管辖;分宜属湖西道袁州府管辖。

清沿明制,新喻、分宜分属于临江府和袁州府管辖。

民国成立后,废府留县,江西分为豫章、庐陵、赣南、赣北四道区。第二次国内革命战争时期(1927—1937年),在中国共产党领导下,先后建立大片革命根据地。1930 年 5 月，在良山镇的上木元村成立新喻县苏维埃政府，下辖东区、西区、南区。1932 年 3 月，新喻、峡江两县苏维埃政区合并，成立新峡县。新喻设水口、丰城、东路、姚泗等 4 个区。1934 年 10 月，红军长征，苏区全部丧失。民国二十四年(1935 年)新喻、分宜皆属江西第二行政区。两县从宋初以后再次同属于一个地级行政区内。

1949 年，中华人民共和国建立。新喻和分宜皆属袁州专区。1953 年，袁州、南昌专区合并，称南昌专区。新喻、分宜皆属南昌专区。1957 年 5 月 1 日，新喻改作新余。次年专署驻地由南昌迁宜春，改名宜春专区。新余、分宜皆属宜春专区。

1960 年 9 月 30 日，新余撤县设市，属省辖。分宜仍属宜春专区。1963 年，新余撤市复县，仍属宜春专区。(后称宜春地区)

1983 年 7 月 27 日，新余撤县复市，辖渝水区(原新余县)、分宜县。原新余县和分宜县之地自此之后比翼连理，互助共荣，犹如一对情侣，从未分离。同年 10 月，江西省人民政府批准在原新余县管辖的范围内设置渝水区。2000 年 3 月，新余市委、市政府决定设立中共新余市仙女湖风景名胜区委员会和新余市仙女湖风景名胜区管理委员会，2000 年 5 月，正式设立新余市仙女湖风景名胜区。2001 年 11 月，中共新余市高新技术经济开发区工作委员会和新余市高新技术经济开发区管理委员会成立。2006 年 10 月，仰天岗生态新区、仰天岗党工委及仰天岗管委会同时成立；2010 年 10 月，仰天岗生态新区改名为孔目江生态区；2013 年，孔目江生态区并入仙女湖区。新余市最终形成了一县三区的格局。

# 后 记



根据新余市政协工作安排,《新余文物与考古》由新余市政协文史委员会组织本市文物专家历时近两年编撰而成。我们编撰此书的目的是为了对新余文物工作成果作一次全面总结,对新余的文明结晶进行一次真实记录,给子孙后世留下一笔历史文化财富。发掘文明成果,寻觅古人的遗迹,在前人的历史荣耀中获得启迪;继承古代文明成果,弘扬优秀文化传统,从物化的历史中受到教育,激励人们爱国爱乡,促进新余的全面发展,把新余的明天建设得更好。

新余市政协领导非常重视本书的编撰工作,市政协主席廖兰芳多次听取汇报,解决实际问题,并亲自撰写序言。市政协副主席刘超杰十分关心编撰工作,经常过问编撰进展。书稿经多次修改,数易其稿,由新余市政协文史委员会进行初步统稿后,编委会进行了集体会审。根据会审意见,由刘智勇、江立明、李清、吴清云、钟谙文、聂朋(以姓氏笔画为序)组成的专家组进行了集中审稿。聂朋同志结合专家组审阅的意见、古代文献记载和入选文物的实际情况进行全面统稿,市政协文史委主任钟谙文同志负责稿件的总纂。单巍全、邹卫兵同志参与了书稿的审阅,并对书稿的编撰出版提出了很好的建议。在书稿的编撰过程中,刘超杰副主席负责书稿的复审,廖兰芳主席负责书稿的最后审定。市文广新局对本书的编撰给予了鼎力支持,新余市博物馆、分宜县博物馆积极合作,对书稿的完成发挥了不可替代的作用,新余市政协各委(办),分宜县、渝水区政协,钤山、人和、南安、下村、罗坊、分宜镇等乡镇给予了热忱帮助。新余市政协文史委员会万新安、林南、刘献忠等委员也对本书的编撰出

版给予了帮助。谨此,我们向他们和所有关心、支持本书出版的单位和同志表示最诚挚的感谢!

由于时间、水平、资料和精力的局限,还有一些文物没有来得及编入书中,有些文物尚待进一步考证、研究;加之作者风格各异,对文物本身和文物工作的理解与感受不同,对文物的描述和解读也不一定确切。本书涉及面广,考证和勘校欠准确,欠精细,内容、概念和文字的差错、疏漏在所难免,恳请各位领导、专家、读者批评指正。

编者

2014 年 7 月 14 日

# 全书栏目设置及撰稿分工说明



《新余文物与考古》主要内容设为3章11节，前有“序”，后有“附录”三篇、“‘新余文物与考古’栏目设置与撰稿分工说明”及“后记”。

“序”由廖兰芳主席撰稿。

## 第一章“新余考古历史”

该章分为4节，第一节“新余考古历史概述”由钟谙文、聂朋撰稿；第二节“新余文博机构发展概述”由钟谙文、高增忠、聂朋、刁小勤、辛会英撰稿；第三节“考古调查发掘”共有12个词条，除了“水北镇胡家山明代墓葬考古调查发掘”、“良山垣下汉墓考古调查发掘”两个词条为徐若华撰稿，其他10个词条均为胡小勇撰稿；第四节“唐代铜镜的修复”为章国任撰稿。

## 第二章“不可移动文物”

该章分为2节17个条目117个词条。第一节“古遗址概况”为7个条目46个词条；第二节“古建筑概况”为10个条目71个词条。

在第一节第一个条目“古化石与古文化遗址”中，“生命的印迹——记新余发现的动植物化石”、“珠珊镇沙头山新石器时代晚期遗址”、“水西镇彭家山新石器时代晚期遗址”、“水西桐林山新石器时代晚期遗址”、“九龙山鬆坑新石器时代晚期遗址”、“珠珊镇斜里夏代遗址”、“渝水区塘岸龙夏代至商代遗址”、“新溪乡麻岭山商代遗址”、“南安乡碾糠山商代遗址”、“罗坊镇铁树下商代遗址”、“鹄山乡何家垴商周遗址”、“人和乡蛇垴山商周遗址”、“渝水区城北办事处廖坡里西周遗址”、“罗坊镇火楼上西周遗址”、“水西棚架山东周遗址”、“分宜县操场乡何家坳东周遗址”、“罗坊镇刘家山战国遗址”等词条均为胡小勇撰稿；“始新世脊椎动物化石”、“姚圩镇始新世钝脚类化石”、“袁河办事处送桥村乌龟化石”、“双林镇水田村被子植物化石”、“旧石器时代地点——打鼓岭和龚家山”、“分宜洪阳洞新石器时代遗址”、“罗坊镇棋盘山新石器时代遗址” 等词条均由徐若华撰稿；“水北镇拾年山新石器时代遗址”词条由钟谙文、聂朋撰写。“分宜横溪村剑齿象化石”、“分宜杨桥镇社山坪商周遗址”等词条由刁小勤、辛会英撰稿。

在“古城址”、“古矿冶”条目下，“新喻、分宜城址考古调查综述”、“采矿冶炼遗址考古调查综述”、“采矿冶炼遗址考古调查”等词条由胡小勇撰稿。“始平（吴平）县城址”、“龙池墅城址”、“距村小县址”、“虎瞰山县址”、“蒙山银矿”、“银山堋”、“铜山”、“简炉”、“上沂铜丝垓”等词条由徐若华撰稿。“分宜县城址”由刁小勤、辛会英撰稿，“凤凰山铁矿”由涂向义、刁小勤、辛会英撰稿。

在第四至第七条目下，“仙女湖昌山庙”、“界水乡北山寺及北山牌坊”、“城北仰岗庙”、“百丈峰寺庙”、“通济桥”、“孔目江桥”、“睦宦桥”、“归驷桥”、“钤麓书院”等词条由聂朋撰稿；“蒙山圣济寺”由钟谙文、聂朋撰稿。“钤山镇大岗山广庆寺”、“钤阳湖东汉窑址”、“分宜岭背村袁州明代南京城墙砖窑址”、“钤阳书院”等词条由刁小勤、辛会英撰稿；“马洪办事处万寿宫”、“马洪办事处山南关帝庙”由廖国桢撰稿；“蒙山书院”由徐若华撰稿。

在第二节的“庙宇”、“祠堂”、“书院建筑”条目中，“孔庙”、“魁星阁”、“崇庆寺”、“萧公庙”、“下村镇梁家村夫子堂”、“分宜镇介桥村毓庆堂”、“操场乡塘西村刁氏祠堂”、“水西镇加山肖氏祠堂”、“瀛洲书院”由聂朋撰稿；“笼奎庙”、“分宜镇介桥村缑褒堂”由刁小勤、辛会英撰稿；“钤山镇山口朱氏宗祠”由钟谙文、聂朋撰稿；“鹄山乡前山村昭贤堂”、“人和乡观下村惇庸堂”等词条由胡小勇撰写。

在“桥梁、水陂与路亭”、“府邸”、“牌坊”条目下，“万年桥”、“缑陂桥”、“檀步桥”、“蓉泉桥”、“状元桥”、“青云桥”、“江南桥”、“观澜桥”、“佩印桥”、“建山桥和余家桥”、“罗坊镇堆上张家村张春发将军祠”、“下村镇龙湖村张乔松大参第”、“下村镇浒江村世芳堂吴氏宗祠牌楼”、“水北镇楼下村骢马门楼”、“观巢镇上沂村“奕叶重光”牌坊”、“人和乡武郎村谯楼”等词条由聂朋撰稿；“神恩桥”、“福星桥”、“分定镇介桥村御史第”、“操场乡汕泗村上楼天官第”、“分宜镇水东村公昌司马第”等词条由习小勤、辛会英撰稿；“八百桥”、“登瀛桥”、“官溪桥”、“八斗桥”等词条由胡小勇撰写；“棣村三合土水陂与拱桥”由刘智勇撰稿；“马洪杏坑风雨亭”由廖国桢撰稿。

在“水井”、“村落与民居”、“古墓葬”及“塔”的条目下，“饮水思源话水井”、“城南观下村出土汉代水井”、“虎瞰山城宋代水井”、“城南四眼井”、“良山镇黄虎村元代水井”、“人和乡棣村古村落”、“南安乡潢溪村温联孙宅第”、“钤山镇枫溪村彭嗣元墓”由胡小勇撰稿；“分宜镇介桥村古井”、“钤山镇新屋里村枫溪彭氏民居”、“分宜镇介桥古村落”、“钤山镇防里古村落”、“钤山镇新祉片冶元村李宪墓”、“分宜镇介桥村明代严孟衡墓”、“分宜镇介桥村古金大师墓”、“文峰塔”由习小勤、辛会英撰稿；“尚睦邓家围垅屋”、“南安哲山古民居群”、“新溪西江古村落”、“水北镇慕江民居”、“操场乡塘西村习氏兄弟进士民居西栋(上栋)”、“操场乡塘西村习氏兄弟进士民居西栋(下栋)”、“观巢镇上沂村民居”、“水北镇官陂村民居”、“洞村乡枣木山村习凿齿墓”、“水西安和村明代“恭人张母”墓”、“分宜县凤阳乡明都御史李香墓”等词条由聂朋撰稿；“城南魁星路西汉墓”、“良山垣下村汉墓”、“新钢苗圃北宋墓葬” 等词条由徐若华撰稿；“洞村乡霞贡村陈重雷义合葬墓”、“观巢镇享堂下村明代张固墓”、“水北镇官陂村御史简适斋及其妻黎氏孺人合葬墓”、“水北镇胡家村兵部右侍郎简霄墓”等词条由章琳撰稿；“城南渝水区第三小学南宋墓”由章国任撰稿。

## 第三章“可移动文物”

该章共有 5 节。第一节“碑刻与石雕”共有 13 个词条。其中“宋元祐三年胡三郎地券”、“宋陈隐君圹记”、“明代严嵩撰文的张诲墓志铭”、“清建威将军张春发墓志铭”、“清光绪十三年新喻重修县署记碑”、“重葺三至堂记”碑由聂朋撰稿；“南宋道教咒语碑 (孺人王氏地券)”、“明代严骥墓志铭”、“明代严嵩撰文的〈温宜泰墓志铭〉”由徐若华撰稿；“宋代凤形砚”由章国任撰稿；“清光绪七年广庆寺越凡老和尚塔墓浮雕人物石板”、“清万上遴指画梅花雕刻石板”由习小勤、辛会英撰稿；“钟灵毓秀石碑”由孙四宝撰稿。

第二节“金属器具”有24个词条。其中，“水西苑山出土的青铜鬲”、“界水罗坊出土的西周青铜甬钟”由胡小勇撰稿；“西周青铜戈”、“西汉弩机”等词条由孙四宝撰稿；“唐代宝相花铜镜”、“宋代铜镜选介”、“宋代“仁者寿”镜”、“南宋嘉祐年间铜锣”、“南宋铜钱窖藏”、“新渝州造元代铜权”、“临江路元代造铜权”、“清〈康熙通宝〉钱五品”、“清朝江南省造银元”、“江西错版铜元”等词条由章国任撰稿；“宋代金耳环”由聂朋、章国任撰稿；“简家村窖藏鎏金葵菊纹银盘”、“简家村窖藏素面带铭文银盘”、“简家村窖藏凤菊纹银盘”、“简家村窖藏菊纹银盘”、“简家村窖藏錾花枝莲纹银盘”、“简家村窖藏錾花绶带双鸾纹银盘”“简家村窖藏錾花凤蝶纹银盘”、“简家村窖藏鎏金莲瓣纹银杯” 等词条由徐若华撰稿；“明崇祯五年西隐庵铁钟”由聂朋撰稿。

第三节“陶瓷”共有22个词条。其中，“东晋鸡首壶”、“南宋吉州窑锭形彩绘瓷枕”、“宋代吉州窑绿釉瓷枕”、“吉州窑玳瑁纹黑釉香炉”、“南宋至元代龙泉窑青瓷”、“三件康熙景德镇青花瓷”等词条由章国任撰稿；“宋钧窑盘”、“青花瓷器艺术中的 “苏泥勃青””、“元青花龙纹梅瓶”、“明永乐青花折枝花果纹玉壶春瓶”、“清康熙清花梅瓶”、“清末渔樵耕读粉彩雕塑瓷”、“清雍正矾红彩瓷笔筒”、“清乾隆豆青釉蒜头口瓶”、“清乾隆青花斗彩鼻烟瓶”、“清末石榴紫砂砚滴”、“清道光窑变釉葫芦瓶”由孙四宝撰稿；“南宋钧窑托盏”由钟谙文、聂朋撰稿；“元代龙泉青瓷盏” 由李小平撰稿；“清康熙太极八卦图瓷挂盘”由聂朋、孙四宝撰稿。

第四节“玉器与石器”共有20个词条，其中，“珠珊沙头村新石器时代晚期管形玉琮”、“珠珊沙头村新石器时代晚期玉璜 （五件）”、“珠珊新石器时代晚期长条形有段石锛”、“拾年山新石器时代晚期环形穿孔石器”、“拾年山新石器时代晚期石钺”、“拾年山新石器时代晚期长方形双孔石刀”、“拾年山新石器时代晚期石镞”、“斜里村夏代石戈”、“肖家坑商代早期穿孔石斧”等词条由徐若华撰稿；“西汉滑石骑俑”、“西汉滑石钺”由钟谙文、聂朋撰稿；“西汉兽面纹滑石盒”、“西汉初廓云龙纹滑石璧两件”、“西汉镂空龙凤纹滑石璜”、“西汉双龙连子纹璜”、“西汉山羊形滑石璜”、“西汉五山纹滑石镜”、“西汉滑石圆雕犀牛”、“西汉滑石圆雕长颈鹿”等词条由孙四宝撰稿；清代龙首螭纹和田白玉带钩”由刁海珠撰稿。

第五节“服饰及丝织品”共10个词条。在这10个词条中，除了“操场乡山泗村明代圣旨”为高增忠撰稿外，其余9个词条为徐若华撰稿。

“附录一：新余市各级文物保护单位简表”为高增忠撰稿；“附录二：新余文物工作大事记”为胡小勇撰稿；“附录三：新余历史沿革”为聂朋撰稿。

该书所用照片、绘图或拓片共323张。其中，聂朋所摄图片94张，胡小勇所摄图片58张，徐若华51张，刁小勤、辛会英30张，章国任29张，孙逸鸫23张，姚涛18张，孙四宝12张，高增忠5张，杨兵2张，钟谙文1张。